英美警察科学

王大伟 著

公安出版
公安院校
知名教授学术文库
总主编：樊京玉 闫继忠

中国人民公安大学出版社
群 众 出 版 社

英美警察科学

王大伟 著

前言·警察学突破国界论

早在光绪年间，警察学就已经是我国从西方引入的各类社会科学中的一支，并已经被整个社会和学界所承认。1991 年，公安部派出了第一批赴英国学习警察学的留学生，全面、系统、科学地引进和重建了西方警学研究理论框架，为中国公安学的研究提供了强有力的理论支持。中西警学的区别在于所用的概念不同，视角不同，历史进程不同，发展阶段不同。尽管出现以上四种不同，但共同点又是惊人的。每个西方警学概念，在中文的词汇中，都有意义相等的或者大致相近的对应的词汇。纵观世界警学研究的同异，我们提出突破国界论：逐步采用一定的相同相似的概念，逐步采用一定的共同理论。以我为主，逐步地批判借鉴和吸收，最后形成中西概念大致相同的具有中国特色的公安学理论系统。

——警学突破国界论

一、漫长的历史：羞答答的小女孩

如果只能用一个词来形容西方警学，那就是有实无名，尽管他们有无数的专著，无数的科研期刊，但是他们却没有一个和中国警学相对应的词汇。很长一段时间内，警察学淹没在社会学和犯罪学当中，就像是一个面容俏丽但是羞答答的小女孩，隐藏在一群花枝招展的姑娘中不敢与人见面。中国是在光绪年间从西方引进了警察学，虽然在中国历史古籍中不断出现“警察”这个概念，但还是有很多人强烈地感觉警察和警察学都是从日本传来的。

在光绪年间，警察学就已经从日本引入我国。清政府于 1905 年建立了中央巡警部，直接操办的大臣是庆亲王奕劻。亲王奕劻聘请日本专家川岛浪速①作为总教习。1901 年 4 月，川岛出任日本在北京办的“北京警务学堂”总监，为清军培训预备巡警。同年 6 月，又被清廷庆亲王奕劻借用，任清政府新设的北京警务厅总监督，按日本警视厅制度全权管理警务治安，给予“客卿二品”待遇，与清朝贵族深相结纳，权倾一时。

早在光绪年间，警察学就已经是我国从西方引入的各类社会科学中的一支，而这一支，早在光绪年间就已经被社会和学界所承认。新中国成立以后，我们曾经向苏联学习过刑侦技术和破案技术，但是完整系统的警察科学，当时苏联并没有，因此当时中国也没有引进完整系统的警察学。

直到 1982 年前后，公安部政治部着手编写了一套警察培训教材，简称“八本书”，这“八本书”是对战争年代中国共产党领导下的公安工作经验全面系统的总结，是对陕甘宁边区和各根据地多年来公安工作的全面总结和提升。这“八本书”无论从编写质量上，还是从理论水平上看，都属于上乘之作，其贡献不可磨灭，以至于今天人们再来审视这“八本书”，也对它们都心怀敬意。

1991 年，公安部派出了第一批赴英国学习警察学的留学生，他们是刘志强、王大伟、张鸣。第一批留学生不辱使命，在回国的时候，带回了重达七十多公斤的西方警学著作，并利用回国之后的五到十年时间，全面、系统、科学地引进和重建了对西方警学研究理论的框架，出版了《欧美警察科学原理》《英美警察科学》《第五次警务革命》等理论专著。这些著作不仅为中国引进了西方警察学，而且为中国公安学的研究提供了强有力的理论支持，使得中国警学得以和西方警学不断靠拢。

二、辩论：西方有没有警察学

关于西方警察学，现在有三种观点：第一种观点认为，西方有博大精深

---

① 川岛浪速就是大汉奸川岛芳子的养父。甲午战争中，川岛浪速充任日本翻译，随日军入侵过山东、台湾等地。甲午战争后任台湾官吏，1900 年随日军开赴天津。八国联军攻占北京后，出面劝降，迫使清政府弃守北京，因此功被任命为故宫监督。嗣后，出任日军占领区军政事务长官，留意保护满蒙贵族府邸，由此取得肃亲王善耆好感，由此开始往来。

的警察学；第二种观点，西方没有警察学；第三种观点是西方每个国家都有警察学。其实，这三种观点都具有片面性。

观点一，西方有博大精深的警察学。虽然西方有许多警学专著和警学科学期刊，但是他们却真的没有和我们国家相对应的警察学这个词汇。

概念。英语中没有与中文相对应的警察学这一名词。英语作为国际学术交流的主要工具，是一种用词严谨、规范的语言。英语在描述“学”这个词时比汉语谨慎，一般不多用。英语中“学”是拉丁文后缀“-OLOGY”。

英文中的“警察科学”（Police science）一词与我们的公安学、警察学既有相同点，也有区别。它最初的含义主要指警用科技与法医学，类似于我国的“公安科技”一词。以后也用来指警察研究中社会科学的内容。因此，英文中的警察科学与中文的警察学大致相对应，但不完全相等。

1991 年，王大伟在英国创造了英文词警察学（公安学），受到英国警务改革旗手约翰·安德逊的认可与肯定。

2005 年到 2006 年，中国人民公安大学承担了大量外国高级警官的培训任务，每次英文授课，笔者都采用 Policeology 这个词，获得外警官员的广泛承认。

欧美各国既无与我国概念相等的警察学名词，也无完全独立的警察学。警察学的独立宣言尚未问世，欧美没有像社会学、犯罪学一样的独立警察学大学科。

英国的警察科学（准确地译作“警察研究”）分设于政治学、社会学、刑事司法以及相应的自然科学研究领域。据现有资料查实，英国艾克塞特大学警察研究所是世界上最早可授予警察研究硕士与博士学位的大学。从某种意义上说，警察学似乎已经独立了，但该中心是由政治学系领导的。该中心 1986 年创立时叫警察研究中心，三年后改为警察与刑事司法研究中心。这一过程本身反映出警察学完全独立的趋势尚不明朗。英国有担负全国性警察培训的学校，有实际上为全国刑侦研究中心的研究所，有一支强大的警察研究队伍和成千种警察研究的出版物，但群龙无首。每当问及英国的大学教授、警察局局长，他们都否认英国有独立的警察科学。

美国的情况与英国相似，警察科学仍设于刑事司法的研究之中。刑事司法（CRIMINAL JUSTIC）指法院、检察院与警察机关。它与我国的政法系统概念类似。刑事司法也不是一个独立的学科（英文中绝无刑事司法学）。有人认为刑事司法是警察学的别名，这还应商榷。

观点二，西方没有警察学。这一观点也是不全面的。其实西方警学研究，特别是西方警察哲学的研究大本营在英国，几本著名的西方警学的著作，都产生于英国。比如说罗伯特·瑞那的《警察与政治》，约翰·安德逊的《自由警学论》，都可以堪称警察科学的鸿篇巨制。美国警学则主要侧重于实验和实用性的警察技能的研究。可以说英、美警学界垄断和代表了整个西方警察科学的发展，可谓平分秋色，难分伯仲。

英国的警察科学研究，以哲学和理想为特色，其代表人物是约翰·安德逊。约翰·安德逊把自己的警学研究称作是“安乐椅上的哲学”。安德逊是第二次世界大战士兵出身的老警察，他对警察学的感悟可谓鞭辟入里，他自称他做学问的方式就是独立、安静地坐在壁炉前，坐在安乐椅上轻轻地摇动，让自己的思想像一只蝴蝶一样在空中飞舞。他以这种方式写下了《自由警务论》《原则警务论》等一批经典之作。

美国的警学则是以实验和统计为所长，理性研究建立数学模型。其中最有代表的叫作堪萨斯试验。这一试验，被叫作警察科学的里程碑。堪萨斯试验可以说是石破天惊，给每个警察都树立了一种信念：我们必须凭科学办事，而不是凭拍脑袋办事。

英美警察研究有一整套独立的学术概念。根据笔者统计，现代警察科学独立的学术概念已有200多个，如“警察合法性”“社区警务”“邻里守望”“无增长改善论”等。这些英语学术概念现已打破国界，成为整个世界警察科学研究的共同语言，得到广泛的承认。

警察科学研究分为两类，实用技术研究与社会科学研究。无论是在英国还是美国，都是实用技术研究的机构多，人员水平高。英国、美国都有全国性的刑事技术研究中心，数以千万计的工厂参与刑事技术、防范技术的研究与产品生产。上述机构与人员相对独立，而社会科学研究则相对薄弱。美国有关警察科学中社会科学的研究多在各大学的刑事司法系，尚未独立。

纵观世界警学研究，可以用一句话来总结，那就是日月同辉，群星灿烂。所谓日月同辉，群星灿烂有两层意思。

一层意思是，欧美警察科学日月同辉，英国以警察哲学和理念为代表，美国以警察科学的实证和统计为代表。在这个层次上，形成了英、美的“日月同辉”。

另一层意思是，欧美警察学和中国公安学的日月同辉。英美警察科学是主导独霸现代世界警学的主阵地，但是中国公安学后起直追，不离不弃，具有潜在的能量和无穷的创造精神，在这个意义上，欧美警察科学和中国公安学又形成了一种日月同辉的局面。与此同时，非英语区域的警察学研究区域和发展中国家的警察学研究区域，形成了群星灿烂的局面。这就是我们所描绘的日月同辉，群星灿烂的局面。

观点三，每个国家都有警察学。现在当我们研究西方警学的时候往往求全，希望在西方每个主要国家，都找到他们警察研究的最新成果，形成大而全的世界警察学理论大全。这种观点是误区。因为很多西方大国并没有警察科学，而只是作为美国和英国警学研究的附庸。以加拿大为例，加拿大可谓资本主义社会大国的代表，但是其所有的警察科学，都是以美国的警察研究为母体，从警察科学的研究、警校课程的设置到警务战略的设计，都以美国为师，亦步亦趋。大量的发展中国家和第三世界，在过去叫作殖民地的时候，他们的警务思想和警学研究，主要以宗主国为自己研究的根基，也就谈不上有独立、系统、完整的本土警学可循。

三、突破国界论：春色满园关不住

世界上的警学研究四区域论。世界上的警学研究被人为地划分为几个区域，第一个区域是欧美区域，以英文为其载体。第二个区域，欧洲其他语种区域，像法文、德文。第二区域和第一区域有着千丝万缕的历史文化的渊源和联系。第三个区域是中文研究区域，以中国大陆、香港和台湾地区形成一个研究区域，以中文为载体。第四个区域，发展中国家区域，语言五花八门，宗主国各异，研究的发展阶段和进程也不一样。

英文区域和中文区域是警学研究的两大主力军，他们之间既有区别，又有相同。首先，英文区域是世界警学占主导的区域。由于英语是世界上公认的世界性语言，更由于欧美警学发展的历史悠久，社会地位之强大，使得英语警察研究区域占了警学研究的主导地位。以至于在这个区域中一有风吹草动，就会影响到整个世界警务改革的大趋势。可以说四次警务革命，甚至我们现在讨论的第五次警务革命，都是源于英美警学研究区域。这种客观的现实我们不承认是不现实的。

中国研究区域这些年有了长足的进步，迎头赶上英美警察学。由于中国人天生的勤奋、好学、顽强，以及自强不息的精神，使得中国人对西方警学的研究可以说是了如指掌。在把握世界警务改革趋势方面，在研究西方警学进程的细枝末节方面，我们都有可能超过英美地区。而且中国人有着自己长期积累的几千年的警务理念和警务传统，再加上几十年内形成的警察工作研究的优良传统，使得中国警学左右逢源，如虎添翼。

中西警学研究有四个不同，这四个不同在于：所用的概念不同，视角不同，历史进程不同，发展阶段不同。

仅就概念不同而言，西方警学中所用的社区警务论、反应警务论、主动先发警务论，都是和中国公安学中的概念完全不一样的。这一点是非常令人遗憾的。因为我们在自然科学上，已经完全和西方接轨了，我们所用的概念，比如说方程、微积分完全是采用了国际通行的一套标准体系。即使在社会科学领域中，比如说我们的 GDP（国民生产总值），也都采用了国际通用的标准概念。而在警察科学领域中，概念的含义可以说是彼此大相径庭的。

尽管有以上四种不同，但平心而论，中西警学研究的共同之处又是惊人的。实际上每个西方警学概念，在中文的词汇中，都有意义相等的或者大致相近的对应词汇。比如，社区警务对应综合治理，主动先发警务对应警民关系。

突破国界论。纵观世界警学研究几大区域的同异，我们提出突破国界论，而突破国界论的第一步，叫作逐步靠拢。

第一，逐步采用一定的相同相似的概念。也就是在我们的公安学中，逐步地采用一些西方警学的通用词汇和概念，比如，社区警务论、无增长改善论、主动先发警务论。

第二，逐步采用一定的共同理论。概念和理论之间的差异有的时候很难界定，那么西方一些成熟的警学论，比如最小动用武力理论，情报导向警务论，其内在规律是揭示了警务工作的共同的规律性。因为我们采用了这些理论，英美警察科学和中国公安学逐步靠拢。

第三，以我为主，逐步批判借鉴和吸收，最后形成中西概念大致相同的具有中国特色的公安学理论系统。这一理论系统，既坚持了中国传统警察学研究的特色，又全面系统地批判、借鉴了欧美警察科学的概念和理论。这是我们警察科学发展的理论畅想曲。

四、警察科学走出书斋与重返书斋

首先，警察科学要走出书斋。

1. 警察科学既是一门理论，但更重要的是一门实用性很强的科学。因此，警察科学要成为老百姓身边的科学，要成为基层警察警务改革的指导。

2. 警察科学要成为警务改革的指导。现在我们的警务改革，很多指导的理念和理论，是源于其他科学的，如社会学和管理学。学生写论文也不是以警察学为理论起点，而是以管理学、社会学、犯罪学为理论起点。这是一种十分奇怪的现象，因此警察科学要勇敢地走出书斋，成为为领导决策服务，为对敌斗争服务，为学生写论文服务的理论指导。

3. 警察科学要成为老百姓的护身符，要让每一个老百姓都知道有警察科学，自觉地学一点，比如自救自护的知识，也是警察学术研究的重要内容，警察学可以以自救自护知识为切入点，向群众宣传、组织群众、教育群众。

其次，警察科学要重返书斋。

1. 作为公安机关人才培养的视角。我们的研究生教育忽视了警察自身的规律研究，以至于研究生作论文的时候，大多以外部的理论如管理学、社会学作为自己的研究理论系统。

2. 作为公安机关指挥官的视角。比如，在警监班的培训中警察学所占的比例很少，大量引用了其他学科的理论作为理论依据，这种情况都是亟待改变的。因此警察学需要一个走出书斋和重返书斋辩证的思维的过程。

五、中国警察学一枝独秀

中国警学对世界警学的发展有着巨大的贡献，主要表现在：

第一，人数最多。我们中国人研究警学的人数在世界上是最多的。中国几十所高等院校中，汇集了一大批高学历的警察学研究人员，其中有博士、硕士，有博导、硕导，他们很多人都长期在美国、英国等发达国家学习过警察学和犯罪学。同时，在各省、公安部的理论研究队伍中，又聚集了一大批警察学术界研究的人才。可以说在研究队伍的质量和数量上，中国都是在世界上名列前茅的。

第二，众多的著作和出版物。关于警学的著作和出版物，中国科研的水平和力量也在世界上占有一席之地。我们每年出版的警察学研究专著和相关的著作数量相当可观，同时以中国人民公安大学学报和其他社会上主要期刊为主，形成了一个警学研究的理论阵地。

第三，学习的态度比英美人更加迫切。中国人对西方警学的研究，甚至超越了西方人。曾经有人说过，欧美警学研究实际上是本土研究，他们只知道有欧美，不知道有中国和世界，以至于欧美研究警学的视角、视野都是狭隘的，他们言必称英国、美国，但是对中国和大量的发展中国家警学视而不见，充耳不闻。而中国人却采取了虚心学习的小学生的态度，不仅掌握了英美警察科学的主要概念、主要理论，还紧紧追踪和把握世界警务革命的大趋势，不耻下问，勤奋好学，这一点是欧美警察学术界研究者所不可比拟的。

第四，中国警察学以理论见长。我们在警察学习的研究上不输西方，可以说我们是理论上的巨人。从我们警学研究机构的设立，从我们警察大学中所开设的警学博士和硕士的学位授予情况来看，都证明了我们这个民族是一个重理论、讲理论、理性思考的民族。

中国人，这个创造了世界上最早警察科学的民族，一定会在世界警务改革、世界警学理论研究的大舞台上，承担起一个日益关键耀眼的角色。

【编者注】《英美警察科学》于1995年在我社首次出版后，受到了相关领域的广泛关注，产生了较大影响。此次收入《公安院校知名教授学术文库》再次出版，为展示当时的研究原貌，准确反映学术研究的发展轨迹，我们仅对书中的个别词句进行了适当的技术调整和修改，全书未作大的改动，特此说明。

目录

上编　警察科学原理

第一章　欧美警察科学概论

第二章　研究方法与教学

第三章　警察哲学

第四章　比较警察学

第五章 警察教育学

第六章 警察与犯罪

第七章　欧美预防犯罪研究

第八章　警务理论研究

第九章　警察史论

中编　四次警务革命与改革热点

第十章　历史：四次警务革命

第十一章　警力：从人财物剧增到无增长改善论

第十二章　装备：机器人与传统更夫

第十三章　风格：从被动反应到主动提前警务模式

下编　最新警务改革与展望

第十七章　新警察专业化论

第十八章　理想警察论

附录

上编　警察科学原理

第一章 欧美警察科学概论

在我国人民警察实现革命化、正规化与现代化的进程中，对西方（主要是欧洲与美国）警察学的研究有着特别重要的意义。当前，我国成立了全国性的警察学会与各级地方学会，出版了《公安学基础理论》《警察学》等专门理论著作。随着研究的深入，在警察科学理论与实践的诸多领域中，我国都当之无愧地自立于国际学术之林，并在若干领域有所创造，属于领先地位。但同时，对外国警察学缺少系统的研究，对西方警察学的重要脉络尚不清楚，不能及时把握世界警务革命的大趋势，中西警察学研究不能接轨。笔者试图以本书勾画出欧美警察学研究轮廓，并作若干分析。

第一节
对欧美警察科学认识上的误区

“四方之下谓之宇，往古来今谓之宙。”警察作为人类发展到一定历史阶段所共有的社会现象，它既有一定的历史延续性，也存在着国与国之间的横向联系。改革开放以来，我国公安机关对外警的研究采取了批判借鉴、汲取学习的正确态度。几十年来，对外警的比较研究逐步深入：从初期对外警的现代化器材装备的感叹到现在开展对世界警务改革趋势的研究与警察学基本理论的探讨。由于对西方警察学的研究尚在起步，在部分研究人员和公安民警中存在着以下两个误区。

一、 认为欧美有与我们概念上相同的警察学

英语中没有与中文相对应的警察学这一名词。英语作为国际学术交流的主要工具，是一种用词严谨、规范的语言。英语在描述“学”这个词时比汉语谨慎，一般不多用。英语中“学”是拉丁文后缀“OLOGY”。如犯罪学

为“CRIMINOLOGY”，是犯罪“CRIMIN”加上“OLOGY”。而我国“学”这个词应用较多，不仅有“公安学”“警察学”，还有许多在此系统中的分支，如“公安社会学”“公安人才学”“公安经济学”“公安政工学”“武装警察学”等。① 我们通常所说的“警察学”是英文中没有的。这个词只见于我国台湾与日本学者的著述中，可能是他们自己创造的，也可能是从两个英文相近的词转译的：其一是 POLICE STUDIES，译为“警察研究”；其二是 POLICE SCIENCE，译为“警察科学”。通常，我们把英文中的警察科学借用、转译为汉语的警察学。例如，中国警察学会的英译名就是“中国警察科学学会”（Police Science Society of China）。

英文中的“警察科学”（Police Science）一词与我们的公安学、警察学既有相同点，也有区别。按英文《犯罪学辞典》，其定义如下：“警察科学（POLICE SCIENCE）是研究、分析与比较有关犯罪的材料与犯罪对象的科学。警察科学主要研究的领域是：细菌学（如疾病的产生与传播）、弹道学（如火药与火器）、生物学（毛发、纤维、植物等）、化学与毒品分析（毒品、毒药、炸药）、指纹分析、文检（手写、打印、笔迹等）、物理学（工具痕迹）、摄影学、法医学（伤害与死亡的方式与原因）以及其他有关学科。”从上述定义分析，英文中警察科学有以下特点：研究对象尚未分化，它采用各种学科中的相关成分，但它本身不是一门独立的学科。在西方，警察学是有实无名。尽管他们有无数的研究所，成千上万的出版物和一支具有高学历的研究队伍，但没有一个专有学术名词。

笔者关于警察科学的定义：

“警察科学”（Police Science）一词源于西方的警察研究。它是研究警察行为，解释警察现象，揭示警察规律的全面的系统的研究之总称。包括警察所应用的科学技术，也包括警察所研究的社会科学的全部。从研究的时间范围分析，警察科学的研究上限始于警察行为的开始，包括现在和未来的研究；从研究的空间分析，包括人类全部的活动范围，也包括世界上各个国家的警察研究。警察科学研究的逻辑起点是警察行为。在警察人员、警察组织

---

① 戴文殿：《公安学基础理论》，中国人民公安大学出版社 1991 年版。

和警察行为三个方面，警察行为是研究的逻辑起点。

本书所采用的警察科学，既包括警察研究科学技术部分，如弹道学、法医学等，也包括警察研究社会科学部分，如警察体制、警察史、警察理论研究等。

警察科学的时间和空间：

1. 警察科学的时间。警察科学研究包括从人类有警察行为开始，直到今天乃至未来。

2. 警察科学研究的空间。警察科学研究的空间包括全人类的活动领域，和全部国家。

3. 警察科学和我国公安学的关系，是一般和特殊的关系。我国公安学研究的时空分布是：从时间而言，主要研究中国共产党成立以后的警察行为，直到今天乃至未来；从空间而言，主要研究中国领土之内的警察行为。

英文中的“警察学”一词是由中国人在1991年创造的。1991年秋，公安部第四研究所的代表团到英国艾克塞特大学警察学研究所访问。康大民在讲述“公安学”时，怎样准确翻译这个词成了难题。欧美警察研究已有百年历史，但没有一个名词可概括公安学（警学）的基本理论框架。若以公安学直译，恐无人理解。若用警察科学（POLILE SCIENCE）又不对应。笔者当时正在该校留学，与缴济东、吴开清等人①创造了一个词“POLICEOLOGY”，即“警察”加“学问”（这里把中文的公安学与警察学视为同义词，统一译为一个英文概念）。康大民在讲解公安学时就采用了这个词。听到这个词的英国内政部官员、专家、学者，感到十分新鲜，于是引起了大家的关注。这件事在以后外国人的书面材料及谈话中也有印证。该所硕士教材《龙的盾牌——中国公安学纲要》首页写道：“警察学基本理论POLICEOLOGY，一个由中国人创造的学术名词。”英国德文郡前警察局长、英国警务改革的旗手约翰·安德逊说：“中国人用英文与拉丁文组合了这个新词，有特别重要的历史意义。”警察学（Policeology）的创造具有两重含义。其一，为英文创造了一个新词。其二，帮助西方世界认识到警察学是一个独立的大学科，而不仅仅是一项技术。这个词的创造，意义重大。

---

① 朱思涛、王大伟：《警察英语》，中国人民公安大学出版社1998年8月版，第331页。

二、 认为欧美警察科学是独立的大学科

欧美各国既无与我国概念相等的警察学名词，也无完全独立的警察学。警察学的独立宣言尚未问世，欧美没有像社会学、犯罪学一样的独立警察学大学科。

英国警察学（Police Studies 准确地译作“警察研究”）分设于政治学、社会学、刑事司法以及相应的自然科学研究领域。据现有资料查实，英国艾克塞特大学警察研究中心是世界上最早可授予警察研究硕士与博士学位的大学。从某种意义上说，警察学似乎已经独立了，但该中心是由政治学系领导的。该中心 1986 年创立时叫警察研究中心，三年后改为警察与刑事司法研究中心。这一过程本身反映出警察学完全独立的趋势尚不明朗。英国有担负全国性警察培训的学校，有实际上为全国刑侦研究中心的研究所，有一支强大的警察研究队伍和成千种警察研究的出版物，但群龙无首。每当问及英国的大学教授、警察局长，他们都否认英国有独立的警察科学。

美国的情况与英国相似，警察科学仍设于刑事司法的研究之中。刑事司法（CRIMINAL JUSTIC）指法院、检察院与警察机关。它与我国的政法系统概念类似。刑事司法也不是一个独立的学科（英文中绝无刑事司法学）。有人认为刑事司法是警察学的别名，这还有待商榷。

为什么欧美有强大的研究队伍、种类繁多的出版物而不能形成独立的警察学学科呢？笔者曾请教过许多外国专家。英国莱斯特大学公共关系研究所主任本·扬教授认为：“警察研究的发展趋势，似乎在呼唤着本学科的独立。但英国的政治、社会与教育制度又限制了它的问世。一个学科的独立，主要从研究、教学与著作上突破。以学校教育为例，中国、苏联等国家由国家统分大学生，因此可以设窄学科，培养专家与尖子；而欧美等西方国家学生自谋职业，学校只能设宽学科，培养通才。过窄的专业，如警察学怕招不到学生，学生学成后怕找不到工作。”警察学不能独立的原因诸多，如学科历史短、缺乏代表作、社会需要面窄，等等。总之，欧美警察科学尚处于“十月怀胎”的过程之中，或者说是有实而无名。

第二节

欧美警察科学的历史与现状

一、 短暂的历史

西方公认的世界上最早的正式警察——职业制服警察，是 1829 年英国内政大臣罗伯特·比尔所创建的英国伦敦大都市警察。尽管古代西方就曾有过一些关于警察行为的论述，并深刻地影响着近代警察学的发展，但系统的警察研究应是 1829 年以后的事情。

古代西方对警察行为的研究是多方面的，是一笔宝贵的遗产。现代西方警察研究的许多理论、基本原则，都有其深远的历史渊源。早在古罗马帝国强盛时期，西方的警察职能就广为行使了。处于古罗马帝国势力范围之内的古代不列颠曾实行过一种叫“太兴制”（TYTHING）的保甲制，每十家组成一个“太兴”，所有 12 ~ 60 岁的男子都必须参加，一人犯罪，十家连坐。现代西方警务改革的重要趋势——社区警务制，就源于此。1356 年法国成立了骑警队，1789 年法国资产阶级革命推翻了国王路易十六的统治，建立了资产阶级政权，实行资产阶级共和国的警察行政制度。法国骑警与宪兵形成了西方大陆派的警察风格：效忠中央、条条领导、武装特色、军事管理、镇压为主、兼管行政。与此相反，英国作为海洋派即盎格鲁 - 撒克逊派的代表独树一帜。1663 年伦敦市雇佣了大批非武装的“更夫”，左手持灯笼，右手持水火棍，走街串巷，报时安民。海洋派的警务风格是：地区自治、块块为主、平民化、服务型。欧美许多警务原则，如最小动用武力原则、服务原则等都源于海洋派传统。

欧美的警察研究可分为五个阶段：

1. 初期（1950 年以前）。这时有关警察研究的专门著作已经出现。据说 1866 年，德国曾出版过一本名叫《警察学》的专著，被人们称为警察学的开山之作。但这本书的德文原文是什么、主要内容是什么，无人知晓。此后，日本的川岛浪速也写过一本《警察学》。因为日本现代警察的产生是以欧洲为蓝本的，所以这本书一定在某种程度上学习了欧洲警察研究的成果。

2. 发展期（1950—1970 年）。这一时期欧美警察开始逐步完成了以扩编、装备为标志的警察现代化。警察研究从理论与实践方面都有了巨大的发展，上百种的学术杂志创刊，无数的学术著作问世。

3. 繁荣期（1970—2001 年）。欧美在 20 世纪 70 年代后期逐步完成了警察现代化。一方面，现代化不像人们想象的那样成为解决犯罪问题的灵丹妙药；另一方面，现代化本身又暴露出许多自身无法克服的危机。越来越多的学者开始探讨警察改革的道路。在警察学科基本理论方面产生了诸子蜂起，百家争鸣的繁荣局面。英国艾克塞特大学警察学研究中心主任比尔·塔夫曼说："十年以前，有关警察的研究还很薄弱。这十年，欧洲警察研究进入了繁荣阶段。没有这十年的研究，就没有现代警察科学。"

4. 迷惑期（2001 年美国"9·11"恐怖袭击之后）。经过 150 余年的积累与沉淀，欧美警察科学已日渐成熟，可以说形成了比较完善的理论体系与操作模式，世界警务改革的趋势也是明朗的。但是，"9·11"恐怖袭击使世界警务改革趋势峰回路转，已渐成熟的理论又重新受到了新的挑战。例如，公仆形象、最小动用武力原则等都面临否定或重新反思的境况。世界警务改革向何处去，不能不说已进入了迷惑期。

5. 全面反思探索期（2010 年以后）。新的世界性的警务改革有以下几种猜想：警察私有化的趋势（亦称警察社会化）；情报导向警务的趋势；反恐导向警务的趋势；危机警务的趋势。以上几种猜想，均以一种单一警务改革代替全面的警务改革，很难被确立为世界性的警务改革。①

"警务改革新专业化。"2011 年 3 月，美国人魁斯特佛·斯顿（Christopher Stone）提出了"警务改革新专业化"（Toward New Professionalism in Policing）。所谓"新专业化"，是针对 20 世纪 20 年代的旧美国警察专业化运

① 王大伟：《第五次警务革命》，中国人民公安大学出版社 2012 年版。

动而言的。[①] “警务改革新专业化”有四个要素：承担责任性（accountability）、有效执法性（legitimacy）、改革创新性（innovation）、改革整体性（coherence）。

“警务改革新专业化”是整体的、理论与实践相结合全新的警务改革，是对前几次世界性的警务改革，即1829年罗伯特·比尔建立伦敦大都市警察、1920年美国警察专业化、20世纪70年代警察现代化以及社区警务运动的综合反思与发展。“警务改革中新专业化”能否引领世界性的新警务革命，定论为时过早，但启迪颇深。作为引领世界性的第五次警务革命，应有以下条件：一是警务改革的综合性与全面性：二是单纯的警用技术创新不可能担当此重任。三是必有警察学基本理论的引导。

现代西方警察科学发展的四个趋势。纵观现代西方警察科学近200年的历史，其发展趋势有四：研究的对象逐步分化、专一；学术著作飞速增长；从偏重应用技术的研究向重视基本理论的方向转化；警察科学有独立的趋势，但条件尚不成熟。实际已形成了“有实无名”的局面。

二、 美国学者和麦关于西方警察研究发展的理论[②]

我国台湾学者邱华君总结了美国人和麦关于警察研究发展的六种理论：

1. 传统理论。19世纪前，警察研究人员中不少人认为警察是统治者的工具，警察的建立是巩固统治者政权的需要。因此，传统理论均以政权、政治力量为理论基础。警察研究局限于政治规范的范畴。

2. 安全维护论。安全维护论的基础是武力或暴力。这项理论的要点是：国家是一个领土区域，在此区域内，人民由一整套政治权威所统治。国家以所垄断的正当性武力来保障人民顺从其法律意志。所谓正当性武力，主要指警察。国家的目的是基于自由、安全、秩序与正义。警察的出现是国家出现后十分必要与迫切的需要。

---

① 王大伟：《第五次警务革命》，中国人民公安大学出版社2012年版。

② 邱华君：《警察学通论》，“国立”编译馆1991年8月版。

3. 行政管理论。该理论认为，警政是国家行政之一。国家行政的改革与进步，带动警务的改革与进步。行政管理论的基础是分工与分权，以科学的方法管理自己的行政部分，强调机械的效率观念。基于行政专业层级分工的观点，警察由于专业性的需要而设立独立的警政部门。此理论的基础在于组织分工与分权。

4. 行为科学论。农业社会与工业社会特征不同，对于犯罪影响亦不同。警察与犯罪有密切关系，犯罪率高低的分布，与警察有效的控制紧密相关。警察学理论，行为科学的研究，亦逐渐引进社会学、心理学、犯罪学的原理、原则来研究犯罪原因、犯罪人行为和警察人员的需求满足、激励士气法则，促进警察学理论的丰富化。因此，这一理论的基础是“行为科学”。警察行政是警察人员的警察行政行为。

5. 生态环境论。由于内在、外在、自然、人文环境的交互作用，形成组织机关的设立。国家是由许多主要组织系统组成。警察组织是大环境组织系统中的子系统，故警察学理论深受生态环境影响，形成系统组织研究，警察组织结构取向有很大转变。向外国学习，需要探讨环境适应性程度，否则硬性移植，必有水土不服的现象。因此，这一理论基础是考虑警察组织与警察行为的“生态环境目录”。

6. 社会价值论。该理论是借用社会学观点，以期对警察理论框架有所突破。第一是价值维护。把警察视为维护过程的辅助力量及代表社会控制的象征机关。第二是目标达成。社会为了实现其目标而设立的把警察视为政府强制力量，为社会控制的工具机关。此二者均运用社会学的“过程”，尤其是社会化及制度化，使警员在社会行为中完成警察任务。因此，此理论的基础是维护社会规范的价值体系。

三、 研究现状

现代西方警察科学的体系是什么？包括哪些基本内容？热点问题是什么？由于欧美国家众多，思想活跃，所以很难一言以蔽之。但欧美警察科学的研究具有趋同性，社会发展水平接近，警务改革几乎是同步的，加之语言文化背景同出一源。由此，警察研究可以做到以一种语言说话，彼此概念相通，研究接轨。

西方警察科学可分为基础理论与实用技术两大类。由于现代科学技术交叉，西方没有人为地把警察科学分为人文艺术和自然科学。基本理论的研究主要有：警察行政研究、警察管理研究、警察制度比较、警务原则、警察伦理学、警察发展历史、警务风格、犯罪学、犯罪对策、警察文化、警务改革、未来警察模式等。其中警察管理研究是警察科学中研究最深入、理论最成熟的部分。无怪乎有人讲，警察管理是警察科学的核心。美国人保罗·威森得的《警察行政管理》、美国人拉瑞·珍斯的《警察行政》是这方面的代表著作。警察管理的主要内容有：管理的基本理论、人员管理、警务工作管理与器材装备管理。

西方警察基本理论的著作很多，英国艾克塞特大学警察研究中心的硕士生必读书有200种之多，分为九大类：（1）警务比较（政治与警务、警务研究、社区警务、警务改革等）；（2）犯罪与违法（社会混乱论、失业与犯罪、环境与犯罪、犯罪高发区、亚文化理论、激进犯罪学派、标志论、马克思主义犯罪学等）；（3）警察工作程序比较（实践工作、主动提前警务、反应警务、目标管理理论、警民关系、国际警察合作、平民化警务风格等）；（4）治安；（5）当代警务（经济学的警务观点、统计学与警务、效益与效率、少数民族警务问题、向谁负责、警察私有化）；（6）国际恐怖主义；（7）各部门的警务合作（社区合作、被害人支援、公共关系、犯罪预防、青少年管理、毒品与少数民族问题、媒介论）；（8）刑事司法制度比较；（9）警察管理理论。在上述九大类、几百种专著中，有三本代表作值得一提：

《警察与政治》（Politics and Policing），或译《警察哲学》，是英国人罗伯特·瑞那（Robert Reiney）1984年著，这是西方警察学的经典著作。比尔·塔夫曼说："佛教有佛经，道教有《道德经》，《警察与政治》一书就是警察科学中的'道德经'。" 本书分为三章：警察历史、警察社会学、法律与政治。本书综合了自1892年以来西方关于警察科学研究的全部理论，被称为警察科学的小百科全书。

《警察科学》（Police Science），是美国人沙利文（John Sullivan）1977年著。这是至今发现的第一本，也是唯一一本叫“警察科学”的著作，对研究西方警察学的产生与发展有重要意义。本书主要内容有：警察发展史、刑事司法制度、警察的就业机会、警察作用、警察训练、警民关系、犯罪的挑战、警察科技的发展趋势等。此书着重描述，理论性不强。

《自由警务论》（Policing Freedom），是英国德文郡原警察局局长、国会议员约翰·安德逊著。本书针对西方警务现代化不可克服的危机，提出了无增长改善论、主动提前警务论和对未来警察的设想。安德逊的主要思想是：警察现代化应偏离强调高警察比例、高度装备现代化的美国模式，把改革重点放到社区、面向公众，以社会人力资源为警力后备，以质量胜数量。思想观念的现代化，现代警察哲学与新的警察思维比装备现代化更为重要。《自由警务论》是现代警察哲学的代表作，揭开了20世纪70年代后期西方警务改革的序幕。安德逊的警务思想深深影响了中国的警学理论与警务改革。

第三节

警察科学作为大学科诞生的标志

任何一门学科，特别是社会科学中大学科的诞生，绝不是简单的、一蹴而就的事情。以警察科学为例，不是依靠着一两本警察学著作的出版发行就能宣告这一学科问世的。相反，它需要较长时间的反复过程，多种标志的综合体现。

一、 警察科学诞生的客观标志

（一） 明确的概念

英美警察科学已初步具备了成为一门独立学科的条件，即 Police Science，Police studies，等等。但尚未直接命名“警察学”。所谓“学”，这个名称在英文中的使用是比较谨慎的。所以，从警察“科学”到警察“学”，其中必然有漫长的历史选择过程。如果不能上升为“学”，警察科学就只能是一种局部的、狭小的学术研究，绝不可能成为与法学、军事学等并驾齐驱的大学科。

（二）相对独立的研究范围与研究对象

英文中警察科学的研究范围与研究对象尚未分化，它与犯罪学、刑事科学技术、政治学、社会学等相邻学科与技术互为混淆，成为一种连体儿、混血儿。独立研究的对象缺乏明确的划定，如我国公安学确定了 H 形结构的框架，把整个学科对象分为主体与客体，主体即警察，客体有第一客体——犯罪与违法活动，第二客体——公众的权力、利益。而英美警察科学界未见此种分类。相反，他们的研究往往是就事论事，分专题研究，仿佛并不在意进行研究范围的划定。究竟是先划定范围再研究，还是先研究出东西再划定范围，中西方各有不同，各有所长。

（三）基本理论框架与子学科系统的建立与完善

一门大学科的建立，需要成套子学科的完善建制，这包括基本理论，本学科的哲学、学科历史、实用技术、各学科的分类研究、比较等六大基本体系。就现代英美警察科学现状而言，上述子系统已初步建立。例如，在基本理论方面，已有专著《警察政治学》；警察哲学方面有《自由警务论》；学科历史方面尚未见到理论性强的专著，但作为一般描述的著作较多，或散见于各种专著之中；实用技术方面可以说是硕果累累，著作数以千计；各学科分类研究方面的著作也比较多见，如《警察心理研究》等；比较方面的著作，如《制服背后——英美警察比较》《比较警察的若干理论问题》等。

（四）一整套独立的学术概念

英美警察研究在这方面也有一定的准备。根据笔者研究，现代警察科学独立的学术概念已有 200 多个，如“警察合法性”“社区警务”“邻里守望”

“无增长改善论”等。这些英语学术概念现已打破国界，成为整个世界警察科学研究的共同语言，得到广泛的承认。

（五）独立的研究机构与人员

警察科学研究分为两类，实用技术研究与社会科学研究。无论是在英国还是美国，都是实用技术研究的机构多，人员水平高。英国、美国都有全国性的刑事技术研究中心。数以千万计的工厂参与刑事技术、防范技术的研究与产品生产。上述机构与人员相对独立，而社会科学研究则相对薄弱。美国有关警察科学中社会科学的研究多在各大学的刑事司法系，尚未独立。英国有艾克塞特大学警察研究所、莱斯特大学治安研究所，两所的研究人员加在一起也不过二三十人。英美警察科学研究中不可忽视的力量是警察自身。许多警察在警务工作实践中撰写了出色的论文与著作。绝大部分有关警察科学中社会科学研究方面的杂志都是由警察部门出版的。此外，许多社会上的学者也参与这方面的研究。

（六）全国性、洲际、国际的学术组织团体的建立

现在西方尚无明确的警察科学研究的洲际、国际学术团体。现有的国际刑警组织、国际警长协会等虽然包含了一定的研究性质，但仍不是纯粹的学术团体。作为一种理论学术团体，其标志为：出版学术刊物，组织理论研讨，组织论文评选、颁奖，规划协调科学研究。在这些领域，警察科学与犯罪学比较有天壤之别，可以说尚未起步，差距巨大。

二、 主观承认

任何一门大学科的诞生，除客观标志而外，尚需主观的承认。在某种意义上说，主观承认有时比客观条件更为重要。主观承认的标志是：

1. 学科继承性，即不以某人、某个学术团体的存在而存在。例如，英国艾克塞特大学警察学研究所 1986 年成立，1990 年改为警察学与刑事司法研究所。既不能简单地把 1986 年作为英国警察学的诞生纪念日，也不能在

该所取消之后就认为英国没有警察科学了。如果一门学科随某人或某个学术团体的存在而存在，那么这门学科就还不能算是独立大学科。

2. 学科地位性，包括整个社会的承认与学科内部的自身承认。现代西方社会还没有承认警察学的独立。从研究机构到学科设置都还依附于社会科学的主要大学科。在各国学科的系列中，警察科学还没有独立成系统，多数归类于其他学科名下。在警察机关内部，关于警察科学是否应独立，或警察科学是否应成为一个大学科的争议也没有定论。

2013 年，公安学在我国成为一级学科，这是公安学建设的里程碑。在理论建设方面，公安学基础理论是公安学研究王冠上的宝石。一般来说，一个学科的基础理论由三部分组成。一是该学科的基础理论；二是该学科的历史；三是该学科的外国理论研究（以教育学为例，该学科的基础理论是教育学原理，学科历史是教育史，学科的外国理论研究是比较教育学）。公安学一级学科的建设，打牢理论研究是基础，而建立公安学基础理论的三个组成部分，是所有公安学研究的科研教学人员的神圣使命。

总之，西方警察科学作为一门大学科，虽然已具备了很好的客观基础，但距离成为完全独立的学科的那一天，还为期尚远。

第四节

欧美警察科学的特点与启迪

警察行为作为一种社会现象，有着自身发生、发展的客观规律。这就是世界警学理论研究趋同的基础。西方警学与中国公安学彼此隔绝四十多年，但不谋而合的成分很多，具有令人吃惊的相似之处。中国有综合治理，西方有社区警务；中国有街道治保会，西方有邻里守望制度；中国把群众路线作为公安工作的重要原则，西方把警民关系视为警务工作的客观规律；中国把警察的作用概括为剑与盾的统一，西方把警察的职能归结为反犯罪的斗士与社会服务员。

由于政治、社会、文化背景等诸多不同，也造成了中西警察学科之间的若干差异。翻开我国《公安学基础理论研究》，我们有层次较鲜明的理论体系和清楚的框架。我们所强调的是整体性，以大而全为代表，就如同古代文化中的阴阳、五行学说，包含着朴素的系统论的观点。H 形结构是公安学基础理论的核心，当我国首批赴西方学习警察科学的学生到达欧洲后，也试图找到类似我国《公安学概论》的书，结果跑遍了几乎所有的图书馆也找不到。欧洲也有警察科学的基本理论著述，但这些书都没有急于建立体系，而是就几个问题进行深入研究，各问题独立成章，彼此不成体系。这反映了西方人开放、多元、发散的思维方式。

东方文化以整体结构见长，西方思维以细节分析为优势。在警学研究上，西方抓单个实质命题，如巡逻、警务工作的效益等，深入调查，让事实说话，而后上升为理论。这就是为什么西方有成百上千本警察科学著作，却很难见到一本《警察学》或《公安学》的大部头书。

我国公安研究专著中定性的东西多，每个命题都有对错之分，一目了然。西方警察科学中有争议的东西很多，学术研究也在争鸣中深入。例如，西方警察学硕士的考试题目是："要车辆巡逻还是步行巡逻?""警察体制是中央控制好还是地方自治好?"学生的答案无对错之分，可各抒己见，旁征博引，让事实说话。只要言之有理，有调查研究，截然不同的结论都可以评为优秀。

西方警察科学研究由三个组成部分：以实验论证假设、总结典型经验、哲学思辨。三个组成部分中，以实验论证假设为主。该方法的特点是先立假设，再论证命题。通过调查、统计、实验得出结论，上升为理论。在警察工作中，有许多观点听起来很有道理，逻辑推论也可成立，但它们没有经过科学的实验，也就无法揭示警察工作自身的规律性。例如，车辆巡逻可抑制发案；街面上警察多，立案数就下降；犯罪率上升说明警察工作不得力；警察工作的重点是打击刑事犯罪。

车巡与步巡对抑制犯罪，维护社会治安有无作用，这就是一个命题。多少年来，巡逻是西方警察工作的核心，其作用当然是肯定的，但调查结果却出人意料。1974 年美国在密苏里堪萨斯市进行了车辆巡逻实验。实验分为正常巡逻、不巡逻和增加 2 ~ 3 倍密度的巡逻。其结果是：在三种不同的实验条件下，案件发生、警察反应速度与居民安全感均无明显差别，该实验结果促使美国警察加强步行巡逻，在巡逻中注意改善警察与公众的关系。

再如“街面警力是否影响立案率?”根据英国调查，在同一街区，警察每增加一倍，立案数就增加一倍。某街警察从 5 名增加到 10 名，报案数与立案数就相应上升一倍。英国从 20 世纪 70 年代至今，警力增长了近一倍，立案数也上升了一倍。立案率由 1970 年的 350 件/万人，增长到 1990 年的 760 件/万人。这里面的原因错综复杂，需要做深入的研究。

许多国家曾一度把发案率作为衡量警察工作的重要尺度。比如我国一些地方的总结报告中常见“今年发案率比去年下降 10%”这种类似的话。基于压指标的思想，使得隐案、漏案现象严重。数据资料已不能正确地反映治安形势与公安机关的真实工作量。英国的调查证明，随着社会的发展、法律的健全，犯罪率自然要经历一个由低到高的过程，这是犯罪的自身规律性，它不以警察的意志为转移。前英国艾克塞特大学警察研究中心主任比尔·塔夫曼说：“犯罪率高不一定是坏事。首先，立案率高说明警察工作认真、负责，立案与报案的渠道畅通。从某种意义上说，立案率高是警察效率高的标志。其次，犯罪率上升可正确反映警察工作，可以使警察部门向政府申请更多的预算与器材装备。”因此，“犯罪率上升说明警察工作不得力”的命题也不能成立。

关于警察作用的调查也是一个很好的例证。欧美调查证实，警察工作只有 20% 与刑事犯罪有关，80% 是承担社会服务性工作。以英国 1973 年的调查为例，在报案电话中，为解决家庭纠纷的占 28. 5%，交通事故的占 20%，人身健康问题的占 8%，解决家养动物问题（为猫狗服务等）的占 6%。西方警察学者认为，警察仅仅作为打击犯罪的战士这一种角色是不够的，日常的警察工作包含许多社会服务性工作。因此，“警察工作的重点是打击刑事犯罪”的命题也是片面的。

西方社会制度、文化背景、社会发展阶段都与我国不同，他们的这些实验并不适应我国国情，绝不可生搬硬套，不加选择地指导我们的工作。但他们的警察科学研究很有特色，归纳起来有：理论来源于实践，以调查证明假设；不擅长理论推导，而注意解决实际问题；治学严谨，方法虽机械却也科学。

西方警察科学对我们的启迪与借鉴有四。其一，发现自身的优势，在比较中确立自尊。比较的过程就是一个重新发现自我，确定自我的过程。比如，世界上任何一本英文警察科学专著，都明确地写道，近代制服职业警察是1829年英国内政大臣罗伯特·比尔所创建的伦敦大都市警察。但近年来西方学者认为世界最早的制服职业警察是中国辽金时代的警巡院，由衷地承认中国警察在世界警察发展史中的特殊地位。其二，了解世界，在警察科学研究方面与西方接轨。应当看到，尽管我们十分重视对西方警察科学研究的动态追踪，但由于历史的原因，有很多研究人员对西方警察的基本概念、基本框架还不够了解，形成了中西警察研究两张皮的现象。这种差异不仅没有缩小，反而有扩大的趋势。公安研究是中国人的骄傲，是世界警察学的一颗明珠，它要发展，它要走向世界。因此，它与西方警察研究的接轨是一种历史必然。其三，把握世界警务改革的大趋势。西方警务改革的大趋势均指向返璞归真。从重视人、财、物的增长转向面向公众与社区；从以警察为主体转向以社会为主体；从单纯重视犯罪率到注意多种指标综合评价。世界警务改革的趋势指向，许多都是我国公安工作优良传统之所在。因此，要看到我们自己的长处，坚持长处。是发扬我们的长处走自己的路，还是沿着西方几十年前的路子走，这是我国警察现代化的关键一步。西方警察现代化比我国先行了50年，前车之鉴，可为后世之师，避免前人走过的弯路，不仅可使我们赢得宝贵的时间，还可以节省大笔开支。其四，寻找科学的研究方法。中国警察学应坚持自己体系完整、层次清楚的特点。同时，逐步开展调查、实证，采用科学的方法，深入剖析，上升为理论，为领导决策与对敌斗争服务。警察学应成为一门有雄厚理论基础的实用科学。

本章理论盘点与评述

一、“英美警察科学的有实无名论”

通过上述理论分析，笔者认为：西方没有和公安学完全对应、概念内涵相同的警察学。笔者称之为：“英美警察科学的有实无名论。”

一是“有实”。欧美警察科学研究有无数的出版物，丰硕的理论专著，有浩瀚的期刊索引，有无数支专业的警察科学的研究队伍。有国家甚至洲际的警察研究协会和团体，这是不争的事实。

二是“无名”。尽管西方有两个词，一个叫警察科学（Police Science），一个叫警察研究（Police Studies），但这两个词与我们的警察学和公安学既有联系，但更多的还是区别。“警察科学”一词，更多地强调的是法医学、侦查学，大概相当于我们的公安技术，而警察研究只是一个宽泛和松散的概念，并不完全代表一种系统的理论研究。

二、“英美警察科学的两大分支论”

英美警察研究有一整套独立的学术概念和独立的理论体系。

英美警察研究有一整套独立的学术概念。根据笔者统计，现代警察科学独立的学术概念已有200多个，如“警察合法性”“社区警务”“邻里守望”“无增长改善论”等。这些英语学术概念现已打破国界，成为整个世界警察科学研究的共同语言，得到广泛的承认。

英美警察研究有一整套独立的理论体系。通过比较研究，我们发现欧美警察科学的理论较为完整，大概具有几十个理论体系。西方警察理论体系包括两个分支：警察哲学与警务理论。笔者称之为：“英美警察科学的两大分支论。”

首先，警察哲学中的警察本质论、警务原则理论、警察角色论、警察化理论，具有一定的学术规范和理论高度。

说到西方警学研究，我们可能更多地会想到他们的实证研究。比如，美国的堪萨斯车巡实验，英国的艾克塞特社区警务模式。我们往往会产生出这样的想法，就是他们是不是在理论研究上缺乏畅想呢？答案是否定的。“安乐椅上的哲学”，也就是对警察的哲学思考是西方警学研究的强项。以英国社区警务之父约翰·安德逊为例，他在以毕生精力从事警务工作的基础上，以“安乐椅上的哲学”这样的特殊思维方法顿悟出无增长改善论、理想警察等许多独树一帜的警察研究理论。

其次，警务理论。例如，反恐导向警务危机警务、情报导向警务，这些所谓的新理论，更偏重于实证的研究，具有一定的可操作性。这些理论体系与我们公安学的理论体系比较，无论在学术性上，规范性上，还是研究方法上，都具有特色，甚至在一些领域中，领先于我们的研究。因此，西方的警察科学，应该汲取中国公安学的理论研究，而中国公安学更应该在批判借鉴的基础上，学习引进一些西方警察科学的理论。

英国与美国的警察研究理论更多的是实证科学。尽管“安乐椅上的哲学”这样的思维模式在西方警学研究中有一定的地位，但是从比较警察的视角来看，英美警察研究似乎有以下特点，更重视细节，更重视实证，更重视案例总结，更重视以统计数字说话。而这些都构成了西方警察研究注重实证的特色。而这一点对我们的启示是多方面的。

三、“英美警察科学概念和理论交叉论”

中国人关于概念和理论，应该是泾渭分明的。概念就是概念，理论就是理论。而西方，不论是从语言学还是从警学研究的实践上，两者多有交叉和重叠。以社区警务为例（Community Policing），它既是个概念，又是一个庞大的理论体系。这一点我们很容易理解，但是有的概念缺乏理论支持，比如，最小动用武力论（Minimal Force），其概念的成分多，操作的成分也多，可以说是个警务原则，但还不能称之为理论。这也是直接和间接地与西方人的思维定式相联系的，在我们看来或多或少的有些缺憾。

英国与美国的警察研究理论丰富，体系混乱。随着我们对西方警学研究的深入，有时候会叹服他们做了大量的认真细致的研究工作，有很多思想对我们都有所启迪。同时又会发现西方警学研究的体系混乱，逻辑性不强，具体地说，欧美警察科学好像不在意去搭建一个完美严密的逻辑体系，而把研究的重点更多地放到具体细致的微观分析上，这是中西方关于思维模式和研究方法上的差异。

四、“英美警察科学主导论”

英国与美国的警察研究是国外警察研究的主体。除英美以外，其他国家有没有警察学，或者说有没有独立的警察学？这的确是一个非常难回答的问题。经过这几年的考察，笔者似乎有这样的感觉：一是西方警学研究是以英国和美国为代表的，换句话说，英美警察研究的理论和概念已为大多数国家所接受。二是很多发展中国家曾经是英国、法国、美国的殖民地，因此，它们的警学研究都不可避免地带上了宗主国的色彩。三是有很多国家认为，不需要脱离英美而自己去另搞一套理论体系。比如，2013 年在中国人民公安大学代表团出访加拿大时，加拿大皇家骑警培训基地的负责人曾就此就给出过这样的答复：“我们加拿大离美国很近，我们的语言和美国是一样的，我们不需要再独创一套警学研究的理论体系。”四是长期以来，欧美警察科学以一种唯我独尊的态度傲视其他国家的警学研究，在很多理论研究著作中，只知道有欧美，不知道有世界。

最后要强调的是，中国的公安学理论研究在世界上一枝独秀，已经受到了很多国家的赞赏。同时，第三世界发展中国家的警学研究也在不同的领域有所建树，认真地发掘和研究这些理论将是今后警学研究不可忽视的方向。

五、“行为起点论”

警察研究有漫长的过去，但只有短暂的历史。之所以这样命题，其逻辑起点是，警察到底是行为还是组织和人员？

其一，警察作为组织而言，历史并不久远，只有不到200年的历史，以1829年罗伯特·比尔建警为代表。其二，警察作为人员而言，在历史上曾经长期存在，如中国古代的捕头、仵作，日本的捕亡方等，他们或多或少地承担着现代警察的某些职责。其三，如果以警察行为为理论起点，我们的视野就会顿时开阔起来，我们的研究空间就可以从时间和空间两个方面迅速地延展，比如，古老的宗教、禁忌、文化都可以纳入非正式警务的范围。从某种意义上来说，如果我们采纳警察行为作为警察研究的逻辑起点，那么，研究就会游刃有余。

公安学理论研究应批判与借鉴国外警察研究。随着我们对西方警学研究的深入，我们越来越发现中国公安学和西方警学有很多共同点和相似之处。因此，中西方的警学研究应该在批判和借鉴的基础上更多地、有选择地、有重点地互相帮助。这种学习不是单方面的，随着我们国力的强盛，文化影响力的扩大，中国警学走向世界的那一天为期并不遥远。更何况，在走向世界的这条路上，我们已经迈出了坚实的步伐。

第二章 研究方法与教学

第一节

研究方法

没有科学的方法，没有科学的方法论，就没有科学的理论。科学研究的方法对创造性地确立和发展一门科学体系具有重要的意义。警察科学的水平，除了取决于历史的继承，更主要地要依靠研究方法与研究指导思想的科学化。在西方警察创立的初期，警察队伍内部对科学研究采取轻视的态度。由于“警察亚文化”的存在，警察只注重实际工作，反对理论研究，不愿进行警务工作科学化的探讨。直到20世纪初，由于美国警察专业化运动的兴起，带动了警察科学研究和对科学方法的使用。鉴于西方警察科学自身的矛盾性，既具有较扎实的基础，又没有完全独立，所以它在研究方法上也存着两重性：一方面具有一定的本学科独特的研究方法，另一方面又广泛借用其他学科所共有的方法。迄今为止，警察科学尚未出版过关于本学科研究方法的著作，甚至在其他著作中，关于研究方法的章节也很少见。笔者根据自己的体会，将英美两国警察学研究方法加以归纳总结。

一、 方法概述

（一）研究方法的含义

“方法”一词在英文中译为“method”。其含义为：（1）在人类任何心理活动分支中的特别程序形式；（2）顺序与分类的习惯；（3）有关观点的有顺序的安排；（4）分类的纲目。[①] 美国人肯尼思 . D. 贝利认为：“方法，可简单地解释为搜集资料的研究技术与工具。”这样，在西方人看来，无论是电子显微镜，还是民意测验都是研究的方法。西方人在“方法”这一概

①［英］乔伊斯 . M. 霍金斯：《牛津大百科全书字典》，牛津大学1991年版，第913页。

念上的界定比我国要广泛，它包括方法、工具、分类程序等三个要素。

与方法有关的词是“方法论”，英文中为“methedology”。英国人肯尼思.D. 贝利称之为：“研究进程的哲学。”方法论以哲学的宏观包容解释研究的过程，包括假设和基础理论。例如，如何提出假设，证据要达到什么程度才能肯定或否定假设，在研究过程中采用什么样的哲学作为分析问题的基础等。总之，方法论与方法相比较，其更广泛、更有理论性、更全面。方法与方法论的区别对中国研究人员有着理论与现实的指导意义。

（二）研究方法的分类

英国人赫尔曼·曼海姆将他的犯罪学研究分为两大类，即初级方法与中级方法。初级方法包括统计学方法、分类研究方法与个案研究方法。中级研究方法包括社会学方法、实验的方法、预测研究与可操作性研究。英国人肯尼思.D. 贝利把社会学研究方法分为两大类，即调查研究的方法与非调查研究的方法。调查研究的方法包括调查抽样、问卷、访谈研究；非调查研究的方法包括实验、观察、文献研究、模拟等。

（三）现代警察科学研究中常用的几种方法

现代英美警察科学最常用、最广泛的方法有以下几类：统计、问卷、典型研究、实验、文献研究、比较、思辨等。

二、 统计方法

（一）统计的定义

“统计”一词在英文中译为“Statistics”，其含义为：科学地选择与分析数字材料，如任何抽样的系统或百分比，统计方法一般分为两大类：一是官方的统计数字，如英国内政部每年颁布的有关犯罪和警力的统计，或是各郡县警察局的年度报告所公布的数字；二是个人或某课题研究组就某一个研究而进行的统计或抽样调查。

（二）官方统计

英美等国在发布官方统计数字方面有着悠久的历史。例如，美国在1834年马萨诸塞州发布了第一份监狱服刑统计，这是相关领域的最早的统计之一。1929年美国联邦调查局又连续出版了《统一的犯罪报告》。另外，美国的“被害人调查”、英国的“不列颠犯罪统计”都是世界上很有名的调查。官方统计分为两类：中央政府的统计和地方警察部门的统计。

1. 中央政府关于警察工作的统计。英国每年出版一期官方统计数字大全，其名称为“关键资料”，包括财政、工业运输、就业、防卫、法律、教育、健康等七项。其中有关警察科学研究的资料为：（1）全英犯罪立案数（由警察部门统计）。共分为暴力侵入、性犯罪、入室盗窃、抢劫、偷盗、诈骗与伪造、犯罪性破坏、其他等类别。（2）刑事处罚统计。包括无罪、缓刑、罚款、社区服务、5年徒刑、5年以上徒刑等项。（3）毒品统计。包括各种毒品，如海洛因、可卡因、SLD等。（4）犯人在押统计。这些统计数字向社会公布，配有精制的统计图和各种分类表格，成为警察科学研究的权威数据。

2. 地方警察局有关警察工作的统计。英美地方警察局每年都要发布年度报告。在这些报告中，都附有关于本地警察与犯罪的各种调查数据。英国斯台斯雷德郡警察局的年度报告附统计数字分类：（1）本郡报案统计。包括暴力犯罪、性犯罪与财产犯罪三类。其中暴力案件有13项分类，包括凶杀、杀人未遂、过失杀人、过失伤害致死、严重人身攻击、携带进攻性武器、违反武器控制法、抢劫、恫吓、虐待儿童、拐卖儿童、绑架、以犯罪为目的持有武器等；性侵害案件共14项，包括强奸、性攻击、卖淫等；财产案件共17类。（2）交通事故统计。分为致死、重伤、轻伤、无伤害四类。（3）警察培训调查。分为上岗前培训、高级警官培训、通讯培训、专项警察技能培训、后勤培训五类。（4）警官成员统计。分为正常退休、病退、辞职、强迫辞职、调动、因公死亡、升迁七类。（5）警官兼职统计。分为在学校任教、参加警官协会、参加国际刑警组织、参加犯罪统计委员会四类。（6）警官警龄统计。分为0～4年，5～9年，10～14年，15～19年，

20～24 年，25～29 年，超过 30 年。（7）违法案件统计。分为扰乱治安、人身攻击、打砸抢、种族歧视、其他五类。

（三）个人与课题研究

由于个人与某课题不可能进行全面的、大规模的、每年一次的警务工作统计，抽样方法就成为这类研究的最佳选择。抽样方法需要科学的设计，符合统计学原理的方法和步骤。这包括确定抽样范畴、进行概率抽样（随机抽样与系统抽样），科学地计算样本数，加权样本等。英国麦迪莱斯大学犯罪研究中心于 1988 年进行了海沫史密斯与福海犯罪与警察科学调查。[①] 这一调查是迄今为止在警察科学统计方法方面最全面的范例，其方案介绍如下：

1. 研究方案的四个阶段：（1）咨询。在调查研究之前，进行广泛的咨询活动。一是在外部咨询，即面向社会，广泛地吸取社会的建议和忠告，以便发现哪些警察工作和犯罪问题是全体市民最关心的。二是内部咨询，在警察部门，警察委员会等内部机关展开，与许多警学和犯罪学权威进行座谈，确定研究方案。（2）问卷设计。问卷设计主要基于两个基本方面，即外部与内部的咨询结果，并参照现有官方问卷。由于英国官方曾多次进行过世界著名的不列颠犯罪统计，所以问卷多参考不列颠犯罪统计。（3）实际调查。尽可能多地聘用调查人员和扩大调查范围。（4）资料分析。输入电子计算机进行处理，而后请专家分析。

2. 调查范围包括：（1）被害人调查。（2）社区基本情况调查。其中包括年龄、性别、种族、子女、收入、就业情况、电话与汽车的拥有量、政治倾向、邻里熟悉情况、参加各种社团与组织的情况。（3）犯罪分布与频率。如犯罪侵害程度、各种案件的统计。（4）公众对犯罪的感觉程度。包括对犯罪危害程度、公众安全感、对犯罪警惕性、犯罪程度的变化等调查。（5）警察与公众关系的调查。其内容有：对警察一般态度的调查、少数民族对警察的态度、对警察行为的反映、帮助警察的动机分析、警民接

---

① [英] K. Painter 等著：《海沫史密斯与福海犯罪与警察科学调查》，麦迪莱斯犯罪研究中心 1988 年版。

触调查、公众对警察工作的参与、警察对公众生活的帮助、警察工作的重点分析、警察的责任性研究、警察效益的研究。（6）综合治理与预防犯罪。如预防犯罪的战略、地方政权的作用、警察工作重点研究、对警察工作成功的评价、公众对警察个人品格的评价。（7）种族、犯罪与警务。包括地方犯罪问题、公众对犯罪的恐惧感、种族差异与被害人的关系、犯罪的危害与后果、公众对警察公正性的评价、公众对警察效益的评价、公众与警察及法庭的联系、抑制犯罪的首选方法、毒品吸食与种族的关系。

三、 问卷方法

（一）问卷的定义

“问卷”一词的英文翻译为“Questionaire”，其含义为：有关统计学的若干问题所组成的系列试卷。问卷由直接问答（笔答）和邮寄笔答两类组成，也有人称之为访问调查表。

（二）问卷设计技巧

问卷设计是一项相当高的专业技能。它包括一系列的技巧：

1. 问题的措辞。一个大问题不能包括两个子问题。例如，“当你遇到困难时，你首先想找的人是警察，市政官还是其他人?”这个问题应改为：“你首先想找的人是警察还是其他人?”措辞应避免公众不清楚的概念或含糊不清的问题。如“犯罪亚文化”“警察自决权”等词并不是每个人都知道的。

2. 避免诱导性问题。问卷设计者的倾向性会使答案也带有偏见。如“你对黑人警察反感吗?”应改为“你对警察的种族有不同的态度吗?”

3. 封闭性问题与开放性问题。封闭性问题指在各种答案中的选择。如“你与警察上一次说话是因为什么?”答案选择为：犯法、求助、打招呼、其他；又如，“你丢失多少钱才会报案?”答案为：50 元、100 元、200 元、500 元、700 元以上。封闭性问题的优点在于答案是标准化的，在分析时如果进行编码与处理，可进行数字分类。其缺点在于不可能完全包括所有被试人的真正想法；从而使被试人不得不选择不太符合自己情况的答案。开放式问题是指用自己的话来答题，如“你要对警察说的一句话是什么?”其优点在于调查人可了解到自己一开始不曾想到的情况，给被试人以创造性与自我表现的机会。其缺点是有时所答非所问，给分类、编码等处理带来困难。

4. 问卷应附一封热情的信或若干说明，说明调查人的身份（最好盖公章），保证为被试人保守秘密，标明回信的最后期限，写明准确的回信地址，准备回信的信封和邮票。

问卷调查一般不应少于100份。由于投资比较少，调查周期比较短，问卷调查成为西方警察机构进行警察学调查的首选方法。英美警察部门经常在街头进行此类问卷调查。学习警察科学的硕士、博士研究生，也把问卷法视为自己写论文的最佳取样方法。硕士、博士论文需要大量的、自己调查的数据，并要求在毕业论文中附大量的表格和图表。自己动手设计问卷，自己进行问卷调查是西方警察学研究生的基本技能。同时，掌握问卷技术也是西方警察的工作技能之一。

四、 试验方法

试验方法，英文为“Experimentation”，即通过试验发现结果的方法。试验方法是在现场进行的，并对环境进行各种人为的控制，试图揭示某个自变量与多个因变量的关系。试验方法最早被自然科学所采用，后来为社会学家、犯罪学家应用于犯罪研究，近几十年又被应用于警察科学的研究之中。

试验法有三大优势：首先，确立因果关系，试验法是社会科学中确立因果关系的最好方法；其次为控制，试验法可排除外部因素造成误差的机会；最后是整个过程的分析，西方叫纵贯分析。试验法可研究小到几小时，大到数月数年的整个过程和全部时期的变化。试验法也有不足，如试验现场是一种人造环境，与自然状态有所脱节。又如，试验人员可能受到干扰和暗示，从而影响试验的精确度。

美国堪萨斯市巡逻试验是警察科学方法论上的里程碑，它是有关试验方法在警察科学研究中的有益尝试。尽管有人对试验成果抱有怀疑，但在新墨西哥州阿尔伯克进行的类似试验所得结果与此相同。可见，试验的方法是科学的。该试验始于1972年7月19日，于1973年7月30日结束，历时12个月。该市南部巡逻区共有24条巡逻路线，选择其中有代表性的15条作为试验区。试验区的15条巡逻线根据相似的犯罪数据、求助电话数量、种族成分、一般收入和人口流动等情况用计算机分成五组，每组包括三条巡逻线，各组的三条巡逻线的巡逻水平各不相同。其一，反应式。不搞预防性巡逻，这些巡逻线上的警车只处理求助电话。他们在非执行任务时间，不再处理求助电话，而是巡视反应式巡逻线的边界地区，或附近的主动式巡逻线。其二，主动式。五条主动式巡逻路线配备两倍或三倍于原有警车数。其三，控制式。五条控制式巡逻路线保持一般的巡逻水平，每条线上配一辆警车。在堪萨斯市15条路线上进行不同水平的巡逻，有助于对过去强化巡逻所产生的犯罪转移的解释：试验发现，试验地区的巡逻水平各不相同，但结果没有多大差别。首先是受害情况。对反应、控制和主动三种形式的巡逻进行了69种比较后，没有从受害情况调查中发现犯罪数字有明显变化。其次是公民对犯罪的恐惧。例行预防性巡逻的变化没有明显地影响公民对犯罪的恐惧。再次是公民对警方的态度。预防性巡逻水平的变化，没有明显地影响公民对警方的态度。最后是反应时间，警方对求助电话作出反应所需的时间，没有受日常预防性巡逻水平变化的影响。

堪萨斯市的试验对警方日常巡逻作用的传统看法提出挑战。取消日常巡逻，并没有明显减弱警方控制犯罪的作用。公民对犯罪的恐惧和公民对警方的态度没有受到影响。警方对求助电话的反应能力也没有受到影响。

五、 典型研究

（一）典型研究的五个步骤

典型研究一般可分为选择研究地点、设计研究方法、分析总结、上升为理论、典型推广等五个步骤。典型研究是英美警察科学中最常用的方法。它与我国的发现典型、总结经验、逐步推广大同小异。严格地讲，典型研究不是一种方法，而是属于方法论的范畴。它可以包括实验法、问卷法、统计法等多种方法。

(二)“社会抵抗犯罪”的典型研究

英国艾克塞特市曾于1976年进行了“社区抵抗犯罪”的典型研究，是典型研究的代表，符合典型研究的几个步骤。

1. 选择研究地点。研究地点选在德文郡的艾克塞特市。约翰·安德逊是德文郡警察局前局长。由于安德逊以警务改革的旗手著称于世，因此他所倡导的社区警务等改革措施在德文郡警察局深得人心，有广泛的群众基础。这对于调查研究很有帮助。同时，艾克塞特市是英国西南部的富人居住区，公众的文化水平较高，公益事业心较强，这些也是开展调查的保障。研究地点选择之后，为进行深入研究，又根据不同的研究课题选择不同的街区。例如，在进行社区服务性研究时选择了现代化水平较高的韦伯屯区。在研究城市绿地与犯罪关系时选择了被绿地包围的巴屯地区。

2. 设计研究方法。由于典型研究不属于一种方法，而属于方法论的范畴，所以艾克塞特市“社区抵抗犯罪”的研究采用了多种研究方法。例如，在数理统计上创造性地采用标图法，在一张地图上把各类犯罪案件的高发点用不同颜色标出来，或利用幻灯把各种犯罪分布投影到一张地图上，找出犯罪的高发地区。又如，在试验方法上，创造性地采用假设条件的因果关系研究。在暑假期间，由警察组织球赛和其他多种多样的娱乐活动。其假设为：“对青少年而言，丰富多彩的假日活动可能成为犯罪的一种替代。”试验结果证实了这一点。

3. 分析总结。在整个典型研究中，警察机关善于改革，富于创新。创造了一系列改善警民关系的新做法。如定期召开了警民座谈会，组织警察星期日报告会，开展青少年反乱丢垃圾活动等。在预防犯罪方面，根据标图法，找到了艾克塞特市犯罪的高发点、高发区和高发分布的地域和时间规律，在警察机关内部建立警务咨询组和预防犯罪部。上述改革一旦经试验证明有所收效，马上提炼加以肯定。

4. 上升为理论并逐步推广。在艾克塞特市典型调查之前，安德逊关于警务改革的理论，如新的警察哲学、无增长改善论等还是理想中的警务改革，是“安乐椅式”的哲学思辨。艾克塞特市典型调查使理想变为现实。调查的结果与一系列成功的经验成为全英国开始警务改革的理论基础和实际范例。艾克塞特市典型调查被全面总结，上升为理论。该调查的成果最终以学术专著的形式出版，书名为《社区抵抗犯罪》。从此，社区抵抗犯罪成为英国警务改革的一个新学术概念，并广为流传。在此基础上，英国内政部在全国开展了预防犯罪与社区警务的五大城市试点工作。由此可见，警察科学方法的成功导致了一场全英国范围内的警务改革。

六、 文献研究

文献研究法是西方警察科学研究的基本方法之一。英文为“Analysis of documents”，其含意为：有关研究现象与信息的任何书面材料。

（一）文献分级

1. 初级文献，即首次经历的特别事件或行为的人所撰写的目击或描写。诸如自传、回忆录、记录、海报、名单、表格以及原始材料等。初级文献在警察研究中起着重要作用，即我国研究人员所说的“第一手材料”。初级文献一般较难查找，但具有真实、客观的特点。研究者可据此进行多角度、多层次的分析。例如，研究英国社区警务的文献《德文郡警察局召开本地犯罪通报会的邀请函》：

你想了解你的地区吗？有一件事发生在你的身边，你却没有注意，这就是犯罪在不断地上升。最近的调查已证明了这一点。如果你对自己或邻居还想关心的话，一定想听听警察所掌握的情况。这些情况将影响你的孩子，你的家庭和你的生活。

会议定在韦伯屯中学，1977 年 3 月 18 日晚 8 点开会。

我们需要你的帮助、建议。

局长　安德逊

2. 二级文献，即经历过两次加工所形成的文献，是研究者通过访问、阅读或研究初级文献后加工分类的产物。二级文献最易获得，它分布于各种论文与报告之中，是警察科学研究的基础。

3. 三级文献，即印刷品，如学术文章、著作、期刊等。

（二）文献研究方法的优缺点

首先，可研究无法接近的对象。例如，警察历史与外国警察的研究。其次，样本数较大，花费较低。例如，长期研究一种刊物，可追踪研究几十年，可获得成千上万的样本。与其他方法比较，花费较少。最后，客观真实。与试验、问卷等方法比较，人的真实思想往往更多地暴露在自传、信件等初级文献中。

文献研究方法也有若干不足，如抽样失误，仅限于言语行为，缺乏标准形式，编码困难等。

（三）文献研究的技术要点

对英美警察研究人员，以及警察科学的硕士生与博士生而言，研究方法既是研究科学的出发点，又是个人工作的基础。在文献研究上，具体的技术要点很多，下面是英国警察研究人员应知应会的几个要点：

1. 阅读文献中的自问法。在阅读文献特别是三级文献时，研究人员要自问若干问题，以自问的形式加深理解。英国《警察科学硕士手册》中列举了七问法：（1）文献的作者是属于哪一学派？（2）文献写作的具体时间，这一时间在学派变迁中属于早期或晚期？（3）本文献是属于理论思辨、研究数据还是评论与批评？（4）这一文献属于政策评论，还是属于为阐明理论而进行论证、评价理论、拓宽某理论？（5）如果本文献是研究资料，它代表个人、某一群体或某一部分人的观点？（6）本数据的研究方法是安乐椅式的思辨，定量分析还是定性分析？（7）本数据的研究方法属于行政统计、问卷调查、抽样调查还是个案研究？

2. 建立卡片索引与图书索引。建立参考索引的目的在于把文献分类科学化，使研究人员尽快查寻到所需的文章题目、语言等。以便为研究、撰写文章提供方便。建立卡片索引与图书索引要以自己的分类为主，方便自己。

分类有两种，按作者分类或内容分类。卡片索引建立的要点是，在阅读文章、书籍时，随时记下要点，或在听课、听讲座时记下笔记。记录要简要，包括作者、标题、名称、主要论点、争议点、评价等。这些卡片在今后的研究中将是十分方便和有益的。

3. 记文献笔记。每当阅读报纸、杂志时应随手记下下列要点：（1）作者、书名、写作时间、写作目的；（2）作者的背景，是学者的理论还是实践者的经验之谈；（3）作者主要观点，主要问题是什么；（4）作者提供了哪些研究证据，做了哪些研究，哪些是一级文献研究，哪些是二级文献研究；（5）你在阅读此文献时的问题、疑问、评论是什么。

4. 文献回顾法。英美警察科学研究的工作者在进行专题研究、专题论文写作时，十分重视在此领域中前人所做的研究工作。在一般学术研究论文中，第一部分必须是对前人研究文献的回顾，或叫文献回顾法，英文为"Leterature review"。在硕士、博士学位论文中，第一章一般是文献回顾。充分利用前人的研究成果，加以分类与评价。确定前人做过哪些研究，涉及哪些领域，有什么发现，有什么教训，哪些工作是当前的热点，世界研究的前沿科学在什么地方，有哪些知名的研究，哪些知名的科学家，哪些著作与论文，文献回顾的翔实与否是研究水平的起点，也是评价研究的重要依据。为培养学生做文献回顾的习惯与能力，警察科学的硕士生在做学期论文时，一篇几千字的论文，必须有 24 个以上的脚注，以此说明学生在研究中认真读了一些书籍。一般来说，如果一篇论文少于 24 个脚注，老师就要退回。有时学生找不到更多的文献，就随便引用老师讲课时的话，勉强充数。

在文献研究中，引用文献的诚实性是每个研究人员的基本道德。因此，在西方，脚注有严格的规定。脚注的作用不仅在于使读者知道你的文章语出有典，而且证明你旁征博引，不掠人之美。

七、 思辨方法

一般来说，西方警察是以实证派方法为主，如试验、调查等。在实证研究中十分重视量的分析与统计学及试验条件的科学性。因此，西方警察研究的特点是多元、发散的，往往以一点为突破，进行专业深层次的研究。同时，西方也存在着少数以思辨见长的警学研究专家。所谓思辨，英文为“Armchair theory”，直译为“安乐椅上的理论”，又可译为“畅想曲”。思辨的方法是在长期警察工作实践后，一般是几十年的经验，从思辨、哲学的角度对警察工作进行高层次的理论概括。应用思辨方法做学问的人应具备几个条件：首先，有几十年的警察工作经历，在长期的工作实践中，对警察工作的客观规律有充分的研究与悟性。其次，具有较高的学历与写作水平。最后，善于思考问题，善于总结，勇于创新，特别是不被传统定式所束缚，把警察工作的日常小事，升华为“畅想曲”。这方面的典型代表为英国德文郡的原警察局局长安德逊。他曾把自己做学问的方式总结为：“静静地独处一室，安坐于安乐椅上，让思想长上翅膀，像蝴蝶一样在室内飞翔。”安德逊曾以这种方式提出了“无增长改善论”“新警察哲学”、对未来警察的设想和警察伦理学等一系列纯思辨的学术概念。正是这些崭新的观念为英国，乃至西方的警务改革提供了理论基础。从表面上看，纯思辨似乎超越了警务工作现实，实际上，它是在对警务工作实践长期经验与升华的悟性。这种创造性的思想火花与哲学性的高度概括，恰恰填补了实证派过分重视细节、机械死板的不足，在西方警察科学的研究中可谓一枝独秀。

八、 关于西方警察科学研究的七种方法

台湾学者邱华君在《警察学通论》中归纳了西方警察科学的七种方法，即理论研究与事实研究、静态研究与动态研究、比较研究与生态研究、生理研究与心理研究、间接研究与直接研究、系统研究以及历史研究等七种研究方法。区分了早期警察科学研究与最近警察科学新动向之间的区别。归纳准确，方法系统。①

① 邱华君：《警察学通论》，“国立”编译馆 1991 年 8 月版，第 201 页。

（一）理论研究（Theoretical Approach）与事实研究（Fact-Frinding Approach）

早期的警察学者、专家，着重于理论的探讨，即在对复杂的警察现象系统研究后而建立所谓的理则与通则，以作为普遍的应用，其中心思想即为金科玉律的思想，认为只要依据他们所制定的法则或理论去处理警察机关的业务，就能保证获得成功。这种方法过分注重价值判断，也就是指示应如何做。但是各警察机关的问题有其不同的客观与主观条件，更有不同的社会背景、风土人情与历史渊源，绝不可单纯地用千篇一律的方法来处理。

新近的警察学者则着重事实的寻求，只提供事实，不建立法则，一切都由当事人自己去处理，也就是凡能有效地解决警察机关问题的便是实用的，不必拘泥于理则或定律，这正是注重“是什么”的观念。我们要解决警察问题，必须先了解警察问题的症结，所以要用客观的方法来汇集资料，分析情况。正如医生给病人看病，必须了解病情，才能对症下药。传统的警察学者有点像是用万灵丹治病，凡是头痛就吃阿司匹林，但有时有效，有时无效；而新的方法则需找出真相，再开药方，绝不是开相同的药方都能治愈。

个案研究也是新近被广泛采用的一种方法，即根据事实真相来加以判断，如果以后再发生类似情形，就可作为处理的根据与参考。这种方法，深受警察学者的重视。

利用统计方法或数量研究对所汇集的资料客观分析，是近年来普遍采用的方法。一名现代警察学者，一定要懂得统计方法，否则便不能有效地分析与运用已有的资料，尤其是电子计算机的问世，已使警察学研究发生划时代的转变。过去警察行政的决定多靠首长作主观的思想与判断，今天则以计算机所显示的统计数据与结果作为决定的要素。

（二）静态研究（Satastic Approach）与动态研究（Dynamic Approach）

早期警察学者对于警察问题的研究，仅注意警察组织结构、权责分配及法令规章等，所以也被称之为结构层面的研究。他们认为只要能够建立完善的警察制度、合理的警察组织，警察机关的问题便能解决，殊不知警察机关的主体是警察人员，而不是法规；是功能，而不是结构。所以必须从警员的相互行为及活动中了解，这就是行为科学产生以后，对警察学所发生的影响。应从警察心理反应加以分析，警察之间所组成的并非正式组织。例如，警察机关决策制定的过程如何，它是否受到社会环境、经济结构、政党政治、历史背景、文化传统的影响而产生警察文化和警察社会化，警察机关的交流、联络系统如何建立，以及警察领导的功能如何表现等问题，都是要详加研究的对象。有许多警察机关的组织并未改变，但由于警察有了调动、进修，往往使得整个警察的工作全然改观，这是因为警察人员的行为有了改变的缘故。

（三）比较研究（Comparative Approach）与生态研究（Ecological Approach）

早期警察学者对警察问题除在纵的时间方向，还在横的空间方向作比较，因为可就国与国的警察制度作比较，看看何种警察制度较优，何种警察制度较劣，并据之作为本国改进的参考。佛斯蒂克（Raymond B. Fosdick）所著的《欧洲警察制度》，史密斯（Bruce Smith）所著《欧美警察概况及其趋势》均是如此。

但是，近期的警察学者认为不能单就国家来比较，因为各国的国情不同，有历史传统、社会制度、地理环境、教育文化、生活习惯及民族性格等差异，对这国有利的警察制度，不见得对别国有利；别国可以行得通的办法，这国不见得可行，所以要比较的话，应以生态观点来研究警察现象，寻出若干种警察模式并以此模式来衡量各国警察制度的特征，以及分析功能与结构，找出适合本国的警察的组织。

（四）生理研究（Physiological Approach）与心理研究（Psychological Approach）

前期警察学者多研究警察机关警员的生理需要与生理条件，即在于如何保持警员的身体健康以增进工作效率，因此，注意工作环境的改善、待遇的提高、福利的增进等，其目的在于使警员满足生理上的各种需要，这些学者认为只要使警员吃得饱、穿得暖就可以了。其实，人不是牛马，更不是机器，他们还有心理上（精神上）的需要，所以还要进一步研究如何保障他们的安全感，如何满足他们的自尊心、荣誉感，以至社会（爱）的欲望。最后还要使他们能够自我实现。警员的工作效率只有在生理与心理的双重条件满足之下，才能产生最高的工作愿望与效率。所以新近学者多从心理学的观点来研究警察机关警员的问题，而激励法则的运用更是成功的条件之一，至于如何沟通及领导方式的问题，也都是心理研究的重点。

（五）间接研究（Indirect Approach）与直接研究（Direct Approach）

早期的警察学者多从已有的资料研究警察问题，或根据别人所写的书籍、文章、报道及现有的法令规章等，埋首研究，此研究方法容易流于一般或主观，难有创见与发明。所以，新的研究方法注意直接研究，即直接投入所要研究的实际情况中，才能获得真相。同时，根据真相所制定出的改进方案也较为切实可行，否则容易陷入闭门造车的困境，此外，角色扮演也是现在十分流行的研究方法。

（六）系统研究（Systematic Method）

系统研究法亦可称为社会研究法。警察行政现象，并非孤立的现象，而是社会现象的一部分，与其他社会现象有着相互影响，相互作用的关系，任何其他部分的变动都会对警察行政发生影响，因此，对警察行政问题的观察与分析，不能只限于警政问题的本身，而应扩大观察与分析的范围，以求警政问题的真正解决。运用此种方法的优点是能了解全盘情况，彻底解决问题；而其缺点是花费人力、时间、经费较多，一般警察机关难以负担。

（七）历史研究（Historical Method）

“任务制度都是生长而成的，并不是制造而成的；都是被发现出来的，而非被创造出来的。”历史研究法，即用研究史学的方法来研究警政，研究重点放在警察的起源、发展及其沿革上。

第二节

警察科学的教学

一、 警察科学学位

英国警察的教育和培训是世界上历史最悠久的。1829 年英国创建了世界上第一支职业制服警察，不久即开始了正规化警察培训。英国警察有全国性的警察培训学院——布雷蒙希尔（Bramshill），又译作白木色尔。在英格兰和威尔士共有 6 所地区性警察训练中心。

英国是世界上最早授予警察研究硕士、博士学位的国家。警察内部的培训系统只承担上岗前培训和在职培训，所有学历教育均由地方院校承担。地方大专院校现共有 40 余所，其中不少院校可授予硕士、博士学位。警察科学硕士、博士培养有两大体系，一是单纯的警察学学位，英文为“Police Studies”，授予权在艾克塞特大学警察学研究所；二是与警察学有关或相近的学位，如治安硕士（Public Order），安全管理与信息学硕士（Security Management & Information Technology），授予权在莱斯特大学及其他学校。

（一）概况

英国警察科学硕士，全日制学期为一年，半日制学期为两年。博士全日制为三年，半日制为五年。凡大学毕业生均可申请硕士学位，没有像我国的全国统考选拔。学费分为两类：凡欧共体 12 国的学生，学费可减免 1/3 左右，世界其他国家的学生则付全费。1992 年至 1993 年度全日制硕士学位学费一年 5000 镑左右，半日制硕士学位学费只有 500 镑。在获得硕士学位后，需读一年博士生资格，资格认定后可上博士。讲师即可带硕士，甚至可带博士研究生。讲师也有许多人是没有硕士、博士学历的。所以在硕士、博士生导师的资格方面，英国的要求是比较宽松的，不像人们想象中那样严格。许多第三世界，特别是原英属殖民地国家的警察都愿意到英国深造，一旦获得学位，无论是对学术背景，还是将来的晋升都大有裨益。

（二）课程设置

艾克塞特大学硕士课程如下：①

1. 导论。介绍课程的全貌，用半天时间介绍怎样利用图书馆，介绍校园。一天熟悉外围环境，游览周围的名胜古迹，使学生热爱学习环境；一天参观地方警察局，使外国留学生熟悉英国警察部门。

2. 犯罪学与越轨行为研究。课程力求涵盖全部现代犯罪学理论流派，此外还有黑社会犯罪研究、经济诈骗犯罪研究等。

3. 当代警务。包括世界性、国家性、地区性警务风格，政治学和警务的关系，警务科学研究，警务变化趋势，社区警务，社会服务职能的扩大趋势，警察机关内部各部门之间的合作。

4. 警察程序比较。包括警察四种模式（大陆、英国、美国、殖民地模式），巡逻的变迁，警察晋升，服务性警务，主动提前警务与被动反应警务，社区警务，平民化警务性质问题等。

5. 治安。聚众行为之心理，人民暴乱的原因分析，治安法规，足球流氓，工业冲突（矿工罢工等），北爱尔兰独立与恐怖主义，暴乱控制的方法和策略等。

6. 国际恐怖主义。国际恐怖主义的定义，国内理性主义的恐怖主义，国际恐怖主义，反恐怖主义的基本理论，战略战术，国际恐怖主义典型案例分析，北爱尔兰恐怖主义案例分析。

7. 当代警务。有关犯罪与警务的经济学理论，警务统计学，警务效益与效率，少数民族关系中的警学理论，警务伦理学，警务负责论（向谁负责），技术学。

8. 刑事司法制度比较。欧共体的警察合作，欧洲警察制度比较，欧洲

---

① 英国艾克塞特大学警察学研究所编：《学生手册》，1991年版。

联邦警察，欧洲统一后的警察，1992 年之后欧洲共同体统一后的警察合作，第三世界国家的刑事司法制度。

9. 警察管理学。管理学的基本理论，组织计划的管理和控制，政策制定，警察工作的性质，警察工作的效益和效率的监督，公众管理等。

英国莱斯特大学治安硕士学位的课程设置有：由政治和社会变化而产生的城市治安问题，少数民族问题，新警诞生的历史背景，公众暴乱比较研究，当代警务问题，暴乱，市民骚动，治安混乱，控制暴乱方略等。安全管理与信息技术学硕士学位的课程设置有：危险与安全管理，犯罪学，管理学的原理和能力，安全管理的研究与技术学，此外还有 12 周在主要安全部门下属公司实习。上述课程除犯罪学、管理学理论性较强外，其余均为专题研究，偏重警务工作实际。

（三）论文

申请硕士学位学生要完成 6 篇学期论文，1 篇学年论文，学期论文要求极为严格，对海外留学生是很困难的工作。学期论文每篇 3 千至 4 千字。每篇文章最好是打印后上交，由两名教师分别评判。原论文判分后不退给学生。学期论文格式极为严格，中国留学生称之为“洋八股”。写论文需做好以下几点：

1. 解题。认真阅读题目，把大问题分解为若干个小问题。

2. 解释关键词。在论文题中寻找关键词汇并逐一加以解释和定义。

3. 列举前人在此领域中的研究成果。英国人称这为寻找伟大的“思想家”。在本论文的题目之内，尽可能搜集齐前人所有的研究成果。

4. 平衡论点。在有关论文的题目中支持与反驳两个观点中不能过分偏重一个论点，这与我国写论文时的论证是不同的。

5. 充分利用数据。数据分两类：一是统计数据；二是利用其他论文中的观点。引用数据时一定要标明出处、出版社、作者和出版年代。每篇论文基本要求有 24 个以上注释，否则不会得好分数。

例如，论文题目为：“警务工作未来所面临的最大问题将是来势汹汹的经济犯罪”。这个题目中要解释的词有：“警务”“经济犯罪”“最大的问题”“未来”。以“经济犯罪”为例，其定义是，包括诈骗（集团犯罪和个人犯罪）、洗钱、白领阶层犯罪、伪造等。为正确回答标题中所问的大问题，必须要把这个标题分解为若干小问题。如“经济犯罪将会成为警察所面临的最大问题吗?”“经济犯罪是其他部门所面临的最大问题吗?”“经济犯罪会以来势汹汹的势头发展吗?”“其他问题（如恐怖主义、道德败坏）将成为最大的问题吗?”

“毕业论文”一词，英文译为“Dissertation”，字数在 1 万到 1.5 万之间，一般应打印两份。论文有严格的规格，其首页必须按规定声明如下：“我已确定本论文中所有资料，如系非本人所研究，均有标明，也不包括以前所写任何学位的论文内容。”毕业论文一般包括下列几项：（1）摘要。一般 8~10 行，介绍论文的主要观点。（2）首页。写明：警察学硕士学位论文，艾克塞特大学警察学研究所。（3）正文。正文包括导论及各章节。（4）图表目录。（5）鸣谢。（6）注释。论文提交后，将由校内和校外两位老师评判，并将评判意见交系学术委员会，同时交校学术委员会。两份论文一份由学校保存，一份退还学生本人。

（四）警务研究旅行

艾克塞特大学警察学研究所在一学年内组织两次警务研究旅行。所有全日制学生必须参加警务研究旅行，半日制学生可以自愿参加。全部费用为 3 千到 4 千英镑。已交学费的学生可免交。研究旅行的目的有两个：一是使学生有机会到警察工作部门的第一线去了解情况，接触一下警务工作的实践；二是借此吸引更多的人报考。

第一次警务旅行研究在第一学期举行，历时两周，驾车周游全英国。参观沿途的警察机关，实地考察北爱尔兰共和军的恐怖主义活动。第二次旅行研究是欧洲旅行，在第二学期举行，考察欧共体的警务合作，时间为三周。

（五）课堂学习

对警察学硕士而言，课堂学习是十分重要的。课堂授课采取圆桌式教学。师生都围着圆桌而坐，表示彼此平等，平等对话，平等讨论。授课的情况是：老师在前一节课结束前安排下节课的内容，出一个题目，指定三五个学生就老师安排的有关题目做发言准备，并指定阅读有关书籍。下次上课时，就老师指定的题目由学生依次发言，讲自己所看书的内容和体会，一般每人10分钟，待学生发言完毕，老师作总结性发言，就这一领域中全部理论研究成果与实践创新作系统归纳，上升为理论。

英国艾克塞特大学警察学研究中心主任比尔·塔夫曼认为：根据研究，在每节课50分钟内，只有刚开始上课的10分钟与即将结束前的10分钟学生可以接收一些知识，其他时间学生往往会精力分散。因此，西方的课堂教学，特别是对硕士、博士授课，必须要以学生为主，并不断地激励、激活学生，力争使每节课的气氛轻松、活泼。这种教学风格充分体现了欧美教学原则中的启发式教学、发现法的精髓。

（六）自学

硕士生的上课与自学几乎同等重要。博士生则以自学为主。所谓自学，是导师指导下的自学，是完全按照教学计划与课程模式设计的自学。

艾克塞特大学硕士生有60篇必读的警察科学论文和200本警察学专著。学校在上课前就编辑了上述目录，按作者、书名或文章、出版社、出版年代等印刷成册，发给学生。60篇警察科学必读论文，学校均按目录编了号，专供学生成套复印。

硕士必读书目共200本，分为九大类：警务比较（政治与警务、警务研究、社区警务、警务改革等）、犯罪与违法（社会混乱论、失业与犯罪、环境与犯罪、犯罪高发区、亚文化理论、激进犯罪学派、标志论、马克思主义犯罪学等）、警务工作程序比较（实践工作、主动提前警务、反应警务、目标管理理论、警民关系、国际警察合作、平民化警务风格等）、治安、当代警务（警察私有化、少数民族与警务工作、警察统计、经济学中的警务理论）、国际恐怖主义、各部门之间的警务合作（社区综合治理、被害人支援、公共关系、犯罪预防、青少年管理、毒品与少数民族问题、媒介论）、刑事司法制度比较、警察管理理论。

此外，学生还必须充分利用图书馆。以艾克塞特大学为例，学生不仅在本校图书馆阅读，警察研究所还与全英国其他研究警察学的机构和教学学位联系，无偿或有偿地使用其他与警察研究有关的图书馆。如德文郡警察培训学校图书馆、英国白木色尔警察培训学校图书馆等。博士生除阅读上述文章与专著外，还要涉猎更广泛领域。许多学校聘请博士生兼任图书馆管理员，一方面找到了廉价的劳动力，另一方面也为博士生创造了优厚的阅读条件。

综上所述，英国在培养警察学硕士和博士方面确有其独到之处，对我们颇具启示：

（1）在培养的条件上，依托非警察院校的雄厚力量为条件，采取“借鸡下蛋”的方法。英国普通综合大学一般历史悠久，像牛津大学、剑桥大学都有几百年的历史。学校历史越悠久，教学水平就越高，师资的质量就越好，建立硕士、博士点的可能性就越大。警察科学是一门尚不被整个社会承认的学科，若要尽快地培养研究生，必须依靠普通综合大学的悠久历史和雄厚的办学条件。相反，如果英国在全国警察培训学校——白木色尔建立硕士、博士点的话，必然要投入大量的人力、物力和财力。苦心经营若干年，仍不一定能获得建立硕士、博士点的权利。而在那些已有几十年，甚至上百年培养研究生资格的普通综合大学的政治学系，或社会学系开办一个警察学硕士班很容易，这样就可节省开支，并能被社会承认，这无疑是一种多快好省的方法。

（2）在办学形式上，自负盈亏，以经济效益为杠杆，带动各项教学工作的开展。艾克塞特大学警察研究所是典型的市场经济的产物。1986 年，该校政治系讲师比尔·塔夫曼自荐创办“警察研究中心”，自负盈亏，一切经费均由学生的学费开支。研究所从一处平房起家。塔夫曼聘请退休警察、自己的太太等五人白手起家，办学条件比我国的许多中专性质的人民警察学校还要差得多。从行政领导，对外宣传，教学到司机多项工作集于所长一身。学生多了，学费的收入就增多。一名学生平均要交 4 千镑学费，10 个学生可收入 4 万镑，这样就基本解决了教师的工资。该所充分利用“英国文化委员会”的奖学金，每招收来一名海外学生，就可多收入 6 千镑。此外，所长每年花费大量时间在英国到处游说，宣传警察教育的重要性与巨大的经济效益，动员社会上的商人、企业家投资或捐款。个人捐款是该所财政收入的重要来源。英国这种依靠社会力量，筹措资金创办警察院校的经验对我们不无启示。

（3）在教学管理上，严格把关，坚持严格的学术要求和创造百家争鸣的学术空气。白手起家，自负盈亏并没有丝毫降低对研究生的要求。相反，在中国人看来，英国的研究生教育充满了条条框框，从学期论文到毕业论文，从阅读到考试，每一个步骤都从严要求，严格的程度近乎死板。特别是对硕士生而言，在一年之内完成200本学术著作的阅读，做完六篇学期论文和一篇毕业论文，参加大小不等的多种复杂考试，压力巨大，负担极重。在坚持严格的学术要求的前提下，英国警察学的研究生教学充满了百家争鸣，自由活泼的学术空气。反映在课堂教学上，学生可自由发言，阐述自己的观点，坚持自己的见解。反映在论文写作上，好的论文，高分的论文多是与导师观点不同的、有创意的文章。在警察科学基本理论上坚持两点论的辩证法，充分体现不唯上、不唯书的精神。对某一论断，只要论点明确，论据充实，无论是支持的观点还是反对的观点都可获得高分。坚持严格的学术要求，创造百家争鸣的学术空气是以英国为代表的欧美学院派教学理论和实践相结合的充分体现，是在几百年正规高等教育的历史中逐渐形成的教学规律。

我国的公安高等教育，长期自觉或不自觉地受到苏联教育学理论的影响。其表现是：以课堂为主，以书本为主，以教师的讲授为主，注重教而忽视学，注重单向的输入而忽视双向的交流。学生以听课、记笔记、背诵要点、力争考试得高分为主。这种方法固然有很大的优势，可以高难度、高速度、高度理论性地进行教学，同时也暴露出记问之学，抹杀创造性等不足。在我国立志创建中国特色的公安教育，特别是研究生水平的教育时，应对欧美教育学理论与苏联教育学理论兼容并包，各取所长。

（4）在招生录取中，尽可能地利用一切宣传媒介，扩大知名度，以招收更多的学生。西方警察学研究生教育，在观念上与我国有极大的差别。我们办学，是先拨款，后办学，而西方是先招生，后办学。学生就是投资，多一个学生就多一份学费，多一份学费就多一份办学的条件和优势。教学设备要学费来支付，教师的工资要学费来支付。学生是学校的“衣食父母”。因此，要尽可能地宣传学校，扩大招生名额。例如，艾克塞特大学警察学研究所在教学计划中有意安排并突出两次警察研究旅行，带学生到全英国和欧洲各国考察，这对许多考生具有极大的吸引力，成为学校拉考生的重要方略。又如，该所所长每年都要到第三世界各国宣传自己，利用过去英属殖民地国家对英国警察教育的崇敬，拼命拉学生，致使该所第三世界的留学生比例占到60%以上。这些学生大部分都是以高额的官费来读学位的，无疑给研究所带来巨大的经济效益。

总之，英国培养警察科学硕士与博士的方法有很多独到之处。在我国力争创办公安研究生教育的时候，这些经验是有所启迪和借鉴的。应当注意的是，中英两国的国情不同，警察教育体制的区别更大。在学习和借鉴中，要充分考虑我国的具体情况。

二、 中英两个研究所的比较

比较中西警察学研究的优劣，是一个有相当难度的课题，原因有三：其一，需要较长时间的研究。一般公安部派出的出访团组，只有两三周的调查研究时间。由于时间短，只能就国外警察科学的研究机构的建设、人员、经费等外在的东西，或就一两个专题进行深层次的比较。一般来说，长时间在国外学习，有利于更准确地把握国外警学研究的本质。其二，需要对我国公安整体工作有一定程度的了解，知己知彼才能比较，才能作出正确的评价与判断。其三，需要过硬的英语。由于中西警察科学并不彼此沟通，必须从阅读英文原作入手。只有在通读了西方警察科学的基本著作、热点文章之后，才有发言权。

关于中英警察研究现状比较，是一个很大的题目。在此仅就中国人民公安大学公安学研究所与英国艾克塞特大学警察研究所（以下简称艾所）进行比较，解剖一个典型，寻找共性。

（一）艾所简介

艾克塞特大学是英国名列前茅的几所大学之一。警察学研究所是该校政治系下设的一个独立机构，时任所长塔夫曼，该所编制八人，教学人员五人。

1. 全日制硕士。其课程设置是，必修课：当代警学；选修课：治安、犯罪学、警察程序比较、恐怖主义、刑事司法比较、管理与效益（学生可任选三科）。学生须交 3000 余字的学期论文 6 篇、15000 字的毕业论文 1 篇。此外，须参加三次全天开卷考试和三次三小时的大学传统闭卷考试。学制一年，学费 4990 英镑。

2. 半日制硕士。选课内容与全日制略同，学制三年，学生须交 3000 字论文 2 篇，三天全日开卷考试和三小时大学传统考试。

3. 副博士（博士资格）和博士。其课程设置是，第一年：当代警学、警学与刑事司法研究法，并在硕士课中选两个科目；第二年：比较警察学讨论会，准备论文；第三年：警察学讨论会，准备论文。

4. 副博士协商研究计划。这是一种在职培训计划，受训者单位与学校共同研究培训目的、要求和对学生的指导。其目的有三：了解警察组织的政策目标；提供职业发展；为警察组织提供人员培训，有目的地研究以及评价。

（二）中国人民公安大学公安学研究所与艾所的比较

1. 教员素质。艾所全体教员 5 人，教警察科学的 2 人。讲师约翰 · 提克是退休警官，具有一定实践经验，但身居小城市，眼界并不开阔。其余均系原政治系教员，在警察科学教学中既缺乏理论基础，又缺乏实践经验。当然，他们大都具有很高的学历，有一套科学的研究方法，但整体素质并不是人们想象的那么高。而我们公安研究所有犯罪学、法律方面、公安学理论研究方面的教授，还有计算机方面的专家。教员素质差距不大，甚至在许多方面超过他们。

2. 研究深度。近几十年，英国警学研究发展很快，诸子蜂起，百家争鸣。艾所借助校外研究的力量，开设了十几门课程，特别是在反恐怖主义、当代警务等几个方面领先。英国警察科学的经典著作是《警察政治学》，它博采众家之长，但结构不太严谨，而我们公安研究的框架层次比较清楚，在基本理论方面的研究也较深入。例如，有《公安学概论》《公安学基础理论研究》等专著及专项研究。当然这些研究还需汲取世界警察科学的精华，不断完善，获得承认。1991 年公安学研究所的康大民、王大伟在该所向全日制硕士研究生讲述了我国公安研究的一些成果，国外学生表现出很大的兴趣，他们对我国综合治理的典型“王府井一条街”的经验反映较好。

3. 在对外宣传方面。艾所所长充分利用国内外一切宣传媒介宣传自己。每年所长都要“周游列国”，扩大影响。我们也应有计划地利用一切可能，宣传自己。

4. 早在 1991 年，即笔者从英国艾克塞特大学学习回国的时候。中国人民公安大学的警察教育要落后于英国。所以，当时笔者就呼吁，要进行人才培养与教材准备我们不如艾所的，一是人才学历，二是专业书籍数量，因此要赶快培养中青年骨干教师，鼓励青年教师在职提高学历。从长远来说，公安研究要立住脚，走向世界，要有学历较高的人才，并应多出些警察学研究的专著，要集中优势力量进行重点攻关，这样在警察科学研究方面，我们才有希望赶超世界先进水平。

5. 与世界警察科学接轨。长期以来，我国公安机关在实践中形成了一整套独特的做法，并在若干方面上升为理论。这为与世界警察科学的接轨做了充分的准备。随着改革与开放的不断深入，中国公安研究与世界警察科学接轨应逐步提到日程上来。警察科学是一门阶级性很强的学科，也存在着若干自身的规律。一方面，应坚持中国特色，向世界宣传自己；另一方面，也要敞开大门，研究一些各国警察科学中对我们有益的东西。如有选择地采用一些国际警察科学概念，批判地介绍一些国外警察科学理论，谨慎地借鉴一些外国警察研究的成果，等等。在紧紧把握本国特色的前提下，逐步与世界警察科学接轨。

几十年过去了，中国的公安教育事业迅猛发展，取得了巨大和辉煌的成就。现在中国人民公安大学每年招收几百名硕士生和 30 多名博士生。特别是公安学和公安技术被确定为国家级学科。无论是在学校硬件建设，师资力量，发表科研论文、出版专业类著作的数量诸多方面，都在赶上英美，在某些领域甚至超过了英美。

本章理论盘点与评述

一、 英美警察科学研究方法的五大亮点

说到研究方法，英美警察科学在这一领域中有着深厚的基础。在多年的积累之下，形成了一整套科学的方法论体系。根据笔者的研究，总结出以下五大亮点。

1. 方法论体系中，问题假设和问题意识的结合，以假设命题为研究的出发点，以整体的方法组合形成方法论体系，这是英美警察科学研究方法的精髓和基础。

其公式为：假设命题 + 方法论。这是欧美警察科学研究的第一大亮点。

2. 美国堪萨斯车量巡逻试验是英美警察科学研究的第二大亮点，是英美警察科学研究的里程碑。长期以来，警察科学中，注重分析调查、注重试验的习惯，并不特别突出。1973 年美国实施的美国堪萨斯车量巡逻试验是英美警察科学实证调查方法论中的杰出代表。

堪萨斯是美国的一个城市，1973 年，美国人把这个城市划分为三个试验区：

A 区取消了正常的车巡；

B 区采用正常的车巡力度，即 5 辆车的车巡；

C 区采用加大了三倍车巡，即 15 辆的车巡。

试验进行了一年，完全采用数学模型。最后的结果证明，三个区内车巡

对预防犯罪几乎没有什么作用。这一试验极大地震撼了英美警察学界。启迪警察在分配警力，分配车巡车辆方面的重新认识。使得警察科学方法深入人心。警察在分配警力方面应以科学试验为基础，而不是拍脑袋决策。

3. 英国艾克塞特市的社区警务典型研究模式是英美警察科学方法论中的第三大亮点。

艾克塞特市地处英国德文和康沃郡，时任警察局局长就是英国社区警务的旗手约翰·安德逊。这一试验类似于中国的综合治理模式，打破了传统的警察角色中战士的形象，赋予了警察更多的公仆职能和社会工作者的职能。在这一基础上，开始了轰轰烈烈的英国社区警务运动，并成为第四次警务革命的典型代表。

4. 几乎穷尽的文献回顾法是欧美警察科学的第四大亮点。在作硕士学位论文和博士学位论文的时候，欧美警察强调用大量的篇幅，对以往学者在这一领域中的研究，加以全面细致的梳理和整理。英文叫“Great Minds”，翻译成中文就是“代圣人立言”。甚至，在英国艾克塞特大学警察研究所的博士学位论文写作中，有一个不成文的规定：即使是博士学位论文，创造性文字也不能超过30%，而70%的文字都是在回顾以往的研究成果，即“代圣人立言”。

与英国的博士学位论文写作比较，中国的博士学位论文更强调创造性，而对文献的回顾不太重视，甚至常以清查重复为由，避免对以往研究中的重要成果和有代表性人物的回顾。这些做法有急功近利的嫌疑，有的科研论文头重脚轻，缺乏根基，形成了不健康的学术氛围。

5. 纯思辨的方法是英美警察科学方法论中的第五大亮点。以英国社区警务之父约翰·安德逊的纯思辨的方法为代表。他的理论就是“安乐椅上的哲学”。他在多年警务实践工作的基础上常常闭门思考，盘点经验，将之上升为理论：“让思想的翅膀像蝴蝶一样，在书房中飞翔。”“安乐椅上的哲学”使得英美警察科学不仅在实证方法方面独具特色，而且在思辨方面显得更加熠熠生辉。

在我们的博士学位论文的写作中，往往既缺乏实证调查、典型研究的方法，更缺乏思辨的方法，上升为理论的意识不强，往往是就事论事的多，甚至有的博士生导师提出：博士论文写清楚就行，不需要理论。

二、 对英美警察教育的三大评估

1. 欧美警察教育和教学，既是欧美教育体系的产物，又是警察产生发展和改革的产物。必须具备两个领域改革自身的规律性。英美警察教育，是教育和警察的双重作用的结果，其母体是教育学理论，其父体是警察科学理论。英美警察教育和教学的诸多特点，都可以从教育理论和警察学理论中寻找理论根据。

2. 在相当长的一段时间内，欧美警察教育与教学远远超过我国的警察教育。无论是在师资质量、发表论文和发表著作的数量和质量还是学校建设的硬件、国际宣传能力方面都超过了我国。

3. 自改革开放以来，我国的警察教育（公安教育）迅速发展，在诸多领域全面赶超，甚至在有些领域中超过了欧美的警察教育，形成了中国公安教育的特定模式和一系列特色。例如，公安学和公安技术被为国家一级学科，在这一点上，我国就远远超过了欧美各国，使得中国公安教育在世界警察教育之林中占有了重要的地位。

第三章 警察哲学

第一节

警察哲学概论

一、 什么是警察哲学

在讨论什么是警察哲学之前，先观察一下其他学科的情况。教育学内有教育哲学，自然科学内有自然哲学，历史科学内有历史哲学。故某一学科哲学的出现，往往是该学科理论成熟的标志。

警察哲学源于英文，原文为 Police Philosophy。英文中虽然有警察哲学这一概念，却没有相应的概念定义与内涵、外延的确切的界定。我们只能从西方警察科学中被称为是警察哲学的著作中推断警察哲学的真正含义。

西方的确有人在研究警察哲学，并著有一系列理论著作。这些著作包括:《自由警务论》（Police Freedom）《警察与政治》（Politics and Police）《警察学术概念》（Coming to Terms of Policing）等。那么，这些著作又在研究些什么呢？王大伟认为它们包括：警务风格论、限制武力论、警务伦理学、警察定义研究、无增长改善论、新警察模式论、满意决定警务论、警察亚文化论、警察合法论、警察中立论、预防警务论、警察效益论等。显然，西方警察哲学相当于我国公安学中的公安学基础理论。

哲学在中文中的含义很确定，《新华字典》中的解释即“社会意识形态，它研究自然界、社会和思维的普遍规律，是关于自然知识和社会知识的概括与总结，是关于世界观的理论”。那么英文中的哲学概念又如何呢？根据《英国牛津大学百科全书》（英文版），英文中哲学的定义之一是“运用因果关系与争议方式探求与寻找知识真实性与真理的过程。例如，揭示事物的本质、成因、存在的原则、物质世界以及人类行为与客观存在”。显然英文中的哲学除了中文哲学概念之外，还包括更广泛的一层含义，即对各种事物、各种现象最基本规律的揭示。

在我们讨论警察哲学定义时，显然不能简单地把警察哲学理解为哲学加警察学。

二、 警察哲学的定义

既然英美警察科学学者尚没有对警察哲学下一个确切的定义，那么这项历史性的工作就当仁不让地由中国警察研究人员来完成了。

王大伟的定义是：警察哲学是英美警察科学中的一个概念。它是对警察本质的揭示，对警务规律的总体概括。它是研究警察现象中基本规律、基本关系、基本概念的高度概括的理论体系。简而言之，它是对英美警察实践的总体概括，它是阐述警务工作的一般规律和基本对策的理论体系。具体地说，它相当于我国公安学中公安学基础理论部分，被誉为警察科学中的王冠。

张兆端的定义是：它是运用辩证唯物主义和历史唯物主义原理研究警察现象领域中带根本性、普遍性和原则性的一般（或本质）规律的科学，是科学的警察观和警察科学方法论体系，是联结马克思主义哲学与警察科学与警察实践的纽带。

三、 警察哲学的任务

王大伟认为警察哲学的基本任务可高度概括为以下四点：(1) 对警察科学的若干根本问题，从哲学的高度，包括方法论的角度与理论的抽象进行回答；(2) 根据警务改革的历史、预测、设计、规划未来的警务改革趋势；(3) 对具体警务问题，如警务工作的挑战，警务改革的创新从基本理论的高度加以总结与指导；(4) 形成一系列警察研究的基本理论，从而把警察科学诸分支结合为有机的科学体系。

四、 警察哲学的体系

张兆端认为，警察哲学研究的基本体系包括：

1. 警察本体论。包括警察的本质、警察的特征、警察的职能、警察的历史发展。

2. 警察社会关系论。包括警察与政治、警察与经济、警察与法制、警察与文化、警察与科学技术、警察与民众。

3. 警察体制论。包括构成、组织原则与功能、中外警察体制模式比较研究、体制改革的原则与趋势。

4. 警察力量论。包括警察力量中诸要素及其系统结构、警察力量的建设、辩证法的运用。

5. 警务战略论。包括警务实际的目的与手段、社会治安综合治理战略、社区警务战略、警务实践的基本方式及其转换关系、政治策略与执法策略。

6. 警察权威论。包括本质与构成、树立警察权威的必要性、树立警察权威的基本途径。

7. 警察价值论。包括价值形态与构成、价值的创造机制、价值评价以及警察价值观及其作用。

王大伟认为，警察哲学包括以下体系：警察概念论、警察性质论、警察角色论、警察文化论、警务原则论、警察史论以及警察体制论。随着研究的不断深入，上述体系将不断充实与完善。

整个警察科学可分为三大体系，即警察哲学、警务论以及警察科技与技能。王大伟曾形象地把警察科学比作一棵大树。警察哲学是主干，警务论是分枝，警察科技与技能是果实与枝叶。这三者形成“警察科学树”。还有一种表述，即“警察科学金字塔”。警察科技与技能为第一级；警务论为第二级；警察哲学为第三级。

根据“警察科学金字塔”可看出下列规律：

1. 产生的顺序。从警察建立的顺序看，在建立警察之初，先有警察哲学，后有警务论，最后才能产生警察科技与技能。也有人认为三者是同步产生的。

2. 各级警察需要的层次不同。高级指挥人员，警察哲学的需要百分比高，中级指挥员次之，而基层警察对警察科技与技能需要的百分比就高一些。

3. 各层次的学科性质。警察科技与技能属于技能的范畴，警察哲学属于思辨的范畴，而警务论则介于两者之间。

上述的顺序、层次与学科性质都不是绝对的、一成不变的。有许多逆向顺序与特例发生。

第二节
警察概念论

要研究警察的性质与作用，研究警察的角色特点，首先要研究警察的含义，搞清楚什么是警察。现在，我们对警察的词义及学术含义作简要的回顾与分析。

一、 警察的语言学含义

为了对警察的定义有更好的理解，我们先从语言分析入手。

(一) Police 的意义与警察的关系

“警察”一词，法文为 La PoLice，德文为 Die PoLizei，英文为 Police。英文的警察定义与中文的定义并不对应。无论从词源还是从词根分析，Police 都不完全等于现代意义的警察。

1. Police 的词源分析：Police 有两种来源说，一种观点认为其是源于希腊语，本来意义是指政府政策。在古希腊城邦国家时代，凡国家的一切行政行为都是警察，视警察为一切国家政务的总称。使用时具有“都市统治的方法与都市行政”的意思。另一种观点认为其源于拉丁文 Politia 和 Politeia，意思为英文的 Organized government（有组织的管理）Civil administration（民政管理）及 Polity（行政组织）。①

亚里士多德对警察下的定义是：“良好的秩序，城市的管理与组织，对人民的支持，是给予人民的所有礼物中最伟大的最首要的。”②

“Police”一词在英文中的演变为三个过程：首先是名词，含义为城堡，后引申为国家或城市；其次变为动词，含义为城市管理，行政管理及对人民的支持；最后变为现代意义的警察。

1714 年，苏格兰任命了警察总监（Commissioner of Police），“警察”一词正式在英文中出现。这时的警察实际上还是学习法国的骑警与宪兵，与现代意义的警察略有出入。1829 年英国内政大臣罗伯特·比尔创建了英国伦敦大都市警察，充分体现了现代意义的警察。这时，Police 一词的含义才彻底确立。

2. “Police”一词的词根分析：英文词一般由词根、前缀与后缀组成或派生，词根源于拉丁文。“警察”一词的词根为：管理、政治。试比较以下各词：Police（警察）；Polity（政体）；Politics（政治学）；Politician（政治家）；Political（政治的）；Politburo（政治局）；Politician（政客）；Politics（政治活动）。从这八个词分析，警察源于政治，带有强烈的政治色彩。

（二）警察的不同西文词汇

在欧洲，“警察”一词很多与 Police 有联系，如法文 Police，和它完全一样，德文为 Polizei，和它相近似。但 Police 不是唯一的词汇，同义词有：

1. 公安员（Constable）。它是由 Con（共同）与 Stable（稳定、安全）所组成的。这个词源于拉丁文的 Comes stabuli，带有军事色彩。1262 年，古英文中采用公安员，那时它作为太兴制的同义词。“公安员”一词在现代英

---

① 但重新、杜军：《警察学》。

② 见 R. D. Ingledon《警察世界》。

语中被广泛应用，与警察同义，如英国警衔中第一级警员就是公安员。英国的警察分为43个警察队，警察队为“Constabulary”，本义为“公安队”，也有人译作“保安队”。可见，“警察”与“公安”一词在国外也时有交叉。

2. 宪兵。英文“宪兵”一词源于法文“gens d’arme”，本意为手持武器的人（men-at-arms）。法文中与“警察”通用。法文中“警察”有两个词，一是“Gendarme”，另一个是“Police”。前者指武装的，后者指文职的。

（三）中文“警察”一词的来源

对于来源问题有两种看法：有人认为是从日本来的，也有人认为是中国固有的。①

1. 中国固有说认为，中国是世界上最早建立警察的国家。中国历史上的警察机构有：司民、司虣、司圜（周）、都亭（秦）、金吾卫（唐）、巡检司（宋）、警巡院（辽金）、五城兵司马（明）、巡捕五营（清）。从警察概念分析，警察二字自古就有之。古代警字，从敬从言。警者戒也，戒之以言，谓之警。有言在先不得违戒。察字谓以手持肉，祭天求示，得神意而明白。反复详审请之察，察之为明。“警察”一词中警与察并用有以下几个例子。

《汉书》中有“密使警察不予宣露”的词语。这里的警察含意为观察、侦查、监视。《金史·百官制》中有：“诸京警巡院，使一员，正六品，掌平理狱讼，警察别部。”这里的含义为监察。笔者发现，《太平广记》中有：“大雁居其中，令雁奴围而警察。”这里的含义为预警、观察、警卫等。综上所述，中国自古就有警察行为，“警察”一词在史书中不断反复出现，其含义为侦查监视。古代警察为动词，少见为名词。未见到以警察二字连用命名的警察机关。因此，结论是中国古代曾有过关于警察两字的连用，但并无以此命名的警察机关。

2. 日本传来说认为，中国清朝鸦片战争之后，欧洲与日本的现代警察传入中国。警察是日本人由Police译成日文，再传入中国的。中日两国一衣

① 王大伟：《英美警察科学》，中国人民公安大学出版社1995年版。

带水，日本语言中大量借用汉字，这是大家所熟知的。而中文中许多词汇，像社会、干部、通货膨胀、神经过敏、经济学、不景气、最后通牒等都是从日本借用的。据统计，现代汉语中借用日本的词汇达800多个，警察作为其中之一是完全有可能的。

从两国采用“警察”一词的时间差上也可以支持日本传来说。日本从1868年明治维新后着手建立新式警察。1875年3月日本制定“行政警察规则”，这是日本官方正式采用此词的最早记载。1880年4月日本改警视厅为警察本署，这是最早的以“警察”命名机关的记载。在此之前日本警察称之为捕亡方、警保寮、警视厅。

据说，张之洞上书光绪皇帝曾采用过“警察”二字。袁世凯曾让日本人三浦喜传拟定警务章程，在保定设巡警局。因此，中国出现“警察”一词可能是在1900年前后。但1898年的湖南保卫局、1900年的协巡总局、1905年的巡警部直到清朝灭亡，清政府从未以“警察”二字命名其警察机关。直到1912年，中华民国成立才将巡警改为警察，并在京师和各省设警察厅。从时间上分析，清政府拒绝“警察”二字达11年，究竟是因为守旧还是对此词慎重不得而知。此外，巡警也可解释为巡逻警察。如果这个解释成立，那么中国在1905年就有以警察命名的机关了。

日本传来说根据似乎很充足，但都是考据。还存在第三种可能性，即中国人自己翻译说。警察是否也可分解为：警惕+观察，或预警+察访，或警戒+侦查。十分流行的说法为“警之于先，察之于后。”如果上述假设成立，则“警察”一词的翻译也不失为一种意译的成功范例。从19世纪中叶起，帝国主义通过一系列不平等条约侵占了大批中国口岸，建立了一些殖民性质的机构。如1840年上海租界成立上海巡捕局，1841年《穿鼻草约》把香港割让与英国，1845年首批招募华人警员，采用中式警服，俗称“绿衣”。此外，上海租界在1840年前后也建立了“Shanghai Police Station”，译作“上海巡捕局”。中日交流是双向的，不能排除“Police”一词先译成中文，传到日本，再传回中国的可能。

现在有人认为，清末“警察”一词对英文的翻译是误译，或译得不妥当。1840年中国最早的警察局在上海成立，1848年香港警察局成立。两个警察局的原文都是“Police Station”，当时译作“巡捕”。巡捕是对“Police”的意译。虽然不准确，却包含了当时警察工作最基本的部分，即巡逻与捕捉人犯。而70年之后，我国没有采用巡捕，而从日本借用了“警察”一词。当然，语言学上的定义尚不完全反映和代表警察的学术含义和实际含义，因此，我们还要分析其学术定义及其演化。

二、 警察的现代定义

毫无疑问，不能仅从字面意义去理解警察的定义。警察是一种社会现象，要对此有一准确理解，必须站在社会的角度对之作全面考察。

（一）警察定义的历史演变

王大伟认为“警察”一词的出现与概念的演变在西方可分为以下三个阶段。①

1. 初期。古拉丁文时期，“警察”一词带有政治、管理等广泛含义。与其说是一个专有名词，不如说是一个广泛的行政与管理的概念。这一概念与西方古代没有专职警察，警察行为分散于整个社会相适应。从警察史而言，这一阶段叫作“非正式警务阶段”。警察行为由迷信、宗教、禁忌、习俗所贯彻。警务的实施单位主要是家庭与社区。

2. 中期。从欧洲中世纪到1829年英国伦敦大都市警察诞生之前。首先于1262年出现了“公安员”，以后又出现了“骑警”与“宪兵”一词，1714年“警察”一词正式在英文中出现。这一时期警察的概念是军事化的、强制性的镇压力量，这些特点随着历史的发展逐步加强。

3. 后期。1829年至今。警察作为专门机构的诞生，警察定义逐步明确并不断发展。产生于20世纪初的美国警察专业化与50年代英国警察的专业化，使警察的概念逐步变窄。强调专业化与现代化使警察逐渐从整个社会中独立出来。快速反应、打击犯罪的战士、机器警察等新概念就是这种警察内

① 王大伟：《英美警察科学》，中国人民公安大学出版社1995年版。

涵的代表。20 世纪 60 年代以后，随着新的警察哲学、社区警务论等新一次警务革命的到来，广义的或哲学的警察概念产生。现代警务改革的趋势就是从狭义概念中解脱、走向广义。因此，警察定义经历了从广义到狭义又逐步回到新层次上的广义的历史过程。

从历史的发展来看，警察概念经历了由宽渐窄，再由窄变宽的演化过程。王大伟称之为“沙漏型”过程。从原始社会末期警察萌芽的产生到 1829 年伦敦大都市警察为标志的现代警察的诞生之前，数千年之久，警察概念从宽变窄；从 1829 年到 1930 年前后，即第三次警务革命时期，警察概念基本保持在一个狭窄与特定的范围之内；从 1930 年至今，警察概念又逐渐变宽，特别是第四次警务革命之后，警察概念执着地向传统概念回归。

（二）警察的学术定义

学术界对警察的定义有很多，而且角度各不相同，着重点各有侧重，准确性各有千秋。下面分析几种有代表性的定义。

1. 澳斯蹯姆的定义。澳斯蹯姆等在《大都市警务模式》中将警察定义为：那些有“特别逮捕权”，并从事巡逻、犯罪调查和（或）交通管理等直接警察服务的任何公共官员。亦即讲，警察就是有特别逮捕权并从事三种直接警察服务之一的公共官员。此定义包含三个要素：其一，使用公共官员这一术语将私人警察从警察中剔除出去了；其二，具有特别逮捕权是警察的重要特征；其三，警察从事的是警察服务，而且是直接从事，而非间接从事警察服务。①

2. 英格来屯的定义。英国人英格来屯在《警察世界》一书中为警察下的定义为：在法律用语上，“警察”一词的确切定义应为，由公众或当局所强制执行的若干规则。这些规则或是针对整个当代社会，或是针对一些特别的活动。② 定义是从法文中来的，带有明显的军事色彩与强制色彩。它实际上是法国宪兵的定义，与现代英语国家使用的定义不同，英格来屯称之为由

① 见 T. Barker 等‘Police Systems and Practices’。

② R. D. Ingledon：《警察世界》。

法属殖民地所采用的定义。这里的警察是一种强制性的规则。

3. 约翰·安德逊的广义警察定义。约翰·安德逊是英国德文郡警察局局长，他在《自由警务论》中提出了广义警察定义，又叫警察的哲学性定义。他写道："有这样一种理解，警察能够用整个政府机关所有部门来包容。的确，警察包括内政部的所有部门（狱政、缓刑、咨询、刑事司法等），还应加上健康部、社会安全部（社会服务）、环境部（交通、污染）。所有这些部门的工作都有广义的警察特性。……现在，如果这种观念成立，就与狭义的警察定义完全不同。如果狭义的警察仅限于警察自己，就会使公众产生警察与老百姓分离的观念。同时也会使警察产生自己天下第一，不必与其他部门合作的思想。这就造成了两种消极的结果：损坏了良好的文官政府形象，浪费了巨大的社会人力资源。"①

安德逊提出两种警察定义：一是广义的、哲学上的；一是狭义的、字典式的。他说："广义的警察概念是通过政体而进行的警务，它可能会导致在警察所服务的领域中广泛地合作。而狭义警察概念却相反，将导致各部门之间的矛盾与不协调。"安德逊认为，现代警察改革的趋势就是从狭义的警察概念中解脱出来，走向广义的警察定义。当警察过分强调专业化、技术化时，警察与公众的联系就越来越少，警察就会变为单纯的"刑事警察"，警务风格就只能是被动反应式的。现代社会所要求的警察应是具有服务概念、预防概念以及冲突管理的概念。

4. 中国台湾地区警察学者对警察定义的研究。中国台湾地区对警察含义和研究集中在两种取向上，即警察学理含义的研究和警察法定含义的研究。②

（1）警察学理含义的研究：台湾警察学者对警察学理含义的定义包括四方面的内容：其一，警察是一种行政行为或行政作用。此所谓警察的本质。其二，警察是以直接维护社会公共秩序、防止或减少公共危害为目的的行政行为或作用。此乃警察的目的。其三，警察是基于国家一般统治权的行

① ［英］约翰·安德逊：《自由警务论》。

② 马亚雄、魏佩华：《评台湾警学界对警察含义的研究》，载《公安大学学报》。

政行为或行政作用。这是他们所谓的警察的根据，即警察权的基础。其四，基础是通过命令或强制方式来约束公民自由的行政行为或行政自由。这是警察的手段，即警察运用权力的方式。

（2）警察法定含义的研究：梅可望的《警察学原理》对警察的法定含义进行了系统的、颇具匠心的论述："警察是依据法律，以维护公共秩序，保护社会安全，防止一切危害，促进人民福利为目的，并以指导、服务和强制为手段的行政作用。"其包含了三个层次的含义。首先，警察的本质是以法律为依据的行政作用。其次，警察的任务在于维护社会公共秩序，防止一切危害，促进公民福利。最后，警察手段，即警察完成任务所使用的方法主要有指导、强制与服务。

5. 中外警察定义览胜。李坤生曾有专文述评中外警察的定义，下面择其要介绍之。

（1）苏顿（Soden）认为："警察为增进公共利益及预防迫切发生之危害为目的之政务。"这实际上将警察定义为一种行为，一种政府行为。

（2）伯伦智理（Bluntchli）认为："国家为保护公益，以强制力限制人民的自由，而行使其行政行为者为警察，如无强制之必要，即不得谓之警察。"这一定义的要点是其对强制手段之强调。

（3）史典格尔（Stehsel）的警察定义则从目的和手段两个角度展开："限制人民之身体财产，以防止国家及人民安全幸福之危害目的的行为者，即警察。"

（4）中国台湾的李士珍认为："警察者，以直接防止公共危害，维护社会安宁秩序，指导民众生活，促进一般福利为目的，基于国家统治权执行法令，并协助诸般行政之行政行为。"这一定义不仅将警察归属于行政行为，还指明了警察的基本职能和行为规范来源。

（5）哈罗德. K. 贝克尔的定义是："警察是所有主权国家阶级专政的重要工具，是社会和政治的执行机构，是维护国内和平，保护公共利益的主要力量，它受政府之托，维护社会秩序，从事日常的法律实施工作。"贝克尔的定义阐述了警察是阶级专政的工具这一命题。

（6）尹春生认为警察是行政武装力量，他在《"警察"概念之科学透视》一文中说："警察是依法维护和管理国家治安（社会秩序）的国家行政武装力量。"

（7）《辞海》的定义则基本是描述性的："警察，为维护社会秩序而设置的武装性质的国家治安力量，也指构成这一力量的人员。主要担负保障社会治安、预防、制止危害社会行为的发生、侦查、逮捕犯法者等责任。阶级专政的主要工具。在不同类型的国家，警察的阶级性质不同。"

（8）《简明公安学词典》对警察的描述更为全面："警察，阶级统治的工具。它的性质取决于经济上、政治上占统治地位的阶级。'Police'（警察）一词来源于希腊语 Politea。最初的含义是指都市的统治方法或都市行政。""我国的人民警察是在新民主主义革命时期创建的。""新中国成立后，废除了国民党的旧警察制度，在全国建立了人民警察。它是人民民主专政的重要工具之一，是武装性质的国家治安行政力量。"

（9）《公安学概论》是这样定义警察的："警察是国家政权中按照统治阶级的意志，依靠暴力的、强制的、特殊的手段维护国家安全与社会秩序的武装行政力量。"

（10）《公安学基础理论研究》将警察定义为："是在国家的统治与管理中，运用武装的、行政的、刑事的手段维护国家安全与社会治安秩序的行为。"它与《公安学概论》中的定义的重要区别在于警察是一种行为，而不是一种力量。

在引介完上述定义后，李坤生评论道，用马克思的国家学说和"定义"的理论来衡量，这些警察概念有某些不足之处。其一，有的抹杀或掩盖警察的阶级性质，从所谓"福利警察""警察中立"的理论去界定警察的概念；其二，虽强调了警察的阶级性，却没有从警察的业务工作和日常工作去界定警察概念；其三，有的对警察的内涵与外延、时间与空间没有完整的概括；其四，有的警察概念用属概念去界定种概念，属、种关系不清晰。

三、 警察与公安

在中国大陆，一般以公安指代与西方警察（包括警察机关、警察人员和警察行为）相关概念。这是有中国特色的，也是易引起误解的地方。所以，有必要探讨这一问题。

（一）“公安”一词的来源

中文“公安”一词的含义是什么，现在仍有争议。大部分人认为其含义为公共安全，也有人认为应为公共治安。不过“公安”在译成英文时统一为“Public Security”，即公共安全。

西方有没有“公安”一词呢？康大民归纳了“公安”一词在西方与中国的起源。他认为：“在世界上，18 世纪就出现了以‘公安’为名称的政治机构。如美国独立战争期间，法国资产阶级革命以后，新政权中都成立过‘公安委员会’。1871 年，巴黎公社成立了‘公安委员会’，并在其下设‘治安委员会’，专掌镇压反革命的警察职能。直到今天，日本设立的‘公安委员会’是其警察体制的重要组成部分。在 1905 年诞生了中国的近代警察以后，有零星的地方警察机关被命名为公安局。以后，北伐军所到省均成立公安局，攻克南昌以后就成立了南昌市公安局。‘八一’南昌起义后，我党仍用此名。1931 年商务印书馆出版的《市公安》一书称‘北伐以后，天日重光，各项建设逐渐进行，各市政府与特别市政府相继成立，大有励精图治之慨，易警察厅为公安局，耳目一新’。这阶段，力求用新的名称赋予革命的、明确体现社会安宁、公众利益的含义，以区别于旧警察机关。抗日战争、解放战争时期，在我党领导的政权中普遍建立了地方公安局。‘公安’已成为一个传统概念。”

关键在于西方（法、英、美、日等国），“公安”一词的原文是什么。现可以找到有两种：一是法国的所谓公安委员会，据《法国警察》一书的英译本，原文为“General Safety”。“General”为一般、总的，“Safety”为安全，免于危险。两个词合并为“总体安全”“总体平安”。这与中文的

“公安”二字既有联系，又有区别。二是英国独有的“Constable”，“Con”为名词前缀，含义为共同，“Stable”为词干，意为稳定、安全，合起来可译为“公共安全”。由于“Constable”是英国最基层警察的名称，应译为“公安员”，由此派生的词有“Constabulary”，原译“警察队”，按其基本含义应改译“公安队”。

根据我国台湾学者考证，“公安”一词源于美国。在美国有些城市的警察叫公安员。由于没有见到原文，还不能下定论。美国现在有一种市政或城市社会工作者叫“General Safety Officer”，也可译作“公安员”。其职责是防止水和噪声的污染。如果有人在夜间放高音喇叭，公安员就会来阻止。可见公安员与警察还不是一个概念。此外，美国最近开展了警察私有化运动。一些私人商店、企业雇用了私人安全员（Private Security），有点类似我国的保安人员。这也不是绝对准确的警察概念。结论是：现代美国没有警察被称作公安的，但有类似的职业叫公安。历史上的公安概念，尚待考证。

（二）“公安”一词能否引起外国人的误解

中华人民共和国公安部对外标准翻译为“Ministry of Public Security”，所以“公安”一词就代表了警察。这种翻译能否为西方人接受？又有什么利弊呢？①

1. 首先是弊病。许多英国人反映，“公安”一词的翻译很容易引起误解。一是指代不明确。按《英国大百科全书》字典解释，“安全”一词英文的含义为：一种安全的状况或感觉，保卫与保证的事情。保卫安全的部门。从字义上不是明确指警察，所以会引起误解。加之现代西方的公安员（General Safety Officer）多是从事环保的工作，因此被误解的可能性更大。二是易与国家安全部混淆。我国国家安全部为“State Security”，与“Public Security”相近。例如，中国人民公安大学就常被英国人误认为是培养 Spy（间谍）的学校。公安究竟是指机关、人员还是行为？公安部、公安局是指机关，而人员又叫公安民警，行为又被称作警务行动、警察行为。所以是自相

① 王大伟：《英美警察科学》，中国人民公安大学出版社 1995 年版。

混乱，指代不清。假如人民警察改为人民公安；警察法改为公安法；警衔改为公安衔；警徽改为公安徽；警种改为公安种；警犬改为公安犬，不仅不易被人接受，也表示不清。

现在世界上有100多种国家警察，很少有哪个国家另起一个名字，不叫警察而叫自己的特别称呼。① 事实上许多国家的警察都有自己的传统叫法，如法国的骑警，但在对外交流中一律以警察，即“Police”代替。

2. 其次是优点。康大民在《公安一词不取消》中写道：当我们从“公安”的角度来研究时，就会看到公安机关作为主体，它面对的是两个工作对象：一个是防治对象（公安第一客体）；一个是维护对象（公安第二客体）。当前各国警察为了加强预防，为了维护受害者的利益，其工作已不单纯面向公安第一客体，而是有越来越多的勤务内容面向公安第二客体。从这种发展趋势来说，“公安”较之“警察”有更大的包容性。

在对外交流中，也有少数西方人认为“公安”一词很特别，甚至很有意境。意大利内政部的一位负责人曾对我国访意代表说：“你们叫‘公安部门’，这个名称好，更符合现阶段警察工作的内容，更能体现民主性、公众性。”中国人民公安大学的外籍教员爱瑞克认为：“从个人角度讲，我欣赏‘公安’一词。因为一提起警察，人们往往想到的是巡逻、刑侦。而一提起公安，人们就会想到保卫、社会工作和预防。警察比公安窄，带有被动味道。公安比警察宽，带有主动的意思。”

（三）有关公安与警察关系的几种观点

公安与警察的关系怎样，我们对此应怎样认识？我国警察研究人员的回答各不相同，总结起来主要有三类。

1. 坚持中国叫公安，外国叫警察。这种观点认为，公安是中国的特色，应坚持，不必要与世界接轨，统一叫警察。对外翻译，公安可译为Police（警察）。

2. 尊重现状，即公安与警察在中国并存。对外翻译警察、公安可统一

① 朝鲜、越南称公安，也叫警察。

译为 Police（警察）。

3. 在尊重警察与公安长期共存的前提下，逐步扩大“警察”一词概念的用途，以警察逐步取代“公安”一词，以减少混乱，消除误解，逐步与世界警察科学概念接轨①。

第一种观点以康大民为代表。第二、三种观点的支持学者较多，王大伟是代表之一。新中国成立后，为了彻底打碎旧中国的警察机构、体制，建立起与旧中国警察机构有本质区别的公安机关，亦即人民警察机关，其工作人员称为公安干部或公安人员或人民警察。由于几十年各级公安机关和公安干部在各级党委的领导下，在打击犯罪、预防犯罪、保卫国家与社会的安定，保护人民的生命财产，为人民排忧解难等方面作了极大的贡献，在人民心目中享有崇高的声誉和威望，在相当长的一段时间内，国内的文件、新闻媒介和人民群众都用“公安”这个词汇。“公安”从字面上讲是指公共安宁、安全。因此，有学者提出，公安机关肩负的任务包括公共安宁、安全的绝大部分内容，也有一部分（如防止环境污染、预防疾病的流行与传播等）并不是公安管辖的事。也有的学者提出，随着社会的发展，用警察代替公安为好。例如，已被官方采用的名称，如“中国警察学会”《中华人民共和国人民警察法》《中华人民共和国人民警察警衔条例》，中国人民公安大学的“公安管理专业”经国家教委审定为“警察管理专业”等。还有学者认为，我们公安机关的名称不是公安部、公安局、公安派出所吗？而且这种称呼一直沿用下去。但我们不能不注意到我们常用的“公安民警”一词，又把“公安”与“警察”紧紧联系在一起了。实际上，现在根据需要和场合我们常把“公安”与“警察”混用，并不会造成人们概念的混淆和误解。可见，在国内“公安”与“警察”两个词要并存相当一段时间。

朱启禄认为：在国内，我们常把研究公安工作规律与对策的学问（知识体系）称之“公安学”或“公安科学”，也称之“警察科学”。叫公安科学或警察科学在国内不会引起太大的异议。而在国外，只有警察科学（Police Science）和与警察、司法特别是与警察科技密切相关的法庭科学（Forensic

---

① 见朱启禄在《公安心理学探新》中的文章。

Science)。因此我们多年与国外的警察学界同行们进行学术交流时，就出现一些困惑和误解。交流时，我们大多数时间内用“公安”（Public Security）而不是“警察”（Police），如公安工作、公安民警、公安科学等，“公安大学”我们翻译成英文为（Public Security University），特别是 1992 年笔者去英国莱斯特大学的公共安全研究中心（Center for Study of Public Order，University of Leicester，U·K）讲授中国警察科学时，就遇到“公安”与“警察”字义上的误解。一次讲课后进行交流时，中心主任约翰·本扬教授及其他教师提出在英国、美国等西方国家的公众、新闻媒介以及学术界对“公安”一词的看法。因为，笔者讲课时提出在中国公安和警察基本上是等同的，有时可以相互混用。“公安”可以理解为“警察”。例如，一般情况下公安大学可以理解为警察大学或警政大学（Police University），在欧美国家，警学界、新闻媒介甚至公众传统上习惯上认为的“公安”（Public Security）含义与我们不同，他们认为 Public Security 除有公共安全意义外，还包含 Secret Agent（秘密力量、特工人员），甚至还有 Spy（间谍）之意。在英国如此，在与美国警学界谈此问题时，他们也有同样的理解。所以，莱斯特大学与中国人民公安大学进行合作科研、学者交流时，在申请英国政府的经费支持时，中国人民公安大学没有采用意译，而是使用音译（Gong An University）。

因此，在国内公安和警察可以根据不同场合混用。这种混用可能长期存在下去；但与外国交流，还是用“警察”一词为好，以避免不必要的误解。

第三节

警察性质论

我国《公安学基础理论》中对人民警察的性质是这样定义的：“公安机关是人民民主专政政权中，具有武装特点的治安行政和刑事司法的专门机关。”这体现了公安机关是我国人民民主专政的重要工具，也表明公安机关是具有武装特点的治安行政和刑事司法的专门机关。而在西方警察科学研究中，警察的性质是以各种辩论形式来确定的，美国的“警察性质五大辩论”就是典型代表。

在所谓的现代西方民主社会，警察性质不仅是警察本身探讨的问题，也是社会各界常争论的内容。因为，警察的性质不仅涉及警察的社会职能，还是一个敏感的政治问题。因而，警察性质是警察学研究的重要课题。

一、 美国警察学界对警察性质的辩论

美国警察学界存在著名的警察性质五大辩论论题：警察是打击犯罪的战士还是社会服务员？警务工作是专业还是技能？在民主社会，警务工作是政治性还是官僚行政性？警务风格是主动提前警务还是被动反应警务？对犯罪是预防还是打击？（见下表）。

警察性质的辩论

项　　目	风格工作辩论
人员知识	打击犯罪的战士与社会服务员　专业或技能
组　　织	官僚行政化还是政治化
风格工作	主动警务还是被动警务　预防还是打击

注：美国人 R. R. 罗伯格（Roy. R. Roberg）在他的代表著作《警察的组织与管理》中就上述五大命题进行了详细的记述。

（一）打击犯罪的战士与社会服务员（Crime Fighter or Sochl Service Worker）

所谓打击犯罪的战士，指警察工作主要是对严重暴力犯罪的侦查、破案与人犯的逮捕。警官应是身强体壮、训练有素、主动积极、充满自信、铁石心肠的武士。他们武装到牙齿，动如脱兔，静若处子。训练应着重于警察专业知识与格斗、射击、驾驶等基本技能。福尔摩斯、007 是这种模式的典型代表。这种模式是传统的，无论侦探小说、电影都反映出这种看法。警官自

己往往以战士、武士自诩。

所谓“社会服务员”，是指认为警察的各项工作都很重要，不可有一方面的偏废。警务工作是全方位战略，刑侦与破案仅是警察行为中诸多工作的一种。在西方，特别是英国和美国的自治体警察模式，警务工作的重点是以社区（小到街道，大到县市）的需要而决定的。因此，西方有个警学专有名词，叫作“社区支配优先战略”。

市民的日常需要是警察应特别重视与关心的问题。因此，警察培训的重点应放在为社区、为公众服务的知识与技能的培训。在西方，警察承担的服务职能很多。例如，在英国，巡逻警官80%的日常工作是社区福利工作，像指路、救护、解决家庭冲突、寻找动物等。警察的社区服务职能在英国有悠久的历史，1829年英国内务大臣罗伯特·比尔创建世界上第一支职业制服警察时，就特别强调为公众服务，以谋取社会各界的支持。突出警察社会服务员的作用是当前西方警务改革的重要特色之一。社区警务是一种新的警务哲学思想与预防犯罪的实践形式，它突出反映了警察作为社会服务员的思想。

警察究竟是战士还是服务员？这种理论争议现在仍在进行。除了两个极端观点，还有折中观点，认为战士与服务员两者不可偏废，但随时间和地点的不同应有所侧重。有的社区需要服务员，如富人区和犯罪低发区。有的地区需要打击犯罪的战士，如大城市、贫民区。

在美国，警察有不同的绰号，这些绰号反映了警察作用的面面观。这些绰号有：邻里之友——社会服务员；邻里之狗——战士与服务员；邻里之师——服务员，宣传组织公众；邻里研究员——服务员，研究与解决社区存在的各种问题。

是战士还是服务员的辩论，与我国公安学中警察职能的剑与盾的关系既有相似又有区别。这一辩论从本质上揭示警察作用。它对警察管理、教育等工作具有较强的理论指导意义：

1. 在警察教育中合理安排教学内容与技能训练。既重视军事化教学，又重视社会学、心理学的内容。

2. 在考评与晋升中选择最佳标准。既重视破案率、发案数的升降，又重视公众的反映，公众的满意度等。

3. 在警力分配上，根据实际合理安排勤务。既保证巡逻、刑侦，又向预防犯罪与社区警务等方面倾斜警力。

（二）专业还是技能（Profession or Craft）

专业，或叫专业化，英文是“Professionalization”。任何一门职业，如果是专业化的职业，必须具备一定条件。这些条件是：就业前必须受过正规的大专、大学本科以上的学历教育；工作的智力性超过体力性；教育与培训不是一次完成的；有专门的研究机构，研究工作的有关问题。像医生、电气工程师、律师、大学教授等职业属于专业化职业。

技能，又叫手艺，英文是“Craft”。它不需要同时具备专业化所具备的四大特征。通常，手艺人工作体力成分较大。手艺熟练是必需的，但它强调技能而不是知识。艺人不需要文凭和正规的学历教育。手艺不需要专门的研究机构，它的发展是通过不断的实践而发展。杂技、雕刻、修表、配锁等，都属于手艺。过去，手艺人往往是通过师傅带徒弟的形式传授知识的。

专业和技能的区别与科学和艺术的区别相似。区别两者的不同具有十分重要的意义。例如，警察是否需要大专以上的教育培训，警察科学是否需要专门的研究机构。如果基层警官是以技艺为主的职业，那么就可以节约大量的正规培训经费，设立以短训为主的、更为科学的训练体制。如果基层警察是以专业化为主的职业，那么警察工作就应该强调在科学方法基础上的科学研究。警察工作的指导方针应该是科学的原则，设立正规化的、以学历为主的大专以上的教育培训网络，在学校中设立以自然科学和社会科学为主的课程。

比较我国警察教育与西方警察教育，两者比较突出的差异在于，英美没有正规学历的警察高等院校。警察部门所需要的大学生从社会上招募，而警察内部培训院校，多为短期专业技能培训。这一点基本反映了主要西方国家在专业与技能这一命题上倾向于技能的现实。我国的警察高等教育何去何从？是坚持走中国特色的警察培训之路，还是与世界的警察培训大趋势接轨？这需要从根本理论，即警察性质的理论研究入手，在理论上突破以后，再指导实践工作。

(三) 官僚行政化还是政治化 (Bureaucratic or Political)

官僚行政化不能单从中文的“官僚”两字中理解。它含有政府行政的意思。英文官僚行政的含义为：中央行政的政府与管理；政府管理的组织与状况，由这类政府管理而产生的官员。因此，英文中官僚行政不像中文含义带有贬义。

在西方警察学中，官僚行政化假定：司法是一个前后一致、独立的产物，司法的一致性是由严格、明确的规定所制约的。法律条款与规定决定着警察工作政策、程序。从纯理念的角度，法律条款是合理地发展与完善，不受其他因素干扰。

警察作用的政治化有两种解释：一种认为，社区中最有影响的一部分人的利益控制着警察和法律，一些人凌驾于法律之上，一些人被法律制约，这就是所谓“政策优先”。这种解释被西方警察学者称之为最坏的政治化。另一种解释认为，政治化有时强调“应答式”和“特别化”。持这一观点的人认为，严格的法律界定有时不符合具体情况。社区、邻里与个人，大千世界情况千变万化，需要具体分析，灵活掌握，法律的一致性不排除政策优先的成分。在处理问题时，警察应实事求是，灵活掌握，这是“好的政治化”。

这两种观点的辩论目前在西方警察学界仍无定论。有人认为，这是民主的两极冲突。这一辩论导致了一系列问题，如，什么时候社区的利益应重于法律？社区的利益重要还是法律的严肃性重要？

(四) 主动提前警务还是被动反应警务 (Proactive or Reactive Policing)

主动警务强调警察创造性行为。警察主动的出击，而不是被动反应；预防犯罪而不是处理犯罪。被动警务是一种反应式警务，它是对市民需要的一种反应。交通罚款是主动提前警务；建立邻里守望制度是主动提前警务；建立秘密力量，设立警察圈套是主动提前警务。出现场、刑事侦查则是被动警务。

有时主动警务很难理解，只能举例说明。例如，某一地区连续发生几起抢劫案，面对这些案件，被动警务的反应是，出现场、提取物证、对嫌疑犯调查排队等。主动警务的做法是分析作案的时间、地点规律性，在几起抢劫案之间试图发现共同点。如果找到共同点与规律性，警察设立监视网络，在下次可能发生抢劫的地点布置力量，同时采取一系列预防措施。这就是主动警务与被动警务之间的区别。

主动警务的特点是先发制人，主动出击。英国德文郡警察局前局长安德逊曾形象地区分了提前警务与被动警务的特点。两者的区别是：

1. 被动反应警务：立案侦查 + 破案 + 判刑（旨在打击犯罪）。

2. 主动提前警务：在坚持被动反应警务的同时，强调：情报导向 + 社区警务 + 警民关系（旨在预防犯罪）。

在主动警务中，警察承担了更多的分析、宣传组织和教育工作。警察应与社会共同创造多种多样的机会抑制犯罪与预防犯罪。在某种场合下，要十分谨慎地应用主动提前警务。例如，诱捕问题，警察可否在主动警务中诱使人犯犯罪？警察能否设计情景煽动个体犯罪？

在西方警察研究中，被动警务是传统的、常见的模式。主动警务为革新的、创造性的模式。从理论上讲，主动警务要逐步占据警务工作的重要位置。由于西方社会自称是民主社会，所以另一个题目又产生了，即究竟是主动警务还是被动警务更适合西方社会。有人指出，警务风格越主动、越提前，警察就越具有侵犯性；而警察越具有侵犯性，对社会的民主的危害就越大。因此，在讨论上述命题时，要搞清下列问题：怎样平衡警察的侵犯性与社区的要求，主动警务与被动警务哪一个更有效，怎样搞好主动警务的同时，尽量减少警察的侵犯性。

被动反应警务是装备现代化的产物。根据西方的警务实践，一般在警车普及后 3 ~ 5 年，被动警务风格占主导地位，在此后 10 ~ 15 年主动警务开始逐步替代被动反应警务。西方主要国家一般从 20 世纪 60 年代开始被动反应警务，从 70 年代末期开始主动警务。我国的情况与西方不同，我国在公安工作实践中形成的优良传统与作风有很强的特色。西方由于装备现代化的利与弊所带来的两种警务风格的转变值得我们研究与借鉴。特别是在强调装备现代化的今天，应注意保持和发扬我们的优良传统。

（五）预防还是拘捕（Prevention or Apprehension）

预防，指巡逻警官以自己的出现来阻止犯罪发生。拘捕，指巡逻警官逮捕罪犯的行为。美国人曾举过这样的例子，说明两者的不同：一个女巡逻警官刚刚处理完一起交通事故，并在写事故调查报告。她的警车停在一处隐蔽的地方，可以看到近处的一个杂货店，但出入杂货店的顾客却看不见警车。这时，一辆汽车驶近杂货店，女警官发现这辆车是通缉令中描述的参加过抢劫的车。司机下车向杂货店张望。根据情况分析，新的抢劫即将发生。这时，女警官应怎样做？如果她等待抢劫发生，杂货店的店主或顾客是否会被伤害或杀死？如果她冲上前去拘捕，她是否会被武装的凶犯杀害？她应出现在罪犯面前来抑制犯罪还是采取其他什么方法？

预防与拘捕的争论不仅限于单个警官的行为，也与警察局的行为方式有关。预防与拘捕的警务模式涉及警力分配。例如，如果某警察局用相当大的人力、物力去组织群众、宣传群众，这个警察局就是以预防为主的预防模式。相反，主要依靠拘捕与破案，这个警察局就是拘捕模式。理论上，拘捕也是预防，因为拘捕能起到某种震慑作用，预防其他犯罪发生。

警务工作的预防模式将影响社区内部的警民联系方式。在预防模式中，警察是以帮助、支持的角色出现在公众面前的。相反，在拘捕模式中，警察是以对立面出现在公众面前的。美国警察科学把警察风格划分为三种模式，即政治更夫式——警察为邻居；守法专业式——警察为战士；社区服务式——警察为教师。拘捕警务风格显然属于守法专业式。而社区服务式则反映了拘捕与预防的平衡。

从预防到拘捕，而拘捕又是对新犯罪的预防。因此，很难确定警察工作哪些是预防性的，哪些是拘捕性的；问题的实质在于这两者之间投入多大人力、财力，对这两者的好恶决定了警察在社会上的作用。

西方关于警察性质与作用的五大辩论，有助于我国从多种侧面考察西方警学理论的精髓，了解西方警学家的思维方式与研究内容，注视西方警务改革大趋势的理论基础。五大辩论的启示在于：

首先，西方警察学家在考察警察本质与作用时选择了多种与实践相关的侧面，使理论研究紧紧围绕警务实践。理论研究对实践工作有根本的指导作用。

其次，西方警察对任何一个命题，不下肯定与否定的结论，而是采用辩论方式，使结论平衡全面。事实上，对任何一个警务实践问题的解释，都会随时间、地点的不同而有所侧重与倾向。

最后，在很多实践问题上，西方的研究、认识与我国的公安学有很大的差异，为我们比较、批判、借鉴提供了很好的依据。如对被动反应警务的再认识为我国今天的装备现代化提供启示。对警察是专业还是技能的辩论，有助于我国警察教育基本理论的深层次研究。

二、 警察社会服务的理论与实践

西方警察科学界关于警察性质与作用的研究历来有两派。一派认为警察的主要作用是打击犯罪的战士，另一派认为警察主要是一支社会服务力量。自 20 世纪 70 年代以来，英国警察学界出版了一系列专著与论文，主张警察主要是一支社会服务力量。其根据如下①：

（一）历史遗产

英国警察有其特殊的平民化、地方自治等传统。罗伯特·比尔于 1829 年在伦敦创建了世界上第一支现代化职业制服警察，当时他制定的基本警务概念是："高效率警察工作的主要任务是预防犯罪，其次才是刑侦与惩罚。为此，警察工作的导向应指向社区。这就是保护人民生命财产，提高人民群众的公众安全感。如果上述目标实现，犯罪就无法藏身。"英国警察科学界认为，警察应是 24 小时全天候的、高度流通的社会服务力量。其中包括许多社会福利性的工作，这些工作贯穿公民生老病死的全部过程。

---

① 王大伟：《英美警察科学》，中国人民公安大学出版社 1995 年版。

（二）理论与实践的矛盾

英国警察内部对社会服务工作看法不一。特别是许多领导不同意把大量警力投入社会服务。因为刑事犯罪数量飞速上升，警力不足成为各个机关的突出问题。刑事侦查工作做得好与坏一目了然，因为有统计数字反映；而社会服务工作做了也常常是看不见、摸不着。

英国警察机关长期以来无论在官方正式文件中，还是在警力分配的理论上，对警察的服务职能不够重视。1962 年，英国皇家警察委员会规定了警察工作的八大任务，只有最后一条规定是针对公众的服务与友谊的建立。但在实际工作中，警察自觉或不自觉地早已承担起大量的社会服务性工作。在警察机关内部，早已建立起各种专门工作机构，如青少年协调处或社区警务处。许多女警官也承担了大量服务性职能工作。但这种服务职能缺乏专门的实际工作培训。警察上岗前的培训主要是准军事化的培训，如出操与列队。

（三）调查研究结果

英国警学专家认为，当前英国警察工作主要分布于四个领域：公众对警察的需要；警察对公众的需要的实际反应；与正式社会各部门的协调与合作；保护与引导社会稳定的工作，如保护家庭的稳定等。

马瑞斯·傍池于 1972 年 5 月在艾克塞斯（Essex）的三个小镇进行了为期两周的调查。这三个小镇的人口分别是：新城 6.6 万人，老城 6.8 万人，农村小城 4.1 万人。两周内共记录了 981 起报案电话。所有电话分为两种类型：执法与服务。执法包括报案记录、入室盗窃、盗窃、伤害，也包括法制建设的建议，如建议加强停车条例等。很明显，执法与服务有时很难区别。在服务类别中，又分别区分了几种不同的情况：家庭纠纷（人际问题、夫妻吵架、抱怨噪声）；健康问题（生病、精神病、暴死与自杀）；人员问题（人员走失、老年人服务）；动物问题（寻找动物、治伤等）；交通事故（路面缺损、交通控制、交通案件）；财产问题（非刑事案件财产的寻找与堆放）。调查结果见下表。

警察接受报案的调查

电话	新城（%）	老城（%）	农村小城（%）
执法	50.70	38.90	27.00
服务	49.30	61.10	73.00
总计	100	100	100

1. 60%的电话与服务性工作有关，其中家庭纠纷的电话占电话总数的1/3。

2. 分析上表，可见农村警察承担的社会服务性工作远比城市多。这反映出农村警察工作的广泛性与实践性。正如一位警察局局长所说："农村警察是骑在自行车上的天使。"在服务性电话中：家庭纠纷占28.5%，交通事故占20%，财产问题占14.5%，人员走失占14.5%，健康问题占8%，动物问题占6%，约有近1/3的电话与家庭纠纷有关。

3. 绝大部分打入电话集中于下午2点到6点，在这段时间内，政府其他部门都在工作。这反映警察是公众第一社会服务力量。当群众遇到问题时，首先想到警察，警察是公众最信赖的人。

为什么公众在遇到困难时首先想到警察呢？

马瑞斯（Maurice）调查访问了30个人，其结果是：5人说警察是遇到问题时的第一选择；12人说他们知道某些机构，但一时找不到电话与地址。总之，在遇到困难时，找警察是最有效、最经济的方法。

群众有困难想到警察，除了有上述原因外，还因为社会其他部门有两个局限。

第一，时间局限性。大部分家庭纠纷的发生时间集中于晚上5点到9点，只集中于星期六与星期天，而这段时间，社会服务部门大部分是不上班的。

第二，业务单纯性。法院只受理案子，却不管情况发展的来龙去脉，处理问题比较简单。例如，有一个妇人因家庭贫困而离家出走，丈夫带有七个子女。由于无人看护，一个孩子吃错了药而死去。这时法庭却要因此传讯这名妇女，处理方式比较简单。同时警察也看不起其他部门的工作。例如，某警官自豪地说：“父母们对失足青年认识不足。他们根本不要去找心理矫正医生，找警察就行。有一次我看到一个小女孩在草丛中与男人幽会，第二天我又看见她在教堂的唱诗班中唱歌。”

由于以上种种原因，警察不得不在实际工作中承担大量的福利与社会服务性工作。许多工作初看上去与传统观念中的警察工作风马牛不相及，实际上，却正体现出一种新的警务风格，与英国的警务传统相符合。英国警察有时充当了可笑而又发人深省的角色：

1. 外科医生。警察在处理交通事故时，一只猫被汽车轧伤，公众把猫送进警察局。由于没有兽医，无法抢救，警察为了加强警民关系，为猫进行了外科手术。

2. 心理医生。一天夜里，某精神病人闯入警察局扬言要自杀。要求警察把他送到100英里外的精神病医院。警察这时充当了心理医生，耐心细致地说服病人安静下来，并在第二天清早把病人送进医院。

3. 婚姻调解员。某周末下午，警察接到报案电话，一家女主人因丈夫酗酒而报案，要求离婚。警察马上驱车前去调解。

4. 家庭服务员。一对老人住在高楼中，老头不慎割断了动脉引起大出血。警察接到电话后，马上把老头送进医院，又派人专门照顾老妇人的起居饮食。

英国的犯罪率在20世纪90年代已跃居世界前列，犯罪率突破800件/万人。为什么在如此巨大的犯罪压力面前，把警察作为社会服务力量的呼声却在日益提高，形成警务改革的趋势。其中的启示颇多。始于20世纪60年代的装备现代化与反应警务，曾一度把重点放在严厉打击刑事犯罪上。其结果是犯罪不仅没有下降，反而成倍上升。这就使得英国警察学界的有识之士不得不从英国的警察“遗产”中寻找解决症结的灵丹妙药，力图从警察的本质、作用等基本理论上寻找答案。警察作为一支主要的社会服务力量的理论应运而生。持这种观点的人认为，警察只有从社会服务入手，才能从根本上减少犯罪，从根本上扩大破案渠道，从根本上体现警察的社会职能。首先，警察在服务中改善与公众的关系，使广大市民成为警察破案的千百双眼睛与耳朵。这种信息渠道，远胜于现代化的监听、监视设备。其次，警察在社会服务中加强了社会各部门之间的合作，齐抓共管，为社区警务、邻里守望制度等新型的警务改革拓宽了渠道。最后，真正产生犯罪的主要源泉都在社会而不在于警察部门的打击强弱。警察在服务中调解各种社会不平衡因素与社会矛盾，有助于从根本上减少与抑制犯罪。

三、 警察的职能①

（一）警察职能的类型

公安机关的职能，从不同角度、不同层次研究，可以有多种提法。

1. 从处理国家的内外关系看，公安机关有对内职能和对外职能。

2. 从人民警察担负的总任务的作用看，公安机关有打击敌人、保护人民、惩治犯罪、服务四化等多方面职能。

3. 从公安业务工作的不同作用来看，公安机关有侦查职能、保卫职能、武装职能、治安行政管理职能等。

4. 从公安工作不同手段的作用来看，公安机关有打击惩治职能、预防控制职能、行政管理职能、教育改造职能、服务救护职能等。

5. 从调整国家根本政治关系的作用来看，公安机关有专政职能和民主职能。

这些公安机关职能的提法都有道理，从不同角度描述了公安机关应发挥的社会效能与作用，综合起来有助于全面认识公安机关的职能。

（二）警察的基本职能

在公安机关的上述多种职能中，最基本的职能是对敌人的专政职能和对人民的民主职能。其他的职能都是从这两个基本职能出发，是这两个职能的展开和具体化。

1. 警察的专政职能：作为人民民主的主要内容，中国的公安机关要代表人民，对人民的敌人、对一切敌对势力、对违法犯罪分子实行人民民主专

---

① 柳晓川、康大民：《公安学基础理论教程》，中国人民公安大学出版社2003年版。

政。这是公安的阶级属性的重要表现。

2. 警察的民主职能：作为中华人民共和国的执法机构，中国公安也和其他国家机关一样，具有民主的职能。协调人民之间的各种矛盾、各种利益冲突，是公安民主职能的重要表现。

公安的这两个基本职能，是由公安机关的性质所规定的。公安机关的基本职能，是对其多种职能的最高概括，集中反映了公安机关的人民民主专政工具的根本属性，既体现公安的阶级性、政治性，又体现公安的社会性、管理性。

第四节
警察角色论

全心全意为人民服务，是公安机关宝贵的优良传统之一。长期以来，在“剑与盾”的辩证统一原则指引下，警察在坚持严厉打击刑事犯罪的同时，承担了大量的抢险救灾、解困助民的活动与工作。毛泽东等老一辈无产阶级革命家对公安机关为人民服务的宗旨十分重视，多次给予了具体指示。在社会主义市场经济的今天，我国公安机关怎样坚持与发展这一优良传统已成为新时期理论与热点之一。值得注意的是，在现代西方警务改革中，警察是作为打击犯罪的战士还是社会公仆的角色认定与辩论也是警学研究的主要理论之一。西方主要发达国家在全面完成警务现代化的同时，面临着风涌上升的犯罪浪潮，为什么他们在沉重的犯罪压力面前，又重新强调警察要做社会公仆的角色？其中的启示颇多。

一、 什么是警察角色

“角色”，英文译为“Role”。《牛津百科全书字典》的定义为：（1）戏剧或电影中的演员；（2）人们对某人或某事所期待的特征，例如，角色模式，即人们期待一个人作为一种特别角色的模范。

警察角色一般可分为两种：一是社会学定义。警察角色是指警察在社会结构中所处的地位及作用，如警察是社会中具有特定权力与职责的机构。二是心理学定义。警察角色是指社会对警察地位的态度与看法，也包括警察对自己地位的态度与看法。人们期待警察应做些什么工作和以什么方式工作。在实践中，上述两个定义互相影响，互相包容。

警察角色论是西方警察科学理论的重要组成部分，属于警察哲学的范畴。警察角色论主要包括警察角色与警察冲突。

警察角色的内涵包括警察的作用、职责与任务，包括社会对警察作用、职责与任务的认定与期待，也包括警察自身对自己角色的认定。角色冲突指社会、警察部门与警察个体对警察角色期待、定式与现实情况的差异与冲突。警察角色论与我国公安学中有关公安机关的性质、职能、基本任务的研究有一定的联系，但差异更大。西方警察角色论在我国尚处于理论介绍阶段。

（一）警察角色的具体内容

警察角色的内涵，具体体现在各国对警察作用、任务的理解上。美国律师协会提出的《关于城市警察职能的标准》将警察角色的实际意义列为11项。其中只有4项与打击犯罪有关，其余7项都是涉及与社会服务相关的工作。

1. 认定犯罪分子与犯罪活动，在适当场合逮捕罪犯并参与其后的法庭诉讼程序。
2. 通过预防性巡逻或其他活动减少犯罪机会。
3. 帮助有被伤害危险的人。
4. 保护宪法所保护的人。
5. 疏通人员与车辆。
6. 帮助不能自理的人。
7. 解决纠纷。

8. 鉴别哪些属于执法问题、哪些属于行政管理问题。

9. 创造并维护社区的安全感。

10. 促进和维护国内秩序。

11. 提供其他紧急情况下的服务。

英国德文郡《警察见习官实习指南》中规定的警察作用：一是通过执法和预防犯罪来维护社会安宁。这时，警察是执法者。二是满足公众各种各样的需求。这时，警察是一种社会机关。每个见习官都应牢记，公众期待着警察去帮助人。如果警察在某种特定的时间与场合不能提供帮助，警察必须马上与有关部门联系，提供帮助。所谓有效的警察服务，就是满足公众的期望，而这种期望无所不包、充满人类所有的活动。这里突出了服务职能。

（二）历史阶段的差异

王大伟认为不同的警察发展阶段，警察的角色也不同①：

1. 第一次警务革命阶段（1829 ~ 1890 年）。打击犯罪与社会服务并重，以社会服务为主。一方面新警察的诞生主要是针对日益增长的犯罪，另一方面，新警察必须得到公众的支持才能生存。所以罗伯特·比尔从创立新警察之日起，就把服务列为警察的主要工作，并将公仆意识作为首要角色。

2. 第二次警务革命阶段（1890 ~ 1930 年）。由打击犯罪与社会服务并重，逐步向单一的打击犯罪角色过渡。警察专业化运动加强了一些社会服务的职能部门，但总的趋势是内部分工细致化，警察与公众开始脱离，打击犯罪职能逐步突出。

3. 第三次警务革命阶段（1930 ~ 1980 年）。打击犯罪战士的角色最为突出。警务现代化使警察与公众逐步分离，打击犯罪的战士形象走向鼎盛。

4. 第四次警务革命阶段（1980 年至今）。社会公仆的角色占上风，社区警务注重重返社会，返璞归真。

① 朱启禄、王大伟：《西方对警察角色的认定》，载《公安大学学报》。

（三）各种警察模式之间的差异

警察角色不仅在时间序列上有所不同，在空间维度上也多姿多彩。不同的警察模式之间的警察角色模式不同。①

1. 欧洲大陆模式。欧洲大陆模式是中央集权式的、君主制的警察体制。警察在维护社会治安时是作为君主、皇帝、集权者和中央政府的代表，称之为：警察是皇帝的奴才，绝非人民的公仆。欧洲大陆警察模式绝对突出打击犯罪战士的角色。

2. 殖民地模式。19 世纪，随着维多利亚女王的扩张政策，把英国的警察制度带到世界各地。应当指出，殖民地模式的样本不是伦敦大都市警察，而是皇家爱尔兰警察。皇家爱尔兰警察只对国会，即西敏寺负责，是一种不受诸侯地方节制的军事化力量。中央集权的准军事化的和以镇压为主的警察形式正适合殖民地地广人稀、交通不便、信息不灵、经济又不平衡的特点，殖民地警察是打击犯罪战士的典型代表。

3. 英格兰威尔士模式。英格兰威尔士模式，又称为盎格鲁－撒克逊模式。1829 年罗伯特·比尔建立了伦敦大都市警察。从建立之日起，英国警察就注意培养其特点，即地方自治、平民化和社会服务。英国警察以平民化为主要特征。自建立伦敦大都市警察起，就遭到社会各阶层的反对，故警察有“绿色蝗虫”“瘟疫”之别称。为缓和矛盾，早期警察制服是绅士帽、燕尾服，力求与市民服装相似。英国警察的警民关系不错，擅长社会服务。20 世纪 60 年代警察多住在乡间，了解民情；70 年代后警方发展快速反应机动力，警察向城市集中，由驻在式转向汽车巡逻，曾一度造成警民关系紧张。以后警察改革兴起，社区警务、预防警务等新生事物兴起，警察逐步回到公众之中。公众遇事往往首先想到警察，小到猫爬上树，大到家中有病人都要找警察。

4. 美国模式。美国模式是英国模式的继承，注重打击与服务并重，但在服务职能方面，远远落后于英国。

---

① 朱启禄、王大伟：《西方对警察角色的认定》，载《公安大学学报》。

上述四种模式的警察在打击犯罪的战士与社会公仆的辩论中各执极端，大陆模式与殖民地模式的警察是打击犯罪战士的典型代表；英国模式的警察是社会公仆的典型代表。近年来，大多数西方国家都逐步在扩大服务职能，以往的差异不断缩小。

二、 警察角色模式

社会学认为，角色是一组期望行为模式，是附属于社会地位的责任和权利。简言之，社会中的每个地位或位置都有所属的期望行为、责任和权利。

警官的角色也因社会背景而异。深入地讲，警官所扮演的角色因社区和警察组织而异。个体警官和部分的期望行为以及其判断和评价依赖于社区和由政治结构定义的警察组织的使命以及部门管理结构。显然，不同类型、不同政府层次的警察角色不同。

分析警察角色是很重要的，它对人事和管理都有效应。至少角色问题的解决可以为更有效地实行下列工作提供基础：

1. 确定警察社区关系和警务政策背景的作用；
2. 厘清警务部门的目的和价值观；
3. 建立清晰且可测量的部门目标；
4. 控制有限资金的预算和资源应用，特别是人力的分布与派遣；
5. 发展招募、筛选和培训准则和标准及其可靠、有效的筛选程序；
6. 提供公共评估警务部门的基础。

据 T. 巴克和 R. D. 亨特的研究，美国历史上的警察角色模式主要有控制犯罪、维持秩序和提供服务三种。①

（一）控制犯罪角色

警察可以每天 24 小时地应对犯罪和抑制产生犯罪的条件。公民向警察

① 见 T. Barker，R. D. Hunter “Police Systems and Practice”。

报案，警察再去侦查案件并将收集到的证据起诉及进入下一刑事司法程序。警察借助于各种交通工具和徒步进行预防性巡逻。巡逻是以警察的存在来预防犯罪。预防不成则去拘捕违法人员。

警察有控制犯罪的作用，我们也期望他们能那样做。然而，公众和警察经常将控制犯罪的责任完全归之于警察，而且看成是其的重要角色，甚至是唯一应扮演的角色。这一对警察及其角色的短视观点对警察作为一种职业、警察部门作为复杂的组织、个体警察作为刑事司法程序中的和所负责社区的犯罪控制行动者有重要效应。

1. 犯罪斗士形象。警察在控制犯罪角色模型的初级角色是犯罪斗士。这一形象对理解警察的作用有严重阻碍作用。我们并没有说警察不应是犯罪斗士，但应注意警察的作用还有执法和服务。犯罪斗士观点影响招募、筛选和培训警察的方式。例如，警务部门以往认为处理家务纠纷是令人讨厌的私人问题，而不是控制犯罪活动，结果导致警察在这方面没有进行丝毫培训准备。当然，这些已经变了，紧急干预已成了警察角色的重要部分。

2. 犯罪斗士形象的后果。控制犯罪角色模型中的犯罪斗士形象对警察及其行为产生了严重后果。众所周知，民主国家的警察与犯罪斗争的程序有严格的法律规定。所以，犯罪斗争与任何自由社会宪法赋予的程序上有广泛的冲突。而且，公众认为警察有责任竭尽全力去满足这一期望。但实质上，警察对付犯罪的能力是极其有限的。

打击犯罪及其控制不是警察的唯一职责。警察既不能控制产生犯罪的社会条件。实质上，法律和刑事司法体系是人类行为可怜的控制者。作为社会控制的正式手段，刑事司法体制通常在其他社会控制手段失败后才开始施行。只要我们将控制犯罪看作警察的初级角色，我们就必须确认犯罪是社会现象，而且犯罪预防是社会和其他社会体制的共同责任。

（二）维持秩序的角色

警察的控制犯罪或执法角色涉及所有逮捕和侦查违法分子作用和用于预防犯罪的行为的结果，警官的执法活动是环境出现逮捕需要。这种情况下的公民不能决定是否需要警察服务。然而，像威尔逊（Wilson）指出的那样，通过无线电呼叫警察而导致逮捕的事情少于1/3，所有案件中只有5%真正涉及逮捕。观察巡逻中的警官可能揭示更多的犯罪或执法活动；然而，大多数警察研究人员都认为地方制服警官的大多常规时间是用于不涉及逮捕的非执法活动。

实际上，警察的行动有两个阶段（见下表）。第一在干预阶段，警察采用各种方法处理那些必须迅速采取行动的情景。他们可以调查、搜身、制止和问询；签署中止遣散、移走等命令；等等。第二处置阶段，发生于警官选择何种方式处理事件。警官可以调解这件事，交给其他机构、推荐自诉或干脆什么也不做。事实上，什么也不做对一些案件来说是最佳选择。

警察行动阶段

第一阶段——干预	必须迅速做的一些事
可能的选择： （1）进行调查 （2）进行搜查 （3）制止并问询 （4）签令中止，遣散或移走	（5）清场 （6）照料伤害者 （7）劝架
第二阶段——处置	小心处理原危机
可能的选择： （1）逮捕并进入刑事司法程序 （2）逮捕并进入少年司法程序 （3）将人带到保护地并寻求医疗和心理帮助 （4）调解争执或提交其他机构 （5）推荐自诉 （6）什么也不做	

维持秩序角色是现代警官的比其行为其他方面更中心的角色。威尔逊指出，对警察角色而论，秩序问题比执法问题更中心是鉴于两个原因：第一个原因是在许多城市，特别是社会差异更大的城市，巡逻中的警官碰到更多的是维持秩序问题，而执法机会较少（除了交通违章）。第二个原因是维持秩序职责使警官有生命之虞且其反应可能给争执者带来危害。尽管它没有执法职责带来的危害大，但这总是可能的，且不可预测。

（三）提供服务角色

除了控制犯罪和维持秩序外，警官还扮演服务人员角色。属于这一范畴的职责包括许多看起来与诸如巡逻、交管，或刑事调查等警察服务及其控制犯罪和防止无序等警察使命有边缘关系的活动。例如，操作拘押设备、发放执照、监督选举，以行政辅助法院并保证人身安全、护送公共官员、拖走抛锚的卡车、写停车罚单、提供紧急医疗服务、将猫从树上救下来、节日查户、打开锁死的汽车、帮助将自己锁到门外的人回家等都属于服务角色。

多年来，这些服务活动变成了警察的常规工作。这是因为：

1. 其宽泛的法律权威。都市警察部门的地位职责表述得既宽泛又模棱两可。

2. 警察使用武力的权威。干预这些活动有应用武力的可能性。

3. 警察的调查能力。这些事件有的需要收集事实。

4. 警察的24小时服务。警察部门是唯一每周工作七天，每天工作24小时的部门，而且会对要求帮助的请求作出迅速反应。

5. 社区对警察的压力。社区中的特殊利益群体持续争夺警察资源。

三、警察角色冲突论

角色，英文译为“Role”，带有性质、作用与机能的含义。冲突，英文译为“Conflict”，其含义为，一种对抗或敌意的状态战斗与斗争。警察角色冲突指社会、警察部门与警察个人对警察的期待作用与现实的差异与冲突。例如，无论是电视或戏剧都往往把警察工作描写得充满神秘色彩、充满枪击、破案等惊心动魄的场面。而现实工作却常常是平凡事务和服务性工作。期待角色与实际角色之间的差异造成了公众警察内心的不平衡。

（一）警察角色冲突的社会基础

有三个因素对理解警察的角色有重要意义，即法律期望、警察组织期望和社区期望。

1. 法律期望。法律期望是建立在为功能提供基本框架的实体法和程序法之上的。然而，这些法律，特别是那些关于刑事诉讼的法律是变化的。而且，警察有限的资源也不能执行所有法律，社区也不能要求所有法律被执行。结果，警察在执什么法、如何执法上自裁决定。而且警察所作的自裁决定类型可能或不可能适应社区的期望。

2. 警察组织期望。警察组织期望来自正式和非正式组织两方面。正式期望来源于领导和督导、培训项目、组织方针、目标和目的。非正式期望来源于警官同事和个体在适应和学习应付警察工作情感、心理、智力和体力需求。

3. 社区期望。有关什么是适当的警察活动和行为的社区经常期望，至少部分建立在他们与警官或其亲朋与警官的经验上。在这方面，社区居民至少有四种方式与警官互动：作为嫌疑人（包括给了交通违法行为人）、被害人、证人或旁观者。

（二）警察角色冲突的原因

对警察角色的误解主要包括两个方面：一是社会各种宣传媒介的歪曲，二是警察部门自身的误解。两种误解的综合造成了角色冲突。①

1. 宣传媒介的歪曲。首先是电视、电影、小说等娱乐媒介的歪曲。警匪片是大众喜闻乐见的形式之一，所有这些作品的通用模式是：警察工作就是破案，每个警察都会武功，都是神枪手；警察往往是007式的人物，英俊、高大、机智过人。美国人塞缪·沃克首次列举了一份有关警察节目的研究报告，该报告说明了文艺作品的七项不实：（1）过分突出破案过程中的暴力和刺激性。（2）过分强调破案时的技术复杂性。（3）不承认公民在协助警察方面的作用。（4）夸大了警察在拘捕罪犯中的成功方面。（5）过度估计了街道暴力犯罪的严重性，为警察使用暴力提供了口实。（6）过分渲染了变不可能为可能的“鬼把戏”。（7）极端蔑视宪法赋予的公民权利。其次是新闻媒介也同样过分强调了警察的执法作用。在电视新闻媒介与报纸头

① 王大伟：《英美警察科学》，中国人民公安大学出版社1995年版。

版的有关警察的报道中，绝大部分都是与贩毒、爆炸、逮捕有关的事件。戏剧性的情节与渲染往往使得大量日常警务工作失真。

2. 警察自身的责任。很多西方警察局的领导，都愿意把自己说成是打击犯罪的英雄。每年警察局所公布的数字报表，大多是以报案数、破案数为主的，忽视了有关警民关系、公众满意程度、群众参与破案的巨大工作，仿佛警察工作决定着犯罪数量的起伏与社会治安的好坏。

（三）警察角色冲突所带来的危害

警察的角色冲突，不仅对自身，而且对社会造成危害。这些危害表现在①：

1. 对公众与社会的危害。宣传媒介的过分渲染，使得警察成为常胜将军。公众对警察的过分期望与警察实际工作之间产生巨大的差异。由于隐案、漏案的大量存在，破案率低下、犯罪数不断上升，使公众错误地把犯罪上升的一系列坏事都归罪于警察无能，反而对警察产生抱怨情绪。犯罪本来是一种社会现象，其根源在社会。只有依赖整个社会，依靠社会各部门的共同努力才能奏效。宣传的歪曲使广大公民从犯罪的统一战线中自动瓦解出来，从主力军变为旁观者，极大地削弱了打击犯罪、预防犯罪的整体力量。

2. 对警察自身的危害。个人角度的心理冲突。一是体现在晋升上。只有 CID（刑警）升得最快，而广大巡逻警察、社区警务警察晋升较慢。其主要原因就是以案子来衡量工作效益，造成了一大批基层警官的心理不平衡。二是体现在招募上。年轻人在选择警察职业时，期望这是一种充满刺激、激动人心的工作，而一旦走入警察局就会发现每天其实都是与日常琐事打交道，为公众服务多，根本没什么刺激。久而久之，极大地伤害了自己的职业自豪感。

3. 警察机关的被动局面与导向失误。打击犯罪的英雄必须是要武装到牙齿，必须是坐在巡逻车中的机器人。这一误解极大地支持了被动反应警务

---

① 王大伟：《英美警察科学》，中国人民公安大学出版社 1995 年版。

论。把快速反应作为衡量警务工作的唯一尺度，使警察机关忽视了群众工作与警民关系的基础工作，孤军作战、势单力薄、力不从心。这种被动的局面又反过来要求无休止地增加警力、器材与投资，形成恶性循环。

角色冲突论从一个侧面揭示了警察工作的本质，为提高公众对警察工作的满意程度提供了科学的依据。

第五节
警察文化论

警察文化（Cop Culture）是欧美警察研究中的一个重要范畴，是警察哲学的重要内容。警察文化论，又叫警察亚文化论、警察特种文化论。它是研究警察文化、组织、心理特征的理论。亚文化是指在一个大文化中的文化组，这个文化组的兴趣、信仰等个性特征与占主导地位的文化往往不同。"亚"不是不好、次要的意思，而是下一层的意思。亚文化是指一个团体共有的价值观与道德标准，或心理特征。1950 年，美国人威廉．A. 韦博特利在《暴力与警察》一文中首先提出"警察亚文化论"。后来，"警察亚文化论"成为西方警察科学研究的重要组成部分。20 世纪 80 年代末，警察文化的概念引入中国。1995 年，王大伟从理论上系统阐述了西方警察文化的内容。武和平、詹伟、周穷等曾撰文专述，随后（1997 年），张兆端创立了警察文化研究所，并撰写系列研究警察文化的论文与著作，在引进的基础上加以创新。

一、 警察文化观

作为一种职业和一个特殊社会群体，警察有其独特的、共享的价值观、行为规范和知识、技能体系，即有其特有的文化。但是，对什么是警察文化至今尚没有统一的观点。

西方思想史上的“文化”一词源于拉丁语，是动词“Colere”的派生词。其原意是指人在改造外部自然界使之适应于满足食住等需要的过程中，对土壤、土地的耕耘、加工和改良。现代意义上的文化是原意的转义。而中国古代对文化的界定则是文治和教化的总称。西方现代文化研究对文化的理解一般是泰勒文化定义的翻版或演化。泰勒认为：“所谓文化或文明乃是包括知识、信仰、艺术、道德、法律、习俗以及包括作为社会成员的个人而获得的其他任何能力、习惯在内的综合体。”亦即，文化是信仰体系、规范体系、知识体系和技能体系的综合体。所以，警察文化即警察信仰体系、规范体系、知识体系和技能体系的综合体。但是，并非所有的警察学者都同意对警察文化的这一认识。

（一）我国对警察文化的认识

正如对文化有广义和狭义两种理解一样，我国警察学界对警察文化也存在这两种理解。

1. 狭义警察文化观。狭义警察文化观都将警察文化局限于精神文化的范围内，基本与泰勒的定义保持一致，但具体内容却各不相同。

（1）知识文化观。罗瑞卿在1958年第九次全国公安会议上指出：“公安理论、公安文化要提高。……要办学校，将来我们要学会搞电影、唱戏，学会写小说，写通讯，学会办教育，什么文学艺术等等这一套都要提倡。”“要办红专大学，以公安业务为主，搞点文化，搞点理论。公安本身就有理论有文化，这个口号不是今天才提出，早就提了，过去讲过，各级公安机关要培养秀才，作宣传需要文化，写报告也需要文化，写文章也需要文化。”透过上述言辞我们可以看出，在20世纪50年代我国警察队伍的领导人对警察文化的理解是一种狭义的警察文化观，文化即知识，是我们填履历经常碰到的文化层次一栏中所指的文化。

（2）警察信念观。这种观点认为，警察文化是警察的信念，是警察的灵魂。而且，警察文化可以通过思想政治工作来建设。张耀儒在回答《公安研究》的访谈时讲道：“必须切实加强公安政治思想工作，逐步摸索出符合我国公安工作实际的政治思想工作方法，形成独具特色的警察文化，让人民警察之魂在每个民警身上闪光。”“警察文化应包括不同的层次，严整的警容风纪、文明执勤、清正廉洁、秉公执法、联系群众等应当是每一个民警必须起码具备的品质，或者称之为低层次文化；树立共产主义人生观等可称之为高层次文化。目前的问题不仅在于我们应当认真研究和完善警察文化的体系、结构和层次要求等，更重要的是在于如何采取切实可行的措施逐步培养每一个公安民警形成警察文化意识。”①

（3）警察意识观。《公安学基础理论研究》采用的是这种警察文化观，即认为警察文化即是意识，是与物质相反的范畴。“公安文化即有关我国公安主体与公安客体互相作用关系在认识上的反映的总称。”“公安文化由多种意识形态构成”，包括文艺形态（如舞台艺术、美术、影视作品）、科学形态（科学著述）、对策形态（战略、策略）等。

（4）警察文艺观。我国公安实际工作部门多认为警察文化即关于警察的文艺作品。如陶驷驹在第 19 次全国公安会议上讲，“在‘八五’期间，公安宣传、文化工作取得很大成绩。通过各种形式，宣传了公安工作和法律法规，弘扬了公安队伍中的模范事迹，一批公安文化精品问世，推动了公安文化建设”。而且，“十九公”的《“九五”公安工作纲要》也正式将“加强警察文化建设，丰富公安民警的文化生活”列入“加强公安宣传和体育工作”之中。

2. 广义警察文化观。随着文化研究的广泛和深入，对文化的认识也有超越泰勒定义的，即广义文化观。这种文化观认为，文化是人类创造的、通过学习而传递的一切。这一切可以分为两种形态，即物质形态和非物质形态。在对警察文化的认识上，同样也有以此为认识警察文化的基础的。

（1）警察文化的四层次说。“警察文化是指由警察群体在警察实践的历史发展过程中，所共同创造、积累和发展起来的具有警察特色的物质形态、精神成果及其行为方式的复合体。”“警察文化作为一个特定的文化系统，包含四个子系统，并构成处于同一社会文化环境中的由表及里的四个结构层

---

① 见《公安研究》1990 年第二期。

次。即表层的警察物质文化，浅层的警察行为文化，中层的警察制度文化和深层的警察精神文化。”①

（2）警察文化的三层次说。持这种观点的学者认为，警察文化是物质文化、制度文化和精神文化的同一体。张会文认为：“警察文化从广义上讲，包括警察组织制度文化、警察精神文化和警察物质文化三个方面。”② 与此相似的观点如杜元明的“广义的公安文化应包括表层的公安物质文化、中层的公安制度文化和深层的公安精神文化，并以此组成公安文化的本体结构。狭义的公安文化指公安队伍的意识形态以及与之相应的制度和组织结构”。③

（3）警察文化的两层次说。这种观点简单地将警察文化分为物态的文化和非物态的文化。如警察文化“是凝结在整个警察现象中的文化观念和文化意识以及相应的物质因素”。“警察文化的内部结构大体可划分为物质和精神两个层次。”④

概而论之，我国对警察文化的认识颇具中国特色。广义警察文化观多将文化的物化状态单独作为警察文化的构成。实际上，无论物质文化为何，它都是非物质文化的载体。作为文化的载体，物质文化中不仅包含文化意识、文化观念，还包含有规范文化、制度文化。而狭义警察文化观又拘泥于某一文化内容，将警察文化之一点作为警察文化之全部。我们认为，无论从狭义，还是从广义，警察文化都是泰勒所定义的文化的衍化。狭义警察文化只是不包含物化文化，即仅指非物化文化；而广义则包含非物质文化的载体，物质文化。

（二）中西警察文化观比较⑤

由于中西方之间的社会制度、意识形态、民族文化传统和警察制度性质之不同，就从根本上决定了中西警察文化观念之间的差异大于共性。其共性

---

① 见《公安研究》1993 年第二期。

② 见《公安教育》1995 年第三期。

③ 见《中国人民警官大学学报》1994 年第三期。

④ 见《河南公安学刊》1991 年创刊号。

⑤ 见《公安大学学报》1997 年第三期。

大体表现为两个方面：一是中西警察文化研究的核心都基本指向警察意识形态，如警察心理倾向、警察传统经验、警察工作性格与执法态度等；二是中西方之间对警察文化职业特性的界定大体相同。我国警学界大多认定警察（公安）文化是一种行业（或职业）文化，即由警察群体创造、积累和发展起来的具有警察职业特点的文化。西方警学界一般将“警察文化”称为“警察亚文化”。亚文化一般指围绕某些职业或社会群体种类形成和发展的各具特色的社会子文化系统。警察亚文化，实际上属于警察群体的警察职业文化。

除了上述共性外，中西警察文化观存在四大差异，即：

1. 学科角度不同。我国警学界多从哲学、文化学（包括文化哲学、文化社会学、文化人类学）、现代管理科学等学科角度研究警察文化，有关学者对警察文化的认识也基本以相关学科对文化的界定为基础。并且，对警察文化的认识带有浓厚的实践特色，经常是实际警察文化建设的经验总结。而西方警察文化的研究，基本是从社会学，特别是职业社会学和社会心理学入手，将警察文化作为社会学，或社会心理学的一个研究领域，进而开展相应研究。而且，采用的研究方法也是社会学的社会调查方法，社会心理学的心理测量方法。亦即，西方警察文化是社会学视野的警察文化。

2. 研究的历程不同。尽管中国与西方都是在20世纪50年代提出警察文化，但是，其后走过的历程则差距很大。在我国，20世纪50年代开始倡导公安文化，但在随后的60年代便销声匿迹，直至80年代末90年代初才重新被提到警察研究的日程上。而在西方，警察文化的研究迄今已有30多年的积累，对警察文化的内涵和外延都有较为一致的认识，而且对警察文化的性质、警察文化的研究内容都有相当统一的认识。由于警察文化研究的中断，所以我国对警察文化的认识有待进一步提高。正如前述，不仅在我国警学界存在不同的警察文化观，而且警察实际工作部门与警学界的认识尚有较大差距。

3. 研究的内容不同。从警察文化的研究内容来看，中西警察文化研究主要有以下不同：西方警察文化的研究涉及警察文化的方方面面，既有警察正文化，也有警察负文化，但更多的是警察负文化，即侧重于揭露警察的负面文化，批判警察的职业文化。而我国警察文化的研究基本侧重于警察的正文化，即合乎社会主流价值观的文化，或社会提倡和期望的警察文化。通过对我国警察文化研究的分析，我们可以发现，大多数警察文化研究是弘扬我国警察的优良传统，为促进我国公安队伍的两个文明建设而进行的。而揭露、批判我国公安队伍中的负面文化的研究寥若晨星。

4. 理论形态和研究方法不同。我国警察文化的研究基本是“安乐椅上的警察文化研究”，即依据各种文化的基本理论，结合一些我国公安工作实际进行理论推演。注重对文化的概念、文化的本质、文化的结构等作定性的分析，并进行形而上学的理论探讨，构建统一、多层次的理论框架。而西方的警察文化研究基本是经验研究，即采用科学的方法对现实的警察文化进行研究，并对经验材料进行综合概括，进而形成经验性命题。所以，西方警察文化研究的成果基本是对某些警察文化现象的定量分析，对某些局部警察文化现象的描述，难以发现我国那样的系统理论。这与东方的擅长综合，西方的擅长分析的思维习惯相一致。

二、 警察文化的表现

警察文化是警察区别于其他职业和群体的重要方面。它包括警察个体文化和警察组织文化两个重要范畴。就其性质来看，警察文化有健康与不健康之分；就其与社会文化的关系来看，警察文化有正文化与反文化之别。警察文化是警察独特的思想特征、个性心理特征与行为特征。警察文化特征主要通过个体警察人员和组织性警察机构体现出来。

（一）警察个体文化的类型

警察是一个群体，是由一个个个体构建而成的。警察个体特征是警察群体特征的载体，警察个体文化是警察文化的构成。个体警察文化会因人因地而异，具体而言，警察个体文化表现为四种类型①：

① ［英］罗伯特·瑞那：《警察政治学》。

1. 宝贝型。“宝贝”是英国市民对警察的爱称，表达亲切的感觉。这是一般意义上的警察，承担着保卫女王与和平的角色。宝贝型警察不仅对犯罪和刑罚工作感兴趣，他们更注意警民关系，与人民打成一片，如社区警员、预防犯罪警官等。宝贝型警察是实用主义的化身。

2. 警服架子型。这些人是典型的玩世不恭派，他们看破红尘，当一天和尚撞一天钟。对警察工作漫不经心，终日无所事事，只是警服架子。这些人甚至连服务性电话也不愿回答。

3. 新百夫长型。百夫长是罗马时代欧洲各国的警察前身。这种警察把打击犯罪和刑侦工作视作警察工作的最重要一环。他们认为在大街上出现的警察应是正义、智慧与道德的化身。新百夫长型警察是理想主义的化身。

4. 职业技术型。他们热爱本职工作，具有献身精神，他们认为即使警察在火车站扫地，也是整体工作中不可分割的一部分。他们研究问题，注意工作方法，思考未来，总结经验，是有知识的、专业化警察的化身。

总之，宝贝型警察是人民喜欢的基层警察；警服架子型警察是看破红尘的“油条”；新百夫长型警察是干练的刑侦队长的化身；职业技术型警察是新一代有知识、有理想的警察指挥员。

（二）警察组织文化的类型

作为一种组织，警察自有警察的组织文化。警察组织文化是警察组织表现出的文化，具体而论，警察的组织文化有三种类型：

1. 更夫式。更夫是罗马时代欧洲巡逻警察的前身，更夫式警察组织文化是这种警察理念的延续。更夫式警察组织的工作重心是治安与巡逻，工作目的是防止各种违法犯罪。更夫式警察文化没有科层化，不讲究专业化，是一警多能的典型。警察在街上巡逻，具有很大的自决权，可处理任何事情。

2. 守旧式。守旧式警察组织强调组织的科层化、决策的正规化与警察人员的职业化。讲究效力和效率。守旧，即严守 1829 年罗伯特·比尔所创立的伦敦大都市警察风格，维护警察的准军事化特点。

3. 服务式。服务式警察组织强调全面服务，主要依靠调解而不是依靠刑事诉讼解决社会治安问题。他们特别重视全社会的积极参与在预防犯罪中的作用，重视警民关系的协调发展，在政治与社会之间寻找平衡，并积极发动公众，群策群力地维护地区安宁，保一方平安。

(三) 西方警察文化的性质

西方理论界把警察亚文化归纳如下：

1. 不健康方面。

(1) 玩世不恭。由于天天与社会阴暗面接触，一些警察看到社会的腐化与黑暗，从而大彻大悟，冷漠无情。

(2) 猜疑。猜疑是警察的职业病，是培训与多年工作的积累而形成的。无论是观看足球赛或是买东西，总是盯着嫌疑犯，总要问个为什么。

(3) 大男子主义。由于大男子主义，产生了部分人的酗酒与纵欲。

(4) 孤独。西方很多警察报怨下班后很难放松，很难从市民的敌意中解脱。据统计西方警察的自杀率与离婚率都很高。

2. 健康方面。

(1) 工作神圣感，又叫布道感（Sense of Misson）。许多人把警察工作当作信仰与生命看待，而不是单纯的职业。法律给予警察神圣的使命，扶植弱小，抗衡强暴，打击犯罪维护正义，这又叫献身精神。

(2) 内部团结。由于需要同事与集体的力量来抵御违法的侵害，警察内部互相支持、保护。

(3) 务实。脚踏实地是一种明显的亚文化特征。一方面办事严谨，从小事做起；一方面不善言谈，注重经验。

三、 英国的警察文化

英国是老牌的资本主义国家，也是现代制服警察的诞生地。在长期的警察实践中，英国警察形成了独具特色的警察文化。

（一）约翰·安德逊论英国警察文化[①]

警察文化源于社会对警察的敌意。作为一种反应，警察文化有两种：健康的与不健康的。这两种反应因环境的不同而不同。在整个环境充满非法的敌意状态，警察会发展一种健康的、积极的团结精神，以此来适应生存，打击犯罪。如果环境中有一半是敌意，另一半是善意，情况就复杂了，有的所谓善意腐化，贿赂和欺骗，就容易导致警察本身的腐化。有的善意是真诚的、宽容的和建设性的，那么警察就可获得支持、同情与理解。

1. 文化腐败（Cultural Corrupton）。英国警察有很好的名誉，在大众中受到尊敬：一是强健，二是正直。但最近有关伦敦大都市警察的刑侦部门的腐化报告，揭示了警察亚文化所起的消极作用，即本来积极的团结精神堕落为罪恶的死抱团伙，忠诚这个词被误用和曲解。当忠诚凌驾于警察之上，甚至在法律之上，忠诚就成了邪恶。这种对忠诚和团结的曲解就是文化腐败。

2. 真正警察工作的理论。安德逊认为在警察内部存在着冲突与不协调的因素，这是警察亚文化在作怪。警察文化的特点：因循守旧、固执己见、不愿接受新事物与新观念。这在“什么是真正警察工作”这一命题中充分体现。

负责日常工作，按传统方式处理问题的警察认为巡逻是真正的警察工作，而社区警员认为改善警民关系才是真正的警察工作。同时，社区警员中存在着疑问，天天走街串巷是不是警察工作？他们也对社区警务存在着恐惧，担心自己以前受的传统警察培训不能胜任新生社区警务的需要。专门搞刑侦工作的警察则认为打击犯罪、侦破案件才是真正的警察工作。警察中的天之骄子是刑警，只有刑警升职最快，最有前途。

（二）罗伯特·瑞那论英国警察文化

罗伯特·瑞那在他的著作《警察政治学》中，全面地总结了前人对警

---

①［英］约翰·安德逊：《自由警务论》。

察亚文化的研究。①

1. 神圣的布道感。警察文化的核心是布道感。许多西方警察把警察工作当作生命的方式而不是单纯的职业。有人说："警察是一种会道门，是一种宗教。"这种宗教不带政治色彩，而是追求生命价值的一种努力，也就是扶植弱小，抗衡强暴的天地正气。有个英国警察说得好："我们对违法者的镇压不是我们的错，是他们没有珍惜自己的权利。"警察的布道感不是一种痛苦，而是充满欢乐、挑战、激动与技巧。在许多警察看来，他们不单单是汽车驾驶员，或是拳击手，他们是身着制服的驾驶员或拳击手。法律给予他们神圣的使命。他们是社会和人民心中的好小伙子。布道感使得警察在保卫社会治安中起着关键的卫士作用。警察把自己视为保卫社会的"安全的蓝色防线"。如果警察的权威受到威胁，整个社会将会大乱。当罗伯特·瑞那调查警察时提问："警察是否应该有权罢工?"答案是否定的。警察们觉得社会离不开他们。警察的回答是："我们是尽职尽责的人，我们不愿放弃工作而让社会处于一种无政府的状态下。半夜，我们不能带着心爱的手枪坐在家中!"

2. 玩世不恭与悲观主义。玩世不恭与悲观主义是警察的第二个性格特征。由于整个社会变得无情无义，警察不得不变得冷漠无情，变成"厚脸皮"式的人物。警察早就知道，上级要追求恢复的道德规范已不存在。罗伯特·瑞那认为，神圣的布道感在警察中是千差万别的。警察可分为两种人：一种是新百夫长，他们是充满责任与神圣色彩的。一种是制服架子，他们是典型玩世不恭派，吃饱饭混天黑的主儿。对现实工作的失望早已将神圣的布道感彻底打破，万念俱灰。许多警察把与犯罪分子的斗争视作儿戏。抓住罪犯，那是一种胜利的满足感而不是为社会的服务感。工作中不尽如人意的事情甚多，许多案子破不了，罪犯逍遥法外。因此，玩世不恭成为警察得以心理平衡的挡箭牌。有位片警说："干警察的就是儿戏。有时罪犯跑了，有时罪犯被逮了，听天由命。落法网的罪有应得，就是罪犯跑了，也别伤心，动感情伤身。"

---

①［英］罗伯特·瑞那：《警察政治学》。他这本专著被美国警察学界称为经典。

3. 猜疑。疑心生暗鬼，这是警察职业病，想改掉可不容易。有个侦探说：“独自骑车心茫然，所见到的事情与你妻子和子女见的都不一样。见到个火柴盒，或是见到丢在地上的支票写着车号，都要问个为什么。总是盯着怪人，想着怪事，活像站在学校门口的老人。”猜疑是职业病，源于不断地寻找问题、调查潜在的危险的产物。与猜疑同时发生的是心理定式，即总是戴着有色眼镜看人。猜疑并非仅仅是在警察工作中自发的，它也是警察培养与训练的结果。如美国警察培训手册中就写道：“一定要提高警惕，猜疑是健康的警察态度。”

4. 对外孤独与对内团结的共鸣。斯克尼克强调，内部的团结与外部的孤独是警察的两大特点。警察被叫作无家可归的部落或无家可归的人。从1829年罗伯特·比尔建立伦敦大都市警察起，警察就被人为地树立为无人情的权威化身。警察对外孤独感，正是这种政策所造成的恶果和所应付的代价。而内部团结，一方面是对外部敌意的反击，另一方面也是需要用集体的力量来抵御违法的侵害。

罗伯特·瑞那列举了警察工作的七种共同敌人：（1）惯匪惯盗。（2）“警察的资产”，即社会下层的不同组织与人群。他们多孤独无援，却不断地给警察找麻烦，使警察不得不把工作重点放在他们身上，如失业者、妓女或青少年犯罪团伙。（3）“垃圾”，即经常给警察打电话报案，用一些鸡毛蒜皮的小事给警察找麻烦的人。许多警察抱怨说，经常接到一些电话，是关于家庭纠纷，丈夫与妻子打架的，这些警察不得不去解决，去说服他们，给他们熄火。这是什么警察工作？简直是干社会工作者的事。（4）“挑战者”，即医生、律师和其他社会工作者。他们能够洞察警察文化的秘密，并能影响警察对“垃圾”的控制，对警察工作造成挑战的人。（5）解脱者。妇女、老人与儿童都在此列，还有嫌疑者、被害者与证人等。他们的言行可以帮助警察工作，也可以削弱警察工作。（6）“做好事者”，即专门反对警察的人们，如英国设有“防止警察滥用职权国家委员会”（NCCL）。（7）政治家。警察对政治家都没有什么好印象。他们是令人怀疑的、极端利己主义者、腐败者，象牙塔中的理想主义者。用警察的话说，都是些天天吃六道大菜的阔佬。面对上述七种人，警察变成了一个团结一致的整体。

5. 警察保守主义。警察的格言是伸张正义，这实际上是布道感的一种表现。持批评意见的人说，警察是在伸张正义的旗帜下表现政治倾向。警察是政治上和道德上的保守主义。在英国，警察一般不支持工党和左派，带有明显的保守色彩。

6. 大男子主义。虽然警察带有保守色彩，但绝不是清教徒。警察世界是一种老古板的大男子世界。在女警察眼中，男警察是一伙性夸耀和胡作非为者。一个基层警察对罗伯特·瑞那说："在这个国家，警察的离婚率最高。在角落中总有一些后备女人，是警察闪光的职业迷住了她们的心。"大男子主义在警察内部滋生了酗酒与纵欲。这一切都成为警察腐化与违法乱纪的温床。

7. 种族歧视。许多研究证明，警察与黑人的关系紧张。警察歧视黑人，黑人不支持警察。许多美国人研究证明，警察歧视黑人，这不是警察的事儿，而是整个社区的态度。警察只不过是反映了整个社区对少数民族的态度。研究证明，英国警察也存在着种族歧视。早期的官方统计数字与文件证明，在20世纪60年代，大批黑人被卷入犯罪之中。

8. 务实主义。警察文化的另一特征是脚踏实地的工作作风。一方面严谨，另一方面又浅薄。就基层警察而言，他们的风格是喜欢务实，喜欢具体工作，脚踏实地，讨厌理论。当然，高层警察领导也出现过一些理论家，如德文郡的警察局前局长约翰·安德逊，但整个警察队伍的素质不高，警察文化是"今朝有酒今朝醉"的典型，他们更多地注意眼前利益，对理论研究、警察的工作改革与创新不感兴趣。根据最新的有关警察个性的心理研究，警察大多存在经验式的认知结构。

四、 美国的警察文化

美国警察是英国警察的变种，鉴于其是一个移民国家，社会文化的多元性，所以，美国的警察亚文化也有其独特之处。

（一）韦斯特利论美国警察亚文化

1950年，威廉．A．韦斯特利在论文《暴力与警察》中首先提出了警察亚文化的概念。所谓亚文化，是指某一团体与社会共有的价值观相矛盾，与社会主导地位的价值观不同。如少年犯罪亚文化、新移民亚文化等。韦斯特利是在研究印第安纳州警察时提出这一崭新概念的。他指出："警察中存在一个强调保守机密和采用暴力的亚文化群。警察认为说谎和滥用暴力是有理的。"韦斯特利认为警察亚文化具有下列特征：说谎、滥用暴力、充满敌意、封闭等。他还认为，警察特有的工作环境是产生上述四种性格特征的原因。首先，大众不理解警察工作，大多数的人不支持警察工作，他们把警察视作："一种令人不愉快的职业，是坏人和对大众的威胁。其特点是：自私自利、沮丧孤独、无法合作、不近人情。"不仅大众不理解警察，社会其他部门的工作人员也不支持他们，如司法官、记者、律师。韦斯特利的调查表明，警察中有73%的人认为公众不信任他们。在强大的社会压力面前，警察不得不自我认同，增加内聚力，抵抗外界的侵犯。"他们互相支持以谋求道义上的同情，警察认为，保守机密是他们抵御外部世界进攻的盾牌。"为了抵御外界的压力，警察采用了两种战术，一是说谎，二是滥用暴力。根据韦斯特利的问卷调查，对于"明知同伴用了因酗酒而被捕的人的钱，你是否会告发"的问题，有73%的人认为："宁愿犯法也不泄露集体的秘密。"韦斯特利指出，当警察被大众理解和支持的感觉遭到挫折时，个人自尊与自我实现不能实现时就采用暴力来宣泄。34%的警察认为，大众的无礼就是警察使用暴力的动因，你不仁我不义。

（二）斯克尔尼克论警察工作性格

斯克尔尼克认为警察职业包含两项要素：危险与权威。工作中潜在危险导致警察自身团结一致，互相支持，导致了脱离大众权威的产生。警察有权使用武力，这是有别于他人的主要标志，也是警察工作的特点。警察采用逮捕、以逮捕相威胁、强制力等手段来树立威信。上述过程可转化为：潜在危险、内部团结、脱离大众、采用强制力、树立权威。

（三）尼德尔霍夫论警察性格

在《盾牌的后面》一书中，尼德尔霍夫认为玩世不恭与专横是警察性格的两大特征。他认为，由于天天与社会的阴暗面打交道，警察洞察了人性中最黑暗的一面，从而大彻大悟。他们不仅不相信人性，也不相信社会。因为资本主义制度的刑事司法机构本身也存在着腐化与违法。玩世不恭导致了警察的专横、粗暴迷信与心理定式。尼德尔霍夫认为，性格是后天的，警察在参加工作之前没有这些特征，而是为了适应社会逐渐形成的。

第六节
警务原则论

警务原则论是英美警察科学的重要组成部分，是警察哲学的核心之一。缴济东认为："英国警察理论的主要支撑点，是几条警务原则。"由于警察科学是一门与警务实践密切接触的科学，从警务实践中上升的原则就必然是警察科学理论的源泉与支柱。在我国公安学中，公安政策与公安策略是重要的组成部分。"政策与策略是党的生命。"警务原则论大致属于公安政策与策略的范畴。警务原则论包括：罗伯特·比尔建警基本原则、满意决定警务原则、最少动用武力原则、警务伦理原则等。

一、 罗伯特·比尔建警基本原则

1. 罗伯特·比尔建警十二条。

罗伯特·比尔建警十二条（The invention of Peels principles）。1829 年，英国内政大臣罗伯特·比尔向议会提交《大都市警察法》。比尔在此法中阐述了现代制服警察的基本原则：

（1）警察应以军队为榜样，建成一支稳定的、行之有效的队伍（军事化性质）。

（2）警察必须在政府的控制之下（领导体制）。

（3）犯罪减少证明警察的效率与效益（评价标准）。

（4）发布犯罪统计是警察的基本工作（工作范畴）。

（5）以时间和地域科学分配警力（分配警力）。

（6）制怒、宁静、有礼是警察工作质量的根本保障（警察形象）。

（7）以形象赢得尊重（警察形象）。

（8）招募、训练适当人选是有效执法之本（招募训练）。

（9）公众安全需要每个警察挂牌服务（公众监督）。

（10）警察首脑机关必须接近公众（警民关系）。

（11）警察需先见习，后上岗（招募训练）。

（12）以警察掌握的犯罪记录作为分配警力的依据（警力分配）。

上述12条原则归纳起来，可以产生一个比较严密的现代制服警察的定义：警察是在政府控制下的，以军队为榜样而建立的一支稳定有效的队伍。它采用科学的选拔与训练方法，以减少犯罪为其效益的标志。接近公众是警察工作的关键，彬彬有礼是警察工作质量的保证。

上述警务原则有三点要注意：

一是以军队为榜样，可以理解为军事化，但与军队有根本区别。平民化警察是罗伯特·比尔建警基本原则的核心。

二是在政府的控制下，政府不是中央，而是地方。

三是减少犯罪，包含抑制与预防双重含义。

这三点是罗伯特·比尔建警基本原则的精华。后来，随着社会的变化，警察性质的变化，警务哲学也要有新的发展。

约翰·安德逊的两分法。英国德文郡警察局前局长约翰·安德逊提出的警务改革理论认为，现代警务需要一种新的警务哲学。警务工作不仅是对社会丑恶的控制，同时也是对社会正义的激活。现代化的预防警务必须从传统的或罗伯特·比尔的模式中寻求一致。新警务哲学的本质是在新的意义下的返璞归真。在打击和预防犯罪上强调预防；在主动警务与被动警务上强调主动；在增编人员与提高素质上强调素质。新警务哲学是在英国警察装备现代化后，警察与人员比值达到高比例后提出的。它引导了主动警务的风格与社区警务等新的警务改革在英国的推广。

多年来，围绕罗伯特·比尔建警基本原则，国内有两派意见，笔者坚持是十二条，另一派认为是九条。由于有学者认为，罗伯特·比尔建警十二条是假的，或伪造的，故在此将原文呈现。以下为建警十二条的英文原文：

The invention of Peels principles (A study of policing "textbook" history Susan A. Lentz, Robert H. Chaires Department of Criminal Justice, University of Nevada, Reno, NV 89557 -0026, United States)

1. The police must be stable, efficient, and organized along military lines.

2. The police must be under government control.

3. The absence of crime will best prove the efficiency of police.

4. The distribution of crime news is essential.

5. The deployment of police strength both by time and area is essential.

6. No quality is more indispensable to a policeman than a perfect command of temper; a quiet, determined manner has more effect than violent action.

7. Good appearance commands respect.

8. The securing and training of proper persons is at the root of efficiency.

9. Public security demands that every police officer be given a number.

10. Police headquarters should be centrally located and easily accessible? to the people.

11. Policemen should be hired on a probationary basis.

12. Police records are necessary to the correct distribution of police strength。

2. 《警察训令》九条。

1829 年，在《大都市警察法》的授权下，时任伦敦大都市警察厅厅长的查尔斯·罗恩和理查德·梅尼一同起草制定了一份奠定现代职业制服警察的基础性文件——《警察训令》(Police Instruction)。《警察训令》对警察的行为标准、工作纪律以及工作条件等问题进行了高度概括总结，并提出了警察应当遵循的九条基本原则，这九条并不是罗伯特·比尔制订的。

（1）警察只能是代替军事机关和司法警官，担当起预防和减少犯罪以及扰乱社会秩序的行为的国家责任；（2）警察权力是他们履行职责的必要条件，但是这些权利的存在和行使都取决于民众的赞同，取决于警察能否赢得公众的信任和支持；（3）警察必须带头遵守法律，才有可能赢得民众的信任和支持；（4）警察与民众合作程度越高就越能减少武力手段的使用频率；（5）警察应当通过持续不断的、公平公正的服务来赢得公众的支持，而不应当使用不正当的手段迎合民众；警察应当独立于政治，忠实地执行法律；警察应当随时为每一位社会成员提供良好的服务，无论贫富和社会立场；警察应当保持谦逊、友善和幽默的态度；为了保护他人，警察应做好牺牲准备；（6）只有在劝说、建议、警告无效的情况下才能使用武力手段，而且武力手段的使用也应当控制在最低限度内；（7）警察应当牢记“警察即公众，公众即警察”，警察维持社会秩序的工作是每一个社会公民都拥有的权利和职责，为了维护社会利益，每一位公民都可以行使警察权利；（8）警察应当严格履行职责，严禁僭越司法权，警察自身无权决定一个人是否有罪；（9）衡量警察工作效果的标准主要在于犯罪率和扰乱社会秩序行为的减少，而不是警察采取了什么样的行动。

为区别罗伯特·比尔建警十二条与《警察训令》九条，特将《警察训令》九条英文原文展示如下：

（1）The basic mission for which the police exist is to prevent crime and disorder.

（2）The ability of the police to perform their duties is dependent upon public approval of police actions.

（3）Police must secure the willing co – operation of the public in voluntary observance of the law to be able to secure and maintain the respect of public.

（4）The degree of co – operation of the public that can be secured diminishes proportionately to the necessity of the use physical force.

（5）Police seek and preserve public favour not by catering to public opinion but by constantly demonstrating absolute impartial service to the law.

(6) Police use physical force to the extent necessary to secure observance of the law or to restore order only when the exercise of persuasion, advice and warning is found to be insufficient.

(7) Police, at all times, should maintain a relationship with the public that gives reality to the historic tradition that the police are the public and the public are the police; the police being only members of the public who are paid to give full – time attention to duties which are incumbent on every citizen in the interests of community welfare and existence.

(8) Police should always direct their action strictly towards their functions and never appear to usurp the powers of the judiciary.

(9) The test of police efficiency is the absence of crime and disorder, not the visible evidence of police action in dealing with it.

综上，笔者断定“罗伯特·比尔建警十二条”（The invention of Peels principles）与《警察训令》（Police Instruction）完全不同，应当是两份文件。

从时间顺序上推断：

(1) 罗伯特·比尔制订《建警十二条》，提交报告，作为建警蓝图。

(2) 国会通过《大都市警察法》。

(3) 查尔斯·罗恩和理查德·梅尼一同起草制定了《警察训令》(Police Instruction)，其中有所谓的：“警察应当遵循的九条基本原则”，这不是罗伯特·比尔写的。所谓的“比尔九条基本原则”是误传。这是笔者多年研究所澄清的一桩公案。一解疑惑，实为幸事。

二、 满意决定警务原则

满意决定警务（Policing by Consent），又译作公众的满意决定警务工作的方向，是西方警察的基本理论之一。其主要观点为：自治体警察中，如美国与英国，警察的合法性源于地方政府，如果没有公众的支持，警察就会遭到抵制。因此，警察不仅是维护社会治安的力量，还应成为公众的助手、向导和朋友。由于阶级对立和矛盾，资本主义国家的警察从诞生之日起就与公众，特别是劳动人民产生严重的对立。满意决定警务论是西方试图协调警察与公众的基础理论。

早在20世纪初，英国人奎特显就在《泰晤士报》上指出：“伦敦的警察不仅是和平的卫士，而且应是群众最好的朋友，因为他们没有别的顾问或保护者。”英国警察在创建初期就一直在力图塑造“宝贝”的良好形象。到20世纪50年代，英国警察创建了警民关系最好的黄金时代。摩而根给满意决定警务论下的定义是：“警务是公众的事情，违法犯罪不仅伤害了个人，而且伤害了国家的安宁。满意不是指对特定警务决定的满意，而是指对整个警务政策的满意。”英国警学界对满意的含义界定了两种范围：一种是警务让法律满意，一种是警务让政治满意。然而究竟何种满意重要，仍在辩论之中。

三、 最少动用武力原则

西方警务理论之一，也是实践中的警务原则之一。本原则与满意决定警务和警察合法性两大理论密切相关。在理论研究上，强调坚持盎格鲁－撒克逊警察模式的特点（即英国模式），平民化，非武装性质和服务职能。强调英国警务风格中预防为主，重视警察与公众关系的历史遗产。在实践中限制动用武力，特别是在对待治安事件时保持克制、冷静，力图捍卫文职化力量的形象。

（一）历史经验

英国是世界上第一支制服警察的故乡。在英国建立警察初期，公众，特别是广大城市中下层人民对警察十分反感，带有敌意。工业革命产生了阶级分化和阶级矛盾的尖锐对立。伦敦城市经常发生袭击警察的事件。公众曾谩骂警察是“轧路车”“政府的间谍队”。第二次世界大战以后，英国许多工业城市发生了工人暴动，特别是煤矿工人与警察的冲突。在处理这些事件中，警察与公众产生了尖锐的对立。20世纪70年代到80年代，英国工人运动风起云涌，势不可当。面对到处发生的群众事件，英国警察在快速反应能力、控制能力等方面都显得无能为力。警察对群众集会、工人罢工的失控，直接导致了一场改革，即技术镇压。1976 年，警察在与群众的对峙中用垃圾桶的盖子保护自己，抵抗石块的袭击，导致以后的警察装备防弹盾牌的使用。1981 年暴动又导致了警察广泛采用防暴设备，如防弹衣、防护盾牌、催泪瓦斯和橡皮子弹，同时十分重视防暴技术培训。在一系列警察与公众的尖锐冲突之后，警方领导中的有识之士开始就技术镇压进行反思。例如，德文郡警察局前局长批评说："几分钟的失控和疯狂，也许会破坏不列颠一百五十年的优秀的警务传统。"20 世纪 80 年代对技术镇压的反思直接导致了英国警方对最少动用武力论的理论与实践上的研究。

（二）形败实胜的战术（To Win by Appearing to Lose）

直译为"以表面形式的失败换取胜利"。形败实胜是英国警察在处理国内治安事件中采用的战术，是最少动用武力论的具体体现。其主要做法是：在群众肇事的现场保持克制，形成警察方队与群众拉开距离（一般 100 米左右，防止石块袭击）。派一组警察进入人群，让群众打伤，一般只是轻伤，如流鼻血等。然后充分利用电视、报纸等宣传媒介进行宣传报道，制造同情警察的社会舆论，从心理上驱散人群。

（三）军事化与平民化

在理论上，英国警察就警察的发展方向进行了广泛的学术辩论。辩论的焦点之一是："警察应坚持平民化、文职化，向准军事化过渡。"大多数警察都赞成坚持和发扬英国警察文职力量的传统。辩论的焦点之二是："警察与军队的关系。"回顾历史，自从 1829 年现代警察成立以来，军队和警察职能上的差别在英国很明显。但在法国和其他一些国家，由于受拿破仑式警察体制的影响，警察职能往往处于军队控制之下，这种差别不明显。不仅在设立警察的一些地区，即使如美国的联合军队，也早已设立了保卫警察行动的后备军，使得军警差别很不明显。英国与法国、美国的情况不同，辩论的结果是多数人认为警察应当有军队作后盾，但两者应有明确的界限。总之警察应保持文职力量的特性，应当与军队有所区别。

怎样评价西方警察中的最少动用武力理论，是一个较为复杂的问题。首先，马克思主义认为，国家的本身就是一个阶级对另一阶级的专政工具。警察机关是国家机器的重要组成部分，是统治阶级手中的暴力工具。毛泽东同志说："军队、警察、法庭等项国家机器，是阶级压迫阶级的工具。对敌对阶级，它是压迫的工具，它是暴力。"具体到警察动用武力这个实际问题上，应保持暴力（武力）的绝对性，同时考虑使用暴力（武力）的相对性与条件性。从根本上否定武力是不符合马克思主义基本原理的。纵观英国警察动用武力的发展史，每一个历史阶段都是工人阶级与广大群众同警察发生冲突后，工人阶级用斗争和鲜血换来的警察的让步。其次，最少动用武力原则是一种宣传性的策略。十几年来，英国警察不断地加强武器装备，在对付爱尔兰共和军的斗争中，甚至配备了机关枪和装甲车。宣传上的文职化、非暴力化与本质上的准军事化、暴力化是英国警务改革的实质，切不可被表面的现象所迷惑，而这种内紧外松的策略本身就具有一定的启迪。最后，最少动用武力论，也是世界各国警察在长期所揭示的某种符合警务自身规律性的东西。我国古代就有上兵伐谋，不战而胜的思想。以强大的武装力量为后盾，配以巧妙的宣传策略，无疑在各国警察对付群众闹事、学生抗议活动中有着特殊的功效。

四、 警务伦理原则

"Ethics"，中文译作伦理学、道德学或伦理观。警务伦理的中心含义为，警务必须绝对服从法律和伦理双重指标。警务道德不同于医德，它不受警察所服务的文化、道德的政治气候的影响。警务伦理学包括：在理论上探讨警察伦理的概念，伦理的内容和作用。在实践上加强监督机制，健全法律与规章。

警务伦理学中重要的一个部分是侦查伦理。它强调警察在侦查过程中依法办事，树立良好的伦理道德。英国属于共同法系（Common-Law），在历史上就重视人犯坦白时警察的伦理，即人犯自愿原则。在预审过程中，警察不许采用恐吓、许愿和压迫的方式。

采用先进的技术装备是提高警察伦理的关键。十几年来，美国许多警察局在预审过程中采用了录音制度，以保证在预审过程中没有使用不正当的手段逼供。全部录音带将送交法庭，以供监督。同时先进的技术装备也向侦查伦理提出了挑战，如美国可以对人犯采用测谎器，并认为测谎的结果有可信成分。而在英国，警察认为这涉及侦查伦理，不应过分依赖机器。

侦查伦理涉及各种规章的制定。例如，17 岁以下人犯不得接受采访。所有人犯在拘留期间具有与外界保持通电话、书信的自由等。

本章理论盘点与评述

一、 警察哲学王冠论

1. 统领作用。警察学是警察研究的王冠，警察哲学是王冠上那颗最灿烂的钻石。如果把警察学研究比作王冠的话，那么警察哲学的研究就一定是王冠上的宝石。这一点似乎并没有异议，换句话说，警察哲学统领警察学的研究，是警察学的理论基础。

2. 与纯哲学无关。欧美警察哲学基本上与哲学的关系不大。欧美警察哲学和哲学有什么关系，这是一个很难回答的问题。首先，英文“philosophy”和中国的哲学就有很大的差异。其次，西方警察哲学并不是以哲学来分析解读警务工作和警务改革。最后，许多中国学者在听到西方警察哲学这个词以后，按照自己的理解创建了中国的警察哲学，在这个创建的过程中，或多或少地以普通哲学为基础。

那么西方的警察哲学到底是什么呢？从严格意义上来说，西方的警察哲学并不是用哲学来分析解读警务工作的，而是把许多警察理论研究高度地概况，上升为基础理论。从这一点上来说，西方警察哲学与中国公安学基础理论，有很多相似之处。所以，不要给警察哲学过多添加一些哲学的成分，而让它顺理成章地回归到警察哲学的范畴。

3. 比较研究。欧美警察哲学相当于中国公安学基础理论研究的内容。经过认真细致的研究，我们认为，西方警察哲学就相当于我们的公安学基础理论。与哲学的关系并不明显，虽然，我们不愿意对掺杂哲学的警察哲学过多评价，但我们应该坚守这样一个共识，就是警察学的基本理论是自下而上的，是在警务实证和实践基础上产生的，经过高度概括之后，才可称之为警察哲学。

欧美警察哲学有自己的概念、自己的理论体系。中国公安学基础理论也具备自己的概念和理论体系，虽然二者差距非常大，但是经过仔细研究会发现其中有很多相似，甚至相通的地方。在批判借鉴的基础上寻找更多的共同点，应该对学科建设起着正面和积极的作用。

4. 梳理体系。欧美警察哲学体系中包含八大理论：警察概念论、警察性质论、警察角色论、警察文化论、警务原则论、警务理论、警察体制论、警务改革发展论八大理论。

从浩如烟海的外警学术专著中寻找翻译与提炼出这八大理论是一项非常艰巨的任务。这八大理论的提出是中国警察学研究工作上扎实工作的血汗凝结，是在这条通向真理的荆棘路上，一步一个脚印辛勤工作的结果。当欧美警察学者漫不经心地在警察哲学领域中信马由缰时，中国的警学研究工作者们却在冷静思考，认真细致地搭建着这个人类共同智慧的理论框架。

二、 警察行为是概念的逻辑起点

1. 历史研究。欧美警察概念产生于警察诞生之前，是以警察行为为逻辑起点的。欧美警学研究工作曾经研究过一些尚属原始社会后期的部落文化，结果发现，有很多部落中都存在着警察行为。因此，西方警学关于警察的研究是定位在警察行为上的。由于这种定位，使得西方警学研究的历史界限上移。

初期的警察的概念，是非正式警务阶段，警察行为由迷信、宗教、禁忌、习俗所贯彻。

2. 语言分析。欧美警察概念产生于城堡。“警察”一词最早是拉丁文的城堡，是个名词。后来演绎为对城堡的管理，变成了动词。最后，在两百多年以前形成了现代意义上的警察概念。这里要指出的是，现代英语词汇是一个不断发生与发展的过程。但是，由于语言历史的渊源使得英文中的警察更多地带上了政治、管理、恩惠的色彩。虽然，英文警察翻译成了中文的警察，但是无论从内涵还是外延上来看两者有一定的差异。中文的警察更多的是监视、观察、警戒的含义。它是先由动词产生的，然后变成名词。尽管“警察”一词在中国古籍中多次反复出现，比如，在《汉书》《金史百官志》《太平广记》等典籍中，但作为一个名词——专职警察人员出现，并不多见。

后期英文的警察概念是指从1829年至今，警察作为专门机构的诞生，警察定义逐步明确并不断发展。在古代英文中，“警察”一词更多地与政治和管理相连，而在现代英文语言学的词典中赋予了警察特定的含义，这是一个概念不断发展和完善的过程。有一个与英文警察概念相并行的词叫公安员（constable），还有一个是法文词叫宪兵（gendarmma），这两个词都有着语言学的历史渊源，也是近一二百年才有了新的特定的指向。随着历史的发展与近代警察的建立，“警察”一词无论从内涵和外延上都有了充实和提高。

3. 广义与狭义。欧美警察概念中的广义概念超越了警察自身。英国人更加重视广义警察概念。英国社区警务之父约翰·安德逊有一段名言：“警察不仅仅是打击邪恶，而更多的是激发社会的正义。现代的警务改革必须回首历史，去寻找罗伯特·比尔的警务原则。”1829年，罗伯特·比尔建警之初，就赋予了警察行为的广义功能，以至于现在西方警察哲学中的主要命题，警察不仅是打击犯罪的战士更是社会的公仆。这一命题也反映着罗伯特·比尔的警察哲学。特别是20世纪80年代以来，西方如火如荼的社区警务运动更把警察的广义定义演绎到极致。因此，当我们在讨论西方警察概念时，一定不要忘记这个广义的大背景，只有这样，我们才能够更加深刻、准确全面地了解社区警务的内涵。

4. 警察概念沙漏。笔者认为欧美警察概念的起点遥远，它的终结是一个泛化的过程。警察诞生于何时？警察在何时消亡？这是一个所有警学理论研究者都不可回避却又很难回答的问题。

就警察的产生而言，西方警学研究者巧妙地把警察行为作为警察的逻辑起点，这就使得追溯前移，甚至许多文化、宗教、禁忌都可以成为非正式的警察行为。

警察概念何时消亡的问题更是难以回答，但是西方警学把警察分为狭义和广义两个概念，我们可以用一个警察概念的沙漏形图案来回答这个问题。这个沙漏的顶部非常大，代表着在人类社会的早期，警察行为广泛地散在整个社会的层面上。随着社会的进步，警察的行为慢慢地缩小到一个很小的范围，到1829年罗伯特·比尔建警，过去广泛存在于社会中的警察行为被压缩和限制到一群被命名为警察的人的身上，而这种狭义的警察概念只延续了不到两百年，社区警务应运而生，而社区警务又把过去压缩和限制的警察行为重新投放到整个社会中去。比如，西方警学中有一个理论，叫警察私有化（警察社会化），就是把许多过去仅属于警察功能的行为重新投放到社会中去，如警察承包制、私人警察等。因此，从某种意义上说，社区警务运动就是在限制狭义警察的概念上进一步发展，而又把它重新引领到广义的警察概念中去。也许，当广义警察的概念再向前发展，狭义警察的概念就会逐步地终结了。

三、 警察性质多重视角论

1. “警察性质五大辩论”。欧美关于警察性质的辩论以“警察性质五大辩论”为典型代表。欧美警察社会服务理论，英国警察的四种非传统角色，公安学中警察的性质与职能，以及其他国家警察性质论等。

2. 战士与公仆之争。战士与公仆之争是欧美警察研究关于警察性质的核心词。我国公安学中关于警察性质论述的核心词是警察的专政职能和民主职能，而西方警学不是这样划分的。他们往往采用辩论的方式，也就是说将警察性质定义为两个选项，如战士和公仆，在这两个选项之间游走，确定警察性质的归属。

这种划分有其合理性，即在战士和公仆之间的游走，可按历史发展阶段和某一区域的公民对警务的要求合理地调整警察的性质。比如说，在第三次警务革命，即警察现代化这个发展阶段，警察的性质更多的是打击犯罪的战士，这是和警察现代化的需求相吻合的。而在社区警务阶段，也就是第四次警务革命阶段，警察的作用更多地体现在公仆和社会工作这一方面。这样可以避免机械、片面地看待问题。使得警察可以根据时间和空间两条线自行选择自己的警务模式。

欧美警察研究关于警察性质的论述是以辩论的形式出现的，启示颇多。我国公安学中关于警察性质论述的核心词是警察的专政职能和民主职能，而西方警学不是这样划分的。他们往往采用辩论的方式，也就是说将警察性质定义为两个选项，如战士和公仆，在这两个选项之间游走，确定警察性质的归属。这种划分有它的合理性，即在战士和公仆之间的游走，可按历史发展阶段和某一区域的公民对警务的要求合理地调整警察的性质。

中西警务研究在思维模式上是有差异的，比如，在英国艾克塞特大学的警察学考试中，一般没有对错之分，而是考查你的分析问题以及解决问题的能力。举例说明，有一道题目是，在打击犯罪中，到底是车巡有效，还是步巡有效？如果是中国式考试，一定有标准答案，学生的回答如果支持一个选项，要么是对，要么是错。评分标准明确。而在英国，你支持车巡也罢，支持步巡也好，只要言之有理，论述符合逻辑性，都可以得高分。这种思维模式上的差异，在我们警学研究中一定要有充分的认识。

任何一个命题，都会有两个极端，在两个极端中寻找平衡，这是西方理论研究的特色，其实这一点在中国古代哲学中也被演绎得淋漓尽致。比如，太极理论，就是强调在两个极端中寻找平衡。西方关于警察性质的五大辩论，对我们的启示是多方面的。

3. 打击与服务之争。欧美警察研究特别强调警察的服务职能，这是四次警务革命发展的趋势。在第三次警务革命，即警察现代化这个发展阶段，警察的性质更多的是打击犯罪的战士，这是和警察现代化的需求相吻合的。而在社区警务阶段，也就是第四次警务革命阶段，警察的作用更多地体现在公仆和社会工作这一方面。这样可能避免了机械、片面地看待问题。使得警察可以根据时间和空间两条线自行选择自己的警务模式。

4. “理想警察”。欧美警察强调服务职能的心态，反映了西方警察警务改革的理想——“理想警察”的目标。

西方警务改革的终极目标是“理想警察”，在西方警学的专著中，“理想警察”一词代表了警务改革发展的最高阶段。“理想警察”不仅仅是打击犯罪的战士，而更是一个服务住民的公仆。在这种核心价值观的引导下，欧美警察特别是基层警察对服务职能并不抵触，而且他们认为服务职能是通向理想的根本道路之一。以接报警电话为例，在芬兰首都赫尔辛基，每天的接报警电话约为1000起，其中80%的电话都是求助电话，主要集中在对酒鬼的救助和找寻走失儿童。而赫尔辛基市的警察普遍认为当他们接到这种电话时，会有一种自豪感，因为人民群众在最急需的时候会想到他们，使得他们认识到作为警察存在的价值，感到非常光荣。这种思维的核心价值观是欧美警察把服务住民，定为警察的主要工作。这种思维定式，使得基层警察在面对求助电话时，能够泰然处之，并且深深地认识到自己工作的神圣。这就是警察哲学对警务工作实践的定位和指导作用。

世界警察的模式有很多种分法，其中有代表性的当属大陆派和海洋派的划分，大陆派警察以法国、德国为代表，强调镇压和管理的职能，以军事化、统一领导为特色。而海洋派警察以英国为代表，强调平民化特色和服务主义，可以说海洋派警察模式逐步被世界上许多国家承认和效仿，警察的服务职能也在许多国家的警务实践中得以体现。

1829年罗伯特·比尔建警，十分强调警民关系，认为警民关系是警察工作的根本保障。回顾四次警务革命的发展史，战士、公仆这两个角色是轮流替换的。第三次警务革命，即警察现代化，更多地体现了战士的角色，而第四次警务革命，即社区警务革命论又使得警察回归到公仆的职能。

总之，无论是从西方警察的发展史、警务改革的阶段性来说，服务职能都是各国警察警务改革的核心词之一。

四、 战士与公仆的警察角色辨证

1. 战士与公仆是西方警察哲学中警察角色的辩论核心。

西方警察哲学有代表性的理论叫作八大辩论。其中战士和公仆之争，也就是警察角色的辩论，是警察哲学中的核心。西方人并不像我们那样把警察角色和警察性质严格地区分，仿佛在他们两者之间有一些重叠和模糊。警察角色实际上是西方警务改革的重要内容之一。回顾四次警务革命可以看到，四次警务革命的发展轨迹大都以警察角色的定位为改革的方向，所以说战士和公仆之争是西方警察哲学的核心命题之一。

2. 美国警察的角色定位偏重于公仆。

美国警察角色的 11 项内容。其中只有 4 项与打击犯罪有关，其余 7 项都是涉及与社会服务相关的工作。在我们的印象中，美国警察多是以战士的形象出现，由于配枪和大量地使用武器，使得我们在谈论美国警察的时候往往感到了他们的威严，甚至有一点点恐惧，其实美国警察在警务理论层面上还是十分强调警察的服务职能的。

这里面有几个因素值得注意。其一，美国警察的理论很多都是源于英国警察，从警务模式的分析上看，英国和美国警察都是源于盎格鲁 - 撒克逊模式。而盎格鲁 - 撒克逊模式的核心，就是平民化和服务助民。其二，英国和美国在警务发展阶段上都遵从了四次警务革命发展的模式，特别是第四次警务革命，叫社区警务，把改革的重点放到了预防犯罪和服务住民的工作上。其三，美国人举起了反恐导向警务的大旗，而反恐导向警务和社区警务在一系列警务核心的根本理论问题上是有冲突的。在警察的性质和角色上，反恐导向警务更强调了警察的打击职能和战士的职能。这在世界警务改革的发展轨迹上产生了分支和偏差。现在我们不能确定反恐导向警务到底是人类发展的必然，还是一个岔路或插曲。对于这一点，还应该持一个冷静和观望的态度。

3. 亲民服务，英国警察的宝贵历史遗产。

英国警察是世界上服务助民的最典型的代表。1829 年罗伯特·比尔建警，颁布了《建警十二条》，而《建警十二条》的核心就是服务助民和重视警民关系。可以说，英国警察警务改革的理论从社区警务的原理、警务伦理学到理想警察的发展模式，无不渗透着服务助民的光辉理念，而这一理念被奉为是英国警察最宝贵的和光荣的传统。

4. 四次警务革命催生了不同的警察角色。

第一次警务革命，是 1829 年罗伯特·比尔建警，这时的警察定位更多的是服务助民。第二次警务革命，是 20 世纪 20 年代的美国警察专业化运动，虽然这个时候强调了专业化和技能化，但是服务助民仍然是警察的本职工作。第三次警务革命，叫警察现代化，这一阶段，警察战士的角色到达了顶峰，而服务的公仆角色降到了历史的最低。第四次警务革命以社区警务为核心词，再次回归到服务助民的警察本质上。四次警务革命用一句话来概括，叫作返璞归真。西方人形象地说，开始于罗伯特·比尔，又返回到罗伯特·比尔。其背后的意思是警察的角色开始于服务助民，中间经过了战士的变异，最终又回到了服务助民。

5. 警察角色冲突论是欧美警察哲学的主要内容。

角色冲突论是欧美警察哲学八大理论的重要组成部分。他强调警察实际的角色和媒体宣传的角色产生的冲突。警察在警务工作的实践中，更多的是一个社会工作者，而在媒体的宣传中，警察被扭曲为战士。不仅媒体在扭曲，基层警察也在扭曲自己，甚至整个警察队伍都在有意无意地扭曲自己，都想把自己塑造成一个打击犯罪的战士。这样一个高大上的角色，使得警察角色越来越脱离警务工作的实践。角色冲突论的核心是扭曲，这种扭曲不仅误导了公众，最重要的是，使得警察对自己的真正的警察工作产生了怀疑。

6. 对警察角色的误解主要源于媒体的扭曲。

对警察角色的扭曲包括媒体的扭曲、基层警员自己的扭曲和警察机关的扭曲，而这三个扭曲中最严重的扭曲源于媒体。为了吸引眼球和赚取高收视率，大部分电视节目、小说和文学作品都在夸大警匪片的惊心动魄，仿佛每个警察都是会驾驶、会擒拿和格斗的007詹姆斯邦德，而对服务助民和日常的警务工作不屑一顾。这种扭曲使得公众对警务工作产生了误解，也严重地干扰了警察内心关于真正警察工作的认知。可以说，有百害而无一利。

7. 警察角色冲突论的副作用严重阻碍了警察革命的进程。

警务革命的发展指向更多的是指向公众的满意，所以警务革命的历史阶段也就跨越了警察现代化，而指向理想警察的阶段。其中代表性的理论是满意决定警务论，即公众的满意代表警务改革的方向。而警察角色冲突论模糊和扭曲了警察的真正定位，使得基层警察对本来属于警察工作范畴内的服务助民产生了厌倦。

8. 西方警察的社会工作者与公仆的角色已深入人心。

警察哲学里有一个核心词，叫警察文化。警察文化又分为警察的正文化、正能量和负文化、负能量。而在正能量里最重要的一条就是神圣的布道感，也许警察的工作是一个司机，也许是一个拳击手，但是警察工作的神圣是他们超越了平凡的职业。西方警察理论在告知基层警察，你做的日常服务的小事，并不是日常琐事，而是十分高尚的、是真正的警察工作的有机组成部分。这一理论标定了警察工作的界限。无论是打击犯罪的战士还是社会工作者，都是警察的神圣使命。公仆和战士不是对立的，而真正的警察角色一定存在于两者之间。在这一点上，英美基层警察是有共识的。例如，英国警察在白金汉宫前面陪游人照相，为老太太救树上的猫，给吵架夫妻做调解员，当他们做这些事情的时候，内心没有多大的扭曲。不会认为服务助民将影响打击犯罪的工作，也不会认为服务助民会降低警察的身价。他们努力地工作着，并从中获得警察的神圣，而这种神圣正是基层警察的崇高的工作理念。

五、 警察文化群体心理特征论

1. 八大金刚之一。欧美警察文化研究是警察哲学的重要组成部分。欧美警察哲学是由八大基本理论所组成的，其中警察文化是其重要的组成部分之一。警察文化是警察作为群体的共同心理特征，它与警察的性质、角色、工作重点都有着深层次的密不可分的有机联系。因此，警察文化是研究西方警察哲学的重中之重。它既是警察学理论研究的基础，又反过来指导警务改革的实践。

2. 警察文化与中文文化概念无关。欧美警察文化绝不是唱歌跳舞。切勿望文生义。现在国内有一些学术论文和专著，把西方警察文化的外延扩大化，增加了很多诗歌、小说、唱歌、跳舞等内容。这是在欧美警察文化论基础上的创造性的发展。这种发展无疑是积极的和进步的，是在引进西方警察科学的基础上结合中国国情的进一步创造和发明。但是，欧美警察文化的原意仅限于警察作为群体的心理性格特征，与文化没有直接的关系。

欧美警察文化是警察作为群体的心理特征，不是文化形式。欧美警察文化虽然冠以文化二字，但与文化并没有直接的联系。关于这一点，我们在研究中一定要重视。这样的例子颇多，例如，欧美警察哲学并不是哲学，而是警察学的基本理论。首先，英文文化（culture）与中文的文化概念并不是对等的。其次，欧美警察研究学者又将警察文化赋予了新的具体的内容。警察文化主要指的是警察群体的性格特征。比如，神圣的布道感，匡扶正义，孤独猜疑等更多的是心理学的内容，而不属于文化的范畴。

3. 无意误解与有意创新。中西警察文化的概念差距如此巨大是人为造成的。从中西警察文化概念的产生分析，新中国成立以前，在警察研究的书中并没有找到“警察文化”一词。虽然在光绪末年，我们就从西方引进了警察学，这里主要的引进渠道是通过日本，但早年的警察学著作中并没有警察文化的提法。

光绪年间的警察学引进一直延续到民国，这个历史阶段叫作第一次引进。而新中国成立之后，特别是改革开放以来，再一次地引进西方警察科学，被叫作第二次引进。我们认为，警察文化这一概念主要是由第二次引进所完成的。引进的时间大概是 20 世纪 70 年代末。所以，是西方警察文化概念在前，中国警察文化概念在后。那么为什么两种概念的差距如此巨大呢?有两种可能性。一是我们在引进的过程中加上了自己的猜想和理解，特别是对文化这一概念的理解上的不同，而造成了警察文化概念的不同。二是中国警察学者在西方警察文化的基础上结合中国国情创造性地发展了警察文化这一概念。这种探索无疑是积极和正面的。

4. 神圣感的源泉。欧美警察文化中的积极因素是警察神圣荣誉感的源泉。世界各国警察发展历史不同，文化差异较大，但是，也存在着某些共性的东西。作为警察，无论在哪个国家，都是社会正义公正的一种代表。警察文化中的积极因素，例如，警察的神圣感、荣誉感都是各国警察所推崇的。这在保证各国警察文明执法、服务助民等工作中都是一种积极的保障，也受到了各国警察的承认和尊重。

5. 负面心理特征。欧美警察文化中的消极因素是警察专业化培训所要克服的问题。警察队伍中也存在着腐败、纪律涣散、执法不公等弊病。跳出这些社会现象，作为警察自身也有其工作所决定的长期形成的性格心理特征。比如说，玩世不恭、猜疑嫉妒等，这也是警察执法规范化、专业化的巨大障碍。在警务改革的理论和实践中，警察文化中的负面影响都将成为警务改革的绊脚石。

六、 警务原则先行论

警务原则先行论是笔者首先提出来。笔者认为，警务原则是警学理论的鼻祖。先有警务原则，后有警学理论。1829 年罗伯特 · 比尔所创立的《建警十二条》是后世警察学理论的基本原则。警学理论如果是一棵大树，警务原则就是树根；警学理论如果是一条大河的话，警务原则就是源头的活水。

1. 警学圣经：《建警十二条》。罗伯特 · 比尔的《建警十二条》开创了西方警察理论研究的先河。1829 年，英国伦敦大都市警察的建立标志着现代文职全日制制服警察（full - time and uniform）的诞生，这是警察划时代的革命。罗伯特·比尔建警之始就确定了《建警十二条》，其中，强调了新警察的平民化特征。例如，礼貌是警察的根本保障。每个警察都要挂牌服务，警察首脑机关必须接近公众等。《建警十二条》被奉为西方警察理论研究的金科玉律。很多学者认为《建警十二条》不仅是英国警学理论研究的基础，也是欧美警察科学发展的方向。尽管罗伯特·比尔在建警之初就确定了这十二条，可能缺乏实践的检验，但事后证明《建警十二条》确实有一定的先见之明。起码它为英国警察的诞生和发展设计了一张蓝图，谱写了一曲奏鸣曲。查尔斯·罗恩和理查德·梅尼一同起草制定了《警察训令》（Police Instruction），其中有所谓的“警察应当遵循的九条基本原则”，这不是罗伯特·比尔写的。所谓的“比尔九条基本原则”是误传。

2. 科普教材：欧美警务原则是西方警察理论研究的初级与可操作的形式。警学理论的发展是一个从低级到高级的过程，在罗伯特·比尔建警之初，整个警察队伍的素质偏低，文化水平不高，警员多是年老多病的人，其中不乏文盲。此时去谈论什么警务理论和警察哲学，不免属于奢望。所以罗伯特·比尔设计的《建警十二条》用了一些浅显的、大家都可以理解的大白话，为警察的发展设计了一张草图。虽然显得有些初级，但是条条都中规中矩，有很大的可操作性。可以说，欧美警务原则是警察学理论研究的初级阶段。同时，警察所需要的知识和训练是按层级而有所不同的。如果说作为警察局长更多需要的是警察哲学来武装头脑的话，那么基层警员更需要可操作性的简明扼要的警务原则。

警务原则和警察理论两者相辅相成，互助相长。一方面，警务原则在先，警察理论在后，另一方面，警察理论反过来指导警务原则的修订和规范。

3. 温暖阳光：满意决定警务原则。满意决定警务原则是西方社区警务的操作指南。任何一项警务改革都需要理论支撑，而这种理论细分起来包括两个层面：一个是宏观的警察哲学，另一个是可操作性的警务理论。以社区警务改革为例，警察哲学阐述的是警察和社会的关系，其代表理论是产生犯罪的根源在社会，抑制犯罪的主力军是人民群众，这是哲学层面的设计，就好像是警察行进队伍中的帅旗。而在警务理论层面，满意决定警务论，告诉基层警察具体应该怎么办。比如说，财产标刻法、邻里守望制、为吸毒少年更换针头运动等，这样就形成了一个指导社区警务的理论体系。第一级是警察哲学，第二级是警务原则，第三级是具体操作的方式方法。在这三级理论体系中，警务原则承上启下，起着十分重要的作用。

4. 改变原则的怪兽。欧美反恐导向警务向传统的最少动用武力原则提出了挑战。纵观四次警务革命的发展史，世界性的警务改革，其指向好像有着共同的规律，趋势也比较明显。这些趋势包括从人财物剧增到无增长改善论，警用装备从以技术为本到以人为本，警察评价标准从强调客观标准到主观标准和客观标准的统一。警察作用和角色从打击犯罪的战士向公仆和社会工作者的转移，警察的军事化和平民化两者的差距缩小，最小动用武力原则成为各国警察所奉行的金科玉律。

5. 欧美反恐导向警务彻底改变了西方警务改革的方向。一是重提警察战士的形象，二是高科技反恐，三是对恐怖主义绝不手软，果断开枪，对恐怖主义采用致死暴力和零容忍。

尚不能确定反恐导向警务是否会根本改变西方警务改革的大趋势，成为第五次警务革命的选项之一呢，或者只是作为一种应急的警务改革。警务改革发展的主流和反恐导向警务所代表的新型警务改革潮流究竟谁会占据主导，没有定论，拭目以待。

6. 刹车机制：最小动用武力原则。在应对群体性事件时，形败实胜原则与非杀伤性武器的使用是软件与硬件的合理配套。最小动用武力原则在相当长的一段历史时期内是欧美警察应对群体性事件的警务原则。它由两部分组成，从软件层面叫形败实胜的战略，从硬件层面多采用非杀伤性武器。两者相辅相成，得心应手，成为警察应对群体性事件的法宝。

7. 规矩方圆：警务伦理原则是在法律层面之上的警务原则。法律是道德的底线，警察在执法的过程中更要具备道德伦理的素质，即所谓文明执法。值得注意的是，西方警察在这个方面有一个专有词汇叫作警务伦理。比如，在抓捕犯罪嫌疑人时，要保护他应有的名誉权、隐私权，在审讯犯罪嫌疑人时，要有全程的录像，确保审问的公正和没有刑讯逼供的行为。犯罪分子在监狱服刑时，要确保他的必要的生存条件和权益。这些形成了系统的警务伦理原则。

第四章 比较警察学

第一节

比较警察研究

比较警察研究（Comparative Policing）是西方警察科学的重要分支之一。它研究各国警察制度的差异和共同点，通过国与国之间比较的方式，划分警察模式，寻找影响警察发展的若干本质因素及其自身发展的规律性。比较警察学在世界范围内有一定的研究基础，但还没有一个统一的专有名词。1995年笔者提出在中国创建“比较警察学”，建议将其列为专门学科，并认为中国有可能担当创立“比较警察学”的重任。

比较警察研究几乎是与警察的其他理论研究同时开始的，并取得了丰硕成果。现撷其要介绍之。

一、 警察比较的历史和方法

比较警察学的研究方法，源于社会学的比较方法。物理学家采用不同的实验方法，在有控制条件的实验室进行研究。而社会学则更多的是依靠“宏观显微实验室”（Huge macro – laboratory），即对整个社会多层次、全方位分析、比较。约翰·海金（Joan Higgirs）1981 年指出：“在基本的水平上，研究与盲人摸象差不多。摸一个部分多是错误的认识，两个部分就好一些，如果要彻底搞清楚一个事物，就必须采用多层次的比较方法。比较的方面越多，结论就越清楚、越精确。”国际比较方法对形成理论模式有重要意义。在社会学研究中，杜尔凯姆（Durkheim）进行了自杀分类研究，这一成果主要是运用了世界各地之间、各人种之间统计数字的比较方法。这可以说是社会学中，有关警察比较的早期工作。

西方比较警察科学的方法主要有三种：两个以上国家警察制度的比较、在某一警察专题研究中两个以上国家的比较、一个外国警察组织机构的详细描述[1]。

1. 两个国家警察制度的比较。两个以上国家警察制度比较的方法应用得最早。警察机关内部进行跨国比较警察科学研究的先例开创于1915年。瑞曼德·佛斯代克，纽约市警察局副局长，于20世纪初到欧洲考察了各国警务。他于1915年发表了有关比较警察学的论文，由于这篇文章极具历史意义，于1969年再版。在论文中他论述了英国警察组织与欧洲大陆国家警察组织之间的区别，开创了警察模式比较研究的先河。

在国际警察比较研究中，另一个早期人物是查理·杰佛瑞爵士（Sir Charles Jeffries）。他曾担任英国殖民署的副主任，由于长期的工作实践，他对英属殖民地的情况十分了解。1952年他在论文中描述了英属殖民地警察的起源，殖民地警察与英国警察的联系和区别。在比较了如牙买加等几个殖民地的警察之后，他指出，尽管殖民地警察的模式是英国的，但由于各地社会、文化、风俗的不同，使各国的警察体制带有不同的色彩。上述两个国际警察比较的典型都是出自实际工作者之手。他们的论文还不是理论研究，仍是实际经验的总结。

国际警察比较的理论研究是近三十年的事，比较早的研究者是班屯（Banton，1985），他将比较的范围扩大到五个国家，即英国、美国、荷兰、爱尔兰共和国和印度。

2. 跨国警察专题比较。这种比较，是在某一特定的警务工作领域中的跨国比较，又叫专题比较。这方面的代表是现代警察起源论的研究。爱姆斯雷（Emsley，1983）比较了英法两国在1750~1870年间新警察诞生的历史条件。米勒（Miller，1977）讨论了19世纪纽约市警察局与伦敦大都市警察局两者在诞生初期的动因、交叉和分离。傍池（Punch，1985）比较了英国、美国、荷兰三国的警察腐败问题。麦耶（Meyer，1985）分析了世界各国警察罢工问题等。这方面的研究较多，不胜枚举。

3. 单一国家的警察描述。虽然从严格的意义上讲，这还不算是比较警察科学，但它却为比较的方法提供了十分有益的第一手资料。在比较的方法

---

① R. I. Mayby “Comparitive Policeing Issue” .

中，语言是最大的问题，而这些以英语写成的有关其他各国的警察介绍，无疑为研究者提供了极大的方便，使他们可以做到“秀才不出门，便知天下事”。例如，威廉姆·凯乐（William Kelly，1967），加拿大皇家骑警副局长，完成了介绍加拿大骑警的论文。印度的加破答（Gupta，1979）、荷兰的威伯伦（Webren，1989）都以英文介绍了本国的警察制度和警务工作。这些工作极大地推动了国际比较警察研究的发展。

二、 比较警察学的代表著作

直到20世纪70年代初，欧美警察科学研究还主要局限于本土警察学的范畴，80%以上的研究是关于美国警察的，20%是针对西欧各国的。因此，70年代以前，美国警察研究占统治地位。

美国人在研究中，以一种唯我独尊的高傲势态俯瞰世界各国的警察，只知有美国，不知有世界。比较警察科学在那时是很不发达的。傍池（Punch）1983年说：“美国人目空一切，彻底忽视了世界其他各国的警察制度。”① 甚至连警学家威尔逊（Wilson）1968年在论述警务风格差异时，也忽视了各国历史、社会、政治等因素的不同可能导致警务风格不同这一事实。比较警察学是一门起步较晚，但发展较快的科学。20世纪70年代后期，这门学科突然引起了人们的重视，并获得了许多研究成果。其中代表性的著作有②：

1.《比较警察学若干理论问题》（Comparitive Policing lssues），英国人R. I. 梅拜撰写，1990年出版。该书详细比较和阐述了法国、荷兰、加拿大、日本、苏联、中国、古巴、中国香港等八个国家和地区的警察体制和特征。这在西方比较警察学中是不多见的。该书的主要贡献在于奠定了一些比较警察学的基本理论。例如，现代警察四种模式理论；以警察参与社区作为比较的尺度之一；比较警察学的三个领域（两个国家以上的比较，一国详细论

① R. I. Mayby “Comparitive Policeing Issue”.

② 王大伟：《英美警察科学》，中国人民公安大学出版社1995年版。

述，一个专题深层比较）；比较警察学中的四种身份（移民之身份，征服者之身份，参与者之身份和借鉴者之身份）等。该书在比较和阐述的基础上，进行了几万字理论升华，提炼了一些比较警察学的基本概念。在比较警察学的历史上，可谓是一块奠基石和里程碑。

2.《警察世界》（Policing the World），英国人 R. D. 英格兰屯撰写。该书理论性不强，属于一种手册性工具书。它按英文字母顺序列举世界上 100 多个国家和地区的警察组织情况。每个国家按警察起源、组织机构、警种、武器、警服、警衔等分类论述。该书配有大量警察照片，资料性很强，是一本实用的小型警察百科全书。

3.《制服背后——英美两国警察制度比较》（Behind the Uniform），英国人麦肯西（Mchenzie）撰写。该书分为三部分共 10 章，即：

（1）历史与背景。跨文化的比较和警务差异；面对日益增长的治安问题所需要的“新警察”；宪法与法庭。

（2）组织、专业化和向谁负责；向谁负责和警察管理，组织、工资、招募标准和训练；纽约市警察局与伦敦大都市警察局之比较；警察内部规章纪律。

（3）警察权和警务实践。警察权与实践——执法与治安管理；警用武器；管理治安；未来的趋势。

该书作者是英国警察研究专家，具有博士学位，在美国长期居住并进行了深入的调查研究。该书对两国进行了深入细致的比较，层次多，参照系多，资料翔实。

上述三本书，基本代表了西方比较警察学研究著作的三个典型。《比较警察学若干理论问题》代表理论探讨性著作，从一个侧面反映出西方比较警察学研究基本还处于描述阶段并开始向理论升华过渡。在理论方面，比较警察学的专有概念较少，体系比较凌乱，可称之为理论的流派不是很多。《警察世界》代表一种资料性的手册，是一种单纯的资料和信息的综合与分类，是比较警察学的一种最初级的形式。《制服背后——英美两国警察制度比较》一书与手册式比较著作不同，是一种深层次的警察制度比较。此外，西方比较警察学还有两类著作：一是专题性警学比较，就警察工作的某一特别领域进行深入的比较研究；二是本土警察研究。按照西方的观点，本土警察研究，即同一警察组织结构的专著也算比较警察学的一部分，总之，西方比较警察学的著作可分为：第一类为初级形式，包括手册式多国资料汇集以及本土警察组织机构的著作；第二类为中级形式，即两个国家之间的多侧面，深层比较；第三类是高级形式，包含一定的理论阐述、模式分析和概念创造。第一类著作产生于 20 世纪 70 年代，第二类著作产生于 20 世纪 90 年代。纯粹的理论专著尚未问世。

三、 比较警察研究人员

在国际比较研究中有两类人员：一类是实际工作者，他们抱着一种实用的目的去研究国外警察；另一类是理论工作者，他们的目的是通过比较，试图揭示规律、预见未来。

在实践工作者这个范畴内，共有四种典型的人员：移民、征服者、参与者以及借鉴者①。

1. 移民，其英文含义为："离开自己的家园，移居于新环境。"这里的移民指早期的移民，他们是从英国或法国等已建立起现代制服警察的国家移居到新大陆，或移居到还未建立警察制度的国家。例如，早期移民把英国的警察制度，即以社区为主的自治体警察移植到美国。法国移民把法国的警察制度，即大陆派的、军事性质的警察带到了其他国家。

2. 征服者，共有两类：一类是古代战争中的征服者，另一类是早期殖民主义者。例如，古罗马的征服者把罗马法系随战争一直扩展到整个欧洲大陆国家。这就是后来形成大陆警察模式的基础。又如，法国殖民主义，把法国大陆警察强加给很多非洲殖民地国家。移民是用自愿的方式介绍和移植本国的警察制度的，而征服者是以强迫的手段把本国的警察强加给他国的。

3. 参与者，又叫"加入者"。例如，欧洲共同体 12 国正在建立统一的欧洲警察。1992 年底，12 国之间取消了边境控制，允许人财物自由流动。

---

① R. I. Mayby "Comparitive Policeing Issue" .

取消边控之后，犯罪也随之自由地流动。为加强合作，共同打击国际犯罪，欧共体警察必须加强彼此的了解和协调。研究各国的警察体制，成为欧共体警察合作的基础。

4. 借鉴者，指在现代警察科学研究中，主动研究他国警察体制和警务改革中值得学习和借鉴的东西，获得启迪，或移植，或模仿，像我国所说的“古为今用，洋为中用”。例如，邻里守望制就是源于美国，后来移植到西欧的。社区警务也是欧洲向美国学习的。借鉴，多数情况下是双向的，发达国家也应向发展中国家学习好的传统。

在上述四种实践工作者的比较研究中，有许多成功的范例，也有许多失败的教训。无论是移植，还是借鉴都应实事求是，从国内的具体实际出发，冷静分析，有舍有取。生搬硬套，盲目照搬的教训是十分深刻的。以征服者为例，第二次世界大战后，美国人曾用美国警察模式去改造日本，结果以失败而告终。同样的例子是法国、英国、美国试图在第二次世界大战后，以自己的模式重建联邦德国警察机构，也是行不通的。梅拜指出：“国际比较警察学的基础，一个国家的警察制度不可能原封不动地移植到另一个国家去。”上述实践者的经验和教训对改革开放的中国公安机关无疑是有启迪作用的。

四、 比较警察研究中的难点

西方学者发现，比较警察学在理论研究上有两大难点：一是资料不足，二是很难把握特性。这两个难点在很多情况下又是互相转化的。

语言不通，资料不足。国际比较警察学研究是一个很艰苦的、漫长的探索过程。任何想短期见效，走捷径的思想都是错误的，是不符合比较警察研究的客观规律的。要想做一个合格的比较警学专家，必须精通一门以上的外语，或有足够的研究经费雇一个翻译。而精通一门外语最少需要5～10年的时间。不精通你所研究的国家的语言，就不可能作出准确的判断。通过只言片语的翻译，资料占有量就会受到限制，很难把握实质。因此，就不可避免地产生误解，导致错误的结论。这方面最好的例子是关于瑞士刑事司法制度的比较研究。克林那尔（Clinard）与白威格（Balrig）两位学者对瑞士犯罪程度的研究得出了截然相反的结论。现将两位学者的研究分析如下：

克林那尔认为，瑞士的犯罪率很低，是欧洲大陆的一块净土。由于他精通当地语言，能长时间地住在瑞士，与当地人座谈、交朋友。其主要信息来源依靠当地犯罪学家和警察提供的信息以及个人的问卷调查。

与克林那尔相反，白威格认为，瑞士的犯罪率并不比欧洲其他国家低。瑞士犯罪率低的主要原因是“隐案与漏案”（Dark Figure），瑞士存在着严重的立案不实。白威格在瑞士只住了一个月，他不懂当地语言，也不与当地的犯罪学家和警察打交道，他仅搞了一个抽样调查（范围很小的当地被害人调查）。他不想学当地语言，也不愿扎扎实实地搞调查，所以产生了许多误解。

克林那尔和白威格的典型事例告诉我们，单凭翻译资料，或单凭在当地住一两个月是不可能得出比较警察学中的准确结论的。一个与事实相符合的结论必须在精通外语的基础上，在长期的实地调查研究中才能获得。类似于上述故事的事例也可以在我国找到。比如，国外警察科学研究说明，警察装备的现代化不能降低犯罪率，快速反应对抑制犯罪、对提高破案率均无明显效果。世界警务改革的大趋势正是返璞归真，重新认识改善警民关系的重要性，重新认识整个社会抑制犯罪的功能。但是在改革开放初期的一些介绍外警的资料中，由于作者在国外的时间短，或没有出过国，加上有些人不能用外语流利交谈和阅读，往往是视觉的印象比较深刻，看到的多是装备器材现代化的一面，在一些警察科学大趋势和理论探讨上，就相对少了一些。所以容易产生对现代化的优势的崇拜，对现代化的弊病了解相对少了些，对警务改革趋势的发展认识不足，对我国公安优良传统的重要性也认识不足。这些问题都是在比较警察学研究的初期阶段不可避免的。

第二节

创立比较警察学

当我们张开双手迎接光辉的21世纪到来的时刻，同时迎来了比较警察研究的春天。“子规夜半犹啼血，不信东风唤不回。”清朝末年，学术前辈怀着救国保种的忧患意识，从西方引进了现代物理学、化学、生物学，也引进了许多社会科学学科，如社会学（群学）、经济学（富国学）、进化论（天演论）等，奠定了这些学科在我国发展的基础。引进与比较是现代诸多社会科学创立学科的先行之举。现代警察科学，在清末尚未成熟。因此，引进西方警察科学的历史重任就必然落到新中国警察学研究人员与学者的肩上。要全面、深入地研究世界警察理论，笔者认为，有必要创立比较警察学。

一、 概念体系的创立

1. 创造一个英文概念。笔者提出创造一个概念：比较警察学“Comparative Policing Studies”。

英文中没有比较警察学一类的概念，与比较警察研究相近的概念是“Comparative Policing”，直译为比较警务。“Comparative”的含义是，由对两种事物或两种观念的对比而进行评价其相似与差异；“Policing”的含义为警察工作与警察行为。因此，可以创造一个词，即“Comparative Policing Studies”。按中文标记为比较警察研究，或比较警察学。其含义为，比较警察研究是警察科学的重要分支之一，它通过两个及两个以上国家，或文化中的警察行为的比较，寻找世界警察行为的共同点，研究差异点。通过对比方式，划分警察模式，寻找影响警察发展的本质因素，说明造成差异点与共同点的原因，揭示警察自身发展的规律。

《公安学基础理论》中有“警察比较学”一词，可以按中文习惯将比较放到前面，像比较社会学、比较法学一样，称为比较警察学。这样，可以使人明确，比较警察学的主体是警察学，是警察学的一个分支，且其主要内容是警察的比较研究。同时，中文比较警察学的定义可以采取英文比较警察学的定义。

2. 创立一个概念体系。一门学科的创立，需要有明确的概念，相对独立的研究范围与研究对象，基本的理论框架，一整套独立的学术名词群，独立的研究机构和一定规模的研究人员，全国性、洲际国际学术团体与组织，相当数量的著作与出版物。所有这些，都是学科建立的客观条件，只有具备这些条件，才能使比较警察学呼之即出。而这些条件中，概念体系的创立是最重要、最为核心的内容。只有拥有明确的、为学术共同体所公认的学术概念体系，才能标示比较警察学有了自己独特的研究对象、研究范围，才可以形成学术组织、学术共同体，也才能有独立的研究机构，并为社会所承认。

二、 比较警察学的知识体系

根据改革开放以来我国对外国警察研究的经验与材料积累，结合西方警察学界的文字资料，笔者认为比较警察学的知识体系可以勾画如下：

1. 导论。着重介绍比较警察学的基本理论框架，阐述警察比较的原则，论述比较警察学的学科地位、价值。

2. 警察比较方法。毫无疑问，警察比较的基本方法是比较法。但是，我们还应进一步阐述比较警察学的方法论，说明警察比较的具体方法。

3. 警察基本理论比较。不同文化背景下的警察，其警察的基本价值取向、指导思想各不相同，有必要对其作深入的比较研究，探讨各国警察的立身之本，发现世界警察理论的共同点。

4. 警察演化史比较。不同国家、不同地区，警察的诞生、演进各具特点，对其进行比较研究很有必要。

5. 警察体制比较。警察体制是政治体制的延伸，深受政治体制的影响。因此，不同政治体制下的警察体制各具特点。即使相同政治体制的不同国家的警察体制之间也会相去千里。而且，警察体制比较研究在西方已取得骄人的成绩。

6. 具体警务工作比较。警务工作是警察职能的具体落实过程，不同国家、不同地区的具体工作环境不同，所以，其警务工作的具体内容、具体方式也不同。要对警务规律有所认识，有必要开展警务工作比较研究。

7. 统计数字比较。有关警察的各种统计数字可以有效地反映警察、警察工作状况，所以，统计数字比较也是比较警察学的重要内容。

根据上述七个方面可以把比较警察学归纳为四大块，即导论（总论、研究方法）、基本理论（比较警察学的各种流派）、体制与历史、警务工作（又叫警察勤务），又可简化为两大体系：警察哲学比较与警察勤务比较。警察哲学是警察科学的基本理论范畴，包括警务风格论、限制动用武力论、警务伦理学、无增长改善论、新警察模式论、满意决定警务论、警察文化论、警察合法论、警察中立论、预防警务论、警察效益论、警察角色冲突论、警察管理学理论、警察体制论等。警察勤务，即各种警务活动，或叫警察基本工作，像巡逻、社区警务、警力配置、后勤装备、警务评价体系、警务合作、刑事侦查、人员培训、领导体制等都属警察勤务。

上述七个方面、四大块与两大体系为比较警察学的理论体系提供了三种理论模式。

三、 创建比较警察学的基础工作

比较警察学能否脱颖而出，能否被整个公安理论界乃至整个社会所承认，除了社会需要这一强大动力外，主要取决于本学科的基础工作。

1. 人才队伍。在中国警察学会及各地方学会、各专业委员会、公安部外事局、国际刑警中国中心局、公安部属院校、各地方公安中高等院校，聚集着一大批有志于外国警察研究的专门人才。其中有公安战线上的老领导、老前辈，有长期从事外国警察研究的专家学者，有留学学习警察学学成回国的中青年学者。这是一支相当宝贵的人才队伍。发现专门人才，组织专门人才，应是创建比较警察学的关键。应逐步通过各种形式将上述人才组织起来，形成学术团体，开展研讨活动。例如，在条件成熟时可在中国警察学会中成立比较警察专业委员会；各种中外警察比较的学术刊物组织物色特约撰稿队伍。

2. 学术著作出版。

（1）早期出版单个国别警察状况的介绍（1980—1995 年）。公安机关各出版社已陆续出版了介绍外国警察的系列丛书，如《美国警界内幕》《美国社会中的警察》《英国警察》《现代日本警察》《世界警察大全》等。

（2）中期出版警察科学理论专著（1995—2017 年）。出版了一些外国警察理论专业著作，如《英美警察科学》《世界警察理论研究综述》《现代警察管理》《外国警察法规选编》《欧美警察科学原理》《欧美危机警务谈判》《理想警察：安德逊与王大伟关于警察哲学的对话》《第五次警务革命——十论世界警务趋势》《外国警察学理论》等。

（3）中期中外警察比较的理论专著（2000—2017 年）。一类是纯比较的著作，如《比较警察学》《中外警务改革趋势比较》等；另一类是介绍外国警察的专题论著，如《外国警察巡逻》《外国警察社区警务》《西方警察哲学》《西方警察队伍建设》《西方警察法制》等。

值得一提的是，2000 年笔者在山东济南杆石桥派出所，结合公安工作实践出版专著《中西警务改革比较——山东济南派出所改革模式》。这是我国比较警察学专著的“春燕第一只”。

3. 研究生教学。中国人民公安大学于 2000 年开设了中外警察比较硕士方向，这是世界范围内比较警察研究与教学的第一个硕士研究方向。已招生近 150 余人（2000—2017 年）。平均每年招生 20 余人。开设《比较警察研究》《中西预防犯罪比较》等课程。2012 年开设了法学理论公安学研究方向（其实质为中外警察比较博士方向），2017 年改为比较警察研究博士方向，这是世界范围内比较警察研究与教学的第一个硕士研究方向。博士生导师有王大伟、汪勇、任士英。已招收博士生 6 人（2012—2017 年）。

四、 开展比较警察学研究的现实意义

开展比较警察学研究，既具有重要的理论意义，又具有重大的现实

作用。

1. 在比较中发现自己的优势，在比较中确立自尊。比较的过程，首先是一个自我发现、自我确定的过程。如果没有比较，我们的许多创造发明，自己的优势反而不知道。例如，世界上的大多英文的警察研究方面的专著都明确写道，世界上第一支制服、职业警察诞生于英国伦敦桥畔，1829 年英国内政大臣罗伯特·比尔创立了伦敦大都市警察。1991 年夏天，英国艾克塞特大学警察学研究中心主任比尔·塔夫曼在访问中国人民公安大学时曾提出，世界警察史应该改写。世界最早的制服警察是中国辽金时代的“警巡院”。比尔·塔夫曼的话引起在场所有人的强烈反响。公元 916 年，我国就建立了专业化的职业制服警察。其中，警（察）、巡（逻）与今天的文字毫无二致。其职能统一于专门机构，有特定的制服、全日制工作等特点。辽代警巡院与罗伯特·比尔的伦敦大都市警察几乎没有区别。而后者却晚了 900 多年。现在中国仍能见到铸有“上京警巡院验”印记的辽代铜镜。这是当时警察为了管理市场而设立的专门检验职能的凭证。

我国警察科学的自身优势不仅限于古代，包括现代我国人民警察与西方国家警察比较，无论在警察科学基本理论，还是在实际操作等领域，都有许多独到之处。我们有西方国家所缺少的优越的社会主义制度，人民警察全心全意为人民服务的传统，密切的、鱼水般的警民关系，形成网络的全社会性的综合治理，独具特色的对违法犯罪分子的教育与改造工作，学历教育、岗位培训相结合的教育培训体系，等等。总之，历史注定要让中国人，这个不仅创造了四大发明，还创造了先进的社会管理体系的古老民族，在古今世界警坛上担任一个辉煌的角色。

2. 了解引进现代西方警察科学，与世界警察科学接轨。应当看到，尽管我们十分重视对警察科学研究的动态追踪，由于历史的原因，有许多警察科学研究人员对西方警察学的基本概念、基本理论还不够了解，形成中西警察研究两张皮的现象。随着时间的推移，这种差异不仅没有缩小，反而有扩张的趋势。公安研究是中国人的骄傲，是世界警察学的一颗明珠。它要发展，要走向世界。因此，它与西方警察科学相互借鉴，在概念、体系上互相接轨是历史的必然。

西方警察科学分为基础理论与实用技术两大类。由于科学技术交叉，西方没有人为地将警察科学分为人文科学和自然科学。而且，无论是警察理论，还是实用技术，西方警察学界对其研究都十分深入、系统。研究比较警察学，通过中外比较，我们可以借鉴、吸收西方警察科学合理的内容和形式，充实、完善我国公安研究的概念体系、理论体系，深化警察实用技术研究，提高我国公安工作的技术研究水平，为建立全球化的警察学作出我们应有的贡献，提高公安学在世界范围内警察学的地位。

3. 把握世界警察改革的大趋势，深化公安改革，为现实公安工作服务。第四次警务革命是对原有警察组织结构、理论观念平衡状态的强大冲击，是警察工作的根本性改革。面对世界警察改革大潮，中国的公安工作将向何处去？通过比较警察研究，我们可以获得启迪，受到启发。我们可以从借鉴中发现道路，我们可以从批判中找到方向。

第三节

现代警察体制模式概论

一、 梅拜的四种模式论

英国人梅拜将世界各国的警察体制划分为四种模式①。他认为世界上近200个国家与地区的警察体制可大致分为四种模式，即盎格鲁－撒克逊（英国）模式、美国模式、大陆模式（大陆法系国家）与殖民地模式。梅拜划分的三个参照系为警察合法性的缘由、管理体制（如中央集权或地方自治）与警察性质（如军事化与平民化）、警察的作用。

---

①［英］梅拜：《比较警务问题》。

1. 英国警察模式。其合法性源于地方政府，基于法律。其管理体制以地方管理为主。警察性质为非武装的平民化力量。其作用不仅包括打击犯罪，主要承担社会服务与行政职能。

2. 美国警察模式。基本与英国警察模式相同，略有区别的是在警察性质方面，美国警察为武装性质的文职力量。

3. 大陆警察模式。大陆是个特别的概念，指欧洲采用大陆法系的国家，如法国、德国等。其合法性源于中央政府和皇帝，管理体制为中央领导。性质为武装的军事力量，以宪兵为代表，其主要强调政府与行政职能。

4. 殖民地警察模式。主要指原英属的 80 多个殖民地国家与地区。其合法源于殖民当局，体制为部分性的中央领导。以武装为特色，雇佣外国人做警察，体现镇压职能与各种行政管理职能。

梅拜的划分方法涵盖了英美、欧洲大陆、亚洲与非洲 80 余个国家与地区的警察体制。它所采用的三个参照系具有一定的科学性，并抓住了若干本质特征。

二、 邱华君的两派论

我国台湾学者邱华君把世界各国的警察体制划分为大陆派与海洋派①。大陆派与海洋派是国际警学研究中早期分类。其依据为法系，采用大陆法系的国家，属于大陆派警察制度，如法国、德国等。采用海洋法系的国家，属于海洋派警察制度，如美国、英国等。我国台湾学者邱华君，在研究两派划分标准时，采用八大要素作为划分参照系：

1. 组织。大陆派集中领导，全国统一组织；海洋派以地方自治为主。

2. 权力。大陆派警察权力范围较大；海洋派限制警察权力的范围。

3. 业务。大陆派警察业务广泛，包含许多行政管理的内容；海洋派警察业务以治安、预防犯罪为主。

4. 服务。大陆派不强调警察的服务精神，以执行法律为主要内容；海

① 邱华君：《警察学通论》。

洋派注重警察的服务与福利，保持良好的警民关系。

5. 人事。大陆派中央警察机关支配地方人事任免；海洋派警察是人事分权，中央与地方的警察各自独立。

6. 教育。大陆派警察的教育经费与计划均由中央警察机关划拨与制定；海洋派警察教育经费与计划由中央、地方两级承办。

7. 勤务。大陆派警察的勤务单位为警勤区，分局下设派出所；海洋派的警察勤务以巡逻为主，分局下设巡逻区。

8. 经费。大陆派警察经费由中央统一编制预算；海洋派警察经费由中央和地方两级负担。

三、 亨特的警察体制论

民主国家刑事司法体制关注的焦点是确定犯罪控制和自由正义之间的平衡。过少的控制会导致因犯罪和恐惧犯罪而丧失自由。过多的控制又导致因政府干预和恐惧指控的自由丧失。这些关注直接反映到民主国家所应用的警察体制上。

在民主国家，警察职责的实施取决于社会的支持。因而决定警察的作用和结构时要确定公民愿意以多少自由来换取避免犯罪而获得安全，也就是说，人们将能容忍多少犯罪。

尽管民主国家间的警察体制千差万别，千姿百态，但基本上可以分成三种模式或范式①。

（一）警察的分散体制

分散体制有时被认为是没有体制式的极端分权制。对有组织警察的权威滥用的担心导致在国家内建立大量的自治警察机构。除了限制警察的组织结构外，这些国家也对警察权威有严格限制。而且警察的有效程度也不受国家规模、地理、人口密度、工业化程度、政治气候、文化历史和社会条件的影

① T. Barker “Police Systems and Practice” .

响，这些国家通常愿意容忍更高的犯罪率以换取更大的平民自由。

属于分散型警察的国家包括比利时、加拿大、荷兰、瑞士和美国。正如其总的有效性一样，这些国家中警察的协调性和控制度也是相去千里。

1. 例子：美国警察。美国警察有三个主要特征：

（1）有限权威。警察权力受法律的严格限制。即使损失社会控制也要保护个人自由。

（2）地方控制。赋予警察服务的责任取决于地方政府。因为美国的警察是高度分权的，所以其联邦、州和地方警察机构的组织千姿百态。

（3）分散执法。赋予警察服务的责任通常分散在当地政府成立的几个机构中。这经常引发机构间的沟通、合作和控制问题。

美国警察的重要特征不协调是为了保护公民不受强力州或联邦政府的力量滥用的影响。限制权威仍是适当的保护措施，只是地方控制和分散执法已是明日黄花，只在边陲农村开放。

2. 美国体制评论。美国是一个警察机构盛行的国家，大多数警察机构不超过 30 人。由于存在大量的警察机构和地区差异，美国没有两个一样的警察机构。而且所提供服务也相去千里，并时常有不同机构对同一地域提供相同服务。这一地方控制传统造成了各警察机构发展的不平衡。

（1）美国体制的弱点。在犯罪控制方面最基本的弱点是联邦和州政府没有给地方警务提供框架。警察工作的大多数不当是源于荒谬、分散、无法操作和 17000 个地方部门没有体系。

也许这一评论有些过于严厉，但的确是合乎事实。即使在更早时期，地方机构在犯罪控制方面也是只有些许成绩。而且社会进步以及交通和通信技术的改进都没有改进其有效性。单个的机构的分散协作难以对待那些国际范围有组织和分布于全国城乡范围内的犯罪。现代社会的流动性和许多犯罪的暴力性质使这一问题变得更复杂了。

个体主义、地域争议、缺乏统一标准、缺乏沟通和缺少协作已使美国在对付犯罪和提供有关服务等方面的有效性远远落后于其他非分散制民主国家。尽管大多警察机构在有限资源的基础上作出了优良业绩，但他们不能克服分散体制带来的缺陷。

（2）美国体制的优点。分散服务保护了民权、阻止了警察国家的出现的观点有点差强人意。因为我们不能保证政治家和投票人对警察的政治影响会销声匿迹，而且恐惧政治滥用职权、狂热地保护平民自由和个人权利仍是美国民主理想的部分内容。因而，尽管政府在犯罪控制上无能为力，美国传统的分散警察体制仍能很好地服务人民。这不是分散体制的固有优点，而是限制警察权威的力量。一种无威胁的体制会比一种较集权的体制更受社会的欢迎。

（二）警察的集中体制

集中警察体制存在于那些认为警察应在国家政府直接控制下的国家。当警察组织在管理风格和勤务结构事实上很分散时，国家政府对执法的成功或失败负有责任。与讨论各种警察体制的精神时的门外汉的观点相反，集中制警察不是集权国家的专利。事实上，有人曾说过，当纳粹企图夺取控制权时，如果当时的德国能拥有集中制的警察，那么纳粹的努力可能就会泡汤。

集中制警察体制的存在与民主理想并不相抵触。几个应用这种体制的国家并没有变成警察国家。然而，值得注意的是，应用集中体制的民主国家没有对建立在英国普通法传统内的平民自由给予猜忌式的关注。这是因为这一过程获得了民主而不是依赖权威。

集中制警察体制的国家和地区包括法国、意大利、芬兰、以色列、泰国、爱尔兰、丹麦、瑞典和我国台湾地区。正如那些分散制国家一样，集中制国家的协作和控制程度也因国家不同而相差悬殊。

1. 例子：法国警察。法国司法仅有一个法典法系和一个行政体制，它们都可溯及拿破仑·波拿旁时期。另外，法国有得力的平民服务局和很集权的国家政府。不像美国的州政府，法国的地方政府都设计成在体制上保证中央政府的权威的上级政府的政治分支机构。

法国警察可以追溯到独裁者利用选择的部队支配大革命的1793年。不像美国和英国的警察那样是根据民主规则相对和平地转化而来，法国警察诞生在标志民主的进化的法国大革命的混乱和血雨腥风中。直至今日，他们仍是公众的公仆而不是地方政府的随从。

2. 法国体制评论。法国警察体制沿用军队的组织形式。法国警察有两支独立的力量，即国家警察和国家宪兵，而且都有国家范围的权威。他们也有都市警察，但这些力量数目有限、权威不足。

国家警察是内政部的平民部门。这些有1.5万名雇员的警力给每一个超过1万人口的城市提供服务。安排在各城市或都市地域的独立单位称为城市警察。国家警察的附属单位有共和安全公司（CRS）。这是一支在国家范围内使用的、用于提供在紧急或灾害时期所需的额外支援的保卫力量。

国家警察也执行国家法律并给国家宪兵提供支持服务。国家宪兵是隶属国防部的军事警察。这支有9万人的力量分为两部分，省属宪兵和机动宪兵。省属宪兵负责提供小城镇和农村地区的内部安全和警察服务。在较复杂的调查中，要招来国家警察负责。机动宪兵的作用方式与CRS相似，他对整个国土负责并做维持治安工作。

（1）法国体制的弱点。法国体制的最大优点也是其最大弱点。来自拥有两支国家组织的警察力量的协调和控制忽视了都市的利益。这一关注可用1983年以来建立的大量都市警察为证明。他们的建立可能出于少数都市对国家警察的城市警察提供服务水平的不满。

（2）法国体制的优点。法国体制是开明、复杂和民主国家内由国家警察良好服务的典范。在犯罪控制上，美国经常发生混乱，但在法国，这变得有效用且有效率，并能对20世纪的社会复杂性作较好的反应。这一点是极其重要的。

特别值得提及的是，法国体制内对平民控制警察的保护。国家警察存在并没有更多地威胁民主政府。

（三）警察的整合体制

警察整合体制有时被称为中度分权的体制、联合体制或妥协体制。这一体制是国家和地方共同控制警察。这一体制既适合对国家警察滥用职责的担心，又要适应比分散体制更有效的组织、有效率的勤务和服务一致性。有地方对警察的控制，但要合乎统一标准。不像分散体制那样有许多自治性机构，整合体制中的警务有限。实行整合警察体制的国家有日本、澳大利亚、巴西、英国和统一后的德国。

1. 例子：英国警察。自从罗伯特·比尔在英格兰和威尔士建立现代警察以来，英国就是整合警察体制的当仁不让的代表。

2. 英国体制评论。英国体制的特征是全国范围内的标准化。英格兰和威尔士的警察体制有过几次修订。现在的体制由43个分离的警察机构组成，其中有七个都市警察机构，其他36个是农村警察机构。各机构间有广泛的合作，大都市警察在受邀时会给其他机构提供许多支持。

所有警察机构都在英国内政大臣的直接控制下运作，每个机构的首脑由内政大臣任命和罢免，所有警察机构必须遵从内政大臣签署的同一标准和规定。

（1）英国体制的弱点。像那些其他西方国家一样，英国警察也有惨痛的成长过程。尽管比分散体制的协调和控制要好，但英国的混合力量在给日益复杂和拥集的社会提供高质量服务方面有很大压力。

英格兰和威尔士加强打击有组织犯罪资源的一种尝试方法是建立了9个地区打击犯罪队伍。这一队伍由来自每个地区的警察代表组成。各个队由地区协调员指挥。为保证合作而且有利于反腐败，所有9支队伍由国家协调员控制。

（2）英国体制的优点。英国的混合体制是国家控制的集中警察体制和地方主导的分散警察体制的绝妙妥协。尽管它没有集中制组织得那么好，却比分散制组织得好。尽管地方控制和影响没有分散制那么大，却优于集中制。最重要的是，它有助于限制警察作用的权威。

地方政府和国家政府的控制保证了警力可以一致地致力于完成其职责，而不必担忧国家警力的滥用。地方影响防止了国家政府对地方利益的忽视且有利于反腐败，而国家影响防止了地方政府的劣等服务，也有利于防止腐败。

四、 贝力的警察体制两维分析

贝力认为适当地描叙警察体制，必须清楚区分两个分析维度：指挥的集中性和指挥的数目①。使用这两个维度分析任何国家的警察体制会发现其分属下表所列的三种。因为单维指挥的分散型警察体制在逻辑上是不可能的，所以也没有一个国家是这样的。

警察体制类型

	集中型	分散型
单维性	×××	○○○
多维性	×××	×××

（一）集中与分散

法国、意大利、芬兰、以色列、我国台湾地区、爱尔兰和苏联是集中型警察体制的例子。

如果下级单位的勤务指导仅来自一个控制中心，则此国家的警察体制是集中型的；反之，下级单位独立指挥，则是分散制的标志。这种分析易于进行，却给分类注入了非真实性因素。要避免这一问题就需要研究真实的指挥关系。尽管有些作品中提供了一些线索，但它们太稀少了。研究国家警察体制迫切需要比较正式和非正式指挥关系。有的各自治地方警力的制服整齐如一，甚至建立了正式的集中制，但笔者认为实质上并非像形式上一样。

一般而论，根据自治性下级单位的多少可以区分分散的程度。中等分散体制可以包括日本、澳大利亚、德国、英国和巴西；极端分散体制有美国、比利时、荷兰、加拿大等。

尽管可以根据分散程度对国家的警察体制进行分类，但如果不借助其他事实进行分析则会产生误导。经常有人说集中化程度影响警务的诸如效率、社区反应、公众信任、责任感和力量等重要方面。但如果不将单位规模考虑进去，这些评价是没有意义的。警察体制动力学不仅有赖于集中化程度，还有赖于社区规模。

---

① 见 D. H. Bayley “Patterns of Policeing”.

（二）多元与一元

说到警力多元化，因为将警察体制仅说成是集中的和分散的是不充分的，人们发现仅有一种警力的国家，如新加坡、斯里兰卡、波兰和爱尔兰等倾向于小。然而，小不需要产生像荷兰和比利时那样的一维性。

多种警力的国家可以分成两种：多种协调型（这种体制的国家尽管有数种警察，但一种警力可以在任何地域司法）和多种不协调型（这种体制下，不止一种警力对相同地域有权威）。多种协调警察体制的国家有法国、荷兰、芬兰、加拿大等国家；多种不协调体制有意大利、西班牙、比利时、瑞士、苏联和美国。

五、 西方现代警察模式分类的弊病

无论是海洋派大陆派说，还是四种模式说，都具有指导思想与方法论上的较大弊病。①

（一）指导思想上的唯我独尊

比较警察学中有关警察体制划分的先驱多是英、美等国的学者，他们往往忽视欧美以外国家警察体制的存在。20 世纪 70 年代以前，欧美警察研究主要还局限于本土警察学的范畴。英美警察研究人员以唯我独尊的高傲态势俯瞰世界各国，只知有欧美，不知有世界，或把世界其他地区的警察都认为是英美的翻版。在比较模式中采用“殖民地模式”等概念，这一切都体现了在指导思想上的旧殖民主义的影子。

（二）方法论上的机械与孤立

以梅拜的四种模式为例。它过分注意了第二次世界大战后的四种警察之间的差异，而忽视了近 20 年世界各国警察都进行了体制改革，新旧警察体

① 王大伟：《英美警察科学》，中国人民公安大学出版社 1995 年版。

制模式之间的互相渗透。而亨特的三种类型划分，把焦点集中于管理体制，显然参照点过少，过于简单。

总之，西方警察体制分类均有一个致命的不足，即不是从警察本质分析入手，而是就事论事，因此，不能把握全局。为进一步深入进行比较警察研究，必须在原有国际警察模式分类的基础上建立全新的分类，笔者的分类原则如下：①

1. 摒弃大国沙文主义的原则。在指导思想上彻底批判与摒弃原有欧美比较警察研究中的殖民主义余毒，以整个世界的警察体制为比较研究的对象。

2. 涵盖面要宽的原则。博采原有警察体制模式分类中的精华，类型选择应具各种代表性。应选择英国、美国、欧洲大陆、中国、其他发展中国家、其他国家等六种警察模式。

3. 参照系要细的原则。可把警察的根本性质、作用职能、管理体制、警察风格与特色、变化趋势作为参照系。

4. 交叉、渗透的原则。即在承认差异的同时，也看到各种基本警察体制模式中的交叉、渗透与融合。以动态与发展的眼光看待固定的警察模式。

5. 与世界警学研究接轨的原则。模式与参照系的概念在体现中国特色的同时，应尽可能地与国际警学界接轨。

六、 新警察体制模式划分说

王大伟研究了划分世界警察体制模式的原则，又将世界警察体制划分为六种模式，并称之为“六种警察体制模式分类说”②。这里介绍五种：

（一）英国警察模式

英国是现代制服警察的故乡，具有典型性。在以前的分类中被称之为

① 朱启禄、王大伟：《警察体制模式的分类及改革趋势》，载《公安大学学报》。

② 朱启禄、王大伟：《警察体制模式的分类及改革趋势》，载《公安大学学报》。

“盎格鲁－撒克逊”模式。

1. 管理体制。以地方自治为主，中央领导为辅的领导体制，即“三角领导体制”。由中央内政部、地方52个警察队与各郡县警署分级制约。以财政为例，中央内政部承担51%，地方承担49%。

2. 警务风格。为非武装的文职力量，特别强调非军事化，警察大部分不佩枪。

3. 性质。警察权力来自法律，鼓吹警察的中立与非政治化，也承认警察具有阶级属性。

4. 职能。打击犯罪，提供社会福利与服务，特别强调服务职能。

5. 特色。多重领导与文职化是两大特色。

6. 变化趋势。管理体制上从地方自治向中央、地方分权领导发展；警务风格上从严格的文职力量向有节制的、部分佩枪方向发展。

（二）美国模式

美国模式本源于英国模式，但也有一些特色与发展。

1. 管理体制。以地方自治为主，但比英国更加地方化。组织机构分散、杂乱。

2. 警务风格。具有武装性质的文职力量，武装化程度比较高。

3. 特色。组织机构的绝对地方自治与强烈的武装色彩构成美国模式的特色。

4. 变化趋势。基本保持自己的特色，近年虽有部分改革，但尚未形成过渡趋势。此外，在性质与职能等方面与英国模式相近似。

（三）发展中国家模式

发展中国家是一个内涵广泛，外延不十分严格的概念。我们所说的这种模式，主要是指原英属殖民地国家与欧洲大陆国家的殖民国家。原英属殖民地多采用北爱尔兰皇家警察队的风格，而欧洲大陆国家殖民地多采用法国宪兵的风格。

1. 管理体制。以宗主国或本国君主、中央政府的集中领导为主。

2. 警务风格。武装力量或武装性质的文职力量。

3. 性质。警察权力源于宗主国或本国的国家首脑或君主，强调镇压职能。

4. 职能。打击刑事犯罪仅是工作的一部分，更多地承担政治下行政管理职能。

5. 特色。以宗主国警察模式为主，并根据本国的国情加以修改。

6. 变化与融合。第二次世界大战以后，亚、非、拉三个大洲广大殖民地国家纷纷独立。在组建新警察过程中，普遍根据本国的具体情况，修改或推翻原有的警察模式。出现了组织各异，风格千差万别的警察类型。

（四）欧洲大陆模式

该模式包括欧洲除英国以外的大部分国家，以法国为代表。

1. 管理体制。为中央集中领导，以“条条”为主。集中权力，统一领导。

2. 警务风格。典型的军事性质，配备武器装备，实行军事化领导。

3. 性质。承认警察的阶级性，以武装镇压为特色。

4. 职能。除打击犯罪外，承担较多的政治与行政职能。

5. 特色。以中央领导，军事化组织与风格为特色。

6. 变化与融合。在原有宪兵的基础上，逐步发展文职化警察。

（五）中国大陆模式

中国公安机关在长期斗争中，逐步形成与完善了自己的特色，成为世界警察研究中独树一帜的模式。

1. 管理体制。实行党委领导，分级负责，条块结合，以块为主的领导体制。

2. 警务风格。有武装特点的刑事司法与治安行政力量。

3. 性质。人民民主专政工具，强调人民警察的阶级属性。

4. 职能。承担保卫国家安全，维护社会治安秩序，打击犯罪活动，保卫人民民主专政、保卫社会主义制度等多种职能。

5. 特色。以马列主义、毛泽东思想武装起来的人民民主专政的工具。坚持党对公安工作的绝对领导，坚持公安工作中的群众路线，坚持综合治理社会治安的方针。

6. 变化与融合。改革开放以来，我国公安机关在革命化、现代化、正规化、军事化的道路上不断前进。除坚持与发展其自身特色外，还十分注意汲取与借鉴外警的管理体制、警学基本理论并正在逐步深化改革。

（六）阿拉伯国家模式（略）。

七、 警察体制改革的趋势

近年来，世界警察体制呈现如下的发展趋势①：

（一）从历史阶段分析

第二次世界大战后，英美、大陆、殖民地（即发展中国家）等警察体制模式彼此泾渭分明，特色突出，但近年各种模式之间的区别日见淡化。

（二）从管理体制分析

1. 以英美为代表的地方自治警察正在向加强全国统一协调、统一领导的方向发展。以英国为例，为弥补自治型警察体制的若干劣势，英国力图在自治型和中央集中型中寻求折中的道路。从 1829 年伦敦大都市警察创立到今天的近 190 年中，英国警察的改革总体是向中央集中型发展。旨在建立一种“部分自治，部分集中，以自治为主”的组织模式。

1968 年，英国警察大刀阔斧地进行了“警察精减合并运动”，一直延续到 1974 年，在英格兰与威尔士，200 多个地方警察队被缩编为 43 个，这场运动大大削减了地方警察的权力，为建立全国统一的警察做了准备。据有关资料表明，英国警察又在酝酿一次新的精减合并运动。警察队的数目将从 43 个减少到 20 个，以后再逐渐减少到十几个。为此，现在英国地方警察队抱有极大的抵触情绪。一百多年来，英国人虽然在外鼓吹地方自治，事实上已建立起了实际上存在的全国警察。伦敦大都市警察，已部分起到了类似我

① 朱启禄、王大伟：《警察体制模式的分类及改革趋势》，载《公安大学学报》。

国公安部的作用。布拉姆谢尔皇家警察学院是英国全国统一的警察学校。大都市警察局的刑事侦查中心实际上已是全国性的最高刑侦权威机构，等等。总之，尽管道路十分漫长，英国警察正在坚定稳固地走向中央与地方结合型的警察体制。

2. 以法国、德国为代表的中央集中领导体制逐步向分散权力、建立地方警察体制的方向发展。他们在宪兵之外，发展平民化警察，兼顾自治。法国宪兵不是法国警察的基础与中坚，而是一支地地道道的军事部队，为弥补单一军事警察的不足，1968 年法国建立了国家警察，国家警察是职业化的力量，现在国家警察已达 12.5 万人，超过了宪兵的数字。值得注意的是，法国市政警察的复兴。市政警察又叫城市警察，是一种类似地方自治型的警察，于 1983 年 1 月通过法律程序授权成立，现已超过 2 万人，他们必须遵守并执行国家的法律和法规，但其招募选拔和录用则完全由当地的市政当局决定。市政警察不能取代国家警察，仅弥补警力不足。市政警察逮捕罪犯的执法权力由市长和市政府赋予，但没有侦查权。

（三）从警务风格分析

以英国为代表的纯文职化警察向部分佩枪警察方向发展，以法国为代表的纯宪兵武装化警察又向文职化方向发展。

总之，自第二次世界大战以后，西方警察体制正在发生巨大的变化，即所谓“交融现象”与“趋同现象”。体现为两个特性，一是非典型性；二是统一性。非典型性（实际上是减少差异），体现为原有的四种警察模式（即盎格鲁－撒克逊模式、美国模式、大陆模式、殖民地模式）逐步趋同。原来典型的模式现在已见不到了。统一性体现为两个方面，一是各种模式的警察组织结构上大同小异。原来甲模式有的，现在乙模式也有了，或是有了类似的东西；二是各国警察之间的协调、合作逐步增加，有形成跨国、跨地区警察联邦（联盟）的趋势，如欧洲共同体的警察合作就是典型。

上述交融与趋同现象是世界警务改革的大趋势之一。

（四）中国模式在世界警察体制中的独树一帜

早在国家产生的同时，我国就有了警察职能的萌芽。西方有学者认为，世界警察史应改写，世界最早的制服警察是中国辽金时代的“警巡院”，而不是伦敦大都市警察。另据西方警学家研究，从原始社会末期到奴隶社会，只有雅典、罗马、中国等几个文明发祥地才有较严密的社会组织与警察职能的萌芽。古代中国人在世界警察史上担当了一个辉煌的角色。

中国共产党在建党初期就注意创建与发展公安保卫工作，并在中央苏区建立了公安保卫组织。新中国成立以后，人民警察组织逐步形成与发展自己的特色，在世界警坛一枝独秀。当前我国在警察基础理论研究中开展人民警察特色的研究具有重大理论和实践意义。

仅以管理体制为例，我国人民警察实行：“统一领导，分级负责，条块结合，以块为主”的体制。这是处理多种领导关系在制度上的保证。我国公安机关置于党的绝对领导之下，体现人民警察是武装性的专政工具。正确处理好多重领导关系，党政分开，彼此保证，全面强化，不实行垂直领导。上述领导原则，既符合我国国情，符合集权与分权相结合的科学管理原则，又与世界警务改革的大趋势一致。从世界范围看，这是一种比较完善的模式，在新形势下一定坚持。

总之，趋同与融合是世界警察体制改革的大趋势。无论是英国警察模式，美国警察模式还是欧洲警察模式，几十年来的改革之路，都是融合与结合，彼此学习，彼此渗透。从某种意义上说，中国警察体制模式较完善地解决了领导体制的多重领导关系，超前于欧美的体制改革。在世界警察体制改革之中领导潮流，独树一帜。

第四节

主要国家警察模式

一、 美国警察体制

“块块领导太分散，联邦城市与州县。行业特警加保安，正规警察80万。”

美国是典型的地方自治型警察管理体制。

美国有50个州，3000多个县，其中50多万名警察分属近两万个相互独立的警察机关，这些警察机关无论大小，都是相互独立的，在辖区内享有独立执法权。美国的警察机关分别隶属于联邦、州、县、市镇四级政府。

（一）联邦警察

美国联邦负有警察职能的机关多称为执法机关。主要的执法机关分别隶属于司法、财政、内政和国防四个部。其中，司法部下属的有6个，即联邦调查局（FBI）、毒品管理局、移民局、监狱管理局、联邦法院管理局和联邦法警局；财政部下属的有5个，即烟酒火器管理局、国内税收署、联邦保密署、联邦海关署和总督察署；内政部下属的有5个，即印第安人事务局执法处、国家公园管理局森林警务处、鱼类和野生动物管理局、国家公园警察局和总督察署；国防部下属的有8个，即总督察署、国防调查署、陆军部犯罪调查局、陆军部情报及保安局、陆军部军事警察总队、海军部调查局、空军部保安警察处和特别调查处。此外还有联邦邮政总局的邮政稽查署等。

（二）州警察

美国各州法律制度的传统和现状并不相同，因此，其警察机关的体制也不一样。从名称上来看，有的叫州警察局，有的叫州公路巡警队，有的叫州执法局，有的叫州公安局。这种名称上的不统一也在一定程度上反映了美国分散型警察体制的特点。

美国的州警察机关主要有三种模式。第一种是巡警模式，或称巡警型警察机关。这种州警察机关的主要职责是实施州交通法规、调查和预防交通事故、纠正和处罚交通违章行为、保障公路安全。加利福尼亚州的公路巡警队就是这种模式的代表。第二种是执法模式，或称执法型警察机关。这种州警察机关负有完全的执法职责，包括犯罪侦查、维护治安、实施法令、公路巡逻等。伊利诺伊州警察局是这种模式的代表。第三种是两元模式，或称巡警—执法模式。这种州警察机关分为两个独立的实体，一个负责公路巡逻，一个负责一般执法工作。例如，佛罗里达州的公路巡警队负责州公路的巡逻和发生在州公路上的轻微刑事案件的侦查，而佛罗里达州执法局则负责一般性执法工作，包括发生在州公路上的严重刑事案件的侦查。

除上述三种类型的州警察机关外，美国各州还有一些较小的州警察机关和负责某个领域的专门执法机关。前者如州立公园警察局和州立大学警察局，后者如州毒品管理局。从理论上说，州执法机关有权在全州范围内执行警务。但是在实践中，州警察机关一般都避免介入市镇警察局的管辖范围，而把执法力量集中于没有建立自治警察局的地区和州属公路上。当然，由于州警察机关往往具有经验丰富的侦查人员和先进的仪器设备，所以，它们经常向州内较小的警察机关提供疑难案件侦查、法庭科学鉴定、信息情报检索和各种专业培训等方面的服务。

（三）县警察

美国大约有3000个县级执法机关。这些执法机关主要有两种模式：一种是县司法局模式；一种是县警察局模式。前者是美国传统的县级执法机关模式，县司法行政官是县的执法长官，负责本县的警务，目前美国的绝大多数县都采用这种模式。后者是一种较新的县级执法机关模式，县警察局局长是县的执法长官，负责本县的警务。目前美国仅在一些县市合一的地方采用这种模式，如佛罗里达州的杰克逊韦尔县。这种县警察局的体制与一般市镇警察局的体制相同。

（四）市镇警察

市镇警察是美国警察的最主要力量，其人数约占美国警察总数的3/4。美国的城市一般都建有自己独立的警察机关，或称“自治警察机关”。不过，这些市镇警察机关的规模相差甚远。

近年来，一些美国学者呼吁加强执法机关之间的合作和提高执法活动的统一性，甚至建议合并警察机关。他们指出，“零散型”警察体制不利于犯罪侦查工作。一方面，那些小的“微型”警察机关根本无力开展有效的侦查破案工作；另一方面，这种警力“割据”状态也是犯罪侦查工作的障碍。特别是在对付跨地区犯罪的问题上，侦查工作缺乏统一指挥，有时甚至还存在警察机关之间的“消极竞争”。他们提出用“都市警察”“城镇警察”和“乡村警察”这三个有机联系的系统来代替现行地方警察体制的设想。然而，这种合并警察机关的建议受到许多美国人的反对，特别是地方政府和地方警察局的反对。他们认为，合并警察机关的做法违反了美国传统的“自治警察”和“当地居民有权选择警务方式”的原则；不利于根据各地的特点开展警务工作，而且会损害地方政府和当地居民的利益。总之，分散制是美国社会的传统，是美国现行法律制度的基本特征，因此，要改变它是十分困难的。

二、 英国警察体制

“苏格兰场天下先，三角体制不一般。五十一比四十九，军阀自治四十三。”

英国是集权分权结合型的警察管理体制。

英国没有一支国家警察力量。它的警察力量，大体由多种地方性警察力量组成。英国由英格兰、威尔士、苏格兰和北爱尔兰四大地区组成。由于历史等方面的原因，中央政府与这四大地区地方政府以及地方警察机关的具体关系有所不同。其中，英格兰和威尔士是英国的主要地区，即英国本土（英国约80%的人口以及52个警察厅局中的43个都在这两个地区），其警察管理体制是建立在内政大臣、地方警政当局和警察局局长这三者相互作用的基础上的，是由中央政府和地方政府共同对地方警察进行管理的集权分权相结合的体制，即所谓“三位一体”结构。这种体制在很大程度上代表了英国的警察管理体制。

（一）中央政府与地方警察机关

英国政府和地区警察之间的关系，主要体现在内政部同英格兰和威尔士警察机构的关系上。

内政部是主管英格兰和威尔士地区法律和公共秩序的中央部门，其内部警务功能居于特别重要的地位，设警政司和警务督察署专门负责警察事务。

内政大臣是内政部的首脑。内政大臣的职责除负责刑事司法行政、引渡事务、移民和外侨管理、监狱管理、缓刑审批、释放安置和消防等外，主要负责管理英格兰和威尔士地区的警察。内政大臣对警察的管理依程度不同分为两种情况：首先，内政大臣直接管理着英国首都警察组织——大伦敦警察厅，并向议会汇报对它的管理情况。其次，内政大臣与地方政府共同管理着英格兰和威尔士的其余 42 个警察局。

根据 1964 年英国警察法的规定，在对英格兰和威尔士地方警察进行管理方面，内政大臣总的职权是：“以他认为最有利于提高警务效率的方式，并在他认为最合适的范围内，依照本法的规定行使权力。”其具体权力包括以下四大方面：

第一，人事管理方面的权力。内政大臣享有对地方政府中警政当局上报的所辖地区警察局局长、副局长、局长助理的任免意见的最后批准权，以及要求地方警政当局免除普通警察及警察局局长职务的指令权，享有对地方警政当局上报的所辖警察局人员编制的审批权，享有对群众投诉的警察违纪案件的最后调查和处理权。

第二，经费管理方面的权力。在地方议会及警政当局提出的所辖警察局经费预算中，有 51% 由内政大臣从国家税收中划拨给各地方警察局。内政大臣有权以工作效率不高为由，部分或全额扣留这种来自国家税费收入的拨款。

第三，行政管理方面的权力。内政大臣有权制定有关地方警察机关行政管理、工资福利待遇等方面的行政法令和规章，有权以提高警务效率为由命令不同地区的警察局实行合并。

第四，业务管理方面的权力。内政大臣有权指令任何一位警察局局长就有关该地区的任何警察工作问题提交工作报告，有权指派人员对任何地区的警察工作进行查询，有权指令各警察局就某些刑事案件的侦查工作进行合作或指令一个警察局从人力、物力上支援另一个警察局。对具体的执法活动，内政大臣不直接进行干预。

虽然内政大臣拥有前述广泛的、能影响所有警察机构的权力，但和其他许多国家不同的是：他无权指挥警务行动，也不对警察的行为负责。

（二）地方政府与地方警察机关

在英格兰和威尔士，地方政府分为三级，即郡（又分为都市郡和非都市郡）、郡属区（又分为都市区和非都市区）、教区。这三级政府依法将地方政府所承担的前述三大类事务进行了划分。维护地方治安以及管理地方警察的职能被划归郡政府的职权范围。通过选举产生的郡议会，是立法与行政合一的政府机关。其下设各种委员会（相当于一般政府中的各部门），负责承担郡政府各方面的职能。地方政府参与警政是通过警政当局实现的。

警政当局，不是由警官组成，而是由议员、业余法官即非警官组成的、没有警政执行权但却是警察机关的权力机关，通过合议形式掌管特定警察事项的机构。这样一种机构的设置，就把警察行政权置于合议性非警察人员组成的民主性权力机构的控制监督下。根据 1964 年英国警察法的规定，除大伦敦地区外，各郡议会下设一个称作警政当局的委员会，作为管理各郡警察的部门（大伦敦警察厅不受所在地方政府的管理，它的“警政当局”就是内政大臣）。警政当局的人员中，2/3 是郡议会议员，1/3 是郡内的治安法官。警政当局总的职责是：“确保本地区有一支合格与高效的警察力量。”警政当局的具体职权包括：

第一，人事管理方面的权力。警政当局有权提出所辖警察局局长、副局长、局长助理的任免意见，并经内政大臣批准后，正式发出任免通知；有权经内政大臣批准后确定所辖警察局的人员编制；有权了解所辖警察局对公众投诉警官案件的处理过程与结果。

第二，经费管理方面的权力。警政当局有权提出所辖警察局的经费预算并报内政大臣批准；从地方收入中提取所辖警察局经费预算总额 49% 的经费，并用之购置警察的办公楼、装备和设备。

第三，行政管理方面的权力。警政当局有权以提高警务效率为由提出所辖警察局与其他警察局的合并意见，但须报内政大臣批准。

第四，业务管理方面的权力。警政当局有权指令所辖警察局局长就有关该地区的任何警察工作问题提交工作报告，但不得干预具体的执法活动。

（三）警察机关之间的关系

由于内政大臣及内政部只负责管理地方警察机关，不享有执法权，因此，英国真正的警察机关就是各地方警察厅局。又由于在地方政府中只有郡政府享有维护治安、管理警察的职能，因此，各郡警察局下设的分局、派出所都属于郡警察局的派出机构，受郡警察局的全权指挥与管理，与郡属区、教区或社区政府无行政隶属关系。根据 1964 年英国警察法的规定，各警察厅局日常的行政管理与警务活动，只受警察厅局长的控制和指挥。

值得一提的是，英国首都伦敦警察有大伦敦警察厅和伦敦城警察厅之分。伦敦城警察厅，只管辖伦敦市区王室周围和金融街一带 2.6 平方公里的一块小小的区域。它与大伦敦警察厅互不隶属，其上有一个作为伦敦城议会专门委员会的警政当局。大伦敦警察厅则管辖除伦敦城警察厅辖区以外的所有伦敦市区和受其管辖的 32 个市及其他地区，内政大臣是其唯一的警政当局。而伦敦区政府不享有对大伦敦警察地区的管辖权。

三、 法国警察体制

“大陆代表条条线，警察宪兵两分权。内政国防统文武，六区宪兵分营团。”

法国警察体制是典型的中央集权制。全国实行统一的警察法律，中央政府严格、统一掌握全国警察机关。内政与公共安全部是法国警察的最高警政当局。法国警察实行“双轨制”，即法国警察主要由国家警察和国家宪兵两大并列警察系统组成，它们共同担负治安任务，享有同样的权力。二者的区别在于：国家警察负责人口 1 万以上的城市中的治安工作，而国家宪兵则负责人口 1 万以下的城镇和所有农村地区的治安工作。

（一）国家警察

法国国家警察总局是内政与公共安全部直辖的部门之一，是国家警察的中央指挥机关，指挥着法国全国的国家警察（巴黎警察局除外）。国家警察的主要职责是发现和查明犯罪、查找犯罪嫌疑人、收集证据、在检察官或预审法官的指导下进行刑事侦查。

国家警察受内政与公共安全部部长的直接和全面的管理、指挥。内政与公共安全部部长有权直接指挥国家警察的所有执法行动。人事方面，有权直接对国家警察的录用、晋升、任免和调动等工作进行管理（警察分局局长以上职务都由内政与公共安全部国家警察总局直接任免）。经费上，掌握着中央财政划拨给国家警察的所有经费（地方财政不负担国家警察经费）。

巴黎警察局不受国家警察总局局长领导，而由内务部部长直接领导。

（二）国家宪兵

法国国家宪兵是法国的第一军兵种，受国防部部长的管理、指挥，必要时，内政与公共安全部部长也可以调动国家宪兵力量。国家宪兵集行政、军事和司法三种任务于一身，其任务范围超过法国国家警察。它负责未设国家警察地区的地方维护治安、预防犯罪的任务。他们是乡村手持武器的警察。这些地区主要是法国的广大农村和偏僻地区，即人口一万以下的村镇。其领土面积超过法国整个领土的一半。在这些地区，他们还掌管着同社会治安密切相关的其他事项。例如，反酗酒、防止人体流行病和动物流行病、管理武器、自然保护、管理捕鱼、打猎、道路交通安全和外国人管理等。

（三）地方市政警察

法国的市政警察不属于法国国家警察系列，所以说法国国家警察都加上“国家”二字，就是为了同地方市政警察区别开来。地方市政警察是地方市政当局从20世纪80年代纷纷建立起来的，由市长直接领导。其经费完全来自于地方当局的财政预算，没有统一的装备和服装，更没有统一制度，是法国各市的市政当局和市长为了维护地方治安需要而自己组织起来的。不同地方市政警察的工作和活动内容很不一致。一般说来，他们都是在执行市长发布的行政决定，主要维护本地的交通秩序和管理卫生。

法国法律规定，市政当局（包括市长）无权调动、指挥国家警察和国家宪兵。

（四）各层级警察机关之间的关系

国家警察和国家宪兵都自成系统，它们设在地方的机构分别属于其中央机关即总局的派出或分支机构，而不是地方政府的组成部分。两大警察系统内部实行垂直领导体制。国家警察总局和国家宪兵总局分别受内政与公共安全部部长、国防部部长的委托及指令，将作出的决定、采取的措施直接下达到各自的各级系统及国家各地，做到令行禁止。在国家警察和国家宪兵系统内部，甚至各对口业务部门，如国家警察的司法警察、本土治安、共和国保安队、国土监视等部门，国家宪兵的驻省宪兵和机动宪兵等部门也都自成体系，实行垂直领导。

四、 德国警察管理体制

德国是集权分权结合型的警察管理体制。

联邦德国警察体制历史上属于中央集中体制。在第二次世界大战后，受美、英影响，加之分区占领，实行联邦体制，而成为中央和地方分治的体制形式。

联邦德国的基本法规定，联邦德国分为联邦警察和州警察，分别由联邦内政部和各州内政部门管理。他们各有自己的法定管辖权限和分工，双方之间不存在领导和被领导的关系。如遇到工作上的矛盾与冲突，则由全国内政部部长联席会议协商解决。

此外，联邦德国还有不属于联邦和州内政部系统管辖的法警、看守警和进行某些警察任务的海关官员。军队中维护交通和秩序的宪兵，以及铁路、邮局、税务等缉私和缉税官员。

（一）联邦内政部与联邦警察

联邦内政部是联邦德国政府各部门中人数最多，机构最大，管辖范围最广，历史最悠久的一个部。联邦内政部是领导联邦警察的机关，但并非专一的领导联邦警察机关，它有着比警察事务更为广泛的权职。内政部下设 11 个厅、司局单位，还有 35 个部直属单位，其中包括联邦刑事警察局和联邦边防警察机构等。首先，就警察任务而言，联邦刑事警察局是联邦德国的刑事侦查中心，是联邦德国内政部下属一个机构，对联邦内政部部长负责。拥有独立行使刑事追诉之警察任务，特别是侦办以武器、弹药、爆炸物或麻醉药所谓国际性有组织非法犯罪及国际性有组织的制造使用伪币案件，以及与此有关的犯罪行为。其次，处理各邦有关主管机关请求或联邦内务部部长指令及联邦法院首席检察官请求或委托的案件。当联邦刑事局处理上述有关犯罪任务时，应即通知刑事司法或州警察上级主管单位。联邦刑事警察局对各州刑事警察局没有指令权，只有经专门法律规定，联邦警察才依法拥有该专项法律规定范围内的权力。

在联邦德国，刑事法律在全国是统一的，法典在全国范围内规定的什么是违法行为，在全国生效。在德国，州的立法不能制定包括任何重要意义的刑事法规。因此，德国的联邦刑警不受各州法律的影响，只受联邦法律条款的控制。然而，联邦刑警虽然依据的是联邦法律，但在德国联邦法律中规定联邦刑警可以采取行动的案件，仍然是有限度的，即主要是国际犯罪或严惩犯罪。也就是说，它可以进行侦查的案件，但只限于法律规定的这两种特殊犯罪形式。

联邦边防警察也担负着重要的警察职责。

（二）各州内政部与警察

联邦德国共有 16 个州、1 个市（柏林）和若干个地区。各州设有州内政部，柏林市设警察厅。各州均设有警察机关，这些警察机关在州内执行警察任务，对州政府负责，而不隶属于联邦警察。各州内政部设警察厅、局，处、科；分局、派出所、警察站；通讯信息指挥中心等部门。各级警察组织行政上由当地政府部门领导，财政上由当地政府负担；但在业务上，上一级警察机关有权指挥下一级警察机关。德国警察，有执行权的，即面对广大公众，进行警察行政管理，包括刑事侦查在内的大部分警察的责任，是州警察的权力。各州警察中，以行政警察、刑事警察和保安警察为骨干。

德国联邦与各州权限是这样划分的：国家权力行使与国家职责履行，除基本法另有规定或准许者外，都是各州的权力。也就是说，德国行使国家权力和履行国家职责的基本责任在各州，联邦的责任则需法律专有规定。这主要如外交权、国家主权以及联邦立法权一类。警察权也基本属于各州。因此，只有专有法律规定的，联邦才依法拥有该专项法律规定范围内的权力。

（三）各警察机关间的关系

德国虽然在 1953 年联邦刑事警察局成立以后，也形成了联邦和州警察分别享有警察权限的格局，但是，仍然保持了警察权限主要由州，即地方行使的原则，而且联邦警察同地方警察互不隶属。州警察各自为政，但在各州内业务上，上一级警察机关有权指挥下一级警察机关。所以，联邦德国警察体制仍然处于地方分散自治偏重于中央与地方相结合的警察体制。

五、 日本警察体制

日本警察是中央与地方相结合以中央为主的警察体制。

日本现行警察体制总的轮廓是：设国家警察（中央国家警察机关和国家地方警察）和地方警察（都、道、府、县警察）。在中央和地方分别设有公安委员会监督指导中央与地方警察行为。

（一）中央政府与警察机关

日本警察法规定，日本警察组织分为国家警察机关和都道府县警察机关；设国家公安委员会及警察厅作为国家警察机关，设都道府县公安委员会及都道府县警察作为都道府县警察机关。

1. 内阁总理大臣与国家公安委员会的关系。内阁是日本的最高行政机关，国家公安委员会是总理府直属的3个委员会之一。其关系为：首先，国家公安委员会在内阁总理大臣的所辖下。所辖权不是命令指挥权，而是次于命令指挥的监督权（这是日本最弱的一种行政隶属关系）。其次，国家公安委员会的委员由内阁总理大臣征得参众两院同意后任免。

2. 内阁总理大臣与警察厅及东京警视厅的关系。为了保持警察的中立，处于国家公安委员会管理下的警察厅不列入总理府的直属厅，不在内阁总理大臣的所辖下。国家公安委员会在任免警察厅长官前须征得内阁总理大臣的同意。此外，当国家发生了大规模灾害、骚乱或其他紧急事态，内阁总理大臣根据国家公安委员会的建议向全国或部分地区发出紧急事态公告后，可以直接指挥、监督警察厅长官（除此种情况以外，内阁总理大臣不能直接向警察厅长官下达行动指令）。

日本首都警察组织称作东京警视厅，其首脑称作警视总监。警视总监由国家公安委员会任免，但须事先征得内阁总理大臣的同意。

（二）地方政府与警察机关

日本警察法第38条规定，在都道府县知事所辖下，设都道府县公安委员会。都道府县公安委员会除具有保障警察民主、中立以及防止警察专横独断与官僚化的作用外，还具有代表地方居民保障都道府县警察自治的意义。这里所辖的关系，与内阁总理大臣与国家公安委员会之间的所辖关系类似，属最弱的一种行政隶属关系，即二者是监督而非指挥命令关系。因此，都道府县公安委员会既是地方行政机构，又具有很强的独立性。

（三）各层级警察机关的关系

1. 国家公安委员会与警察厅的关系。首先，国家公安委员会负责管理警察厅。这种管理，就是根据警察的任务制定警察工作的大政方针，并监督警察执行，而对于警察厅日常的具体行政管理与警务活动，则不得干涉。其次，征得内阁总理大臣的同意后，任免警察厅长官。

2. 国家公安委员会与都道府县警察的关系。首先，都道府县警察机关中警视正（警察署署长级的警衔）以上衔级的警察官，都属于一般职国家公务员，由国家公安委员会掌握任免权，但事先应征得都道府县公安委员会的同意（其中警视总监还须征得内阁总理大臣的同意）。其次，国家公安委员会就各级警察机关的人员编制、警种或部门设置、管辖区域等提出意见和建议。此外，为指导、规范全国警察的业务活动，国家公安委员会既可依法制定具有法规性质的规则，也可发布不具法规性质的行政命令。

3. 警察厅与都道府县警察的关系。警察厅在其所管辖的事务范围内指挥、监督都道府县警察。这种指挥监督体现在：

第一，研究、制定有关全国警察行政管理、警务的制度以及规划、计划和对策。

第二，当国家发生了大规模灾害、骚乱或其他紧急事态，内阁总理大臣根据国家公安委员会的建议向全国或部分地区发出紧急事态公告后，警察厅有权直接指挥监督都道府县警察（除此种情况以外，警察厅不能直接向都道府县警察下达行动指令）。

第三，从国家警察经费中支付都道府县警察所需的特定经费。原则上，警察厅的经费由国家预算支付，都道府县警察的经费由都道府县地方预算支付，但日本警察法第 37 条又规定，都道府县警察特定事务所需的经费，由国家预算支付，包括：警视正以上各级警察官的工资和津贴，都道府县警校的行政管理及教育训练经费，警察通信设施及警用电话号码专线的费用，车、船、直升机等警用装备的购置、保养和维修费用，刑事鉴定方面的开支，要人警卫的开支，涉及国家安全及其他特殊犯罪的侦查所需的经费等。

此外，虽然日本警察未明文规定，但由于国家公安委员会只有 1 名委员长和 5 名委员且来自警界以外，除警察厅外无其他下属机构，它在行使警视正以上级别警察官的任免权力时显然须得到警察厅的协助。

警察厅在地方设 8 个管区警察局作为其派出机关。管区警察局可以代行警察厅的部分职能，对管区内除东京都以外的道府县警察实施指挥监督。

4. 都道府县公安委员会与都道府县警察的关系。都道府县公安委员会负责管理都道府县警察。这里的“管理”，与国家公安委员会对警察厅的“管理”含义相同。

5. 东京都警视厅、道府县警察本部及其派出机构。日本警察法第 47 条、第 48 条规定，设警视厅为东京都警察总部，其首脑称作警视总监；设警察本部为道府县警察总部，其首脑称作警察本部部长。东京都警视厅、北海道警察本部之下，设方面警察本部；方面警察本部之下设警察署；警察署之下，城市设交番（亦称作派出所、警察岗亭），农村、渔村设驻在所。府县警察本部之下，若该府县下辖日本十大城市之一，则在该城市中设市警察部，其下再设警察署、交番和驻在所；若该府县不含十大城市，则直接设警察署、交番和驻在所。方面警察本部、市警察部、警察署、交番和驻在所，分别是各自上级机关的派出机关，除上述由国家公安委员会、警察厅、都道府县公安委员会指挥、监督和管理的事项外，其余全部由各自的上级机关指挥、监督和管理，与都道府县之下的地方政府无关。

六、 俄罗斯警察体制

俄罗斯警察是中央集权制警察体制。俄罗斯全境的警察机关统归俄罗斯国家内务部直接领导，警察机关的重要职务都由俄罗斯内务部任免。刑事民警各业务部门的领导的任免程序由内务部部长规定，治安民警的领导的任免由相应的各人民代表大会执行委员会或各共和国部长会议议决。地方警察部门与当地政府的关系是彼此互相尊重，在维护地方治安、打击刑事犯罪等方面，接受当地政府的领导。

俄罗斯联邦警察分为刑事警察和治安警察两大类。警察机关在其活动中隶属于俄罗斯联邦内务部，而治安警察机关同时不隶属于俄罗斯联邦各主体（共和国、州、自治州、边疆区、直辖市等）相应的权利执行机关。俄罗斯联邦内务部部长对俄罗斯联邦的所有警察机关实施领导。

俄罗斯联邦各主体内务厅厅长（或内务总局局长）对各主体的警察机

关实施领导，其任免由俄联邦内务部部长与俄联邦各主体国家权力机关（人民代表苏维埃）商定。

1. 刑事警察机关。俄罗斯联邦刑事警察机关的基本任务是查明、侦破、制止和预防刑事犯罪。依照俄罗斯联邦法律的规定，刑事警察对传讯、侦查、审判者，逃避服刑者，下落不明者和其他犯罪人员实施搜捕。刑事警察的组成包括刑事侦查、刑事科学技术以及其他完成刑事任务的警察机关，同时也包括协助治安警察等所必须的其他业务单位。刑事警察机关应协助治安警察机关履行其所担负的职责。刑事警察机关的组成和人员编制，其下设机构的建立、改组和撤销的程序由俄罗斯联邦政府规定。刑事警察机关的经费由俄罗斯联邦预算资金负担。

俄罗斯联邦各主体刑事警察机关的首长由俄罗斯联邦内务部部长任免，并且其在职务上是俄罗斯联邦各主体相应内务厅副厅长或内务总局副局长；区、市和其他市辖行政区刑事警察机关的首长由俄罗斯联邦各主体内务厅厅长、内务局局长任免，并且其在职务上是相应内务机关的副职；铁路、水上和航空运输、非开放行政区、重点保卫目标的刑事警察机关以及其他刑事警察机关的首长，依照俄罗斯联邦内务部部长规定的程序进行任免。

2. 俄罗斯警察是治安警察机关。俄罗斯联邦治安警察机关的基本任务是保障公民人身及财产安全，保证公共安全，维护社会秩序，查明、制止和预防犯罪及行政违法行为，查处治安案件以及在其职权范围内追捕、搜寻有关人员，并查明其所在地。治安警察机关应协助刑事警察机关履行其所担负的职责。治安警察的组成包括值勤警察、巡逻警察和岗警、国家汽车监察警察、单位住警、区段警察、临时拘留所及其担负地方治安任务的警察。治安警察机关的组成较为复杂，由俄罗斯联邦预算资金拨款的治安警察机关的组成，其下设机构的建立、改组和撤销的程序及其人员编制，由俄罗斯联邦政府规定；临时关押嫌疑人和被告人的隔离所的建立、改组和撤销，依照俄罗斯联邦内务部部长规定的程序办理；由俄罗斯联邦各主体（共和国、州、自治州、边疆区、直辖市等）预算资金和地方预算资金拨款的治安警察机关的人员编制由相应的俄罗斯各主体权力执行机关（共和国、州、自治州、边疆区、直辖市等的人民代表苏维埃）和地方自治机关（区、市等的人民代表苏维埃）规定。其人员编制不低于俄罗斯内务部部长批准的标准；由俄罗斯联邦各主体预算资金和地方预算资金拨款的治安警察机关下设机构的建立、改组和撤销，依照俄罗斯联邦各主体权力执行机关同俄罗斯联邦内务部商定的程序办理；因国家权力机关和各主体权力机关通过的决议而造成拨给治安警察经费的地方自治机关财政开支增加的，由上述通过决议的机关予以补偿。补偿的数额在通过决议的同时一并规定；隶属内务机关的跨部门保卫警察机关，其下设机构的建立、改组和撤销的程序由俄罗斯联邦内务部部长规定，其人员编制标准依同样的程序批准；隶属内务机关的跨部门保卫警察机关所保卫的具体目标由俄罗斯联邦政府规定；订有合约的单位驻警的设立、改组或撤销按俄罗斯联邦内务部部长规定的程序办理；俄罗斯联邦各主体国家权力机关和地方自治权力机关有权用自己的预算经费来增加治安警察机关各部门的人员编制。

根据俄罗斯联邦各主体权利执行机关的决定，俄罗斯联邦各主体的治安警察制服可以增加独特的胸章和袖章标志。

俄罗斯联邦各主体治安警察机关的首长由俄罗斯联邦各主体权力执行机关根据俄罗斯各主体相应内务厅厅长或内务总局局长的呈报进行任免，并且在职务上与之相应的是内务厅副厅长或内务局副局长；市和其他市辖行政区治安警察机关的首长由俄罗斯联邦各主体内务厅厅长、内务总局局长与相应的地方自治机关商定进行任免，并且其在职务上是区、市和其他市辖行政区内务机关的副职；铁路、水上和交通运输、非开放行政区、重点保卫目标的治安警察机关的首长，以及治安警察机关其他部门的首长，依照俄罗斯联邦内务部部长规定的程序进行任免。

本章理论盘点与评述

一、“只用不兴论”——比较警察研究的起源

警察科学的发展，实际上就是各个国家，不同地区，逐步学习，逐步借鉴，批判吸收的一个过程。在这一批判借鉴、学习引进的过程中，有几个值得注意的发展趋势：

首先，警察制度与思想的扩散，是从高度文明的国家向周边辐射的。比如，中国古代的警察制度辐射到日本，形成日本的捕亡方。

其次，警察制度从宗主国向附属国辐射。比如，英国的警察制度，为我国香港所吸收，形成了香港“殖民地模式的警察制度”。

最后，由于宗主国的更替和文化源头的转移，所以很多小国的警察制度的诞生、发展具有很多国别警察制度的色彩，形成跨国的综合体，或叫作“三明治式的警察制度”。比如，埃及的警察制度，它一方面受到法国的巨大影响，后来又受到了英国的巨大影响，就形成了法国和英国警察制度影响的综合体。

从警察兴起的源头来说，从世界范围来看，可能有两大源头，一个是以英法为核心的第一源头，即英法模式。1829 年罗伯特·比尔建立伦敦大都市警察以后。英国式的警察，逐步向海外扩张。当时英国约有 40 多个殖民地，法国约有 30 多个殖民地，而这些殖民国家都在或多或少地借鉴学习英国的警察模式和法国的警察模式。

而另一个源头就是中华模式，中国古代早在辽金时代，就建立了上京警巡院。中国警察作为世界另一个警察的发祥地与源头，也是得到西方许多警察学者承认的。可以说，中华文明的周边国家，像日本、越南、朝鲜、韩国、琉球等国家都或多或少地借鉴学习了中国古代的警察模式。

因此，我们说警察制度的辐射延伸和不断的创立，就是比较警察研究的

结果。任何国家的警察制度，警务思想的改革都不可能闭门造车，都不可能是与世隔绝。这是我们必须承认的理论起点。

但是，值得注意的问题是：世界公认的比较警察学研究学科，为什么还没有诞生呢？这是一个错综复杂的问题。

首先，警察制度的研究和比较往往是一种方法论，而不是一门学科或研究领域。人们在广泛地应用它时，很少有人想到去建立这门学科。

其次，人们是在不自觉的过程中进行比较研究。最早的比较研究往往是学以致用，立竿见影。比如说，清朝中国警察制度的借鉴，就是完全模仿日本，因为时间的紧促，所以我们就是急用先学，拿来主义，能用就好，忽视了基本理论研究。早期的比较理论研究，往往是注重拿来主义，轻视基本理论的分析研究。

最后，学科的建设有一个漫长的复杂的过程，而往往有一个最大的制约因素，就是这个学科是要招收学生（社会需要）。如果没有招生，或者招了生以后学生分配不出去，这个学科往往在世界范围内就很难立住脚。西方为什么没有警察学学科？就是因为警察学是一个很窄的学科，学生学了也没有多大的用，找不到就业的机会。警察学尚且如此，比较警察学就更是举步维艰了。

二、“中国视角论” ——创立比较警察学，打破欧美警察研究为我独尊的局面

比较警察学在没有诞生以前，叫作比较警察研究，它是以欧美诸国为主要的研究主题。而欧美诸国的警察研究，特别是比较研究有意无意的是以欧美为主题，形象地说：就是“只知欧美，不知世界”。例如，在他们的警察分类中，只有所谓的大陆派和海洋派（或者叫盎格鲁－撒克逊派），把研究的视角只局限在欧洲一小部分国别。因此，中国的比较警察研究必须要打破这个樊篱，纠正世界范围内比较警察研究的欧美独尊的心态。应当以一个更加宽容、更加广阔的视角来研究比较警察学。比如，在本章中，笔者提出的“六种警察模式分类学说”，没有站在西方的角度，而是站在世界的角度来

研究比较警察问题。在过去的警察研究著述中，笔者曾经说：欧美警察研究和中国警察研究是世界警察研究的两大主体，可以说是“日月争辉”。中国的警察研究就要避免英美警察的那种狭隘的视角和唯我独尊的心态。采用客观全面、准确联系的心态，把比较警察研究问题放到一个公平的台面上来研究分析。既不要搞什么欧美中心论，也不要搞什么中国中心论，而要搞世界大一统的中心论。你有长处，我就承认，我就学习；我有短处，我也承认，相互学习，取长补短。这样就形成了比较借鉴、共同发展的学术心态与学术格局。

比较警察研究还有一个核心的问题，就是由于学科建设的限制，西方是不可能搭建一个系统的比较警察研究的框架的。在此之前，西方是出过几本比较警察理论的书籍的，但是他们并没有急于去搭建一个比较警察的理论框架，理论性不够，逻辑性不够，是这一类著述的特点。

中国警察已把公安学列为法学一级学科，我们有世界上最强大的公安学研究人才库，发表了无数的学术论文与专著。毫无疑问，世界比较警察研究的中心应该建立在中国。换句话说，中国人应该勇敢地承担起创立比交警察的理论框架，撰写第一批比较警察学学术专著。这样一个历史的责任和重担，无论是在主观条件、客观条件还是历史机遇方面都是非中国人莫属的。中国的比较警察研究，具备了天时、地利、人和等条件，而且中国警察学的研究学者们有能力承担起这一历史的重任。“天生我才必有用，千金散尽还复来。”中国的警察学研究学者，应该义无反顾地坚决地承担起这一历史重任，为这一历史重任，做认真细致的准备工作。敢于迎接挑战，敢打亦能必胜。

三、“时代推移论”——比较警察学的三阶段论

所谓比较警察学的三阶段论，是将比较警察学的三个历史阶段加以分析，是一个发展的联系的动态过程。

第一阶段，中国警察在学习外国警察的时候，初级阶段就是翻译西方书籍，甚至说，是从单一国别开始研究的。比如说，20 世纪 70 年代，我们翻

译的《美国警察》《日本警察》等著作，就是单一国别的警察研究。这一阶段主要是了解情况。中国警察带着一种敬畏的心态来学习外国警察。这个阶段，我们可能学习的局限性比较大，理论思考比较少，全盘拿来，急用先学，立竿见影。

第二阶段，就是在国别研究，特别是警察制度为中心的研究，逐步向理论研究的方向发展。以笔者 1995 年出版的《欧美警察科学》一书为代表，《欧美警察科学》搭建了我国西方警察学理论的框架，总结了西方警察学 200 多个专有的概念和几十个西方警察学的理论，从初步的翻译引进，向第二阶段的理性思考和理论研究方向发展。这一历史阶段的特点就是大而全，试图建立理论框架，试图建立一种包罗万象的西方警察科学，多多益善。而这种警察科学的研究主要是在忙于搭建理论框架，做整体的理论布局的研究，而对一些具体理论分支，对一些单项领域，研究略显不足。

第三阶段，就是要创立比较警察学。创立比较警察学有两大任务，第一个任务就是要出版一本真正的理论研究的比较警察研究著述。这不单单是国别的研究，比较不单单是警察制度研究，而要上升为理论，形成理论框架和理论支撑下的比较警察研究。

比较警察学的大趋势就是要从早期的单国别的研究，到中期的整体研究，再返回到问题导向的研究和具体科学的研究。比如说，情报导向、危机警务和反恐导向警务的研究。理论研究上越细越好，在比较警察学的大厦框架建立之后，就每一个房间、每一个单元进行拉网式的深刻的研究。

第五章 警察教育学

第一节

教育培训概述

一、 警察教育的定义

警察教育英文有两个词，一是“Police Education”，译作警察教育。英文中“Education”是指教育、诱导、启发；二是“Police Training”，译作警察训练。一般认为，警察教育偏重知识传授，而警察训练偏重技能训练。由于欧美警察学界多认为警察是以技能为主，故西方多用“Police Training”，即“警察训练”一词。

警察教育培训（Police Training）是指各国对警察的教育训练的综合行为。在国家教育体制中属于职业教育的范畴，在警务管理上，属于人事训练的范畴。在培训的分类上有新警培训、晋升培训、业务培训和新知识培训。在警察教育培训的模式上有五种，即中国模式、英美模式、原东欧模式、东方综合模式、原英美殖民地模式（发展中国家模式）。

二、 警察教育培训的分类

警察教育培训，英文名为“Police Training”，包括职前培训和职后培训，大致可以分为四种类型，即新警培训、晋升培训、业务培训和新知识培训，它们各自具有不同的特点，要达到的培训目标也各不相同。四种警察培训的主要特点有：

1. 层次多样性。从警衔上看，有初级警官、中级警官的不同培训系列；从警察业务上看，有不熟悉、基本熟悉和较为熟练的区别。同时，还有不同警种、不同级别的培训。

2. 目的实用性。每次培训都会有而且必须有十分明确的具体目的。只有明确了这种具体的目的，警察培训才会有实际意义，才会取得预期效果。

3. 人员岗位性。警察培训主要按照不同警种的不同业务系统进行培训，每一次的参训人员基本上来自于相同的岗位，而不同岗位的警察则一般不会参加同一岗位的培训，因此，警察培训的人员岗位性十分明显。

三、 警察培训的组织方式

上述四种警察培训，如果完全集中在警察培训基地进行，那是既不现实也不可能的。因此，我们认为应建立常规的且行之有效的警察培训组织模式。这种模式大致可分为两种：在岗业务培训和离岗专门培训。

1. 在岗业务培训。学习理论可以使人提高水平，参加实践同样可以使人提高水平，从某种意义上讲是更重要的提高。因此，各主要业务系统必须组织开展岗位练兵等培训活动，并要长期坚持，常抓不懈，从而形成在岗业务培训的制度和体系。比如，刑警在岗培训，现场勘查的物证取得、确定侦查方向、制伏犯罪嫌疑人等专业课题，都可以成为培训内容。在岗业务培训要突出现场性和实践性，建立起以老带新、以优带劣的管理体制，完善考核评定机制，从而实现不断提高业务能力的既定目标。对于这种业务培训，警察培训中心的相关专业教师，应当自始至终坚持参加。这样不仅可以了解相关情况，而且可以取长补短，提高自身的专业素质。

2. 离岗专门培训。离岗专门培训就是根据警察各主要业务系统的不同要求和需要，根据晋衔、晋职的不同系列和级别而在警察培训中心进行的警察培训。这种培训的特点是时间较短、要求具体、目的单一。因此，要求教学大纲具有明确的针对性，以求达到良好的培训效果。离岗专门培训必须以专题、专项为主，贯彻“干什么、学什么，缺什么、补什么”的原则，务求业务知识的加深拓宽。培训过程中，强调理论与实践相结合，注重培养操作技能和提高应用能力，同时尽可能做到训练与研讨相结合，以期提高在新的工作环境和社会形势下搞好工作的适应能力和创新能力。

四、 警察培训的教材

警察培训基地要根据警察培训的不同类型、不同系列、不同等级、不同目的编写出具有较强针对性和可操作性的教学大纲与配套教材。这种警察培训教学大纲必须做到目的明确而较单一，安排具体而易于操作，而配套教材的编写则要根据各业务系统和培训对象的不同提出贴近公安实际、贴近实战、贴近实际运用的具体要求。编写配套教材还应注意同一业务或系列培训在内容深度和宽度上的不同把握，做到区分层次，突出重点。例如，初级警官的培训教材，应突出法律知识和公安业务知识的内容，强化实战技能；中级警官的培训，要突出实战指挥，执法办案的内容，注意领导科学、思想政治工作的原则和方法等内容的教学。当然，作为一般院校来说，主要承担的是中初级警官的培训，因此，要着重抓好这两种不同程度、不同要求的配套教材编写。

第二节
警察教育培训的发展历史

西方警察教育培训的历史与警察发展史互相衔接，经历了一个由低级向高级发展的漫长过程。

一、 古代警察培训阶段 （从警察行为的萌芽到 1829 年）

原始社会末期，出现警察行为的萌芽。这时没有正式警察，习俗、宗教、禁忌、传统维护着社会，这一阶段被称为非正式警务阶段。欧洲从中世纪开始，出现过形形色色的“警察”，如太兴官（Tythingman）、公安员、更夫（又译巡夜人）、地方法官、舰队街巡捕、菲尔丁的人，等等。这些人社会地位低下，文化水平很低，素质极差。以更夫为例，“这些人多是老人，举止迟缓，食不果腹，衣不遮体，目不识丁”。[①] 总之，在警察形成的漫长过程中，教育与培训不受重视，这也正是以后警察教育培训落后于整个社会的历史渊源。

二、警察教育培训的创始阶段（1829 年至 20 世纪初）

1829 年伦敦大都市警察的建立，标志着现代警察的诞生，也是警察教育培训从无到有的里程碑。罗伯特·比尔认识到警察的招募与培训是提高警察素质的关键。警察初创时期，其成员主要是从工人中招募的，受教育程度很低，加之又没有统一的招募标准，对年龄、身高、道德品质等均无要求，也没有进行培训的学校。罗伯特·比尔从培养思想意识与抓道德教育入手，在英国 1829 年发布的《警察训令》中强调，“警察对任何一个阶级的人礼貌相待，彬彬有礼”；“必须牢记，没有什么比良好的情绪和控制能力更必不可少的”。比尔提出了问题，但具体工作并未展开。

美国在 1838 年仿照英国建立波士顿新警察。由于没有招募标准，缺乏培训，新警察在公众的心中被认为是粗野、缺乏教育的化身。带来的后果必然是勤务质量差，社会反映强烈。这才逐步引起警界对警察教育培训的重视。20 世纪初，美国开展了声势浩大的警察专业化运动。国际警长协会主席理查德·西尔威斯特在其著名的六大改革中，提出了“提高招募警察标准，强调警官要接受高等教育”的措施。1908 年，柏克利在美国加利福尼亚州建立了第一所警察学校，揭开了警察培训的序幕。有关警务工作的第一本教科书也是在 1909 年出版的。

三、现代警察培训阶段

现代警察的教育培训，是随着警察现代化而到来的。20 世纪 30 年代开始，美国开始采用汽车巡逻，60 年代欧洲也开始采取警察汽车巡逻的勤务方

---

①《英国警察的故事》，伦敦大都市警察局 1977 年版。

式。随着对讲机、计算机等现代科技在警察部门的应用，对警察素质的要求也越来越高，20世纪七八十年代，警察的教育培训达到了顶峰，其标志为：

1. 招募新警察的国家政策与标准的出台。1968年美国总统执法和司法管理委员会提出了新警察训练课程与要求。1973年美国司法审判标准和目标咨询委员会建议新警察最少要接受培训400小时。此时期，西方各国都对警察的招募标准和条件、培训标准及方法作了较完善的规定。

2. 开展大规模警察培训的调查研究。1989年美国警长研究论坛在福特基金会的资助下，对警察教育水平进行全国普查。同期，欧洲主要发达国家也通过各种形式进行了大量关于警察教育水平的调查，同时还召开了警察培训若干问题的调查研究会，研究警察教育及培训的论文大量涌现。

3. 社会和警察机关办学达到全盛。从20世纪70年代开始，美、英等国的主要大学逐步开设了有关警察培训的课程，有的还建立相应的学院、分部和中心。不仅开展了与警察业务相关的本科教育，如犯罪学、法医学、刑事司法、警察科学等，也开始了硕士、博士教育。同时，警察机关内部训练学校、指挥学校纷纷建立并逐步完善。

20世纪70年代，随着警察现代化带来的弊病逐步被人们所认识，关于警察培训的趋势研究悄然兴起，如培训内容应以操作技能为主还是以知识为主，警察需要不需要大学学历培训，等等。对高学历、专业化产生一定的反思，呼唤着新的警察教育培训时代的到来。

第三节
现代警察教育培训的五种模式

纵观世界警察教育培训的体制，笔者认为可分为五大模式，即中国模式、英美模式、原东欧模式、东方综合模式、原英美殖民地模式（发展中国家模式），这五种模式又称之为“五种模式论”。由于资料掌握尚不充分，这种分类还比较粗糙。其要点如下：

1. 中国模式。考试招募制度尚不完善。晋升与培训相结合的制度正在规划建立之中。具有较完整配套的内部大学、大专、中专警校制，以社会普通大学学历教育为辅助。培训内容广泛，注意基础知识与理论教育，也不忽视技能训练。

2. 英美模式。含英美等盎格鲁－撒克逊警察体制的国家。具有严格、配套的考试招募制度。分层次、相互衔接的晋升与培训相结合的制度。没有警察内部的大、中专学历教育的院校，以社会普通大学的学历教育为主要方式。注意综合培训，以技能为主。

3. 原东欧模式。含朝鲜、越南等国家。考试招募制度尚不完善。晋升与培训相结合的制度已建成，但不以培训为晋升的绝对必要条件，以军衔晋升条例为骨干，以警察内部的院校作为学历教育的重要基地。如朝鲜政治大学，罗马尼亚的内务部现役军官学校，南斯拉夫的高等警察学校等。以社会学习教育为辅。综合培训，突出军事培训特点。

4. 东方综合模式。如韩国，具有比较完善的考试招募制度。晋升与培训的机制已经建立，以警察内部学校为学历教育的基础，如韩国警察大学（该大学基本上仿照我国台湾省的“中央警校”建立的），以社会普遍教育为辅。综合培训，带有强烈的地方色彩。

5. 原英美殖民地模式，又称发展中国家模式。第二次世界大战以前，世界上的殖民势力范围主要分为英法两大派。原英国殖民地深受盎格鲁－撒克逊警察模式的影响，在培训制度上与英美模式相近。而法国殖民地（如广大非洲法语区国家），则受大陆派警察风格影响，在教育培训体制上具有严格的招募标准，以军衔为骨干建立培训与晋升相结合的制度。以社会为警察学历教育的主要方式，注重警察内部的专业培训学校的建设，军事化管理与军训的色彩较重。第二次世界大战以后，各殖民地国家纷纷独立，组建新的警察，上述两大风格逐步接近、趋同。

当然，不排除还有为上述模式所不能包容的特殊情况，如阿拉伯世界模式。

阿拉伯世界模式。其主要特点是：一是正规办学。他们往往举全国之力办好一所中央级的警察大学，如埃及的警察大学，办学规模占世界前列。二是注重学历教育与在职警察培训相结合，以学历教育为主。三是在一个地区形成一所培训中心式的警察大学，既作为一个地区警察教育的组织者和中心科研机构，又是一所十分重视学历教育的警察大学。

五种培训模式论，有助于从世界各个国家与地区的警察教育培训千变万化的格局中寻找分类的标准与分析的纲目，便于比较、把握趋势，从而较全面地研究中西警察教育培训的诸多不同，批判借鉴，启迪思维。

第四节
西方警察培训现状

一、 警察招募

招募，英文为“Recruit”，是提高警察素质和教育水平的关键之一。1829年罗伯特·比尔在建立新警察十二条原则中就提出：“招募与训练是有效执法的根本。”事实上，严把招募关是现代西方国家警务改革的趋势之一。据统计，在主要西方国家，警察录取人数占申请人数的1/20～1/3，可见其严格。

（一）考试选择

现在西方主要发达国家在选择警察时，普遍采用了考试方法，以保证入警人员的素质。考试与背景调查相结合，美国警察局有1/3还在采用心理测验，甚至使用测谎仪。除学历的限制和一般教育水平考试（如语文、数学、写作等）外，还采用了：

1. 智力测验。包括普通智力、社会智力与机械智力。

2. 心理测验。包括反应速度、气质性格、情感意志等（如“阿尔伯特反应测定”，包括职业兴趣、社会价值、个人心态、判断能力）。

3. 成就测验。测试现有的知识和技能。

4. 家庭与个人背景调查。包括有无不良嗜好、劣迹、前科、有无驾驶及信贷记录等不适宜从警的情况。

5. 精神病学评估。申请人有无精神病或家族精神病史。

(二) 录取标准

1. 年龄。美国警察申请人为21～31岁（退伍军人可放宽到34岁），有些州可放宽到50岁；英国利物浦地区的警察申请人年龄为19～31岁，有的可放宽到45岁；法国警察申请人在17～30岁。

2. 身高与体重。美国警察，男性1.75米以上，女性1.60米以上；英国警察，男性1.72米以上，女性1.62米以上，有些地方的警察还有特殊要求，如伦敦市（City of London）警察，男性1.82米以上，女性1.67米以上，体重一般要求与身高相称即可。

3. 教育程度。美国警察，高中毕业以上；英国警察，需要OLEVEL证书，即受教育程度相当于我国高中毕业以上。法国警察的入职申请人中，有博士、硕士、学士学位的人占45%；美国警察的入职申请人中，大专以上学历的占20%以上，而美国联邦调查局的工作人员则全部都是大学生。①

(三) 申请过程

西方主要国家的警察申请程序：（1）申请；（2）笔试；（3）生理反应测试；（4）口试（道德品质、情绪稳定、社会态度等）；（5）情绪稳定性测验；（6）体格检查；（7）家庭及个人背景调查；（8）使用；（9）任命。

由于西方主要国家不断提高招募标准，使新警察的教育水平不断提高。以美国为例，1954年以前，全部警察中有14%没有高中文凭，到1979年降到7.8%。尽管如此，在主要西方国家，警察的平均教育水平在刑事司法部门中仍居中下。于是，有人主张将大学毕业作为招募警察的条件，如美国全国刑事司法标准咨询委员会批准了“全体警察都必须具有学士学位”的建

---

① 宋子堃：《从外警教育中得到的一些启示》，载《世界警察参考资料》1989年合订版。

议。根据联合国教科文组织（Unisco）的统计：在同等条件下，不同文化程度对提高劳动生产率的程度是不同的，即小学文化程度可提高 43%，中学 108%，大学 300%。但也有人反对以取得大学学位作为入警条件，原因有三：一是没有证据说明教育程度越高，警务工作的表现越好；二是排斥少数民族与社会下层人士从警，带有种族歧视与就业不平等的倾向；三是限制了警察的来源①。结论：西方国家警察招募水平不断提高，但学历基本要求仍有争议。

二、 上岗前培训

世界上很多国家大都采用“先培训，后上岗”或“科班警校制”等上岗的培训原则。两年上岗培训的国家有英国、意大利、加拿大等国，一年制的国家有泰国、日本（高中毕业培训一年，大学生培训半年），半年制的国家有美国。

（一）英国警察的两年“实习师徒制”

英国警官是从见习生开始职业生涯的，见习期为两年。在这两年中进行以下两种形式的培训：一是基础教育，共计 31 周。先在基层熟悉情况（4 周），到地区警察培训中心集中授课（10 周），回到基层单位老警察以师徒方式辅导（5 周），然后再回到基层实习（5 周），最后，考试（1 周）。二是带领实习，采取“实践—理论—实践”的培训模式。在两年时间内，新警察从培训中心到基层单位几上几下，从难从严。

（二）美国的“上岗前半年培训制”

美国新警察要接受 6 个月的基础培训，即 24 周，960 小时。经考试合格后，派到警察局实习，并由老警察给予个别的一对一的指导，指导时间不一，但每个警察每年必须返回学校接受 40 小时的专业培训。

---

① 宋子堃：《从外警教育中得到的一些启示》，载《世界警察参考资料》1989 年合订版。

三、 培训与晋升相结合

（一）美国的“多样灵活制”，已经形成了培训与晋升相结合的制度

凡准备提拔的警官，都必须到中级警察学校培训3个月。每晋升一次，先培训一次。美国没有全国统一的警衔制，所以，相应的培训制度也千差万别。美国警察虽然在晋升上没有学历的要求，但在实际执行中，高学历者有较高的晋升机会，没有大学学历的人很难晋升。晋升需要培训，培训后方可晋升，形成良性循环。据统计，美国警察分为一般警员和管理警官。一般警员中25%没有受过高等教育，而在管理警官中，93%的人受过两年以上的高等教育①。这些数据显示：高等教育对警官的晋升是至关重要的。

（二）英国的“分类衔接制”

英国培训与晋升结合的特点：“十等五级”，即警员、警佐、警察、督察、总督察、警司、总警司、局长助理、副局长、局长。与此相应的是五级培训制度，培训一次，可晋升一级。一级培训：实习生经过两年培训与实习后，由警察局局长任命为警员；二级培训：警员晋升警佐、警察，在培训中心或布拉姆谢尔皇家警察学院接受“特别课程”（专业课、研究课与管理课）；三级培训：督察晋升总督察，接受6个月“初级指挥课程”培训（独立指挥艺术、警察组织管理、法律与警察权利义务）；四级培训：督察晋升警司，接受3个月“中级指挥课程”培训（包括法律、犯罪处置、组织管理）；五级培训：警司升任副局长以上，接受为期6个月的“高级指挥课程”培训（课程分为现场指挥艺术、警察权利与责任、科学技术、决策与计划、组织监督）。与此相适应的还有晋升考试。晋升考试一般分为两级：一级考试为晋升警佐的考试；二级为晋升警督的考试。考试要求严格，一般只有1/10～1/5的合格率。此外，通过考试者并不是都可以得到晋升，除有

---

①［美］戴维·卡特，《美国警察教育水平调查研究》，载《世界警察参考资料》，1991年合订本。

空缺外还须由晋升委员会与警察局局长最后审定。

（三）警察学历培训

美国没有警察高等院校，警察学历教育均在普通学校进行：一类为在普通大学内开办警察研究中心、学部或学院；另一类为开设警察研究课程。据1978年统计，全美有这类为警察进行学历教育的专科学校1198所，大学589所，硕士研究院24所。美国鼓励在职警察参加学历教育。在20世纪70年代，美国司法部执行支援管理局（Leaa）就提供专项经费支持警察到大学深造，每人每半年可获得400美元的补助，并可每年贷款2200美元。学历分为学士与硕士生教育。课程主要有刑事司法学、犯罪学、警察科学、法医学等。

英国的情况与美国近似，英国皇家警察学校开设大学奖学金。1964年到1982年，共484名警察获得奖学金。在一般晋升培训中的优秀者，可带工资去普通大学深造，学费与食宿费由单位承担。此外，各地郡警察局也鼓励在职警察去读学士或硕士学位，学习期间保留工资。最多的是在职警察利用业余时间到大学读学位，这种情况有三个特点：一是学费低（20%）；二是业余（多在周末开课）；三是收入不减，因此颇受欢迎。在英国开设与警察相关的学士、硕士、博士学位课程的有近百所大学与大专学校。如莱斯特大学的公共秩序研究中心，艾克塞特大学的警察与刑事司法研究中心，剑桥大学犯罪学院的警察与犯罪预防研究中心，等等。

（四）专业与技能的辩论

通过上述内容，可看出西方国家在警察教育培训方面的鲜明特点：严格标准、培训晋升、社会办学、注重技能。这种特点的出现，不仅是实际操作的产物，而且具有深厚的理论基础与历史渊源。“专业与技能”的理论辩证是理论基础的典型代表。美国人罗依．R. 罗伯特在《警察的组织与管理》一书中提出上述论点。

专业，又称专业化，英文为“Professionalization”。任何一门职业，如果是专业化的职业，必须具备条件，就业前必须具备大学以上学历；工作的智力性超过体力性；教育与培训不是一次完成的；有专门的研究机构等。以医生、教授为代表。

技能，又称技艺，英文为“Craft”，它不需要同时具备专业化的四个条件。以技能为主的工作体力成分大，它强调技能与经验而不是知识。它不需要正规的高学历，也不需要专门的理论研究机构。培训方式以师傅带徒弟的形式为主，以手工匠人为代表。

专业与手艺的区别与科学和艺术的区别相似。区别两者的不同具有十分重要的意义。例如，警察是否需要大专以上的教育培训，警察科学是否需要专门的科研机构。如果基层警官是以技艺为主的职业，那么就可以节约大量的正规教育培训经费，设立以短训为主的，更为科学的训练体制。如果基层警官是以专业为主的职业，那么警察工作就应该强调在科学方法基础上的科学研究。警察工作的指导方针应该是科学的原则，设立正规化的、以学历为主的大专以上的教育培训网络。设立以自然科学与技术和社会科学为主的课程。

第五节 现代警察培训的共同特点

随着科技的迅速发展和广泛应用，犯罪的智能化和社会治安复杂化已成为各国的一个严重的社会问题。当今世界各国警察所担负的任务较昔日更为复杂繁重。目前，世界上多数国家的政府和警方都很重视警察的教育培训，把警察教育培训作为提高警察素质，增强队伍战斗力的重要举措，并在警察教育培训中取得了一些成功的经验。

一、 警察教育有法律保障

许多国家的警察法规，都有关于警察教育的规定，警察教育有法律制度作保障。法国政府 1985 年制定的《国家警察培训法》，确定了警察教育培训的组织机构、类型、时间、方法等。俄罗斯、埃及、泰国等国家规定警官必须是警官学校的毕业生，所有警察都必须在学院经过3个月的正规培训方可上岗。美国各州在20世纪70年代后期纷纷制定“执法教育规划”，对警察教育培训严格执法，对警察培训的时间、教学内容、考核等作了明确规定。依照德国基本法，警察的业务、教育培训完全由各邦自理。1927年联邦德国11个邦共同签署了《高级警察人员及警察领导学院协定》，将高级警察教育统一起来，规定了担负联邦德国最高层警察机构工作人员的一系列培训计划。日本警察法专条规定了警察学校的等级、培养队形和目标等，建立了从警察的录用、晋升到各级警官培训的一整套制度。

二、 警察教育自成体系

世界多数国家警察教育培训自成体系，不受国家教育部门的制约。警察教育训练由警察部门统一制定警察教育规划，统一布置，建立不同类型、不同层次的警察院校、培训中心或基地，实行警察岗前培训、在职培训、晋升进修、专业深造等多形式、多类型的教育训练，逐步形成符合警察工作特点的教育培训。俄罗斯内务部干部总局下设教育培训局，负责对全国警察教育训练的统一领导，直接管理警察院校、制订教育培训计划、经费预算和各层次教育培训教学计划、教材等。

法国全国统一部署，按不同警衔和不同的培训对象建立了培训警察的学校、培养高级警官的学校和培养治安警察与举办短期轮训班的培训中心。每个学校和培训中心都负责新警察、警官的正规教育和在职警察教育任务，所需经费由内政部提供。

日本警察教育也由国家统一领导，分为学校教育、委托教育、一般教育三种，学校教育又分为高级警察教育、中级警察教育、初级警察教育3个级别。警察教育设施与管理及训练所需经费由国库支付。

埃及内政部成立了专门的警察教育最高委员会，成员由内政部教育训练局、法律事务司、行政组织司和警官院校的领导担任，委员会负责制定警察教育培训的总方针、政策、审批院校设置、教育制度、教学计划、考核标准、经费预算和建设项目，组织考试委员会，确定招生条件、资格、名额和录取，负责审批学校老师的聘任和提升等。警察教育训练所需经费列入内政部预算，由国库支付。

三、 警察教育重视正规化

许多国家都重视警察的正规化系统培养，实行警察录用、教育与晋升一体制，坚持教育培训与晋升相结合。

美国警察训练主要分为两类：一是招募新警后的初步训练，初步训练一般在警察学校进行，时间为4个月至6个月，主要学习法律知识、警察业务和警察技能，考试合格方能录用；二是在职警察专业和知识更新培训，根据警察不同业务的需要，每年脱产1周至17周进行专业和专业技能训练。

德国规定所有新警察和在职警察的每一级晋升都必须经相应的警察院校进行严格的正规教育，凡未经过正规教育的不能当警察，警官也不能得到晋升。

法国的警察、警官全部来源于警察、警官学校的毕业生。警察的应征者要参加竞选考试，合格者才能被录取。各级警察在晋升前，均需到指定的学校或培训中心进行相应的教育培训，经考试合格方可晋升。

在英国、意大利等国，招募的新警必须经过严格的训练，试用合格后方能录用。任何警察必须从警员当起，每晋升一级都要经过相应层次的院校培训，警察培训主要分为初级、中级、高级三类，从初级警察到高级警察的累计培训时间为两年。

四、 警察教育突出实践教学

世界各国警察教育培训与警察工作的实际紧密结合，教学内容切合实际，突出针对性、实用性。在教学中不仅讲理论，还联系实际，如警察工作的最新情况和问题；强化模拟训练，提高实际应用能力；安排学员到警察实际部门实习。美国、法国、德国、英国、俄罗斯、哈萨克斯坦等国，不论学时长短，理论教育和实习各占1/2。日本、意大利等国组织教学、技能训练和实习各占 1/3。

俄罗斯在职警察每年需进行 180 小时的警察体能、技能训练，4 年制高等警察院校中，体能、技能训练为 900 课时，每个学生每年进行 500 发实弹训练。意大利警察学校的学员每年每人进行 2500 发实弹训练。美国新警培训半年，要进行 4500 发实弹训练。

日本警察教育培训强调实用性，学以致用。课程主要分为基础课、法律、警察业务和技能训练 4 大类，开设了柔道、剑道、空手道、保健、急救等课程，技能课占 1/3 以上。新警员和初级警官培训的实习时间为半年，学校还设有勤务派出所，由学生轮流担任守卫、巡逻及值班任务。

英国警察教育强调给予受教育的警察专业技术和技能。主要把握 4 个标准：一是把警察工作中总结出来的指示及时传授给学员；二是根据警官不同的专长、兴趣有针对性地训练，帮助发展个人能力；三是根据各地不同情况采取相应的训练；四是采取培训—工作—培训—工作轮番交替的形式，提高实际工作能力。

美国、德国注重教学手段现代化和模式教学。警察学校和培训中心都配有现代化的教学设备和设施，进行电化、声像、模拟教学。

泰国则重视考察和实习，警察学校学员毕业工作 1 年后，须重返学校，结合所从事的业务进行 6 个月的专业培训。各级警官晋升培训均安排 10 天出国考察，学习各国警察工作经验和技术，扩展知识面。

五、 重视配备高质量的教师队伍

为确保警察教育培训的质量，各国都十分重视配备较强的教师队伍。一是挑选教师十分严格，专业教师大多从警察机关选拔实战经验丰富、理论素养深厚的优秀警官担任，他们既是优秀教官，也是破案专家。英国挑选警察院校的教师，一是要通过国家规定的教师训练课的考试，取得证书后再进行专业考试，录取者约占报考人数的 1/15。俄罗斯中高等警察院校的教师，多数具有副博士学位。全国 3000 多名警察院校的教师中，有 35 名院士、250 多名博士、2000 多名副博士。朝鲜警察学校的教师中，4% 有博士学位，

4.5%有副博士学位。二是多数国家警察机关与警察院校的人员实行双向交流。专业教师一般签订1年至3年任教合同，学校讲课与实际部门工作交替进行，把警察工作中最新的成果、经验传授给学员。俄罗斯警察院校教师主要来源于三个方面：内务部科学院高等警察学院专业生；社会名牌大学选调的毕业生或教师；警察部门的专家。

六、 警察院校实行警务化管理

各国的警察院校均实行严格的警务化管理，警察院校列入警察机关建制，警察院校管理人员和教师列入警察编制，享受警察待遇，授予警察衔级。警察院校与军队院校一样，招生即招警，学生入校即入警，实行供给制，经费有保障。警察院校毕业生的学历和所授学位与社会其他院校同等对待。许多国家对在校学员给予优厚待遇，学习时间计入警龄，国家提供专业奖学金和助学金。

第六节

警察培训模式

一、 美国警察的教育培训

美国的警察教育没有统一的模式，也没有专门的机构掌管全国警察的教育培训，而是各州、县、市警察局分别设置警察学校或培训中心，主要负责警察的职业教育。美国联邦警察机构，也先后创办了警察培训学院（中心），如美国联邦执法学院、联邦调查局国家学院等。此外，美国许多社会大学也开设了警政学院（系）、刑事司法系和犯罪学学院。美国警察的教育培训从内容上大体可分为三个方面：训练基层新警员的初级教育、培训提高警员学术研究能力和业务水平的高级学术教育以及在职警员的升职教育。

（一）初级警察教育

美国初级警察教育可分为两类，即职前教育和在职培训。

1. 职前教育（PRE－SERVICE TRAINING）。指新招募警员在正式任职前所接受的教育，一般都在各地方警察学校或培训中心以及各大学警政学院（系）或犯罪学学院进行。新警以学生身份参加警政学习，毕业后正式派任警员。

（1）地方警察学校或培训中心。新警在校一般要接受6个月左右的培训（各州或市有所不同），任职后每年还要回校接受40小时以上的专业培训。训练内容从警察实际需要出发，设警察组织、警察局内部法令规章、警察道德与责任、武器使用规则与技术、警用器材的使用与保管、刑法、刑事诉讼法、警察记录、犯罪侦查、巡逻技术、交通管理、犯罪学、社会学、演说、打字、应用科学、体育、群众监督、服务地区的地理、警用心理学等科目。各警校除一般科目聘任当地大学相关教师兼职授课外，专业科目由任职7年以上有丰富经验的资深警官担任。学校没有完整、系统的教材，学员掌握教学内容主要靠记笔记。

（2）各大学警政学院（系）。目前，美国许多大学设有警政学院（系）、刑事司法学院（系）和犯罪学学院（系），二年制为专科学历，四年制为本科学历，并授予学士学位，参加四年制学习者，多为高中毕业后直接申请升入大学的学生。这类学院（系）的课程设置都遵循几项基本原则：①课程以广泛的文、理科学教育为基础，而不是限于警察业务的实际操作和技能培训；②涉及刑事司法体系和程序的整个范畴，而不是只集中在某个专题学习（如警察科学）上；③理论与实际紧密结合；④课程间相互协调、融通，以满足现代警察工作的需要。课程分必修课程、辅助课程和选修课程三部分，并从学分的分配上保证四个原则的实现。近年来，美国为吸收更多警政学院（系）的高才生加入警察队伍中来，“见习生”制度应运而生。警方和校方共同研究，从有志从警的17～25岁学生中挑选基本条件满足要求的“警察见习生”，为其提供半工半读的机会，并补充相应的课程。被选中的“见习生”除接受正常的学位教育，并取得规定的学分外，每周还须为警察局工作20小时，寒暑假期间要到警察局实习。“警察见习生”在见习期间不行使警察权力，毕业时可直接从警。①

2. 在职培训（IN－SERVICE TRAINING）。旨在提高、充实在职警员的现有知识和技能。分为1年制加强教育和2年制专科教育两种。

（1）1年制加强教育。美国部分城市的警察机关要求警员于警察学校或培训中心毕业后，在职期间必须接受至少1年以上的在职教育，才能继续任职或升职。实施该项教育有两种途径：一种是警方在自己的警察学校或培训中心设1年短期专业进修班；另一种是与各大学警政学院（系）合办进修班。教育内容侧重对理论与实际问题的探讨，课堂教学多采用专题讨论的方式，以期深入探讨实际工作中遇到的疑难问题。学员毕业后仍回原单位任原职，再视其工作业绩予以升迁。

（2）2年制专科教育。这是为在职警员设立的较为普遍的一种在职进修方式，其目的在于提高警员的整体学术水平。提供这项教育的有各大学附设的警政学院（系），2年制专科院校（JUNIOR COLLEGE）和专业技术学院（TECHNICAL INSTITUTES）。课程设置主要包括心理学、各级政府机构、执法概要、警察组织与行政、社会学概要、社会问题、基础数学及选修科目。学员毕业后获得专科学历，仍复原职，视其工作业绩决定升迁，也可以继续入硕士班乃至博士班攻读学位。②

（二）高级警察学术教育

美国高级警察教育的目的在于学术研究，提高警员的工作能力和理论水平。目前，美国的许多大学都开设了警政学的硕士和博士学位课程，供警务人员进修提高。其中硕士学位包括刑事司法、犯罪学和警察科学三大类，学习年限1年至2年不等。如公共行政学硕士班（MASTER OF SCIENCE IN

---

① 王彦吉、杨鸣：《中外刑事警察教育训练比较研究》，中国人民公安大学出版社2002年版，第82页。

② 朱启禄：《美国警察的培训与教育（下）》，载《公安教育》1994年第4期。

PUBLIC ADMINISTRATION）、刑事司法学硕士班（MASTER OF ARTS IN CRIMINAL JUSTICE）、法医心理学硕士班（MASTER OF ARTS IN FORENSIC PSYCHOLOGY）、法庭科学硕士班（MASTER OF SCIENCE IN FORENSIC SCIENCE）等。① 警政学博士班的学员几乎都是曾获得硕士学位的在职警官，而且是高级警务管理人员，他们在博士班里进行最高层次的警察学术研讨。学员必须研究所有与警察工作有关的学科知识，如人类学、刑事司法、经济、法庭科学、历史、数学、哲学、公共行政、社会学等。学员毕业后大多成为警察机关的行政或业务主管人员，也有一些人转入教学工作，培养下一代优秀人才。

（三）联邦执法训练中心和联邦调查局国立学院

联邦执法训练中心主要是为联邦调查局培养各种专门人才，招生对象是23岁以上已婚且具有学士学位以上并有各种不同职业专业的美国公民，学制1年。课程有犯罪学、社会学、心理学、管理学、法医知识、通信与计算机、射击、爆炸、经济、警察体能训练等。联邦调查局国家学院（THE FBI NATIONAL ACADEMY）专门培训各州或地方中层管理干部。入学者须有5年以上的警龄，年龄在25~51岁之间，具备管理才能，并由所在单位主管领导推荐，培训时间为11周。②

二、法国警察的教育培训

法国警察教育培训模式是当今西方国家最完善、效率最高，也是最具特色的警察教育培训模式之一。1985年，法国制定并颁布了《国家警察培训法》，明确规定了警察教育的原则、目的、体系、规格和组织实施办法，以

① 王彦吉、杨鸣：《中外刑事警察教育训练比较研究》，中国人民公安大学出版社2002年版，第84页。

② 王彦吉、杨鸣：《中外刑事警察教育训练比较研究》，中国人民公安大学出版社2002年版，第86页。

法律形式确定了警察的教育培训。法国警察教育独立于国家普通中、高等教育体制之外，自成体系。警察教育由警察机关负责，在学校设置、教师配备、经费、招生、分配、教学、考试、学业证书授予等方面均不受国家教育部门的领导和制约。警察教育有严格的规章制度和一套规范的教育训练计划，实行招募、教育培训、晋升一体化，重视正规化、系统化培养。警察和警官全部来源于警察院校的毕业生，学生入学即入警。法国的警察教育培训是一种职业和技能的培训，而非学历教育。各类警察院校培训的学员只能获得毕业证书，而不能获得法国教育部认可的学历和文凭。

（一）警察教育训练体系

与法国警察中央集权体制相匹配，法国的警察教育训练也实行集中统一的管理体制。全国的警察教育培训工作统一由内政部下设的人事训练局领导。各级各类警察院校和在职警察培训机构的教育培训计划、招生数量、课程设置、学员分配等工作都由人事训练局负责审定。此外，法国还设立由中央警察机构首脑组成的全国训练委员会，负责制定全国警察培训的方针政策以及每个年度的警察培训计划。目前，全法国有近 50 所不同类型的警察学校和培训机构。这些警察学校和培训机构根据其功能和培训对象的不同分为三个层次。

1. 法国国家高等警察学院。该校是法国最高级别的高等警察学校，设在里昂近郊的圣西尔奥蒙特多尔，专门负责警监的初任培训和继续教育。学校分为初任部和继续培训与研究部两大部分。初任部负责警监的初任培训，继续培训与研究部则不定期地对在职警监组织培训，培训内容主要是在专家的指导下，针对警务工作中和理论上的有关问题进行探讨。

2. 专门对警官进行初任培训和继续教育的两所国家警察学院。一所是设在尼斯的国家高级治安警察学院，专门对通过国家考试录取的治安警官进行 18 个月的培训。另一所是设在加纳爱克吕兹的国家刑事警察学院，专门对通过国家考试录取的刑侦警官进行 16 个月的培训。①

---

① 熊一新：《法国警察教育培训体制的特点及对我国民警教育培训工作的启示》，载《公安研究》2002 年第 10 期。

3. 遍布全国各地的警察培训中心和专业技术培训机构。目前，法国有7个国家级培训普通警察的培训中心，有25个由数家警察局合办的警察培训中心，还有10多个由有关警察局单独建立的培训中心。这些警察培训中心可根据各级警察培训机构下达的培训任务和培训计划，为在职警察就近安排有关的训练课程。此外，法国还建立有各种对警察进行专业技术培训的专门机构，如国家警用武器培训中心、国家警察师资培训中心、国家警体培训中心、国家警犬技术培训中心、国家警察人事管理培训中心、蒙塔尔纪通讯培训中心、罗什福尔遥控机械培训中心、夏莫尼克斯登滑雪培训中心、贝克罗厄帆船培训中心等。①

法国国家宪兵也设置了几所学校，分别培训不同级别的宪兵，其中设在肖蒙的宪兵预备学校负责初级培训；设在方坦布罗、梅森·阿尔福特或圣阿瑟的宪兵培训中心负责中级培训；设在蒙特吕松的高级宪兵学校负责高级培训，梅伦还有一个宪兵警官学院，负责培养各级领导干部。

（二）警察教育训练内容与方法

1. 学制安排灵活，强调实用。法国各级各类警察院校的学制安排较短，培养新警察的警察学校的学制一般为6~8个月，其根据培养目标的需要设置课程，做到内容充实、学以致用。同时，法国建立起一套完整的在职警察培训机构和轮训机构，使学校教育和在职警察培训齐头并进、互为补充。

2. 课程设置注重学以致用。法国各类警察学校不是按专业学科选定课程，而是紧密结合警务要求设置课程，真正做到学以致用。法国各警察学校主要开设了下列五类课程，各占总课时的1/5：（1）法律课，包括刑事法律、行政法律、民法；（2）警察组织和管理课；（3）警察技能课，包括擒拿格斗，新知识和新技术在警务工作中的实用等；（4）模拟实习课；（5）射击训练。其中接待行为学、民权教育、安全引导、警察科学、刑事侦查、射击及武器使用、救援、人际关系、口头表述等都是必修课程。法国各警察学校的教学

---

① 王彦吉、杨鸣：《中外刑事警察教育训练比较研究》，中国人民公安大学出版社2002年版，第116页。

方法十分灵活，不论学制长短都在教学计划中明确规定，学生在校的理论课学习与到实践中实习的时间各占一半，学员有相当多的时间讨论案例，模拟警务工作中的各种情况，设计和执行处置方案等。理论紧密联系警务工作实际。

3. 实行开放的办学模式。（1）法国各警察院校开设的课程中，只有50%的课程由本校教师担任，另外一半的课程（如法律、人文社会科学等）均由学校聘请地方高等院校或研究院所的专家教授承担。而且学校还经常邀请司法界、政治界、文化界的法官、议员、记者、高级文官、社会名流等来校讲学，组织学员去市政机关、私人企业公司参观实习，使学员更好地了解社会，适应社会。（2）警察院校和培训中心的教师主要来源于实战单位里既有理论知识又有实践经验的高级警官、各级警察局的优秀警官和警员，其中专职教师较少（占1/3），绝大部分课程由兼职教师（占2/3）讲授。（3）法国警察院校在承担本国警察教育训练任务的同时，还承担大量的培训外国警察的援助任务。主要由法国国家警察国际技术合作局组织和领导，由加纳爱克吕兹国家刑事警察学院、法国国家高等警察学院承担。进一步加强了同国外警察的业务交流和文化交流。①

三、 德国警察的教育培训

德国的警察教育训练独立于国家高、中等教育体系以外，自成一体。各警察院校的设置、学制、人员配备、教学计划、招生分配、师生待遇以及办学经费分别由联邦政府内政部和各州政府内政部负责。正规化和系统化是德国警察教育训练的显著特点，所有警察在上岗前必须经过警察院校正式的教育训练，警察教育分为初级、中级、高级三个层次，坚持从低级到高级逐级培训的基本原则。学生入学即入警，配发警服，实行完全供给制。德国的警察教育训练质量较高，这应归功于警察院校严格的筛选淘汰制度。首先，入

① 王彦吉、杨鸣：《中外刑事警察教育训练比较研究》，中国人民公安大学出版社2002年版，第119页。

学关的筛选淘汰。面向社会招生的初级警察教育，其录取比例仅占报考人数的7%左右，中级警察教育在录取时，根据报考人员的考试和面试成绩，以及各州内政部下达的晋升中级警察的指标，仅录取申请入学者人数的1/3左右。其次，毕业关的筛选淘汰。进入警察院校学习的学员，在教育训练和各种考试过程中，将有8%~12%的学员被淘汰，据有关资料介绍，德国的初级警察，经过选拔、培训和考试，最后大约只有25%的人晋升为中级警官，在所有警察中，仅有1%~2%的人晋升为高级警官。① 为保证教学内容紧密贴近实战，提高教学质量，德国各警察院校实行院校教师与实战部门警官的相互交流制度，从警察实战部门选聘既有实战经验又有教学能力的教官，到学校担任专业教员，一般在学校任教3年，届满后仍回原单位工作。学校专职教师定期到警察实战部门锻炼，可使教师不断更新和丰富专业知识，提高实践能力。

德国拥有相当完整和层次分明的警察教育训练机构，联邦有一所专门培养高级警官的德国警察领导学院，16个州各有一所培养中级警官的警察学校，初级警察的培训在各州的保安警察总队培训学校进行。此外，德国警察领导学院和各州的警察学校还专门针对在职警官开展各种培训教育。警察的教育培训按照教育对象和内容可分为：初级警察教育、中级警察教育、高级警察教育和在职警察教育。

（一）初级警察教育

初级警察教育又称士官教育，在各州的保安警察总队士官培训学校进行，教育对象是新招募的预备警察，学制为2年半或3年，学生毕业后担任初级警察职务。初级警察教育一般分为基础教育和专业教育两个部分，采取学校教学和校外实习相结合的方式。初级警察学员入学后须接受1年的基础教育。教育内容包括理论课程、警察实务课程和一般校外实习，重在传授警察的基本知识与基本的价值观、人生观，培养学员的独立精神、负责精神和

---

① 王彦吉、杨鸣：《中外刑事警察教育训练比较研究》，中国人民公安大学出版社2002年版，第153页。

组织纪律性。基础教育结束时，学校要举行结业考试。考试及格者才能进入下一阶段的专业教育学习。专业教育分为三个阶段：第一阶段为基础理论课与警察实务课程，学习时间为 1 年至 1 年半，目的在于拓宽和深化以往学过的理论课程，使警察实务课程训练达到规定的标准；第二阶段为二次校外实习，第一次校外实习在理论课程学习结束后，学员在基层警察机关进行为期 5 周的个别警察勤务实习，第二次校外实习在专业课程开始之前，共 8 周时间；第三阶段为校内专业课程学习，是初级警察教育最为重要的学习阶段，时间为半年。修完专业课程并取得合格以上考试成绩的学员，取得担任初级警察职务和继续晋升的资格。

（二）中级警察教育

中级警察教育又称尉官级教育，在各州的警察专科学校进行，教育对象是初级警察中欲晋升中级警察的人员，学制为 3 年。其目的在于培养警察区队、中队或担任警察业务部门和个别勤务部门主管的领导人员。教育方式分为理论教育与警务训练两种类型。课程设置主要有犯罪学、犯罪侦查学、指挥调度学、心理学、社会心理学、刑法、刑事诉讼法、警察法、国家宪法和政治学、公务员法、武器认识和射击训练、徒手自卫、打字、驾驶训练、警察无线电通信等。警察实务训练占学习时间的 1/2，通过校外实习的方式完成。中级警察教育以笔试形式进行结业考试，成绩合格者取得担任中级警察职务和少尉晋升至上尉的资格。

（三）高级警察教育

高级警察教育又称校官级教育，统一在德国警察领导学院进行，教育对象是联邦和各州的中级警察欲晋升高级警察的人员，学制为 2 年，学员毕业后担任高级警察职务。高级警察教育分为两个学习阶段，各为 1 年时间。第一阶段在联邦警察局和各州警察机关进行，学习有关理论课程，并组织学院去联邦警察局、州政府、县市政府、检察机关、工矿企业和新闻单位进行参观、调研和实习。第二阶段在德国警察领导学院进行，侧重于理论课程的学习与研讨。学员完成高级警察教育的全部课程后，参加结业考试，考试合格者，获得高级警官的任职资格，准予毕业，并根据联邦内政部和各州内政部下达的高级警官晋升名额指标，确定晋升人员名单。

（四）在职警察的培训教育

德国根据形势发展和任务的需要，安排在职警察在一定的时期到相应的警察院校接受一周至数周的教育训练。其方式主要有三种类型：①专业性在职教育，即紧密围绕警察所从事的专业进行培训，以提高在职警察的专业技术水平。②与职务有关的在职教育，即紧密围绕警察的职务晋升或如何做好领导工作进行的培训教育。③与特定事件有关的培训教育，即紧密围绕新近发生的重大或特殊事件进行研讨、分析、培训，使被训者及时了解重、特大突发事件的原因和背景，掌握对此类事件的正确处理方法和警务措施手段。①

四、日本警察的教育培训

日本对警察的教育十分重视，日本警察法规定，警察教育设施与管理训练的经费由中央支付，警察教育课程内容编排，由警察厅统一规定，全国保持一致。在各级警察学校接受教育的学生，都要求具有警察身份，各级警校不对外招生，学生必须由各级警察主管决定，并通过晋职考核，才能到相应级别的警察学校学习。日本警察教育分为学校教育、一般教育、委托教育、国家警察厅教育四种。“学校教育”是指警察学校或其他教育机关以新任或在职警员为对象，进行有关警察课程的教育。“一般教育”是指在职警员在非警察学校教育期间，在警察培训机构的组织监督下，根据各自的职务级别所进行的训练。“委托教育”是指为警察所需要的技能或课程在自办的学校或机关无法训练时，委托一般大学或其他机关代为训练，以弥补学校教育与一般教育的不足。“国家警察厅教育”是指国家警察厅在某些重要犯罪领域开展的教育训练工作。

---

① 王彦吉、杨鸣：《中外刑事警察教育训练比较研究》，中国人民公安大学出版社2002年版，第166页。

（一）学校教育

注重培养干部品德与技能，并配合升迁的训练。日本警部级以下人员，每升一级，必须进入相应等级的学校接受一定的教育。依据教育对象，分为初级警察教育、中级警察教育和高级警察教育。

1. 初级警察教育。日本各府县都有一所警察学校，开展初任科教育、现任科教育和专科教育。初任科教育的对象是新录用的巡查，教育期为13个月，岗位实习为8个月。教育内容主要涉及训育、宪法、警察行政法、刑法、刑事诉讼法、民法等。现任科教育主要是对警部补以下的警察，根据现任工作内容，进行必要的现职教育，时间长短不一，原则上由警视厅总监或警察本部部长决定。专科教育主要针对警部补以下的警察进行专业教育，教育时间由警视厅总监或警察本部部长决定。教育内容主要包括训育、警察法令、犯罪鉴定、侦查、防暴、警备、逮捕术等。

2. 中级警察教育。日本国家警察厅在全国7个管区各设置一所管区警察学校，专门培养巡查部长（巡佐）及警部补（巡官）等警察人才，侧重于对警察的在职培训。

（1）巡查部部长任用科。对巡查部部长进行短期业务培训，教育内容包括职务道德、巡查部部长的作用、职务指导、服务指导、管理等课程，多采用讨论会的教学方式。时间为6周。

（2）警部补任用科。对警部补级警察进行以掌握履行职务的要点为中心的短期业务培训，主要有职业道德、具体业务管理要领及其自身掌握的办法、基本领队能力、法学教育等课程。时间为8周。

（3）专科。针对警部补以下的专业警察开设的，研习专门知识与技能的短期培训，如暴力团取缔专科、交通侦查专科等。时间为2～4周。

3. 高级警察教育。日本警察大学是高级警察教育机关，专门培养警部级以上干部。

（1）警部任用科。以培养警部晋升者为对象，设置职务伦理、组织管理、基本实务、法学等课程，时间为3～6个月。

（2）高级专科。针对需要高度专业知识与技能的警种，以培养专业技能人才为对象，进行短期培训。设置会计管理、重要智能犯罪特殊侦查等专业，时间为2～3周。

（3）特别侦查干部研修所。培养高级侦查干部，时间为4个月。

（4）警察管理科。对警察厅所属部门领导的任用教育。开设侦查指挥运作、危机管理等科目。时间为3～4周。①

（二）一般教育

一般教育注重学校教育与实务相结合的训练，以提高警察执行工作的实力为宗旨。其类型有：

1. 在警察局进行的一般教育。

（1）管理者研习。对处于管理岗位的人，要求其参加管理者研习，学习科学的管理方法。

（2）实务研习。对警部补以下的警察，要求其参加以了解全部警察实务为目的的实务研习，时间为1年。

（3）实务讲习。分实务讲习和特定实务讲习，主要学习专门的知识和技能，时间为1周以上。

（4）新任人员实务讲习。对毕业于警校初任科的新任巡查，要求其参加新任人员实务讲习，学习职业道德和修身教育，时间为2天。

（5）术科讲习。对在职警察进行警察礼节、检阅、教练、逮捕术、柔道术、剑道、枪法、急救法、水上救生等训练，时间为10天。

（6）干部养成讲习。对将要升任警部、警部补、巡查部部长的人员，要求按级别参加干部养成讲习，进行学术、实务、管理监督能力的训练，时间为3天以上。

（7）临时讲习。对在职警察根据情况需要，临时实施的实务讲习及有关的技术训练，时间以不超过1周为原则。②

---

① 王彦吉、杨鸣：《中外刑事警察教育训练比较研究》，中国人民公安大学出版社2002年版，第190页。

② 王彦吉、杨鸣：《中外刑事警察教育训练比较研究》，中国人民公安大学出版社2002年版，第191页。

2. 在警察署进行的一般教育。以每月训练 2 个小时以上为原则，训练科目以警察署业务需要为原则选定。

（1）级别训练。训练的科目按级别的需要选定，训练方法以讨论方式为主。

（2）干部训练。原则上每月举行一次，训练重点在监督管理的原理、原则以及实务监督等内容。

（3）术科训练。每人每月给三次以上柔道、剑道的训练机会，给两次以上逮捕术、枪法、合气道的训练机会，其他术科按需要而定。

（4）个别训练。针对学员的实际状态，按其性格、业务能力、执行任务态度及交际关系等，有计划地进行个别训练。

（5）新任人员的训练。新任人员（指警员）的训练时间为 1 年（女警为 6 个月），分“基础教育期”“实务基础教育期”“实务教育期”三期完成。①

（三）委托教育

委托教育是指警察机关借助社会力量，委托其他机关或大学进行的警察技能和业务的教育训练。如举办青年警官海外进修班，每年从全国优秀警官中选拔 70 人左右，送往北美、西欧各国的警察机构或警察训练机构学习。日本委托教育的内容相当丰富，东京都警视厅的委托教育包括：计算机运用、机动车维修、潜水技术、小型船舶操纵、飞机操纵、飞机的维修、外国语、税务、卫生管理、警犬的训练使用等。

（四）国家警察厅教育

警察厅附属警察科学研究所采用举办进修班，召开学术研讨会等方式，为科研人员举办法医、化学、心理、爆炸、物理语音等各种鉴定科学研讨会，法科学研究所设置有以新录用学员为对象的“教育科”，专门进修高新

① 王彦吉、杨鸣：《中外刑事警察教育训练比较研究》，中国人民公安大学出版社 2002 年版，第 192 页。

技术的“专业科”，以及长期进行高新选题研究的“研究科”。近年来，日本警方重视对智能犯罪侦查干部的培训。如警察厅开设了三个职能犯罪侦查专科：以智能犯罪特侦班班长及其指定者为授课对象的智能犯罪侦查专科；以企业犯罪侦查班班长及其指定者为授课对象的企业犯罪侦查专科；以智能犯罪特侦领导为授课对象的智能犯罪侦查专科。

五、 俄罗斯警察的教育培训

俄罗斯警察教育实行集中管理体制并自成体系，各警察院校均不受国家教育部门的领导，由内务部下设教育培训局对全国警察的教育训练进行统一领导和集中管理，包括警察学校和训练部门的机构设置、师资人员调配、训练经费等各个方面。警察院校实行现役供给制，学生入学即入警，管理严格，经费来源有保障。

俄罗斯警察教育起步较早，发展总体状况比较成熟，现有 78 所警察院校，警察培训体系共分为 4 个级别，即培训中心、警察专科培训学校、警察大学和高等警察培训学校、内务部高级警官学院。

（一）培训中心

民警培训中心负责警察的初级培训。一般情况下，管制干部的培训时间为 3 个半月，巡警的培训时间为 6 个月，培训合格后，需见习 4 个月。民警培训中心的课程主要包括四部分内容：（1）社科教育、内务部历史等，占总课时的 10%；（2）法律，特别是行政法、刑法、刑事诉讼法，此外，还有犯罪学、法医学、急救等，占总课时的 40%；（3）警察技能训练，包括驾驶、射击、拒捕程序、自卫术等，以及体育和军事训练，占总课时的 45%；（4）警察道德教育，占总课时的 5%。培训结束后，新招募者还要接受 6 个月的实践培训。培训结束后，毕业生将到应聘的警局当巡警。

（二）警察专科培训学校

目前，俄罗斯有 17 所警察专科培训学校，其中 11 所专事培训警察，3

所培养警察管理干部，3所培养消防人员，学制为2年。专科学校有三种学员：最多的一种（60%～70%）是已经通过培训中心的培训、有6个月警察经历的在职警察；第二种是从地方学校毕业中招收的新警；第三种是在职民警的函授学员，每年住校学习3个月。警察专科培训学校的课程设置为：（1）社会经济学，包括基础哲学原理、经济基础、社会科学基本原理、20世纪政治史、俄罗斯宗教文化史、内务部史、职业道德、国家法律的基础学习等，占总课时的20%；（2）法律，包括俄罗斯法制史、行政法、金融法、民事和家庭法、民事诉讼法、刑事侦查、刑事诉讼、农业和生态学法、土地法、劳动法、犯罪学、劳改法、劳改心理学、法庭心理学、法医学及药理学等，约占总课时的55%；（3）警察技能，如警车驾驶、刑事调查拍照技术、自卫术、摔跤和射击，约占总课时的25%。学习过程中，学员要参加学校模拟实验室的模拟训练，或到警察实战部门参加实践锻炼，时间为1个月。课程学完后，毕业生将到警察部门工作，警衔是少尉，是最低一级的警官。①

（三）警察大学和高等警察培训学校

俄罗斯共有19所警察大学和高等警察培训学校，学制有4年、5年两种。警察大学和警官培训学校设置有若干专业，开展专业教育。生源有来自警察专科培训学校的毕业生，有的来自培训中心学院，也有从社会上招收的符合入学条件的普通公民。警察大学和高等警察培训学校的课程设置和专科培训学校大体相同，但一般都侧重某个专业，理论性更强，而且还多开设一些课，如罗马学、政治学、外国历史（即外国的政府和法律）、逻辑学、法庭建制、礼仪及统计等。无论是4年制还是5年制的学生，都要接受相当时间的实战训练，撰写毕业论文并进行公开的答辩。学员毕业后的起始警衔是少尉，可逐步晋升到大校，若想再向上晋升，必须参加最后一级培训——进入内务部高级警官学院学习。

---

① 赵可：《国外、境外警察队伍建设——招募、培训、晋升》，群众出版社1997年版，第138页。

（四）内务部高级警官学院

内务部高级警官学院是俄罗斯警察的最高学府，招生对象是俄罗斯联邦内务部和共和国内务部的高级行政官员，以及即将获得博士学位，并受聘于警察院校的教官。进入该学校不用考试，但申请人必须在申请书中阐述自己的进修意愿、职业、奋斗目标和观点。该院也负责培训独联体国家和部分发展中国家的警官。内务部高级警官学院共有6个系部；一系是高级管理干部培训系，培养共和国一级的警务管理干部、专业技术干部。要求学员在35岁以下，具有高等教育学历和在内务部机关的领导工作经验。二系是普通管理干部培训系，着重培训地方级内务行政管理人员，入学条件和一系相同。三系专门为警察专科培训学校和高等警察学院培养高级教官和教授，设有研究生班和博士培养点。四系是国外警察领导干部培训系，主要培养部分发展中国家的警官。五系是在职干部进修系。学员来自俄罗斯内务部、各共和国内务部、边疆区和各州内务部。六系是各类警察院校教学人员进修系，主要有科学组织、心理学、教育学等课程。①

六、中国港澳台地区警察的教育培训

（一）香港警察的教育培训

香港警察教育培训具有严谨有序和规范化的运行机制，其教育培训的宗旨是训练警务人员执行所需职务及协助警务人员全力发挥个人潜能。按照香港《警察程序手册》的规定：警务处提供一系列入职、进修、晋升、指挥、语文、教育性及专业性的课程，并载于警察训练目录内。警察教育培训主要有新警培训、专业培训、进修培训和晋升培训。

1. 新警培训。新招募入警的警员必须首先在香港警察培训学校接受24周的教育培训。新警上任后要接受由“训导警员”督导的至少4周的熟习职

① 王彦吉、杨鸣：《中外刑事警察教育训练比较研究》，中国人民公安大学出版社2002年版，第225页。

任训练。同时，新警离开警察培训学校后的2年内，还要于每个月到总区进修培训中心受训1天。新招募入警的督察必须在警察培训学校接受36周的教育培训，一般毕业后被派往警区或水警总区工作。上任后也要先进行专项熟习职任训练。

2. 专业培训。所有警务人员都要接受该项培训，主要包括侦缉培训、指挥培训、交通管理事故调查培训、语文培训、枪械培训、专业人才培训、水警培训、教官培训等。如战术培训，香港警队规定，46岁以下的总督察至警司级别警务人员和41岁以下的高级督察以下级别警务人员，必须到警察机动部队实习训练52周。训练内容包括领导与指挥才能训练、基本防爆操练、弹性战术训练、高级战术训练、突发事件及内部保安问题的处置等，以全面提高各级警务人员的专业素质。

3. 进修培训。香港警队规定，在职各级各类警察都要定期接受训练或被指派到港内、港外进修，以提高专业知识能力扩大思维视野。新警员警察培训学校毕业后2年内，必须每月到总区进修培训中心受训1天，其培训课程由警察培训学校根据新警担任的职务需要进行设置。警长、警署警长在任职的第3年、第6年和第11年要返回警察培训学校接受在职培训。

4. 晋升培训。香港警队规定，警衔的晋升除了要有一定服务年限外，还必须到警察培训学校接受晋升培训。其具体要求是：警员升任警长，必须接受8周的警长晋升课程培训；警长升任警署警长，必须参加为期12周的晋升课程学习；警署警长升任督察，必须接受36个星期的晋升培训。①

此外，香港警队还制定了一系列政策支持警务人员参加教育培训。如警务人员如获警务处提名就读香港学校的一门全日制课程，所在单位的指挥官应免除其执行日常职务；获进修假期的人员，仍可于受训期间得到实职薪金。

（二）澳门警察的教育培训

澳门有三所警察培训学校，分别是隶属于保安司的保安部队高等学校，

① 王彦吉、杨鸣：《中外刑事警察教育训练比较研究》，中国人民公安大学出版社2002年版，第287页。

隶属于司法警察局的司法警察学校和隶属于治安警察局的警察学校。其中，保安部队高等学校和警察学校分别培训治安警察局的警务人员，司法警察学校专门负责刑事警察的培训。

司法警察学校是非学历教育的专业培训学校，主要负责司法局刑事警察的人职考核工作，所承担的主要教学任务是：报考见习侦查员的初期培训课程；侦查员专门课程；报考刑事侦查助理员的培训课程；刑事侦查公务员专门课程；任用二等侦查员的实习及有关法令规定的特别培训及实习课程；刑事侦查学主力技术员培训课程；刑事侦查学鉴定人培训课程；刑事技术辅导员实习及培训课程；见习督察培训课程；二等督察的实习等。其培训的主要方式有：初期培训，即对学员进行进入任用职级所需要的一般基本训练；长期培训，即对司法警察局所有工作人员进行专门技术及知识的培训；升级培训，即对司法警察局专有职务内的公务员进行有关职务晋升的培训；实习培训，即对学员进行执行技术或警务工作的职务实习训练等。同时，司法警察学校也为司法警察局的刑事警察提供经常性的专业培训，如跟踪及监视技巧课程、边界人员培训课程、刑事起诉概论及出庭听审、保安部队高等学校学员就读的警务侦查课程、皇家香港警察主讲的危急谈判进修课程等。

（三）台湾警察的教育培训①

根据1960年颁布的“警察教育条例”规定，台湾警察的教育培训采用公费、专业化教育类型，主要包括养成教育、进修教育、深造教育、常年教育。

1. 养成教育，即基本专业教育。本科教育学制为4年，面向社会招考高中毕业生或具有同等学力的符合条件的青年，对内挑选警察专科学校或警察学校警员班毕业，在职服务2年并表现出色的警员插班就读。专科教育学制为2年，对外招考高中毕业生或具有同等学力的毕业生；由“中央警察大学”承办的专科教育，对内招考警察学校甲种警员班毕业，在职服务3年表

---

① 王彦吉、杨鸣：《中外刑事警察教育训练比较研究》，中国人民公安大学出版社2002年版，第344页。

现出色的警员。

2. 进修教育。主要指警佐一阶以下在职警察的进修学习及依据警察业务而举办的专业培训等。巡佐班由警察专科学校或警察学校办理，时间为不超过3个月；警佐班由中央警察大学办理，学员为符合升任警佐一阶职务资格的警察人员，时间为4～6个月；专业培训主要由警察专科学校依据警察业务需要培训现职警官。

3. 深造教育。主要指晋升官等的培训，研究生教育以及国外考察、研习等。晋升官的培训时间为4～6个月。警正班培训警佐一阶级别的人员晋升警正等级，警监班培训警正一阶晋升警监等级，这两个班主要是晋升职务之前的培训。高级警政研究班，是从现职警监中选拔优秀人员进行专门性的业务研究。研究生教育由“中央警察大学”的警政研究所承办，招收学校本部毕业或相关学校具有本科学历并在职服务2年表现突出者。

4. 常年教育。主要指经常化的职业教育与专业技能的训练，主要包括个人训练、组合训练和特勤训练。个人训练由警政署统一规定科目、要求和标准，以分局为单位，对警察个人进行训练。组合训练是一般勤务训练，由市县警察局策划执行，训练内容为警网配合训练。特勤训练专指对特种警察勤务的训练。

第七节
警察教育培训的大纲与教材

一、美国警察教育培训

美国刑事司法学院（系）课程设置。以纽约市立大学约翰·杰伊刑事司法学院为例。①

类　别	科　目	学　分
必修课 共计 24 学分	刑事司法程序及制度概要	3
	警察行政、监督及其组织、执行	3
	法院制度及程序	3
	起诉、辩护制度及程序	3
	感化制度及程序	3
	假释、缓刑及自新保护	3
	民法、刑法及警察执行	3
	少年司法制度及程序、法律	3
选修课任选 3 门，共计 9 学分	被害者学	3
	犯罪学	3
	安全制度	3
	恐怖主义	3
	有组织犯罪及智能犯罪	3
	少年犯罪	3
	犯罪者——传统犯罪者与现实犯罪者	3
	犯罪及量刑	3
	刑事司法研究	3
	比较刑事司法	3
	刑事司法之特殊问题	3
	刑事司法之实地调查	3
	刑事司法之评估方法	3
选修课 不计学分	刑事司法文学	
	伪造假画	
	刑事司法史	
	图表分析、犯罪资料的说明及解释	
	通过“心理—戏剧”了解犯罪	
	新闻传播对刑事司法行政的影响	
	都市暴行及捣乱分子	
	种族关系的法律及政策	
	犯罪的经济影响	

① 赵可：《国外、境外警察队伍建设——招募、培训、晋升》，群众出版社 1997 年版，第 8 页。

大学4年制法庭科学课程设置及学分表①：

学期	科目	学分
第一学期	作文	3
	刑事司法简介	3
	生物学（Ⅰ）及实验	4
	犯罪侦查原则	3
	普通化学及实验	4
	体育（Ⅰ）	0
第二学期	作文及文学	3
	刑法	3
	生物学（Ⅱ）及实验	4
	刑事科学简介	3
	普通化学及实验	4
	体育（Ⅱ）	0
第三学期	普通物理（Ⅰ）及实验	4
	初级微积分	3
	有机化学（Ⅰ）及实验	4
	法医学	3
	遗传学或其他必修课程	3
第四学期	普通物理（Ⅱ）及实验	4
	微积分	3
	有机化学（Ⅱ）及实验	4
	警察执法概论	3
	刑事摄影及文件鉴定	3
第五学期	刑事司法历史或数据处理介绍	3
	刑事科学实验	3
	细菌学及实验或病理学及实验	4
	定量分析	4
	选修课程	3

① 王彦吉、杨鸣：《中外刑事警察教育训练比较研究》，中国人民公安大学出版社2002年版，第88页。

续表

第六学期	心理学 刑事科学实验（Ⅱ） 仪器分析 生物化学及实验 必修课程	3 3 4 4 3
第七学期	定性分析及有机化学 药理学及实验或其他必修课程 生物物理及实验或其他必修课程 实习	4 4 4 3
第八学期	社会学 毒物学实验或其他必修课程 犯罪学 免疫学和血清学实验或微生物学实验	3 4 3 4

在职进修的2年制专科教育课程设置①：

学　期	科　　目	学　分
第一学期	心理学 国家政府 执法概要 沟通技术（警民之间传达或交换思想、意见、讯息的技术） 警察组织及行政 第一、第二级急救实务	3 3 3 3 3 3
第二学期	技术报告撰写 州及地方政府 社会学概要 制止犯罪及青少年犯罪中警察之作用 巡逻勤务 警察防卫策略	3 3 3 3 3 3

① 赵可：《国外、境外警察队伍建设——招募、培训、晋升》，群众出版社1997年版，第10页。

续表

第三学期	刑法 刑事侦查 社会问题 警察社区关系 警察枪械及武器 选修课	3 3 3 3 3 3
第四学期	基础数学 犯罪证据及侦查 犯罪侦查学概要 有组织犯罪及对其罪恶的控制 选修课	3 3 3 3 3

注：以上课程必须修满63学分以上才能毕业。

美国警察教育培训制度职责分配明显，即把“教育和训练”分开。大专院校进行的警察教育和警察机构在警察训练基地对新警所进行的训练，两者互为补充，有机配合。美国的大专院校已转向只对警察提供理论教育，如警察部门的组织和管理、警察的作用、警察自决权等课程。而各个警察部门的培训基地转向为警察提供行动和技术技能训练，如各种武器的使用、真假证件和钞票的辨别等。此外，美国警察学校对师资选聘极为严格，要求必须具有学士、硕士以上的学历；必须有5年以上的实际工作经验，而且经过严格的考试。教师从行政人员中选拔，不设专业教官队伍，各级警员、警官都有讲习的机会，美国警察以能够到学校任教为荣。

二、 法国警察教育培训

法国高级警长学校课程设置①：

类　别	科　目	学分（小时）
概述	警察机构概况 国家领土的警戒与保卫	40 35
社会科学	指挥职权与人际关系 人权——公共自由与道义论 管理和信息论 城市警察分局局长 专题讲座（司法机关、恐怖活动）	100 20 90 90 10
刑事警察课程	刑事警察学 警察技术人员（刑事科学） 法医 刑法和刑事诉讼法 犯罪学	120 25 10 40 10
普通警察课程	行政警察 情报局工作 公共安全 领空和边防警察	65 65 65 10
警体课	武器装备 射击 自卫术 心理素质训练 其他体育训练（根据季节，安排滑雪、游泳、网球、骑马、足球、手球、排球、篮球、格斗等）	7 23 35 45 95
总计	总计学时（含警用武器、体育、心理训练等）	1000

① 王彦吉、杨鸣：《中外刑事警察教育训练比较研究》，中国人民公安大学出版社2002年版，第123页。

警察机构课程教学大纲①：

课　名	教学内容	课　时
警察机构概况	内政部和国家警察总署 ——组织、机构、手段、任务 ——有关人事和情况发布的法规 ——警察局局长的职责	12
	警察局局长的培养目标概述	2
	诸方面事物的规则	6
	警察史	20
国家领土的警戒与保卫	国家保卫 ——东西方和北南方关系的发展变化 ——国防部总编制及外来威胁情况 ——军事保卫：防卫的震慑力和政策，领土的防卫措施 ——国内防卫的机构和任务，国内防卫的措施以及国家警察的作用	10
	领土的警戒 ——敌视法国的外来干涉，间谍和反间谍工作，本土警戒局的机构与任务 ——苏联的情报系统、罗马尼亚的情报部门 ——防范措施与防范手段 ——暴力颠覆和国家恐怖主义、本土警戒局行动的法律依据 ——警戒和安全防范的技术手段 ——通过人员渠道进行的情报收集行动 ——非法的技术转让	25

① 王彦吉、杨鸣：《中外刑事警察教育训练比较研究》，中国人民公安大学出版社2002年版，第124页。

续表

指挥职权与人际关系	警察机构 ——警察社会学、警察部门、警察人员 指挥与人事管理 ——人际关系学、权威问题 ——警察机构中的生活问题 ——警察的理论与实践（一个警察部门的管理实习） ——决定的确定 口头表述与会议的主持 ——人际关系 ——口头表述（主持会议的实际练习） 作业练习 ——在一个警察部门带职实习 ——各种突发情况的处理 ——警察工会运动的特殊性及协商谈判	8 40 32 20
人权——公共自由与道义论	人身自由权及其保护 ——隐私自由权 ——居住自由权 ——出版自由权 ——保卫人权协会 ——保卫人身自由权 ——参加一天欧洲人权公约活动	20
管理和信息论	人事装备和财务管理 ——人事管理：咨询机构、晋升、人事调动、评语、社会表现、纪律、事故、受伤和患病档案的审查 ——公共职责各方面的协调 ——各部门的分散管理、不动产与动产、警察部门现代化 ——档案审查（出勤、评语、晋升、纪律、日常管理、分散管理、公务员的法律保护） 信息论 ——信息论总论 ——国家警察机构的信息发展计划 ——办公室自动化和无线电传真技术 ——国家信息学会及其职权 ——计算机中心实习	60 30

续表

城市警察分局局长	环境 ——环境法（广告张贴、噪声和空气污染、列入国家保护的设施、城市规划） ——重大的自然与认为危险因素的预防 ——核能的危险 ——实地参观调查 地方行政单位 ——省长 ——省议会主席 ——市长 ——市政厅的组织机构与职能 ——市属警察机构 ——实习（列席一次省议会和市议会的会议） 治安：预防措施与镇压措施 ——近20年来实行的各种刑事对策 ——预防对策与警力以外的预防措施 ——镇压政策 ——警察的作用	30 22 8
城市警察分局局长	劳工界 ——劳动法的现行方针 ——劳动的群众冲突 ——劳动刑法及与警察相关的违法行为 ——劳工可能出现的刑事后果 企业界 ——全国大型的工会联合会 ——实地参观：雷诺汽车制造厂	30

社会科学课程教学大纲①：

法国警察教育训练注重理论知识和在职经验的紧密结合，根据警务需要，设置实用性的教学内容，突出演练式的教学方法。其课程设置的针对性很强，教学内容根据形势、任务的变化，进行适时的增减。由以上法国警察教育培训的课程设置及大纲可知，其教学方法采用课堂讲授、模拟演练、技

① 王彦吉、杨鸣：《中外刑事警察教育训练比较研究》，中国人民公安大学出版社2002年版，第125页。

能训练、实习等四种模式，重视对警员的技能训练，课堂讲授与技能训练的比例为1∶1，例如，在课时分配方面，射击训练所占时间较长，在校生每人消耗子弹900～1200发。此外，法国把警察的教育训练工作列入警察法规，避免了警察教育训练的行政性、随意性和流于形式走过场，保证了警察教育训练的质量。

三、 德国警察教育培训

德国警察领导学院课程设置和教学大纲①：

	第一阶段	学时	第二阶段	学时
领导学	导论	2	当前社会中警察地位与领导问题	6
	领导意义、风格与管理方法	8	领导学系统	8
	领导程序	3	动机、冲突的可能性、领导任务	8
	沟通原则	10	组织架构、组织流程之形成原理	20
	沟通系统形式	10	目标的形成、计划、决定、执行计划、命令与管制	43
	交谈与讨论	20	职员学	20
	思想工作技巧	22	合作领导体系	15
			陈述意见与接受大众传媒访问	10
			考试	10
总计 215		小计 75		小计 140

① 王彦吉、杨鸣：《中外刑事警察教育训练比较研究》，中国人民公安大学出版社2002年版，第168页。

续表

勤务学	导论与原理 勤务准备、执行与检讨 与其他安全机关的合作 逻辑、补给、健行、运输 领导机构 实例演练	10 10 10 10 10 25	一般安全状况判断 警察技巧及工作方法 机构的领导（上对下） 警察问题的解决——勤务和任务 重大事故 集会游行 非和平示威活动 人质、掳人勒赎 爆炸物及违反宪法秩序的威胁 劳资纠纷 当前重要问题 考试	7 8 10 25 15 15 15 20 20 5 10 10
总计 235		小计 75		小计 160
交通学	特殊状况及交通管制 一般状况及交通管制	22 23	交通研究结果的运用 交通技术 交通教育 交通监督 考试	22 23 22 23 10
总计 145		小计 45		小计 100
国家法、宪法	西德联邦共和国宪法的形成及其基础 基本人权的一般问题 维护基本法所确定的联邦宪政国家功能 宪法上的财政原理	15 20 20 5	基本人权中的一般自由权 人性尊严不可侵犯权的保障 基本法中特别自由权范围、特殊问题 平等权 自由、民主基本秩序的维护	5 5 20 5 10
总计 105		小计 60		小计 45

续表

警察取缔法	生活中重要警察案件及法律特质 警察行为的合法性 民事法对于警察取缔权的影响 警察处分的法律援助 警察责任赔偿、损害赔偿及收费问题	50 55 40 10 15	法律运用的方法及技巧 警察实务权限的界限与权限逾越 警察勤务构想、执勤方法技巧的发展、国家行为的法律依据 个人资料保护法 重大事故 集会游行 非和平的示威活动 人质、掳人勒赎 爆炸物及违反宪法秩序的威胁 劳资纠纷 考试	10 15 10 6 12 18 5 9 12 8 10
总计 285		小计 170		小计 115
公职人员法	公务人员法 惩戒法 薪资法 人员代理法	10 15 10 15	无	
		小计 50		
心理学	无		导论 以自传为动态生活过程 动机 人格学 想象系统 重大事故 集会游行 非和平示威活动 人质、掳人勒赎	2 6 10 7 5 5 5 5 5
				小计50

续表

政治学	无		政治与警察 集会游行 爆炸物及违反宪法秩序的威胁 劳资纠纷	5 5 5 5
				小计 20
社会学	无		导论 工作与职业 职务与社会观感、结构状况 组织内部的冲突、社会专业化之构成、文化机构与阶段 德国警察的结构与演变	4 6 3 4 3
				小计 20
教育学	无		思学、遗忘、学习心理 教学的组织 成绩的评定、能力证明的评定	5 9 6
				小计 20
职业道德	无		何谓人类 人类做些什么 职业中的人类	10 10 10
				小计 30

续表

犯罪侦查学	刑事警察的教学内容	导论	5	刑事警察领导功能	20
		证据学	15	犯罪抗制的效果	20
		追缉	15	犯罪抗制的资讯与通信	20
		取得隐藏资料	10	公开工作	10
		犯罪组织	20	特殊犯罪的抵制	35
		犯罪状况掳人勒赎	10	重大事故	6
				非和平的示威活动	2
				人质、掳人勒赎	10
				爆炸物及违反宪法秩序的威胁	7
				考试	10
	总计 215		小计 75		小计 140
	制服警察的教学内容	导论	3	犯罪抗制的效果	5
		证据学	5	犯罪抗制的资讯与通信	15
		追缉	7	公开工作	35
		取得隐藏资料	6	特殊犯罪的抵制	35
		犯罪抗制组织	6	重大事故	6
		犯罪状况	3	非和平的示威活动	2
				人质、掳人勒赎	10
				爆炸物及违反宪法秩序的威胁	7
				考试	10
	总计 155		小计 30		小计 125
犯罪学	刑事警察	一般原理	10	当今研究重点	10
		犯罪学方法	15	个别犯罪的犯罪学	70
		犯罪陈述	20	一般警察的犯罪学观点	10
				考试	10
	总计 145		小计 45		小计 100
	制服警察	一般原理	10	当今研究重点	10
		犯罪学方法	15	个别犯罪的犯罪学	20
		犯罪陈述	20	一般警察的犯罪学观点	10
	总计 85		小计 45		小计 40

德国高级警察教育课程时间分配表①

	课程与学时 \ 组别	领导学	勤务学	犯罪侦查学	国家法 执行法 警察执行法	小计
实例演练——以案例应用为主的课程	领导学系统	5				5
	动机、冲突的可能性、领导任务	4				4
	领导组织的形成原则	10				10
	目标的形成、计划决定	35				35
	职员学	10				10
	合作的领导体系	10				10
	陈述意见与接受大众传播的访问	5☆				5
	重大事故		10*	2*	2*	14
	集会游行		10*		2*	12
	非和平的示威活动		10*		2*	12
	人质、掳人勒赎		15*	2*	1*	18
	爆炸物及违反宪法秩序的威胁		15*	2*	2*	19
	当今问题		10			10
	小计	79	70	6	9	164

注：* 表示皆包括在组间交错课程内。☆表示下午额外的实例演练课程。

德国警察院校的正规教育在课程设置和教学内容上有很大的相似性和一致性。各级警察院校所开设的主要课程都包括有领导学、警察勤务学、交通学、刑事侦查学、犯罪学、国家法与宪法、心理学、政治学、社会学、教育学和职业道德。从表中不难看出，其教学内容组织严密，不仅涉及面较宽，内容较广，而且与警察业务紧密结合，具有很强的针对性和实用性。虽然警察教育

① 王彦吉、杨鸣：《中外刑事警察教育训练比较研究》，中国人民公安大学出版社2002年版，第174页。

独立于国家高、中等教育体系外，但把基础理论教育和职业能力的培养摆在同等重要的位置。各级警察院校的课程安排上，均包含有关的社会科学等理论课程及与警察工作密切相关的警察实务性课程。在理论教学中不仅系统讲授基础原理、概念，而且紧密联系实际穿插警务工作中大量的实际内容。如在法律教学中，注重把法律条文的讲授与警察实际工作中如何运用紧密结合。而且警察院校普遍采用一种伞状教学法，即由不同学科、不同专业的教师对学员进行分层教学，使学员的知识面形成一种伞状。各级警察院校在教学中十分重视实践训练，不论学制几年，都要拿出一半甚至更多的时间组织学员到实战部门接受实战锻炼，直接参与警务活动。从根本上解决了警察院校理论教育与实际相脱节的问题，使学员通过警察院校的学习，既能在理论上得到系统提高，又能学会从事工作的本领。在高级警察的教育培训中，实行实例演练课程的教学模式，使学员学会在处理某一警察事务时，能从各种角度对该事务进行分析和研究，从而提高学员的综合分析能力与指挥、领导能力。

四、 日本警察教育培训

日本警察大学各科学制、招生对象及其课程设置①：

科别	学制	招生对象	课程设置
本科	1 年	警部级干部	训育、世界历史、政治思想史、政治学、经济学、法律、哲学、日本法制史、心理学、东洋思想史、自然科学、宪法、警察行政法、刑事诉讼法、刑法、民法、商事法、劳动法、社会运动史、犯罪学（包括刑事政策）、法医学、日本警察史、各国警察制度、簿记监察、警察行政管理、犯罪侦查、犯罪鉴定、防范警察（包括保安警察）、外勤警察、交通警察、警备警察、警察通信、检阅教练、枪法、逮捕术、柔道和剑道、体育、其他

① 赵可：《国外、境外警察队伍建设——招募、培训、晋升》，群众出版社 1997 年版，第 183 页。

续表

初任干部科	5 个月	大学毕业、初任警部补级干部	训育、教育讲座、警察行政法、刑法、刑事诉讼法、劳动法、社会运动史、犯罪学（包括刑事政策）、法医学、警务、犯罪侦查、犯罪鉴定、防范警察（包括保安警察）、外勤警察、交通警察、警备警察、警察通信、检阅礼节教练、枪法、逮捕术、急救术、柔道、剑道、体育、其他
柔道、剑道教官养成科	1 年	警部补级以上干部、警察学校教官	训育、教育讲座、宪法、警察行政法、刑事诉讼法、教育原理、体育史、体育心理、体育管理、体育测定法、社会体育、运动生理、柔道生理、剑道理论、运动指导、保健概论、柔道、剑道、逮捕术、体育、急救术、合气道、空手道、其他
现任科	14 个月	警部级以上警察高级干部	训育、教育讲座、警察关系法令、警务、刑事警察、防范警察、警备警察、警察通信
专科	7 天	警部级以上干部、警察教育工作者	训育、警务、犯罪侦查、犯罪鉴定、防范警察、外勤警察、交通警察、警备警察、其他

注：学员需由所属部门领导推荐，个人提出申请，经校长审查合格后准许入学。本科教育是配合晋职而实施的教育，生源来自通过国家警察厅“警部补”级考试的合格者或警察部门拟晋升“警部”级的在职警察。学生入学后一律带职带薪，不缴学费。伙食费、书费、住宿费自理。毕业后仍回原单位工作。学生上课每日四节，分上下午进行，每节课为 90 分钟。

由上表可知，日本非常注重警察的职业道德教育，从初任科到警部任用科都开设有职业道德课程。首先，其专业实务课程丰富，在警部补任用科及警部任用科中，有充实的应用范围广且技能性强的专业课程。其次，课堂教学内容针对性强，对不同职级的学员开设有相应的课程，课程设计简洁，给予学校教育必要的机动性和反弹性。最后，日本教育训练计划统一规范，对警务人员升任哪一个级别，应该在哪一所学校受训，以及训练时间、内容、方法等均有翔实的规定。

五、 俄罗斯警察教育培训

莫斯科警察大学课程设置①：

教研室名称	课程名称	教研室名称	课程名称
国史教研室	内务机关工作史 社会政治史 莫斯科警察史 国家历史 地理历史	法与国家的理论及历史教研室	法与国家的理论 俄罗斯法与国家的历史 罗马法 外国法与国家的历史
经济学教研室	经济学基础理论 会计核算及分析 经济和区域地理 经济学说史 世界经济 国际经济关系 金融立法 银行及会计统计	民法教研室	民法 民事诉讼法 劳动法 家庭法 生态法
哲学教研室	哲学 逻辑学 内务机关工作人员职务道德 宗教学 美学 现代自然科学概念	刑法教研室	刑事诉讼法 俄罗斯执法机关 侦查员职务导论 内务机关的调查和讯问
会政治课教研室	社会学 政治学 文化学	犯罪与犯罪预防教研室	犯罪学 犯罪预防学

① 王彦吉、杨鸣：《中外刑事警察教育训练比较研究》，中国人民公安大学出版社 2002 年版，第 232 页。

续表

宪法与国际法教研室	俄联邦宪法 国外宪法 市立法 国际公共法 国际区域法	教育与心理学教研室	内务机关活动中的教育与心理学 侦查心理学 心理学概论 高等职业教育中的教育心理学 教育职业导论
信息和管理教研室	内务机关管理概论 信息学 信息与数学 高等数学	刑事调查的讯问教研室	内务机关的调查讯问活动 会计检验 警察职务导论 经济调查分析
行政法及内务机关活动教研室	内务机关行政活动 机要制度与机要专业导论 行政法 金融法	运动和实用体育教研室	轻型竞技体育和滑雪 柔道 徒手搏斗 哑铃 微型足球 拳击
司法检验教研室	指纹检验 痕迹检验 字迹检验 肖像检验 技侦检验 投射兵器检验 弹道冷兵器检验	战术训练教研室	火力课 危急状态下的生存与行动概论 一般和特殊战术 内务机关作战地形的应用 公民防御 作战动员概论 培养警务翻译所必需的课程
犯罪侦查学教研室	侦查学 预备侦查	专业技术教研室	内务机关专业技术 汽车驾驶 车技训练

俄罗斯警察教育非常重视实践教学，俄罗斯内务部教育培训局明确规定，各类警察院校无论学制长短，理论教学和实习、模拟教学各占1/2，如俄罗斯著名的伏尔加格勒法学院，各专业的理论教学只占全部课时的40%，实践教学占60%。教师在课堂教学中，通常采用研讨式、案例教学等教学方式，由学生根据教师提供的若干讨论题或模拟案例，制定解决方案，进行课堂讨论。在理论教学方面，特别重视程序化，即什么样的案件采用什么样的程序，依据什么样的法律法规等。在实践教学方面，采用校内、校外和课内、课外等多种形式进行，且经常在真实的职业环境中进行模拟实践。警察

院校的学生每年要进行1～2个月的实习，参加巡逻等警务工作。在警察技能训练方面，各警察院校非常重视射击、自卫术、摔跤等技能训练。在四年制高等警察院校中，体能、技能训练课达900课时，每年要进行500发实弹训练。内务部教育训练局强调教育训练为警务工作需要服务，近几年根据新型犯罪内容，如严重经济犯罪、毒品犯罪、伪造货币犯罪等，积极开展、设置了许多新型学科教育。如内务部高级警官学院为了加强与国际警界的合作，增加了国际法、比较法和打击犯罪的国际合作等新学科。俄罗斯各警察院校的教师主要来源于三个方面：内务部高级警官学院和高等警察培训学校的毕业生；社会名牌大学选调的毕业生或教师和警察部门的专家。其对警察院校的教师有很高的要求，中高等警察院校的教师多数具有副博士以上学位，培训中心的教师也必须是高等警察院校的毕业生。

六、 中国港台地区警察教育培训

香港警察训练1～24周学校课程表①：

预定周数	课　题	节　数
第1周	制服之穿着及其护理	1
	香港社会	2
	社会规范与法例	2
第2周	香港政府	1
	警队架构及阶级区分	2
	警队的通令及刊物	2
	肃贪倡廉	3
	值勤	2
	分段巡逻编制	1
	如何巡逻一个分段	2
	无线电巡逻通讯机	1
	电讯程序	1

① 王彦吉、杨鸣：《中外刑事警察教育训练比较研究》，中国人民公安大学出版社2002年版，第298页。

续表

第 3 周	警察在转变的社会中所扮演的角色 警察之职务与责任 警队之联谊及福利设备 处理求助事件 报案室及报案室人员 警署之保安工作	1 1 2 1 2 1
第 4 周	报案室内之簿册 警署电话的使用 如何处理市民的举报 有关悬挂旗帜事宜 手镣和警棍的使用 警察传讯系统 警务人员的操守	2 1 1 1 1 1 3
第 5 周	警务工作的基础——民众 人际关系问题及警务人员对待市民的态度 可疑任务的处理——截停及查问 搜查可疑人物 第二代警务处姓名索引电脑系统 拒捕 犯人之安全羁押 查问疑犯的规则 枪械	2 2 2 1 1 3 3 3 1
第 6 周	处理犯人财物 套取指模 刑事法（理论课程） 服务条件 投诉警务人员	2 2 3 1 2
第 7 周	有效的互相沟通 保释 保释程序 证据 枪械及武力之使用 危险药物 警务人员之纪律	3 1 1 3 2 2 3

续表

第 8 周	盗窃、行劫、入屋犯法及盗取电力罪行 游荡及其有关罪行 擅取交通工具 刑事欺骗罪 勒索罪及类似罪行 殴打及伤人罪 防盗警钟 武器、枪械及弹药罪	5 2 1 2 2 2 1 2
第 9 周	刑事毁坏 在罪案现场的行动 处理伤/病/精神失常者 处理擅进者 公安条例 意外及火警现场应采取的行动	2 2 1 2 2 2
第 10 周	处理死者 吃力炸弹或可疑物体的报告 录取证人口供及警察表格 令状 赌博 军装警务人员作初步调查的刑事案件及警察表格	1 1 3 2 2 1
第 11 周	入境事宜 儿童、少年人及老年人的处理 性罪行及猥亵行为 色情电影及刊物 娼妓及卖淫场所 失踪人口的调查 遗失或拾获财物的处理 罪行与异端	2 1 2 1 2 1 2 2
第 12 周	公众滋扰及有关罪行 小贩 传票与检控 填写杂项传票申请表格（POL287A） 鸟兽及鱼类	3 1 2 2 2
第 13 周	香港的法庭和法庭礼仪 审讯前的事宜 审讯的程序及进行 警察社区联络办事处及警察报案中心	1 1 3 2

续表

第 14 周	处理纠纷 处理一般投诉 警告	2 2 1
第 15 周	交通管理及执行责任的简介、车辆的分类 车辆登记及发牌照事宜 车辆的结构、配发及维修 车辆上的灯光及反射器 私人财务事宜	2 2 2 2 2
第 16 周	驾驶执照 区交通组的职务 公共服务车辆 交通管制 机动车辆之保险	3 1 2 7 1
第 17 周	交通意外 违例泊车定额罚款（POL525）	2 3
第 18 周	定额罚款、行车违例（POL570） 车辆使用的限制 骑单车者、行人及行人过路处 填写交通传票申请表格（POL287） 移去及检验车辆 三合会 刑事情报	2 1 2 2 2 1 2
第 19 周	路障 道路工程 失车及通缉车辆调查	2 1 1
第 20 周	特别职务队	3
第 21 周	特遣小队	2
第 22 周	民众的处理	2
第 23 周	防暴周	
第 24 周	毕业周	

香港警察教育培训讲求实用的原则，以达到应知应会为目的，强调实用性和实践性。基础课程设置以香港法律、法规为依据，专业课程设置从实际

出发，按照实际发生的案件来设计训练内容。在教学安排上，纯理论教学只占全部课程的1/3，实践训练教学所占比例很重。课堂授课内容注重精要，以讲清基本概念为原则，不作更多更全的扩展，讲授与模拟示范紧密结合，把更多的具体教学内容放在模拟案件训练过程中进行，采用精讲多练的方式，强调学员的主体参与意识，有效地避免了教学与实践的脱节，有利于学员能力和素质的培养。

台湾“中央警察大学”鉴识科学专业硕士班课程设置表①：

类别	科目名称	学分	第一学年		第二学年		备注
			上	下	上	下	
必修课	鉴识科学研究	3	3				
	鉴识教学实验1	0	0				
	专题演讲1	0	0				
	书报讨论（一）	0	0				
	鉴识科学研究2	3		3			
	鉴识教学实验2	1		1			
	专题演讲2	0		0			
	书报讨论（二）	1			1		
	书报讨论（四）	1				1	
	专题演讲4	0				0	
必选课	物理鉴识研究2	0				0	
	化学鉴识研究2	0				0	
	生物鉴识研究2	0				0	

① 王彦吉、杨鸣：《中外刑事警察教育训练比较研究》，中国人民公安大学出版社2002年版，第354页。

续表

选修课	鉴识统计	3	3				
	质谱术特论	2	2				
	油漆鉴识特论	2	2				
	化学火灾调查鉴定	2	2				
	发射火药鉴识特论	2	2				
	纤维鉴识特论	3	3				
	语音识别	3	3				
	电脑视听觉	3	3				
	分子生物学特论	3	3				
	化学鉴识研究实验	2				2	
	化学鉴识研究实验 2	3	3				

台湾警察教育内容大致分为思想教育、品德教育、实用知识教育、应用技能教育、身体素质培养等五方面。其中，思想教育与品德教育，强调灌输正确思想、陶冶高尚品德；实用知识教育，要求学生必须掌握从事警察工作所必备的基本知识；应用技能教育，要求学生在射击、柔道、擒拿等方面达到一定标准才可毕业，并学会游泳、救生和驾驶等技能。

第八节
警察教育培训最新发展

重视和加强警察的教育培训，坚持不懈地提高警察队伍的战斗力，并使之适应社会的发展，较好地完成各项执法任务，是当今世界各国警察队伍建设的共同特点和发展趋势。纵观外国和境外的警察组织，虽然社会背景和社会制度有很大差异，警察体制各有千秋，但其都十分重视警察的教育培训。[1] 它们有专门负责警察教育培训的机构和担负不同训练任务的学校，已经形成了一套比较完整的有关警察教育培训的制度。

一、 警察教育培训法制化

用立法形式保障警察教育培训是多数国家通行的做法，许多国家的警察法规都对警察教育培训作出了明文规定。美国、英国、法国、日本、俄罗斯等国家还单独立法，使警察教育培训在法律制度和人、财、物等方面得到充分的保障。[2] 美国各州在 20 世纪 70 年代后期纷纷制定“执法教育规划”，对警察教育培训严格立法，对警察教育培训的时间、教学内容、考核等作了明确的规定。法国政府 1985 年指定了《国家警察训练法》，确立了警察教育培训的目的、原则、体系、规格、类型、组织和实施方法等，从而使得警察教育制度化、法制化。德国是中央集权与地方分治相结合的国家，依照德国基本法，警察的业务、教育培训完全由各州自理。1972 年西德 11 个州共同签署《高级警察人员及警察领导学院协定》，将高级警察教育统一起来，并建立了国家级的德国警察领导学院，制定了最高层警察机构工作人员的一系列培训计划。日本警察法专门规定，警察教育设施管理及训练所需的经费由国库支付，警察教育课程内容的编排由警察厅统一规定，建立了从警察的录用、晋升到各级警官培训的一套制度。俄罗斯、埃及、泰国等国家规定，警察必须是警官学院的毕业生，所有警察都必须在警察学院经过 3 个月的正规训练才可上岗。我国《人民警察法》明确规定：国家发展人民警察教育事业，对人民警察有计划地进行政治思想、法制、警察业务等教育培训。《人民警察警衔条例》也规定：警司晋升警督，警督晋升警监，经相应的人民警

---

① 王彦吉、杨鸣：《中外刑事警察教育训练比较研究》，中国人民公安大学出版社 2002 年版，第 368 页。

② 王彦吉、杨鸣：《中外刑事警察教育训练比较研究》，中国人民公安大学出版社 2002 年版，第 368 页。

察院校培训合格后，方可晋升。此外，还制定了《公安机关人民警察训练条令》，人民警察初任训练、专业训练和晋升训练等训练制度。

二、 警察教育培训体系化

世界多数国家警察教育培训自成体系，不受国家教育行政部门的制约。警察教育培训由警察部门统一制定警察教育规划、统一部署，包括建立不同类型、不同层次的警察院校和培训中心，警察教育培训的学制、课程设置、考评标准和方式方法，警察院校的招生、毕业生分配以及教育培训经费和使用等。法国全国统一部署，按照警衔和不同的培训对象建立了培养中、初级警察的学校，培养高级警官的学校和培养治安警察和举办短期轮训班的培训中心。每个学校和培训中心都负责新警察、警官的正规教育和在职警察教育任务，形成了自上而下、层次清楚的独立的警察教育培训体系。德国的警察教育培训独立于国家高、中等教育体系之外，不受国家教育行政部门的领导和制约，各警察院校的设置、学制、人员配备、教学计划、招生分配以及办学经费分别由联邦政府内务部和各州政府内政部负责。日本警察教育也是全国统一、由国家统一领导，分为学校教育、委托教育和一般教育三种类型，学校教育又分为高级警察教育、中级警察教育、初级警察教育三个不同层次，这些教育都不属于学历教育，所需警察教育培训的经费由国库直接支付。俄罗斯内务部干部总局下设教育培训局，直接管理全国警察的教育培训，制定警察的教育培训计划和教学计划以及统筹教育培训的经费。俄罗斯的警察教育分为民警初级培训和警察学历教育两种类型，分别由民警培训中心和各级警察院校负责。

三、 警察教育培训正规化

世界上多数国家都重视警察的正规化系统培训，实行警察的招募、教育培训与晋升一体化，坚持教育培训与晋升相结合。所有新警员的录用和在职警察晋升都必须接受警察院校的正规化教育，未经培训的人不能当警察，未经培训的警官不能晋升。[1] 法国的警察全部来源于警察院校的毕业生，不进警察院校不能担任警察工作。警察的应征者要参加竞选考试，合格后才能被录取，各级警察在晋升前，除规定的警龄限制外，还须到指定的学校或培训中心进行相应的培训，经考试合格后才能晋升。德国规定所有录用新警察和在职警察的每一级晋升都必须在相应的警察院校进行严格的正规培训，未经过正规培训的不能当警察，警官不能晋升。据有关资料介绍，德国的初级警察经过选拔、培训和考试，最后只有25%的人晋升为中级警官。所有警察中仅有1% ~2%的人晋升为高级警官。日本警察院校的类别与警察的级别相对应，各类警察院校都有明确的训练对象，新警的录用和警官晋升都必须经过相应类别的警察学校的教育培训。英国、意大利等国招募新警必须经过2年的严格训练，试用合格后才能录用。任何警察必须从警员做起，每晋升一级都要经过相应层次的警察院校的培训。

四、 警察教育培训实践化

各国警察的教育培训，不论是学历教育还是在职培训，在教学内容上都特别注重与警察实际需要密切结合，理论联系实际，突出针对性、实用性和专业性，强调教学培训的学以致用，注重训练警察的实战能力，强化模拟现场，提高警察的实际应用能力。采取校内教学与校外实习紧密结合的方式，安排学员到实战部门实习。英国警察教育明确提出“同社会实践紧密相连”的原则，教学内容和社会实践紧密结合。在英国警察院校的最高学府——布拉姆谢尔皇家警察学院，民宅、银行、商场、酒吧等各种模拟训练室应有尽有。几乎每个专题训练项目都有一个近似于实地或实战的教学培训场景。[2] 美国十分重视专业训练和实际应用相结合，在课程设置上，把技术训练放在

① 王彦吉、杨鸣：《中外刑事警察教育训练比较研究》，中国人民公安大学出版社2002年版，第376页。

② 王彦吉、杨鸣：《中外刑事警察教育训练比较研究》，中国人民公安大学出版社2002年版，第382页。

重要位置上，强调教学内容的实用性和实战性。各地警察院校或培训中心不论规模大小，均不分专业，课程设置突出实用性和可操作性。美国警察教育培训的方法主要有课堂讲授、模拟演练、技能培训和实习四种，其中课堂讲授和技能培训所占比重较大。德国的各级警察院校都把校外实习列入教学计划，在初级警察教育的3年时间中有3次校外实习，分别安排在不同的教学阶段，中级警察教育共3年时间，校外实习和校内教学各占一半，实习范围包括治安警察、刑事警察、检察机关、法院以及政府有关部门，高级警察教育2年时间，校外实习和校内教学各为1年。日本警察教育培训强调实用性，课程设置分为基础课、法律、警察实务、技能训练，开设了柔道、剑道、空手道、急救等课程，技能课程占1/3以上。中国香港警察培训学校特别注重对学员进行实战技能、体能和智能的训练，以如何处置在实际工作中可能遇到的各类情况为依据，本着“实用、够用和管用”的原则，有针对性地设置课程。在课程设置上，严格遵循知识和技能训练相辅相成，重在警务技能训练，紧密结合实战需要的教育培训原则，开设知识类和技能类两大类课程，体现“战训合一”的教育培训思想。在教学内容上，强调精练性和动态性。以应知应会为培训目标，以讲清基本概念内容体系为原则，教材主要为应付各类事件的训练手册，教学内容根据时间需要常教常新，使之既有相对稳定的教学内容体系，又有随着社会发展变化而变化的动态化教学内容。

五、 建立高素质教师队伍

为确保警察教育培训的质量，各国都十分重视配备较强的教师队伍。一是坚持教师条件高标准，严要求。多数国家对警察院校的教师有很高的要求。例如，在英国，警察院校教师的任职必备条件之一，是大学本科及本科以上毕业，通过国家规定的教师训练课程考试，取得证书后再进行其他专业考试。俄罗斯中高等警察院校的教师多数具有副博士以上学位，全国3000多名警察院校的教师中，有35名院士，252名博士，2000多名副博士。二是专职教师与兼职教师相结合。各国警察院校的教师队伍实行专职兼职相结合的模式，专职教师较少，兼职教师较多。英国的警察院校中，专职教师仅占1/3，有2/3的教师是来自警察实战部门有理论知识与实践经验的高级警官以及社会名流。美国各级各类警察院校或培训中心都不设专职教师，各类课程的教学均由资深警官或有一定工作经验的优秀年轻警官轮流兼任，或向社会普通大学、科研机构以及社会其他部门临时聘请教师。选聘的教师必须经过必要的考试。三是实行警察院校与警察机关人员的双向交流。专业教师一般签订1~3年的合同，学校教学与实际部门工作交替进行，既做到了实战部门的警官把实战中的最新成果与经验直接传授给学员，提高专业授课的针对性和实用性，也保证了警察院校的教师到警察实战部门任职、锻炼，更新知识，取得实战经验。英国为了鼓励在职警官到警察学校任教，规定被择优选任为教官者，晋升一级，两年任教期满返回原工作单位，再晋升一级。有在警察院校任教经历的警官有更多的晋升机会。

本章理论盘点与评述

1. 警察教育与四次警务革命同步论。

警察教育培训的发展历史与四次警务革命密切相关。从1829年罗伯特·比尔建立伦敦大都市警察以来，期间的警务改革如潮起潮落，有代表性的有四次，我们叫作四次警务革命，而每一次警务革命都会催生一个警察教育和培训的新的历史阶段。

第一次警务革命是1829年罗伯特·比尔建立大都市警察，这是警察从无到有的革命，也开创了警察教育的先河，奠定了警察教育的基础。最早一批伦敦大都市警察的教育水平并不高，专业化程度也很低，因此，罗伯特·比尔在《建警十二条》里明确地规定了礼貌是警察的根本保障。这一时期的警察教育培训更多的是品德的教育和警察责任心的教育。

第二次警务革命是美国警察专业化运动。20世纪20年代的美国，犯罪分子是牛仔，而警察的装束也像个牛仔。在美国建警的早期，枪术和骑术是录取警察的先决条件，而警察专业化运动对警察的教育培训提出了崭新的要求。先培训后上岗，成为美国警察专业化运动的三大内容之一。

第三次警务革命是世界范围内的警察现代化运动。20 世纪 70 年代，装备的现代化和人财物的剧增对警察的素质提出了新的要求。警察现代化的阶段也是欧美各国警察加强培训的黄金季节。

第四次警务革命是社区警务运动。产生于20 世纪 80 年代，社区警务的基本理论认为，产生犯罪的根源在社会，抑制犯罪的主力军是人民群众。这一警察哲学反映在警察教育培训上产生了对警察道德的更高的要求，对警察技能的精益求精。警察不仅要有娴熟过硬的战术技能，更要有服务爱民的爱心和素质。因此，警察教育培训不仅仅是英国的师傅带徒弟式的“三明治式”的培训，也需要正规的学历教育，甚至大量的硕士和博士补充到警察队伍之中。

2. 警察教育与培训双作用论。

警察教育与培训，两者既有区别，又有联系。

警察教育，英文叫“Police education”。“Education”是由两部分组成的。前面的第一个字母 e 是前缀，它代表的是 ex，即向外拖拉的动作，而 ducation 是词干，它的意思是生产。因此 education 这个词意思是：充分发掘人的爱和知识的本能。有点像中国古代中的“人之初，性本善”的含义。具体到警察教育中，police education 主要指的是知识的学习与智慧的传播。

警察训练，英文叫“police training”。它所强调的是技能的训练。关于警察教育培训在西方警察哲学中有一个巨大的争论，就是警察教育培训的主体是知识还是技能呢？如果是知识的话，那么警察就要接受完整系统的培训，就像医生和工程师那样，需要终身的教育（life - long education）。如果是技能的话，那就要采用师傅带徒弟的训练模式，警察不需要完整系统的教育，而需要更多的实践的锻炼。

在英国和美国，辩论的结果偏向于警察教育的核心词是技能，因此，警察训练（police training）占了上风，而在大多数发展中国家，辩论的结果偏向于知识，因此，正规学历教育占了上风。当我们在运用这两个词的时候应该对它内在的深刻含义有清醒的认识。

3. 最新发现之一：阿拉伯世界警察教育模式。

阿拉伯世界模式独具特色。在我们分析世界警察教育培训的时候往往把着眼点过多地放在了英国和美国，随着研究的进步，我们又发现了东方模式、中国模式，最后，阿拉伯模式才引起了重视。

阿拉伯模式有很多特点。其一，阿拉伯国家有很多以前是英国、法国的殖民地，它们的警察教育带有深刻的殖民地警察教育的痕迹和烙印。其二，在民族解放赢得国家独立和自由之后，这些前殖民地国家又开展了适合本国国情的警务改革，派生出了多姿多彩的警察教育培训模式。其三，由于阿拉伯国家发展的不平衡，很多发展中国家十分重视学历教育，往往是倾一国之力办好一两所大学。重视大学的警察学硕士和博士授予权的建设。以埃及为例，埃及的警察大学占地面积五千亩，貌似世界上最大的警校，有完备的学士、硕士、博士学位授予制度。其四，整个阿拉伯国家有自己的警察教育培训网络，很多阿拉伯国家依托附属的邻国，如沙特、阿联酋等富国所建立的刑侦实验室和警察学校就担负着整个地区警察培训中心的作用。

4. 最新发现之二：关于世界警察教育培训认识的误区。

“世界警察教育培训大都不重视学历教育”，这一命题是外警研究认识的误区。改革开放初期，我们曾经派出过大量的关于外警教育培训的考察团组。由于当时出访的国家大都是英国、美国这样的发达国家，再加之深层次的语言交流存在一定的障碍，使得我们得出这样一个结论：“世界警察教育培训大都不重视学历教育。”随着研究的深入，我们发现这一结论并不全面，在对世界上 50 多个国家警察教育培训全面深刻的研究之后发现，约有 56% 的国家的警察学院内设学历教育。有警察硕士、博士授予权的国家占到 30% 左右。这一研究成果告诉我们，发达国家往往偏重于警察技能的培训，而发展中国家则更重视警察的学历教育。

5. 最新发现之三：知识与技能并重。

一分为二地看待“世界警察教育培训大都以技能为主”这一命题。关于警察教育培训的内容是知识还是技能这一辩题，决定了世界各国警察教育培训的工作重点。纵观世界各国，确实在很多国家，特别是发达国家警察教育主要是技能培训，这一观点占了上风。具体体现在警察教育培训内容上的案例教学、问题导向教学，警察教育培训形式上的师傅带徒弟制度和培训实习再培训的“三明治”教学法。

在大多数的发展中国家，警察院校还承担着一定的学历教育，而且加强学历教育的趋势正在不断地扩大。与此同时，发达国家也逐步认识到警察科学有其自身的规律性，警察教育培训不仅要学技能，也要学理论。关于这一点，我们在出访美国和加拿大的时候深有体会。美国、加拿大两国的警学界都认为，中国警察教育培训既注重警察技能的训练，又重视知识的学习，既重视干部在职培训，又重视学历的授予，这一发展模式应该代表着世界警察教育的发展趋势，也是值得美国、加拿大这样的发达国家认真学习的。

第六章 警察与犯罪

第一节　警察科学中的犯罪研究

第二节　犯罪学中与警察相关的研究

第三节　现代犯罪社会学理论流派

第四节　现代犯罪社会心理学理论流派

第五节　现代犯罪生物学理论流派

第六节　犯罪与精神分析理论流派

第七节　学习理论与犯罪

第八节　标志论

本章理论盘点与评述

警察与犯罪的研究包括警察科学中的犯罪研究，犯罪学中与警察相关的研究。

第一节

警察科学中的犯罪研究

按照我国公安研究的理论体系，公安客体包括两个：第一客体，以刑事犯罪为主；第二客体，以人身安全为主。犯罪是警察科学研究的主要对象之一。与我国的情况相似，西方警察在长期工作实践中，形成了对犯罪的一些独特见解，并把它视为警察科学的主要内容。其主要代表理论有犯罪必然论、犯罪容忍论、警察三级预防犯罪理论以及城市中的村庄论。

一、 犯罪必然论 （Crime and its inevitability）

犯罪必然论，又译作犯罪不可避免论，其代表人物是英国德文郡警察局前局长安德逊。警察在长期的实际斗争中充分体会到：在一天之内消灭犯罪是神话，与其被犯罪搅得不得安宁，不如彻底承认犯罪的不可避免性，对犯罪采取实际的态度而不是理论的空想。犯罪必然论的要点如下：（1）现代人类社会不可能消灭犯罪。（2）人类可以通过各种方式抑制和减少犯罪。（3）单凭法律本身不可能控制犯罪。只有通过整个社会才能减少犯罪，因为社会种种混乱现象是产生犯罪的根源。

犯罪必然论中有一些观点在中国学者看来是很荒谬的，或是极端错误的。为使大家能真正体会犯罪必然论的全貌，现将安德逊的原著《犯罪必然论》节译如下：

“消灭犯罪的社会只是不可能实现的梦。犯罪历史悠久，将来也很难消失。它可能会由于社会的改良而不知不觉地减少，也会因法律的变动而增加。犯罪是一种为自由而付出的代价，在某种意义上还是社会进步的标志。

“把所有的犯罪仅仅看成是邪恶的现象和畸形的行为将会走向谬误。犯罪是法律现象而非行为现象。有权威说，人类各种品行都是合乎自然规律的，人们生来是残忍与生来善良，生来虚伪与生来诚实都是天然的。要组织成一个和睦安宁的社会，人们应该在通往犯罪的路口刹住。因为现有的社会行为需要规范，而这些规范却会不时地，甚至不为人知晓地被某些未‘刹住’的人所践踏。

“如果社会规定残酷是一种罪恶，那么，社会文化将会相应地表现出来。在上层社会行为中将会以道德谴责的形式来制约。另外，还会用法律制裁的手段来对付它。这种情况下，社会上残酷的程度通常会减小，但为了使这种程度更加削弱，还有必要创建一种法律来制约它。这样，残酷虽还会不时地发生，但已基本处于控制之下了。还会有争论说严厉的惩罚可能会进一步减少残酷，然而，就死刑来说，却已因此被废除。但是，人类社会仿佛在混淆这种理论，因为残酷或是发生在那些利用它的情况下，社会变得动荡，需要寻求新的控制。

“社会，经历过那种模式的，认可某些犯罪是难以消灭的，因此，目标必须是在最大限度内控制它。通常来说，某些犯罪的存在也是富裕社会的一部分，这不意味着犯罪是可以宽恕的事，那将是一种导致公民们被陈列于不可控制的犯罪面前的狭隘的观点。这完全是另外一件事。原则是：整体犯罪的代价是不能高得让人接受不了。这在道德形式上太高了，将需要惩罚，而这又是对没有失去进化的名誉的文明社会所无法接受的。打击措施也是太高的代价，因为这样的执行者将比其社会其他方面的多得多，他们需要自己的警察和无尽的广告此系统的行政部门，需要为消费那样高的一份可利用资源而花费相应庞大的开销。因此社会必须和犯罪妥协。

“然而，刑事犯罪本身有一些危险的标志不可忽视。爱默尔·达克海姆有一个观点叫‘社会混乱论’。意思是说，社会目标和愿望就其本身来说能变得如此确切明了和富于竞争性，以至于那些不能在竞争中成功的人倒了下来并不断地增长着对社会及其统治的不满。这样，反过来会导致混乱，这就是犯罪根源。因此，虽然某些犯罪是不可避免的，但严重的犯罪绝不应该认为是不可消灭的，这样的情况即社会混乱论。不能仅仅靠刑法来治愈，而必须以改造社会来根治，包括相当多的对社会正义需要的理解。如果由于心理健康和社会地位形成的大裂缝日复一日地扩大，犯罪将会沿着财富之路来势汹汹。

“谈到犯罪，仿佛它是一件单纯而简单的事，并没有什么难懂的。因为在犯罪的形式繁多和犯罪形式根植于不同的事物之间的区别是存在的。单纯的盗窃与谋杀的区别是如此的显而易见，以至于两者之间共同点只是同样被刑法所不容。因此，从多角度的观点看犯罪，从受害者的观点，作案者的观点，道德学家、经济学家以及社会学家的观点来看待犯罪是很重要的。”

犯罪必然论有其深厚的犯罪学理论基础，像社会混乱论、社会瓦解论等，其中一些理论并非全无道理。同时，犯罪必然论又具有一定的实践证实，所以，在西方警察部门中颇能引起共鸣。

应当看到，犯罪必然论中有些观点，如“在某些时候，在某种意义上犯罪是社会进步的标志”显得令人很不可理解。这实际是把某些革命也算在犯罪中（越轨）。根据西方社会犯罪学的观点，对目标的异化和对手段的异化都统称为越轨。革命是对传统目标的异化，这一点应引起注意，以免误解。尽管如此，原文中仍有一些观点难以令人苟同，应在研究中加以思考与批判。

二、 犯罪容忍论 （Tolerance of Crime）

犯罪容忍论与犯罪必然论是姊妹篇。“Tolerance”一词的英文解释为：在没有官方干扰的条件下允许某件事物存在与发生。犯罪容忍论体现西方警察在实际工作中对犯罪的态度以及公众对犯罪的默认，其主要论点分为警察的容忍与公众的容忍。

（一）警察的容忍

警察对犯罪采取容忍的态度。警察认为，犯罪是人类社会的一种自然现象，不可能在短时间内消灭。与其大惊小怪，不如承认现实，在主要西方国家，犯罪率虽然不断上升，但上升的幅度不大。事实上，犯罪已经进入一种平稳时期，或叫常态分布。例如，美国长期以来犯罪率一直在600件/万人上下浮动。英国的犯罪率一直在600～700件/万人上下徘徊。犯罪与整个社会仿佛达成了一种协议：犯罪已成为整个社会的一种常在与稳定的组成部分。

警察机关在与犯罪的长期斗争中也深刻体会到，犯罪是不以警察的意志为转移的。尽管采取了各种打击措施，采取了多种多样的改善警察装备的措施和各种科学地提高警察效益的措施，但都不能从根本上抑制犯罪上升的趋势。相反，犯罪率以一种相对恒定的状况存在于世界各国和地区。例如，20世纪中叶远东地区、中国、日本、韩国，尽管社会制度不同，社会发展的过程与现代化的水平不太一致，但犯罪率却滞留在一个较低的相对稳定值上，即20～150件/万人，而在西方发达的资本主义国家中，犯罪率却保持在一个既相对高又相对恒定的水平上，即500～1000件/万人（要注意中西统计方式与内容的差异性）。这种相对恒定值是由错综复杂的多种社会原因造成的，在某种意义上也是被社会所容忍的。面对这种发展水平的恒定值，警察不是无所作为，但影响和改变的能力并不大。

犯罪容忍论对我国的警学界来说是难以接受的，许多人会认为这是警察的失职，是与警察的职责水火不相容的。同时，也应看到犯罪容忍论绝不是毫无可取之处的，它帮助警察部门正视犯罪上升的趋势。例如，我国自改革开放以来，犯罪进入猛增阶段，犯罪率从20世纪50年代的5～10件/万人的平均值，猛增到20—100件/万人或更高。面对这种猛增的趋势，我国的警学界和犯罪学界也有人提出这是一种不可克服的现象。因为世界绝大多数国家在开始工业化和对外开放时，都面临着犯罪猛增的挑战。尽管我国的犯罪率上升很快，但与世界平均的犯罪率相比较仍有很大的差距，处于低位。相反，改革开放以前的低犯罪率是不正常的现象，也有漏案与隐案的因素在其中。在这一点上，犯罪容忍论可以在我们分析问题时有所参考。

（二）公众的容忍

在英国和美国，公众普遍对犯罪采取一种容忍的态度。这种态度很难为我国警察所理解。这是由历史、文化与心理等多种因素造成的。英国人斯巴克（Sparks）1977 年在他的著作《被害人调查》中归纳了为什么公众在成为犯罪被害人之后，不愿让警察介入的原因：

1. 普遍对警察采取不信任态度，怀疑警察的能力；

2. 警察的介入将导致巨大的花费，如刑事诉讼的费用和因此将花费的大量时间与精力；

3. 刑侦过程中也许会暴露自己的违法行为；

4. 得罪犯罪分子而导致报复等严重后果；

5. 许多宗教、文化和政治原因，使公众同情犯罪分子。

在英国历史上，如 19 世纪末，许多社区就对犯罪采取容忍的态度。尽管那时犯罪十分猖獗，但公众仍不愿在本社区建立警察机构，因为他们怕警察权力无限增大，对他们的生活造成巨大的威胁。在今天，英国的部分地区仍对警察的介入抱有敌意。例如，在北爱尔兰，当地部分居民同情爱尔兰共和军。尽管共和军干了许多诸如凶杀、爆炸与绑架的坏事，但居民仍不愿警察干扰他们的社区生活。这种对警察的恐惧与担心，以及对犯罪的容忍都是我国警察不易理解的。

英国警察在实际工作中，一方面在他们的心理上对犯罪采取某种程度的容忍，另一方面又必须充分考虑该社区公众对犯罪的容忍态度。安德逊曾在其著作中写道：作为一名巡逻警官，毫无疑问他会明白他的巡逻区域内的居民的容忍程度，并且确切地知道怎样在这限度内维持治安。进行短暂停留的普通巡逻的警官，如果对他辖区内的居民没有充分的了解，将可能错误地处理问题，引起公众的愤怒。

在我国，警察与人民不是对立的关系，人民热爱警察，警察保护人民，两者的关系是鱼水关系，不存在西方社会的那种公众对警察介入的恐惧心理；不存在所谓的“警察合法性”的争议；不存在爱尔兰共和军那样的政治恐怖活动。这说明，警察科学研究是带有鲜明的阶级性和社会差异的。同时，公众对犯罪的容忍和默认情况，也可以启发我们改进警务工作，极大地调动人民群众参加综合治理的积极性和参加与犯罪行为作斗争，见义勇为的勇气。实际上，改革开放以来，我国一些地区也逐渐出现了不少报案人害怕报复等现象。虽然这不是西方理论意义上的“犯罪容忍”，但也许有共同之处。因此，我国公安机关也应对这些社会现象开展调查与对策研究。

三、 警察三级预防犯罪理论

三级预防犯罪的理论，在英美又称为预防警务论（Preventive Pocicing）。它由初级预防、二级预防和三级预防组成，或称作远期发案控制、近期发案控制和发案后控制。

预防警务论有悠久的历史。西方古罗马时期的“太兴”保甲制可以说是预防警论的先祖。1829 年罗伯特·比尔所创建的伦敦大都市警察就是以预防为主来表现其特点的。所谓“新警察”，就是以预防为主的警察。英国德文郡警察局前局长安德逊所提出的新警察哲学，其核心就是预防警务论。安德逊说：“一种新的预防概念正在被创建出来。因此，新的警察哲学需要新的警务，那就是工作不仅仅是被看作控制坏的事情，也包括激发好的事情。”这一观点代表了现代预防警务的战略。现代预防警务必须与英国传统，即罗伯特·比尔的模式相接近。

在西方警学界看来，预防警务论是所有警务模式中较完美的战略战术。预防警务论与警察伦理学、满意决定警务论等许多西方基本警学概念相适应，预防警务的优点有：符合伦理学的价值观并可节省大量的开支。

（一）初级预防体系

初级预防体系，即远期发案控制与预防。它包括以控制犯罪为目的的一切社会活动，一切人类行为和警务工作。用警察科学的概念来说，初级预防体系就是主动提前警务论。它是一种先发制人的，防患于未然的警务措施。被动反应警务论只重视警察部门自己的工作，把工作重点放在器材装备上，以快速反应时间作为衡量警察现代化的唯一尺度。而主动提前警务论则重视全体社会的齐抓共管，把工作重点放在社区中，以公众的满意程度与社会安全感作为衡量警察现代化的尺度。初级预防体系的核心是：合作、协调与平衡。注意增进社会各个部门之间的彼此信任，改善警察与公众之间的关系。

初级预防体系的具体工作有：

1. 通过环境设计预防犯罪。如英国许多城市在街道增加电灯照明、在居民家中安装报警装置、在楼群设计中增大外围空间等。

2. 建立群众性综合治理组织。如建立邻里守望制，印发邻里安全通报。

3. 在社会各机关部门中改善关系，创造新的合作与伙伴式的关系。

4. 改善警民关系，警察走出机关到教堂、学校中去和人民打成一片，组织、教育群众。

5. 创造性开展广泛的预防犯罪宣传工作。如免费发放预防犯罪的宣传品，开展电话报警业务，发放宣传玩具，在电视台和电台上举办知识讲座等。

6. 化解社会矛盾。如安顿无家可归的流浪儿，帮无住房者盖新房，为无娱乐场所的学生修建足球场等。

（二）二级预防体系

二级预防体系，即近期发案控制预防。加强警察日常工作，完善警察的各种职能。这些工作，还不包括发案后的刑事侦查。以巡警为例，一般分为车巡与步巡两种，而这些巡逻的效益主要依靠警力、装备、通信、反应能力。步巡具有极大的预防犯罪的威慑力，但快速反应能力低于车巡。车巡的缺点在于威慑力不大，与公众隔绝，但快速反应能力强。因此，即使是在强调警察自身工作时，也要注意与社区、与公众合作，坚决避免唯装备论，唯反应论。

（三）三级预防体系

三级预防体系，即发案后的控制与预防，包括警察部门的刑事侦查、破案以及狱政等环节。特别重视罪犯的再教育和减少重新犯罪。这里既包括威慑力量，如提高破案率，严厉打击犯罪行为，也包括对犯罪的心理治疗和就业培训。值得注意的是，对三级预防体系的效益评估尚无定论。如英国警察对打击犯罪的效果持怀疑态度。往往是打击得越厉害，犯罪就越增长。又如，美国的监狱内部情况调查表明，特殊预防和矫正预防犯罪的作用都不大。在三年内，刑释人员重新逮捕率达60%以上，重新定罪率为50%以上，所以就预防犯罪的效果而言，应把工作重点放在初级和二级预防犯罪体系中。①

三级预防犯罪体系是西方警察科学中有关预防犯罪典型的、代表性的理论。它把预防犯罪的方略分为一、二、三级预防，把预防重点和在远期与近期预防工作中，无论从理论上，还是实践上都具有一定的科学意义。它与我国的综合治理都有很多相似之处。无论是三级预防犯罪体系，还是综合治理，都强调组织、动员社会各个部门、各个方面的力量，消除不稳定因素，减少产生犯罪的根源和条件。其从另一个侧面论证了我国综合治理的科学性。

我国的预防犯罪战略以“打、防、改”三个字为总的概括，这与三级预防犯罪战略的涵盖几乎是一致的。所不同的是，西方把“打”和“改”合并为第三级预防，并把它放在了最不重要的位子，它把“防”又分为两步，即远期与近期预防，并把它放在最根本、最重要的地位，并反复强调。从理论上说，三级预防犯罪似乎更体现了发案前预防工作的重要性，更体现标本兼治，以治本为主的重要性。此外，西方警学界对严厉打击犯罪的结果所持的谨慎态度，对改造罪犯的结果所持的谨慎态度与我国的经验是相对立的，这也有待日后进行深层次的分析后，再作评价。

四、 城市中的村庄论

西方警务改革中的一种新模式，是在城市中按社区建立所谓的“村庄”或“村落”，充分调动公众加入预防犯罪的工作。城市中的村庄与社区警务、邻里守望制一样，是西方第四次警备革命的重要内容。城市中村庄的历史渊源可追溯到古罗马时代的“主兴保甲制”，是返璞归真的一种警察哲学的具体体现。

下面是该模式主要理论：

① 郭建安：《美国犯罪学的几个基本问题》，中国人民公安大学出版社1992年版。

在都市的外围，尤其是在一些城市的中心，警务问题显示出其重要的地位。住在郊区和城市中心高楼区的人，对社区警务和对一些犯罪滋生地的情况不是很清楚，在这里，警务完全是警察自己的事务，这可能导致忽视公众预防犯罪的活动和减少犯罪的能力。

城市，从郊外到市中心，从商业区到娱乐区和闹市区千变万化。白天和黑夜都各有其特点和问题。当交通繁忙时便需要大量的交通警，这导致了放弃对商业中心，夜市及其他地区的管理。在这个充满嘈杂抗议声的年代，城市的中心成了混乱和示威游行的所在地。整个城市就像一个万花筒，从不同方面展示人们不同的活动，其中包含着犯罪、混乱和暴力。托马斯（Thomas L. Blair）在他所著的《国际城市危机》一书中描写了 Janus-like 城市的面貌；这个城市是人口和财富的中心，有着世界上最富有的人、身体最好的人、受教育最高的人以及管家和佣人等各式各样的人。他们在文明世界上通过奋斗成为政治的、职业的、商业的佼佼者并引以为自豪，这种大都市被看作是一个动员人力和通货膨胀的大舞台。但每个地区的发展显示出背叛社会发展水平的基础结构和背离社会太遥远的社会冲突成为城市变化过快的致命之处。

警察在城市的创建和发展过程中并没有什么作用，然而，警察却要控制所有轻微违法的根源，严重犯罪和暴力行为，这样便把警察置于不利于他们自身的利益，也不利于城市行政的地位上。当警察方面对犯罪有一个极妙的意见时，政府部门就会介入并利用之，警方则希望有一个公众的动力和一个确定的方法影响城市的规划和重建，一些新发展城市中的警察已经这样做。

一些老城市犯罪问题当然是根深蒂固，不易对付，但这种城市已开始寻找出路。对一些混乱的地区感到无望，对一些有秩序的地区感到忧虑，这都促使人们去设置一个‘城市中的村庄’的策略。这种村庄似乎可帮助城市建立一种和谐宁静的社区模式。这种模式不适于商业、娱乐的中心，但却很适合住宅区或郊区。在城市的大多数地区，有一些村庄式的密集社区存在，而更多的分散社区能聚集起来。那些较小的社区应作为大量的尝试去创造一些统一的社区。

城镇在开始可能形成一个在本地区存在的独立体。如在英国的格林威治和伦敦一样，当地的报纸、收音机、电视能联系群众和引起共鸣。但对城镇最有效的控制来自对当地犯罪人口的检查统计和向公众的宣传警方的犯罪地区图。但在公众会议上展示犯罪地区的地图可能产生两个负作用，即，不是犯罪搅得人心惶惶，就是犯罪下降的感觉。这些现象都要使警方密切与公众的合作并采取积极行动。不论哪一个‘城市中的村庄’，首要的是通报本区的犯罪情况，这些新的信息可成为用来创造一个通过社区预防犯罪的主要措施。

第二节
犯罪学中与警察相关的研究

犯罪学理论是英国、美国警察科学不可分割的组成部分。警察学又是犯罪学研究的一支主力军。两者你中有我、我中有你。特别是西方警察科学尚未独立的今天，这种包容关系就更加明显。这主要有两大部分；一是警察部门关于警察在与犯罪的斗争中所总结出的理论。可以叫警察学中的犯罪研究，如犯罪容忍论、犯罪必然论、三级预防的理论；二是犯罪学研究中对警察工作颇具启示的理论，可以叫作犯罪学的警察科学研究，如现代犯罪社会学理论流派、现代犯罪社会心理学理论流派、现代生物学理论流派、现代犯罪心理学的理论及标志论等。

犯罪学与警察学是不可分割的，二者之间的联系主要体现在：

一、 犯罪学是警察科学的母体之一

纵观欧美犯罪学与警察科学发展史，犯罪学总是超前于警察科学。虽然就现代科学而言，两门学科起源的时间相近，但在古典史上，对犯罪研究远远早于对警察的研究。现代犯罪学派开始于 20 世纪 20 年代，而现代警察学派的形成只是近十年、二十年的事情，两者相差多年。

直到今天，西方警察科学的独立宣言尚未发布，大量的有关警察的研究被包容于犯罪学、研究社会学的研究之中。在英国艾克塞特大学，读警察博士、硕士的研究生，许多是攻读犯罪专业、做犯罪学论文的，如黑社会研究、无家可归儿童与犯罪的研究等。相反，许多大学犯罪学系的学生，又在做有关警察研究的论文，如警察教育、警察制度比较等。

由于警察科学起步较晚，学科底子薄，许多警察学的基本理论不得不借助于犯罪社会学的研究成果。例如，社区警务的基本理论，其主要源泉来自犯罪社会学中的社会混乱论、社会控制论、社会反常状态论等。不仅在基本理论的研究，就是在许多警务实际的改革中，犯罪学的理论就是改革的基础。如警察对青少年犯罪分子的改革中，犯罪学的理论也是改革的基础。如警察对青少年犯罪分子的教育、改造，多从漂移论、生物学派与青少年犯罪中汲取营养。

形象地说，西方警察学是一个“混血儿”。它从政治学、哲学家中获取其本质、定义与性质的理论基础；从犯罪学与犯罪社会学中汲取其工作对象（客体）的研究；从管理学中寻找人员、装备管理的规律；从统计学中获得有关统计方法的经验。这种“混血儿”的表现恰恰说明警察科学尚未完全独立的基本特征。

二、 警察科学为犯罪学的发展提供了丰富的基础资料

警察科学向犯罪学的汲取并不是单方面的。作为回报，警察学的研究为犯罪学的进一步发展，理论的进一步升华提供了丰富的基础资料。如一年一度的犯罪统计，各警察局的年度报告都向社会公开，英国的公众对警察工作满意程度的调查，美国的被害人调查也为犯罪学家提供了分析数据，使得犯罪学家省去了大量的人力、物力去进行抽样调查或随访。每年数以千计的警察杂志与图书的出版，也为犯罪学家的信息库提供了参考。

三、 许多犯罪学研究机构就是警察科学的研究机构

美国的犯罪研究机构大多设在大学的刑事司法系或犯罪学系。这些机构不仅是犯罪研究的中心，同时也是警察科学研究的中心。除刑事技术科学

外，英美两国不设类似我国社会科学性质的警察科学研究中心，警察科学的研究一般在综合大学的政治系、社会学系、犯罪学系。这时，上述机构就成为犯罪学与警察科学的双重研究中心，如英国莱斯特大学的治安研究所，一所承担两种任务，很难区分它是犯罪研究中心，还是警察研究中心。

犯罪学与警察科学的密不可分性应当引起我国公安机关实践部门和公安学研究机构的高度重视。长期以来，我国公安机关在犯罪学的研究和学习上重视得不够。在公安高等院校中开设犯罪学及相关学科的历史较短。在教学内容上偏重对我国的研究是正确的。但由于资料、外语等种种因素的制约，对国外犯罪学的理论流派的研究不多，或是对古典犯罪学派有所研究，而对现代犯罪学派，特别是西方近十几年的最新成果了解得不多。在我国公安科学的整体结构上虽然包含了犯罪学理论，并把它作为客体之一加以研究，但在基本理论的探讨上还不扎实、不深入。在1994年我国公安机关完成了国家“七五”重点规划项目——《中国现阶段犯罪问题研究》。这种对犯罪现状与规律性的研究无论是在我国的历史上，还是在世界犯罪学史上都是空前的。这一科研成果必将大大推动我国犯罪学、警察科学在理论上的深入与实践上的改革。

应当注意，西方警察科学与犯罪学的“交融现象”或叫“连体现象”是有积极意义的。它有助于两门学科的齐头并进，有助于两者之间在理论上的相互补充、相互完善。由于种种原因，我国在两者之间的关系上，相对地表现出一些两军对垒、泾渭分明，这既是好事，有助于警察学尽快地脱颖而出，也有不足，那就是使警察科学失去犯罪学母体的孕育，从而略显先天不足。

第三节

现代犯罪社会学理论流派

犯罪社会学理论，是英国与美国警察科学的重要理论来源与组成部分。传统犯罪社会学产生于19世纪末20世纪初，主张从社会的角度研究犯罪，认为犯罪由自然因素、生物因素、社会因素所决定，社会因素起主导作用。现代犯罪社会学理论，主要是指第二次世界大战以来，特别是20世纪60年代以来的研究成果。

犯罪社会学理论，对于深入认识警察的本质，认识警察与犯罪的关系，认识警察与社会的关系都具有十分重要的意义。根据犯罪的社会学原理，产生犯罪的根源在整个社会。在打击与预防犯罪中，警察的作用既是重要的，又是有限的。单依靠警察自身的力量既不能从根本上决定犯罪率的升降，也不能彻底完成对社会治安的控制，最大的警力蕴藏于公众，最有利的治安控制源于社会。

本节系统介绍现代西方的主要犯罪社会学理论流派。① 社会混乱论、不同社会组织论、文化冲突论、亚文化论以及社会反常状态论。

一、 社会混乱论 （Social Disorganixation）

社会混乱论是现代犯罪社会理论流派之一，又称为“社会瓦解论”。“Disorganixation”含义为组织的瓦解。其理论的核心为：产业革命、人口移动和城市化削弱了长期以来形成的传统社会对人的控制，产生社会混乱与个人混乱，从而导致犯罪上升。该理论有助于警察了解产生犯罪的根源在社会，是西方第四次警务改革的理论基础之一。

从20世纪20年代到40年代，在解释犯罪成因的各派理论中，社会混乱论独占鳌头。这派理论的产生可从早期犯罪学家的著作中找到一些踪迹。如泰尼、达克海姆等诸位先人，他们都对从乡村农业社会到城市工业社会的天翻地覆的转变以及随之而来的犯罪高潮给予莫大关心，并试图寻找两者之间的因果。

---

① 本章从第三节到第八节主要参考了：哈禄德著《犯罪学与犯罪》；佛郎克.P.威廉姆著：《犯罪学理论》，南卡罗来纳州1997年版；张子路等编：《犯罪学辞典》，湖北辞书出版社1989年版；鲁特来者著编：《犯罪学辞典》，伦敦1983年版；还有王大伟在英国学习犯罪学理论的笔记。

（一）社会混乱

社会混乱论假设：从某种程度上说旧的社会结构固若金汤，人们安居乐业，以可接受的规章与条约约束自己，以社会期待的方式行为举止，家庭、学校、经济制度等都尽到了应尽的职责，上符人伦、下合民意。这种荒蛮遥远、世外桃源式的社会如同工业革命前的各国农村的写照。如美国的印第安族部落，中国清代的边远村庄等。持社会混乱论的犯罪学家对此津津乐道，奉为楷模。这种貌似单一，却运行良好的社会是由人们的生活方式所决定的。世外桃源式社会有以下特点：这里生活目的明确，没有个人选择的机会。人们有处理各种困难与事变的能力。返璞归真，以不变应万变。此社会的特点是：采用传统、民俗的知识、强烈的血缘联系、高度道德的小集体劳动，忽视政府和其他管理机构的作用，相对单一的民族结构等。在这里，社会控制是极为有效的，以至于背离行为规范的严重越轨行为凤毛麟角，很难见到。人生目的简单明确，规则与习俗简明易懂，社会控制由风俗与非正式的、非官方的方式实现。这种社会与中国老子所描述的所谓“小国寡人，鸡犬之声相闻，老死不相往来”的境界颇有几分相似。

美国等城市化的西方国家与上述的民俗社会截然相反，特别是在工业地区，混乱代替了宁静。社会变革，移民从农村涌入城市。社会的高活动性成为社会混乱的万恶之源。生活方式的变革引起了移民的极度混乱。从农村、田园式的、协调的民俗社会转向城市的、冲突的、非人性的、传统与法律混乱的、只强调物质成就的社会，变革导致了这一群人犯罪率上升。旧的规范已经瓦解，新的规范尚未形成。犯罪与其他越轨行为成为适应新环境的选择。这种典型的事例可以从英国工业化以后伦敦极度混乱的治安中看到。

（二）个人混乱

个人混乱是社会混乱的结果或表现。当家庭、邻里关系不足以维持正常行为，限制越轨行为时，犯罪就乘虚而入。持社会混乱论观点的社会学家密切注视移民和从农村涌入城市后，居民的环境改变的后果。他们发现这些家庭难以控制子女的犯罪行为，代沟是其中的主要原因。以美国移民为例，父辈尚未适应美国或新城市的文化，仍保留旧世界的标准、价值与习俗。后辈则希望融于美国文化、新准则和新行为规范之中。代沟生敌意，敌意生对抗。由于没有共同语言、共同的理解，父子之间的控制链条被扭断。此外，新的邻里关系也是犯罪的因素之一。这些人中的绝大多数来自小村庄、小城市或市郊，成年人在这些地方的社会控制中扮演着重要角色。这些移民居住区具有两大自然特性：一是流动，二是文化差异。自然特性影响了新社会控制的建立。在这种社会里，子女不是长辈控制的对象，而是少年犯罪团伙的对象。例如，美国、英国的黑人区就是这样。

有关社会混乱与个人混乱（失衡）的理论，对研究社会整体犯罪率有十分重要的意义。事实上社会原有的平衡结构与个人价值观的单一稳定，是抵御犯罪最有效的武器。例如，亚洲部分国家与地区犯罪率相对较低。1990年，日本犯罪率为150件/万人，我国台湾地区为50件/万人、香港地区为150件/万人。虽然上述地区均为资本主义制度，但与同年世界其他资本主义国家犯罪率的平均值比较，差距巨大（1990年主要资本主义国家犯罪率平均值为600件/万人）。在这些地区中，传统的东方文明与儒家道德规范在保持社会稳定与心理平衡中起着重要作用。上述低犯罪地区的共性在于①：

1. 共同使用汉字，大多数老年人以传统儒家的行为规范约束举止，人际关系紧密。

2. 古时道教与佛教为主要宗教。这些宗教的教义已成为社会规范与个人价值观的核心。

3. 在现代进程中，古老的东方文明依然存在。人们热爱传统，保持传统。

（三）芝加哥学派的研究

1892年，芝加哥大学建立了美国第一个犯罪社会研究机构。

芝加哥学派产生于20世纪20年代，是美国现代犯罪学理论流派的先驱

① 王大伟：《社会震荡与个人失衡的犯罪理论模式》，英国布克佛尔德论文第九期，1992年5月版。

之一。芝加哥学派的研究方法有两种：个案研究法和生态研究法。个案研究：用以解释社会混乱对个体混乱的影响。生态研究：用以测定解释特定生活区域社会混乱状况。

生态研究，可从伯吉斯、派克 1925 年关于芝加哥城市模式的研究中获得启迪，这些研究形成了同心圆模式图。该市被划分成 5 个同心圆或区域。犯罪集中于第 1 区、第 2 区；犯罪率自中心向边缘呈梯度变化曲线递减（从第 1 区向第 5 区下降）；高犯罪率与高逃学率、高婴儿死亡率和高结构病率相联系，形成 4 个高峰。

高犯罪区存在高度人口流动，经济高度依赖性和大量的出租房屋。此外，人口结构中外国出生的人、黑人的比例很高。这里人声鼎沸、混乱肮脏，不管居民的伦理道德和特性发生什么变化，都保持着最多的犯罪记录。

在费城、波士顿等美国其他大城市也存在着许多类似的模式。这项研究坚定地证实了所谓“犯罪区”的存在。同时揭示了城市自然结构与犯罪间的必然联系，即犯罪高度集中于城市堕落区。这些地方紧靠工业中心，充满了贫穷、犯罪、自杀、疾病、家庭解体。芝加哥保持高犯罪率的原因也适用于其他城市，除了人口构成中人种学伦理因素的变化外，“犯罪因素以社会特性的方式代代相传”。社会被划分为高犯罪区与低犯罪区，主要基于不同的社会规范、社会价值、儿童所面对的态度。在低犯罪率区域，人们采纳单一的价值规则，家庭与其他形形色色的官方或非官方的机构不断地向儿童施加压力，强迫他们依附于常规道德规范，同时对抗反常规道德规范的影响。与此相反，生活在高犯罪区的儿童被千奇百怪的伦理道德所包围。虽然常规道德规范在此仍起支配作用，可是犯罪的传统与价值，异军突起，欲与社会一决雌雄。生活在这种罪孽之城的儿童同时受两种影响：一方面，家庭、学校、教堂向他们灌输着道德文章；另一方面成人犯罪、偷鸡摸狗、投机倒把又向他们展示着男盗女娼。同在社会中，犯罪可视为不适当的、可恶的行径，亦可被看作正当、可接受的行为。公说公有理，婆说婆有理。青年人在获取财富与威望的道路上可采纳常规与犯罪两种行为方式。

美国素以“民族之熔炉”而著称于世。外国移民打破了传统社会的结构。佛朗克 . P. 威廉姆在其《犯罪学理论》中指出：“对美国的警察与执法机构而言，民族熔炉与发财致富的美国梦成为社会治安中最头痛的事。无论什么时候，整个城市的邻里之间既无共同的价值观，又无共同的生活目的。人们认为法律不是他们分内的事，也不愿为社会安定作丝毫贡献。这一切促使芝加哥大学的社会学家把这个城市作为他们理想的人类试验室。”

(四) 其他有关社会生态的研究

社会学家称伯那得·林德（Bernard）开创了生态学研究的新时代。他采用芝加哥学派人物派克和伯吉斯关于城市犯罪模式的方法，把各区域的发案率输入计算机，同时他把私人调查所得的发案率也输入计算机，通过比较发现了很大的差异。精确的数字工作得出了新的结论，即犯罪率高低不是由地理位置所决定的，也不是由某地区特别的经济状况所决定的，而是该地区的稳定性决定的。社会稳定则安居乐业，无论是贫穷、住房条件差、紧靠闹市区都不会提高其犯罪率；社会动荡则偷盗蜂起，团体的准则已无法控制犯罪行为，犯罪或其他越轨行为不断发生，社会处于反常状态。

后期从事社会区域分析的犯罪学家从另一侧面批评了芝加哥学派的犯罪模式图。他们认为城市社会生态是非常复杂的社会现象，远比早期研究者新描述的更加深奥莫测。各种与犯罪有关的现象需要细致、周密地数学统计与解释，早期的、简单的、同心圆式的解释显得粗糙幼稚，需要对诸如贫困、住房缺乏、种族隔离、家庭邻里解体等现象重新认识。裘悌斯·威尔克斯（Judits Wiks）说：“为了准确地预报、解释某一地区的犯罪率，首先必须搞清楚几个基本因素：现在的社会结构、正在发生的社会进程、人口结构、大都市内部的社会复杂性。只有对这些因素了如指掌，才可以找到：1. 为什么某地区有经济、家庭、人种等因素与犯罪、犯罪率密切相关。2. 为什么上述因素与犯罪、犯罪率的联系因时间、地点的不同而不同。”（《犯罪学与犯罪》，哈禄德著）

社会混乱论向人们展示了两幅图画：其一，是传统的世外桃源，稳定和谐，犯罪率低。其二，是现代化的美国黑人区，礼坏乐崩，世风不古，犯罪率高。值得注意的是，现代警察正在从这一理论模式中获得启迪，着手警务改革蓝图的描绘。例如，英国“安全的卡西米克镇”的社会防范实验，就是在追求这种传统牧歌式的世外桃源。

二、 不同社会组织论 （Differental Social Organization）

不同社会组织论，又称不同社会结构论，是继社会混乱论之后的又一种现代犯罪社会学派。从某种意义上说，不同社会组织论是对社会混乱论的修正与补充。社会学家之所以放弃社会混乱论，其原因主要有四点：

第一，社会混乱论的概念对于解释整个社会而言显得既主观又含混不清。

第二，社会混乱论假设社会中许多好的、健康的已经被破坏，这一假设缺乏理论根据。

第三，混淆社会变化与社会混乱的界限，没有解释清楚为什么有些社会变革会引起混乱，有些变革不会引起混乱。

第四，社会混乱论的倡导者和早期社会变态学家的“应声虫”，他们采用分析概念，评价道德和正义的风尚，即把某些行为认定为社会混乱的象征，社会混乱的综合症状，被认定为是所谓的“坏东西”。婚前性行为、赌钱、饮酒等既不是社会组织破坏的标志，也不是什么“坏东西”。

对所谓犯罪区域的细致调查证明，这些区域中并不缺少社会组织体制。如福德·魏特（William Foote Whyet）证实，在他所研究的若干贫民区中，虽然呈现一种混乱局面，但却在建设着完好、体制复杂的社会组织，它是靠人际关系与相互义务为基础的。虽然社会组织不能行之有效地预防或抵御犯罪，但它本身确实存在着。事实上形形色色的生活方式（或亚文化）带上各自不同的观念与信仰，很可能成为社会的财富，关键是要综合它们，而不是削弱它们，否则将会引起社会混乱。正是由于这样或那样的原因，社会混乱论越来越不吃香，逐渐地被不同社会组织的概念所代替。

萨特尔林德（Edwin H. Sutherland）在早期关于不同接触论的阐述中，把犯罪归结于社会混乱。由于社会混乱不能令人满意地解释问题，在修改了整个理论之后，他于1956年提出了不同社会组织（Differdntial Sociao Oranxation）的概念。在应用不同接触论说明个体获得犯罪的过程时，他用不同社会组织的概念解释各个地理区域的犯罪率差异。

萨特尔林德认为，工业革命带来了天翻地覆的变化，现存的不同社会组织正在感受着这种巨变后果。所谓不同的团伙或不同的社会组织，意味着美国已成为各种亚文化的大杂烩、各种思想的百宝箱。意识形成的变化包括：高度的滚动性、高水平的欲望与雄心壮志。金钱成为成功和自我价值的标志。文化冲突与道德冲突等，特别是文化冲突与道德冲突直接源于各种文化集团的出现。集团甲的组织目的是犯罪，集团乙的组织目是抵御犯罪，犯罪正是在这种混乱中产生的。有关不同社会组织论的最新观点表明：生活在我们这个社会的人们同时与犯罪、非罪、反犯罪三个集团接触。不同接触论解释了为什么同处于一个环境中，有人被犯罪拉下了水，有人则出污泥而不染。

三、 文化冲突论 （Culture Corfliet）

犯罪社会派理论之一。英文“Cultrer”一词含意广泛，与中文“文化”一词不对应。英文中的文化除包括艺术和其他人类智慧形式外，主要指习性、风俗与某一特定时间与空间内的人类思想的总和。

文化冲突论是芝加哥学派的又一代表作。端尼（Renue，1978）指出：文化冲突论也许与弗洛伊德精神分析学派有关，其起源可追溯到生物学的观点，即表达的欲望与文化所创造的禁令之间的冲突（《犯罪学与犯罪》，哈禄德著）。文化冲突论的影响面与社会混乱论比较可谓小巫见大巫。它主要是解释人口迁移与新文化不适应的关系。

1938 年赛林（Selin）首次系统地研究了文化冲突与犯罪的关系。他指出，罪与非罪是对不同文化集团品行规范的直接反映。品行规范是行为的尺度，它决定着个体在特定条件下的行为方式。在不同的文化集团中，人人都依照标准观点衡量行为的对错。即使在最简单的社会中，人们也是各种文化团体中的一员，言行举止也要受到特定品行规范的制约，当一个人面对相反文化集团的期望，就会产生问题。

随着文化的复杂与渗透，往日的标准文化集团的数目会不断增加，但集团内的品行规范越来越难统一。当一个人放在特定状况——约束他的反应规范处于自相矛盾的混乱时，文化冲突就会产生。混乱是冲突之母。例如，甲集团的品行规范让某人向东，乙集团却让他往西，冲突就产生了。

在进一步解释文化冲突的概念时，赛林采用了品行规范的观点，他把文化冲突分为两类：一类是最初文化冲突；一类是二次文化冲突。当母文化的品行规范与新文化遭遇时，产生最初文化冲突。赛林以发生在美国新泽西州的凶杀案来说明。一位意大利移民杀死了企图诱奸他 16 岁女儿的男孩。当警察逮捕他时，这位父亲失魂落魄，六神无主，茫然不知所措。因为按照古代的西西里遗风，他的所作所为是为了捍卫家庭声誉的正当行为。

人们把移民子女的犯罪行为也归结于最初文化冲突。这些儿童在两种文化下长大。父辈企图用母文化来约束他们，而子女们发现母文化与他们所跻身的大千世界是如此格格不入。在两种文化的夹缝中，滋生的是羞愧难言、感情压力、自卑感等。这些心灵的创伤先是引起父子冲突，接着又成为犯罪的动因。

邵海姆（Shoham，1962）在以色列国考察了最初文化冲突与犯罪关系。从 1957 年到 1958 年，散居在非洲、亚洲、欧洲、美洲各地的犹太人云集在复国主义大旗之下，这些移民后代的犯罪率比总人口平均值高 30%。同样，土生犹太人与欧洲犹太人的犯罪率也有差异。这种差异也许源于移民对新文化的适应。土生土长的父亲，在故乡的土地上不管多么贫苦，总是一家之长，威风凛凛。但一踏上以色列的土地，举目无亲、难以适应，更难保持往日的尊严。“工作不顺心、住房又很紧、没了自信心、家庭又失控”这几句话是对这位可怜父亲的真实写照。面对此情此景，做子女的更觉凄凉，在他们的眼中，父亲已失去了往日的尊严。儿童内心被失败与挫折所伤害、多愁善感，成为典型的文化冲突的心态。邵海姆说：“所有这一切极可能导致移民子女感情脆弱，寻求街头文化、变成少年犯罪者。”（《犯罪学与犯罪》，哈禄德著）

赛林关于第二次文化冲突的定义如下：社会是由单一的、结构紧密的类型向混乱的、不紧密类型发展的副产品。这种发展的最终结果是各种因素使得文化具有多元性。这些因素包括：千奇百怪的社会集团、彼此竞争的利害关系、定义含糊的人际关系、混乱无章的行为准则，过度发展的无人性的社会管理机构……面对如此复杂的社会，冲突应运而生。人们各自属于不同的集团，每个集团都有自己的行为规范，都有关于社会联系的不同解释，都对其他文化集团的社会价值持狭隘的蔑视态度。生活在如此万花筒般的世界中，人无论怎样，举手投足都可能触犯一个或更多文化集团的行为准则。

四、 亚文化论 (Subculture Theories)

犯罪社会学代表理论之一，又译“次文化论”。“亚文化”一词在英文中为“Subculture”，其含义为：“在大文化中的一个特别的文化组，通常，在信仰与文化兴趣方面与大文化不同或抵触。”① 这里的“亚”是小、特别的意思，而不是次等的意思。迪福乐（DeFleur，1971）对此给予的定义是：一种准则的模式，信仰、态度、价值与其他文化因素存在于社会的特别集团与特别部分之中，但不代表整个社会的普遍特性（《犯罪学与犯罪》，哈禄德著）。

亚文化千奇百怪，或政治信仰不同，或吃喝穿戴不同，或语言修辞不同。亚文化的接触模式有三种：（1）置身于亚文化之中，像参加意大利西西里黑手党集团；（2）漂移入亚文化之中，像参加典型的吸毒集团；（3）创造新的亚文化，像组建犯罪帮会。

亚文化具有多种机能：（1）为本集团成员的行为找到合理化或中和的依据，特别是对越轨行为而言；（2）为获得特定的物品（如毒品等）或服务提供便利，这一切对越轨行为的继续至关重要；（3）为越轨个体提供技术咨询，帮助改造完善技术。

亚文化品行准则对其信徒而言是至关重要的。虽然从整个社会角度而言，越轨与病态是亚文化的特色，但在其内部，每个成员却不这么想，只是把这视作对亚文化期望的正常应答。

门黑姆（Mannheim，1965）把亚文化论贴上了阶级定向的标签。他认

①《英国大百科全书字典》，牛津大学出版社1992年版。

为：“不同的社会阶级具有不同的特点，不同的阶级以及不同特点所产生的亚文化形成了冲突。”（《犯罪学与犯罪》，哈禄德著）

迪尼泽认为，与越轨行为相联系的亚文化集团主要产生于第二次世界大战以后。许多社会学家认为这一段时间内美国社会内部阶级分化达到了高潮。按照职业与受教育的不同，一个个相对独立的阶层如雨后春笋般破土而出，或阳春白雪，或下里巴人。人们再也寻找不到昔日的美好时光，那时苦干就能获得成功，劳动的汗水可洗去往日的贫穷。现如今世风不古，江河日下，教育程度与职业背景成为成功的决定性因素。古老传说中男子汉自强不息，白手起家，凭满腔热血，一身健力打天下的神话已随风飘去、渺茫难求。许多新移民由于受教育程度不高，无法获得好的工作。与移民的先辈不同，先辈们先苦后甜，辛勤的劳动可获得成功，摇身一变，跻身于上层社会。新移民无法在经济上获得成功，苦海无边，沦落于贫民窟中，叫天天不应，叫地地不灵。贫民窟在美国叫“碎石子区”，这里的居民大都靠救济金为生。碎石子区的居民大都是下层社会的白人，他们在这儿也居住了二到三代人。这些栖身于移民区的后代仍身陷苦海的原因是心灵与身体的疾患或不良环境的结果。

从农村涌入城市的黑人也在碎石子区找到了落脚点。他们身无分文、无一技之长、目不识丁，所得到的仅是偏见与歧视。来自拉美的波多黎各人也是这儿的常客，他们有些仅是回国前在这儿停留一下，有些却扎根于此，乐不思蜀。波多黎各人的处境与其他居民相仿，特别是语言障碍和教育程度低这两把利斧，砍断了其向上爬的阶梯。墨西哥人也劫数难逃。总之所有非法移民的处境大致都是如此。

饱尝长期艰难困苦的阿巴拉契亚山脉的白种拉美人，也搬进了碎石子区。像黑人从农村涌入城市那样，他们同样面临对城市环境的新适应。他们低下的社会经济地位也是由知识不足和技能贫乏所造成的。

总之，从贫民区中的居民身上可以看到，与他们的祖先不同，他们很难爬出贫民区的深渊。这种状况直接导致了亚文化在此地区滋生繁衍。

五、 社会反常状态论 （Anomie Theory）

犯罪社会学理论之一。英文“Anomie”一词的含义为：“个人或团体缺乏常规性的社会与伦理标准。”中文无对应词汇，可译作“反常状态”。其理论核心为：个人成功的标志为目标和手段。如果某一个社会成员不能获得社会公认的成功目标。他就会通过改变目标或改变手段来达到个人实现，这就是犯罪或越轨。①

佛朗克.P. 威廉姆在其《犯罪学理论》中指出：“社会反常状态是指社会道德规范的崩溃与社会控制的瓦解。个人身如游子，漫无目的，既找不到价值，又没有约束，面对变化，束手无策，挫折压抑，冲突越轨是必然的结局。”

（一）达克海的理论

达克海是社会反常状态论的始祖。他不同意犯罪是一种病态，相反，他认为犯罪是所有健康社会不可避免的现象。犯罪是人们为自由所付出的代价，它唤起了改革的浪潮——人类社会进步的基础。无论是科学家还是罪犯都可以被叫作发明家，为了使他们能得到创造的理想的环境，我们也应容忍一定数量的、消极的改革，即犯罪的存在。同样，达克海认为犯罪在促进社会进化方面起着直接的作用。犯罪不仅仅是社会将发生变化可能性的信号灯，同样也是促使每个人做好应变准备的“试剂”。有些犯罪或许反映了一种亲切的，虽然并非使人接受的、典型的行为方式。

达克海的第二个贡献是，介绍了社会反常状态论，这与亚文化论的观点有直接联系。他说：“反常状态是特定的状况，在这种状态下指导人们行为的规则变得模糊不清，依照这些规则人们既不能对别人的行为提出预期，也不能指导自己在特定状况下的行为。”社会反常这个词远在三百年前就出现了，达克海重新使用这个概念无疑给后来的社会犯罪学理论带来了巨大的

① 张子路：《犯罪学辞典》，湖北辞书出版社 1998 年版。

影响。

(二) 罗伯特·莫顿对反常状态论的贡献

达克海所开创的基业到罗伯特·莫顿的手中才得以发扬光大。莫顿考察了由社会反常状况所产生的越轨行为，在 1938 年提出了著名的定律，一石激起千层浪，在犯罪学界引起了巨大反响。在此之前，社会学家普遍认为越轨行为是社会对人的基本生理冲动抑制失败的结果。在承认某些生理假设的前提下，莫顿认为这种理论仍无法解释在各种社会结构中的越轨以及这种行为模式与种类的不同（如在不同的社会阶层中）。1957 年，莫顿选择了研究目标，致力于发现是什么社会结构在这些人身上产生了特定的压力，使他们偏离行为规范。他的观点是，如果我们能确定一些社会集团，在集团内部由于高压而产生高犯罪率，越轨不是生物因素所致，而是被最恰当地解释为成员对自己选择的社会状况的反应。如果上述观点成立，那么，越轨行为将被看作同正常行为一样合情合理，天经地义。

莫顿发现在所有社会结构中有两个共同的特点：

1. 文化目标。它为个体的行为指明了方向。

2. 达到目标的手段和程序。手段和程序都必须是令人满意或允许的。尽管如此，这些行为规范并非绝对地直接代表到达目标的全部直接和行之有效的方法。一些人会发现条条大路通罗马，行之有效的方法绝非一条，也包括去偷去抢，但这些方法已超出正常行为的范畴。对方法的选择是由行为规范所限制的。

随着时间的推移，社会在变化，对目的认同在变化，社会所承认的实现目标的方式也在变化。只要社会的全体成员对目标和社会所承认的方式认同，就不会再有越轨行为。无论是目标或方式遭到非议时，犯罪就应运而生。

莫顿认为，在特定的社会中，越轨行为的数量随人口种族学和社会阶级的特点而变化。他假设，在不同社会集团中，越轨行为的不同分配是由集团成员实现目标的不同机会所排列决定的。各集团都产生了采纳它们观点的模式，这些模式有利于他们对实现社会目标的理解。并非所有的人都会变成犯罪者，像莫顿说的那样，有些社会结构充满了压力，靠近这一区域就容易犯罪。相反，有些集团的目标受社会威信的威慑，就限制了犯罪。

莫顿为当代美国社会勾画了一幅绝妙的写照：就成功而言，目标高于一切，目标神圣，不择手段。金钱是威信的标志，而挣钱的手段就无人理会。因此，非法所得的钱与血汗取得的钱，花起来是一样的。这使人记起了一句古拉丁谚语："金钱无臭味。"城市社会如同一帧白布，金钱的特性在上面画出了线条与色彩，这就是社会。在社会结构的不同层次中，金钱就是成功的象征；为它而生，为它而死，一点点地奋斗，永无止境。

（三）适应模式

莫顿把实现社会目标的过程分为 5 个层次：遵纪守法、改革变异、仪式主义、逃跑主义、暴乱革命。随着个人从一种社会状况向另一种社会状况的过渡，行为的方式也随之变化。这五种方法所代表的是在特定典型社会状况下的角色行为，而不是人的特定类型。莫顿不是按照这五种模式把人分类，而是说在不同的社会结构中，人们依据各自的地位去选择不同的行为方式。换句话说，所谓适应模式，是人在实现社会目标时根据所承受压力的不同而作出的反应。

1. 遵纪守法。社会稳定，人们安居乐业，遵纪守法是适应的最普遍的模式。人们按照这种模式选择目标，选择实现目标的手段。如果这种模式不能得到绝大多数人的响应，那么尽管社会是稳定、持久的，也会逐渐被瓦解、分化。

2. 改革变异。当个人选择了社会文化所强调的特定目标，却违背了社会所允许的手段时，改革就发生了。在西方社会，只强调目标神圣，为达目标不择手段，必然要产生改革与变异。

莫顿指出，当上层社会经济阶层遇到压力时，改革与变异的结果是混淆正常手段与违法手段的界限，把商业获利与白领经济犯罪的区别混为一谈。当下层社会遇到压力时，人们仍信奉金钱就是成功的信条。然而，穷人所处的地位决定了他们应用正常手段，流干了血，累断了腰也成功不了。虽然人们常说："机会面前人人平等"，"成功在向每一个人招手"，可目不识丁、身无分文的人又怎样才能成功呢？在通往金钱王国的大道上，法律所允许的大门不是向全民敞开的，不是向每个阶级所敞开的。下层阶级想打开这所法律允许的大门是很难的，对他们来说，邪恶、犯罪、敲诈却是可以选择的道路。莫顿曾说："野心是美国基本的美德，野心在美国触发了基本的罪恶。"（《犯罪学与犯罪》，哈禄德著）在一个把金钱奉为神灵的社会，在一个阶级结构限制某些阶级采用正当方式的社会，改进和变异就会星火燎原，越烧越猛。

当遇到成功的压力时，"下层社会烧香拜神，上层社会制造丑闻"。下层社会乞求上帝的保护，上层社会制造了政治丑闻。

3. 仪式主义。仪式主义指放弃或降低追求巨大财富的文化目标，或放弃对能成功地获得目标的兴趣。虽然选择这种适应方式的人们否定了文化所鼓吹的"走在世界前面"的论调，并降低了自己的抱负，但仍被法定的行为规范强行束服。莫顿认为这种适应方式也许不能被认为是越轨，这种方式有两个特点：（1）明确地放弃了对目标的追求；（2）选择被认为是合适的方式与手段，一点点地向上爬，水滴石穿，绳锯木断，逐步改善其社会地位。

这种典型的适应方式可在美国下层社会中找到。由于父辈管得严、强调要安分守己，使得这个阶层的人很难有越轨行为，使他们选择了无过就是功的人生哲学。他们的座右铭是："知足常乐""地有三江水，人无四海心""不要出人头地""爬得高，摔得重"。

4. 逃跑主义。选择这种适应方式的人大都是："身在社会内，心在社会外。"他们并不真的把自己当作社会的一员，既反对成功的目标，又蔑视实现的手段。手无缚鸡之力，无法通过常规手段获得成功；心比天高，不愿做违法犯罪的营生，求生不得，求死不能。只能采取逃避的方针，吸毒、酗酒、流浪，醉生梦死。这些被社会抛弃的可怜人，既不能合法地获得成功，又拒绝采用违法手段，只能走上逃跑主义的道路。

5. 暴乱革命。采取这种适应模式的人，既不认同目标，也不认同方式手段，偏要别出心裁，创造新的社会秩序模式。当现存的社会制度被视作对合法目标实现的障碍时，暴乱将要发生。与其他反应不同，它要建立新的目标，也要寻找新的手段与方法。砸烂旧乾坤，开创新世界是它的宗旨。

莫顿的适应模式论对现代英美警务改革产生了重大影响。莫顿认为犯罪是对社会的适应。无论犯罪、暴动，还是消沉都是社会压力与变迁的必然结果。因此，犯罪从某种意义上说是必然的，不可避免的。警察科学界中的犯罪容忍论正是基于上述观点而产生。犯罪容忍论固然有其荒谬的一面，但它在引导警察正确、科学地面对犯罪增长时，也是不无启发的。

第四节
现代犯罪社会心理学理论流派

现代犯罪社会心理学包括不同接触论、漂移论、社会控制论、抑制论等四个理论流派。社会心理学是研究个体心理与社会的相互关系的一门学问。它是社会学和心理学以及犯罪学之间的一门独立的边缘学科。

对于警察而言，犯罪社会心理学是研究与认识犯罪本质与社会控制犯罪机制的重要武器。在英国，犯罪社会心理学是警察研究硕士、博士课程中的一部分。该学科也是构成警察科学理论的有机组成部分。例如，社会控制论、抑制论对深入理解当代警务改革的新创造——社区警务、邻里守望有着重要意义。而不同接触论、漂移论等对于研究青少年犯罪，挽救无家可归的青少年等提供理论依据。总之，警务改革是以警察科学为依据的，而犯罪社会心理学正是这些依据的来源中精彩的一部分。

一、 不同接触论 （Differential Association）

不同接触论是犯罪社会心理学的一个理论。“接触”英文为“Association”，其含意：一是一组人组织起来为着一个目的而行动，二是伙伴关系或合作关系，三是不同观念中的理性联系，所以又称不同联系论。其主要观点为犯罪不是个性遗传，而是在于别人的接触中学习的。犯罪形式的学习与其他职业的学习一样，只是内容有所不同。

（一）不同接触论的提出

爱得文.H. 萨特尔林德（Edwin H. Sutherland，1883—1950）提出不同接触论的理论。1906 年萨特尔林德在芝加哥大学上研究生。在这段求学生涯中，他所接触的教师不少，但只有威廉·伊沙克·汤姆斯先生对他的影响最大。萨特尔林德的大弟子楚斯乐在 1973 年指出：“萨特尔林德的关于犯罪行为的理论，或许会被看作是汤姆斯先生有关相互影响社会学的继承。”楚斯乐同时指出，萨特尔林德的研究风格与芝加哥学派小心求证的调查技术一脉相承。

当萨特尔林德研究这一论点时，他写道：“当我首次把社会学的概念引入犯罪行为的研究时，我获得了一些成就。我所应用的社会学概念包括汤姆斯的四点希望，也包括模仿、孤立、文化冲突等，以后还应用了派克和博盖斯等人的四个进程的观点。”在同一篇文章中，萨特尔林德告诉人们什么是对他影响最大的观点，他的研究在模仿些什么。

（二）不同接触论的发展

不同接触论的提出走了一条漫长曲折的道路，更有趣的是，很久以来萨特尔林德并没有认识到他已提出了一种解释犯罪成因的全新理论。在他的著作《犯罪学》（1924）一书中，他提出了多种因素引起犯罪的理论，这些因素包括经济、政治、心理、气候等。直至 1939 年，在他的著作中尚见不到不同接触论的踪影。《犯罪学》出到第三版时，人们才从字里行间看到点不同接触论的观点。1924 年版的《犯罪学》孕育了不同接触论的萌芽，1934 年版具备雏形，1947 年版才最后成形。

在提出不同接触论的假设时，萨特尔林德的观点可谓包罗万象，足以解释绝大多数的犯罪行为。他指出，说到有关犯罪成因的研究，人们可例举上百种与犯罪有关的行为和原因，但各种条件之间缺乏内在的联系。作为男人，从表面上看，确是与犯罪联系密切，但很明显男人与犯罪并无内在联系。萨特尔林德的结论是："所谓具体的条件并不是犯罪的成因，解释犯罪成因的唯一方法是由表及里、去粗取精，从具体的条件中抽象出有代表性的原因。"

他的试验正是要揭示具有代表性的原因，运用社会学的有关知识，他认为必须按照一种特定的脉络揭示犯罪成因，即从学习、相互影响、交往中考察。他受到塔得观点的影响，认为犯罪可归结于发展中的模仿。

他认为不同的社会交往源于不同的社会组织，他运用这一观点来解释犯罪的多样性。在解释个体变化为罪犯的过程中，他采用了不同接触的观点。

（三）不同接触论的要点

萨特尔林德在《犯罪学原理》一书中归纳了该理论的要点："首先，每个人在一定的训练以后可采纳与学会任何行为方式。其次，在追随任何一种行为模式中出现失误均可被解释为在学习过程中缺乏恒心，或外界影响的间断。最后，文化冲突是对犯罪行为的最好解释。"（《犯罪学理论》，佛朗克 . P. 威廉姆著）

不同接触论的 9 个理论要点如下（《犯罪学与犯罪》，哈禄德著）：

1. 犯罪行为是学会的，犯罪行为不是遗传的结果。同样，人不在犯罪中学习，也不可能成为罪犯。

2. 犯罪行为是学会的，是在与其他人交往、联系的过程中相互作用的结果。这个交往与联系也许是直接的言语联系，也许是间接的文字联系，它包括了所有的交往途径与方式。

3. 犯罪行为学习的基本部分产生于密切的人际团伙之中。当然，不否认非人的传播媒介的作用，诸如电视和电影。但它特别强调人际关系在犯罪起源中的特别重要作用。

4. 在犯罪行为的学习过程中，学习包括两个方面：（1）犯罪技术的学习，有时这些技术是复杂的，有时是很简单的；（2）犯罪特殊倾向的学习，这些倾向包括动机、内驱力、文饰作用（即把犯罪行为解释成合理行为的原因、做法和态度）。即不仅要学习犯罪行为的方式，还要学习为什么要犯罪的理论。

5. 动机和驱动力的特殊倾向的学习，是在两种不同的情况下进行的。一是把法律规范作为合理的东西；二是把它作为不合理的东西。在有的社会中，人们把法律规范视为必须遵守的准则；而在有的社会中，人们被特定的规范所包围，人们的感觉中把法律作为应触犯的对象。在美国，人们关于法律的概念是上述两种社会的混合体，所以造成了对待法律规范的文化冲突。

6. 人变为罪犯是由于两种定义的斗争，其结果触犯法律为合理的定义，战胜了触犯法律为不合理的定义。这条定律是不同接触论的精华之所在，它涉及犯罪交往与非犯罪交往。两者互相抵抗、中和。人之所以犯罪有两个原因：首先，与犯罪模式交往；其次，脱离了与非犯罪模式的交往。

7. 不同接触的差别取决于该模式的频度、持续性、先决条件与强度。频度（Frequency）指个人在常规或犯罪集团中实践的经常性；持续性（Duration）指定向于特别模式以及参加常规或犯罪集团的时间；先决条件（Priority），假定生命的早期行为是学习获得的，无论守法或犯罪行为都是如此；强度（Inensity），这一概念并不十分明确，它把权威性作为犯罪模式与非犯罪模式的重要源泉，同时把对这些集团情感上的依赖看得十分重要。在关于个人犯罪行为的准确描述方面，强度形式应从定量分析和数学的比例方面来研究。但这样的纯数学化的公式尚未被提出，而且提出这样的公式必定困难重重，绝非唾手可得。

8. 在与犯罪行为模式和非犯罪行为的接触中，学习犯罪的过程包括所有的学习机制，这些机制可应用于其他一切学习过程。犯罪行为的学习机制是十分复杂的，并不仅限于单一的模仿，或许犯罪行为与非犯罪行为多有不同，但学习的机制是相同的。

9. 既然非犯罪行为是对需要和价值观的一种表现，那么犯罪行为也是如此，所不同的是，犯罪行为不能由这些因素来解释。小偷通过偷窃获得金钱，诚实的人通过劳动获得金钱。许多专家学者试图以同一的内驱力或动机来解释罪与非罪两种行为。例如，以“幸福原则”——追求社会地位、金钱欲等来解释。随着时间的推移，这种解释已经并还将被证明是枉费心机、徒劳无益的。因为他们对罪与非罪的成因解释完全雷同。这一命题就像解释呼吸一样。呼吸是任何行为都必不可少的，但却无法辨别犯罪行为中的呼吸和非罪行为中的呼吸。

不同接触论是西方犯罪学中的主要流派之一。它既有深刻的影响，也有自身不可克服的缺陷从而遭到批评，如谢尔登·格留克认为，犯罪不是学会的。如果与罪犯接触多了就会产生犯罪，那么，犯罪学家、警察岂不都应成为罪犯了吗？

二、漂移论（Drift）

一种有关青少年犯罪成因的理论。“Dirft”英文本义为：“一、一种缓慢、振动和运动。二、这种运动是由缓慢的流动所引起的。”其主要观点是少年犯罪是一种类似台球滚动中的可控与不可控的综合过程。

（一）少年罪错的亚文化群

马扎（Matza）认为我们现存的文化可以分为两种：一种是正常文化；另一种是不为公众所承认的亚文化传统。

第二种越轨文化传统是被大多数成年人所熟知与默认的。例如，平时为正人君子所不齿的，竟在大庭广众之下被默认允许。饮酒寻欢、寻花问柳之事常按以“来点儿刺激”之类的外衣所掩饰。在运动、公正、竞争的幌子之下，在家庭舞会宁静和谐的旋律中又有多少伤天害理、伤风败俗之事呢？少年、青年对此类事情有目共睹，为何成人父辈做得，我却做不得呢？马扎与西凯（1961）揭示了亚文化的潜在价值，正是这种亚文化为犯罪行为提供了内在的动力。

亚文化潜在价值的特性如下（《犯罪学与犯罪》，哈禄德著）：

1. 寻求刺激。这些刺激活动，一要危险性大，二要具备勇气。

2. 鄙视日常工作，向往“高分点”的工作。

3. 特别强调攻击性行为，这类行为常是人身攻击与谩骂相结合，既显示了面对挑战的勇气，又展示了雄健的肌肉力量。

马扎认为：“罪错亚文化（Subcultuce of Delinquency）是少年团伙的共同智慧财富。”凡是跻身于亚文化群中的青少年都受到它的影响，其中有些人受影响大些，但亚文化仅是一种影响而绝不是一种遏制力量。

马扎提出了青年期恐惧症的概念（the Adolesents Anxiety）。

这一症状的根源在于青年人在生理与心理两大方面处于一种中间状态，即半成人、半少年、半幼稚、半成熟。特别是男性，可谓少年气盛，同时又对自己的阳刚之气、对自己在同伴心中的地位产生忧虑。于是他们便尝试各种行为，借以自我表现，寻求一种巩固自己地位的方式。

青年人有自己的评价方式，他们决不会直接地请求同伴评价自己的犯罪行为。他们把对别人的评价以一种特殊方式传导给每一个人，即使某人在同伴的眼里显得微不足道，产生地位恐惧感。如果有人问同伴："你认为在商店偷东西是件光彩的事儿吗?"恐怕回答多半是嘲笑或白眼。年轻人从不让同伴评价犯罪，从过去的耳闻目睹中，他们早已知道这类问题会使自己狼狈不堪。于是他们变换了提问的方式，渴望从同伴的回答中得到诸如："你是个真正的男子汉吗"或"你还算是七尺男儿吗"式的反问，借以安慰自己因犯罪而产生的恐惧，寻求同伴中一声鼓励性的喝彩。久而久之，青少年从不知不觉中领悟了这样一个真谛，犯罪是同伴们的义务，同伴使他献身犯罪事业，而不管事实上是否真是如此，当少年长大成人之后，恐惧感会自然而然地消失。因为他们的不稳定因素已被一系列光辉的成就所淹没。这些成就包括男性发达的肌肉、健全的体格、高中毕业、就业、婚姻、生儿育女等。等待到达这个阶段时，按照马扎的理论，昔日的亲如手足的伙伴聚集在一起，回首如烟往事，不觉为往日的犯罪行为而后悔。

在漂移论中，马扎还提出了一个概念叫作"合理化过程"（Rationalization），或叫"中和技术"。栖身亚文化中的青少年试图以合理化过程来为自己的错误开脱，以此为武器抵制社会遏制的强大压力。中和技术有以下五个基本内容：

1. 否认义务。以"我喝多了，头重脚轻，不能自持"为代表，少年拒绝别人对其行为的指责，并把自己的失误或犯罪归因于不能自控。

2. 否认伤害。以"根本没人受伤"为代表，这一技术不否认自己的行为，却以无人受害为自己开脱。

3. 否认被害人。以"我偷的这家商店的老板是奸商"，或"我打的这个小子是同性恋”为代表，把被害人归到坏人一类中，妄称他们是罪有应得。

4. 谴责“谴责者”。把所有权威人士如警察、教师、家长等统称为伪君子，人面兽心或心怀恶意。

5. 寻求高度忠诚。把自己的犯罪行为说成是为了高尚的目的，为了团伙友谊的需要，为了兄弟的忠诚，而把对社会的忠诚抛至九霄云外。

(二) 漂移进罪错

马扎把相互影响的过程叫作漂移进罪错（Drift Into Delinquence）。按照马扎的观点，少年罪错或犯罪与打台球相似。台球的滚动既有人击打的意志，又有其滚动的不可控制性。罪错行为由社会状况击打而滚动，超出了青少年自我控制的范围。因此，个人对罪错行为没有选择的余地。

漂移进罪错的理论介于实证学派和古典学派之间。人们面对犯罪游离于遏制与选择之间，马扎说：“人的感觉既不恐惧也不飘然，人们既不是超然于犯罪之外，也不是被遏制于犯罪之中。”马扎把这种旷达的心境叫作“弹性宿命论”。他声称许多青少年犯在罪与非罪中飘来飘去，不知所终。这些少年看上去好似：“一个游离于强迫和义务中的角色，面对选择不知所措。对违法行为与守法行为感觉差不多。他们一半已融进了美国的传统生活，而同时另一半又不采纳常规的传统……飘飘然游荡于罪与非罪，昏昏然应答善与恶的挑战。时而升腾于天堂的门口，时而堕落在地狱的边缘。推迟义务、逃避决断。因此，他是漂移在罪与非罪中的孤船。”

什么直接促使青少年走向犯罪呢？什么是犯罪的触发机制呢？马扎提出了两个概念，准备和绝望。

准备是青年触犯某一特定罪行技术可能性的过程。这包括确认这一过程所需的本质特征和基本技能，这些技能是力量、速度、灵活、敏捷等因素，以适应夜盗、抢劫、诈骗等犯罪的需要。这一过程也包括克服作案前紧张恐惧心理。罪错亚文化总是向少年灌输刑事司法机关是如何无能，被捕的机会是如何渺小，以此来消除恐惧心理。青少年还知道刑事司法制度对少年犯罪特殊的立法、审判程序、矫正机构，在被判刑前会有许多较好的选择，如保释少年院等。

当青年感到绝望时，一种尝试新型犯罪的动力便油然而生。绝望源于宿命论。青年对自己的前途感到迷惑渺茫，不知从哪儿来也不知向何处去？他们的心底埋藏着宿命论的阴影，无法把握环境，驾驭人生。明天不知将有什么发生。他们像一只人生舞台上的玩偶，命运的绳索不知由谁人操纵。为了拼搏，夺回命运的绳索，紧紧地把握在自己的手中，他们有必要导演一出有声有色的人生悲剧。也许通过正常的行为也可以实现这一目标——做体育尖子或是为科学奋斗都可达到光辉的顶点，但成功的希望又是何等的渺茫。青年人最后选择了犯罪，因为只有犯罪，才最有可能成功。因此，绝望意识既是抵抗抑制犯罪的法律屏障的有力武器，又是加深青年关于男子汉危机感的媒介。

准备和绝望构成了触发机制，导致青少年漂移进违法活动。

三、 社会控制论 （Social Control Theory）

犯罪社会心理学的理论流派之一。严格地讲，社会控制论不是个学派，而是一种研究的领域。控制论指任何关于对人类行为进行控制的研究。它所涉及的领域包括遗传研究、神经化学、社会生物学、人格理论等。而社会控制论主要研究社会控制与犯罪的关系，包括家庭结构、教育状况等因素对犯罪的影响。主要理论有达克海的社会控制论、人格定向社会控制论、社会束服论、何尔斯奇的社会控制论等。

1964 年，何尔斯奇（Hirsch）提出了他的理论模式的 4 大要素。

（一）依赖

一种联系儿童与他生活中关键人物的特殊力量。这些关键人物是：父母、教师和朋友。在这种相互关系中，违法被视作是违背他人希望和愿望的。对父母的依赖被认为是最重要的，因为父母是儿童社会化过程中的启蒙者，因此，在儿童社会化过程中，父母将给予特别重要的影响。

（二）义务

一种促使儿童或成人从事某种活动的利害关系。对常规价值的义务感促使人们或经营商业或上学读书或保持名誉地位。为了进行这些活动，人们要在这一系列活动中投入相当可观的时间、能力、金钱与自信。正像投资做买卖一样，当某人将要被卷入犯罪中时，他首先要衡量利害，是他平时投入常规价值中的精力、金钱多呢，还是将要投入违法行为中的多呢？两种行为哪一种收获大呢？有没有赔本的危险？是不是会因此破产呢？例如，一个商人是否愿意去偷盗，以葬送自己的产业、名誉、地位作为偷 10 美元的代价呢？在儿童方面，也许有些奇特的地方。例如，犯罪将意味着失去教育或就业机会，推迟参与成人活动的时间等，而像吸烟、饮酒等成人活动是很有吸引力的。这些义务是遏制青少年犯罪的有利因素。

（三）卷入参与

即占领个人整天的活动。这个假设是，如果某人整天的时间表都被正常的行为占满，他就不会有时间和精力去犯法。诚然，连何尔斯奇本人也承认，那种认为简单地用正常活动占满儿童时间表的方法就可以预防犯罪的想法是何等的天真，不近人情。此外，认为犯罪是 24 小时的全部活动的概念也是不正确的，因为绝大多数的青少年犯仅是用很少的时间从事犯罪活动。因此，何尔斯奇关于参与和卷入概念的真谛在于所谓时间是指为获得实现常规目标的那一部分，还是这一目标遏制了犯罪行为的产生。以学龄儿童为例，最重要的参与是课内外活动。

（四）信仰

它是指个人遵守社会行为规范的意识。人们对社会行为规范的信仰不尽一致，可分成许多等级。人们对法律的信仰程度越低，触犯法律的可能性就越大。以青少年犯罪为例，对法律的信仰主要取决于对权威人物的依赖，如对父母、教师依赖。

何尔斯奇深入细致的调查研究有力地证明了他自己的理论体系。他的研究数据证实，儿童对父母依赖得越深，信仰得越忠诚，犯罪的可能性就越小。此外，儿童对教师和学校的依恋程度也限制着犯罪的可能性。为了深入研究青少年犯罪，何尔斯奇试图发现是什么使儿童对学校产生反感，他发现了一组互相联系的因素：

学习成绩不好——在学校表现不好——不喜欢学校——对学校权威的反感——少年犯罪。

关于依赖的尺度即朋友引力，何尔斯奇有两个发现：

第一，青少年中有一种特别强烈的倾向，他们活动与态度趋于一致。一伙彼此有很多共同点的青少年不可能与少年犯做朋友。

第二，那种认为少年犯之间情同手足、亲密无间，存在着温暖小气候的观点纯粹是空想。

说到义务，何尔斯奇发现凡是对教育和就业有所追求的人，犯罪率都比较低。另外那些过早地从事成人活动的人极有可能卷入犯罪之中，这些成人的活动包括吸烟、饮酒、赛车等。这些活动的后果大都是消极的，青少年参与这些活动越频繁，犯罪的可能性就越大。此外儿童涉足这些活动越早，危害就越大。他们开始对自己的儿童地位感到反感，不断声称他们已达到了成人的标准。与此同时，他们开始走自己的路，往往偏离了父母、师长对他们的希望和要求，很有可能将走上犯罪的道路。

既然对常规活动的参与是对常规价值的义务所致，就不难发现与此相对应的其他各种情况。男孩子潜心苦读，把时间花在作业上的人犯罪的就少；吃喝玩乐，把时间花在赛车上的犯罪的就多。

何尔斯奇对自己关于依赖和信仰的理论坚信不疑。他以充分的调查材料证实了下例对应关系：

对父母、教师依恋得深——守法感越强烈——对警察越尊重——犯罪率越低。

何尔斯奇以下例几句话结束了对社会控制理论的阐述：“在人民大众中，没有任何一个阶级、任何一部分对犯罪抱有信仰、对产生犯罪的价值抱有信仰。”何尔斯奇的研究资料证实，在美国没有任何一个集团对犯罪抱有信仰或是积极地鼓励青少年罪错或是犯罪。

四、 抑制论（Containment Theory）

一种社会心理学流派。“Containment”英文译为“抑控制”，其主要含义为：控制或抑制。该理论由瓦特·怀克莱斯（Walter C. Reckless）提出。我国也有人将此译为社会控制论，其主要理论为：社会中的人都不可避免地要受到犯罪的诱惑，只要社会抑制性强，犯罪就会受到制止。该理论颇似我国中医理论中的外界虚邪贼风与体内浩然正气的辩证关系。抑制论有四大理论流派：调节论、中和化论、结合力论与威慑论（《犯罪学辞典》，张子路等编）。

瓦特·怀克莱斯1925年毕业于芝加哥大学，他在20世纪60年代初期发展了抑制论。怀克莱斯曾求学于罗伯特·派克（Roborct Park）门下，恩师指点他深入芝加哥的贫民窟中，去亲自观察那一张张不同颜色的面孔。那是一群不同肤色的移民，那是一群住在郊区渴望适应城市生活的乡下人。这一张张面孔深深地印在怀克莱斯的心中，以至于改变了他的职业和研究方向。在他的职业生涯中，花费了很大一部分光阴用于训练缓刑官以及保释人员。怀克莱斯青出于蓝而胜于蓝，那时芝加哥学派的社会学家很少把研究的眼光投到贫民窟中，而怀克莱斯却注意研究社会的每个角落，各种不同的人群。是他最早尝试解释这样一个现象——许多人有相似的生活环境，为什么所做出的行为却千差万别呢？他要寻找出这样一个或一类因素，正是它们驱使人们犯罪、驱使人们加入流氓团伙、驱使人们变成职业盗贼、驱使人们卷入违法的商业之中。与此同时，另一些人却脱离了犯罪，尽管他们相处于同一环境。怀克莱斯批评了当时的社会学家，因为他们无法解释人们对同一社会状况的不同反应。他的观点是，前人在解释犯罪时忽视了形形色色的，内在的“自我因素”（self factors）。

在阐述抑制论原理时，他以疟疾病的传播和带病菌的蚊子之间的关系来解释：沼泽中生活着带菌的蚊子，蚊子在那里传播病菌，繁殖后代。有三种人进入沼泽：一种人得了大病，一种人得了小病，一种人因有免疫力而没有得病。探其奥秘，无非是内部与外部两方面。为防止疟疾，必从内外两方面入手。

内部：抗拒疟疾的遗传或获得生物免疫。

外部：消灭蚊子、清洁沼泽、抗传染、睡蚊帐等。

怀克莱斯认为犯罪的原因与得疟疾的原因相差无几，而使人通过遗传获得对犯罪的免疫力，是不可能的。他所说的内部因素特指的是自我因素。

怀克莱斯认为控制犯罪或少年罪错的措施和控制疟疾相同，内外夹击、双管齐下。犯罪是两种力作用的结果，内部的推力、外部的拉力。外力包括贫困、经济衰退、失业、家庭不和、无创造机会、社会地位低下等。内力包括生理组织和心理的因素，如过度的紧张、攻击和对抗的意识很强、不能有效的放松、对权威的逆反、渴望马上满足、心理冲突、恐惧、病态憎恶以及组织损伤，如癫痫、脑损伤等。在论述了外力与内力之后，怀克莱斯提出了抑制异常的两种结构，它们既像是缓冲物，又像是绝缘体，起着抑制犯罪的作用。

（一）外部抑制

外部抑制的概念是指社会的抑制能力。国家、社会、村庄、部落都以特定的法律、规范、制度、条例来约束个人，把个人控制在自己的影响之下。在现代化的工业社会中，外部因素通常以一种或多种组合的方式作用于个人。这些因素是：（1）有意义的生活目的；（2）适当的规则与期望；（3）参加正当社会集团的机会，这种社会集团给人以归属感；（4）实现社会目标的各种方式与途径。在像美国这样的大型社会里，这些因素是靠家庭或其他类似的小单位所提供的。怀克莱斯说，个人在家庭或其他较小的社会组织中寻求到满足感、归属感、支持的力量和自我实现之后，就会适应社会的行为规范。他同时指出，当个人内部抑制因素减弱时，外部抑制因素将作为第二梯队来阻止内部向外爆发的推力。

（二）内部抑制

内部抑制的概念是指个人自我指向和控制的能力。它由不同的因素组成，构成自我概念，或叫自我映象。这些因素包括对社会所提供目的的定向能力，对挫折与失败的顽强斗志和坚韧不拔的气概，对社会规范、习俗、价值的追求、义务、责任感。怀克莱斯认为在变化的、高度工业化的社会中，内部抑制是很不健全的，但同时又是特别重要的。因为人们大量的时间没有与家人一起度过，也就缺少了家庭对他们的抑制。其结果是人们必须主要依靠内部抑制因素以确保整个抑制的运转。

如果把内外两种抑制分为强与弱的话，我们就会更清楚地认识到抑制与犯罪的关系：

1. 内强外强型。当人具备很强的内部抑制同时又具备很强的外部抑制时，犯罪的机会几乎等于零。当然在当今的工业化社会中这是很少见的。

2. 内强外弱型。当一个人外部抑制因素减弱，内部抑制因素较强时，参与犯罪的机会不大，但卷入犯罪的可能性要比内强外强型要大些。这种类型常见于城市的工业化社会。

3. 内弱外强型。当内弱外强时，参与犯罪的机会要比以上两种类型都大。在原始社会，较强的外部抑制因素足以抗衡犯罪，因为那时人们心地纯朴，内外推拉的力量不对称。

4. 内弱外弱型。内外控制力都很弱，参与犯罪的可能性最大。这种情况在各国的工业化或城市化的进程中，在广大发展中国家相当普遍。人们从部落与村庄中涌入城市，移民成为世界性问题，外部抑制条件变化，内部抑制崩溃成为诱发犯罪的最有利的因素。

第五节

现代犯罪生物学理论流派

现代犯罪生物学派指第二次世界大战以后，以美国为代表的有关生物学与犯罪关系的研究。与传统犯罪生物学派（如龙勃罗索派）不同，该学派反对粗略性实证，力图采用现代生物科学的最新技术进行规律性探讨，试验样本也比较大。一些诺贝尔奖获得者也投身于这一研究，增加了该学派的科学成分。近来，该学派在矫正分子生物学、学习能力研究、癫痫以及脑电波与反社会人格的关系上有所突破，具有一定的启迪与参考作用。在西方，警察部门对这些新的突破持十分敏感的态度，如在英国，一些警察把这些理论运用于社区警务的诸多实践活动之中，收到了较好的效果。又如，美国，在全国 9 所青少年矫正机构中试验矫正分子生物学派的理论也收到了可喜的成果。该学派已成为警察部门同犯罪作斗争，搞好警民关系的重要武器。我国在此领域介绍的不多，本节就其要点简介如下。

一、 矫正分子精神病

矫正分子精神病，英文为“Orthormolecular Psychiatry”。该理论是由两次荣获诺贝尔化学奖的李诺斯·浦林（Linus Pauling）提出。他认为，心理疾患和行为异常为身体内部的异常反应比率所致，这种比率的异常是身体结构缺陷的结果。这些缺陷为基本微粒的改变、营养异常和生理缺损。浦林建议对异常行为的治病应包括以下基本内容——在大脑皮质和中枢神经系统内部建立最适宜的化学结构。例如，他利用服用大量维生素 C 作为治疗感冒的手段就展示出他新思想的奥秘。

矫正分子精神病反映了生物化学的研究方法。这一方法的追随者们强调各种各样的少年罪错或犯罪行为都不是心理失常，而是生物化学或代谢方面的不平衡。例如，一个青年人涉嫌暴力行为，不是由于他是被社会拒绝的被害者，也不是由于家庭破裂，而是由于一系列的生理因素所致，如错误的减肥，营养不平衡或体内某些毒素的聚集过量，如水银在体内含量过高而造成的身体不适和机能异常等。

问题的争议点之一是关于儿童多动症。多动症由不思休息、极度冲动或攻击性行为所组成。有人认为引起多动症的主要原因是营养不良和低血糖，而这两种病因都是由于长期吃快餐所致，快餐是美国儿童的主要食物，其基本成分是糖、淀粉和有毒物质。正是这种有毒物质引起了“矫正分子”的不平衡。汤姆逊、詹姆士等指出：“患多动症的儿童常使教师和家长头痛，给他们戴上坏孩子的标志。这些孩子精力不能集中，无法正常学习，长大成人后知识贫乏。他们成为逃课的好手，又是犯罪的常客。”

加州大学刑事司法协理员史泰文·曹恩特（Steven Schoen – thales）花费数年心血，潜心研究“饥饿行为”。他观察了5000个被监禁的儿童，这些儿童来自加州境内的10所矫正机构。他在1985年得出结论：在九所矫正机构中，管理人员的目标是限制食品中的含糖量。带糖的软饮料被果汁所代替；糖块和快餐小吃被新鲜水果、蔬菜所代替；高糖的早餐被高营养的早餐所代替。自从食品结构发生变化后，所有的矫正机构都发生了明显的变化——肇事和违纪行为明显减少，下降幅度从21%～54%不等。

曹恩特计划进一步扩大他的试验，从儿童矫正机构扩展到成人矫正机构，心理康复医院等部门，以便进一步验证其功效。

绝大多数犯罪学家也许会赞同这一基本观点，即营养和化学因素影响行为，但是若要寻根问底，这些生物、化学因素以什么程度、什么方式造成犯罪？回答这样的问题又显得力不从心。例如，曹恩特指出的方法，以增加儿童食物中的养分以及用单纯的限制高糖性食物的方法降低、改善儿童的罪错。“智者千虑，必有一失。”也许真正的病源，尚待进一步的探讨和研究。

此外，在这个领域中还有许多有待深入研究的问题，如低血糖和其他生物化学元素的不平衡造成强奸、抢劫、放火和凶杀；或几乎所有被确定为凶杀的罪犯都是维生素缺乏或低血糖患者，这些命题还有待于用完整的、严谨的、具备精密控制条件的试验来证实。曹恩特所开创的事业还需后人去验证、批判。

二、 学习能力丧失与少年罪错（Learning Disabilities & Deliquency）

学习能力丧失的定义为：“一种感觉和运动机能的损伤，因损伤产生生理异常，导致课堂活动异常。”常见的学习能力丧失有三种：第一，诵读困难，它是“一种儿童异常，丧失课堂常规活动，不能掌握读与写的语言能力”。第二，失语症，它包括视听两方面的困难。这些困难产生语意交流问题。第三，运动过度，它常与多动症通用，是一种“长期的、儿童所特有的症状，包括极度的不休息和精神不集中”。

学习能力丧失的病因不明。许多人倾向于这种观点，即最终会在组织学、神经学方面突破，查明原因。无论其病因是否在于病变，关于学习能力丧失与少年罪错的关系，存在下列观点：

舒美柯（Shoemakez）于 1984 年指出：解释能力丧失与少年罪错联系的可能性是，这种异常“影响了理解的发展过程，理解迟钝推迟了对社会行为规范的认识”。另一种解释为：学习能力丧失的儿童，往往学业低下，成绩平平。家庭、同辈人、老师向孩子投来的不是赞美的微笑，而是鄙视和冷漠。低下的分数和社会消极的态度把孩子推出家庭，赶出学校，孩子只能在同辈人中获得片刻的温存。这种人或是逃学大王，或是犯罪高手。少年罪错的主要原因有三，正如舒美柯所注意到的：失学、社会遗弃和坏伙伴的影响。

证明学习能力丧失和少年罪错相联系的证据不足。莫瑞（Muzzay，1976）说，虽然一些研究人员声称，超过 90% 的少年犯罪者存在某种程度的学习能力丧失，但这些结论总是显得牵强附会，证据不足。较少的研究组，对犯罪概念的混淆，不科学的研究方法等，均导致了结论的失真。凯利兹（Keilitz）等人在 1982 年曾证实学习能力丧失的儿童与正常儿童的犯罪率相同。

三、 癫痫与犯罪 （Epilepsy & Criminality）

长期以来，癫痫与暴力的联系几乎家喻户晓，它所反映的实质——精神疾病与犯罪的联系。癫痫反应——痉挛和突发是一系列的、成组的变异性、复杂性、混合性的产物，是一种“完全的病态”。

白车乐（Batchelor，1969）注意到：癫痫与其说是行为失常，不如说是病状。“癫痫的特点不在于痉挛性突发，也不在于意识的突发，而是中枢神经的机能爆发。”有关脑刺激的研究证实，一些癫痫的突发可由电击抑制。

癫痫的研究古已有之。行为病理学家发现一些世界名人，仁人志士都患有此病。当一代天骄马其顿亚历山大大帝指挥铁骑横扫北非时，人们惊奇地发现，癫痫病和世界的征服者们总是形影不离。更有甚者，那些天才的艺术家、伟大的作家、无与伦比的音乐家，如莫泊桑、凡高和本·扬等都和癫痫有关，以至人们仍要问，莫非是癫痫赋予他们天才和民主的特性?

癫痫有四种:

第一种，大癫痫。最常见、最剧烈的发作，持续暴发，突然丧失意识。

第二种，小癫痫。多发于儿童，21 岁以上成年人少见，表现为意识暴发和长期的辨认力丧失。

第三种，心理动力癫痫。症状为意识突发，在突发中常进行一些复杂的、有完整连贯性的行为。按通常的观点，这种行为包括凶杀等犯罪活动。

第四种，杰克逊癫痫，又叫皮质性癫痫。与大癫痫症状相似。其特点是伴有肌肉抽动，从手足逐步扩散到全身。

有关癫痫与暴力行为最有趣的例子是画家凡高。他用剃刀轻轻地割下自己的耳朵，小心翼翼地用棉花包好，而后交给妓女。凡高的行为是典型的"心理动力癫痫"发作时的自残行为。

心理动力癫痫常与凶杀联系在一起，以致这种疾病声名狼藉，路人皆知。但特耐（Turner，1962）的学术报告指出，在 337 名癫痫病人当中，仅有 5 人在发作期间产生过反社会行为。楼亭（Eodin，1973）也在报告中指出，在 57 例病人中没有发现暴力行为。楼亭曾在他们发病时间用摄像机严密监视。此外，楼亭检查了 700 个有癫痫史的病人，仅发现了 34 例具有进攻行为。

四、 自然因素与反社会人格（Phyzologieal Factors & the Antisocial Personality）

一个世纪来，精神病的概念引入学术界。对精神病和反社会人格的诊断已被广泛地应用于犯罪的研究。

人格变态的概念是什么? 桑泽兰（Shterland，1978）在题为《心理失常的诊断和统计手册》的论文中说明了概念。他认为变态人格诊断主要基于人格特征，而不是特殊的行为尺度。"反社会人格是一种对个人、团伙和价值忠实性的丧失。他们绝大多数麻木不仁、自我利益至上、沮丧寡合、没脸没皮，不能从惩罚中吸取教训；动摇、屈服，坚韧性差；自以为是，拒绝他人的忠告。”

海威·克利克（Hery Cleckley，1964）在他的名著《心灵健康的标定》中描述了反社会人格的种种特性，计16条：（1）貌似幽默、智慧，实际肤浅庸俗。（2）妄想和不合逻辑的狂想。（3）精神不清楚、神经质。（4）不可靠、不可信。（5）不信赖、不忠诚。（6）不知羞耻，无后悔之心。（7）从事反社会行为时毫无意识。（8）病态的自爱，对他人爱的丧失。（9）无是非判断能力，不能从经验中学习。（10）人际关系冷漠，缺乏交往。（11）目光特别短浅。（12）缺乏起码的人际联系和一般的礼尚往来。（13）想入非非，不能自控（饮酒或不饮酒）。（14）自杀之心常有，却很少执行。（15）性生活异常，或毫无人性，暴似野兽；或力不从心，随便了事。（16）生活无目的，当一天和尚撞一天钟。

汉斯·托奇在《司法和犯罪心理学》一书中把上述16种人格特性归纳为：“缺乏良心或良心不足；情感不成熟，自我为中心；无生活计划；缺乏爱和忠于爱的能力。”

克利克认为反社会人格是一种“貌似人格但自我不能感觉的特征”。他在自己的书中举出个名叫丹尼的人：他从不承认自己行为有何不对，对自己极端个人主义的、损害他人的行为从未有悔恨的感觉。社会对他的一次又一次严惩，他从不记挂在心上。这种惩罚丝毫没有降低他的自我中心意识。长期以来，他的行为是一种自我毁灭，而他个人却整天“感觉良好”。

有关反社会人格的临床观察强调这种人格具有特殊的结构。人们通常列举的有冲动、缺乏爱和爱的能力，无羞耻之心，无克服困难的勇气等。为什么会产生反社会人格呢？经过大量的科学实验，人们认识到这也许和人体的生物因素异常有关。

（一）脑电波研究

脑电图技术（EEG）是利用特殊仪器捕捉脑细胞的电运动——脑电波，用电极与其联结并记录下来。1929年德国人首次用EEG读出脑的活动。正在活动的大脑使用电流振荡，其力量以每秒 8 ~ 12 次从百万分之一伏特到 5 伏特中间摆动，此时 α 波产生于后脑，β 波产生于中前脑。频率每秒 18 ~ 25 次。脑电图技术中的偏差，可用于诊断大脑损伤。1940 年 EEG 技术被用于调查罪犯。这些年来，此项技术已显示了脑电异常与反社会人格的联系，特别是来自颞叶的低频异常或许是中枢神经系统抑制机能异常所致。这种能力异常使得抑制的学习变得困难，这种抑制是指向逃避惩罚的，没有抑制机能就容易犯罪。这一观点是十分重要的。

麦得尼克（Mednick，1981）曾对 265 个青少年进行了长期的研究。所有孩子被分成三种：第一种是 72 个孩子的双亲有精神分裂症。第二种是 72 个孩子有“精神病的父亲和行为失常的母亲”。所有病案齐全，可供查阅。第三种是控制组 121 人，父母双亲从未被诊治过。所有成员均受到严格的精神病史、神经系统和家庭背景的检查。

采用脑电图技术在全体被试者中辨认出有病史的人。虽然这一发现不能证实在 EEG 表现异常的人将来会逐步走上犯罪道路，却可在少年还未犯罪前提出警告，因此，麦得尼克认为，EEG 或许将来被应用于预防犯罪的研究中。值得注意的是，脑电图技术可以用于说明脑功能紊乱所产生的异常，异常可引起行为的偏差。脑电图技术的方法对诊断癫痫和其他脑机能有效，但酗酒而引起的中毒现象在脑电波记录中会明显表现出来，易产生混淆。

（二）皮肤传导研究

当人处于兴奋、不安、焦躁、恐怖或其他感情突发时，手掌有汗液分泌，汗液增强了皮肤的导电性。人们利用此原理创造了皮肤电流反应装置。当人处于高度感情冲动时仪器会显示出高水准的反应。

早期研究者赖根（Lykken，1957）指出，精神病型犯罪者的特征是：皮肤电流反应显示低觉醒状态；对指问的恐惧性反应呈现特别低下的水平。因此，赖根指出，精神病患者之所以显示出对反社会行为低度抑制，显出无所谓的态度，是因为在经历此种行为时恐惧程度特别低下。后来的一系列实验证实这一结论是正确的，特别是暴力型犯罪，皮肤导电性极差。

（三）心脏不稳定性研究

方肯斯坦（Funkenstein）是著名的精神病专家。1949年他和同事判定了一种名叫“心脏不稳定性”的研究。这是一种持续性、超常性的心脏与心血管系统的应答反应，此反应与其社会行为有关。

15名精神病患者都来自波士顿精神病院，这组病人都有暴力犯罪史。方肯斯坦仔细研究了他们的心脏，他们虽然没有任何特征表现出恐惧，却总是抱怨处在恐惧的包围中。方肯斯坦给每个病人注射肾上腺激素，这种药一般用于增加心动次数和升高血压。结果具有反社会行为的病人比正常人灵敏许多，心跳和血压都超速上升，这一结果以后被查特等验证过。

林达（Lindner，1970）等曾对43名具有反社会行为的人进行了全面、仔细、深刻的分析。被试者或注射肾上腺激素，或服用安慰剂，而后，让被试者进行解谜性游戏，如解谜程序失败就要受到电击。试验证实，43人罪犯组和正常人对照组在心率和血压方面没有很明显的异常。这使研究人员困惑不解，按常规来说两组应出现差异。事实使研究人员怀疑，在43个犯罪人一组中，是否都是清一色的精神病，是否会存在鱼目混珠的情况？经过对这43人家庭背景的仔细研究，试验人员发现这43个人实际上是由两种人组成：

1. 单一精神病。这类人多出身于古老家族，受过良好的教育，享有使人尊敬的社会地位，多数人成家立业。此外，他们都是作案老手，老奸巨猾，多次犯罪，多次入狱。他们被假释的次数超过对抗型精神病人两倍。

2. 对抗型精神病多为初犯，人身攻击犯。在心理测定中，单一精神病人显现出比对抗型病人高的心脏不稳定性，不仅程度高，而且时间长。单一精神病人要达到正常人的反应水平，需要更严格、细心的操作，需要更多的经验。他们与正常人的区别在于对刺激反应不灵敏，要么过头，要么不及。例如，在他们面前放两个按钮，一正一负，让他们按刺激的强弱，适度地控制按钮。结果他们或把按钮开到最大，或是彻底关掉。这就是说，他们要么对正常的刺激视而不见，要么以冲动的方式作出反应。在现实生活中，他们对较小的刺激不作出反应，对较大的刺激行为，诸如凶杀、强奸等暴力行为反应超强。

这一发现告诉人们，单一精神病人所特有的极度自动反应和冲动性行为一定事出有因，也许与交感神经系统的生理缺陷有关。

当然，这一缺陷的生理机制迄今为止尚是一个谜，但它一定是在传送特定神经冲动方式中有缺陷。一种阻挡、限制性的病变，这一病变存在于组织、脑皮层和中枢神经系统中。

第六节

犯罪与精神分析理论流派

精神分析英文为“Psychoanalyst”，根据《英国大百科全书字典》，其含义为：“一种治疗方法，由弗洛伊德所制定。专门对人格与行为混乱的个人进行治疗。通过对恐惧与冲动的有意识与无意识的测定，对梦的分析与解释，帮助病人了解自己的真实状况。”该理论的主要创始人为弗洛伊德。①

精神分析学派的创始人弗洛伊德，在他漫长的学术生涯中，没有与犯罪发生直接联系。在他的长达 24 卷的巨著《弗洛伊德选集》中，几乎没有关于犯罪的论述。精神分析学派是解释所有行为的理论体系，他没有独创一套犯罪学理论，而精神分析学派的应用理论是由他的同事或弗洛伊德派的学者创立的。这些人与正统的精神分析学派相去甚远，多是些离经叛道之徒。

精神分析学派的许多理论已为人们所熟知。有些概念如“超自我”“恋母情结”等早已渗透到大众文化、艺术之中，家喻户晓、妇孺皆知。

---

①《英国大百科全书字典》，牛津大学出版社 1992 年版。

一、 个性结构与动力学

弗洛伊德把个体的发展归结为三个主要因素：遗传本能因素、生物学决定的发展阶段、环境的影响。虽然这三个因素是很重要的，但被认为是人类发展的中心因素的却是心理性发展的概念。从幼儿时起，性本能就从人体的某一部位移到另一部位，导致一系列阶段的发生。在每一阶段都有一个特殊的身体区域成为里比多的兴奋与满足中心。弗洛伊德称之为动欲区（Erogenous Zone）。按照其发生发展的规律，心理性发展可分为三个阶段：幼儿性阶段（从出生到5岁）、潜伏阶段、青春期。而幼儿性阶段又可细分为三个阶段：嘴巴的阶段，这个阶段的动欲区是嘴和唇，从出生到一岁半。肛门的阶段，动欲区为肛门，从一岁半到三岁。崇拜男性生殖器的阶段（Phallic stage），动欲区是生殖器，三岁到五岁。在崇拜男性生殖器阶段，幼儿选择了导性双亲作为第一对象，形成了家庭罗曼史似的“俄狄浦斯情结”（Oedipus Comples）。在希腊神话中“俄狄浦斯”是一个由于命运注定在无意中“杀父娶母”的国家君主的名字。家庭罗曼有两个基本内容：一个想与异性双亲建立密切联系；另一个是仇视同性双亲。男孩总是想独占母亲，女孩对父亲一往情深，把母亲作为多余的人。

弗洛伊德把个性分为三个动力系统，并命名为：伊德、自我与超自我。

1. 伊德（id）。由性本能与攻击驱力所组成，是原始的部分，本能冲动不懂得道德与逻辑，只受“快乐原则”支配，盲目地追求满足。

2. 自我（ego）。是一个控制系统，指导内驱力寻求满足时必须以现实为依据。自我的机能是抑制伊德的冲动，以便使内驱力得以满足，但必须在社会的控制下完成。

3. 超自我（The super ego）。人格中的道德因素，即道德化的自我。它代表着一切智力机能，它代表着父母、社会等一切要求的总和。它是在父母形象基础上建造起来的，是整个社会道德要求与行为标准的反映。

自我控制伊德的最基本的方式是通过压抑防卫（The defense of repression，即把伊德的冲动抑制进理智的过程）。通过压抑，自我把伊德已经萌发的冲动保留在无意识状态，使其不可能真正行使功能。既然社会的道德规范是直接指向性本能和攻击性冲动，而对其实施压抑作用，那么超自我和伊德就永远处于不同的位置而相互作用，即压抑与冲动、监视与反监视之中。这种斗争的副产品之一是恐怖心理，恐怖是自我采用适当的步骤控制已萌发冲动的一种信号。因此，压抑给自我提供了它最直接的机制指向恐惧感的产生。性与攻击的冲动被重新遏制进入无意识状态，这样伊德与超自我之间永远保持着微妙的平衡。

二、 犯罪与无意识

按照精神分析理论的基本思想，行为是意识中的机能，以满足需要和驱动，并激起下一个行为。但是，弗罗伊德却十分强调无意识的作用。无意识潜藏于内心世界，为解释行为的目的披上了神秘色彩。弗洛伊德与后来的精神分析学家假设，相当多的个体行为本身（不是绝大多数）超出了领悟的范畴。因此，明显的、可观察的人类行为仅仅是内部驱力或冲动的外部符号表示，如无意识等。

犯罪行为自身抵御着任何解释犯罪成因的企图，佛尔德曼（Feldmen 1969 年）指出：与其他行为相类似，犯罪行为是一种自我表达。但它要表达些什么呢？它不仅要表达不可观察的行为本身，也表达了超越罪犯领悟而外的东西。例如，一起盗窃案，也许有多种特殊目的，这一目的与刑法规定的犯罪目的相去很远，甚至风马牛不相及。事实上，这一犯罪——盗窃，要获得的不是不义之财，而是自我惩罚。因此，探其成因也只能从其内在的含义入手。

虽然犯罪行为的特别机能只能从犯罪个体的经历探求，但精神分析犯罪学指出了犯罪成因的公式——犯罪行为是一种保持或重振心理平衡的尝试，这种心理平衡已经被破坏了。公式刚一问世，就有人提出疑问：这几乎是对精神病定义的翻版。因此，究竟有哪些因素能够导致犯罪而不是导致感情精神失常？这才是问题的实质。

对犯罪的特定解释是：犯罪实质上是精神神经病，虽然这一解释几乎偏离了整个命题，有点驴唇不对马嘴。不幸的是，单凭主观的经验材料无法证明这种解释，即罪犯是典型的精神病患者，他的所作所为仅是一种自我惩罚的手段。事实与此相反，罪犯不是寻求惩罚，而是千方百计逃避被抓获。此外，根据经验材料证实，“精神神经病”的人格特征在罪犯与常人之间的比例是大致相同的，这又一次批驳了精神分析学家的论断。

在弗洛伊德的理论中有两条原则：

1. 快乐原则。即各种性本能显然从一开始它们的发展到终结都表明追求快乐的激动的目的。

2. 现实原则。即这个受过教育的自我已经变得懂道理了，它不再被控制于快乐原则，而是被控制于现实原则。这个原则也是以快乐为目的，不过由于考虑到事实，是被延缓和减轻的快乐。

人们怀疑犯罪是一种反社会人格，它所寻求的是即刻的满足。因为不堪忍受现实生活中的单调与无聊。许多犯罪需要精心策划和预备，如训练特别技能，制订细致方案。的确，在职业犯罪或白领经济犯罪中似乎要去示范弗洛伊德的“现实原则”。

依照精神分析学派的本意，犯罪是人体自发的。当这一结论无法用事实证明时，他们就千方百计地抹杀社会学习的重要性。佛尔得曼说：学习的过程需要个体形成与保持与他人的关系。在联系中学会必要的知识并加以应用，在联系中学会犯罪并适应对犯罪的态度与感觉。这种学习过程的经历必定在个性上留下深刻的烙印。但是，这种犯罪经历在犯罪人格上的互相影响在精神分析犯罪学中根本不加考虑。

在这段话中我们又一次遇到了人格特性或犯罪经历这样的问题。精神分析犯罪学假设犯罪是人格特性导致的，但又拿不出任何系统的证据，只是提出了问题。

面对举不胜举的批评，精神分析犯罪学确实存在着许多弊病。精神分析学派的结构貌似包罗万象，其实也有不少是废话，大部分结论都不是以精确的、可观察的事实为依据的，相反，却是建立在令人质疑、故弄玄虚的基础之上的。在精神分析学派理论指导下派生出来的众多研究，对时代的要求与批评充耳不闻，不去顺应潮流以修改原理论的不足，反而变本加厉地试图证实原理论的可信性。由于论证不严谨，体系不健全，以致精神分析学派中的假设都带上了玄妙莫测的色彩，既无法肯定，又难以否定。由于种种原因，精神分析学派被指责为概念无法接受，方法有欠科学。

第七节
学习理论与犯罪

“学习理论与犯罪”是西方犯罪心理学的流派之一。英文“学习”（Learning）一词的含义：一是由研究、教学与经历而获得的知识与技能；二是获得与发展一种特别的技能。值得注意的是，英文中“Learning”与“Studying”不同，Learning 偏重于获得知识与技能的过程，Studying 则指研究某一种理论。学习理论的主要代表人物有斯金纳、杰佛瑞、伯盖斯。

学习理论的主要原则与原理是：确定的反应与行为模式是由学习获得的。其要点是（《犯罪学与犯罪》，哈禄德著）：

1. 每次反应之后紧随着强化，刺激与反应之间的结合就得到加强，这叫作获得。

2. 每次反应发生之后没有强化伴随，刺激与反应之间的结合就减弱，这叫作消除。

3. 当刺激再一次出现时，原已完全消除的对确定刺激的反应会再度产生，这种现象叫作本能复原。

4. 一旦确定的刺激——反应习惯建立，另一个与最初刺激相似的刺激也可引发学习反应，这叫作刺激泛化。

5. 反应仅先于强化发生，学习到的反应也将被加强。这些最近反应的加强程度高于后来的反应，这叫作强化梯度。

6. 靠近强化产生点的反应趋向于先发生于它们最初反应时间的先后顺序，并排挤那些先发生的、无用的行为。这是先行反应的发展。

7. 动力能够作为暗示行动并产生特别的学习反应，或作为反应行动并由确定的暗示引出，由强化而加强。

一、 操作性学习理论

斯金纳（B. F. SKinney，1904）是美国印第安纳大学和哈佛大学的教授，是新行为主义心理学的积极创始人之一。操作性学习理论是他的杰出创造。操作性学习有两个基本要点：一是后果影响行为；二是任何一种可增长行为发生的东西都是强化物。例如，在命令一只狗跳过障碍时，先下达口令“跳!”再喂以一块甜饼干，那么饼干就以成为可增长行为发生的强化物，即行为（跳）是由其结果（饼干）而制约的。

二、 不同强化论

杰佛瑞是社会学家，拜师于萨特尔林德门下。他认为犯罪行为的获得是通过一个所谓不同强化的过程而完成的。简而言之，人的行为有三种结果：正结果（鼓励或好的刺激）、负结果（惩罚或坏的刺激）、中性结果。而人们愿意重复获得第一种结果的行为，不愿重复第二、三种。犯罪行为与其他行为一样也是受其结果所控制的，例如，小偷盗窃受到赃物的正结果刺激；凶杀与强奸受到生物化学变化的正结果刺激；吸毒受到幻觉的正结果刺激等。

杰佛瑞的不同强化论基于下例假设：（1）对不同行为者的不同刺激的强化性质，是由各自的历史状况所决定的。（2）某些人被犯罪行为所强化，某些人则没有。（3）某些人被犯罪行为惩罚，某些人则没有。（4）罪犯不可能因为犯罪而总是受到强化，他最终要受到强化或惩罚两种刺激。

上述4点假设可通过下面例子说明：有甲乙两人，他们各自的历史不同，但给一个典型的刺激，其中一人犯了罪而另一个人却没有犯罪。如果甲乙两人的家庭、背景是一致的话，只能由强化的不同来解释了：（1）赃物的强化特性；（2）过去的已被强化的偷窃反应；（3）过去的、已被惩罚的偷窃反应。在相同的家庭或背景条件下，强化的三种不同，决定着不同的个体。因为不同的历史状况存在于不同的个体之中，所以，杰佛瑞乞灵于不同强化论。不同接触论不能解释这一现象，而不同强化论却挺身而出，填补了空缺。

萨特尔林德的理论中最重要的结论是：社会强化是犯罪行为存在的主要方式。一些人或通过口头献媚或通过行为结盟提供强化；一些人对犯罪行为提供歧视性刺激，这些刺激向罪犯提供了潜在奖励或惩罚的有价值的信息。例如，在着警服的警察在场的情况下，少年犯几乎不会犯罪，因为警察在场本身标志着犯罪不可能得到鼓励、犯罪必然要得到惩罚。相反，在同伙在场的情况下，少年犯具有犯罪行为的可能性很大，因为他的行为很可能得到鼓励或支持。这种现象在青少年犯罪团伙中是屡见不鲜的。人们也可以通过蔑视、捕捉，甚至向罪犯开枪来表示自己对罪犯的反感。这些蔑视或赞同就是萨特尔林德所说的对罪犯正反两方面的“态度”。

杰佛瑞反对社会强化，提出了自我强化的概念。例如，小偷的盗窃行为没有受到其他任何人的强化，而只是自己从中获得快乐。杰佛瑞证实了盗窃是一种不受社会强化的犯罪行为模式。以后艾德莱斯专门研究社会与非社会强化对犯罪的影响，其结果支持了杰佛瑞自我强化的论点。

三、 伯盖斯与阿克尔斯的理论

罗伯特·伯盖斯和阿克尔斯（R. Burgelo & R. Akors，1966）的理论有两个来源，即修订过的萨特尔林德不同接触论和重新证实的杰佛瑞的操作学习论。他们以现代学习理论改造了萨特尔林德的 9 条定律，把它减为 7 条。

艾德姆斯（Adams，1973）在认真研究伯盖斯与阿克尔斯的理论之后，重新解释了不同接触论。艾德姆斯将不同接触论与操作学习理论比较后发现：不同接触论的公式，不是实验的产物而是经验主义的产物。他建议放弃不可捉摸的理论思辨，而把注意力集中于行为的结果上来。他说：“人们发现有的行为结果随变化而变化，有的则不然。仅与有明显影响的行为发生兴趣，漠视其他提醒物是一种简单明确的工作。如果采用这种方法，行为与后果的联系就可能变得很重要。”从此以后，不同接触论从令人捉摸不透的纯理论变成了可以为实验测定和证实的理论。

四、 班得瑞的社会学习论

艾尔伯特·班得瑞（Abeot Bandura）是美国斯坦福大学的实验心理学家。他研究的专题是进攻行为的获得与保持。进攻行为是人身伤害和财产侵犯等犯罪的万恶之源。在解释进攻行为是怎样学习时，他强调两个概念，即观察学习和直接经验。

（一）观察学习

眼见为实，耳听为虚，对我们影响最大的是周围的人在干些什么。某些人靠观察他人的行为，形成自己的犯罪观念。班得瑞指出：某人可以学习指导行为的战略战术，而不必与指定的模范结为师徒。学习的方法是观察，观察要入木三分，总结模范行为的精华，牢记在心中。班得瑞说：“当观察者通过感觉事件、感觉的或象征性反应证实了模范所展示的，有时观察者要模仿一个公开的反应与模范相对应。”

社会学习理论严格区别行为获得与行为贯彻，班得瑞划分了社会学习模式的三个主要源泉：家庭、亚文化与象征性模范。现分述如下：

1. 家庭影响。家庭成员的进攻性行为可塑造和强化子女的进攻行为。上梁不正下梁歪，父母争吵殴斗给子女提供了模仿的榜样。父母的言语、态度也成为子女获得早期战略战术的源泉。父母对子女不好，造成了儿童与伙伴关系的紧张，等儿童长大成人后，又会以同样的方式对待子女。这样恶性循环，世代相传。此外，父母认为“棍棒之下出孝子”，以强制性方法约束子女也会带来消极影响，反而使子女在社会上获得了对进攻行为的奖励。

2. 亚文化的影响。在一些亚文化集团中，攻击行为被视为无上光荣，具有很高的价值。团伙间的殴斗产生了这种奇怪的状况。此外，也有一些人把攻击视为基本生存需要，如拳击手、职业运动员和处于日益激烈竞争中的商人，他们为攻击拍手叫好。

3. 象征性模范的影响。象征性模范即儿童心中的偶像。在班得瑞的著作中，作者以大量的篇幅宣传了一个结论，即儿童都直接暴露于成人的影响之下，父母或展示给他们进攻性行为，或展示给他们非进攻性行为。凡暴露于进攻行为之中的儿童，他们的进攻反应就比暴露于非进攻性行为中的儿童要大得多。电视节目为儿童所提供的模范效益也是如此，人们认识到儿童把大量时间都用在看电视上，象征性模范的作用才被人们注意。

（二）直接经验

仅靠象征性模范的作用还不够，儿童还需要亲自实践一下他们所看到的一切。如果儿童没有因越轨行为受到任何惩罚，反而受到了奖励，那么他的越轨行为就是受到了强化。对攻击行为而言，一旦见到它，并不是都能百分之百地立即模仿出来。例如，日本空手道中有个技术动作叫“卡他”（Kata），尽管模仿许多次也不容易学会，这就叫看时容易做时难。

五、 攻击行为的动因

班得瑞注意到偶像有三大作用：

1. 辨别作用。当偶像的过去行为被强化或奖励之后，偶像就起到了辨别作用，指导着信徒们的行动。例如，偶像在高速公路上高速行车，超过了每小时几公里的限速，不仅没有被罚款，反而提前上了班，这就鼓励和激发别人也去违反交通规则。

2. 激发作用。当偶像的行为有助于消除或避免有害后果的发生时，偶像起着激发作用。偶像的攻击行为像一滴水滴进了油锅，唤起了观察者情感的爆发。

3. 刺激放大作用。偶像也可把观察者的注意力直接吸引到攻击行为或引导他们参与攻击行为。

哈禄德举例说明：波士顿市有一个犯罪案件，这个案件很有力地说明了偶像作用中的最后两点。一天，波士顿市有个少年团伙正在看电视，电视所描写的是一起虐待狂性质的凶杀案件，电视中一群青少年用加油枪把一个人全身洒满了汽油，然后把他活活烧死。电视演完以后，波士顿这个少年团伙就涌上街头，模仿电视中的手段和情节，从自己团伙中拉出一个人来，把他活活烧死了。可悲的是，事情到此还没有结束。过了一会儿，迈阿密市又报道出现了类似事件。由此看出，偶像的模仿作用有多么巨大。

攻击行为的动因有以下几个方面：

1. 不适当的对待。不适当的对待给人造成的挫折感是激发攻击行为的推动力。如果虐待某人，他就会寻求人身攻击以避免肉体虐待，导致他采取攻击行为以保护个人利益。口头的谩骂与指责会导致对方采取攻击行动以避免进一步的口头虐待。

2. 刺激性引诱。如果说不正当的对待是引起攻击行为的动力。那么，预期的积极的奖励就是拉力了。明确的鼓励，刺激性的引诱是最终强化的主要形式。班得瑞引用皮特逊（Patlerson，1967）的研究证实：儿童的攻击行为80%得到了奖励，给“麻醉剂毒品”是主要的奖励方式。麻醉剂止瘾是形成犯罪习惯的主要诱因。

3. 直接动因。班得瑞把直接动因分为两类，即教导性控制和迷惑性控制。

所谓教导性控制是指人们的言行都被规则秩序制约（或叫社会化）。他们的行为，甚至当他们从事虐待狂性质的活动时，也被理解为社会的状况而不是野兽般的行径。班得瑞说：“米尔盖姆（Milgram）的实验说明：法律政权可以充当非人道行径的教唆犯。当道貌岸然的法律机构或貌似完美的大学教授告诉人们去做残忍野蛮的事，有血有肉、有情有感的人也会盲从。同伴之间的压力也可以促使人们去做野蛮的事。美妙的社会引诱不是发疯的人产生残忍的行径。”

所谓迷惑性控制是指个体被荒诞的信仰迷惑。这些荒诞的信仰或与事实不符，或导致对事物的错误感知，从而达到控制人的作用。迷惑性信仰的创造者多是些逻辑古怪、论证荒谬的家伙，他们或制造些无关紧要的怪僻行径，或杀人越货、无恶不作。美国曾发生过两起凶杀案，都是迷惑信仰的恶果。其一，“纽约山姆之子”凶杀案，杀手自称是执行了超自然力量的训令；其二，两妇女杀亲子案，两名妇女都陷入了迷惑信仰，鬼迷心窍，不能自拔。

第八节

标志论

标志论又译作“标签论”。标志论又名社会反应论，或相互作用者论。这是一种理论性较强，又不易为中国读者理解的理论。其主要观点为：一个人犯罪或行为是否正常，不是由行为人自己的行为决定的。贝克说：“有些社会团体制造一些法规强加于某人，硬把他贴上越轨的标签，把他们置于常人之外。”标志论关于犯罪的定义最能说明其理论核心：“越轨是指社会对行为的反应特性而不是行为本身。没有反应就没有越轨。”（《犯罪学理论》，佛朗克.P. 威廉姆著）

一、 先驱

标志论是一个最新的犯罪学派。直到1960年以后，标志论的观点才逐步被人们所熟悉。它的产生和发展经历了星火燎原、水滴石穿的艰苦过程。

西方人最早在小说中，发现标志论的基本原理。小说中常给一些角色起外号或叫诨名。这就是现在人们所说的贴标签。他描述了社会是怎样从标定某人的具体犯罪行为到标定某人特定犯罪身份的转变。一旦某人被起了个诨名，他就被鼓励以诨名的意义去行动。这个过程的结果就必然促使这人走上犯罪的道路，参加犯罪团伙。

爱德华·莱芙特的著作《社会变态》被认为是标志论的诞生宣言。他指出：“社会的惩罚、抛弃、分离形成了划分人与集团类别的尺度。这些惩罚与分离的社会反应是呈现动态变化的，时强时弱，按越轨行为的不同而各异。罪犯的角色、身份、性质和自我认定由下列4种因素制约：犯罪的多少、深浅，社会能发现多少，社会反应的暴露程度，社会反应的强度与性质。”（《犯罪学理论》，佛朗克.P. 威廉姆著）莱芜特著作的核心部分描述了个体转变为犯罪者的过程。他认为虽然犯罪的人很多，但最终成为罪犯的人却不多。在此基础上他提出了初次违法和二次违法的概念。

二、 发展

标志论在20世纪60年代破土而出有两个条件：

1. 对犯罪成因这一堡垒的研究久攻不破，引起了犯罪学家的迷茫与困惑。现代科学的研究是如此的困苦贫乏，不能发现解释犯罪成因的放之四海而皆准的真理。

2. 20世纪60年代，社会普遍的忧患是：我们的社会机构在多大程度上可实现它们的职能。人们把注意力指向学校、经济机构及社会控制机构，即警察、法院和矫正院。从某种程度上说，忧患源于60年代中期震动世界的动乱。同时，社会学家开始认识到社会组织机构本应造福于人们，而实质上却是弊多利少。这些机构所提供的服务的效益也很成问题。因此，一种观点越来越受到人们的青睐，即最好不要对罪犯施加处理。这个观点的效果很明显。首先，很多人调离了精神病中心或是矫正机构。其次，对少年罪错处理的方法也有转变，即不再过多地定罪入狱，而是通过非官方的教育方法处理。

标志论为解释上述困惑或忧患提供了理论基础，可从两方面认识：

一是标志论激发了对动态过程的兴趣和深入研究，在这个过程中标签贴在个人头上，个人实践着标签的含义。这个过程的理论基础源于象征性相互作用。人贴标签，标签造就人。个人带上标签的后果以及越轨亚文化的发展正是人们忧患的对象和内容。

二是对犯罪研究的着眼点集中在社会控制机构特性、结构和机能方面。试问，警察、法院和矫正机构是否可采纳新措施改进工作，以期达到预期的目标呢？经过几个春秋的潜心研究，人们开始认识应该改革司法部门的工作，把注意力集中于在什么时间个人被贴上了犯罪标签，以及司法部门贴标签的作用是什么。

三、 原则

标志论是一种博采众家之长的理论大杂烩，因此，很难把握其脉络。要想了解其理论精髓，两个基本概念必须要牢记在心：一是社会反映（societal reaction），二是二次越轨（secondary deviance）。

佛朗克 . P. 威廉姆归纳了标志论的 10 个理论原则：

1. 大千世界，千变万化的价值观决定了社会本身的特性。

2. 对每个人行为好坏的评价，是由采用哪种社会价值观的标准而决定的。对行为的社会反应是判定越轨与否的试金石。

3. 越轨是指社会对行为的反应特性，而不是行为本身。没有反应就没有越轨。

4. 一旦某人行为被整个社会标定为越轨，那么，从事这一行为的人也将随之被标定为越轨者。

5. 社会反应与社会标定的过程取决于社会地位之高下。当被标定者的社会地位低于社会反应者时，这种标志最容易成立。因此，越轨行为常被强加于社会中最无权力的人身上。

6. 社会标定者（如执法部门等）对已被标志为越轨的人观察最细，因此，凡有前科之人，被标定的越轨就严重，而且跳进黄河也洗不清。凡一经被标定的人，以后的标定就比常人严重。

7. 社会标定者对一个人的标定是至关重要的。一经标定，社会就先入为主。

8. 曾被戴上罪犯标签的人，自己也可能承认标签，自我认定，因此，标签的认定是由外部的压力与内部的自我认定双重作用的结果。

9. 进一步的越轨与犯罪，即所谓二次越轨，是戴上标签以后的生活与行为方式所决定的。

10. 自我认定是一个内在化的过程，由此派生出所有越轨的特性。

莱芙首先运用了两个全新的概念：首次越轨与二次越轨。把标志论与人际动态过程联系在一起。

（一）首次越轨

首次越轨即越轨行为并没有严重影响个人的自我概念、社会地位和生活状态。它包括下例范畴：（1）多次被收审的酒鬼。酗酒，但仍被单位和家庭承认为合法的成员。（2）吸毒者，但仍能在人面前藏起毒品，有所顾忌者。（3）从事青少年违法活动，但尚未被发现者或尚未被审判者。（4）偶然表现出精神病特征者。（5）成人中小偷小摸等偶然犯罪者。这5种人的明显的共同特征有二：一是尚为社会所承认为可接受的成员；二是这些人极力避免被贴上越轨的标签。例如，偶发性同性恋即属此范畴。

（二）二次越轨

要特别注意社会反应在越轨行为成因中的重要作用。社会反应与越轨行为的创造、保持与扩大密切联系。这个相互作用的过程形成了个体的特性、社会准则组织和自我态度。莱芙特对这个过程的描述如下：（1）首次越轨；（2）社会惩罚；（3）进一步发展的首次越轨；（4）进一步的惩罚和抛弃；（5）对惩罚所带有仇恨和敌意导致进一步的越轨；（6）到达宽恕和耐性所能容忍的极限，以政府或官方名义给犯罪行为加盖烙印；（7）道高一尺、魔高一丈，变本加厉的加强犯罪作为对烙印和惩罚的对抗；（8）最终采纳和承认犯罪的社会地位，适应角色。

为了更好地了解标志论的原理，最好把着眼点集中于以下几个层次上：规则制定、人际关系、组织加工。这3个层次代表了标志论的基本特性。首先将以特定的关于人际关系反应的层次来检查这个确定的、基本的反应过程。当然，反应过程的各层次都在彼此牵连，互相作用，缺一不可。

四、贴标志的过程

（一）反思和对行为的再认定

一旦某人被贴上了犯罪标签，人们就倾向于以新的罪犯身份重新解释他过去和现在的言行举止，好的要认定为坏的，坏的要认定为越轨。要按照新的标签把他说得一钱不值。例如，青年的恶作剧被重新认定为是打、砸、抢式的故意破坏罪，伤风败俗被重新认定为强奸，失业被再认定为伺机作案等。

再认定不仅限于当前的行为，过去的行为也不放过。对过去行为的再认定被称为：自传性再认定（Biographical Reconstruction）或反思性再认定（Retrospective Reinterpretation）。“三岁看老。”对过去行为再认定的目的是要证明某人在贴上犯罪标签很久以前就坏透了，“从根里烂了”。理查德·斯派克（Richaid Speck）指出：自传性再认定也出现在大众中，如一人在芝加哥杀了9名护士，而他的档案记录都记载着：此人知书达理、温良恭俭让，不像个凶杀犯，而当他以凶杀涉嫌被捕4天后，另一份案卷是这样写的：被捕36次，因盗窃罪被判刑3年，与犯罪团伙“皮夹克帮”关系密切，还有“酒鬼”的诨名（《犯罪学与犯罪》，哈禄德著）。斯库尔（Sehur，1971）指出：再认定主要是出现于司法机关判决的报告中，例如，成人与少年罪错调查的百分比报告，暴力冲突报告和精神病院的个案报告。报告的目的只有一个，进一步为定案做准备，进一步判定标签的可信性。当然，这不是说所有这些报告都是不可信的，都是“背黑锅”，但要想鸡蛋中挑骨头，从过去的历史记录中找点什么证明今天的犯罪标签是很轻而易举的。

（二）偏见与自我实现的预言

对于犯罪的反应，人们不大可能采取“袖手旁观”的态度。相反，他们总是对越轨者抱一定的偏见，或门缝中看人——把人看扁了，或戴上有色眼镜，以主观印象作为依据。这些主观印象有小时候听大人说的，有从小说、报纸和电影中学到的，有从同事、朋友那儿见到的，因此，人们在判定越轨行为时，不是以它实际是什么，而是以它想象中应是什么作为尺度的。例如，当邻居家丢失了东西，一个小孩成了被怀疑对象，人们就给他贴上了“小偷”的标签。以“疑邻偷斧”的心态注视着孩子的一举一动，总希望他再偷点什么。父母、老师、邻居、小店老板等都伸长了脖子、瞪大了双眼。小朋友都被管了起来，生怕跟他一块儿学坏了。总之，孩子一旦被贴上犯罪的标签，就很难在正常的人群中生活，很难像正常人那样说话，找到片刻的宁静与温暖。

因此，偏见可诱发自我实现的预言，也就是说当某人被社会大众的成见所包围时，他只能沿着这条路去自我实现。

（三）角色吞没

斯库尔（schur，1971）应用角色吞没这个概念说明在个体对标签的自我判定中社会心理学的影响。问题是“个体是什么时候承认和采纳犯罪者这个名字的呢?”这个就是“二次越轨”中的最后一个步骤。不同的个体、不同的犯罪行为、不同的社会环境等因素决定着承认名称的具体时刻。在角色吞没的整个过程中，越轨行为的性质是关键的因素。一旦某人戴上了罪犯的标签，罪犯的身份和地位如同一个巨大的阴影，吞没了其他一切身份和地位空白，如日食掩盖了大地的光彩，个体如同掉进了染缸，即使有千万张嘴，也无法否认犯罪标签的有效性。角色吞没分为两个方面：

1. 承认越轨身份。个体究竟在什么时候承认越轨身份的自我概念是以环境的不同而决定的。或许，它发生在公众公认的瞬间，西方人叫它为“蜕化典礼”，即官方正式的判定仪式。像结婚典礼、毕业典礼一样，犯罪标签也有它自己的“典礼”。如公审、公判、下达精神病诊断、首次服刑等，有时甚至发生在上诉失败，无法保证其正常身份时。对酒鬼而言，当他被送进监狱或戒毒中心，当他走进监房，领到第一次饭菜时，这个时刻就到来了；对少年犯而言，当他被警察发现时，虽然不会被判刑，但少年训练学校或是少年法厅却在等着他时，这个时刻就到来了；对成人犯而言，当他们口干舌燥，费尽心机为自己洗刷罪行失败后，被投入大牢，回忆着与警察、法庭的痛苦角逐时，这个时刻就到来了。

2. 洗刷越轨身份。洗刷越轨身份，重返正常社会是非常困难的。被判过刑的成年人，从少年矫正院放出来的失足青年，治好的精神病人，戒毒的瘾君子等都面临一个共同问题——怎样使公众承认他们已改过自新，重新做人了。其中的困难之一是，他们无法得到一次洗刷罪名的仪式或典礼，以此告别过去，走向新生。艾端克逊（Erikson，1964）观察到：当人们被定为罪犯时，常伴有决定性的富有戏剧性的官方判定仪式，而当他们重返社会时，却冷冷清清、无声无息，没有只言片语证实他们已重新做人，在公众的心目中，早先的宣判或诊断仍旧有效。

洗刷罪名的另一个难题是许多人不相信“浪子回头金不换”的格言，不相信他会痛改前非。由于悔过在心中而不是在脸上，所以公众不承认有什么奇迹发生。最使失足者心寒的是就业难，有时连卑下的工作也很难找到。这就使得许多失足者心灰意冷，放弃了重返社会、重新与群众交往的努力。如果失足者不能找到就业机会，上天无路、下地无门，就只有重返犯罪集团这一条路可以选择了。没有新工作，只好“重操旧业”，更有甚者，对于那些既不被社会所接受，又决心重新做人的青年来说，越轨亚文化乘虚而入，给他们温暖、提高自信，这一切又使他们再一次被贴上犯罪的标签。

（四）亚文化卷入

被卷入亚文化的同时，许多人就被排除于常规集团之外。亚文化承担着三种犯罪职能：

1. 为集团成员的行为提供中和，或合理化的过程，从而把白的说成黑的，犯罪美化成光荣，保护个体的消极态度。

2. 提供犯罪技术，避免被侦破。

3. 加强联系，提供物资、服务等后勤保障，这一切对进一步犯罪是很重要的。

少年犯之所以加入亚文化是因为他们发现只有在这儿才可以得到支持和鼓励，总之，在这儿他们“找到了家”。

（五）辩论与谈判

在给某种特定类型的犯罪贴标签时，讨价还价、辩论、谈判都是关键因素。在标定犯罪的进程中，谈判随时随地出现，并导致下例结果：（1）是否给某人贴上标签；（2）某人是否承认其标签；（3）标定后的惩罚。

从某种程度上说，司法机构的辨别力是上述结果的出发点。从定罪到释放的每个步骤中，司法机构都面临着辨别的挑战。对定罪和量刑的辨别受多种因素制约。个体特性、印象偏见、反思再认定、司法程序的效益等。例如，警察可以对某些轻微犯罪不予追究。其条件是让人犯在其他大案上提供信息或给予帮助；法院依靠辩论和谈判理顺审理程序，以便有效地办案，而法院提高效率的唯一方法是通过辩论与谈判、讼诉与辩解澄清大量事件，只对极少数提起公诉。

最后应指出的是：有众多因素影响着个人讨价还价的地位：（1）个人特点。即个人和家庭的地位、阶级地位；（2）发生事件的环境；（3）公众的反应；（4）人犯在政法部门中的价值（如可选作秘密力量）；（5）权术与谋略；（6）社会的宽恕；（7）具体办案的政策；（8）有效的对策。上述8条充分说明，是否给人犯贴标签，贴什么样的标签，不取决于犯罪事实与特性，而取决于各种主客观因素的综合。

五、 组织加工

上述关于贴标签过程的解释应进一步阐述清楚，官方组织在此过程中的作用是很关键的。在观察此过程中官方组织的作用时可发现，无论是官方组织还是非正式组织，它的态度影响着犯罪的最终结果。这里所强调的是：（1）政法机关的卷入；（2）政法官员的作用；（3）对人犯的加工。

组织决定着犯罪的后果，而标志提醒人们对影响决定的各种因素的注意。我们已注意到烙印与偏见在公众对犯罪反应中所起的作用，同时，政法机关也同样影响着对犯罪的标定。一份关于警察与少年的研究报告发现，警官在决定是否对少年犯采取正式处理时要参考下列因素：

行为举止，衣着打扮，狐朋狗友和其他特性。每当遇到一些特别的帮伙，处罚则特别严厉。比如，黑人、大龄青年、梳大背头还油头粉面、香味十足的青年、穿硬牛仔裤的青年、穿黑皮夹克的青年以及对警察态度不恭的青年等。

给谁贴标签不给谁贴，是个复杂的选择过程。政法机构之间的协调合作是影响选择的又一个因素。机构之间协调一致会发现和判定更多的犯罪，如果不同的政法机构对一个人犯都判定为有罪，这必然成为官方加工的凭证。例如，学校对某个学生下了爱捣乱的定义，以后这个学生犯了法，少年法院就会尊重以往的判定。

贴标签的过程提醒人们不要把眼睛总盯在正式程序上而忽视了非正式的程序。事实上，警察、缓刑官在决定是否采取的正式法律程序上有很大的自主权。他们是父母官，执掌着生杀大权。如比特尼（Bittner，1969）发现：在马路上巡逻的警官是否对肇事采取正式法律程序取决于他对社会的知识量、官员与居民之间的理解。警察在作出这些决断时，更多的是依靠警务工作的实践而不是法律的抽象条文。

本章理论盘点与评述

一、警察学与犯罪学联体论

当我们进行警察科学的研究时，最大的理论障碍就是自我心理的定式，即中国有的国外就一定有，我们对警察学的看法，就是西方人对警察科学的看法。这种理论看起来很奇怪，甚至很荒谬，但是却有一定的市场。

从世界范围放眼看去，恐怕只有中国把犯罪学和警察学研究分得如此界限分明，一丝不苟。我们必须强调，犯罪学和警察学犹如连体的婴儿，是密不可分的。犯罪学与警察学是不可分割的，二者之间的联系主要体现在：

1. 犯罪学是警察科学的母体之一。
2. 警察科学为犯罪学的发展提供了丰富的基础资料。
3. 许多犯罪学研究机构就是警察科学的研究机构。

应当注意，西方警察科学与犯罪学的“交融现象”或叫“连体现象”是有积极意义的。它有助于两门学科的齐头并进，有助于两者之间在理论上的相互补充、相互完善。由于种种原因，我国在两者之间的关系上，相对地表现出一些两军对垒、泾渭分明，这既是好事，有助于警察学尽快地脱颖而出，也有不足，就是使警察科学失去犯罪学母体的孕育，从而略显先天不足。

首先，西方有没有警察科学（即和我们一样的警察学研究），这都是一个问题。起码有一点可以肯定的是，西方的警察学并没有独立。既然没有独立的警察学，那么，西方的警察研究，就必然的和犯罪学、社会学与政治学不可分割。

其次，犯罪学和警察学两者，就必然是天生的“连体儿”。如果警察是主体的话，那么犯罪就是客体。人为地把主体、客体割裂开来，变成两门学科，在西方这本身就存在着很大的争议性。我国所形成的犯罪学和警察学（公安学）的分割本身有着巨大的进步作用，但是这种分割也带来了一些消极的作用。如果过分地，把两者截然分开，互不联系，也不利于研究的进步。

就研究范围与研究内容而言，警察研究犯罪人，罪犯研究警察这都是天经地义的事情。如果说，我们犯罪学学院的博士生不能撰写警察学的博士记文，那研究公安学的博士，就不能够写犯罪学的论文，这样较起真儿来不利于学科的发展。以纯学术为幌子，严格限制、自欺欺人，不利于两个学科的发展。

就研究的主体而言，以中国人民公安大学犯罪学学院为例，主体的教研室是犯罪心理学、犯罪社会学，但是也存在着公安学基础理论教研室。犯罪学与公安学统一构成了犯罪学学院的整体结构。这就说明，即使在我们这样一个把犯罪学和公安学区分得非常细致的国度内，两者之间的互相包容、共存共生，也是不可避免的。

西方绝大部分的国家，没有实际独立的警察学，或者说，警察学没有从社会学、犯罪学、政治学中独立出来是有它的历史、文化和市场导向依据的。我们坚持把公安学和犯罪学分开的同时，也应该尊重西方警察学尚未完全独立的事实。在具体的犯罪学和警察学研究中既注意彼此的区分，也要注意彼此的联系，这就是坚持辩证唯物主义的世界观和方法论的具体体现。

二、 犯罪成因层级论

在总结西方犯罪学研究史时，我们会发现，西方关于犯罪学较为成熟的理论就有将近两百种，包括犯罪生物学、犯罪心理学、犯罪社会学等各个领域。

西方犯罪学研究有其显著的特点，其一就是学科分得特别细致，有心理学、生物学、社会学、教育学等。由于西方犯罪学偏重实证研究和数理统计，犯罪学研究很多都是从实际出发的。以犯罪生物学为例，从最早的关于小脑门和犯罪联系的研究，到荣获诺贝尔奖的普林的关于矫正分子学的研究。坚持以一定的数据来证实犯罪生理和犯罪之间的直接和间接的联系。这种理论，往往使人在第一眼看上去就感觉源于实证，扎实可信。但是，西方犯罪学研究中由于划分得过于细致，也形成了就犯罪成因论而言的单一犯罪成因倾向。

面对一个案例，某些犯罪学家会斩钉截铁地说这是由于犯罪生理的原因或者说这是由于犯罪心理的原因导致的。这种偏激的判断，忽视了一个重要的理论，那就是犯罪绝不是单一成因，而是由各种犯罪原因所叠加成的犯罪成因的层级理论。

以盲人摸象的故事为例来解释西方“犯罪单一成因理论”，犯罪单一成因理论过度强调单个成因现象，比如说，社会学家摸到了大象的耳朵，他就说大象是一把扇子；当犯罪心理学家摸到了大象的尾巴，他们就会说大象是一根绳子。

面对西方关于“犯罪单一成因理论”的倾向，笔者提出了“犯罪成因层级的理论”。

所谓“犯罪成因层级的理论”的理论假设是：犯罪不是由单一原因而形成的。即使在一个简单的个案中，犯罪的成因也是复杂的，由不同的层级所构成的，包括犯罪生理的原因、犯罪心理的原因、犯罪社会的原因、教育的原因等诸多原因叠加起来形成最后犯罪的原因体系。“犯罪成因层级的理论”以犯罪太极论和犯罪八卦论为理论基础。

1991 年，笔者在英国艾克塞特大学警察研究所学习。当年提交了论文：《犯罪太极和犯罪八卦论——社会震荡与个人失衡》。这一理论得到了西方犯罪学研究的关注和承认。这一篇论文曾以布克费尔德学术论文集的形式在英国出版。这是鲜有的中国犯罪学家在西方出版的理论著作。

犯罪太极和犯罪八卦的主要理论要点：

首先是“犯罪太极论”。该理论认为太极是对世间万事万物的总体解释。如果警察是阳，那犯罪就是阴，如果正义是阳，那邪恶就是阴。正义和邪恶互为阴阳，相互对立，在一个统一体中共生共存。

其次是“犯罪八卦论——犯罪成因层级论”，采用六爻八卦理论，建立犯罪的理论模式，概括为两个子系统：个人失衡、社会震荡。

1. 个人失衡

——个人内部心理、生理的危险（矫正分子）

——触发犯罪的条件（情景预防）

——个人小环境（不同接触说）

2. 社会震荡

——道德规范（亚文化论）

——社会生态（再造社会和谐）

——社会震荡（社会瓦解论）

人的犯罪包括两个方面，一个是社会震荡，一个是个人失衡。这两个子结构，共同生存于犯罪八卦的总结构中。

社会震荡包括社会震荡源因引起社会震荡，社会震荡破坏社会生态平衡，从而导致犯罪高峰的发生，形成刑事案件的高峰。

个人失衡包括犯罪的生理因素，心理因素和社会因素。诸多的因素，同时发力，同时作用形成“共振”，才能引起犯罪行为的最终发生。

这两个模式的辩证统一，可以解释中华人民共和国成立以来的四次犯罪高峰的发生。

以犯罪心理学为例，很多社会上的非专业研究人员，一听到犯罪学会马上想到犯罪心理。甚至产生一种误解，认为犯罪心理学大致就等同于犯罪学；甚至把犯罪心理学扩大化、神秘化、理想化，认为犯罪心理学的研究可以洞察罪犯的心理世界，是挽救犯罪的唯一的良药，是一把解释犯罪成因的唯一可行的钥匙。而实际上，犯罪心理学只是犯罪学众多研究领域的一个分支，是一个人走上犯罪道路的众多成因的一个组成部分。换句话说：犯罪心理学所研究的是犯罪链条环环相扣的一环，而不是全部。

回顾文化和历史的原因，西方人往往更注重于细节和实证，而以中国人为代表的东方人却往往注重于整体平衡，注重理论框架的搭建与辩证的分析。面对西方众多的关于犯罪成因的理论研究，我们不得不感叹西方人的务实精神和研究的缜密。如果我们以东方的哲学将西方的众多犯罪学理论搭建成一个理论体系，就会左右逢源，豁然开朗。

第七章 欧美预防犯罪研究[①]

---

① 本章以约翰·格林海姆与特雷佛·白男德《欧美预防犯罪方略》一书为主要参考内容。该书由王大伟翻译，群众出版社1998年11月出版。本章还参考了王大伟其他一些论文统一编写。

欧美预防犯罪工作近30年取得了伟大的成就。欧洲与北美预防犯罪研究所设在芬兰的赫尔辛基市，承担欧美预防犯罪研究的组织协调工作。其主要方法有三，一是犯罪引为预防，二是情景预防，三是社区预防。

第一节

犯罪行为预防

人们为什么犯罪？其原因复杂多变。

塔林（Tarling，1993）提供了一个有关犯罪成因最新的综述，从早年的毛病、家庭与学校的环境、同伴的影响到酗酒、吸毒无所不包。此外，还有一些综合性的介绍，如鲁特与吉列（Rutter and Giller，1983）列举了对违法行为有影响的全部因素，对犯罪的控制力，无论是外界施加的，还是个体内部固有的，其强度与效益决定着一个人犯罪与否。例如，缺少发展个人与社会正统行为规范的联系机会，外部控制力减弱，就会犯罪。根据对犯罪的研究，内外强制力是驱使人走向犯罪的决定性因素。

学习社会的行为规范、价值标准以及作为守法公民所必备的教育，这一切主要是通过社会经济结构、社会内在的社会化制度进行的。改变这些结构与制度的本质，就会影响违法犯罪的布局与犯罪率的高低。因此，犯罪行为的预防，其工作之基点在于，探明社会经济结构和社会化制度是如何运作，怎样改变的，又是如何影响犯罪结构的。如果可能，只要控制改变，就会减少犯罪。

社会经济结构与社会化制度的改变，会给社会的一些特殊部分带来负面冲击。面对社会改变的洪流，不能保护自己，不能躲避冲击的人，首当其冲成为受害者，这就是那些青年人、软弱的人、移民、穷人、失业者、无家可归者。既然这一群体很可能处于犯罪的边缘，犯罪行为预防的政策之核心也应放在这个群体上。当然犯罪行为预防的战略也要顾及其他的特别制度与社区，除了专项的目标战略以外，政策的涵盖面要广泛。

应切记的是，社会的政策也必须是由其自身的正确性而决定的，而不应以其对预防犯罪效果如何而定对与错。也许有人要问：假如把钱和资源花费在支持不良家庭上，这种投资能否产生预防犯罪的效果呢？不能。政策的对错是关键，而预防犯罪的效果是第二位的。

一方面，在某些地区，人们支持一项新的社会政策的出台，而不管它是否有潜在的预防犯罪的效果。例如，有的政策出台后，减少了某些地区的财政资助，结果使某些最贫穷地区产生了维护生存基本条件的犯罪。但是，财政节余的效益还是大于犯罪的。

在另一方面，政府没有认识到某些政策会引起犯罪的增长。为减少这样的情况，各级政府应当密切观察社会变化的动态趋势，预见与评价某些新政策对犯罪的影响。新政策出台时，一份犯罪影响的报告应与财政、人力资源的报告同时齐备，以便贯彻。特别是在基层，应仔细审查新政策影响犯罪的潜在可能性。政府各级部门可就两三个具体政策进行反复评价。在政策实施一段时间后，进行评估，并根据该政策犯罪产生的正面与负面的效应进行修改。同时，犯罪影响报告书应自成体系，不断完善，以确保预防犯罪政策的正确。

在我们详细讨论犯罪行为预防的具体措施与细节时，更要着重提出犯罪行为预防与本书所列举的其他两种预防类型的不同。犯罪行为预防与情景预防、社区预防的不同有三点。

第一点，犯罪行为预防不可避免地把重点放在青少年身上，因为他们是社会化的基本对象。绝大多数成年罪犯都是在青少年时期开始犯罪的，故预防工作宜早不宜迟。预防工作有两大方面，一是及早发现处于犯罪边缘的青少年，矫正于发案之前。二是把注意力集中于改变社会的组织结构、文化结构、社会状况，这一切均能影响青少年的社会化进程，以至于使其成年后增加犯罪的可能。

第二点，犯罪行为预防把工作的重点放在儿童身心发展的不同阶段，有所侧重。不同的预防犯罪的方法，应用于社会发展的不同阶段。例如，家庭预防战略（Family—based strategies），婴儿、少年，小学、中学，各个发展阶段各有侧重，不可混淆。又如，就业与伙伴关系预防战略（employment and peer group），把工作重点放在13～19岁的青少年身上，而不是放在小孩身上。对于13～19岁的青少年而言，学校与家庭是预防工作实施的主要单位。在早期的若干年中，青少年身心发展迅速，父母就必须坚持不懈地向他们灌输新的信息、忠告、教诲，在每一个发展阶段，及早准备，把握时机，因势利导，同时还应有所侧重。例如，对单亲家庭、离异家庭、少数民族伦理家庭，应分门别类，各有区别地加以疏导。

第三点，犯罪行为预防是一项长期的工作，它不可能由一个设计或一个短期的试验而完成。相反，它是一项长久的，包括若干方法的综合工作，先扎根于沃土之中，才能结出硕果。因为犯罪与社会化进程、社会经济结构的关系是错综复杂的。所以，犯罪行为预防，不大可能就某一地区的发案水平整体产生冲击，许多工作是靠一点一滴而展示出来。犯罪行为预防效益的展示，是通过一些相关因素的改善而体现的，如进攻行为的减少、入学人数的增长、教育与就业率的提高等。

下列六大方面，是犯罪行为预防的精华，它们是：城市政策、健康政策、家庭政策、教育政策、青年政策、就业政策。

一、 城市预防政策

城市预防政策涵盖面较广，包括清理贫民窟、住宅管理、救助无家可归者、合理设计商业区、提供公共设施、合理调整供求关系特别是调整就业单位的位置与住房、服务、交通三者之间的关系，有关设计城市环境、住房管理等问题。总之，城市政策是怎样影响城市（或农村）的犯罪状况仍是目前探讨的焦点（Vahlen Kamp，1989），但人们已达成的共识是：庞大与拥挤的城市犯罪率高，低密度优良环境的城市则更像世外桃源（Van Dijk，1991）。而试图降低拥挤城市对犯罪的影响则难于登天，在可操作的策略方面更是如此。

或许，降低人口密度，缩小城市规模，这种小国寡民的方式是一副良剂。例如，在家庭密度高并有青少年子女的聚集区，无论是正常社会管理还是警察都面临与日俱增的问题，而城市绿化带的种植却带来了无限生机（Foster，1993）。

此外，年龄与家庭结构的杂居对改善环境也有效果。贫富相处，种族和睦，减少差异，求得共存是减少犯罪的有效方式。在美国的芝加哥市，有一项计划旨在促进市里家庭的流动性，例如，从市中心的不良居住迁移部分家庭到郊区，即优良居住区，建立和谐的邻里关系。伊森豪（Eisenhower）1993 年发现，这一项计划的确卓有成效，这类家庭在教育、就业与经济等诸方面都受益匪浅。但尚无证据证实，这一措施在犯罪与被害学方面也有成效。总之，在城市政策减少犯罪这一命题上，人们正处于探索阶段，但对其结果，尚无定论。

二、 健康预防政策

迄今尚无证据证实，儿童特别的生理与心理疾患会成为青少年犯罪的直接因素（Rutter and Giller，1983）。但是，有些疾病，如“儿童诵读困难症”会导致儿童在校学习的失败，而学习失败与青少年犯罪的联系是很强的。因此，早期发现并治疗儿童生理、心理疾患对降低青少年罪错有直接的联系。生理与心理疾患会导致强烈的孤独情绪，产生疏远分离等感觉，因此，以社区为本的各种健康政策，旨在促进对身心备受折磨儿童的社会关怀，应大力加强之。

同样，对饱受各种综合困难的家庭而言，提供综合健康关怀，可增进他们的应变能力。对社会底层，国家应提供各种政策，以增进健康、营养、心理等方面的改善，政策应与各种综合健康计划协调一致。1987 年巴拿（Barnum）曾建议，对社会经济底层阶级提供持久简易的健康服务，会对预防犯罪产生巨大的效益。他说：“健康服务的贯彻，应把着眼点放在各年龄段的儿童健康服务上去。以学校为主，辅以家庭之参与，使之相互配合、相互促进。”

对预防犯罪而言，健康政策的基本点在于与打击吸毒与酗酒的政策相联系，互为掎角之势。全福（Dryfoos）1990年提出所谓“滥用物质方案”（substancc abuse progrlammes），他指出抵御吸毒与酗酒，在美国有三种干预措施取得成功——虽然还没有一种措施可单独取得减少滥用物质的长期成效。这三种干预措施是：（1）以学校为本的、用于大龄青少年的社会生活技能课；（2）以学校为本的个人咨询服务；（3）综合的、协调的社区服务规划。

虽然在实际操作中，许多措施都在预防犯罪的领域中取得成功，为预防酗酒或吸毒可降低犯罪，但预防滥用物质自身是一个命题，笔者不欲妄加评论（关于毒品政策与犯罪之关系，请参见艾尔伯特与卡述胡关于西欧的研究，Albrecht & Kalmhout，1990）。此外关于健康政策的另一个争议的焦点是：是改善家庭的机能健康重要，还是改善个人的健康重要呢？目前，对此尚无定论。

三、 家庭预防政策

在预防青少年犯罪中，如何利用家庭机能以及怎样增进家庭机能，可以说是至关重要的。研究表明：随着教育的普及，就业的改善，一个稳定的、精神健康的家庭是有效的社会化与一体化的源头（见利勃与迪森的例证，Loeb & Dishion，1983）。回顾儿童身心发展的纵向演变历史，有三大因素将成为日后犯罪的潜因：爱捣乱、不诚实与反社会。而家庭机能的健全与否是产生与消除三大因素之关键（West，1982）。

犯罪连续论，即童年时代爱捣乱与成年犯罪之间的关系，尚在探讨之中。实事上，绝非所有调皮捣蛋的孩子长大了都成为罪犯。预防少年罪错之关键在于家庭正面干预。没有家庭的工作与支持，深入的预防犯罪工程无法实施。但政治家与学者们往往不愿过多地干扰个人与家庭的私人生活，以达到预防的目的。

犯罪时的年龄越小，成年后成为罪犯的可能性就越大。小时候有犯罪行为的人，将会变成严重的持续性的罪犯。而大龄青少年初次犯罪，成人后犯罪的就少（Patterson，1994）。家庭危机出逆子的道理正是如此。小时候即有犯罪行为的人多出身于不良家庭，家里危机四伏，隐藏各种社会与个人的冲突、混乱与危机（Graham，1988）。

一项旨在了解家庭影响与个人犯罪危险的调查在美国、英国和斯堪的那维亚地区开展。通过变量整体分析（原文为“meta—analgsis”，常用于社会学与社会心理学中的研究方法，与因素分析法相对应，似应译为“整体综合分析法”，或译为“‘元’分析法”），发现有四种典型家族有犯罪高危倾向。四种家族如下：（1）忽视型家族。家长对子女放任自流，很少花费自己的时间与子女交往或监督子女。（2）冲突型家族。父母不和，不协调，不统一。双方互相指责，充满冲突。（3）越轨型家族。父母自己就卷入了违法犯罪活动，或共同组织违法活动。（4）分裂型家庭。放任与冲突由婚姻的不和谐而产生，最终导致婚姻的破裂，造成单亲家庭。

四种家庭在导致犯罪时，以忽视型最为强烈，以分裂型为最弱。换句话说，分裂型的家庭对子女尚有约束力，而忽视型则几乎全无。当子女长期暴露于以上四种不良影响时，成为罪犯的可能性就最大（Osbom and Wesb，1978）。总之，决定犯罪与否有两个关键：一是强度，二是频度。即子女与父母联系的强度与频度，父母之间联系的强度与频度，两个关键与两种关系构成了犯罪的模式。

家庭关系也同样受到外部的负效应影响，即逆向影响，这些影响包括三大方面：（1）多重剥夺的家庭；（2）居住过于拥挤的低收入家庭；（3）不稳定社区中的棚户区家庭。

上述三种家庭承受着巨大的压力，因此会影响他们正常哺育子女的能力，而单亲家庭所承受的压力更加巨大。此时若父母一方仍是青年，举目无亲，靠救济度日，那么他的子女走上与社会不适应的道路的危险性就可想而知了。尽管如此，单亲家庭子女也并非都是犯罪的根苗与反社会种子。通常，决定子女走什么道路，是复杂的问题。犯罪与否，并不是由单亲所决定的，而是由子女与父母的关系所决定的。关系中有两个要素：关系的质量与频度（Rutter，1983）。

“保护力量”在儿童成长的每个阶段给予部分或全部补偿，因此可减弱高危家庭背景对儿童的影响（Kolvin，1990）。被剥夺了各种物质享受的孩子们可以在五周岁前受到保护力量的帮助，如远离拥挤的社区，缩小家庭规模，获得有效的母爱，精神健康，良好的住宅条件，家庭主要收入者的就业等。五周岁以后儿童则应受到进一步的保护，如良好的学校教育，有效的父母监护，良好的人际关系，平等的伙伴行为等。

就预防犯罪而言，家庭保护措施有七种：（1）防止少年母亲的出现；（2）提供产前、产后服务；（3）为新婚父母提供教育与指导；（4）为不良父母的子女提供学前教育；（5）为有心理与经济压力的家庭提供救助；（6）家庭保护与家庭再造；（7）防止青少年无家可归。下面所讨论的诸多家庭保护措施并不是针对预防犯罪而言，但它却旨在减少危险因素的存在，而这些因素常与犯罪相关联。最强有力的保护措施不是针对一点，而是针对诸多危险因素进行综合治理。

1. 防止少年母亲的出现。由少年母亲生产的婴儿，最易受到各种形式的剥夺。这包括健康不良，教育不足，情感障碍等，最终走上犯罪的道路（Bright，1992）。预防学龄儿童怀孕的方法很多，如在家庭计划规划中广泛地进行性教育与咨询，提供救助使少年母亲完成学业，避免二次早孕，提供避孕措施等。一些试验已不同程度地证实，这些措施对避免早孕已收良好效果（Dryfoos，1990）。

2. 提供产前、产后服务。对在怀孕期或哺育期的母亲进行广泛深入的育儿教育尤为重要。这可大大降低犯罪影响，如虐待儿童、早期忽视儿童，从而减少少年罪错之发生（Farrington，1994 年）。尽管如此，却很难测定早期干预与后期少年罪错的关系。尽管人们已察觉到不同家庭背景与少年罪错有千丝万缕之联系，但长期的定向追踪研究却缺少母亲关怀与日后犯罪之间的联系参数。故只好把着眼点放在日后的干预上，即儿童后期与犯罪联系的因素，诸如在家庭与学校中的态度、表现与行为上。即家庭因素，学校因素可以测定，而母亲的哺育因素，尚难把握。

美国耶鲁大学曾做过实验，尝试研究学校、家庭因素与日后少年罪错之关系。认为可从家庭与学校因素中预测少年罪错。但由于供实验的志愿家庭样本较少，尚难定论（Seifz，1985）。按史格勒（ZigLer，1987）的研究，家庭与学校花在保护性干预方面的钱越多，少年罪错的机会就会越少。保护性干预包括学校服务与纠正不良习惯的服务。

美国耶鲁大学儿童研究中心计划

耶鲁大学儿童研究中心推出一项“儿童家访实验”，为一组低收入城市家庭进行广泛的追踪研究。这些家庭中单亲父母的比率很高，实验为期二年。内容包括：为头胎子女提供婴儿关怀；社会工作者帮助母亲计划家庭财物预算；提供营养指导；提供日托服务；帮助这些家庭与其他社会性服务建立联系等。

此计划以 17 家低收入家庭为对照组，与实验组比对。实验组以种族、社会经济地位、家庭有无父亲为选择条件。实验结果展示：当被试儿童年龄到达 13 岁时，在校行为均好于对照组儿童，逃学率明显降低。实验组母亲的反映也令人鼓舞：在对儿童进行监督、纪律要求、行为约束方面所遇到的麻烦均少于对照组。

美国西端秀斯家庭发展实验（Lally，1988）

本实验提供产前产后综合服务，主要针对低收入家庭而实施。它包括：每周家访、节假日关怀等形式。服务内容是为 6 个月到 5 岁的儿童进行认知或智力的能力培训。本实验选择另一部分 3 岁儿童作为对照组。实验组共选择了 120 名儿童，追踪观察进行到 15 周岁。其结果是：

对照组：22% 的儿童有违法记录，违法程度比较严重。

实验组：6% 的儿童有违法记录，违法程度比较轻。女孩在校表现很好，很少有逃学行为。

3. 为新婚父母提供教育与指导。通过卓有成效的监督与纪律训练，可以改良儿童调皮捣蛋的行为，对幼儿效果更佳。父母的纪律要求决不可三天打鱼、两天晒网，而应持之以恒。让儿童知道父母能接受什么，不能接受什么（West，1982）。父母应帮助儿童安排受教育的时间与精力。在此领域，提高父母的教育技能很有意义。

父母短训班，能帮助父母认识什么是家庭内部的正确行为，并能做到举止得体。而父母的身教重于言传，会给儿童产生很大的影响。短训班的教育内容包括寓教于行动，多使用纪律，少使用暴力，教育要坚持不懈，防止产生发脾气与失控行为。但在实际操作时，主动接受培训的父母很少，而且中途退出的比率很高。不过若给这些父母一点金钱刺激，主动学习率定会升高。

父母培训计划的效果如何呢？结果显示并不乐观。例如，美国俄勒冈州的社会学习计划显示，此措施在减少青少年捣蛋调皮或进攻性行为方面收效甚微。

问题是，降低调皮或进攻性行为是否也能在将来减少青少年罪错？此问题很难回答。事实是，迄今尚无明确证据，证明父母培训计划能减少日后儿童产生违法行为的比率。但是，促使父母倾听子女之心声、监护子女之行为、贯彻纪律、杜绝暴力，一定会使家庭的机能健全，举家和睦增福。不过就长期追踪研究，得出通过对父母培训就一定能减少少年罪错的结论，现在还为时过早。

通过对父母的培训，可减少家庭内部的进攻性行为和混乱行为，但是招收学员、保持学员数量，都是困难重重。不过，经常性的家访，备点小礼品，给点经济刺激均可增加入学率。此外，培训班中也可吸收有经验的父母志愿人员进行组织，起骨干作用，从而达到事半功倍的效果。例如，英国人就采用志愿父母家访制，选择有经验的志愿人员到家里有小孩、又遭各种压力的家庭去家访，结果证明，这样可减少儿童的烦恼。而儿童的烦恼恰恰为其日后发展成罪犯埋下伏笔。

美国俄勒冈社会学习中心计划

天下关于父母培训最细致的实验评价莫过于俄勒冈州社会学习中心计划。此项计划是专门为有罪错行为或进攻行为的青少年的父母而进行的。父母被训练用主动先发式的，非强制的措施对儿童进行纪律教育与约束。以持之以恒的、精细微妙的方式对待具有反社会行为的青少年，而不是采用粗暴或强制的手段，强行为子女树立什么道德标准或行为规范。在此基础上，加强子女与家庭的沟通，温文尔雅地进行商议，增加青少年解决困难的能力。

该计划收到了短期的效果，这种效果继续了一年。实验证实，可以减少进攻性行为和青少年盗窃（Patterson，1982）。不幸的是，25%的家长在该计划尚未完成时就中途退出了，还有25%的家长在接下去的一年中又溜了号。因此，实验只证明了短期的效果，而是否可起到长期的效果就不得而知了，是否可预防青少年犯罪也不清楚。

4. 学前教育。学前教育是专门为特定儿童而设计的。这些儿童包括来自移民家庭、不良经济状况家庭的儿童、带有诸多困难的儿童。其内容主要是进行社会能力、认知水平方面的智力培训。大多数的学前教育并非为预防日后的青少年犯罪而设定，而是着眼于当前与近期效果，以改善儿童的社会适应力与认知能力。而波瑞（Perry）的实验却立足于预防犯罪，取得了一定的成绩。

美国波瑞学前教育实验

波瑞学前教育实验，始于1962年，是学前教育实验中之佼佼者，其实验目的十分明确：直接降低青少年罪错的危险。本实验从低收入家庭中选择了123名黑人儿童。其中58人为实验组，65人为对照组。选择的儿童一般均出于单亲父母家庭，且其父母智商较低，教育水准低，就业难，住宅拥挤。波瑞学前教育旨在帮助儿童计划上课活动安排，增进他们的智力和社会发展。被试儿童选择年龄在3周岁左右，进行为期2年的教育。学前教育的教师均选用有丰富教学经验者。他们平均每天教学2.5小时，每年工作30周以上。此外，被试的每一名母亲和儿童还接受每周1.5小时的家访。

追踪研究持续了16年，每4年收集一次信息，即从被试儿童3岁开始，以后11岁、15岁、19岁，每4年一次访问。信息包括：学校表现、学习态度、就业记录、自报犯罪记录和警方的立案情况。

该实验证明：实验组儿童在校学习主动积极，升学率较高，就业记录较好。与对照组比较，儿童怀孕率约为50%；犯罪记录约为40%，这是19岁时的调查。到27岁时，又调查了一次，在对照组中，30%的青年已被捕过5次以上；而对照组被捕14人次，实验组才被捕1人次（Schweinhart & Weikacr，1993）。

该实验每名儿童每年花费5000美元。而收益是最初投资的6倍（Schweihart，1987）。

按照斯克威合（1987）和加拿大青少年委员会的报告（1989），学前教育有以下六方面的经验：（1）领导甚为重要。素质高的官员，接受过特殊的儿童早期发展培训，具有适宜于儿童及其家庭需要的能力，才能胜任学前教育领导工作。（2）建立以发展为基础的课程。该课程必须目的明确，鼓励儿童计划与发展自己的能力。教学目的偏重激励儿童发展独立自主的能力，建立自信自尊，发展分析与解决问题的能力。（3）全心全意地支持、管理与评价学前教育课程。（4）人员配备。高教师比率与分小班上课。教师与学生比不大于1∶8，小班人数不超过16人。同时确保最低也要2年的连续教育。（5）密切合作。教师必须与父母、社区密切合作。特别在课程设计阶段，更需倾听他人的意见，互帮互助。（6）各部门协调。与其他地方部门密切合作。特别应与健康、住房、教育、社会福利和就业等部门联合办公，增进一体化的合作形式。

虽然学前教育短期效益似乎大于长期效益，但切不可忽视这一创新。在小学、中学中，只要把学前教育与这些阶段的教学、社会工作互相结合，融为一体，就有可能取得预防犯罪之综合效益。同时，作为金科玉律的原则是，综合治理的应用大于各种单独的早期干预方式。这一点在实验中表现得更为明显。

还要算一笔经济账，即每投入1美元于学前教育，即可获得4.75美元的效益，这种效益是指日后可在犯罪损失或对罪犯进行特殊教育中节省的投资，加拿大青少年咨询委员会1989年在报告中引用美国儿童、青年与家庭委员会的材料证实了这一点。因此，在进行学前教育的选点时要格外留神，注意投资与效益的关系，要雪中送炭，不要锦上添花。注意选择急需的或可能收益的家庭。如在儿童虐待登记册上选择急需的家庭，把好钢用在刀刃上。

5. 家庭救助。家庭发展到某一阶段时会进入危险期，这时社会应运用各种资源进行救助。危险期是指这样一些时期，如家庭哺育非常小的孩子时，或家庭处于崩溃的边缘时。这里面的两个例子是：一是咨询中心为带少年的父母提供帮助；二是志愿者咨询计划为处在崩溃边缘的家庭实施救助。对少年的父母而言，咨询中心能帮助父母了解少年的需要并以适当的方式对子女进行引导，特别是正确处理一些青春期的特别问题。例如，怎样教育子女处理与不良青少年团伙的关系问题。对处于崩溃边缘的家庭，志愿者咨询计划为他们排忧解难，增进了解，以图破镜重圆，打破走上法庭离婚的僵局。

家庭救助计划，旨在帮助父母处理困难的行为问题、远离社会的孤独感和家庭之压力。家庭救助计划，与其他社会服务机构，或非正式的邻里守望组织协调行动，可改善儿童在校的表现与行为、虐待儿童、离家出走等问题。而上述问题均与青少年犯罪密切相联（Graham and Uting，1992）。除财政与物质的支持外，家庭救助计划还提供儿童保健服务、紧急情况下的日托、健康咨询、家政计划、危急干涉、短期帮助等，特别是对单亲父母，更是关怀备至，还开设家政中心，提供托儿所设备、运动场所、俱乐部。此外，也开设辩论指导、家庭医院。这些设施和帮助，将能够减少犯罪的发生。对孤独家庭，社会救助开展咨询业务，内容包括营养、家庭管理、如何保育儿童等技能。但迄今为止，尚无一项家庭救助计划提供了直接预防犯罪行为的证据。

6. 家庭保护与家庭再造。儿童被虐待往往会导致日后的犯罪，这种联系已被证实（Malinowsky，1993）。而训练有素的专家可以发现早期的虐待儿童行为，从而为家长提供非正式的育儿咨询。为此，预防儿童被虐待的行为就是在预防犯罪。但是在一些特殊情况下，少年教养院并非儿童的福地，因为许多罪犯的童年有一半是在少年教养院度过的。良好的教养院环境可促进情感的稳定性，提供富有刺激性的教育环境，但良好的教养院环境终究不能弥合无家可归的破碎心灵。缺少家庭的爱，纵有广厦千万间又有何用?（Buluock，1993）因此，优秀的家庭保护计划不一定非要把儿童迁进教养院的新居，虽然这样做可能会预防儿童将来犯罪。

美国托克马家园再造计划

托克马家园再造计划选用有丰富经验的社会工作者为儿童特别是那些在家受到虐待，时刻有被送进少年教养院危险的孩子们，提供精心的帮助和特别的关怀。工作人员深入被虐待儿童的家中，做耐心细致的思想工作，每周20小时、6周工作时间。这在70%的家庭都很成功，最少也在一年中把孩子留在家中（Uting，1993）。这也为家长省却了许多开销。但仍无证据证实，托克马家园再造计划可以直接地减少犯罪。

人们一旦发现家庭虐待儿童，就想把儿童送进少年教养院。但不幸的是，研究证实，少年教养院的效果是复杂的和模棱两可的。少年教养院对被虐待儿童可谓福祸各半。对从家庭中搬出来的儿童，情感的危机并没有什么转机。或喜或忧，这都要视具体环境而定（Besharov，1987）。把儿童从家中搬出，不断送进一个又一个教养院是十分危险的，应坚决杜绝！至于少年教养院能否预防犯罪，答案含混不清，模棱两可。

7. 防止青少年无家可归。正如不幸的家庭可以把孩子送进教养院一样，一些青年、少年也可以在未成熟以前离家出走。无家可归，卷入犯罪将是其最终之结果，有时这种犯罪，仅仅是求生而已。消除无家可归的危险，是家庭与住房政策的目的，预防无家可归是该政策之重点。

针对离家出走青少年的政策，其核心是建立特别的青年救助中心、紧急避难所，以及长期的招待所。同时劝说离家出走者回家，全家重新团圆。此外，尚有一些各部门之间的联合行动，像咨询服务、生存技能培训、帮助就业、帮助获得其他生计等。法国有一种救助团体，叫“休息处”（Foyer）。它专门为失业的无家可归的青年提供临时集体住宿。它提倡自给自足，是走向自立之基石。英国也有一种“休息处”的翻版，它名叫“蛾眉月”（Gres-cent），为无家可归的青年人提供临时住宅，并提供培训、教育、就业机会以及娱乐活动。凡年龄在16~25岁的青年人，必须签订“住户协议”，保证遵守“房规”。但这种方法可否预防、减少犯罪，尚不得而知。

通常，离家出走的惯犯、警察局的常客，最后的归宿是在法庭上见。以荷兰的一种预防设计为代表的方法，旨在尝试使这批人不再去法庭。至关重要的是，儿童的权利应记在心上。孩子离家出走的原因较多，如父母对待子女态度粗暴等。因此，在任何决定做出之前，应仔细考察离家出走的原因，或重返家庭的可能性。同时，如果政府控制住或收容了离家出走的人，也应通知家长他们的子女是否安全。应大力发展促使父母与子女言归于好的工作，使两方面都感到是政府在成全他们，而不是拆散他们。

荷兰的救助离家出走者预防设计

通常，被警察收容的离家出走的青年，多处于犯罪的边缘。虽然他们没有错，但怎样帮助他们却成了问题。荷兰的预防设计，代表了帮助青少年（而不是惯犯）解决困难的大胆尝试。处于犯罪边缘的青少年，特别是离家出走者，是一群被剥夺、被忽视的人。应向他们伸出援助之手，而不是把他们推向犯罪的深渊。这种预防设计是社会工作者与警察的联合行动。社会工作者与警察局保持密切联系，一旦发现离家出走者，社会工作者马上提供救助，预防危机的发生。警察与社会工作者每天早晨都开会，分析个案，提出切实可行的安排。

关于这项工作的评价很好，1993 年格拉海姆（Graham）指出，在短期内，这项工作改善了父子、师生之间的关系，但还没有改变父母态度或是改善子女学习成绩的效果。

此外，这项工作与矫正青少年小偷小摸行为的工作相结合，效果亦明显：接受过此项救助的人再次入狱的人数少于没有接受过救助的人。但此项实验略显不足之处是没有与其他犯罪类型进行比较（尽管盗窃是比例较大的犯罪）。还有一项不足是，实验样本较小。在全部青少年个案中，仅有 7% 进行了 10 个月的前期追踪，而实验后的 6 个月追踪也太短，不足以说明问题。

为离家出走者提供住房、服务，并不能重建稳定的家庭环境，但可以在一定程度上提供补偿。在新建临时家庭（临时住所）中，以代理家长或伙伴关系贯彻执行管理与纪律可恢复离家出走者的自信，重建家庭经济，重振意志。美国的"'我妈家'住房实验"（Umoja）是个好例子。所谓新的家庭概念，即在临时住所中为危险青少年提供稳定和谐的家庭生活。通守教育、培训、就业以及重返社区等活动，再造新生。这里没有险恶之环境，没有继父母的鄙视。

美国"我妈家"住房实验（Umoja）

20 世纪 60 年代后期，美国建立了"我妈家"实验基地。这是一所专门为黑人青少年和失足青少年所建的住宅，这所房子，或叫"庇护所"，是以"再造新家"的概念修建的。管理这所房子的夫妇以家长的面目出现，所有的孩子则以"兄弟"相称，并签字画押，保证遵守住房纪律，家务杂活，人人承担，保证上学，不许逃课。每个成员可接受单独咨询，倾听在就业、职业培训方面的忠告。"我妈家"实验的本质是团结协作，互相信任，彼此尊重，孝敬家长。充分体现美国文化精髓之所在。

如果6个月或1年后尚不能重返家庭，这里的成员就被鼓励独立生活。老生成了领导，带领新生，团结互助，重造自尊。在教育、就业与家庭中自我约束，共同发展。“我妈家”建立了一个搬家公司、一个印刷公司、一所饭店、一个保安公司和一个驾校。这些企业可以提供就业，但大多数人被鼓励去闯荡江湖，自谋职业。“我妈家”实验证实：与社区比较，重新犯罪率很低。由于没有对照组对照，样本数也不大，所以还很难科学地评价此次实验。

以家庭为基础的预防工作有广泛的适用面和方法，或针对犯罪高发区，或针对社会不稳定区，或由政府机构如社会服务部门承担，五花八门。综合服务（Universal services）的对象应加以选择，既不能不考虑经济效益，也要避免使被帮助家庭戴上“潜在罪犯家庭”的帽子。具体做法是，阐明各种好处，列举服务项目，使之家喻户晓。同时，选择犯罪高发区或社会不安全区。既要降低服务成本，又要不使服务对象戴上不好的“帽子”。

1980年，威尔逊（Wilson）发现，监督对青少年十分重要。严格监督的，犯罪就少；放松监督的，犯罪就多。1985年瑞丽和邵（Riley and Shaw）两人发现，如果男青年缺少父母监督，长期与伙伴们混在一起，犯罪的可能性就大。单一家长，如果不是全日制工作，其子女就需要加倍的监督才能获得正常家庭的效果。如果整个社区统一行动，互为守望，互为监督的话，预防犯罪的效果就更佳。教师、青年工作者是这方面的生力军。

四、 教育预防政策

就对青年的影响而言，学校的力量最大。整个儿童的成长过程，是一个受教育的过程，又是一个社会化的过程。因此，学校是这一过程中的核心。它创造人，抚育人，它对学生的影响，胜过家庭。

学校之功能有：（1）促进社会平等意识；（2）学习文化多元化；（3）加强个人归属感；（4）提高道德标准、增进社会技能；（5）培养公民之责任感；（6）对学生进行守法教育，宣传少年犯罪的本质，以及守法的重要性，介绍犯罪是怎样产生的，刑事司法部门是如何运作的，犯罪是怎样被预防的。这类教材垂手而得（Graham，1988）。

诚然，学校与犯罪之间的联系，尚无确切的科学研究加以证实，但科学研究明确地证实了学校是怎样抑制犯罪的，又在增加犯罪中起什么作用。显然，学校在预防犯罪中的作用是显而易见的。（Graham，1992）指出，无论学生犯罪与否，学校都应通过激励的方式，使每一个学生认识到这样的真理：人的能力有大小，但在学校中都可以获得成就感。

学习失败者、行为不轨者、经常逃学者比正常学生更易走上犯罪之路。造成上述失败的原因还不清楚，但鲁特（Rutter，1979）认为，他的研究证实，造成上述失败的罪魁是学校，而绝非学生本身，毛蒂莫（Mortimore，1988）的研究也证实了这一点。因此，社会预防犯罪政策的重点应放在怎样减少学校的负面效应，怎样减少上述三种人的问题上。

许多以学校为基础的预防犯罪方案，都把重点放在改善学生学习成绩，规范学生行为上（Hannon，1991；Mortimore，1984）。在学校中引进社会学习与生活技能两种课程，可使学生增长抵御、处理冲突与矛盾的能力，有助于他们正确处理潜在的犯罪状况。一系列的研究证实，在改善学习成绩，规范学生行为方面已获成功（Kellam and Rebok，1992；Reid，1993）。此外，在小学升中学的过程中，费安尼和安伦（Felner and Adan）在1991年进行了盘斯克的实验，减少问题学生、克服逃学和学习成绩下降，这个实验也获得了成功。

在学校横行霸道，将来就会滥用权力与力量，学校应制止这类事件。弗林顿（Farring Ton，1993）指出，科学研究证实，横行霸道与将来的犯罪有密切联系。故今天预防横行霸道，就是预防将来的犯罪。法国有些中学，雇用失业的毕业生，在校调解与监督学生间的暴力行为，是个好办法。

法国的学校安全计划

此计划的目的是减少暴力行为，加强上学、放学途中的安全。学校雇用失业青年做调解员或监督员。这些青年条件并不好，或许对教师和学校还带有偏见。雇用后对他们培训8天，主要是针对青少年热点问题，如吸食毒品、越轨行为、道路交通等。雇用后工作半年，同时接受在职培训。他们的工作多种多样：如在午饭或放学后帮助教师监督学生，调解学生之间的争斗或暴力。根据金（King）1988年的报告，这项计划在减少暴力、改善师生关系方面收效显著，尽管效果不错，但实验时间短，缺乏衡量标准。

在减少与预防学校暴力方面最成功的例子，当数挪威的“全校行动计划”了。该计划旨在唤起家长、学生、教师三方面的积极性，共同解决暴力问题。具体做法是：制定预防暴力的政策，创造无暴力的良好的学校空气，有暴力必报告、有暴力必重视，严格实施反暴力的政策与策略。

挪威的反暴力①计划

挪威全国曾掀起了一场反对校内学生暴力的运动，教育学校、家庭怎样减少与预防暴力。为评价这一运动，开展了实验。它采用的是“半实验性的设计”（quasi—experimental design），在卑尔根市42所学校中开展实验。该项目的主要目标有四点：

（1）提高对恃强凌弱这一坏现象的认识；

（2）加强教师与家庭的参与；

（3）制定严格的纪律限制恃强凌弱；

（4）对被害学生进行支持、保护。

在各学校与班级中，采取一系列对策，诸如，制定反暴力的规定，在课堂上进行专题讨论，鼓励被害学生检举揭发，加强对游戏场所以及放学后的监督等。

本计划除了对恃强凌弱行为的评估之外，还进行了在校犯罪与反社会行为的评估（犯罪包括打砸抢、盗窃、入室、欺骗）。其评估令人鼓舞，无论是恃强凌弱行为还是犯罪或反社会行为都有所下降。校内外、短期长期效果俱好。短期效果为8个月，长期效果为20个月。此外，也没有发现犯罪或反社会行为转移到其他地方（Olweus，1991）。

针对危险学生的工作，或针对危险行为、不良认识、教育经费不足的改进，都很难收到远期效果。无论是以学生为重点，还是以学校为重点的实验都证实了这一点（Kazdim，1993）。改善学生之间的社会联系的工作似乎很

---

① 这里所说的暴力，英文为bullying，其含义为：恃强欺弱、恶霸。显然，这里指校内学生横行霸道，欺侮弱小的同学的行为。——译者注

有效，但还没有发现可减少青少年犯罪的效果，在所有改善以强凌弱行为的实验中，最看好的还是在学校里改善组织与氛围（所谓氛围，这里是指历史、价值、态度、实践之综合，形成一种独一无二的气候、气氛）。根据美国预防青少年犯罪办公室的统计，在所有预防犯罪的实验中，就效益而言，是以学校为本的改善组织与氛围的实验。这种实验一是前景很好，二是花钱不多，效果持久（美国预防青少年犯罪办公室，1981 年）。

社会之相互联系体现于学校之中，学校的价值、学校的组织结构代表着上述战略变化的焦点。研究证实，凡是效益好的学校，都有四种特性：教什么、怎么教、师生关系、对学生的奖励与纪律约束。

（1）教什么。教什么是指学校学术内容的水平与等级。学校所设课程对学生的要求影响着学生的学习动机。教学内容既要重视理论，又要重视实践。两者的平衡至关重要。教学内容应与学生的能力与需求相一致。低能学生应有机会发展他们的社会技能，获得工作的能力以及参与基层社区活动的能力。设课应广泛、灵活、有趣。（2）怎么教。教师备课要认真。教案应符合学生文化水平与学习能力。提高课堂管理能力，开展教学方法研究。（3）师生关系。师生应互相敬爱，互相相信。教师应精通处理矛盾的技术。无论是师生还是学生之间的矛盾，都应当处理得得心应手。怎样避免对抗，怎样培育学生的创造性，怎样提高学生的想象力，怎样发展高年级学生的成人意识，这一切均为教师应知应会的。（4）对学生的奖励与纪律约束。奖惩应奖善罚恶、奖勤罚懒，但在学校中，这两种手段都运用得不够。虽然大家公认体罚运用不当不会有好效果，但还应加强纪律性。奖惩条例应清楚、有预见性。违法必究、执法必严，但亦应留有余地。对学生采取纪律手段，不是某个领导的事，也不只是哪一位教师的事，而是全体教师的事。

所谓成功之学校、有效益之学校，就是必然充满义务的学校，就是学生高度参与的学校，就是全体学生可获得成功的学校，就是师生之间互敬互爱的学校，就是纪律严明、奖罚分明的学校。无论学生来自什么阶层、具备什么伦理标准，或智或愚，学校均一视同仁循循善诱，启发鼓励。这样的学校，才能对预防犯罪作出较大的贡献。

反之，高犯罪率的学校，必然对学生漠不关心，把学生按学习能力划分为三六九等，只重学习成绩，不论具体能力，把差生拒之门外，对逃学的视而不见，这样的学校，必是高犯罪率的学校。

对失足学生、经常逃学者、差生、淘气学生要注意团结，一视同仁。对经常逃学者，要循循善诱劝其归校。要组织特殊教师组，在本地区巡回施教，专门教育差生，帮助他们解决困难。特殊教师组应深入学校、班级，及早行动。对差生的处理一要考虑具体情节，二要不冤枉好人。有时，学校要对本校的组织结构，教学氛围进行反思。及时调整，以减少逃学生与差生。

美国青少年预防犯罪办公室在“多种教育实验”的指导下，开展了专项打击青少年犯罪的实验。具体做法是，在各项政策的指导下，培养学生的责任感，增进其对学校各种活动的参与意识，增加在校资助，增进在校的成就感，并以作为学校社区的光荣一分子而自豪。美国的“主动神圣教育”计划，就是这些实验中的一种。

美国的主动神圣教育计划

改善学校机构、增加教育成就感、减少犯罪行为是本计划的三个组成部分。为达到减少犯罪的目的，具体做法如下：降低在校学习失败感，增加社会凝聚力，改善学生的自我概念，鼓励互相尊重、互相合作，创造全校师生的归属感，增进交流，吸引好学生、好教师献计献策共同改变学校面貌，制定清晰、公正、持久的校规校纪，提高教师的组织艺术。

本计划由五部分组成：

(1) 组成综合委员会。该委员会由学生、教师、家长、学校行政领导、社区代表共同组成。其目的是审核、修订、贯彻关于课程与纪律的规定。

(2) 引入教学改革，改进学生对考试、学习技巧的态度。措施包括小组学习、加强自我概念与学校实习。

(3) 采用各种措施，改善学校的氛围。包括开展爱校竞赛，举行学生热点研讨会。

(4) 当从儿童步入青少年时，家长对子女即将步入成年的状态应给予充分的理解和承认。使子女对新的规则与对未来的期望值采取温和态度，不要抵触。特别是青少年对人格自由有了新的限制，应与过去划清界限，通过技能培训与寻找工作的培训，使他们能顺利渡过就业与升学的难关。

（5）为学生提供特别知识与咨询服务，使他们可以解决学业与行为上的各种问题。

这个设计在美国8个城市中开展，采用的选点要求，一是黑人居民占多数，二是内陆城市。实验者还选了两个控制组作对照。参与实验的每个学校自我监督，进行改革前、改革后的对照。实验的评价包括50项参数。实验者对收集的数据进行分类处理，包括青少年犯罪、学校行为学。数据来源有两类，一是官方统计；二是自报调查。

调查结果显示，本实验在降低青少年犯罪，改善学校行为方面有小范围的、可测试的效果。虽然学习成绩、在校率与自我概念的改善没有统计，但对学校的依恋感、教师的道德感、学校安全感、组织纪律性等均有明显改善。这充分证明了学校机构改善之成就。与此对照，个人的改善措施，在降低犯罪率、增加对学校的依恋感、增进学生自我概念方面没有效果，但在提高学习成绩、增加在校比率方面略有效果。不幸的是，所有实验数据均是在实验进程中获得的，没有实验后的效果统计（详细数据见1986年高德佛德森（Gottfredson）的《多种教育实验》的报告）。

结构与进程（structures and processes），决定着组织结构的特点，它们错综复杂，变化万千。在着手改进学校组织机构方面，千头万绪，困难重重。有六大要素，影响着学校的改进：（1）态度要素。态度，主要是校领导或校决策人的改革意识。（2）政策要素。公共教育机构的政策。（3）能力要素。教师的能力与教师集体合作的能力。（4）直接干涉要素。直接干涉包括对教师、学生、家长三方面的直接干涉。（5）成就要素。指在个人能力与外界变化之间保持平衡，从而获得成就。（6）期望要素。制定与保持切实可行的期望。

改变学校结构，从而预防犯罪，不能把目标仅限于预防犯罪一个方面，而应综合治理，全面开花。有的学校改革的重点会与预防犯罪的目标相冲突，重点不一，各有侧重。这就需要广泛的公众与政治的对话以准确的确定什么是学校的目标。

关于儿童发展的主要发现之一是，只有早期的、连续统一的、家长与学校的合作工作，才能预防诸如酗酒、吸毒、早孕、犯罪等行为。端正家长的态度，改善学生的行为，两者的统一是提高学习成绩、减少逃学的关键（Utting，1993；MVA 咨询，1991）。家长助教师，教师敬家长，方能建立学校与家庭的稳固纽带。例如，在瑞典，有“家庭学校共建”计划，鼓励家长参与学校活动。在英国有“学校家庭协议”计划，增加有益行为，防止不良行为。在美国，各种各样的家庭学校共建计划，如雨后春笋般蓬勃发展。

美国的教师家庭联谊计划

美国俄勒冈州实施了“教师家庭联谊”计划（Lingking Interests of Families and Teachers），旨在预防不轨行为。其主要战略是：

通过办家长培训班、学生社会技能培训班以及操场监督，设置家长与教师联系电话等措施增进学生的社会参与，减少反社会行为。研究证实，该计划在减少进攻性行为、反社会行为方面，确有短期效果（Reid，1994）。

综合的效果，远胜于单独的家庭目标与学校目标行动。家长与教师的联谊活动，大大减少了犯罪就是佐证。家长融入学校、家长与教师密切合作、增进学生社会化等均是好方法（Graham and Utting，1994）。基层社区、基层学校是滋生少年犯罪团伙的温床。因此，学校与家长更应联合行动，以基层为主战场，进行有效的控制与监督。家庭与学校是社区之基层，社会化之根本，故任何预防犯罪的措施均应扎根于此。同时，联合行动，综合治理，与基层社区密切配合，方能奏效。

五、 青年预防政策

无疑，青年人犯罪与否，学校与家庭是关键。但家长与教师对青年人的监督是有限的。1985 年瑞丽与邵（Riley and Shaw）发现，青少年犯罪，很多是男孩外出与朋友们在一起时发生的。这说明，在上述环境中，有关成年人的监督（不是家长的监督）对预防犯罪，特别是男孩犯罪是至关重要的。在校外活动中，尤其是在公共场所，青少年工作是重要的监督机制。

青年工作，其主要环节是通过社会教育，保证个性的充分发展。培养生活责任感是其中的关键。应创造机会，使青年人多参与、多负责。对于其个性，既要充分发展，又要适当约束。教育其在活动中学会对自己的行为负责，特别是向法律负责。

青年工作对犯罪的潜在影响有多大，这方面还缺乏系统的研究。无论是一般工作，或是特殊工作，哪种可吸引失足青年？哪种会拒绝失足青年？人们知之甚少。1979 年白德文和博德母（Baldwm and Bottoms）以及 1993 年格拉海姆和史密斯（Graham and Smith）都证实，没有证据可说明，青年俱乐部或是青年之家可降低犯罪。对信息交流、咨询中心、谈心之家、技术学校、特殊青年研究等形形色色的青年工作的效果也缺乏效果的评价。尽管如此，在青年人向成年人过渡期间，他们面临着无职业与失业的危险，此时，文化娱乐活动就变得越来越重要。由于没有工作，青年人没有决断的机会，也没有负责任的场所，从而失去了独立与成熟的表现机会。因此，需要从娱乐、游玩中得以补偿。如果这种娱乐没有受到控制与监督的话，也会导致打砸抢、盗窃或其他犯罪。

形形色色、丰富多彩的文化娱乐活动，可使青年人改善价值观、进行积极消费、创造事业心，其价值决不可低估。青年人渴望被承认、被重视、被欣赏，因此，由青年人自己管理的文娱活动可培养自尊自信、独立自主的感觉。体育、音乐、戏剧、舞蹈、文学可帮助青年更好地了解自己、自己的价值、自己的能力以及与他人的关系。这类活动还可以克服伦理、种族的偏见，使青年人融入更广泛的社区活动。例如，在法国，利用暑假举办的丰富多彩的青年活动，起到了预防犯罪，挽救边缘青年的功效。

法国的夏季青少年活动计划

暑假，正是传统的正式的监督降到了最低点的时刻。本计划为青年人提供了丰富多彩的活动。本计划的核心是：多活动。从体育活动、迪斯科到露天电影，尽可能地开放，尽可能地少约束，投其所好，而不是片面强加。25 岁以下的青年人可以低价购得“通票”，参加全部活动。“通票”的作用，一是可以了解青年人参与的广泛性；二是可以确定哪里是本活动的死角。有些活动甚至雇用了“鼓动员”（Animateurs），以煽动气氛。在夏令营中，还可以把青少年犯与正常青少年放在一起。

本计划的中心目标是，把边缘青年与少数民族①的青年人团结起来，融入“主流”的社会与体育活动中。旨在团结移民与少数民族青年，而不是减弱或威胁他们的文化与宗教特色。本计划邀请少数民族领导作为鼓动员，也邀请青年工作者参加。遗憾的是这项计划在改造边缘青年与失足青年方面成功与否，尚无定论。

通过与实验前数年数据的比对，在最初开展本计划的城市中，报案率在夏季均有所下降，但还不知道是这些活动的效果，还是其他原因。在很多情况下，上述活动主要是改善对少数民族青年社会地位和种族差异的歧视，提高自信心，改善自我形象，而不是指向预防犯罪。1992 年杜伯迟（Dubouchet）指出，近来许多活动的目标已不再指向预防犯罪了。

1986 年，奎格仁（krikorain）指出，夏季青少年活动的动机之一是吸收移民群体、青年群体中的边缘分子。② 尽管上述群体面临的问题千差万别，但核心还是个老问题：适应。移民（或移居者）勉强去适应新文化、新社会态度。边缘青年需以新文化所期待的成人面目出现。他们一无技能、二无本钱，谈何容易。新旧两大团体需要架起交流的桥梁。对边缘青年而言，适应有三处难点：（1）进入新文化；（2）与新文化建立信任联系；（3）尽可能地适应自己的需要，解决自己的问题。

人们都相信，如果把青年人的能量转移到创造性与建设性的活动之中，转移到守法活动之中，就可以减少将来的犯罪倾向。话虽如此，但目前却没有这方面的证据。1993 年格拉海姆与史密斯（Graham and Smith）发现，尽管创造性的活动有一定的效果，但微不足道。把边缘青年引入社区的活动，如果没有经济、社会或物质环境的改变，很难奏效。要贯彻两手抓的政策，一手抓丰富多彩、富于建设性的文娱体育活动；一手抓物质建设，促进青年人感情与财政的独立。例如，在荷兰，建立了青年咨询中心网络，旨在为那些获得独立而面临困难的人提供帮助。

---

① 少数民族，英文为 Erhnic miaority groups，指移民，少数民族的青年，如黑人、亚洲人等。——笔者注

② 边缘分子，英文为 marginalised，含意为边缘、未同化的。这里的边缘分子指亚洲、非洲移民的后代。——笔者注

荷兰青年咨询中心

荷兰约有60家青年咨询中心（Sosjale Joenits）。为11～25岁的青少年（绝大多数为16～20岁）提供咨询、帮助。服务项目包括住房、就业、教育、培训、社会安全、吸毒酗酒等问题。采用青少年为中心的工作方法，背靠警察，面向青少年。主要针对逃学者、失业者、无家可归者和其他危险青年，开展救助，启发自助。例如，为无家可归者提供住房，但必须要求其接受特殊技能的培训，而且要先培训后提供住房。帮助他们培养自尊、自决的精神，建立自信、自爱的气质，教他们如何面对挑战，坚韧不拔。此类中心，在法国亦可见。例如，法国的青年中心，收容被社会遗弃的青年，帮助他们重建与社会和社区的联系（Jungerta，1988）。但此类中心能否预防犯罪，尚无数据可证明。

青年咨询中心的工作是有限度的，它们不可能与每一个失足青年建立联系。因此，派出去，或走出去的方法就尤为重要。研究证实，外出青年工作能改变社会评价的水准，对抑制青少年的犯罪动机产生影响。早期的青少年预防犯罪研究证实，在美国司法部调查的10个实验中，只有英国“胜利农场派出青年工作”实验是成功的。它产生于20世纪60年代，至今仍是预防青少年犯罪的楷模。

英国胜利农场实验

英国胜利农场实验的方法以派出工作①、街头工作为主。旨在发展与工人阶级、高犯罪居民区的青少年的联系。评价的尺度有社会校正、犯罪行为。实验分为测试组（54名男孩，平均年龄15岁）和控制组（74名男孩），历时13个月。20个月后观察实验效益，结果令人鼓舞。

比较两组，结果不同。实验组在法庭出现、定罪、自报犯罪三个领域都好于控制组。一年后，经警察立案数证实，实验组犯法的仍少于对照控制组。但实验期一过，犯罪无论从数量或是质量上都有恶化趋势。这说明实验是一种控制力，实验一停，犯罪反弹。

---

① 派出工作，英文为detached，含意为：孤立的、派遣的，根据上下文，指派出，外部工作。为街头工作、商业区工作等。——笔者注

研究者发现，此项实验获益最大者是有劣迹但又不严重的男孩子。这说明，或许此类实验应针对在犯罪边缘的青少年而不是少年犯更有益。但对这一结论，尚须谨慎对待，因为胜利农场实验的对象为罪犯（Smith，1972；O'Donnel，1979）。而对象为罪犯与常人的其他实验证实：

实验结果

实验项目	实验组	控制组
胜利农场（Smith，1972）	全部为罪犯，效果好	全部为罪犯，效果差
其他（O'Donnel，1979）	对罪犯有效 对常人效果差	对罪犯效果差 对常人效果好
实验组对罪犯有效，但对常人效果差；而控制组对罪犯效果差，但对常人效果好		

注：译者根据原文绘制。

有时青年空闲活动区就是城市的街头或商业中心，既没什么可娱乐的，又没有多大的空间的地方，青年最终被五光十色的路灯、色彩斑斓的商品以及建筑所吸引。这些刺激物又成为他们攻击的对象。时间一长，青年人与业主、保安人员必然发生摩擦与冲突，这正是青年工作者的用武之时。有一个派遣青年工作实验，与胜利农场不同，它把工作重点放在在商业区闲逛的青年人身上。

荷兰鹿特丹商业中心实验

据警察统计，在鹿特丹的商业区，犯罪多集中于公共场所（Colder，1987）。街头抢劫、小偷小摸时有发生。罪犯或驾汽车，或乘单车，来去无踪。对待这些罪犯，通常的对策是加强巡逻，广增保安，安排商店侦探，设置技术监督。但商业中心实验独辟蹊径，目光不是盯在保护财产上，而是以潜在的罪犯为突破口。

首先建立预防犯罪委员会。该委员会由城市警察、检察官、青年工作者、商会会员所组成。预防犯罪委员会组织了派遣街头工作者的合作实验。由警察出面办班，制定本商业区的条例法规，宣传普及。工作者走街串巷，深入邻近的每一所中学，宣讲条例，解释违反条例的后果，组织讨论，并使之深入人心。

本实验的目的为增进商人、顾客与游荡青年三者之间的和谐。吸收而非排斥，提供场所而非拒之门外，鼓励自由而非套上枷锁。划拨资金为青年人节假日举办文体活动，派出工作者四方游说为他们寻找就业机会。据1988年朱格托（Junger—tos）统计，实验引进之日，就是打砸抢、小偷小摸减少之时，效果显著，但无长期效果之佐证。

夜生活是混乱之母。大龄青年常乘夜色而出，招摇过市，或酗酒，或寻欢作乐，以图一时之乐。谩骂之声不绝于耳，打砸抢之举时有发生。据1995年郝普（Hope）的研究，根据市中心酗酒与动乱的情况分析证实，若干情景与措施可降低动乱的发生。其中，有关人士的参与，特别知识的运用至关重要。例如，在法国，人们组织了“欧洲城市安全座谈会”与欧洲各国各城市交流信息，协调行动，共同对付城市夜生活。

青年工作者与青年组织，在使青年人重返社会（社区）的进程中，起着举足轻重的作用。青年工作者既关心本地的青年群体，又与学校、家长、社会其他组织合作，依靠警察与其他刑事司法机关，承上启下，左右逢源。以基层为基础，以综合治理为手段，调动各方面的资源，改变导致青少年犯罪的社会经济状况。

法国的“分贝”计划

“欧洲论坛”组织八个欧洲与北美国家的代表欢聚一堂，讨论利用青少年夜间娱乐来预防犯罪。代表们有对青年工作感兴趣的政治家、教育家、迪斯科歌手、青年工作者，以及音乐商的代表。首先，举行三天讨论会，研究夜生活有关问题的本质与特性，如噪声、交通事故、酗酒、吸毒、混乱等，集思广益，献计献策：

（1）提供作曲与舞蹈设计实验室。

（2）降低酗酒所造成的犯罪。包括为饮酒过量的人提供交通工具，提供过夜住宿条件，严禁迪斯科舞厅与酒吧在关门前一小时出售烈性酒。在娱乐场所悬挂不许饮酒标志并在出口处进行匿名酒精测试。

（3）警察少露面，鼓励娱乐场所雇用私人保安员。

（4）建立隔音迪斯科舞厅，或把舞厅迁离居民区。

(5) 建立地区委员会，与娱乐集团一起，携手并肩，共同采取预防措施。

该计划组织得怎样、效果如何，尚不清楚，但它却为国际合作，共同采取预防措施提供了范例。

派出工作者、街头工作者或类似的人员，可以在与青年人建立信任之前，就了解他们的需要。在组织青年人参加特殊活动之前就建立信任。可以观察青年团伙的自然状态。他们先于其他部门了解到青年人想什么，缺什么，从而协调社会服务行动。为制定正确的政策，小型调查很重要，扎根基层，面向青年，急其所急，想其所想。英国的沃尔沃海木巴顿市就曾采用过此方法。

丹麦的SSP委员会

SSP委员会，即四局长联合办公。“四局”为警察局、教育局、社会服务局与文化局。四局长联合办公，共议大事。商讨怎样确定基层需要，贯彻预防战略，调动资源，齐抓共管。SSP委员会也有其他代表参加，他们是体委、青年俱乐部、房客协会的代表。SSP委员会的中心议题是集家长、教师、青年与社区工作者、社会工作者、警官于一体，齐抓共管，支持处于危险边缘的青少年。

委员会下设工作组，解决专项问题。例如，阿赫兹市（Aarhus），大龄青年人的犯罪集中于该市一角，乌烟瘴气，居民恐惧感增加。青少年上行下效，互相模仿。居民心惊胆战，犯罪分子十分猖獗。SSP委员会首先做大龄青年人的工作，组建青年俱乐部，帮助其克服孤独感、重返社区。大龄青年不久便改过迁善，为儿童们树立了好榜样。以后又为大龄青年建立了综合治理办公室，逐步改善他们的生活条件，化解矛盾（Jensen，1988）。

SSP委员会在减少犯罪，增加居民安全感方面做了大量工作，但缺乏具体数据证实该设计的成功。评价局限于整体工作的组织，这确实是举步维艰，矛盾重重。因为在阿赫兹市，各部门之间开始并不协调，警察、教育部门、社会服务部门彼此不信任，各自为政。

为解决上述问题，举行了气氛严肃的研讨会，会后又组建了“谋略委员会”专门协调矛盾、监督指导、评估评价、提供信息。日后，委员会成为协调志愿者与公共机构之桥梁，增进各部门团结协作的媒介。往日各部门往往只盯着自己的工作对象；今天委员会统一布置，彼此协调，心向一处想，劲往一处使。但在具体的实践中，对有没有行动的一致性存在争议。一派以简森（Jensen，1988）为代表，他认为应谨慎地避免不同意见，求同存异。另一派以库克（Kock，1988）为代表，他认为委员会不能代表青年人，也不能真正代表社区，因为委员会内既无家长代表，也无青年人代表。库克同时指出，警察代表的心理矛盾重重。他们既同情社会工作者与教育工作者的意见，又要维护执法的尊严。基于尊重与信任青年人的原则，卓有成效的青年工作，会与执法与惩罚的原则相冲突。

青年工作需要摆正自己的位置，考虑能否与怎样为预防犯罪作出贡献。青年工作者对青年罪犯的反应是矛盾的。诚然，青年工作者的目的与法律的惩罚目的是不完全一致的。因为他们工作的成功与否是由他们对青年人的信心与信任为基础的，即建立信任，保持信心。青年工作者身处罪犯与法律之间，至关重要的是划清警察工作与青年工作的界限，并恪守与青年人、与警察交往的原则。青年工作者与警察必须互相理解。警察应承认青年工作者的原则是对青年人的信心与信任，而青年工作者也应尊重法律的尊严。青年工作的精髓之所在，不是帮助警察破案抓人，而是预防青年人作奸犯科。为此，警察与青年工作者应对共同的工作对象——青年人达成共识与理解。青年工作者应做保护青年的吹鼓手，而不是调解员。

英国沃尔沃海木巴顿的青年综合治理工作①

沃市青年人失业较多，市政府召集专家进行综合研究，研究怎样适应青年需求，提供最佳服务。会后，根据大会报告修正案，制定了符合青年需求的政策与策略。在制定政策之时，确定了总的原则，即单凭一个部门或机构，不能满足青年人的需求，只有依靠综合的、各部门之间的协调行动，才能最终适应青年人的需求，帮助他们解决所面临的各种问题。

市政府最终同意拨款资助一项“促进青年社会责任感发展的五年计

---

① 此处原文为 Multi—Agency，可译为部门之间工作，各部门联合行动。此处按中文习惯，译为综合治理。——笔者注

划”。为达到这一目的，同时有四项政策出台：

（1）确定青年团伙的网络与青年人的行为模式。

（2）在青年人的帮助下，找到导致犯罪的具体条件与状况。

（3）研究青年人行为模式、个人需求、身份以及犯罪行为之间的联系。

（4）为青年提供一定的荣誉与社会地位。把青年人从易犯罪状况中解救出来，采取自我选择行动。

市政府雇用了四名专职派出青年工作者，两名白人妇女，两名加勒比男性深入基层，走街串巷。从市中心到郊区，从私人住宅到公用宿舍，鼓励青年人与社区融为一体，向社会承担责任。青年工作者的工作是寻找危险青年团伙，与学校、家长、社区、政府部门（包括警察机关）保持密切联系。有时，他们调解青少年与警察的矛盾与冲突；有时，他们代表青年人在法庭上为青年辩护。

五年之后，青年工作者计划在降低青少年犯罪方面成果显著。时过境迁，该计划从开始的预防犯罪到后来的帮助女孩寻求同工同酬的权利；从开始时的创新工作到后来的传统青年工作，地方与青年的需要，就是他们的职责。

此计划在实施过程中也遇到种种障碍，虽然建立了部门之间的协作网络，但在实际工作中效果不佳。在与其他部门的合作中，没有专业位置，没有权力，没有平等的地位。因此，在代表青年人与刑事司法部门打交道时，力不从心。虽然，计划的参与者、工作者、危险青年之间建立了密切的联系，特别是那些被社会遗忘的青年人，如长期失学者也得到了沟通，但这些联系并没有从根本上改变青年人的社会与经济状况（Smith，1994）。

除了上述局限性，实验者发现，通过比对，报案率有所下降（白人成年人除外）。虽然对绝大多数青少年犯罪的效果不是很明显，但有证据表明，青年人的过激行为有所收敛，变得温和了，持续的时间也短了。青年工作者的工作对象分两类，一类是少数危险青年，对他们要从严管理；另一类是大多数青年人，对他们则要适当放松。

青年工作要掌握尺度。在帮助危险青年人的工作时，一要避免贴标签；二要避免扩大化。这两种错误的做法均可能导致政府干预。因此，青年工作

应避免扩大化，尽量不要把没有犯罪，但具备犯罪背景，或与罪犯有联系的人都视为罪犯。

为急需救助的青年人提供援助，避免对罪犯认定的扩大化，使青年人蒙受不白之冤，这些好事，做起来很难。选准救助的地区与对象很重要。应选择重点地区与重点青年群体，而不是孤立的个体。重点地区应选在高失业、高犯罪与监督力量薄弱的地区。重点时间应选在学生放假与节假日。重点人群应选择移民、伦理少数民族、贫穷与社会地位低下的人。重点问题应放在吸毒、卖淫与无家可归上。

青年工作的预防犯罪效果，确有一些局限性。但至少有五种方法，可以使青年工作者与青年人一道增进预防犯罪的效果。这五种方法是：

（1）确定青年团伙网络，确定哪些行为模式可导致青年人违法犯罪。（2）研究行为模式与犯罪状况之间的联系；个体需求与群体需求之间的关系；并确定什么是青年人最关注的问题。（3）鼓励青年人通过各种途径获得自尊、威望与地位。（4）以基层各部门的服务满足青年人的需求。（5）监督学生的街道活动，寻求把他们从犯罪状况转移到合法的、自我选择状况。

六、 就业预防政策

就业与犯罪之间的联系错综复杂。失业与其他社会经济因素交织在一起，使得犯罪成因的研究更加困难。收入混乱、分配不公、城市剥夺、教育不足等因素与失业很难分离（Tarling，1982；Box，1987；Bellknap，1989）。有的科学研究证实，失业率与犯罪率有密切的联系。但就个体而言，男青年在失业时犯罪率似乎更高一些，特别是在财产犯罪方面表现得尤为突出（Farrington et al，1986）。

失业导致犯罪，其中的奥妙很多：由于缺乏收入，导致对生活的厌烦、道德败坏、家庭混乱。众所周知，失业会导致家庭解体，增加导致青少年犯罪的可能性（Lenkowski，1987）。根据“缓刑官协会”1993 年的统计，罪犯的失业概率比正常人要大得多。鲁特与盖尔勒（Rutter and Giller）1983 年证实，失业青年，往往徘徊于街头，无所事事，寻求作案的机会。虽然失业与犯罪的关系很难确定，但两者似乎是互相促进，互为因果的。

经济变化带来失业、移民与社会混乱的浪潮，随之而来的，必然是犯罪上升的浪潮。麦克高和（Mc Gahey）1986年发现，某一地区、社区的社会愈加混乱，对经济变化的适应性就愈差、愈脆弱。面对汹涌而来的犯罪、失业与经济变化的浪潮，不同社区的抵御机制就不同。经济变化的负面效应是个体失业率的上升，社会与经济的混乱，导致一部分人的双重剥夺，最终给那些不能自保自救的人带来灭顶之灾。

总而言之，明确的以降低与预防犯罪为目的的就业与培训并不多，即使在这为数少得可怜的预防犯罪就业计划中，效果也不明显（McGahey，1986）。但是，1993年，霍金斯与理斯勒（Hawkins and Lishner）发现了在培训与就业计划中，有五种共同因素可以起到预防犯罪的作用：（1）就业满足感与对工作表现的积极的反馈。（2）晋升与发展的机遇。（3）与监督者、同事之间的亲善和睦关系。（4）运用自己技能与学习新技能的机会。（5）优良的地位与逐渐增长的鼓励。

塔格特（Taggart，1981）发现，环境转化是个好方法。一些计划旨在把工人从不良的、高犯罪率的邻里中转移出来，从犯罪团伙中分离出来。这些计划在降低犯罪方面效果很明显。但如果工人最终又重返原工作环境，这些计划就不会有什么效果，甚至带有人造环境的味道。

在现实生活中，成功的就业与培训计划并不多见，更缺乏详细描述的资料（前面曾介绍了法国的夏季青少年活动计划，他们在夏季降低了犯罪上升的势头，夏季离校者增多，失业率随之上升）。下面着重研究在就业与培训方面政策的改革与创新。例如，美国司法部关于以就业为基础的青少年预防犯罪计划（Bevile and Nickerson，1981）。根据白威尔等人的研究，只有当就业创造出一种赞助、依恋与信任的氛围时，才能起到降低青少年犯罪的效果。就业人员应与所从事的工作相匹配，一要有从事工作的技能；二要有足够的培训基层；三要有良好的伙伴关系；四要有组织纪律性，遵守厂规厂纪。

有三种主要的以就业为基础的预防犯罪方法。它们是：（1）提供培训与培养工作经验；（2）改善与扩大就业机会；（3）支持与鼓励就业信息网络的建立。

1. 提供培训与培养工作经验。教育水准低下，就业资历不够，都会影响青年人的就业，降低他们对职业稳定、就业多样性的选择与期望。不合格的学校毕业生很难就业，而失业又极可能导致犯罪。威尔逊（Wilson，1987年）指出：单亲家庭数量的猛增与大量的失业青年有着密切的联系。而伯爱特（Bright，1992）进一步指出：青年的高失业率极大地损害了在校青年的就业期望。任何保证在校学生向就业以及职业市场平稳过渡的计划都必须以对失学青年的补救计划、对差生的支援计划为后盾。同时，面对瞬息突变的市场与就业，需要更多的职业与就业计划出台。这些计划应与在职培训、与准备就业的再教育相结合。

1993年古瑞（Currie）指出：德国有一个青年就业的成功范例，大约70%的青年人通过学徒制进入就业市场。青少年在小时候就开始特殊职业的定向培养，并在离校前与将来的雇主签订“培训合同”。合同确定将来进行半日制在职培训。此项就业培训机构是由一个半官方机构牵头，由商会、政府、工会、被训代表组成领导班子，确保学徒完成学习后，走上工作岗位。

无论是培训还是再培训，广义上讲应与地方的就业市场相一致，狭义上讲应与基层雇主的要求相一致。应时刻把就业模式的变化、科学技术的发展、从业期望的高低记在心上。随着工作经验的丰富，培训课程应包括职业技能与技术技能两大方面。瞄准社区服务的市场，发展终生可用的一技之长。如果需要的话，补习班还应补习一下语文与数学。组织纪律性的教育也十分重要，加强纪律性，增进使命感，对长期失业者和从未就业者，要作为重点来抓。对他们提供多种多样的社会帮助，进行在职培训。使他们逐步走上工作岗位。为确保这些人的就业，应向地方商业部门提供一定的就业保证津贴。

还可以组建十人为一组的特别住宿教育组。学员们要么是罪犯，要么是处于犯罪边缘的青年人。每组设班长一人。此人是诚实可靠、经验丰富、为社会所欢迎的就业青年，并能广泛团结人，受到组员的爱戴。大家结成一组，建立纪律，规范行为，力争与日后的工作环境相适应。住宿教育组像一个熔炉，培养纪律感，逐步社会化，为最终的全日制就业打下坚实的基础。

短期就业战略是一种好方法，旨在使青年人从培训走向工作，从工作重返培训。它以短期的、非技能的工作为主。此外，也应发展长期就业战略，安排长期的、半技能，甚至全技能的工作，为就业做准备。但是，如果社会最终不能提供足够的就业机会的话，这一切准备都是浪费。

2. 改善与扩大就业机会。人们说犯罪是一种对机会的限制与封锁的自然反应。提供就业、创造机会也许是减少犯罪的手段。新创造的就业机会应以长期工作为主，以适应就业人员的工作经历为出发点。短期就业，对抑制犯罪所起的作用不大，犯罪仍然会向失业者招手。如果可能的话，新的就业机会应以地方的经济发展为基础，以造福基层社区为目的。只有地方经济得以发展，才能创造出更多的，需要技能的新的就业机会。有时，地方不能提供新工作所急需的技术工人，这就需要对那些处在犯罪边缘的青年人，提供就业前的技术培训。在新的经济发展计划实施之前，应确保新建企业的职工来源，或自己准备，或从外地招收。

通常，地方经济的健康发展会受到外部影响的冲击。宏观经济政策、全国失业状况与经济发展的大趋势，都会左右地方经济。尽管在实际操作中会遇到许多困难，但还是应当大力协调中央与地方的经济，在各个层次上协调就业政策。同时，两条脚走路，鼓励公有、私有企业的合作，最大限度地创造新的就业机会。例如，采用各种刺激手段，包括经济刺激，劝说企业重新招收下岗职工，或在经济不景气的地方开工办厂。

就业机会的创造，不仅有数量，还有质量的提高。所谓就业质量，包括工作申请、工作保持与收入等多方面，也包括提高职业的满意程度、社会地位以及满足长期工作的期望。环境优雅、独立自主、不断充实、正面鼓励，均可帮助职工献身企业、融入集体之中，最终达到减少犯罪之功效。

法国的地方救助团

地方救助团，是一种青年培训中心。收容16～25岁的青少年。为他们提供住房。在就业、培训、财政等部门的协调下，讨论与解决青年人所面临的问题。有时，专家与青年人同吃同住。收容对象大都是失业者或学习成绩不佳、无一技之长的毕业生。地方救助团与地方政府联系，帮助他们找到补习学校，或为他们开展语文、数学的补习，并帮助他们寻找长期或短期的就业机会。

地方救助团的基本原则是帮助青年人发展自助自救的项目。任何青年人，只要没有找到工作，就可以在救助团官员的帮助下，提出建立自助自救项目的申请。国家与地方可拨款帮助这些项目的建立。地方委员会在非正式的状态下讨论这些项目，提出改进意见并帮助寻找潜在的资助来源。一旦地方委员会同意了这些项目，将提交地方犯罪委员会（CCPD），并附金额资助或部分资助的建议。治疗中心、舞会、体育俱乐部、露营和假日学习等项目均得到了资助。

地方救助委员会接受地方管理委员会的领导，由专业工作者、雇员承担日常工作。地方管理委员会委员来自工会、政府机构、商业委员会以及部分志愿组织。所提供的资助，一半来自中央，一半来自地方。每年都有许多就业与培训的机构破土动工，很多青年人从中受益。但不论是在个体的层次上，还是社区的层次上，人们还不能确切知道地方救助团的工作对预防犯罪有什么效果。

3. 支持与鼓励就业信息网络的建立。与提供就业机会与足够培训同等重要的是建立就业信息网络。信息网络提供有关职业基本类型，职业条件要求与怎样联系等多种信息。这种正式网络，也提供从其他途径获得信息，如通过朋友、亲戚的途径等。职能健全的就业网络的基础是健全的就业市场，它以能提供长期的半技术或全技术的就业机会为特征。创造一个稳定的成人就业市场是工作的重点，它可以为创造更多的青年人的就业机会奠定基础。

社区越动荡不安，经济发展就越困难。在这种情况下，政府机关发扬积极作用，作为对那些边缘群体，如伦理少数民族、移民等的缺乏就业信息网络的补偿。就业合同项目与职业介绍中心是对边缘群体增加就业机会的方法。派遣青年工作者或是外勤青年工作者可以帮助建立其与青年人的联系，增加培训与就业的机会，与其他部门携手并肩，保持与就业市场的正式与非正式的联系。

第二节

情景犯罪预防

所谓情景犯罪预防，是一种预防犯罪的形式，它通过管理、设计等方式，建立一种特定的预防犯罪环境，在犯罪易发区或高发区，通过减少犯罪之机会而预防犯罪（Hough，1980）。

情景理论基于这样的假设，人们是通过易作案的情景引诱而“选择”犯罪的。它与人们所说的预谋布置犯罪截然不同。事实上，情景犯罪与布置犯罪也不是一点联系也没有，在犯罪的进程中两种方式因阶段的不同而交替进行。情景预防是预防犯罪的一种，只不过它的着眼点放在罪犯身上而不是犯罪本身。

情景预防的对象是“财产犯罪”或其他形式的“获得性犯罪”，像住宅入室盗窃案、商店小偷小摸案和打砸抢案件（原文为 Vandalism，直译为“汪达尔式的破坏行为”，主要指青少年酒后故意破坏行为。——译者注），但它也适用于其他形式的犯罪，包括在特定情况下的多种暴力犯罪。情景犯罪的诱人之处在于简易可行，既方便又经济，适用于在特定环境下实施的犯罪。这些罪犯之所以成功，取决于犯罪分子对犯罪可能性的估计——有几成把握？犯罪的收益有多大？危险有多大？——并依此作出是否犯罪的决断。情景犯罪预防的秘诀就是在于抑制潜在罪犯的犯罪之决断，因为大多数罪犯作案与否常取决于情景的难易。

情景预防的三原则是：增大犯罪的代价、增加犯罪的危险、减少犯罪之所得。

通常，情景预防采用综合治理的措施，将上述三原则结合使用。这些措施将在本章后半部分逐一介绍。而后，还将专门讨论犯罪转移（displacement）的问题，这一问题是情景预防的主要缺陷。英国人在情景预防领域中先行一步，可谓开山鼻祖，因此，本章所列举的情况，以英国为主。

一、 增大犯罪代价的措施

最少有四种措施可增大犯罪的付出，减少犯罪的机会：

一是目标加固。采用各种手段，增加目标的坚固程度，设置障碍。在靠近目标或目标本身设置物理屏障。

二是入口控制。限制特别地区，如住宅或购物中心的入口。限制出入，限制接近。

三是转移罪犯。迫使罪犯离开潜在的作案目标，寻找对犯罪有利的场所。

四是控制装置。这包括对某些犯罪实施抑制，增加困难的方式方法与手段，使某些犯罪无法实施。

(一) 目标加固

这是一种简便易行，众所周知的预防犯罪的方法。它采用各种手段，增加目标的安全。这些手段包括：为目标上锁；用不易拆开的加固的材料增加目标的坚固性；增加目标的不可移动性；把保护目标置于栅栏之后、铁窗之内、屏障之中或装入保险柜中。人们常把这种方式称为“地域战略”，即为住宅加筑栅栏。“目标加固”一词，常用于保护小的，或私人的目标，它是针对目标犯罪而言的。目标犯罪的主要对象是指抢劫、入室盗窃、商店小偷小摸、车辆中行窃和盗车。目标加固通常采用五大手段：安全改善、安全调查、群众运动、建筑与设计法规、保险鼓励。

1. 安全改善。这是减少犯罪的著名方法。采用若干种设备及方法，减少不法分子的入侵，最常用的方法是门锁。许多在公共区的住宅可申请改善本住宅的安全条件。

目前关于安全设备效果的研究报告很少。大多数的安全设备都集中在防盗车与防入室盗窃两类案件。梅霍（Mayhew，1993）指出，大多数入室盗窃的受害者的家庭安全防范水平都低于未受侵害者。当犯罪分子试图入室盗窃时，如果只有一道门锁，他便可以轻易侵入，而安装三道或更多门锁的家庭则壁垒森严，固若金汤，使犯罪分子望而止步。白尼特（Bennet，1984）

在关于入室盗窃案的调查中发现，犯罪分子中的1/3被某种安全设备阻挡，不能进入目标。尽管如此，预防入室盗窃的评价材料证实，仅靠门锁这一单一的安全设备还不能从根本上预防犯罪。

英国斯克兹安全住宅区

1980年春，英国斯克兹市政住宅区开始了一项旨在提高住宅安全水平的短期实验。实验主要是在全住宅区一层安装附加锁。警察以犯罪记录为评价标准，历时五年，比对安装锁前与安装锁后的变化。

在安装附加锁后一年之中，斯克兹住宅区入室盗窃案上升了9%，而没有安装附加锁的住宅对照区盗窃案上升了77%。因此，附加锁的确增长了实验区的安全感。与此同时，实验发现相邻两个选择区的盗窃案上升更快，一个区上升了86%，另一个区上升了98%。比对两组犯罪变化的曲线，可以充分说明“犯罪转移”的有趣现象：即实验区上升了9%，而相邻地区上升了98%，减去77%的常规上升，还多上升了21%。这说明一个地区安装了附加锁，犯罪分子见无机可乘，就会把犯罪转移到其他地区。

上述实验的结论如下：附加锁可以大大降低实验区的入室盗窃案数量。部分犯罪会被转移到相邻地区，使相邻地区的案件上升，但净增案件的上升幅度还是放慢了，这说明犯罪是不会全部转移的。实验获得了肯定的效果。

另一个例子是德国的车锁实验。给全部车辆，无论是老车和新车上都安装“驾驶盘圆柱形锁”。这一做法马上取得了很好的效果，并且这一效果持续了很久。但是，塞翁失马，焉知祸福。不久，本地的摩托车和机动自行车却大量被窃。虽然摩托车也装有类似的车锁，但总体却显得脆弱，罪犯容易得手（Webb，1994）。英国的情况也是如此，英国人在新汽车上装了驾驶盘柱形锁，使新车的失窃率不断下降；但犯罪马上转移到了旧车，使得针对旧车的盗窃案件数量不断上升。在德国，新的一代安全装置是各种装置综合使用。钱花得越多，长期效果就越好。只有当全体易受犯罪侵害的对象都得到安全加固，预防犯罪的效果才能到达最大值。

路边电话亭中的犯罪又是一个极好的例证。当铝制的钱盒被钢制的钱盒替代以后，电话亭中的打、砸、抢行为大幅度下降（Mayhew，1980）。防护栅栏的安装，又使得邮电局抢劫案和自动取款机抢劫犯罪下降（Ekblom，

1987）。

英国的防暴屏障

1981 年 10 月到 1985 年 3 月，伦敦 1300 所邮政分局安装了防暴屏障。这为防止暴力侵害提供了巨大的帮助。1981 年，刚刚开始此项创新时，有 266 例抢劫案；到 1985 年，抢劫案下降到 121 例。但与此同时，伦敦大都市地区的商业抢劫案数量也总体下降了。怎样解释这一现象？怎样从整体下降中分离出防暴屏障的效果呢？专家们仔细研究了这一阶段的背景，发现了三种可能导致抢劫率下降的可能性。而这三种可能因素与防暴屏障的效果综合起作用，混淆在一起。这种综合治理的效果使抢劫率下降 10%～65%，其中防暴屏障的单独效果约占 1/3。这些数字是从 22 个月中的统计中获得的。

2. 安全调查。安全调查的作用在于：评价特殊建筑的安全需要；确定某些特殊缺陷；评价危险水平。安全调查由专门人员执行。如警察、保险公司、社区预防犯罪委员会成员。他们在充分调查研究的基础上，制定针对财产主人的忠告与建议。1982 年费尼利制定了一份包含 200 个细目的安全调查单。但在实际操作中，只有少数家庭需要这种安全调查，正所谓曲高和寡。而且入室盗窃案件的下降率也受很多因素的制约，特别是很难劝说财产主遵从专业人员的安全忠告与建议（Laycock，1989）。另有证据证明，许多被入室盗窃案侵害的被害人在接受安全调查后变得对犯罪更加恐怖，忧心忡忡（Rosenbaum，1988）。但是，确有证据查明，凡遵从安全调查者忠告的住户被犯罪侵害的可能性降低了（Itrec，1977）。

3. 群众运动。群众运动是鼓励公众安装安全设备，改进安全意识与习惯的好方法。因为许多犯罪，特别是家庭盗窃或汽车盗窃案大多数是由被害人自己的疏忽而引起的。群众运动，旨在调动公众的热情，激发他们对潜在被害的警惕。团结起来，自警自防，共同与犯罪作斗争。这些群众运动的形式包括无线电广播、电视广播、报纸杂志的广告、散发宣传手册等。声势虽浩大，收效却很难评估。看起来，这些活动可增长群众的知识水平与意识，除了短期收益外，群众运动在降低犯罪率和改善公众的安全行为方面收效似乎不大（Mayhew，1984）。在美国，1979—1981 年开展了一项名叫“打犯罪一下子”的群众运动，并塑造了名叫麦克古夫的卡通狗吉祥物。

美国的“打犯罪一下子”

关于对“打犯罪一下子”的运动之评估，美国人在1979年与1981年进行过两次普查。1979年的普查是全国性的，有1200名成人被询问，1981年的普查是在三个城市中开展的。此次调查证实：50%的人见过宣传广告；25%的人说从此对犯罪提高了警惕；25%的人对犯罪感到了前所未有的恐惧感。但没有证据表明居民对邻里犯罪的感知有所增强。夜间的恐怖感觉也没有增强。

此项调查发现了许多积极的效益：群众运动深入人心，大多数人都被运动所感染，对犯罪的警觉普遍增强，认为要依靠公众彼此间的合作来打击犯罪。也有少部分人决心以自己的力量来与犯罪作斗争，如安装照明电灯等。有趣的是，妇女大都希望采取联合行动来抵御犯罪，而男人却倾向于自己行动，如买条猎狗看家护院。结论是：此次运动的确将绝大多数人调动起来了，并激发他们采取行动与犯罪作斗争。同时，公众安全感并没有明显的提高，对被害危险性的感觉也没有改变（O'keefe & Mendelson，1984）。

在计划群众运动时，应注意不要引起过分的犯罪恐惧，也不要导致过分的反应性行为。群众运动与其他专门工作相结合，如增加警察巡逻等，可增进车主与邻里间的反犯罪意识，从而避免受到犯罪的侵害。

荷兰的群众运动

荷兰的三项预防犯罪计划，在与群众运动相结合的过程中，取得了成功。这三项计划分别在阿姆斯特丹、海牙、胡盖父三个城市实施。在信息与咨询部门的配合下，警察也增加了步行与自行车巡逻，配以传统的刑事侦查方式取得了很好的效果。三个实验城市还各自配以对照城市。尽管评价的结果不完全一致，但可以肯定的是，三个地区都提高了公众对犯罪的警惕性。按照迪吉克（Dijk，1981）的报告，在海牙市的实验曾一度使入室盗窃案发案率下降，这不是警觉措施的作用，而是群众运动的结果。有趣的是，在实验结束之后，入室盗窃案发案率又呈上升趋势。而其他两个城市的实验结果没有显示发案率降低，但在其他城市入室盗窃案上升的同时，这两个城市发案率保持不变，这本身也许就是一种成功。

4. 建筑与设计法规。关于预防入室盗窃案的更加综合性的措施是在建筑新住房时采用统一的安全标准。这种标准要求住房，甚至整个住宅区符合预防犯罪的设计法规。国家建筑与设计法规细致规定了各种建筑应采用哪些设计要求以及采用什么水平的安全措施。例如，1986 年英国预防犯罪标准会议指出，预防犯罪工作组须倾听地方住房投资项目部门的建议性意见。地方住房部门的报告提供了有关安装不同安全装备的信息，如什么样的门、什么样的窗子，应采取哪些预防性措施，等等。同时要与消防和其他安全措施保持一致，不能冲突。

有关建筑与设计法规对预防犯罪的效果如何的评价尚不多见。美国波士顿市的山地住宅区曾研究过住宅法规与降低入室盗窃案之间的关系（Poyner and Webb，1987）。

英国的建筑安全指导

1981 年一名建筑联络官，为回答住户的疑问“为何本住宅区状况日益恶化”而细心制定了特别住宅安全法规。此法规与《不列颠建筑安全指导概要》如出一辙，此安全法规包罗万象，应有尽有。并以警察的犯罪立案加以佐证，结果安全法规实施一年有余，入室盗窃案保持稳中有降（每年只发生十起）。而在周围方圆数里内的住宅，因未按法规建筑，竟年发案 20 余起。当然，从统计学的角度，一二十起案件不足以说明问题，但人们都坚信，周围住宅区的犯罪增长，足以说明，法规是有效的。

住宅的设计如此，商品生产亦如此。科技日新月异的发展产生了更加复杂的加固目标的方法。1985 年肖特胡（Southau）证实，在汽车上安装机械与电子防盗设备，或在汽车设计时就考虑这些因素可降低汽车被盗或汽车内盗窃案。除安装方向盘圆柱形锁以外还设计了一种“无犯罪车”。此车顶盔掼甲，坚固无比。安装中心锁、警报系统、防弹玻璃。车窗玻璃上还有防盗登记号码蚀刻，独具匠心。如果可能，这种“无犯罪车”将批量生产，统一安全标准，并使安全标准法律化，并制定国家最低安全标准规范。为配合标准规范，作为其辅助手段，编写《易被盗情景一览表》，该表将汽车易被犯罪侵害的部位一一标明，一目了然。此一览表将告诉公众，只要不断改进汽车的设计，盗车案就能杜绝。此外，还应提高大众对汽车安全的期待值，并向汽车制造商提出改进汽车结构设计的要求，使之更为安全。汽车广告宣传运动也能提高对盗车犯罪的警惕，广告包括：汽车的安全性能、速度和其他性能。

5. 保险鼓励。保险业是一条鼓励投保户采取预防犯罪措施的有效途径。保险业坚持投保户先安装预防犯罪设备，后投保的原则。把犯罪设备作为投保的先决条件，以劝说投保户采取预防措施，安装预防硬件。最近的统计显示，全英国九个大的保险公司由于呼吁投保户安装门锁与窗锁，保险赔偿减少 5% ~10% （Papwoth，1994）。

应当提出的是，对贫民区的穷人而言，提供保险鼓励来改善家庭安全的做法，收效不大，效益不佳。这是因为：一是穷人不爱投保；二是穷人往往索要高额赔偿金。因为住宅条件恶劣，被盗被抢的风险巨大。为鼓励穷人投保，对最穷的人应给予补助金，并为他们安装安全设备提供折扣优惠，小面积投保也是一项措施，即不是就一个居住区投保，而是就几幢建筑或街区投保。此外，还可以采用“小案不报”的折扣优惠，即小偷小摸不报案，不赔偿，以此为条件，提供保险。虽然有研究证实商业保险对预防犯罪有些效果，但总体证据不足。

（二）入口控制[①]

入口控制的第一种方法是广泛采用现金的代用品。例如，用支票、信用卡、或其他种类的“塑料钱”替代现金以达到减少犯罪的目的。这些犯罪包括运钞车抢劫案、电话亭钱匣盗窃案，还有用预付票的方式在公共交通线上减少抢劫。这一类方法旨在减少入口的现金流动。

第二种方法是入口控制。例如，住房入口电话系统[②]可有效地进行入口控制，但在犯罪高发区，还不能有效地预防犯罪。包尼（Poyner）1987 年报告指出，住房入口电话系统与环形栅栏相结合可有限地降低犯罪。

---

① 入口，英文为 Access，译为通道，进入方法等。本标题可译为进入方法控制，根据本文，进入方法控制分为两类：一类是钱、票证的代用品；二类是地铁、火车站检票的装置。——笔者注

② 住房入口电话系统，指在住宅门外有按钮，先按按钮，通报姓名。主人可在室内确认访问者身份，而后放行。——笔者注

入口控制的第三种方法是安装自动检票机或电动检票屏障。这些设备安装在火车站月台入口可减少逃票犯罪。柯乐格（Clarke，1993）研究证实：自从伦敦采取了新的售票与检票电子系统后1年内，逃票率大幅度下降。新的系统可减少2/3的逃票率。

住宅全面入口控制包括限制与减少整个住宅的入口，在住宅外部建立环形栅栏、控制入口、小路等。最近加拿大的研究证实，住宅财产犯罪的升降，受入口控制的影响（Beavon，1994）。通常住宅区街道段拥有两个入口的比六个入口的安全得多，财产犯罪可减少3/4，路口控制、路障的使用还受一系列其他因素的制约：罪犯接近目标是坐车还是步行？罪犯是本地人还是外地人？本地是犯罪高发区还是低发区？此外，路障与其他警务活动配合还可减少卖淫和其他犯罪活动（Matthews，1992）。

（三）转移罪犯

转移罪犯，即把罪犯从潜在的目标转移开。例如，交通流量与方向的控制。柯乐格（Clazke，1993）注意到在足球比赛中，如果把球迷阻挡，不使其接近对方球迷（无论是在体育场入口处还是在体育场内），都可以减少暴力进攻的机会。同时，开设夜间公共汽车，也可以把夜间酗酒闹事的青年迅速转移出市中心，从而减少了他们接近犯罪目标的机会。

美国哈特福德市邻里犯罪预防计划

哈特福德市邻里犯罪预防计划包括几种措施，如环境改变设计、改变汽车与行人的流量，本设计旨在减少非实验区居民横穿实验区。其具体做法，一是设路障，二是把道路改为单行线。这样减少了车辆的流量。道路只能从南向北，或从西向东单向行驶，这也减少了非本地居民的步行流量。对本实验的评价表明：实验阶段内入室盗窃与城市抢劫明显减少。这项成果部分归功于成功地阻挡了外地人员进入本区（Fowlec，1979）。

此外，还必须坚持疏与导相结合。在疏导方面，可以给青少年开设一些自由领地。柯乐客（Clarke，1992）列举了许多疏导的例子。例如，给好乱画的小青年开设“乱涂板”（graffiti board）；给好随手乱丢东西的人多预备垃圾箱；给好随地大小便的人多设公共小便池；为防止妓女到处拉客，为她们开设一片“红灯区”。这样，把各种问题固定在各种具体的地方，便于集中解决。

（四）控制犯罪装置与物质

对于一些特别的犯罪，可以通过使犯罪行为难以实现而预防。例如，劫机犯罪可通过检查乘客的武器或爆炸物而消灭（Hough，1981）。球迷闹事或酒店斗殴可以通过另一巧妙设计而避免，即把饮料瓶由玻璃瓶改为塑料瓶。足球流氓活动可用清除现场潜在武器的方法抑制，即把球场中的砖头、瓦块、石头事先清理干净，并预防特别疯狂的球迷入场。有的人以家用有毒煤气自杀，有的人用汽车排出的尾气自杀。如果把煤气与汽车尾气换成无毒气体，这些人的性命就可保全（Clarke & Mayhew，1988、1993）。

控制暴力犯罪，人们首先想到了枪支管理。手枪或其他火器，或许是暴力犯罪的潜在元凶。研究证明，持枪与暴力犯罪两者之间有某些联系（Cook，1982；Wright，1983）。除了这些联系，尚无证据证实持枪与犯罪的必然联系。在美国，没有一种直接的方法控制持枪，使得枪支泛滥成灾。使人感到持枪是暴力犯罪的某种诱因。罗森保（Rosenbaum）1988 年曾论述过美国枪支成灾的情况：“人们估计每年枪支犯罪最少造成 3 万人死于非命，自杀、犯罪、走火是造成死亡的主要形式。同时，每年还有 90 万件与枪有关的伤害事故。枪支为患，触目惊心！试问，若将持枪情况大幅度削减，此等悲剧还会重现吗?”

二、 增大犯罪危险的措施

假如案件均可侦破，人犯都能逮捕，罪犯都能伏法，犯罪的危险增大，何愁犯罪不能预防？假如在零售商品上都贴上电子标签、在图书馆的书籍上都贴上防盗条形码、在商店的地毯商品上都喷上化学防盗嗅剂，犯罪分子难道不闻风丧胆，望风而逃吗？假如进一步提高犯罪分子的逮捕率，增加或改善多种形式的监督，以人为本，而不是单依靠技术仪器监督，造成人人皆警，何愁犯罪分子猖獗于一时？以人为本的监督，更适用于发展中国家。监督主要有三种形式：

一是正式监督。由专业执法人员实施对财产的保卫、对案件的侦破和对犯罪分子的威慑。执法人员有三种：警察、安全警卫和店内私人侦探。

二是雇员监督。雇员监督不同于正式监督，不是由专业执法人员来实施的，而是由店内的一般雇员来实施的。这些人本是雇作他用的，如店里的店员、清扫员等。

三是自然监督。即人人皆警的战略思想，由一般市民在日常生活中进行自然监督，以保护人身与财产安全。

（一）正式监督

警察，正式监督的中坚力量。在打击、威慑犯罪分子方面，警察有着特殊的作用。在警务活动的早期，巡逻是警察最初的、天经地义的监督活动。直到20世纪70年代，人们认为巡逻的效果不容置疑。但自从以美国堪萨斯市预防巡逻实验为代表的一系列巡逻实验的结论问世，人们对巡逻的效果产生了怀疑（Kelling，1974）。

美国堪萨斯市预防巡逻实验

对于1973年的堪萨斯实验，美国人高度评价称："为警方认识巡逻开辟了新纪元。"实验进行了一年。在该市24条巡逻线上选择15条，分为反应式、主动式与控制式。在反应式的5条线上，不进行巡逻；在主动式的5条线上增加2~3倍的巡逻，以车巡为主；在控制线上，保持原有的一辆车车巡的水平。其结果是：在受害情况、公民安全感、公民对警察的态度、反应时间等四方面，三个模式没有明显的差异。堪萨斯市的实验对警方日常车巡的作用提出了挑战。

车巡的弱点逐步暴露出来，它以执法官员的形象自居，却牺牲了与社区往日的鱼水情深，丢掉了和平卫士的形象（Kelling，1974）。有些人甚至指出，车巡不能减少犯罪反而会增加犯罪。其原因是警察把人力物力都投入了车巡或其他反应式警务①方面，从根本上削弱了预防犯罪工作的资源。这样又导致了更多的犯罪与社会治安事件的发生，又使社会不得不在车巡和其他

---

① 反应式警务是指警察坐在警察局，听接报案电话，而后派巡逻车进行快速反应。实验证明，反应式警务在预防犯罪方面效果不佳，并损失了警民关系的和谐。——笔者注

反应式警务方面投入更大的力量，从而造成恶性循环（Becket & Hart，1981）。

自堪萨斯市警察巡逻实验之后，有关警力摆在街面上能否抑制犯罪的实验如雨后春笋，层出不穷。上述多起实验可分为两大类：一类称作一般斗争组，另一类称作专项斗争组。

一般斗争组，即在各种巡逻区增加车巡和步行巡逻的警力。但实验证实，一般或普遍增加警力并不能降低犯罪率，也不能提高破案率。反而有时会增加犯罪率，起码增加了立案率。① 尽管如此，美国密歇根州的步行巡逻实验证实，在14个邻里区进行的一年实验，总体上降低了发案率（Trojanowicz，1986）。但是，有关步行巡逻可降低犯罪的结论仍模棱两可，主要是因为发案现场遥远，警力鞭长莫及，报案不及时所致。因此，增加警力可否降低犯罪仍在争议中。

专项斗争组。第二组实验与第一组不同，它不是广种薄收，遍散警力，而是集中力量，好钢使在刀刃上，把车巡或步巡的警力集中于某一时间或地点。这一实验似乎获得了某些积极的发现。在美国的明尼阿波利斯市，警察随机抽取了55个“犯罪高发点”，在市民没有报警的情况下加强巡逻。与之比对，在另外55个犯罪高发点进行常规巡逻。结果发现，实验区的发案率与报警求助率明显降低。此外，在警力出现于犯罪高发点时，治安事件数量显著下降，警力撤出后出现反弹（Koper，1992；Sherman，1992）。

实验证实，警察巡逻中行为的改变也可以引起发案的升降。如波士顿警察局1975年实验表明，警察如果在巡逻中中止盘查询问，发案率将随之上升；恢复盘查询问后，发案率随之下降。

正式监督中，警察是中坚，但也不要忽视其他力量的作用。私人保安、私人警卫、私人保安及监督员的巡逻都是重要的辅助力量。纵观世界历史，私人保安过去十年中在欧美飞速发展。据英国人坎柏尔（Campbell，1994）的统计，英国现在的私人保安数量已大大超过了国家警察的数量。传统上，

① 根据英国人调查，街面警力增加一倍，立案率就会随之增加一倍，这是因为警力增加后，报案渠道畅通所至。——笔者注

私人保安企业只涉足于小商业网点，但现在它们都全面开花，志在必得，已打入商业中心、机场码头、度假营地。在有些国家，私人保安已成为国家警察的左膀右臂，与国家警察一道形成犄角之势。

私人保安的崛起及腾飞，使人们禁不住要问些为什么。例如，谁给私人保安以合法性和权力？私人保安与警察的关系如何？私人保安应置于法律的控制之下吗？人们呼吁，应加强私人保安的选拔与培训，防止鱼目混珠。此外，私人保安应置于国家警察的监督之下。

私人保安发展最迅速的领域是住宅区邻里巡逻。最近的调查显示：在英格兰与威尔士，近一半的警区内，私人保安已开始或正在开始住宅区街道巡逻（《时代》1994 年 3 月 15 日）。这种私人巡逻在美国或东欧部分国家有悠久的历史，尽管如此，对于私人巡逻的效益并没有多少人认真地进行评价。佛灵顿（Farrington）1993 年报告，在商业区中的零售店中，私人保安的巡视对减少发生在商店中的小偷小摸行为没有明显的效果。

（二）雇员监督

雇员监督涉及的人士比较广泛，有商店店员、旅店守门人、公园管理员、停车监理员、报纸邮递员、牛奶送递员、登记电表员、出租汽车司机、修理员、教员、邮局工作人员、火车司机等，可用以预防或抑制犯罪（Clark，1992）。在加拿大，农场工人把监督作为自己工作的一部分。他们运用自己的车或是飞机来进行巡逻，确定或记录嫌疑车辆或个人。最常见的雇员监督是住宅管理员和门房的巡逻。门房一般守卫在住宅的高危险地段。这两种监督效果很好。一是可以减少打砸抢；二是可以减少入室盗窃；三是可以提高公众安全感；四是可以增进邻里之间的合作意识，一箭而四雕，何乐不为（波乐，1987）。

英国的接待中心

接待中心（类似中国的传达室）是一种很好的预防犯罪的形式。自从英国开始引进接待中心并在一些高危街区推广后，成效显著。此实验进行了三年，前后对照，入室盗窃案发案率由每年 14% 下降到 3% ~7% （Poyner and Webb，1987）。接待中心每天上午 8 点开门到晚上 11 点关门，每周工作五天。入室盗窃案与试图作案的比例比任何一个对照组都低。但实验人员承认，实验区犯罪下降的幅度每年波动较大，而实验区内各街道也不平均。

实验还发现，接待中心增强了居民的公众安全感，改善了住户之间的合作与交往，减少了花费与开销。加之居民咨询之协商工作的开展，整个社区面貌焕然一新。专家们认为，本实验的成功或许归功于居民之间社区精神与合作意识的再造。

史德门（Sturman，1980）发现，英国公共汽车上如果有售票员，故意破坏活动就会减少。德斯占（Des Champ，1991）也发现，在加拿大万克沃交通中心的汽车上，如果在高峰期增加一个售票员可减少逃票。在荷兰，汽车上也开始雇一个监票员，效果也不错。上述事例都证实，雇员监督是行之有效的。

荷兰 VIC 青年票务监督实验

在荷兰，1000 名青年人受雇于电、汽车公司，做票务监督员。这些青年人多失业，年龄在 19～28 岁，主要工作是打击逃票等轻微违法活动（Van Andel，1989）。由于经济原因，电、汽车上取消了售票员，这些无业青年就填补了空白。此后，这些职位也逐步取消了。其结果是逃票和其他犯罪，特别是故意破坏活动的数量大幅度上升。青年监督员的上岗，恰好与收票的程序改革一起出台。乘客上车前先由司机验票方可入座。

这项实验在荷兰三个城市里开展：阿姆斯特丹、鹿特丹和海牙市。青年人无论男女、种族都可以录用，并在上岗前先接受刑法与票证监督的短训。在阿姆斯特丹，新录用的青年人，2～4 人一组在汽车或电车上随机抽查乘客，他们查完一辆车，又登上另一辆车。在鹿特丹市，VIC 监督员以登车查验为主，也在车站出现，他们在车站进行咨询解答并以出现起到威慑犯罪的目的。无论在阿姆斯特丹还是鹿特丹，VIC 监督员都有权进行罚款。在海牙市，VIC 监督员则以一种“乘客之友”的面目出现，助人为乐并无权罚款。乘客如果没有买票被捉住的话，要么在司机处补票，要么就近下车。

实验的结果证实，在实验前后的对比中，三个城市中的逃票行为都有下降。最大的收益是在进行验票改革的汽车线上。具体结果是，逃票率下降：阿姆斯特丹下降 2%～9%；鹿特丹下降 1%～4%；海牙市下降 2%～14%。

对于其他犯罪，实验的效果不一。对司机的粗暴行为没有可测定的效果，乘客的安全感也没有明显的改善，攻击乘客的行为更是戏剧性的，整个实验前后攻击乘客的案件都有所下降：实验前下降 5%，实验后下降 3%。此外，鹿特丹的汽车站上，虽然没有什么具体的保护墙的措施，但乱涂乱画的行为却有所减少，但同时麻烦却出现在汽车上，在整个实验过程中，汽车上的玻璃被打得千疮百孔，被更换过两次。这说明青年破坏者的气一定要撒，不是撒在车站里，就是“转移”到汽车上。

雇员监督如果有技术措施的帮助，雇员就如虎添翼。闭路电视监测系统（CCTV）的安装使监督人员长上了“千里眼”，报警系统又使监督人员长上了“顺风耳”。无论是对雇员还是一般公众，闭路电视与报警系统都是好帮手，但对犯罪分子而言，却无疑添加了许多危险因素，因为两种设备均是侦查和威慑犯罪分子的。

第一，闭路电视监测系统（CCTV）

闭路电视监测系统在欧美曾被广泛地应用。关于其效果的报告也很多，褒贬不一。1984 年梅霍（Mayhew）报道一项研究，即美国在三个街道实施了闭路电视监测系统实验，结果证实在降低发案率方面无效。梅霍又报道了在伦敦的一次实验，其结果却令人鼓舞。

英国的住宅闭路电视安全系统

在四所犯罪高发区住宅的入口处，安装了摄像机。图像传送分两路，一路传给公寓的值班人；另一路通过本地商业电视传给本住宅区的全体居民。全民皆警，观察入口。这样，当大门口有人来访时，住宅中的每一户居民都可以通过闭路电视看清来访者，再打开房门。事实上许多住户都收看闭路电视，因为它提供了“有趣”的画面。但有利必有弊。利的一面是，居民认识本住宅区的罪犯，通过闭路电视系统，居民可发现罪犯什么时候离家，再怎么进入欲作案的住宅。弊的一方面是，犯罪分子也可以利用闭路电视作案。例如，犯罪分子潜入住户家时，可从闭路电视中观察主人什么时候回家，从而逃离作案现场。事实上，早期的实验显示，在实验时限内，入室盗窃作案下降为零。而当全部住宅都安装了闭路电视安全系统后，入室盗窃案就降低到很低的发案水平。

1988 年包勒（Poyner）报道，电视安全系统在公共交通系统方面也有作用。例如，英格兰在汽车上安装闭路电视后，故意破坏犯罪案件数量有所下降。英国在 20 世纪 80 年代中期出现了第一辆“录像车”。即在长途公共汽车的行李间安装两部摄像机。如果一有案情，工作人员就在录像带上回看。通常搞打砸抢的中学生都可以在录像带中被发现。安装摄像机几周之后，车上的犯罪数量就几乎降到了零。从此以后犯罪销声匿迹，毫无踪影。

还有一些关于闭路电视在公共交通系统中应用的研究。卡儿与史平（Carr and Spring）1993 年报道，在澳大利亚的维多利亚，人们在火车和公共汽车上安装了摄像机。实验两年后，攻击乘客的犯罪下降了 42%。另外，布咯斯（Burrows）1980 年报道了在伦敦地铁安装电视监控系统的成果，盗窃与车站的抢劫案在安装摄像机后大幅度下降。而没有安装摄像机的车站，盗窃与抢劫案却有升有降。迪勒（Tilley）1993 年也报道了在停车场安装闭路电视系统后车辆犯罪数量下降的事实。

第二，报警系统。

目前在住宅、商店、汽车上安装报警系统的现象很普遍。1992 年英国犯罪调查显示：全国住宅调查显示，有 13% 的居民安装了入室盗窃报警器。这一数字比 1988 年的统计上升了两倍。1992 年的调查还显示，在被犯罪侵害的住户中，8% 安装了报警器，而在未被侵害的住户中，10% 安装了报警器。报警器不仅能避免入室盗窃案件，即使在发案的家庭中，由于报警器的尖叫声，致使近一半的犯罪分子未能进入现场，而在同样情况下，未安装报警器的家庭在同样情况下，只有 31% 的犯罪分子未能进入现场。这组数字显示：入室报警器或许能减少犯罪侵害的危险，却不能从根本上杜绝犯罪。麦克阿里斯特（McALLjster，1993）等的报告在苏格兰的实验，也获得了类似的发现。

一项关于入室盗窃犯罪的调查证实，报警器可以成为一种有效的威慑手段（Bennett et al，1984）。但巴克和海克门（Buck and Hakim）1993 年的调查发现：已经被盗过的住户，尽管装有报警器，对犯罪的警惕性要低于未被盗过的拥有报警器的住户。也许从各种因素中分离出报警器的效果难上加难，住宅的特性千差万别，报警器与犯罪危险的关系也很难说明。

（三）自然监督

监督中有一个核心概念，即所谓的“可防御空间”。这一概念由欧斯克·纽曼（Oscar Newman）1972 年创立与发展。纽曼的定义如下：“可防御空间由两部分组成，即实际屏障与象征性屏障，两者是在住户的控制下的各种领域与空间。”可防御空间的根本机制，就是创造一种最大限度地进行自然监督的潜在环境。

有些地段天生就见不得人，如没有路灯照明的街道、人行道的死角、死胡同等。犯罪分子只要知道某些地段被严密地监视和广泛地监督，就会望而却步，退避三舍。这些需要严密监视的地段正是预防犯罪可大做文章的地方（Mayhew et al，1979）。

预防犯罪，贵在自然监督。住房及周围空地均应易于瞭望。或从街道，或从房屋，时刻监督，一览无余。易于藏身之地，无论在户内户外，都应尽量减少。制造死巷，安排栅栏，尽一切手段使陌生人不得自由出入。而暴露于户外的空地，则尽量制造“活跃活动”，增加“街道之目”的群众监督活动，从而创造一种人身安全的氛围。

街道照明，是自然监督的另一种有效措施。入夜，万灯齐明，可减少人对犯罪的恐惧感（Tien et al，1979）。英国对改善照明与犯罪率的研究证实，改善照明不影响犯罪率（Atkins，1991），但伦敦的一项研究证实改善街道照明可在一定的部位，短期降低犯罪。

英国街灯照万家实验

伦敦一地，人称“爱的莫顿”，1988 年曾进行了一项名叫“街灯照万家”的实验。此地有一节隧道，紧接火车路堤。这条小人行道过去很黑，夜间很恐怖。调查人员在此安装了大批路灯，并对安灯前后进行了比对研究。先是对未安灯前的 6 周及前 12 个月进行了安全感和被害人调查，又对安灯后的 6 周进行了调查，结果前 6 周立案 21 起，而后 6 周立案仅为 3 起。

令人奇怪的是，关于街灯改善可降低犯罪的例子只此一件，人们假设，或许没有路灯，或路灯很差，犯罪才会增加，梅霍（Mayhew，1976）注意到，1973 年 12 月到 1974 年 2 月，伦敦白屯地区因紧急电路问题将此地的路灯减少了50%，结果，入室盗窃增长100%，汽车盗窃增长59%（Fleming，1987）。当然，人们可能猜想，本报告中可能还有许多因素没有考虑进去。

按照白尼特与怀特两人的报告（Bennett and Wright，1984）房子若不想成为犯罪的攻击目标主要有两点：一是有人住；二是易观察。所以，如要想预防入室盗窃，就要基于上述原则进行防范。特别是在集体宿舍区或家庭住宅区，住房要尽可能地让人看上去有人住。如果没有人住，也可以进行伪装。伪装的方法有：屋内开一盏灯、门口停一辆车、请人取走门口的当日牛奶或日报。

此外，自然监督在预防犯罪中的最大效益在于公众的自觉参与，即一种准备、一种意愿、一种奉献。时刻预备着挺身而出，目击嫌疑人（或潜在的罪犯）的时候，情愿出面干预。要认识到一人为社区，社区为一人；自己是社区的一员，社区值得自己去保护，值得自己去关心。有关社区的稳定与自然监督的关系。

三、 减少犯罪之所得的措施

减少犯罪之所得，可以从减少罪犯所期待的利益入手，如减少罪犯赃物的价值。此项措施，有四大原则：一是移走潜在的犯罪目标；二是财产标刻法；三是转移罪犯犯罪的诱因；四是建立规章制度抑制或控制犯罪。

（一）目标移动

目标移动，内容广泛。例如，将路边的自动售货机移出公共场所，可预防青少年的故意破坏。又如，在公共场所的墙壁上安装大幅壁画（等于把空白墙移走），可预防乱涂乱画行为。再如，电表、煤气表收费，可以以账单代替，这样就等于把现金移走（Hill，1986）。这种现金移动在商业和零售小店中大有用武之地。应尽可能地少用现金，培训店员严格遵循现金控制政策（Hunter，1992）。

（二）财产标刻

财产标刻，即在贵重物品上标刻不易察觉的永久性标记。如在电视机后盖上刻上自己的姓名与邮政编码，这样不利于犯罪分子销赃，并利于警察查获后返还被窃物品。这样标刻易于识别，不利于犯罪分子销赃和自己使用。财产标刻，古已有之，绝非新事。如牛马屁股上的烙印就表明所有者，这是很久以前的事了。标刻的内容包括所有者的姓名、身份号码、邮政编码。标刻可用成套的刻刀标刻，也可用紫外线笔书写。还有一种新颖的，但非常有效的方法——荧光染色弹，一旦有人行抢，染色弹自动弹出爆炸，将钞票染色，使之失去价值。1984年梅霍（May hew）指出，财产标刻可以使被盗物迅速返还，可以预防销赃，更可以帮助警察捕捉罪犯。但在斯德哥尔摩市郊的财产标刻实验没有提供什么成功的证据（Knutsson，1984）。

瑞典的财产标刻法

瑞典国家预防犯罪委员会对本国的财产标刻实验进行了评估。实验在3500户独立的住宅进行。推广手段包括散发宣传手册、流动展览、上门演讲并提供标刻工具。实验进行了4年。住户中张贴“财产标刻牌”的从13%上升到了30%（财产标刻牌，一般由铁制、木制或不干胶制造。上面写“邻里守望，我家一切贵重财产均刻有姓名和邮政编码”。以此对犯罪分子进行心理威慑。——译者注）。四年来警察局犯罪立案数证明，无明显证据证明此次实验获得成功。

威尔士凯福礼财产标刻实验

本地70%～75%的居民采用了财产标刻方法，并在窗外张贴了“财产标刻声明牌”。对此项实验的评估持续了两年。采用实验前后比对调查。依照警察的立案为依据。调查证实，采用标刻法后，入室盗窃案下降了3%～5.1%，但未参照对照组，立案率无变化。

在威尔士三个农庄的实验，即凯福礼财产标刻实验取得了积极的效果（Laycock，1985）。也许凯福礼的成功取决于70%～75%的高参与率和公众的热情。自然环境也许是成功的另一因素。因为凯福礼地处乡村，四面隔绝，宛如世外桃源。

加拿大的另一个标刻实验，同样取得了积极的效果。这是在一处名叫炮地者的农村所进行的预防农药被盗的实验。

加拿大炮地者标刻实验

穷乡僻壤，与世隔绝，给警察破案会带来许多不便。对此，炮地者的警察体会更深。因此，警察引进了财产标刻法，并希望以此来减少犯罪。他们号召农民在装化肥与农药的大桶上涂写醒目的标记，并到处张贴告示，声明全部农药都被标上了记号。与此同时，发动了一场声势浩大的群众性反盗窃运动，以提高群众的警惕性及参与意识。实难结果证实，偷窃农药的犯罪在群众运动面前销声匿迹。但很难搞清楚，此项实验的成功是归功于写记号，还是贴告示，还是调动了千家万户的积极性。

财产标刻的方法五花八门。财产标刻的对象也很广泛。如圣诞树、农具农机和牲畜都可以标刻。标刻的方法有雕刻、系标签和火烙等。粮食也可以标刻，最简单最经济的方式是在粮食中混加特制的编号小纸片。但是，对财产标刻的评估结果还有争议。甚至有人认为，没被标刻的物品，或没有参加此项实验的人家成了转移犯罪的牺牲品。不过此项实验的成功与否还取决于其他两种因素：社区的性质、公众参与水平与参与率。

（三）转移诱因

财产标刻针对的犯罪主要是盗窃，而转移诱因法针对的犯罪则指暴力犯罪和打砸抢。所谓转移诱因听起来抽象，具体的诱因指什么？如妇女佩戴昂贵的珠宝在街上走，这就是典型的犯罪诱因。又如，金属制的路标，是射击的诱因；吸引人的特色墙壁，是“创造”乱涂乱画的诱因（Clarke，1992）。

转移诱因法有一个法则，即凡是外表破烂，像被损害的迹象都可引起故意破坏。如果一所住宅中有一扇窗子被打破而不及时修理，就会引起其他的窗子被打破（威尔逊等，1982）。如果一所住宅中有一家空无人住，千疮百孔，就会诱发高犯罪率（Spelman，1993）。损坏的迹象就是犯罪的诱因。1973年，瑞木巴德（Zimborrdo）首先提出了上述法则。他说，要想让一辆车被打被砸，首先要提供一种“发泄刺激物”，把破坏者的注意力引过来。下面就是造成“发泄刺激物”的一个典型实验。

美国汽车拆卸实验

瑞木巴德和他的学生们买了一辆汽车，把它放在纽约大学校园的路口上。汽车的车牌被卸掉，车辆的轮子和前罩也被卸掉。制造了一个“供发泄”的信号。10分钟以后，一家三口人——爸爸、妈妈和8岁的儿子，来到汽车旁，他们开始拆卸汽车的零件。在实验开始的26个小时中，一批批犯罪者偷或抢走了汽车的收音机、电池和电清洁器，以及其他配件。9小时后，一群孩子开始对汽车全面破坏。三天之内，汽车被连续的破坏洗劫一空。

与此同时，在加州巴拉澳托靠近斯坦福大学的校园内，也有一辆车停放在那里。也是没有牌照，车轮和车罩也被卸去。但是，奇迹发生了。这辆车放在那儿一周，竟然无人过问。人们假定，这辆车供发泄的信号还不充分。瑞木巴德和他的研究生们决定给车“加工加工”，用大锤子把车打个稀烂，这时，旁观者们开始加入破坏的行列。天还没黑，汽车就被彻底破坏了。瑞木巴德的结论是，发泄刺激物是打砸抢犯罪的直接诱因。这种诱因比所在地的混乱环境更为重要。

（四）建立规则

所谓“建立规则”，是指建立管理与控制人类行为的规则。柯乐客（Clarke）1992年举例说，某公司对怎样使用电话的规定，对怎样传递现款的规定就是“建立规则”。对本公司的雇员，或是对服务的公众而言，有关控制行为的规定都具有预防犯罪的特性。制定有效的规定，可避免模棱两可的行为。哪件对，哪件错，黑白分明，从而降低了潜在犯罪的可能性。犯罪分子最爱使评价标准模糊不清，从而宽容、放任犯罪行为。犯罪学家马扎（Matza，1964）把上述放任犯罪的过程叫作“中和技术”①。中和技术是是非颠倒的，加速犯罪过程的一种手段。

---

① 中和技术，英文为neutralisation，又叫合理化过程。是大卫·马扎在漂移论中提出的一个概念。栖身亚文化中的青少年试图以合理化过程为自己的错误开脱。其手法有“否认被害人”，如打了人，把被害人被之为奸商、同性恋等。——笔者注

1986 年，史密斯与布鲁斯（Smith and Burrows）认为，为减少财政损失与账目错误，应建立十分严格的财政纪律与控制程序。他们举例：有一所公立医院，财政管理十分混乱，支大于收，不能平衡。经调查发现，在财政和现金控制中漏洞百出：如周末的现金收支无人监督；从总务处支付的现金，从不记账等。以此为线索，终于查清了本医院的蛀虫，结束了旷日持久的经济诈骗。从此医院消灭赤字，步入正轨。

第三节
社区犯罪预防

什么是社区犯罪预防？迄今为止尚无明确的、为众人所接受的定义。有人把社区犯罪预防定义为：社区犯罪预防宛如一个装药的胶囊，里面装着两贴良药，一贴是情景预防措施，另一贴是以社区为本的预防犯罪系统工程。郝普先生（Hope）于 1994 年把社区犯罪预防的措施定义为：社区犯罪预防的措施，包括三种：社会学措施、经济学措施与人口学的措施。改善上述三种措施，旨在发展与健全整个社区的机制，从而预防犯罪。卢瑞高（Lurigio）先生 1986 年写道：社区预防犯罪的措施，包括整个社区减少发案机会的措施。事实上，社区预防包括两个层次：一是在社区整体层次上的群众性的集体预防措施；二是在个人层次上的个体家庭预防措施。

依笔者之见，以社区为本的犯罪预防包括三种主要方法，尽管彼此略有重叠，它们是：社区组织、社区防卫、社区发展。

一、 社区组织

社区组织预防犯罪法追本溯源，最早的启迪源于 20 世纪二三十年代的美国芝加哥学派。芝加哥学派认为，社会飞速发展，多种震荡源促使社会的非正式控制机能土崩瓦解，导致犯罪与青少年罪错的上升。以后肖先生与麦克奇先生（Shaw and Mckay）于 20 世纪 40 年代发展了芝加哥学派的论点，他们认为，青少年犯罪多产生于高犯罪率的邻里之中。这里社区变迁迅速，移民云集，世风不古，江河日下，社区组织瓦解，控制机能减退，整个社区无法控制青少年的行为，导致犯罪率上升。基于上述种种观点，美国芝加哥市开展了一场社区组织综合预防犯罪的战斗。

美国芝加哥地区社区预防犯罪计划

芝加哥地区社区预防犯罪计划，简称为 CAP，旨在抑制日益增长的青少年犯罪的势头。地方预防委员会，调动 1 万 ~5 万群众参加此项活动。成立了许多半自治的群众组织，人自为战，组自为战，一呼百应。本活动的核心目的是筹集资金，在全社区开展邻里预防犯罪活动，特别是对青少年的预防工作。

社区委员会一般就社区组织预防活动的具体做法如下：

（1）为处于邻里水平的青少年组织提供特别的设备；（2）把地方邻里守望组织的领导纳入青年与社区福利规划；（3）给本地居民开设“成人家教班”，培训他们怎样教育自己的子女，懂得青少年中存在什么问题；（4）帮助地方官员与各种社会机构开展更有效的社区服务；（5）改善为社区青少年所提供的娱乐、教育设施；（6）帮助邻里改善邻里组织。

与此同时，社区委员会开展了多种多样的活动，如为青少年开展娱乐、体育活动；组织夏令营，与教堂的安全联谊活动；与其他单位的共建活动，通过“家长—老师协会”改善学校与社会其他单位的关系；组织成人教育班，开展社区建设的群众性活动；建立住宅区自卫巡逻，与警察和法院联合挽救失足青少年；组织青少年社区宣誓活动，增进社会的团结，再造凝聚力（Sorrentino，1959）。

虽然康水（Kobrin）和苏仁蒂诺（Sorrentino）两位先生于 1959 年认为社区组织活动可在一定范围内减少与预防犯罪，但并没有确切的证据可证实社区预防犯罪计划能够降低犯罪与青少年罪错。

在评价社区预防犯罪计划中有两个常见的问题：一是对一小块地域中的犯罪率起伏，很难判定其原因；二是犯罪率下降了，究竟是实验的结果呢，还是其他什么原因所造成的。这被看作是社区预防犯罪计划中的两大难题。1976年佛尼斯通（Finestone）先生注意到，在社区组织紧密的地区，青少年罪错就少，但只有在青少年罪错率低的地区，社区才能建立严密的组织。这是个先有鸡还是先有蛋的问题。他坚信，凡是青少年罪错率较高的地区，都是社区组织不严密的地区，且不管他们是不能建立，还是不愿建立严密的社区组织。

尽管缺乏有关社区组织可以预防犯罪的直接证据，半个世纪以来，人们仍孜孜不倦地以社区组织为武器向犯罪发起战争。在芝加哥，新一代的社区预防犯罪实验又开始了。这一轮实验采用更广泛的群众合作，建立组织，开展评估。又有十个预防犯罪组织云集社区预防犯罪委员会，建立街道守望组织，制定住房再造规划；开展丰富多彩的文体活动，为本地青少年进行就业咨询、组织毒品吸食者组建戒毒小组等。其中四个预防犯罪组织通过实验前后比对，证明大有成效，即公众安全感增强，社会混乱受到治理。虽然没有证据证明社区预防犯罪组织的活动可直接减少犯罪，但上述成效也令人耳目一新，信心倍增。

相同的实验在美国明尼阿波利斯市也展开了，地方官员接受了专业人员的培训，开展预防犯罪活动，其结果与芝加哥的实验相似。

美国明尼阿波利斯市社区组织实验

明尼阿波利斯市七个区被实验规划严密地安排。每个区被分为三个比对分区。每三个区随机被定为三种不同的实验区：

1. 实验区。这是本实验的目标区。在实验区鼓励开展丰富多彩的预防犯罪活动，诸如建立街区守望制、住宅再造计划、文娱活动、青年就业咨询。实验发现，人人心向实验，愿意参加各种活动，邻里关系空前密切，社区凝聚力也随之增强。尽管如此，还没有什么证据可以证实能改善治安状况，提高公众安全感，减少犯罪以及改善物质条件恶化等（Skogan，1990）。

2. 强化警务区。强化制服警察的警务活动，如警民共建街区俱乐部等。

3. 对照区。各种情况不变，任其自然发展。

1990年史高根（Skogon）证实，实验虽然展示出若干积极的结果，但终未达到预期的目的。究其原因，主要是选点有误。两处均地处高发案区，社会条件不佳。而只有在低犯罪区、在富裕区才可能建立更好的社区参与意识，鼓励更积极的社区活动。身居社会条件不佳的住宅居民，自觉难以与警察合作，难以组织社区活动，困难重重，力不从心。

这两个当代的实验，都基于这样的原则，即社区组织可激发预防犯罪活动。其原则是加强社区的凝聚力，再造社区的和谐，形成非正式的社会控制，以达到预防犯罪的目的。而波多黎各岛的实验则把重点放到另一个侧面——青年。社区为青年人提供各种服务，特别是救助处于犯罪高危状态的青年。改善社区正面影响，加强社会化进程，为青年提供一个可供身心发展的乐园。

波多黎各岛青年救助实验

波多黎各岛“爱尔中心”的青年救助实验别开生面，另辟蹊径。这一实验有两个原则，一是社区预防犯罪，二是社区组织。实验选点于傍斯市的拉普拉牙社区，选择对象是被法庭判缓刑①的青少年。“爱尔中心”原本就是承担缓刑的少年服务机构，但更注意把工作重点放于社区组织、社区改造之中。

按照赛尔伯门（Silberman）1978 年的报告，本次实验的指导思想是：“改变成人行为，影响少年行为。”改变成人行为的最佳途径是创立社区组织，使成人在自己的社区中承担责任，贯彻义务。本实验开始于 1970 年，在实验开始前，该社区组织混乱、家庭瓦解、父母对子女束手无策。居民深感孤立无援，犯罪猖獗。

社区组织的主要内容是组建了一支由十人组成的“吹鼓手”队伍。所谓吹鼓手是指全日制、全薪的专业人员，他们的核心任务是督促多种公共机关进一步关心群众生活，满足公众要求，并创造与继承社区组织活动，诸如组织文娱消遣、社区郊游野餐等。同时针对本社区所存在的问题，定时召开会议。“吹鼓手”们在会上积极发言，充当调解员、信息员。

在赛尔伯门（Silberman）1978 年的报告中，他没有列举出该实验在减

---

① 西方青少年法庭，可把犯有少年罪错的青少年判缓刑。这里的缓刑，英文为 Divertion，有分枝、改流的含义，即按法律对青少年的从宽特殊教养。——笔者注

少犯罪方面的证据。但他有三大发现：一是由于社区组织的重建，少年罪错以“缓刑”形式交社区改造，从而使法院断定减少了85%（但他没有具体指明下降是从何时开始的）；二是少年罪错减少了50%（但未讲明以什么方法减少了犯罪，也未说明实验的起始日期）；三是发现居民生活质量发生了巨变，旧貌换新颜。成人增长了“两心”，即自信心与责任心。虽然这三大发现听起来足以使人信服，但还是缺少真凭实据。使人欲信不能，欲罢而又不忍。

1990年，史高根（Skogan）评价了社区组织中非正式社会控制的效益。他报告说：与未参加者相比，社区组织活动的参与者，对犯罪采用了更多的干预，对自己的财产采取了更多的保护性措施。但还没有证据证实，在实验区内未参加社区组织的人，会受到社区组织活动的正面保护。他发现了社区组织的两个特性，一是公众参与趋于减少，一般不足10%；二是公众参与可减少社区的不良效应。其结论是：社区组织所产生的非正式社会控制效应并不一定就那么广泛，那么有效。

1985年，格林伯（Greenberg）等分析了非正式社会控制在减少犯罪中的作用。他指出：关于非正式社会控制的分析不少，但没有一个真正深入研究它的实质。相反，这些研究却在邻里的物质特性或社会特性上大做文章，颇费口舌。诚然，邻里的特性可影响非正式社会控制，如邻里互助、地方联系、凝聚力再造、控制意识以及识别陌生人等，但似乎是就事论事，不切主题。格林伯发现，邻里交友，邻里互助，发现生人等与犯罪率无关。而真正可降低犯罪率的是邻里的情感凝聚、邻里的责任意识、干预犯罪的愿望这些深层次的东西。但他不能确定，上述这些特性，到底哪些可产生犯罪或是抑制犯罪。要真正挖掘出来，谈何容易。

二、 社区防卫

20世纪70年代，“社区防卫”模式登上了历史的舞台，它是社区犯罪预防中划时代的变革。刑事政策的导向发生了变化，即“从预防犯罪，转向预防被害”。社区的概念也发生了变化。社区从一个结构上的、公共事业上的统一体，变为一个心理学意义上或象征意义上的统一体（Corrie，1985）。前者的衡量标准是以结构或公共事业为参数的，而后者则是以公众的态度，特别是公众安全感为参数的（Corrie，1988）。

巴顿（Bottoms）1993 年指出，社区防卫的方法，深深地受着对犯罪恐惧感的影响，深深地受着城市居民的不安全感的影响，人人寻求自保自救。威尔逊和凯林（Wilson and Kelling，1982）两人指出，人们的恐惧不仅源于犯罪，而且源于混乱，混乱源于制造混乱的人，如乞丐、醉汉、吸毒者、妓女、疯子、无赖、流氓；也源于混乱的氛围，如丢弃的汽车、破窗户、垃圾以及公共场所的野生杂草等。

为什么混乱会导致恐惧感的上升呢？这是因为混乱是社区失控的标志。当人们见到这些混乱迹象时，触景生情，心生恐惧。此外，千里之堤，溃于蚁穴，一些小的事件也可以引起犯罪，如小的违法、争斗、酗酒等，可引起暴力犯罪、抢劫和卖淫。久而久之，社区变得易受外界犯罪的侵害。社区防卫的战略从最初到今天也发生了变化。最初的目标是把“内部敌人”赶出社区，“内部敌人”指社区内的青少年犯，而今天的目标是把“外部敌人”赶出社区，“外部敌人”指居住在社区以外的害群之马。从内部敌人转向外部敌人，标志着社区防卫的战略变化。

美国新泽西州的预防犯罪实验，是社区防卫的典型代表，它旨在消除社会与自然地理方面的混乱状况。它采用的方法是一场叫作“大扫除”的群众运动。

美国纽沃克减少治安混乱计划

美国新泽西州纽沃克减少治安混乱计划所采取的措施如下：

（1）“街面清扫”，即清除流氓与争斗行为；清除制贩毒品与扰民行为；警察特别小分队由 4 人或更多的人组成，协助进行清扫。先是由警车上的高音喇叭对流氓与无赖发出警告，而后由警察盘查，直至抓捕。

（2）“步行巡逻”，打击青少年团伙的无法无天的行为，维护街面的法律与秩序。

（3）“雷达盘查”，实际上就是交通法规检查。

（4）“汽车盘查”，维护公共汽车上的治安。

(5)“道路设障”，用以对待机动车肇事。

此外，还采取了降低自然环境混乱的若干措施，包括增设城市服务网点，提高建筑物修缮的速度，改善城市规划的布局，改善垃圾的清运工作，开展群众运动，进行城市卫生大扫除。上述措施也包括预防犯罪的内容。例如，对犯有轻微违法犯罪的青少年实行“社区监禁”（Sentence to the community）。

通过实验前后的居民与地区调查证实，在居民满意程度、犯罪恐怖感与自然环境混乱的报案方面没有明显的变化（Skogan，1990）。

纽沃克地区开展的治理社会与自然环境混乱的工作，其主要机制是依靠警务活动（包括驱赶与逮捕游荡人群、增加步行巡逻密度等），辅助以其他部门的合作。社区预防模式还有一项重要内容，即居民巡逻与邻里巡视。迄今为止，社区防卫模式有两项基本内容：居民巡逻、邻里守望。

(一) 居民巡逻

在一些国家，普通居民可参与巡逻，协助警察监视特别重点部位，盘查陌生人。他们出没于建筑群与财产集中的地方，发现安全隐患，并及时报告。例如，发现没有关闭的窗户、车门，报告给住户，发现形迹可疑的人，向警察报告。居民巡逻的形式千差万别，因地制宜。因住户建筑、邻里、农村、交通体制、学校的不同而不同。巡逻的职责也有不同，或保护财产与人身安全，或监督警察行为与社区安全，或消除火灾隐患，加强消防等。

在俄罗斯，居民巡逻是天经地义的事。俄罗斯人管它叫“治安班组”。大的厂矿企业，均设有治安班组，护厂护院，预防治安暴力事件。在匈牙利，也有类似的巡逻。

匈牙利的皮客斯居民巡逻

在匈牙利皮客斯市，由居民志愿巡逻和其他形式的工作组成了预防犯罪工作机制。主要目的是提高全体居民对犯罪的防范意识。同时采取一些针对罪犯的防范措施（例如，对危险青少年举办的文娱体育活动等）。居民巡逻，每周两次。检查本地区的财产与建筑，向居民报告犯罪隐患，如没有锁上车门和忘记关闭的窗子。如果发现意外，马上向警察报告。没有证据证实此项巡逻在降低犯罪率或提高公众安全感方面有变化（笔者从该国司法部获得的信息）。

还有一种巡逻方式叫“父母巡逻”。巡逻区主要集中于青少年聚集区。但没有证据证实，这种巡逻可降低混乱的发生。“私人巡逻”是另一种巡逻方式。由居民或地方政府出钱雇人巡逻。雇员是普通居民，他们着制服、佩带对讲机或移动电话，上岗前接受特别培训。对于私人巡逻，无论是人员招募还是活动安排都需要严格管理，杜绝招募有犯罪记录的人，防止这些人参与超出他们法律权限的活动。

“守护天使”，是美国、加拿大、英国所实行的一种自我选择的市民志愿组织。他们在居民区和交通线上提供服务，赢得了广大公众的好感。

美国、英国、加拿大的“守护天使”计划

普通的居民巡逻形式多种多样。巡逻组着警服，并接受特殊培训。他们对罪犯的行为进行干预并行使市民逮捕权（make citizen arrests）。虽然巡逻组是非武装的，但却以与警察相似的面目出现并行使相似的职权。这一点也遭到了一些非议。班诺（Pennell，1986，1989）等人对圣地亚哥市的“守护天使”计划进行了准实验性评价。通过实验前后比对，结果如下：

	暴力犯罪	人身攻击	财产犯罪
实验组	下降22%	上升2%	下降25%
控制组	下降42%	下降9%	下降15%

实验组中暴力犯罪下降22%，但控制组下降了42%；实验组中人身攻击上升了2%，而控制组下降了9%；实验组中财产犯罪下降了25%，而控制组下降了15%。

社会调查证实，居民认为“守护天使”行动在提高居民安全感方面收效显著。

“守护天使”的主要弊病是，他们的行动，虽然合乎法律，但却不能像警察一样，对其行为负完全责任。[①] 他们对犯罪进行的干预会引起社会的非议。合理行为与不合理行为之间的界限绝非泾渭分明，一目了然。市民巡逻会引起公众对其合法性的质问与忧虑。有时，市民巡逻不是在协助警察工作，而是进行了不必要的行为，干扰了居民的隐私权，引起恐慌、干涉自由。对市民巡逻保持一定的警觉。制定工作纪律是十分必要的。在确保居民的人权与自由不受侵害的前提下，一方面发展市民巡逻，一方面严格管理。

虽然市民巡逻或许会对潜在的犯罪产生威慑，他们守卫社区增强安全感，但尚无确切的统计数字证实其降低犯罪的功效（Yin，1977；Rosenbaum，1988）。同时，市民巡逻的寿命也不持久，1977 年，严对 226 个市民巡逻点进行了评价，50% 的巡逻于四年后中止。1984 年帝德（Titus）的研究证实，在实施巡逻的地区，入室盗窃案的确有所下降，但人们并不清楚，这种下降是由巡逻造成的，还是其他因素造成的。

（二）邻里守望

邻里守望的核心是，在邻里之间互相瞭望，报告嫌疑，鼓励市民成为警察的“眼睛”“耳朵”。邻里守望的概念是，市民应彼此了解，守望相助，不分分内分外，监视嫌疑，报告警察。组建市民小组，定期碰头开会，交流犯罪信息，研究打击方法。制订计划，组织邻里监控。具体的做法是，邻里之间互相照应，对贵重财产进行标刻，对改善安全环境提出建议，开展被害人救助与证人保护，建立儿童之家，保护有问题的青少年（如需全面了解美国邻里守望的细目，请参见高舒凡与麦克劳德的文献，Garofalo and Mcleod，1988）。

邻里守望的精华是，交流信息，互相监督，报告警察，提高破案率，减少街面上的罪犯，减少危险地区的作案人员。大家团结一致，共同打击犯罪。改善邻里交往的质量与频率，改善社区的和谐程度。自保自救，共御外

① 负责任，英文为 accountable，含意为负责。英文中 accountability 是警察科学的专有概念。含意为合法性，或谁赋予警察执法权。这里对“守护天使”权力的合法性产生疑问。——笔者注

敌。提高公众安全感，增进对犯罪的抵御能力，改善警民关系。

邻里守望，由警察、预防犯罪专家发起并贯彻执行。但在大多数情况下，是由公众发起的。警察与预防犯罪专家是邻里守望的骨干。他们的责任是帮助疏通公众与其他公共机关的关系，帮助解决基层的冲突，为公众提供预防犯罪的专家与权威咨询。通常，邻里守望制度设一名地方联络员，邻里区内各住宅选派代表，协调居民与联络员的工作。邻里守望的通常做法是定期召开会议，编印邻里新闻报，张贴邻里守望标志牌，[①] 树立邻里守望路标，宣传本地区已实施了邻里守望制。美国国家预防犯罪委员会编写了《邻里预防犯罪手册》，详细阐明了怎样组建邻里守望制的细节，包括怎样运转、什么人参加、投入多大的人力物力等（NCPC，1986）。

邻里守望制源于 20 世纪 70 年代的美国，它以燎原之势迅速传遍加拿大、英国以及荷兰。邻里守望的规模不一，小的数人，大的数千。大家对其基本思想都比较感兴趣，但参与者的比例并不高。一方面是由于缺乏机会，一方面由于缺乏整个社区的认同感。根据高舒凡与麦克劳德（Garofalo and Mcleod）1988 年的统计，全美国有 20% 的人居住在邻里守望制地区，但这些人中仅有三成参加到该项目之中。另据加拿大的统计，25% 的居民参加了邻里守望制（Nuttal，1988）。据梅霍、艾力特与陶志（Mayhew，Elliob and Dowds）1989 年的统计，14% 的英国居民报告说他们参加了邻里守望制。而在荷兰，邻里守望尚处于试验阶段（Lohman and Van Dyke，1988）。

总的说，邻里守望制在居民区内组建较容易，维持也方便。由社区机关与志愿者共同组建的邻里守望组织是一种常见的形式，它结构稳定，居民乐于参加。对邻里守望提供支持的人，是那些担心成为被入室盗窃犯罪侵害的人；是那些认为被害人的危险会降临到自己头上的人；是那些把邻居视为朋友与亲友的人；是那些对警察持友善态度的人（Hope and Bennt，1989）。在社区内部交流犯罪案件的信息、案件的案情特点、个人的被害经历，往往会导致居民恐惧感的上升。所以，在一些不稳定的社区中，应对此类宣传持谨

① 邻里守望标志牌，一般由铁制或不干胶制，张贴于户外。上写："您已进入邻里守望地区，我家的财产均刻有标记。"——笔者注

慎的态度，以防引起恐惧与不安。

在人种混杂、动荡不安、收入低下的贫穷社区，居民参加邻里守望的比率不高（Shernock，1986；Mayhew，1989）。但也有例外，如 1989 年梅霍（Mayhew）发现，有的地方入室盗窃案发案率低，但参加邻里守望的人却很踊跃。1988 年，高舒凡与麦克劳德（Garofalo and Mcleod）发现，在居民参与率较低的地方，应在原有邻里守望的基层上扩大服务内容，花样翻新。胡珊（Husain）1988 年曾专题讨论过怎样在高犯罪率、低参与率地区开展邻里守望工作。

邻里守望，看时容易做时难。人们只是在窗户上贴守望标志或宣传画而已，只有少数参加者实施了贵重财产标刻与安全监督，至于报警率就更低了（Husain，1988；Bennet，1990）。在对英国伦敦的邻里守望评价时发现，只有五成的人实施守望，报警率低于五成（Bennett，1990 年）。

至于邻里守望能否降低犯罪率，其精准的研究试点不少，但具备科学统计结论的却不多。许多研究声称并不成功。在那些采用电话调查法的研究项目中，结果令人沮丧。例如，在希特（Seattle），采用邻里守望制的前 12 个月，入室盗窃率有所下降。但采用电话调查法发现，18 个月之后，又恢复到原来的水平（Cirel，1977）。而美国芝加哥市的调查结果更糟。

美国芝加哥市的邻里守望制

美国芝加哥市的实验包括一整套综合治理措施：邻里守望制、减少犯罪机会的措施以及非正式的社会控制，佐以精确的评价机制。地区志愿者在五个邻里区开展实验，并采用了若干特殊做法：增加居民的重视程度与参与意识；增强居民参与邻里守望的责任感；再造社会和谐；减少犯罪、不文明行为及恐惧感。

通过对实验组、控制组的“实验前后比对价估”，结果并不令人鼓舞。虽然，在实验组内，居民对邻里的责任感、依恋感有所增强，但在街头的人与人互助，家庭之间的守望相助，邻里外出时的照看守门，家庭自防行为，互相干预行为等各个参照点上，实施邻里守望的社区，与没有实施的相差无几（Rosenbaum，1988）。更可悲的是，犯罪水平与治安混乱并无改变，居民恐惧感反而上升。

1988 年罗森保（Rosenbaum）认为，既然评价系天衣无缝，项目的实施又完美无缺，芝加哥市邻里守望实验的失败恰恰又说明邻里守望概念的理论缺陷。尽管如此，1990 年白尼特（Bennet）也列举了英国的两个邻里守望实验，他却认为，没有减少犯罪的证据是由于项目实施的失败，绝非概念之不足。

英国的邻里守望制

伦敦两个地区的邻里守望实验，对其评价采用了“实验前后比对”，并选择了其他两个区作为控制区。为测试犯罪转移，实验区与控制区相邻。实验结果是：犯罪状况无改变；报案率与破案率略有提高。此外，一个实验区的公众安全感有提高，对邻里的满意程度在两个区均有所改善。一个区的社会和谐感有改善，而另一个区中，在保护家园的行动中，居民乐于相助。

1990 年，白尼特（Bennet）认为，在一些小的社区中，公共守望的效果不佳，这主要是由于许多住房白天无人居住，居民的守望意识也不强。居民的流动性越大，发现陌生人的可能性就越小。白尼特的评价对守望的另一个作用也提出质疑，即犯罪分子是否会因得知此地有对可疑人的观察与瞭望而放弃作案。尽管如此，邻里守望还是有效果的。例如，一个实验区的联络员就认为警民关系有所改善，居民的团结也有加强（关于这一点已被一项社会和谐的调查所证实）。

总的评价是，该项目的失败源于项目本身的局限性。在实际操作中，大多数居民只是贴贴守望标志牌，或观察一下陌生人而已，并不热心于组织一些定期的、全员参加的预防犯罪会议。缺乏常设机构，没有预防犯罪的信息通报，也没有正式或非正式的会议，犯罪调查很少实施，财产标刻也不普及。本地区巡警的组织工作也不得力，使人觉得他们好像压力重重，不得要领。

有关邻里守望实验的评估因地区的不同、组织形式的差异、贯彻机制的得失而千差万别。但总体来说，没有结论性的证据证实潜在的犯罪分子会因邻里守望制的贯彻，而受到震慑（有关最新的邻里守望制效果的研究报告详见雷克客和迪勒（Laycock and Tilley）的论述）。或许，邻里守望的效果在于预防未来的犯罪，而不是现存的犯罪。

三、 社区发展

最近，人们给社区发展定义为：一项以社区为本的预防犯罪措施（Hope，1994）。从本质上说，社区发展是以重建社区与经济的联系纽带为目的的一种旨在消除社会混乱的措施。这种措施或有意识地，或无意识地达到减少犯罪或犯罪行为的效果。以社区为本的工作，旨在通过再造社区和谐达到减少犯罪的功效。在贯彻实施中有四个要素：（1）改善建筑环境；（2）住房管理与服务分散化；（3）改善住房布局政策；（4）社会与经济的复兴。

（一）改善建筑环境

制止犯罪或影响犯罪的三个要素是：接近、可见、出现（Titus，1984）。大凡街道或住宅，易接近的地方或随意可达的地方都容易产生犯罪。例如，停车场附近、主要交通线、街道拐角、娱乐中心与商业中心等。有关住宅区打砸抢犯罪的研究认为，无人区、易接近区、半公共区与商业区，是打砸抢的天堂。尽管如此，在为减少犯罪而实施的环境改造工程中，有一利必有一弊。每项预防措施的出台，都可能出现负面效应。例如，增加可见性，减少易接近性的措施，如在公共空地、公园架设护栏，增加了领地意识，却减少了监视的活动空间。福祸相倚，得失各半。

下面将讨论对整个社区有影响，具有广泛内涵的建筑环境的改变，而不是针对单个居民区或单个楼群的改变。首先，改善建筑环境的设计、维修与管理，也包括外部环境；其次，提高本地区建设与投资的整体水平。

1. 设计、管理与维修。一个地区的住宅设计、管理与维修的总体水平，不仅是本地区特性的体现，也影响着人们迁入投资的愿望。人们已知有各种措施可在社区这一层次上，通过改善建筑环境的设计与状况，达到减少犯罪的目的。例如，郝福德（Hartford）邻里预防设计，以奥斯卡·纽曼（Oscar Newman，1972）的理论为基础，试图通过重造居住环境，达到全面降低犯罪、全面提高公众安全感的目的。一项关于此设计的评价报告显示，在实验期限内，入室盗窃与街头抢劫的犯罪率均呈下降趋势（Fowler etal，1979）。

奥斯伯恩（Osborn，1993）对英国伦敦住宅预防犯罪项目进行了回顾性研究，包括一定数量的通过设计抵御犯罪的尝试。他的研究包括 8 个实验。其中，4 个据说有降低犯罪的功效，但没有提供详细的统计证据。另外两个实验，包括移动人行横道的设计，在减少犯罪方面没有任何改变。最后两个实验虽然有降低犯罪的效果，但一个效果只持续了很短的期限，而且，人们又怀疑其效果的可信度。

加拿大皇家骑警队（RCMP），在不列颠哥伦比亚开始了一项预防犯罪的实验。它通过环境设计达到减少犯罪的目的。他们举办“建筑、城市规划与犯罪的研讨班”，并选派预防犯罪联络官在建筑部门、规划部门与行政部门穿梭行动，联络沟通。但由于证据不足，对其效益尚难正确评估。

通过改善建筑环境来影响发案水平，这一设计的机制有两个层次。一是通过改变环境来改变居民的社会行为方式；二是最终改变潜在的犯罪分子。其机制的理论假设如下：如果重新设计邻里布局，居民开始积极参与社区生活，守望相助。那么，瓦解社区与邻里的负面状况就会减少，社区自我保护的机制就会得以改善，正气上升，邪气下降。但是，如果不改变其他具有决定性的社会因素，如青年人的数量、单亲家庭的数量以及靠救济金生活的人的数量，犯罪状况就不会根本改观。奥斯卡·纽曼（Oscar Newman）1980 年修改了自己的早期著作，他承认社会因素是至关重要的。

2. 建筑与投资。对一个社区而言，建筑与投资是关系其兴旺与发达的重要因素。整体印象，社会生活与犯罪率是衡量兴旺发达的几把尺子。社区总的健康程度是由居民对经济基础的自信心而决定的。感觉良好的自信心有三大支柱：投资水平、商业利润与住房的维护状况。陶伯（Taub，1984）指出，法人投资的水平是保证兴旺发达的重要因素。对个体投资者而言，其投资的决定取决于三个因素：房主对住房的维护、房主发财致富的意愿以及本社区大厂家投资的决定。

美国芝加哥的海德公园区是以法人投资改善面貌从而降低犯罪的范例。海德公园区地处芝加哥市，包含芝加哥大学的主体。该地区社区犯罪水平的降低，主要归功于芝加哥大学的投资。芝加哥大学决心花钱买平安，改善本地的治安状况。

美国芝加哥海德公园地区的投资实验

20世纪初，海德公园地区还是一方宁静安逸、沁人心脾的郊区乐土。20世纪上半叶，以芝加哥大学、世界贸易中心的建立为契机，本地得以飞速发展。1920年，各色人种云集此地，爱尔兰人、德国人、俄国犹太人促进了该地的腾飞。20世纪40年代，黑人开始移居至此；至60年代，黑人人口增至总人口的30%。物极必反，也就在此时，白人开始移出此地。斗转星移，此地开始萧条，地主不能善保其财产，犯罪开始抬头。针对这种情况，1952年芝加哥大学组建芝加哥东南委员会，发起重建城市规划。该规划以投资为本，联邦政府出资3000万美金，大学捐资3000万美金，还招商引资9000万美金。

此项计划，共清除47公顷破旧房屋，包括倒塌的商业街与酒店，代以崭新的市政中心与商业中心。该大学始终不渝地、独立地进行城市改建计划，并偶尔收购危房改造成学生宿舍与教师用房。同时，东南委员会继续鼓励私人企业购买本地房屋，加以改造（Taub，1984）。

（二）房屋管理与服务的分散化

犯罪与住房的关系错综复杂。公房、私人出租房与个人拥有房所面临的问题也千差万别。公房常不安定，滋生犯罪，成为犯罪高发区。公房不仅有与私人住房不同的结构与历史，公房区内部的情况也不一样。按郝普（Hope，1986）的统计，居住于贫困公房中的房客，比住在条件好的公房区中的人遭受入室盗窃侵害的概率高五倍，一年最少被盗一次。项韶、白特姆（Bottoms and Xanthos，1981；Bottom etal，1987）证实，住房设计相同，居民收入相同的房客，遭受着不同的犯罪侵害。因此，十分重要的是，犯罪与城市住房政策之间的复杂关系，并不是一个简单的，以消费为目的的问题。

尽管研究犯罪与住房的工作遇到了困难，但在城市政策中考虑预防犯罪工作已是大势所趋。无论在欧洲（Hope and shaw，1988），还是北美（McInnes，1984），居民住宅区的改善工作，把环境设计标准与住房管理政策相结合的做法，都正在蓬勃发展。所谓“住房产业管理与服务分散化”，是指权力下放到社区，将管理权与服务项目下放、分散到各单独的房产之中。同时，不仅征求住户意见，而且直接邀请住户参与本地区的管理（Hope，1994）。住房管理分散化，之所以能降低犯罪，是基于下列考虑，即这种做法不仅改善了住宅形象，规范了房产结构，而且重建了居民的控制意识，从而增进了发展社区联谊的愿望与能力。健全了整个居住环境的非正式控制力。

奥斯本（Osborn）1992 年对大量住房实验进行了总结，他发现，当住房实验与其他自然与社会综合改进工程融为一体时，收效更为显著，但评价的统计数字设计均不令人满意。下面列举一项早期的房产管理实验，此项实验为以后的研究树立了范例。

英国库内格玛街改进工程

库内格玛街共计有房产 450 户，住民 1600 人。一半住房建于 20 世纪 50 年代，另一半建于 70 年代。当 70 年代改进工程开始之初，老房子已显旧态，门窗不全。铺面紧闭，墙上布满涂鸦，一片狼藉。整个住房区破旧萧瑟（Hedges，无日期）。

改进工程的目的是在本地区减少打砸抢和其他犯罪活动。依靠居民，改善住房，健全服务。工程依据的基本原则是：只有基于居民的需要与迫切要求，只有居民对本工程及结果积极支持时，改进工程才能有所收获。因而，应邀请居民参加集体讨论，集思广益，就本地建设献计献策。改进工程包括：疏导交通，维修住房，并使之现代化，改革警务方式，提供青年设施，改进道路照明，清运垃圾，等等。久而久之，使本地旧貌换新颜。

对本工程的评价主要基于两个信息，一是实验前后的居民调查比对，二是警察或其他官方统计数字。实验显示，入室盗窃案从实验前一年（1976 年）的 18%，下降到 1977 年的 11%。实验前，75% 的居民目击了破坏建筑的行为发生，实验后降至 53%。破坏商店的行为从 67% 下降到 35%。但警察的统计数字却相反，1976～1977 年，实验区的立案数无变化，但作为比对的控制区内的犯罪却有所下降。总的结论是，虽然问题依然存在，但却有证据证实，犯罪率下降了。

继库内格玛街改进工程之后，更加成熟的实验如雨后春笋，蓬勃发展。如采用联络员制，激励身处危房区的居民与地方当局、警察合作，从自然条件、社会状况两方面对居住区进行改造，从而降低入室盗窃、打砸抢等犯罪的发案率；组建居委会，鼓励其与地方当局对话。居委会在改善警民关系方面起着举足轻重的作用。据包尔（Power）1988年统计，凡采用上述方法的房产部门，均在降低犯罪，提高社区安全方面有所收益，但犯罪转移到其他地方的现象也时有发生。还有一个住房实验，试图研究最大限度地与“难租房产”打交道。难租房产有三个特性：一是居民流动性大；二是居民与地方政府的关系不好；三是住房条件恶化。三者呈恶性循环。

对上述两个个案研究，证实社区放权于房产管理，可以预防犯罪。但这些项目是怎样预防犯罪的尚无法解释。正如罗格（Rock）1988年指出的那样：为什么单一或多部门的工作可以改变千变万化、形形色色的房产工作，人们对此颇感困惑。

英国的优先治理房产计划

实验区大部分住房建于20世纪60年代，危房遍地、举目狼藉，亟待维修。改善工作始于1987年，历时三年，止于1990年。该实验倾听居民意见，采取各种措施治理：居民安装防寒设施，建立楼前公园，增设防卫栅栏，于人行道尽头设门立卡，在路口安装闭路监视系统，整治环境，美化小区等。后来又引进了服务分散化与房客参与管理两项做法。如组建基层咨询委员会、房产管理处、门诊部、清洁队和维修队。上述措施改变了本地区的社会面貌，新房客不断增加。

对本实验的评估采取三种方法：一是实验前后居民调查法，二是定点观察法，三是定点面谈法。结果发现，在实验过程中，入室盗窃案的发案趋势与发案数量在实验组有所下降，在控制组上升。入室盗窃案与打砸抢案下降的地区，正是改建后面目一新的地方；而在没有改造的危房区，入室盗窃犯罪仍十分猖獗，下降幅度不大。在高层建筑区入室盗窃案件数量反而有所增长。

研究者的结论是：实验结果因地而异，共分为三种情况：

1. 在改进后的新区，入室盗窃案件数量的下降，或许是加强了非正式监督与控制的结果，这一结果大大减少了犯罪机会。

2. 在未改进的老区，入室盗窃案件数量也略有下降，这也许是社会控制力增强的结果。居民的参与，社会服务的分散化，是控制力增强的动因。

3. 在高层建筑群，入室盗窃案件数量上升，这也许是由于社会联系的增长，加剧了本地区现存犯罪人口的数量（即犯罪转移——译者注）（Hope and Foster，1992）。

（三）改善住房布局政策

第二次世界大战之后的欧洲，兴起了大规模的建房热潮，建房规划一齐上马。但与建房规划随之而来的是住宅区的高犯罪率与高被害率。仿佛这均是住房规划本身的恶果。1988 年，白特姆与威尔士（Bottoms and Wiles）认为，两高现象，即高犯罪率与高被害率是住房布局不合理的机制所造成的。特定群体的人们，通常是穷人与不优秀的人[①]云集一处的恶果。一种理论描述正常的、低犯罪率的地区顷刻“翻转”到高犯罪区，叫“翻转过程”（Tipping）。高犯罪区终将演化为“困难居住处”。某居住区一旦贴上“困难居住处”的标签，就会退化不止。自行衰退，最终只有绝望者、被歧视者才会愿意在这里安家。白特姆与威尔士（Bottoms and Wiles）1988 年建议：有三剂良药可医治与预防“困难居住处”的产生，即居民分散，居民混合，以及早期发现“翻转”的迹象。

仅以改变住房布局政策或程序来达到预防犯罪效果的基层范例如凤毛麟角，十分罕见。但住房布局政策与其他社区发展战略相结合的模式却俯首即得。伯向哲（Bur bidge，1984）注意到英国一些地方政府已采取措施，在特定地区降低儿童或不良家庭的集中密度。奥斯伯与伯爱特（Osborn and Bright，1989）指出，凡带子女之家庭，选择低危险区居住至关重要。荷兰曾贯彻一项工程，在制定公共住房政策时，把人口混居作为要点考虑。

荷兰白达市住房实验

荷兰白达市曾开展了一项在高危住房区改善住房条件与外部环境的工作。其结果是犯罪有增无减，居民反而备受犯罪之压力，惶惶不可终日。当

① 不优秀的人，英文为 disadvantaged，含义为损伤的、不利的、劣质的、不良的，很难找到中文对应词。或译为被社会所遗弃之人。——笔者注

局在住房管理与住房分布方面狠下功夫，采用各种措施，旨在改善生活标准，创造社会凝聚力。加强社区内部的和谐（Kaller，1987）。地方政府与房地产官员对住房管理小心谨慎，精益求精。对新房客细心调查，看其是否“适合”本社区的居住条件。政府与房客携手并肩，共同制定了社会发展规划，包括打击打砸抢与其他形式之犯罪，确保社区长治久安。

每个楼房都确定一名联络员，负责与新房客联系，如解释住房规则。并组建了邻里互助委员会，组织座谈会，介绍投诉程序，倾听房客们对工作的改进建议。以后又有严厉的政策出台，首先，破坏建筑、污染环境即是违法。其次，警察加强巡逻，对公众的投诉实施快速反应。最后，大力发展群众性投诉报案系统，掀起群众运动。例如，发现哪里有建设被损坏或需修补，哪里有危险分子，哪里有吸食或制贩毒品者等，马上报告。

（四）社会与经济的复兴

荷兰白达市的经验向世人展示，在邻里层面上，不仅要盯着犯罪率与被害率，还应看到，二者是随邻里情况的不同而变化的，这一点应切记在心。某些邻里关系，陷入了恶化的怪圈，只有采用综合治理的方法，才能抑制恶化的趋势。自然的、环境的、管理的、社会的、经济的措施一起上马，五箭齐发，才能奏效。在这些地区，唤起公众的支持与合作有时是困难的。很大比例的基层预防犯罪项目止步不前，主要是公众缺乏热情与参与意识所造成的。在经济不发达、住宅环境恶劣的居民区，以社区为本的预防犯罪项目，往往被其他重要与紧迫的问题而替代。史高根（Skogan，1988）认为，在许多社区，预防犯罪项目常常依附于一些现成的组织。而这些组织往往缺乏人们的理解与支持，无人问津。

早期的在贫民区改善贫穷与缺少就业机会的尝试，是通过大规模的社区发展规划而实现的，如美国的青年运动、“向贫穷宣战”等。它们均以失败而告终。英国人也做过如此尝试，以改变社会、经济状况的方式，适应居住于高度社会剥夺地区人们之所需。后来发现，无论从政治、经济还是行政角度而言，这一尝试均过于庞大，空泛而不切实际。1988 年，郝普与邵（Hope and Shaw）简明地总结了各种社会工程项目失败的原因：“此等项目卷入政治冲突、消耗资源，所获得的结果缺乏证据，在目标与具体设计方面雄心勃勃，它们许愿给社区带来的利益，如竹篮打水，只是一纸空文。对这种以预防犯罪为目的的‘社会工程’，其反应是一片指责之声。”

在过去的十几年中，国家福利或国家福利主义的原则已江河日下，不再时髦。故在北美与欧洲的社会经济复兴也从国家为本下放到以基层为目的、分散的项目之中。这些项目不是往日的从基层以上贯彻下来的，而是基层根据自己的实际情况，审慎地自发产生的。这些项目，绝大多数的目的是使在危险边缘的青少年重返社区。由家庭、伙伴、邻里、学校、就业机构、志愿者以及其他社区组织所组成的工作网络是这些项目的核心。

在基层政策指导下的，以社区为本的预防犯罪项目，如果仅依靠基层就孤掌难鸣，必须同时依靠国家与地方两种政策。地方如果想改变邻里间的社会、经济结构，最终将依据，或至少获得中央、地方两级政策的支持。尽管如此，在中央与地方社会与经济发展政策的大前提之下，仍有可机动、可自主的空间，这就是基层社区的用武之地。调动中央与地方两个积极性，地方仍有自己的舞台，可以把打击犯罪的资源充分调动，好钢用在刀刃上。例如，身处高犯罪区域的居民，可以学会怎样利用现有的资源，充分发挥打击犯罪的效益；重新组织行政管理力量，把有限的资源，聚集在一起，用到居民最关切、最需要的地方；改变政治力量与政策的倾斜，使居民满意并从而获得实效。所以说，在打击犯罪的战役中，发展地方的政策与战略是有广阔前景的。这些政策与战略，不仅限于改变地方的自然环境，而是别有洞天，力图改变在某些地区与犯罪交织在一起的社会、经济与文化状况。

1992 年，伯爱特（Bright）描述了美国纽约市傍克斯区（Bronx）的实验。这是一个依靠积极的社区活动，使社会与经济复兴的尝试。该区 25 年没有获得投资，住房废弃，人口流失。该区萧条荒凉，以至于“放火寻求赔偿”的事件屡屡发生，可见房产主的日子已到了山穷水尽的地步。基层政府工作者与工作组携手并肩，共同发起了本区的复兴规划。复兴规划的主要内容有：（1）合理分布社区服务；（2）修复遗弃的住房并开展新的建房规划；（3）工作人员与本地商人一起重修商业中心，吸引与鼓励新的商业活动。

伯爱特（Bright，1992）发现，复兴规划实施之后，商业建筑的空缺率从50%下降到零。此外，人口也增长了。

对那些饱受犯罪与恐怖感而言的社区，降低与预防犯罪的状况，或许并不能给他们带来多少福音。这里有一个两难问题：怎样对预防犯罪的目标进行投资，是雪中送炭，还是锦上添花？例如，是把资源投入最需要的地区，还是投入最可能见效的地区？关于这一点可要慎之又慎。什么是投资选点的最佳方案？引起了许许多多辩论与争议（Wilson，Kelling，1982；Currie，1988）。其中有一个争议点是，怎样对社区的自然与社会健康的准确状况进行科学评价，以便进行科学的投资决策。并不是全部的危险邻里区都需要完全一样的投资使它们起死回生。为了制定最佳的投资——效益政策，就必须对各种问题进行本质与数量的权衡，才能决断。对犯罪的分析，应与地方的社区决算①相结合。在制定打击犯罪的政策之前，对需求、问题与资源三者统一考虑，运筹帷幄。

尽管如此，人们承认，这些社区有关对待犯罪的反应能力，以及对全体社会居民，特别是对移民与青年社区道德价值观的同化能力，都是非常有限的（Garofalo and Mcleod，1988）。所谓犯罪高发区，通常是警民关系紧张与相互敌视的地区。无论是发动群众，获得社区的支持，还是通过警民的合作与信任，创造伟大的“社区感”，都是举步维艰，困难重重。在这些地方，警察的满意程度无从谈起，警务工作遭到敌意。因此，下面讨论警察在社区预防犯罪中的作用。

四、 警察的作用

针对社区的预防犯罪与预防治安事件的警务工作，必须建立在与社区成员的咨询与合作的基础上。警察与社区一体化的警务工作是社区预防犯罪的关键因素。警察的目标巡逻工作把注意力放在特定目标或地区，而不是在整个社区的水平上。以社区为本的预防犯罪战略有两个组成部分：（1）社区

① 决算（audit），其含义为审议、查账、决算。此处含意为社区财力、物力之账目总合。——笔者注

警务；（2）问题导向警务。

（一）社区警务

所谓社区警务之概念，与传统的执法警务模式大有不同。社区警务之精髓，在于改善警察的形象，使之更易为公众理解与观察。通过提供更加持续的、更加扎实的社区展现形式，与全体居民建立亲密无间，应答迅速的关系。改善警民关系的三要素是：“彼此协商”“彼此合作”“彼此满意”。

彼此协商意味着，警察倾听社区的呼声，改善服务质量。急其所急，想其所想。以社区为本，确定警务政策与工作重点。

彼此合作意味着，警民携手并肩，同心同德，以伙伴关系，实现共同目标。

彼此满意意味着，满意决定警务方向，满意为警务工作之本。公众赋予警察合法性的权力，警察举手投足均应符合公众之要求，符合合法性的规范。

对社区警务效果的研究，可谓歧义横生，模棱两可。无论在预防犯罪方面，还是在改善警民关系方面均使人捉摸不定。社区警务的贯彻应用程度令人质疑，社区警务的预防犯罪效果在实践中缺乏科学的评价。社区警务对预防犯罪的效益可以从两个层面评价：区域水平战略与地方水平战略。

1. 区域水平战略（Area level）。所谓区域水平战略，是指分散型的，“以块为主”的警务方式。① 它包括“分片警务”（Sector Policing）和“小队警务”（Team Policing）。有关分散型，以块为主的警务方式以及小队警务的效果研究证实，其结果模棱两可。1993 年，万皋福与史高根（Wycoff and Skogan）对美国麦迪逊城（Madison）社区警务的研究显示，开展实验后，入室盗窃率下降，抢劫犯罪率不变。1994 年，坎波希与姚一鹤（Capowich and Roehl）对美国圣地亚哥市（San Diego）的社区警务研究证实，实施项目后，犯罪率不变。1977 年，史万兹（Schwattz）对美国辛辛那提市（Cin-

---

①“以块为主”，英文为 decentralisation，含意为分散的，地区自治的，即管理体制中“条与块”中的块，译为“以块为主”便于中国警察理解。——笔者注

cinnati）的小队警务实验作了评估，在降低犯罪率方面确有成效，特别是在入室盗窃方面。1989年，爱尔文（Irving et al）等的报告显示，英国的社区警务实施结果不佳，被害人数与综合被害数均呈上升态势。总之，尽管结论各异，但社区警务在区域水平层面的收效还是有一些的。

2. 地方水平战略（Local level）。在地方水平上，社区警务有两个主要方面，一是社区公安员，二是警察小店。所谓社区公安员（constable），是一种警官，他们的工作范围固定于特殊的区域，通常是一个单独巡区。带着一种特别的任务，对该区提供永久，或半永久的全方位警务服务。全英社区警务调查曾显示，社区公安员用途广泛，服务面广，但在实际操作中存在许多失误（Bennett and Lupton，1992）。社区公安员经常被调出，在自己的巡区外从事很多不相干的工作。只有10%以下的时间被用在预防犯罪工作或与社区的交往上。关于社区公安员能否降低犯罪率，尚无研究。

警察小店（Police Shop），或叫分局，通常安置于居民区之中（常在其他社区组织附近），或设置于市中心。旨在增进警民联系，增强对警察工作的认识。设在市中心的警察小店（不是设在商业区中心），主要职责有二：一是进行预防犯罪的宣传；二是开展预防犯罪的群众运动。

美国人把警察小店叫“商店门市部”，并对它进行了广泛地研究与评价，如在新沃克与林斯顿市（Skogan and Wgcoff，1986）。在休斯敦市，对警察小店的评价采用了实验前后比对的方法，就被害人与公众态度进行采访调查。结果令人满意，其一，被调查者大都知道警察小店的存在；其二，公众安全感大幅度上升；其三，实验组居民对本地区犯罪问题的了解大于控制组。但被害人的数字没有大幅度下降。在加拿大，在社区警务发展的大趋势下，警察小店异军突起，独树一帜。下面介绍维多利亚的社区警察局。

加拿大维多利亚社区警察局

该项目旨在通过增进社区对警察服务的了解、联系减少犯罪，提高公众安全感。为此，专门设置了“警察小店”（Walker et al，1992）。每个警察小店由1名社区公安员与15～20名志愿者组成。“警察小店”实行四班倒值班制，每班由两名志愿者值班。社区公安员向该项目负责人汇报。警察小店采用多种多样的形式推进预防犯罪工作。这包括：邻里守望制、街区瞭望制、教育吸毒青年（10~12岁少年）。

对该项目的评价显示，无论是家长还是警察，都对此评价颇高，赞不绝口。但没有证据证实，儿童们对警察、社区的态度有任何积极的转变。总而言之，研究者认为，该项目没有充分体现社区警务的哲学意义与宗旨，也没有反映社区对警察服务的要求。

总之，科学研究证实，改善社区警务，可从四个方面入手（Goldstein，1987）。

第一，重新认识警察的本质。

在警察职业化工作中，有关预防犯罪工作的本质与焦点需要重新认识，重新定位。这一点在基层警察中尤为重要。那种认为警察本职工作是侦破大案要案，而对社区的要求，无论有多么频繁，多么有冲击力都可视而不见的想法，需要重新审视。应大处着眼，全面推进社区警务；小处入手，特别强化巡区巡逻。对现代警务形式——被动反应警务（如快速反应，车巡等——译者注）的弊病应有清楚的认识，做到亡羊补牢；对传统警务形式——主动提前警务的优势（如社区警务、改善警民关系、调查研究、服务助民——译者注）应格外重视，返璞归真。

第二，重新认识警务评价标准。

大力推进主动提前警务是必要的，但同时应保持被动反应警务与主动提前警务两者的平衡。在警务评价标准上，除报案率、逮捕率外，引进新的辅助评价标准。应大力发展与地方组织、单位之间的主动、积极的联系，以便彻底降低与广大人民息息相关的一些犯罪的报案率与破案率。

第三，重新认识警察培训的内容。

在警察教育与培训中，应增设与社区警务相关的内容，并把它置于战略地位。特别应培养交际与组织技能，增进警察与其他部门，与社区之间的联系。与老人、儿童以及少数民族的联系，应格外重视。

第四，重新认识社区的需求。

既然与公众合作决定着警务工作的效益，那么警务工作的战略重点就应转移到社区最关心的犯罪与社区最敏感的麻烦上来。警察单枪匹马不可能赢得打击犯罪的胜利，所以与社区、居民以及地方政府机构的合作是战略的重点。为此，应使与公众信息联系的渠道畅通。地方公众询问调查是个好法子，它可以确定什么是社区工作的重点；什么是社区对警察的期望与需要；哪些地方是高犯罪以及高被害区域。

（二）问题导向警务

问题导向警务是一项复杂的系统解决问题的方法，它牵扯到警察部门的全体警官，它包括日常工作的诸多环节。这里所说的问题不仅仅是违法范围内的事情，它需要特别的关于问题概念之界定。它包含着从广泛的领域采集信息。例如，特别案件的时间与地点，牵扯到人员的行为与动机等（Goldstein，1987）。问题导向警务，将警务的计划与警务的贯彻指向社区问题，也包括违法问题。1987 年，艾克与斯拜尔曼（Eck and Spelman）认为，问题导向警务的核心是所谓的“问题解决程序”，它分为四个步骤：审视、分析、应答、评价。

详见高士顿（Goldstein，1990）、艾克与斯拜尔曼（Eck and Spelman，1987）的著述。与社区警务一样，人们认为问题导向警务可以在犯罪区域或选择的目标水平上预防犯罪。

1. 区域水平战略（Area level）。问题导向警务能否在区域水平降低犯罪，证据并不多。1994 年，白尼特与坎姆普（Bennett and Kemp）提供了在英国两个区域的实验证据：这两个地区都开展了以单元为本的问题导向警务。通过实验前后比对法，获取结论。比对法采用被害人调查，经过 18 个月的观察，无论是被害趋势还是被害案件数量变化趋势均无变化。

2. 地方水平战略（Local level）。在问题解决的尝试方面，评估稍微多了一点。1987 年艾克与斯拜尔曼（Eck and Spelman）检查了美国纽泼特细斯（Newport News）的三个项目。三者均有减少犯罪的效果。下面简介其中之一。

美国纽泼特细斯新百佛尔德住宅区实验

新百佛尔德住宅区有 400 余间圆木结构的平房，它们形成了 4 组，16 个单元。这一住宅区建于第二次世界大战期间，是造船场工人的临时住宅。这批住宅本不打算长期使用，但战后的住房短缺使得原有居民长期居住了下来。1981 年，在新百佛尔德市，这里的入室盗窃率远远高于其他地区。故警察决定在此采取行动降低入室盗窃率。

负责此事宜的警官召集各基层部门举行联席会议，研讨本居民区的未来。与会代表认为，鉴于此地房屋破损较严重，彻底的修复方案是不可行的。此地盗窃猖獗，根本原因是门窗与框架不合，中有缝隙，便于盗贼行窃。警察出面召集各单位代表成立工作组，说服、动员房主进行修复。房主与基层单位通力协作，尽可能在短期内修复房屋。居民也闻风而动，组织邻里守望，协助警察，监视本地区的犯罪。同时，放眼未来，制定了长期的发展规划。房主与基层单位达成协议，有朝一日，将大规模移民，重建新百佛尔德的危险地区。分析证明，早期工作初见成效，此地入室盗窃率下降（Eck and Spelman，1987）。

1994 年，郝普（Hope）对美国圣路易市的三个问题导向警务试点进行评估。这三个试点都是针对本地的吸食毒品与相关问题而设立的。下面是一个试点的概要。

美国圣路易市问题导向警务

本试点的第一个个案研究发生在圣路易市的一个和谐稳定的邻里区中。这里有一处不稳定的“亚区”。这就是处在毒品市场街附近的一处街区。半年间，警察收到了来自这一街区的 100 多个求助服务电话。警察采取各种手段集中解决这一问题。这些手段包括：在本地架设夜间录像设备；进行重点发案部位彩色标图。

警方通过上述手段采集信息，然后召开会议讨论对策。警察所有行动中最有价值的是，劝说房主变卖房产，将居民区变作他用。警察协助说服居民迁出。实验证实，求助服务电话下降。但其他地区的求助服务电话却上升了。实验者的结论是，在问题存在区，收效颇丰，但却有问题转移到其他地区的现象发生（Hope，1994）。

总之，问题导向警务的收效令人振奋。各种实验的信息证实，确有在基层地区降低犯罪的功效。而它亦有两点不足：一是贯彻力度的不同会影响其效果；二是有转移犯罪的可能（Hocrre，1984；Rosenbaum，1988）。在预防犯罪的程序中，问题导向警务一枝独秀，占有越来越重要的地位。它可以灵巧剪裁，对症下药。成为基层水准预防犯罪的一剂良药（Ekblom，1988）。

第四节

预防犯罪项目的设计、贯彻与评价

1985年，罗森柏（Rosenbaum）认为，预防犯罪失败的原因有二：一是所谓“理论失败”，即理论设计的失败，其机制与客观不符。即使实施得天衣无缝，也不能奏效。二是所谓“项目失败”，即实施过程的失败。执行过程中操作失误，或“剂量”与机制不符。为此，在实施预防犯罪工作中，对战略战术的选择应慎之而慎。以准确无误、适当充裕的方式方法，对付千变万化的犯罪。

本节将讨论预防犯罪项目的实施程序。它由三个部分所组成，即设计、贯彻与评价。重点将放在具体操作，而不是宏观控制上。讨论在地区或小范围内可实施的项目（如单独的居民社区），而非在国家、城市这一层面上的战略。这主要基于以下的考虑，即犯罪分布绝非漫无边际，随心所欲，而是集中于一些特别犯罪区、特别地区或“犯罪热点”之上，有其内在之规律（Sherman，1989）。例如，英国对酗酒与混乱的调查证实，从空间分布上说，多发生于酒店附近；从时间分布上说，多发生于周五、周六晚上酒店关门之前（Hope，1985；Tuck，1989）。犯罪的分布可以是集中于某一地区，或这一地区中的特别部位。1986年，艾克勒姆（Ekblom）发现，据商店保安分析，75%的小偷小摸行为集中发生于商店40个柜台中的3个。

近年来，预防犯罪实施指南，如雨后春笋，垂手可得，如艾克与斯拜尔曼（Eck and Spelman，1987）、艾克勒姆（Ekblom，1988）、沙伯男（Shapland，1994）等人的著作。上述三份指南均强调，就基层单位而言，预防犯罪的设计须在决定可能的措施之前，首先确定问题的本质，只是在实施程序的组织上存在差异。

1988年，艾克勒姆采用了行为五步分解法：（1）选择资料。从不同的来源筛选资料，就所要解决的问题进行充分调查，获得足够的信息。（2）犯罪分析。即从已获资料中分析与确定犯罪模式。（3）确定适当战略。从产生犯罪的前因后果中产生适当的预防战略。（4）战略实施。（5）项目评价。评价战略成功与否，恰当与否，从而根据已获得的经验，进行反馈与调整。

1994年沙伯男（Shapland）等人撰写了一部在基层实施预防犯罪战略的指南。这部指南是实际工作者与基层各单位团结协作的产物。对艾克勒姆的五步分解法进行了有益补充。增加了在国家与城市层次的工作指南。以下以艾克勒姆的方法为主，兼介绍沙伯男与其同人的研究。全面介绍设计、实施、评价等预防犯罪中的诸环节。

一、收集信息

收集信息包括刑事案件及其他案件，不仅针对要预防的内容，而且包括以下四方面：（1）有关发案地与监控案件发生地之信息。（2）有关案件涉及人员的信息（如被害人、犯罪嫌疑人与第三者），以及刑事案件或监控案件的自身特点（如自然特性、社会联系、案件发展与后果等）。（3）有关对刑事案件反应的信息（社区、商业、机关）。（4）对罪犯调查采访的信息，以增加对刑事案件逻辑性之认识。

收集有关发案地与临近案件发生地的信息应在收集该地区自然特性调查的基础上绘制参考性地图。地图与有关调查应包括以下五方面内容（要素集合）。（1）居民财产的种类、数量与分布。（2）路线图。包括该地区通行的步行道、车道以及小路。（3）交通流量的信息以及居民停车场的分布。（4）社会用途。该地区社会用途的信息。[1]（5）潜在问题。该地区的潜在问题，包括垃圾堆放、房屋维修状况。

接下来的工作是有关案件涉及人员的信息，以及发案原因与地点的情况：（1）罪犯特征。例如，年龄、性别、阶层、人种、单独作案还是团伙作案、犯罪记录、犯罪联系、学校背景、就业记录、家庭状况等。（2）犯罪人的目标与被害人情况。例如，汽车、自行车、家庭财产等以及被害人的年龄、性别、生活习惯等，也包括犯罪行为的发生时间（如交谈、购物、旅

① 社会用途，英文为Social use，意为社会应用，社会用途。具体指什么不详。——笔者注

行观光时)。(3) 犯罪的特性与分布。包括法律的分类以及有关信息，像犯罪的动机与背景，自然因素之便利（如靠近火车站、在商业中心等)，犯罪的分布（如在月台上，在地铁里等)。(4) 作案的时间与手段。像几号、星期几、一天的哪个时间段、入室的途径与方式等。(5) 作案的自然与社会环境（例如，照明条件、拥挤程度、潜在干预力量的出现程度)。犯罪分子成功与否。(6) 案件的经济与社会损失，以及相应的损失，被盗被损坏物品的种类。(7) 酒精、毒品对犯罪动机的影响以及被害人行为对犯罪的影响，如被害人的疏忽与被害人的无意刺激等（Ekblom，1988)。

下列预防犯罪实验发生于英国的瑞沙得利。这个预防入室盗窃的实验详细展示了在制定预防犯罪战略之前，对犯罪特性及模式的综合的、细致的信息收集与分析是至关重要的。

英国科克豪特实验

这个实验的目的是在高危险住宅区降低入室盗窃的发案率。采用综合治理，包括移动目标、支援被害人、安全调查、财产标刻，以及改善非正式监督等。实验的基础依赖于深入细致的关于罪犯、犯罪、被害人调查研究与信息收集。各种单位集思广益，携手并肩。基层房管部门、煤气电力公司、基层被害人救援组织、人力服务委员会、基层预防犯罪组以及房客的代表欢聚一堂，共商大计。通过访问调查所获得的极有价值的信息是采取预防犯罪对策的依据。对盗贼进行了调查，调查包括：入室盗窃选点的距离、选点的原因、作案的动机与原因等。不仅对盗贼进行了调查，同时也对被害人、被害人的邻居进行了调查，收集信息。其内容包括：作案入口的可见度、各种安全硬件的水平及应用、发案时室内有无人在以及有无人在的标志、以前的被害经历。

被犯罪侵害之房屋，多集中于某一地区或带有某种特点（例如，被害的住户多有相似的自然特征)。故预防措施应集中于某些最易被侵害的居民区，或该区之最易侵害地段。例如，人们发现，被犯罪侵害的房屋，与相邻房屋比较，很容易第二次被侵害。因此，应把防范的重点放在多次被侵害的住宅上。与此相似，2/3 以上的住宅入口可以从邻居家的窗子进行监视，因此，可以组织小型邻里守望（小型或“蚕茧”式邻里守望，与标准邻里守望不同，它专门指向特殊目标，而且限制于较小的居民组织之中）。

在设计预防犯罪工程时，还应考虑其他信息的含义。例如，盗窃分子趋向于在短距离内连续作案，并趋向于盯着某些特殊结构的住房作案。因此，制造有人在家的假象，或提高入口的可见度，或安装可见的报警系统，都是对犯罪的威慑。

评价结果证实，在第一年中，入室盗窃案下降了约50%，再次被犯罪侵害率下降为零。在实施实验之后，仅有打砸抢犯罪数量略有上升。居民荣誉感上升，警察自信心增强。导致居民以极大的热情向警察报告街头破坏与打砸抢，这或许是这类犯罪上升的潜在因素。

尽管许多组织与机构均进行日常的犯罪信息的收集，但犯罪信息主要仍源于警察部门。警察的信息包括犯罪情报、罪犯情况、罪犯作案常规记录、报案电话等。这对于制定小规模的预防犯罪政策极有价值。警察的犯罪记录，通常是以法律分类的，如犯罪类型、发案地点（有时绘有发案分布图）、破案情况，当然也包括许多犯罪的细节，如被盗物品种类、价值、相关因素、居民区类型、入室盗窃的进入点、被盗和被损坏物品之种类、目击者与证人、被害者的性别与年龄等。尽管如此，由于警察所掌握的犯罪记录并非为预防犯罪战略而编辑的，所以，这些记录也许在完整性、连续性、可信性、实用性方面都不理想。

在运用警察的犯罪记录中有两个难点：一是报案不足；二是立案不实。不可避免地，这些情况都可能使某一特定区域的犯罪率不切实际地减少。同时，如果某些人对警察不满，不愿意向警察报案，就会使犯罪分布更加不切实际，任人歪曲。尽管如此，为了实际工作的需要，这些问题也许不会严重影响某一地区的犯罪情况分析。

有关犯罪分子住在哪里的信息，对估计特定地区的犯罪率很有价值，并可由此研究作案地与居住地之间的因果关系。据班庭汉（Brantingham）1993年的分析，犯罪分子一般都在居住地附近作案（最多不超过1～2英里）。选点多相似，靠近路边或由他们实施“日常行为”时所经过的地方。

老百姓给警察打来的求助电话、报警电话是信息的另一处来源，特别是那些没有警务反应的事件，如暴力违法，像夫妻打架等，只有通过这一渠道方可获得。运用这些信息也有弊病，即犯罪的特性往往不能准确地、清楚地认定（法律状况也不清楚）。如果采用电子计算机处理，这些案件中的大部分将会被“丢失”。例如，大部分案件将被列入“其他”一类或“不明”一类。

在收集信息中，还有一个重要的领域，即重新被害。近年来，人们开始认识重新被害，并认为它在预防犯罪工作中很重要。研究证实，在被害人中，少数人反复受到犯罪侵害。法瑞尔与皮斯（Farrell and Pease，1993）发现，在英国，20%的人遭受到了80%的犯罪侵害。其他一些研究发现，某些犯罪的被害人，像入室盗窃、家庭暴力、种族攻击等，他们被重新侵害的概率很高，屡屡被害（Polvi et al，1990；Sampson，Phillips，1992；Farrell，1992）。此外，还有研究证实，在犯罪高发区，重新被害率高；犯罪低发区，重新被害率低（Trickett et al，1992）。

就重新被害而言，警察的犯罪记录也许并不是正确的信息来源。例如，重新被害的报案率比其他犯罪要低，凡是某一地址反复出现在警察局的报案卷宗中，那么记录的错误机会就会增加（Farrell，Peace，1993）。因此，警察的犯罪记录绝非完美无缺。在运用这些记录进行预防犯罪设计时，应慎之又慎。

对犯罪分子的询问调查、观察以及对警务工作“优良服务”的评价信息，都是对警察信息资料的补充。此外，通过信息还可了解公众对犯罪问题的定义、公众的需求重点、公众对警察工作的评价、公众对政府其他部门服务的感觉等。信息还可以更好地帮助警方了解犯罪及犯罪分子的行为模式。上述各种信息可通过调查与观察获得。调查还可以帮助人们认识某些特定地区或特定人群是否被预防犯罪的措施成功地涵盖。有关收集信息的基本技能的培训，以及对收集信息重要性的认识与组织，对卓有成效的预防犯罪程序是至关重要的。

二、 分析与解释

在预防犯罪程序中，分析阶段包括两部分内容：首先，对犯罪、被害等信息进行总结，并试图揭示其内在的模式；其次，对已获得的有关犯罪与被害的模式进行解释（Ekblom，1988）。分析可针对单一犯罪，如抢劫，亦可针对两项以上的犯罪。

分析过程中有两种主要方法，即空间标图法与时间绘图法。

1. 空间标图法。确定犯罪模式的最有效的方法之一是绘制某一地区的犯罪地图。将犯罪资料与地区特性资料叠加在一起。例如，学校、酒店、主要交通线，以及其他可以解释犯罪模式的相关因素。制图的方法多种多样。简单的可以在一幅街道图上插上有关犯罪信息的小卡片；复杂的，可选用尖端的计算机制图程序。计算机制图，优点颇多。一旦程序确定，可制出大量的地图。缺点是需要时间与钱财的投入，输入信息，建立程序。犯罪地图，以图上的“热点”确定犯罪分布。研究证实，犯罪的时空分布绝非漫无边际，随心所欲，而是成串成簇，有规律可循（Sherman etal，1989）。确定与解释这些犯罪分布规律，有助于人们采取行之有效的对策。在瑞典，斯德哥尔摩市采用犯罪地图确定犯罪分布与相关因素，如少年犯罪团伙网络与集中地（Sarneck，1992）。

2. 时间绘图法。另一种确定与分析犯罪模式的方法是时间绘图法。例如，通过某一张时间绘图，发现人身攻击多集中于星期五或星期六的晚 10 时到次日凌晨 2 时。这给预防对策提供了依据。时间绘图，可以天、周、月、年的时间段绘制，从而研究特定时间段内犯罪的分布变化。犯罪高发时间段或许与其他因素相关，如一名或多名窃贼被释放；又如，重大事件发生，警力不足时；等等。

分析阶段的最后步骤是解释已发现的犯罪模式。为达此目的，应把观察到的有关犯罪模式与信息与其他因素相结合，综合分析。其他因素包括自然、社会与人口统计因素。在分析过程中，一定的犯罪学理论与预防理论是很有帮助的。例如，一些“犯罪热点”的形成，或源于犯罪分子的分布，或源于某一地区潜在犯罪分子的日常活动特点。

三、 战略设计

1994 年艾克勒姆（Ekblom）指出，一旦发现与解释了犯罪模式，就要思考采取行动的方法，以便破坏犯罪模式，阻断犯罪因果的链条。不同的机关，应在犯罪因果链条中选择适当切入点加以阻断。预防工作包括近期与远期两种。远期预防，旨在采取行动，防止危险青少年滑入犯罪的泥潭；近期预防，旨在采取行动，防止迫在眉睫的犯罪发生（Ekblom，1994）。远期预防战略包括犯罪预防与社区犯罪预防，而近期预防战略则包括情景预防。

预防战略包括两个层面，“社会水平干涉”与“情景水平干涉”。社会水平干涉包括各犯罪与社区预防的项目，其目标为机构与单位。例如，学校、家庭、就业市场；情景水平干涉的目标是情景因素。例如，潜在的作案目标，警卫的能力或作案环境。

在对重复被害型模式进行分析后，就应着手制定对反复被犯罪侵害的对象，或居民区，或房屋的预防对策。一旦确定了已知的被害人，就可以对他们事先采取保护措施，防止二次被犯罪侵害，因为被害者比常人有较高的“被害率”。这样就可及时地保护对象，防患于未然。前面所讨论的英国科克豪特预防入室盗窃项目，就是预防反复被害的例子。他们在确定反复被害人的基础上，开展安全调查，安装防卫硬件，鼓励被害人参加“蚕茧”式邻里守望。其他预防被害人反复被侵害的措施有：提供便携式人身攻击报警器或安装入室盗窃报警器，安装闭路电视系统，识别窃贼等（Farrell and Peace，1993）。

预防犯罪的组织，同样也应对预防工作的“重要机制”有清晰的认识。在公共场所安装闭路电视摄像机，可在不同的方面降低犯罪。这些方面包括增加公众应用安装摄像机路口的数量，提高犯罪嫌疑人的逮捕率，震慑潜在的犯罪分子。不仅要重视预防犯罪工作的机制，也要重视其程序的重要性，这样才可能提高工作效益。

干预的水平与核心机制确定之后，实施措施就显得尤为重要。应事先准备好整套对策，慎重选择，对症下药。1994 年艾克勒姆（Ekblom）提供了对策的方案。在许多情况下，最适宜的干预工作相当的简单平凡。像维修建筑群，制定乡规民约，执行居房法规，鼓励个人与单位提高对财产保护的认识等。

或许，干预工作的重点很难确定，需运筹帷幄，反复权衡。要考虑各种措施将会给社区带来的福利，考虑犯罪行为给社区造成的社会与经济的后果。制定工作重点时，所采取的政策要与具体实践相结合。虽然，犯罪分析体系或预防机构覆盖于大城市或城镇，但仍须建立特殊的委员会。

德国的“英奎德”委员会

1979 年，在德国的诺曼斯特市成立了一个特殊的、独立的委员会。该委员会的任务是开展有关犯罪及其成因的系统研究，并为预防犯罪工作提供可操作的建设性意见。被命名为“英奎德”委员会。虽然这是一个独立的机构，却与市政府密切合作，共同研讨城市与社会结构以及犯罪问题。该委员会的信息库由几部分组成，它包括本地警察局统计资料，一个本地各学校的自报案件样本，犯罪人调查，本地犯罪空间分布分析等。在该委员会的报告中，列举了预防犯罪的综合措施，分为社会与情景预防两部分。主要包括：建立本市各部门综合预防委员会；在犯罪高发区的邻里内，每 250 名居民中建立一个“社区活动站”。活动站的任务是：在预防犯罪工作中，增加基层的参与和介入意识，改善社区凝聚力，鼓励自防自救，化解地方冲突，提供危机救助以及 24 小时的法律、财政与人身咨询。

“社区服务站”的建立，其先决条件是市长和他手下主要领导人在财政与政策上的支持与鼓励。在诺曼斯特市，说服政客与管理人员，让他们知道，对付犯罪，工作应做在案发之前，防患于未然，而不是发案之后亡羊补牢。这种说服工作十分困难。没有任何证据证明“社区服务站”能降低犯罪或者能马到成功，又怎能让人信服呢？在实际贯彻中，各部门意见不一，特别是当处理青少年犯罪问题时，警察与社会工作者互相指责，各自为政。简而言之，警察把青少年视为“是个问题”，而社会工作者却把青少年看作“被问题所困扰”（Grabam，1988 年）。

正如上述例子所证明的那样，实施措施的制定与选择至关重要，制定不当的措施，脱离实际，如空中楼阁，将会影响单一机关或多个机关的利益。因此，选择措施，不能单凭政客或官老爷拍脑袋，而应依靠对可能成功性的逻辑评价。科学研究与评价能协助各机关选择工作的切实可行的方式方法。如果可能的话，在实施过程中进行犯罪分析与社区分析，这一切均有助于克服阻力，对症下药。

四、 贯彻实施

在实施预防犯罪措施时，有五条战略应切记在心：(1) 制定条例规则，以约束规范行为。像制定禁酒法，以法律为武器，在特定的时间地点限制酒的买卖与消费。(2) 提供必要的设备和辅助手段，以便保证项目实施的顺利进行。例如，为监测学生在校率而安装电子计算机监测系统。(3) 对采用预防措施的居民实施奖励。例如，凡安装门锁、窗锁的居民，可减少保险费的征收。(4) 通过谈判，协商解决项目的花费。协调开办单位与服务人员之间的利益。(5) 大力宣传，传播信息，提供咨询。使大众了解，为获得有效的贯彻与实施，问题的本质是什么，要解决的难点是什么，为此所制定的措施有哪些。

尽管提出了上述五条战略，但在实际工作中所要遇到的困难仍有许多。一个不能完全贯彻的，缺胳膊少腿的贯彻实施方案，是很难取得降低犯罪的预想效果的。

凡是由单一机构实施的项目，所遇到的问题就少；凡是由多种机构联合实施的项目，所遇到的问题就多。例如，警务工作中的专项巡逻、情景巡逻、嫌疑犯侦缉队等，都收效喜人，成绩显著（Eck and Spelman，1987；Hope，1994）。相反，各单位联合行动，却带来了问题。例如，英国开展了一项由 11 所中小学参加的，旨在减少学校内破坏活动的实验，就暴露出各单位在协作中所存在的种种问题（Hope，1985）。

英国学校打击破坏活动项目

一个由学校教职工、地方政府官员、警察所组成的小组召开会议，讨论怎样在学校中打击破坏活动。小组同时听取了英国内政部官员关于情景预防措施与社会预防措施的建议。会上，大家异口同声地选择了自然情景预防法。为什么这样决断呢？郝普注意到，这样的抉择不是因为它可能行之有效，而只是因为从行政管理的角度，它简便易行。对大多数与会者而言，头脑中对这种方法存在定式，认为它符合问题的本质。但在实际贯彻执行中，只有少数几项措施得以全面贯彻。会议所决定的 30 项措施，只有两所学校全面实施，其余的6所学校仅贯彻了15项，还有3所学校一项措施也没执行。在为期两年的实验中，人们发现有五种因素阻碍了工作进程：

(1) 意想不到的技术困难。许多学校按照建议安装了防碎玻璃，以防碎玻璃代替了现有的玻璃。但是学校所安装的防碎玻璃，不像在市建筑展示会上陈列的那种，质量不行。在火灾中易造成伤害。

(2) 管理无人过问。某校由于操场过于拥挤，决定将其改建，建设一所安全的操场。改建计划必须向教育部门与市政计划委员会同时报批。报告上呈已18个月之久，泥牛入海，杳无音信。

(3) 不能协调行动。根据建议，学校旁的两个居民区中的住户应在放学后监督学生们的行为举止，一旦发现可疑，即向警察报告。为达此目的，需要多个部门的支持与协作。它包括教育部门、在校的教职工与学生、三个地方警署。上述人员均被告知此事，但没有人牵头，协调行动。

(4) 工作重点各异。实施工作困难重重。不仅存在着设计人员所说的官僚主义，也包括参与项目的各单位内部工作的重新组合。例如，打击破坏活动的夭折是由于各部门工作重点各异，现有的组织机构不能适应。

(5) 意想不到的阻力性后果。这里指的是所采取的任何一种行动的广泛后果。它们甚至包括，为工作人员支付加班工资。如果一个学校为巡逻人员支付加班工资，那么别的学校也要效仿。一石激起千层浪，最终导致整个项目的崩溃。

很多研究证实，当各单位一起合作时，困难即随之出现。英国西南有一个预防实验。包括本地教堂、市公所、警察以及基层单位于一体。其结果是麻烦不断，举步维艰（Moore and Bornn，1981）。不协调的合作多种多样，各自从自己的专业角度分析问题，不了解自己的确切位置，感觉自己的地盘被侵占，独立性受到威胁。

参与者不同，权力各异，这一点是不可避免的。但应各退一步，互为节制。特别重要的是，“警察的观点”不应成为一言堂，压制或排斥其他的声音。形成“一鸟入林，百鸟压音”的局面。至于各单位之间的纷争，居民内部的异议，则当妥善分清主次，慎重解决。还有一点至关重要，即不可忽视少数人的观点，不能以强代弱，因为少数人也许正是易被犯罪侵害的那部分人。

在预防犯罪项目的实施过程中，尽管千头万绪，问题重重。但应细心整理，寻找解决问题的方法，下列五点，或许会有利于问题的解决。

第一，预防犯罪的组织结构应健全，使各种机能得以正常运转。组织结构应灵活多变以适应上至县市，下到百姓的多种层次的需要。群龙无首，一事难成。因此，卓有成效的工作组合，只有在某个个人或单位的领导下才可成功。在预防犯罪工作中，警察通常承担起领导的重担，但这并不是说警察就一定非做领导不可。当然，警察或其他单位可以在县、市、区一级的项目中负责，而在具体项目中，一个组织甚至某个个人也可起到领导作用。此外，在一个预防犯罪项目中，人员的安全也很重要（英国内政部，1990 年）。

第二，各单位之间的协作网络复杂多样，这就需要科学地指导与有效地管理。承担监督整个过程、巡视各个环节的职业合作者①应以协商者、激励者以及催化剂的作用出现。所谓合作者的产生有两个途径，一是从外部聘请，二是由组建单位内部产生，两者各有利弊。由外部聘请的合作者，一方面要额外付钱，另一方面可对现行的体制提出独特的看法。由组建单位内部产生的合作者，可以便于协调内部权力，特别是在目标与方式尚未确定时，他可从中周旋，平衡权力。

第三，确保地方委员会最大限度地承担对实验项目的共同责任，支持这个项目，这一点至关重要。为达此目的，应组建以社区为本的参与者座谈会，明确与分担各自的职责，提高公众的认识，增进制定政策的透明度，加强合作，鼓励创新。要特别注意，在制定政策，作出决策的阶段，要达到共识，以防日后在贯彻执行时，存在不同意见使计划流产。座谈会的作用就是把日后可能产生的矛盾冲突摆到桌面上来，而不是将这些隐患留到实施阶段。

第四，当把活动的重点放在预防犯罪时，就应当采取长期打算的战略。而长远战略或许会与地方的居民近期利益发生冲突。为此，一个卓有成效的预防犯罪项目应有两项保证，一是持续的协调；二是有效的领导。这就需要一个单位，或是志愿小组来当领导。为保持领导机构的长期稳定，需要制定

---

① 合作者，英文为 Co – ordmators，英文解释为 a person to make things work togethe，即承担联络、负责合作之人。——笔者注

未来发展的清晰规划。

就情景预防措施而言，或许是最容易实施的一种。因为它是一种对犯罪的直接反应，对参与者的有形激励，不依靠价值观的统一。尽管如此，正如上文所描述的那样，它仍可能在实施阶段遇到麻烦，也可能会产生负面效应。情景预防最大的副产品是那种漫不经心、设计低劣的物理监测系统会使人们最终产生“堡垒心态”，躲进小城，惶惶不可终日，使恐惧感上升，败坏了社区的声誉。

第五，对实施进行日常监督，会使项目事半功倍。对实施工作进行持续监督，并及时反馈修正。监督可使项目的管理者洞察秋毫，高瞻远瞩，而不是跟在事物本身发展的后面。日常监督，应以评估者的目光来收集整理信息。

五、评估

预防犯罪工作的最后阶段是评估，评估这个项目对犯罪水平的作用。虽然这是最后的阶段，但在项目开始之前，就应周密计划，耐心等待。花费足够的时间来实施并等待最后的结果。预防犯罪的工作，需要充裕的时间待其生根开花，如果周期过短，时间不充足，就会影响其结果。谁来作最终的评估者呢？这倒是个难解的问题。是由项目本身的工作者做呢，还是请外部人员独立评估？自我评估的优点是节省经费，但缺点是要遭受一个破坏成功发现的诱惑。如果仍是简单地记录好消息，这个评估就会失去价值与可信度。因此，凡实验中的错误与失败都必须完整地，一笔笔地记录在案。外部人员的独立评估，需要一定的花费，但带来的却是可信度，这笔钱就花得值得。有些评估的花费大约是该项目总投资的10%（Doigand&Littlewood，1992），故有时需说服项目的财政领导把钱花在评估上，这就是好钢用在刀刃上。

评估程序一般分为两种，即程序评估与结果评估。所谓程序评估，即对项目的贯彻实施之方式进行评价。所谓结果评估，即对项目的作用及设计的影响进行评价。前者是对项目实施的监测，特别是“已发生了什么”，而后者是指项目对选择对象所发生的结果（如犯罪水平）。

（一）程序评估

程序评估，需要确定在干预工作中发生了些什么，从而找到所发生问题的重点与难点，对症下药。评价实施效益的方式方法很多，按项目的种类之不同而不同。在评价防止逃学巡逻项目时，以警察在街面捉捕逃学学生的数量作为评价的方法（Ekblom，1979）。在评价邻里守望制时，评价方法是由一系列参数所组成的。例如，是否张贴了邻里守望标志，居民是否把自己视为该项目的一员，居民是否在贵重财产上进行了标刻，是否进行了家庭安全调查，是否经常巡视并发现可疑之人，是否向警察汇报巡视结果，等等（Bennet，1990）。有一项实验，旨在于犯罪高发区，把大量警力放在街面上，从而减少犯罪。该项目雇了许多青年学生站在街面上，数每分钟所见到的警车数量（Koper，1992）。下面介绍的美国预防犯罪的实验，它向人们展示，可以从其评估中受到多么深刻地教育。即使这个实验实施起来困难重重，仍可从中获益匪浅。

美国的反犯罪项目

1985 年，美国住房与城市发展部制定了一项反犯罪项目，该项目对犯罪成因进行了系统的分析研究，发现主要因素有贫穷、相对剥夺、就业机会不足、种族歧视、教育不足、住房拥挤、房屋破损、家庭功能不健全等。反犯罪项目是各部委联合行动的产物，劳动部、司法部、内政部、健康部、人事服务部与地方政府统一行动，建立伙伴关系。这个项目的宗旨是，面对城市退化，犯罪上升的局面，若想减少犯罪，邻里安宁，就只有通过官方政府支持的市民行动；实施社会控制，才可能实现。为达此目的，相关机构制定了一整套反犯罪的措施，它们包括：住房管理，青少年教育组织，增加就业机会，多种多样的青年、妇女与老人的服务计划，被害人救助计划以及改善警务方式，等等。在 16 座城市中开展反犯罪实验。在统一设计的基础上，因地制宜，开展工作。

程序评估的主要内容是确定在每个项目内都做了些什么，开展了多少种活动，这些活动的性质是什么，由哪些因素决定活动的形式、内容与时间。1986 年凯林（Kelling）等人对该项目的评估作了详细的报道，择要介绍如下：

（1）在项目的实施中，没有清楚的、连贯的政策制定。在最初的政策向前延伸时，后面的政策在旧政策的基础上产生或重叠。

（2）在16座城市中，实施工作五花八门。在一些城市中，各种措施被延迟、修改或重新设计与限定；在其他城市，依据实施者的好恶任意删除一些措施，只有一部分措施被实施生效。

（3）那种认为犯罪程度与公众安全感在16座城市中都差不多的假设是毫无根据的。这一错误的假设使得每个城市的项目获得了等额的财政支持。这些拨款没有考虑实际的需要。这种做法的结果是，有些地方问题成山，有些地方却不痛不痒。这就告诉我们，项目未动，系统的分析宜先行。分析包括各地的犯罪程度、居民的感觉水平。在制定战略、措施、预算、目标之前，系统分析，科学论证。

（4）实施中另一个使人困惑的问题是投资的时间。是短期投资还是长期投资，不同的单位着眼于项目的不同点，故看法不同。有人认为，短短12～18个月的时间，就实施而言，并不充裕，无论是贯彻的深度还是活动的种类都将受到限制。此外，在计划与协调方面缺乏技术，也是各单位产生矛盾的根源。

（5）人们发现警察的作用是关系到成败的关键。许多居民认为，警察参战标志着政府对犯罪问题的严重性有所认识。社会需要把警力放在街面上，对步巡或小队巡逻的呼声很高。

（6）创造更多的就业机会，是反犯罪项目成功的又一标志。项目之成功，不仅仅是以减少犯罪为标志，创造培训与就业机会被认为是该项目成功的重要标志。

预防犯罪项目的实施，是各单位齐抓共管系统工程。因此，也会导致诸多问题与矛盾。各自的职业立场不同，如果只是站在自己的观点上，就会对其他单位的立场与职责视而不见，充耳不闻。某些单位觉得，加入到综合治理论坛后，自己的独立性与权威性会受到侵害；而另一些单位则认为，别的单位向自己的领地插一脚，这口气难以下咽。多单位联合办公会导致问题复杂化、官僚主义的惰性以及不健康的竞争。毫无疑问，上述矛盾及利益之争，会导致所谓“设计偏移”，项目的组织者会因此逐步修改或放弃计划。

这时，如果建立内部协调机制，那么，评估工作或许仍能取得部分的成功。

上述问题可以减少到最低限度，甚至消失。具体的途径是，在实施项目之前确定一个可担重任的领导机构。这一点至关重要。领导机构的任务是在设计与实施项目时，把社区或工作组组织起来，确保监督，及时反馈。此外，雇用职业合作人；绝不能让项目的合作放任自流。

（二）结果评估

结果评估，又叫效果评估。它所选用的方法并不多。较常见的评价设计是确定社会干预行为的结果：一是实验设计法，二是准实验设计法。

1. 实验设计。实验设计与准实验设计最大的不同在于：在实验设计中，研究者控制着项目的任务与干预工作，将其放置于实验的或控制的状态之下；而在准实验中，研究者并没有实施控制。以古典实验设计为例，它包括实验客体的分布，实验组与控制两组，还包括实验前测试与实验后测试。实验前措施在实验干预工作开始之前就实施于实验组；实验后措施，则实施于实验后，并有时间使之发挥效益。实验组与控制组的差异，或许就是该项目的成果。因为两组差异的比较是实验的唯一可知的结果。

在实验设计中，项目或干预工作或许被分配于实验状况，或许被分配于控制状况，这种分配为随机分布，为匹配分布，或为其他有目的选择分布。在实验设计中所采用的随机化分配是一种最行之有效的方法，它可以确定处理变量（TreatmentVariable）（例如，预防犯罪战略）与结果变量（Outcome Variable）（例如，犯罪率）之间的因果关系（Causality）。这是因为所有的其他变量，或许会影响结果变量（例如，性别、年龄、社会经济状况对结果变量都会有所影响）。

在预防犯罪的项目评价中，随机化的实验并不多见。最著名的随机化实验是美国堪萨斯市的警察预防巡逻实验。在这个实验中，15 个巡逻区被随机化地分为三种实验状况。

五个被动反应巡逻模式（警官只对报案电话反应），五个控制组（每巡区设一辆巡逻车），五个主动先发反应巡逻模式（每巡区设 2 ~ 3 辆巡逻车）（Kelling et al，1974）。实验为期一年。

堪萨斯实验的结果是，三种巡逻模式在犯罪水平与被害人水平方面没有差异。这种令人吃惊的结论颇受批评与非议。批评的焦点是，这个实验没有实施实验设计的全部状况。费尔伯格等人（Fienberg，1974）怀疑，这些巡区的选择是否基于常规概念上的随机分布（即相等的客体概率或被选择的区域）。例如，被动反应警务区地处实验区中心之一角。1975 年菲特（Pate）等人认为，警察是以警务之兴趣来选择巡区的。佛灵顿（Farrington，1983）怀疑，在三种实验条件下的 15 个选点为数太少，不足以保证实验条件与控制条件之间的平衡。

在实际操作中，真正的随机化分布实验设计很难建立。例如，控制核心的独立变量的可能性并不大（核心独立变量指干预、处理或项目）。在指导干预分布中还有其他一些标准。在某些情况下，或许无道理地将工作分布于某一人群或某一地域。在这种情况下，评估者趋向于采用一种比完全实验设计略模糊的方法，即准实验法。

2. 准实验设计。在研究者无法控制一个项目的分布或实验与控制状况时，仍有可能对干预的效果进行研究。这种情况或许会发生在某一地区的居民要组建邻里守望制时，或许发生在地方政府要制定禁止酗酒驾车的法律时。这时，研究人员不可能控制谁参与了这个项目，他们力所能及的是调查干预工作的效果，通过实验组与控制组的比对，或通过实验前与实验后比对，评估效果。在这种情况下，实验者可选用“准实验法”，测定项目的效益。

虽然准实验法或许是在评价研究中最常用的方法，但与真正的实验方法比较，属于次一等的设计。因为它不能控制任何外部因素的效果，这些因素会对独立的变量产生干扰（例如，犯罪率）。也就是说，实验所产生的结果，即实验组与控制组的差异，到底是实验的结果呢，还是其他因素造成的结果？这很难确定。从研究方法的角度来看，准实验法比实验法承受了更大的关于准确性的指责与非议。因此，采纳正式的解释程序是必要的。在这个解释程序中，评估者必须充分考虑实验变量与测试结果的假设原因之间的联系机制。在实际操作中，这或许意味着，要思索清楚：是预防项目降低了犯罪率，还是本地发生的其他因素影响了犯罪率。这一点应研究清楚。这也许还意味着，要搞清楚这个项目是否具备减少犯罪的机制。

与实验法不同的是，准实验法还面临一个问题，即在实验组与控制组内的人或单位也许有差异。这也是准实验法遭受非议的原因。例如，研究证实，参加邻里守望的人与不参加的不是一种人。参加者多有自己的住房，多是已婚者，多有 5 岁以下的子女，而不参加的多是住公寓的单身汉（Bennet，1989）。值得庆幸的是，某些不均衡问题（不是全部），可在评价的设计阶段加以控制。总之，在解释发现时，评估者应考虑准实验法在准确性方面的不足（Pawson and Tilley，1992、1994），并在研究的程序上尽可能地加以解决（Cook and Campbell，1979；Judd and Kenney，1981）。

除了上述弊病，准实验法也有不少优点。正是由于这些优点的存在，吸引着人们在评价预防犯罪项目时选用它。例如，当无法就实施进行控制时，研究人员可选择准实验法。因此，当无法选择实验设计时，准实验设计就大有用武之地。常用的准实验法有四种，它们是单一组前后测定法、控制组对照法、重新调查法与时间顺序法。

“单一组前后测定法”，是指在实验前、实验中与实验后的观察，可参见反入室盗窃实验（Forrester，1988）。尽管如此，评估者无法确定，假如没有干预，会发生些什么。在一段时间内某地犯罪率一成不变的假设是错误的。这种设计的主要问题是，在外界因素无法控制的前提下，面对某些变量的升降（如犯罪率）很难确定其是干预的结果呢，还是该地区自身周期变化所致。

怎样解决外部因素与“自身周期”变化这两个因素的干扰呢？可采用控制组对照方法。控制组如处女地，未加任何干预，在此进行前测定与进行后测定，将是对方法论的充裕性与操作之必然性的最好妥协（对伦敦地区邻里守望制的评价，Bennet，1990）。在两个地区或两组人群中，一组实施干预，另一组不实施干预，而后进行定点测试（如居民调查）。这样实验组与控制组的差异，就是最好的评估结果。

“控制组对照法”比“单一组前后测定法”有很大的优势，因为它控制了“自然周期”变化的影响。而这种自然周期会在两个组内同时起作用。假如实验组与控制对照组的犯罪率同时下降，但下降幅度之不同，这或许就是干预的结果。但切勿认为到此就万事大吉了，还要考虑所谓“地方自然周期”的影响。这是指仅在某一地区所发生的特定变化。例如，反入室盗窃实验中，就没有认真对待地方自然周期问题，在实施预防实验时，该地还同时开展了一项地区改建项目（Osborn，1992）。因此迄今人们尚不清楚，在这一地区犯罪下降的结果是预防实验的结果呢，还是其他因素的结果。为了最大限度地降低“地方自然周期”的干扰，不仅需要对实验组与控制组同时观察，还要把任何变化因素都加以考虑，在解释结果时反复权衡，慎之又慎。

上述设计可以通过对两种情况下的同一单位（如同一人群的调查）的前后测定样本进行改善。尽管如此，重新调查会影响个案的代表性。因此，“重新调查法”不宜多用，最好只用于测定特定人群内的变化。“控制组对照法”（有时又叫跨单元样本法）多用于确定某一地区的变化；“重新调查法”（又叫小组样本设计）多用于测定人群变化。两者各有所长，如果同时使用，将会收到更好的效果。

“时间顺序法”是另一种评估预防犯罪效益的常见方法（参见情景巡逻的评价，Boydsturn，1975）。这种方法适用于评价特种预防项目，即犯罪率随时间不断变化的那一种项目特别有效。最简单的做法是记录每月的犯罪变化。在实施实验前一两年内，以及实验后一两年内做系统地记录。最理想的结果是，实施干预后犯罪随时间日趋减少，干预结束后犯罪又上升。这种方法还可辅以控制组对照法，了解控制组内的自然变化。此外，还可采用控制“地方自然周期”的方法（即只影响一个地区的因素）。

艾克伯姆和皮斯（Ekblom and Pease）曾说过，评估工作错综复杂，充满难点。不准确之评价，尽管程度不一，都难避免，即使是随机实验，失误亦难免。在实施中，有许多预防犯罪的实验的评估以失败告终，或样本单薄，或缺陷重重。更有甚者，许多实验中各种措施一哄而上，最后无法确定是哪一项措施减少了犯罪。评估不足，焉能无误？

评估工作耗时费力、杂乱无章，有时花钱不少还是遭到非议。研究常处于缺乏管理、条理不清的局面。有时还要遭受来自政治或经济方面的压力，出现不管客观现实如何，人为制造某一实验大获成功的局面。尽管如此，研究者与实际操作者可通过合作共事，双方获益，尽管各自的利益与着重点不同。操作者能帮助研究者脚踏实地，操作者具备健康的怀疑态度，是科学发现之准确性与可信度的试金石。通过双方努力，无论项目成败，均可获得有价值的经验。不必把评估视为纯粹的技术或科学的象牙塔，操作者可在其中扮演有声有色的角色。在某些评估中，操作者为研究提供了必要帮助，增添了有价值的结论。与单独由评估者所作的结论相比，这种结论愈加精准，更有价值。

本章理论盘点与评述

一、西方预防犯罪中“重本轻标”的启示

1998年，笔者在联合国欧洲及北美预防犯罪和罪犯待遇研究所（芬兰），工作学习了一年。所长马蒂鸠森对中国非常友好。为了回报所长的友情，笔者把该所的一本重要的著作，英文版的《欧美预防犯罪方略》翻译成中文，并在中国出版。《欧美预防犯罪方略》汇集了欧洲和北美近50年以来的54个预防犯罪的实验项目，可以说是欧美预防犯罪的百科全书。

在翻译的过程中，笔者吃惊地发现，我们原来以为欧美预防犯罪最时髦的应该是技术预防，而近50年来欧美主要的预防犯罪项目和实验，主要集中在标本兼治，重在治本的范围之内。而技术预防仅占欧美预防犯罪中的一小部分。

欧美的犯罪行为预防，主要针对的是青少年犯罪，在这一领域中，包括了六大政策：城市预防政策、健康预防政策、家庭预防政策、教育预防政策、青年预防政策、就业预防政策。这六大政策都是在治本，而不是在治标。

因此，可以得出结论，在较为正统的欧美预防犯罪学家的眼里，治本的

重要性远重于治标，而技术预防主要针对的还是治标的环节。

与欧美预防犯罪的实践相比较，这些年来，在我们国家的预防犯罪工作中，花钱最多的，下力气最大的还是技术防范，我们在报警系统、监控系统、情报导向系统等诸多领域中花费了大量的资金，并取得了长足的发展。在很多技术防范的领域，赶上甚至超过了西方发达国，这是我们引以为豪的。

但是，我们又在内心中不断地发问？为什么我们在强调技术防范的时候，西方反而在强调标本兼治，重在治本呢？这里面有两种可能性：

一种可能性是在预防犯罪领域中，中国与西方发展的阶段不同。我们过去在技术防范中相对落后一些，而西方相对发达一些。所以在现阶段，我们更应该以发展技术防范为主，我们不可能跨越技术防范的阶段而直接进入标本兼治、重在治本的阶段。

还有一种可能性，就是西方在经历了警务现代化、科技强警等一系列技术防范的历程之后发现，这些成就，只是在治标，不是在治本，不可能根本解决犯罪问题，所以他们转向更加重视治本的工作。如果是这样的话，那我们就应该有所反思了，不要再走西方已经走过的老路，而应该跨越这个时代，在坚持技术防范的同时，更加重视治本工作，坚持我们的优势，发展我们的优势。

二、“犯罪条件易防论”

早在 2003 年，笔者就曾在博士论文中提出一个理论——“犯罪条件易防论”。就是在预防犯罪中。犯罪原因难以预防，犯罪条件易于预防。犯罪的发生是一个整体的链条作用的结果，它是由导致犯罪的诸多因素组成，也包括犯罪条件。

由于犯罪原因有很多种，防范难度非常之大，但是犯罪的条件往往只是单一条件，容易防范。如果我们将犯罪条件加以抑制，那么就能够在犯罪链条中找到最容易攻破的环节，对犯罪条件这一链条的破坏，就可以轻易地制止犯罪，这是一个预防犯罪的新发现，也是一个脑筋急转弯式的题目。这就是西方情景预防的理论根基之所在。

情景预防这一理论介绍到中国来也有很多年，但是人们重视不够，很多犯罪学家往往只注重犯罪成因，而忽视了犯罪条件。换句话说，人们对犯罪心理学、犯罪社会学、犯罪生物学往往了如指掌，对那些西方的流派如数家珍，但是对情景防范这一理论往往重视不够，甚至说对他的真正内涵理解的也不够。

从 1999 年开始，笔者有意识地向老百姓介绍西方情景预防的观点，为了让老百姓更加准确地了解情景防范这一理论的真实内涵，试图把情景预防翻译成为老百姓容易理解的大白话，当时翻译了好几种版本挂在网上由老百姓与网友来挑选，最后大家一致公认有一个翻译非常好：给小偷一个不偷你的理由。这句话广为传播，并成为大爷大妈能听懂，会运用的一句预防犯罪的箴言。

三、 第四次警务革命论

关于社区警务在预防犯罪中的重要性，本书作了详细的介绍。

社区警务是西方四次警务革命的最后一次，社区警务认为：产生犯罪的根源在社会，抑制犯罪的主力军是人民。与中国公安学不同的是，中国公安学把人民列为公安工作的客体，把人民列为公安工作保护的对象。而西方警察认为：人民群众不完全是公安工作保卫的对象，相反，人民群众是预防犯罪的主力军，警察是重要的方面军，或是领导者，但警察不是主力军。

第一次警务革命产生于 1829 年，英国人罗伯特 · 比尔建立伦敦大都市警察，这是世界上公认的最早的职业制服警察。第一次警务革命是警察从无到有的革命。

第二次警务革命是美国警察的专业化运作，产生于 20 世纪 20 年代的美国。第二次警务革命的核心词是“警察不参与论”，警察不过多地参与非警务活动，而主要向法律负责。第二次警务革命是警察独立和成熟的标志。

第三次警务革命是警察现代化。它的核心词是：四个现代化和三个增长。所谓四个现代化是：电子计算机在警务工作中的广泛应用，车巡代替了步巡，通信装备现代化，警察个人装备现代化。

同时，警察的人、财、物，在第三次警务革命得到了迅速的发展。但是，警察现代化不久，人们就发现了警察现代化的弊端。首先是，警力和犯罪恐怖增长。其次，警民关系恶化，老百姓说："巡逻车开得越快，离我们老百姓越远。"最后一点就是警察现代化中，所提出的车巡与快速反应机制，并没有像人们想象的那样取得辉煌的成就，相反，对着一些快速反应机制效果的评价，人们产生了疑问。在此基础上，社区警务运动应运而生，社区警务运作不仅是警察现代化之后最重要的一次警务革命，也是西方预防犯罪中重要的理论和实践的尝试。

第八章 警务理论研究

警务理论不是从来就有的，是随着经济的发展，社会的进步和需要，逐渐出现，然后不断发展和完善。针对日益复杂恶劣的社会形势，为了更好地应对和处置突发情况，为了更好地服务人民群众，维护公共利益，各国警务紧跟时代发展步伐，提出了许多相应的理论。这些警务理论一经提出，便得到了世界各国的广泛认同和赞许，并被很好地运用于实际工作中，指导警务工作。

国外并没有对警务有明确的定义，通过探索，我们认为狭义警务指警察实施的行为；广义警务指全社会实施的维护治安，打击犯罪的行为。安德逊提出了六种警务论：无形警务论、惩罚性警务论、反应警务论、镇压警务论、主动先发警务论、社区警务论，除此之外，还提出了警务改革的理念。罗伯提出了两种警务模式：政治警务模式、合法警务模式。

在正式警务形成之前，有“以无形胜有形”的非正式警务论；标志着国际警务改革大趋势的社区导向警务论；赫尔曼·戈德斯登提出的旨在倡导警察应积极发现蔓延于社区中的影响犯罪的各种问题，并且针对每类问题采取合适的措施，从根本上进行解决的问题导向警务；各国针对世界普遍存在的热点问题，形成自己的反恐导向警务论；为更好地用警务力量来管理和化解危机提出的危机警务论；在广泛收集违法犯罪信息，并对其进行深入细致的分析研究，以使决策者从总体战略和具体战术的不同角度指导警务活动的情报导向警务。

第一节

欧美警务论的概念

警务与警察勤务在英文中是两个截然不同的词，也是困扰中国警学研究人员的两个难懂的概念。人们要问它们的定义是什么？各包含些什么内容呢？不幸的是，英美警察科学研究人员，似乎并不偏爱对概念下确切的定义，因此只好由我们自己来探索了。

一、 什么是警务

英文警务概念。警务，英文为“Policing”，一般指警察行为。英文中“Police”指名词或动词。在它作动词时，意为警察行为，如警察控制、维护等。Police 加 ing 为动名词，指全部警察行为的总和，译为警察工作。我国台湾地区常译为“警政”，我国大陆常译为“警务”。有人根据中文含义认为警政是警察行政，警务为警察勤务，并由此断定警政大于警务。实际上在大多数情况下，警政与警务在英文中都是一个词——Policing。

约翰·安德逊的警务概念。英国警学专家约翰·安德逊在《警务自由》（Policing Freedom）一书中说：“狭义警务即指警察队伍所干的事情……”这句话可定义为“狭义警务概念即警察队伍（机关）的工作与行为”。安德逊认为还有广义警察行为，即由社会各个部门所实施的打击犯罪，维护治安的行为。

警务概念的大小。“警务”一词在英文中可大可小。抽象时指一切警察行为之总和，如 Policing Freedom（自由资本主义时代的警务），Policing in China（中国警察工作），具体时指工作警察，如 Community Policing（社区警务），Emergency Policing（紧急警务），等等。

“Policing”（警务）一词产生于警察诞生之前，如 Imformal Policing（无形警务）就是指在警察产生之前传统的迷信、宗教、习惯、禁忌控制社会的作用。

二、 什么是警察勤务

警察勤务的概念。警察勤务英文为 Police Operation。英文中 Operation 的含义为：“工作或操作的行为，程序或方法”，或“某一系列行动中的一种工作”，或“部队的一种战略行动”。所以警察勤务是指警务中的具体的、具有可操作性的、阶段性的行动。显然，警察勤务比警务要小得多。Police Operation 包含在 Policing 之中。

例如，中文中的“严打”，标准的英译为 Police Tough Operation（警察激烈的勤务）。像警察专项工作，如禁毒、扫黄、打拐均属于勤务的范畴。

三、什么是警政

警政的概念。警政在英文中是两个概念的意译。一个是 Policing，可根据上下文灵活地翻译为警务或警政。我国大陆习惯译为警务，台湾地区习惯译为警政。另一个是 Police Administration，各译为“警察行政”或“警察管理”。早在 1905 年大清光绪年建立巡警部时，警政局就是最早的五个局之一，它的责任是警察行政或管理。在中文中警政与警务的含义是既包含，又有区别的。

四、警务的定义

警务概念定义。王大伟认为，警务是英文 Policing 的翻译，亦有人评作警政，指警察行为。狭义警务指警察实施的行为；广义警务指全社会实施的维护治安，打击犯罪的行为。抽象地说，它是全部警察行为之总和；具体地说，指某一项警察行为。它涵盖警察哲学、警察勤务与警用技术。要区别 Police Operation（警察勤务）、Police Administration（警察行政）两个概念与警务的差异。

名称	定义
警　务 Policing	抽象概念指警察行为之总和，具体概念指某一项警察行为，如 Community Policing（社区警务）。与中文的警察工作相似。
警察勤务 Police Operation	具体的，具有可操作性的，阶段性的警务行动，如 Police Tough Operation（“严打”）。与中文的专项斗争、专门工作相似。
警　政 Policing 或 Police Administration	警察行政或管理，或 Policing（警务）的另一种变译法。

从包容关系来看，警务最大，警察勤务最小。例如，社会警务中，指导思想属于警察哲学；具体工作属于警察勤务；具体技术属于警用技术。而上述三个层次统称为警务。

第二节

欧美警务方式论

假定警务的主要目的是通过建立与大多数公民的依赖关系而减少犯罪、维持秩序；通过发展这种依赖关系以保证社区支持减少犯罪的努力。法律对警察的角色期望反映在对犯罪的关注上；社区支援的要求反映在社区对警察角色期望的关心上。

库肯达尔（J. L. Kuykendall）认为警察可以采用各种方式减少犯罪、维持秩序。但这些方式要通过两个因素发挥作用，即进行越轨行为的机会和进行越轨行为的需求和原因。而后者可用动机代表之。①

警察选以处理犯罪和治安问题的手段可以作用于机会和动机，又可作用于其中一个方面。这些方法对社区而论，可能产生肯定效应，也可能出现否定效应。肯定方法是那些社区认为是帮助他们解决问题，是鼓励、支持和辅助社区自力更生处理犯罪和治安问题的方法。否定方法是那些逮捕社区公民，给社区成员开具罚单的方法。采取不同方法减少犯罪、维持秩序，一是可以影响警察与社区的关系，二是可以反映社区警察所扮演的角色，是咨询人员还是强制人员。强调不同的角色意义，导致不同的警务风格。

一、 警务风格

① 见 J. L. Kuykendall 载于 M. R. Pogrebin 等编 “Police Administrative Issues”。

按照安德逊六种警务论的定义，警务风格，即警察部门处置犯罪和治安问题的整体策略。它取决于警察管理人员的态度和政策。古往今来，警察使用过或正在使用的警务风格有六大类①，即：

（一）无形警务论

无形警务论的概念。无形警务（Informal Policing），又称非正式警务，是古代西方社会的一种警务方式。警务者，无形胜有形。最成功的警务不在警察之功，而无形的社会控制、传统的抑制是控制犯罪最有效的手段。

无形警务论的内容。在正式警务形成之前，甚至在警务的基础法律产生之前，传统的迷信、宗教、习俗和禁忌支配着人们的道德和价值标准。因为家庭是西方文明的核心，所以家庭控制是无形警务的重要组成部分。

随着社会的发展，家庭和传统对犯罪的束缚逐渐崩溃，青少年与法律的冲突加深，特别是在今日西方，离婚率激增，标准的家庭模式已是一去不返。子女们深受单亲家庭文化的冲击而导致心理的失衡。

在控制社会行为方面，迷信和禁忌也起着十分重要的作用。在原始社会，迷信、宗教、禁忌是最早，也许是最初的非正式社会控制手段。如果个人违背了禁忌，将要受到惩罚。宗教的作用很大。《旧约》的“十诫”在西方基督教国家中的预防犯罪作用已远远超出任何一部法典。同时，“十诫”又是制定法典的重要依据。大千世界，宗教五花八门，其他宗教经典如《古兰经》、佛经等，都在世俗世界起着抑制犯罪的重要作用。

（二）惩罚性警务论

惩罚性警务论概念。惩罚性警务（Punitive Policing）是17世纪前后流行于西欧的警务形式，它与古典犯罪学派中的惩罚理论有着密切的联系。

惩罚性警务论的理论基础。惩罚性警务论的理论基础是“即将而来的恐惧”（Suspended Terror），以恐惧抑制犯罪。该理论的假设是对罪犯施以重刑，杀一儆百，其效果会抑制其他人走上犯罪的道路。这种假设不仅在实践

① ［英］约翰·安德逊：《自由警务论》。

中容易被理解，也曾经在欧洲作为主要的预防犯罪政策实施了几百年，其中以“严惩制”（Severity of Punishment）为代表。19 世纪维多利亚女王统治下的英国，是这种政策最大的实验基地，约有 300 种罪名可被判处死刑，其中包括在皇家园林打猎等。然而这一措施并没有收到预期效果。著名的警务专家瑞得尼劳在《英国刑法史》一书中写道：“处绞刑那天真是人山人海，万头攒动。讨饭的、小偷、富翁、绅士都来到刑场。这种赶庙会似的群众聚会正好为窃贼提供了千载难逢的时机。不一会儿，地方官（当时尚无警察）就被丢怀表、丢钱包和书籍的人围得水泄不通。”这是对惩罚性警务的绝妙讽刺。事实证明，预防犯罪需要全社会的齐抓共管和一支行之有效的警察队伍，单凭一部残酷的法典是无法从根本上抑制犯罪的。以恐惧抑制犯罪的理论矛头指向罪犯而不是犯罪本身，更不能预防犯罪。如果罪犯不能被重刑威慑住，如果整个社会不能容忍巨大的死刑条款，那么社会就要寻求新的方式，或新的警务风格。如 19 世纪中叶，英国人把重犯流放到澳大利亚、新西兰等殖民地去，这些春风不度的地方成为死刑的替代。

随着社会的发展，文明的进步，西方主要国家对罪犯处罚的手段越来越温和。许多不人道的刑罚逐步被取消。然而今天惩罚性警务的影子仍然在一些地区出现。例如，仍有残酷的体罚存在，如鞭打、砍掉小偷手指等。西方警察学家称惩罚性警务是 20 世纪的东西。

（三）被动反应警务论

被动反应警务论的概念。被动反应警务（Reactive Policing）是一种随装备现代化而产生的警务风格。20 世纪 30—60 年代兴起于英美等国家。它强调接报案后警察的快速反应，反应时间作为衡量警察效率的重要标志。它又被称为“消防队”式的警务。

就公众的评价而言，警察对突发事件的反应能力是很重要的。对突发事件的反应能力有两个内容：一是反应的通信能力与交通运输能力，如通信器材和汽车等；二是通信、运输能力等实际能力与抗干扰性，如坏天气，远距离的反应。在此基础上，反应时间成为衡量警察效率的重要指标。反应时间是从接报警电话至警察到现场的时间。现代西方社会，如果警察反应时间短，公众评价就高，反之就会招来不满。

但被动反应警务也有若干潜在危险。首先，不能把被动反应警务视为包治百病的灵丹妙药。被动反应警务论又称“救火车式警务”，即“平时看不见，电话一呼唤，来时急如火，去时一溜烟”。从1960年起，现代科技对警务工作影响巨大。正如现代医学，由于科技发展而产生了医学伦理学一样（如安乐死等），现代科技对警察工作的影响，也将引起警察哲学、心理学等方面的相应变化。不幸的是，在新科学的浪潮前，警务方式、方法都发生了巨变，唯独警察心理没有变化。几十年来，由于口袋式对讲机、汽车和电子计算机的引入，改变了警务风格，从过去以步行巡逻为主的传统方式，一跃成为坐在巡逻车中，手持报话机的巡逻队。

被动反应警务论的得失。在这场历史巨革中，警察是有所得亦有所失。许多新一代警官已成为“技术警察”或“机器人”（Technological Cops），失去了往日与群众的鱼水之情，从而失去了人心。除了冲突与对抗之外，警察与群众是鸡犬之声相闻，老死不相往来。20世纪70年代英国警察部门信息情报系统实现电子计算机联网，有关的犯罪情报、档案可在几秒钟时间内远距离传送。这直接造成了警察自我封闭的局面。在这种条件下，警察成为“三种机器”，即计算机、对讲机和汽车。人们惊呼警察机器人的世界降临。

福兮祸之所伏。科技的温床已埋下了隐患的种子。警察三个最珍贵的东西——群众的友谊、了解和联系，在技术革命中失去了。警民关系中产生了一条巨大的鸿沟。鸿沟的一侧，警察画地为牢，走进被动反应警务死胡同；另一侧，群众则产生了误解、猜疑甚至敌意。不过科技也相对减轻了工作压力，提高了办事效率，这是我们应看到的进步。

技术力量的诱人之处，往往使人见利忘弊。那种加强技术力量、加强法律力量就是警务改革方向的观念是错误的。西方新倡导的“优秀民主警察”的要旨在于警察对群众的关心、理解和教育。其结果是警民互相帮助、了解。群众应当理解警察，警察应当做群众的向导、朋友，帮他们排忧解难，这样才能受到尊敬与依赖。

（四）镇压警务论

镇压警务论概念。镇压警务（Repressive Policing）是一种以大陆派警察

（法国、德国）为代表的警务风格。

镇压型警察存在于君主制国家或殖民地国家，特别是西欧大陆国家，如法国警察模式，即国家警察和宪兵。拿破仑·波拿巴的警察是西欧大陆模式的代表。这里的法律（罗马法）、文化和传统都适合独裁式的镇压型警察。

镇压型警察只对君主或殖民主负责，它缺少人民的理解和支持，它依靠武装来维护统治。殖民政府如果要站稳脚跟，也必须以武力解决问题。虽然近年来殖民政府多采取怀柔政策，力图表现出乐善好施的形象，但他们终究是外族统治者，必须凭借武力和镇压来维护统治。

在上述两种情况下，镇压型警察必须树立绝对尊严的形象。因为他们没有群众的理解和支持，所以权力与武力是生死攸关的。一旦突发事件发生，他们的反应是快速和坚决的。只有这样，他们才能树立威信。镇压型警察脱离了公众，住在军营中，以一种堂而皇之，高高在上的姿态出现。

镇压警务论特点。镇压型警察必须与人民脱离。如果相处亲密，感情日增，就会削弱镇压的力量。镇压型警察不需要了解人民，只需要严格的纪律，先进的装备以及军事化的训练。

镇压型警察必须保持权力效益的平衡，懂得紧与松的辩证关系。如果操之过急，压迫过凶，必然起暴乱；如果软弱无力，又失去了成功的保障。

（五）主动先发警务论

主动先发警务论概念。先发警务（Proactive Policing），又译主动提前警务，是20世纪60年代末到70年代初开始于欧美的一种警务风格。它与被动警务相对应。它包括任何人类减少犯罪的努力、行为与活动，旨在唤起社会并采用各种手段减少犯罪。先发警务以预防为主，强调社会各界的合作，从根本上减少犯罪的社会根源。先发警务论属于初级预防警务论的范畴，包括任何人类减少犯罪的行为。它唤起社会与社区的各种努力以减少犯罪。它是综合性犯罪手段，比反应警务具有更明显的效果，因为它采取了一系列先发制人的措施。

先发警务努力寻求一套最完美的预防犯罪形式，如加强社会控制，增进整个社会的彼此信任等。预防犯罪的方法因文化、社会性质的不同而不同。

英国许多警官对先发警务摸不准，觉得只是种抽象概念，远在天边，玄妙而不可言，带有理想主义的色彩。基层警员则带着怀疑的目光注视着它，一旦懂得它深刻的内在含义，并使之成为战术手段而介绍给整个社区后，警员就会觉得这是个好东西，热情也就随之而来了。它既玄而又实用，在实践中很有效果。

先发警务特别注意整个社会教育的重要性，把它列为广泛、长久的战略目标之一，并把教育单位、学校、家长以及学生团结在一起。作为新的警务风格，警察力图多创造条件与联系人联系。不仅要在作案现场与群众联系，而且在日常生活中与群众联系。这样，警察与学校的综合教育网络就应运而生了。青少年和警察在这个计划中彼此了解，增进友谊。

先发警务力图减少社会各部门之间的矛盾，增进合作，促进信任，调动一切社会积极因素减少犯罪，保护被害人，有时甚至要帮助罪犯及其家属。

（六）社区警务论

1. 社区警务概念。社区警务（Community Policing）是一种新型的警务改革方式。在西方，社区警务还有多种名称，如社区服务模式或社会预防等。社区警务是指以社区为主要单位的警务活动。这种警务活动充分体现了主动提前警务论的精髓。

2. 社区的概念。社区的英文含义为：住在一个特定地区的所有的人，或特别的地区，也包括这一地区的居民；或特有共同宗教，或职业等的一组人群。在这里，社区既指人，又指地区（小到自然村落街区，大到城市）。

专家认为社区警务是警察装备现代化之后的又一场警务革命，即所谓第四次警务革命。它源于英国古代的“太兴”保甲制。现代社区警务提出于美国，发展于英国。20 世纪 70 年代后西欧许多国家采用社区警务模式。社区警务与传统警务的区别在于：社区警务以调查犯罪现状与其他社会问题为先导，以公众为打击犯罪的主体，以社会为根治犯罪的主战场，以宣传、组织、教育公众为警务工作的中心。社区警务是西方警务改革的重要趋势之一。

从以上六种警务风格的描述中，我们可以充分了解到安德逊改革的主导思想：

1. 概括了从原始社会到现代社会警务风格的全貌。

2. 描绘了警务风格变化的总趋势，即返璞归真。从古代的非正式警务论、镇压警务论、被动警务论，一直到反应警务论、主动提前警务论和社区警务论。

3. 体现了对镇压警务论、被动警务论、反应警务论的批评与部分否定，对非正式警务论的怀念及对主动提前警务论与社区警务论的赞扬。

安德逊的思想主要源于他长期警务工作的实践。第二次世界大战前，他就开始了从基层警员干起的漫长的警察生涯。他深受罗伯特·比尔警务思想的影响，对英国平民化、自治式警察体制充满自豪。他的警学理论擅长思辨，被称为“安乐椅”上的警察科学。但由于思想方法与世界观的不同，他不可能认识警察阶级性在形成警务风格中的决定作用，对此应引起注意。

二、 警务的模式

罗伯的警务的模式。不同的历史时期，不同的社区条件，造就了取向不同，风格迥异的警务。① 回顾警务模式的演进，我们会对此产生强烈的认同。

（一）政治警务模式

从18世纪中期到20世纪20年代，地方警务为政治所统治，因此，这一时期的发展被看作警务的政治模型。这一时期政治影响执法的各个方面：雇用谁、给谁晋升、谁作警察首脑等都要取得所选出来的政府官员的同意。在一定程度上，甚至警察常做的拘捕活动和所提供的服务都要取决于政治因素。

这一时期的政治和经济腐败是警察严重的问题。尽管有些警官诚实负责，但大多数不是这样。这时的警察工作是分散的，邻里导向的。警察个人

① 见 R. R. Roberg “Police and Society”。

有很大的自由裁量权而且对违法的许多反应倾向于以个人好恶为基础。而对违法人员，不仅要考虑他对警官是否尊重，其家庭背景，还要看其以往的行为。不同城市的执法标准相去甚远，而且是地方政客而不是警察首脑在决定执法优先上起重要作用。

19 世纪中期各种倾向的融合导致政治机器控制城市。随着城市扩大，诸如警察、防火等市政要求增多，并要求满足。这时主要满足有影响力的中层、上层社会，而不是那些土著人和新移民。但随着下层社会的扩张，一些有政治抱负的人便试图获取政治支持，而且常有人成功地对几个城市进行政治控制。当然，中上层社会也不甘失去昔日的辉煌，冲突也就不可避免了。

作为选举产生的官员，政客们总要向市民作些许诺，公共工作成了对其成功当选后给予支持者的回报。警察工作变成了政治赞助体系的重要部分。这些工作之所以抢手是因为它们与其他工作相比，不需要很高技巧、很高能力却有很好的报酬。更有甚者，那些官员无所事事，天天游逛法庭和市政厅都被看作是在工作。而这些官员也不将之看作工作，而只将其看成支持政治机器的奖励。

警察部门也是维持其控制的至关重要的部分。警察特别被用在选举时期，这时警察维持投票站的秩序决定谁可以投票谁不可以投票。成为警官的人易于获得政治机器的恩宠且可以做任何事情以保留其权力。毕竟他们的工作需要他。而且许多官员也支持他，因为那机器经常代表他们自己的观点。

到了 19 世纪 90 年代，城市规模扩大，变得难以管理，而且政治支配的警察日发腐败，警察机构便成了批评的焦点。建立有效用、高效率、廉洁、正直、中立警察组织的呼声越来越高，警察也就开始了模式的转变。

（二）合法警务模式

到 1920 年，改革地方警务及一定程度上的州和联邦执法部门的努力开始有了效果。这一时期（1920—1960 年）是美国警察发展最重要的时期，因为这时建立了执法职业化的基础。

这一时期，警务的合法模型开始主导警察工作应怎样进行的思考。简而言之，这意味着警察应根据法律标准和组织政策决策，且不应受政治或个人考虑的影响。合法模型最重要的方面之一涉及警察的使命。这一模型提出犯罪斗争应作为警察的基本目的。他们用这一理念去动员民众对改革的支持，并且作为改革警察形象的方法。警察也开始努力强调其工作中最富戏剧性的方面。

1920年至1960年中期，美国许多警察部门发生巨大变化。政治主导不多，但不是完全为效率、集中管理和职业化所取代。这些变化是欧洲犯罪学的发展、美国社会和政治的变化和警察改革运动发展的结果。

当许多大城市发生这些变化时，在许多新兴社区，大多数中产阶级定居者期望政府服务应合乎效率和质量原则。这些社区的警察要训练有素、彬彬有礼、配备最好的装备、应用最先进的管理技术。进步时期的许多思想和警务合法模型的许多内容先在这些社区而不是大城市老城区发挥了作用。

这一时期较重要发展之一是委员会方法在改革中出现。当社区关心警察方法和行为时，重要居民和专家便被任命为委员会委员为变化作调查并提出建议。这种现象在地方和国家层面上都有出现过。

到20世纪30年代，有利于未来几十年执法改革的主题已全部建立。这包括集中制，通过职业化和政策、程序发展的行为标准、更多的教育和训练、基于绩效的筛选与晋级，对犯罪斗争目的的投入，使用最先进的科技等。

然而，在20世纪60年代，这些改革思想开始受到质疑。有的批评者认为，警察与政治分离导致社区中民选官员对警察政策毫无发言权，而造成警察与其所服务社区的分离。而且，为了克服政治腐败和滥用权威的历史问题使警察在对公民要求作出反应时过于非个人化了。批评还认为，警察强调与犯罪斗争是不恰当的，因为警察真正花在严重犯罪问题上的时间很少。这就是进行警务改革的舆论准备。

（三）警务的服务和权变模式

自20世纪60年代后期开始，警察的变化开始融合了合法时代出现的思想和那些我们称之为服务和权变模型的部分思想。服务模型近似于社区导向的警务，权变模型与问题导向的警务相似。

政治警务时代将警察和公众的互动看成是对无效和腐败的批评。合法警务产生的改革倾向于分离警察与公民。20世纪60年代的问题引来新一轮批评。他们要求克服警民分离而建立警民合作关系以共同解决犯罪和治安问题。这种伙伴关系包括警官与特定邻里共同工作以确认和解决与犯罪和治安相关的重要问题。

这一时期开始的变革涉及三个基本领域：政策发展、筛选与培训和组织与管理。政策领域涉及警官使用自由裁量权的方式，特别是涉及使用武力时。逐渐的，许多部门开始使用有关指导书，并提供使用适当方法的相关训练。

在筛选方面，开始强调招聘妇女和少数民族成员。这有利于提高有效性并减少敌意。在培训方面，一是时间加长，二是更强调人类关系问题，而且开发了许多新培训项目。

在组织管理方面也作过许多努力，但成功的不多。其中重要的两个是发展社区关系和犯罪预防项目。社区关系项目的意图是改善警察和公民之间的关系，但多数无效，因为许多警察部门将它用作向社区解释警察政策和实务而不是去了解社区问题及其公民对解决问题的要求。而且，许多警官认为改善社区关系不是他们的职责，故没有必要关心它。

这一时期犯罪预防运动变得越来越重要。20 世纪 60 年代后期，警察经常将犯罪预防作为公共关系战术以改善其在公众中的形象。然而到了 20 世纪 70 年代，警察部门开始教育公众如何保护自己及其财产。随后几年，犯罪预防开始变为以社区为导向了，警察部门开始组织楼群守望组织，并鼓励居民成为在的耳目。现在，犯罪预防成了社区和问题导向警务中警民共同控制犯罪的工作。

发展的变革多是对警务实践大量研究的结果。20 世纪 60 年代中期至今，有关警察活动和警察效用的知识急剧增多。警察部门也开始使用这些知识设计对付犯罪。权变理论就是企图将警察的反应建立在对犯罪的系统分析之上，而不是对每一案件、每一事件作独立反应。这种分析有时导致警察进行非传统反应，即不是用巡逻和调查来解决问题。一旦服务和权变模型联系起来，警察组织和警官的角色便会发生翻天覆地的变化。

第三节

非正式警务论

无形警务（Informal Policing），又称非正式警务，是古代西方社会的一种警务方式。警务者，无形胜有形。最成功的警务不在警察之功，而无形的社会控制、传统的抑制是控制犯罪最有效的手段。

无形警务论的内容。在正式警务形成之前，甚至在警务的基础法律产生之前，传统的迷信、宗教、习俗和禁忌支配着人们的道德和价值标准。因为家庭是西方文明的核心，所以家庭控制是无形警务的重要组成部分。

随着社会的发展，家庭和传统对犯罪的束缚逐渐崩溃，青少年与法律的冲突加深，特别是在今日西方，离婚率激增，标准的家庭模式已是一去不返。子女们深受单亲家庭文化的冲击而导致心理的失衡。

在控制社会行为方面，迷信和禁忌也起着十分重要的作用。在原始社会，迷信、宗教、禁忌是最早，也许是最初的非正式社会控制手段。如果个人违背了禁忌，将要受到魔鬼的惩罚。宗教的作用很大。《旧约》的“十戒”在西方基督教国家中的预防犯罪作用已远远超出任何一部法典。同时，“十戒”又是制定法典的重要依据。大千世界，宗教五花八门，其他宗教经典如《古兰经》、佛经等，都在世俗世界起着抑制犯罪的重要作用。

道德哲学是无形警务论中的另一个重要因素。古希腊哲学、东方儒家的哲学思想都是通向人类文明最高境界的阶梯。

非正式警务论是西方警务专家进行警务改革的理论基础，是社区警务、邻里守望制等新型警务实践和理论的出发点。一方面，非正式警务形式在利用社会、家庭控制犯罪方面，确有其独到之处和令人回味的地方；另一方面，西方警学家又过分渲染了这个所谓的理想社会。实际上，非正式警务只是人类警务活动最原始的初级形式。①

---

① 王大伟：《外国警察科学》，中国人民公安大学出版社2012年版。

第四节

社区导向警务论

社区导向警务[①]（Community - oriented Policing），又称社区警务，是现代欧美各国警务改革的重要组成部分。它产生于20世纪30年代中期。它标志着国际警务改革的大趋势。当前，社区导向警务已引起我国公安机关的充分重视，并开展了比较系统的研究。为把握世界警务改革大趋势，汲取与借鉴国外警务的成果，特将现代欧美社区导向警务介绍如下。

一、 社区导向警务原理

社区导向警务是近来随第四次警务革命在西方兴起的一种新的警务哲学，新的社区警务原则。

（一）社区导向警务的定义

社区导向警务是第四次警务革命的产物，相对来讲是一种新生事物，所以对其认识存在仁者见仁，智者见智的现象。以下是繁多定义中有代表性的几条：

1. 美国休斯敦警察局的定义：社区导向警务——存在于警方和社区之间的一种相互作用的过程，旨在共同发现和解决社区问题。实际上，其本质就是警方对社区认识的改变。传统的与社区隔离的警务战略已经无法适应新的形势，不能有效地控制犯罪。而社区警务在警方和社区之间建立了一种联盟，目的是通过双方的努力，创造更美好的邻里生活。

2. 英国社区导向警务的旗手安德逊的定义：安德逊以“社区警务树”来阐明社区导向警务的本意。其画面是一棵大树。树干是警察机关，树枝、

① 王大伟：《英美警察科学》，中国人民公安大学出版社1995年版。

树叶、果实是警察机关中的各个部门与警种，树下的土壤是社区。大树根扎在教堂、学校、工厂、企业之中。“社区警务树”体现了下列基本关系：(1) 警务的成效依赖社会（社区）。(2) 社会（社区）是打击与抑制犯罪的主体，也是警察建设的主要源泉。(3) 所有警察工作，包括巡逻、刑事侦查、交通管理，都离不开社区。

3. 英国莱斯特大学麦克金的定义：社区导向警务的形式是以社区为警察工作的导向。社区导向警务的本质是理性化，即在警务现代化之后按照时间、地点的具体情况，灵活地、理性地决定警务工作。

4. 王大伟社区导向警务的定义①：社区导向警务是欧美各国警察自 20 世纪 30 年代所兴起的一种警务改革方式。它的核心是理性化，即在警务装备现代化之后，面对日益增长的犯罪而进行的返璞归真，追求传统的改革。它的历史渊源可追溯到古罗马的“太兴”保甲制，古不列颠的自我警务制。它的基本理论是产生犯罪的根源在社会，抑制犯罪的根本力量也在社会。它的基本方法是警察与社会建立密切联系，通过双方的努力，再造社会和谐。它的工作范围是以地区自治为主导，以社区为基本单位，它的工作目的不单纯地指向犯罪，而是整个社会与广义的安定与安宁。因此，不能将社区导向警务理解为一定区域内的警察工作，不能理解为在某一特定人群所进行的警察工作，更不能理解为某一种由公众参与的预防犯罪的方法。社区导向警务不是一种方法，不是一种警务方式，而是一种理念，一种警察哲学。

（二）基本原理

安德逊社区警务树。

第四次警务革命始于 20 世纪 70 年代，发展至今。欧美社区警务战略之父是英国警学家约翰·安德逊。社区警务产生于美国，兴盛于英国。什么叫社区警务？社区警务的理念，最简单的叫作社区警务树。欧美社区警务战略的核心是“社区警务树”（Community Policing Tree）。

警察职业好比一棵大树，树上的枝枝叶叶，是各警种和分工，果实是警

① 王大伟：《英美警察科学》，中国人民公安大学出版社 1995 年版。

察工作的成效。前三次警务革命，我们都是要让这棵大树长得高、长得直，让它拼命地去长，但是这棵树长高了以后，就长疯了，脱离了群众，脱离了社会。第四次警务革命不是让树长高，而是让根往深处长，树有多高，根就要有多深，这就是社区警务。警察扎根的土壤就是社区。社区是个可大可小的概念，小可指几个街道，大可指几十个国家，例如，欧盟就是一个社区。这叫作警察哲学，不是操作的东西。社区警务的原理是：

第一，产生犯罪的根源在社会，那么抑制犯罪的主力军也在社会。过去我们认为警察是打击犯罪的主力军，现在西方人认为，人民群众才是主力军。

第二，警察的改革成效依赖于社区。

第三，所有的警务革命都离不开社区警务，不是说社区警务是单指治安，所有的警务革命都离不开它。

我国的“标本兼治，重在治本”的思想与欧美社区警务战略相似。“标”是树枝树叶，“本”是树根。我国的“标本兼治，重在治本”的思想与欧美社区警务战略相似。“标”是树枝树叶，“本”是树根。

安德逊社区导向警务十五条规则。约翰·安德逊在艾克塞特市创建英国第一个社区导向警务实验区时，曾制定了社区导向警务规则。这一规则对了解社区导向警务的基本原理至关重要。规则如下①：

1. 社会变迁对现存警察制度产生了巨大的压力，因此，警察必须适应这种变迁。

2. 社会变迁对警察的冲击主要体现在要求警察从被动反应的警务风格向主动提前警务风格转变。因为社会正在从专制走向民主。

3. 根据在艾克塞特市警察分局过去三年的实验，证实了以下情况：基于公众从总的方面，其他社会机关从特殊方面对预防犯罪作出了巨大的贡献，警察不仅能够而且愿意以伙伴的关系与他们共同合作。

4. 通过与部门代表和诸位警司的共同研究，决定自 1979 年 5 月 1 日起正式在德文与康沃警察队引进社区导向警务这一概念。

---

①［英］约翰·安德逊：《自由警务论》。

5. 社区导向警务被描述为一种日常的地区性警务。在所辖区，公众与各种社会机关密切合作，通过社会与法律的形式共同预防犯罪，特别是青少年犯罪。

6. 在各个社区中，犯罪情况、分布与特点将可视形式按地理形态加以分析与记录（即犯罪标图）。

7. 犯罪信息是对话的基础，应组织经常性的社会各部门与单位的会议，与教师、社会工作者、缓刑官、住房管理员、计划人员与青少年工作者共同交流与讨论。

8. 各种信息应与地方公众见面，经常与公众讨论采取什么样的社会活动来减少犯罪。应在有条件的地方建立地方咨询组。

9. 建立社区警员制。社区警员一般由当地居民担任。在整个社区所共同关心与感兴趣的社会活动中承担带头人的作用，并组织地方警务活动。

10. 以前所制订的警察局各部门的计划都必须以 1979 年 5 月 1 日的决定为依据。各种计划的实施与成就将要被考察。

11. 各级警官都必须对社区导向警务的计划作出反应。领导应对本计划的实施与考察负责，一般警员应充分支持本计划。

12. 为使本计划获得最佳效益，应事先组成讨论咨询组，并在每个局组织具体实施方法细则和解答会。

13. 建立犯罪预防支援总部。在每一个需要的地方建立咨询与助民点。

14. 未来的警务是一种三级警务战略。社区导向警务代表第一级警务战略。在抑制犯罪、维护社会治安等诸多方面，社区导向警务力图促进形成警察与公众密切合作的局面。紧急救助与快速反应是二级警务战略。救助汽车队、专项打击分队等在突发事件到来时将大显神威，成为社区导向警务的帮手。刑事侦查是三级警务战略。刑侦应从社区导向警务中获得信息并为改善社区导向警务而工作。

15. 为提供最佳警务，警察必须与广大公众与各种社会机关密切合作。

社区导向警务的基本原理。根据英国、美国社区导向警务的理论阐述与实际操作，社区导向警务的基本原理应包括以下 4 个方面①：

1. 抑制犯罪的关键在社区，而不在警察。根据犯罪学理论，产生犯罪的根源在社会。因此，有效地抑制犯罪，必须要依靠社会。著名犯罪社会学家杜尔凯姆的犯罪学理论，如《社会混乱论》认为，社会变革引起社会生态平衡破坏，社会生态平衡破坏引起道德规范的多元化，从而导致犯罪上升。

警察人数的增加与减少与发案数、破案数没有正比关系。例如，英国警察调查后发现，有时街上警察越多，报案数越多。与犯罪主要相关的因素是社会环境，如贫困、低教育程度、失业、社会震荡、人口密度增大等。

2. 警察人数的增长与减少犯罪，与提高破案率几乎无关。例如，美国 1991 年在堪萨斯的警察巡逻试验。在 15 个巡逻组中，增加两部车以上的巡逻，与根本不巡逻的结果相等。警察在巡逻中遇到抢劫案的比率是几十年一起。快速反应不像从前人们认为的那么重要。由于居民在报警之前总会有所耽搁，快速反应只有在少数情况下才会发挥重要作用。刑侦工作的成功主要依靠公众的信息而不是刑侦技术。

3. 公众需要的警察不是武装到牙齿的机器人。警察装备越现代化，与公众的距离就越遥远。公众需要的警察是充满同情的、助人为乐的。根据调查，警察工作的主要内容是为社会与公众服务。以报案电话为例，80% 的电话是为了寻求帮助和解答问题，仅有 20% 的电话与刑事发案有关。

4. 具体工作方法。西方社区导向警务主要采取下列方法来保一方平安：

（1）发现与了解社区的犯罪与社会问题。社区导向警务注重发现问题，跟踪问题。科学地调查研究是警务改革的基础。例如，英国社区导向警务的试点德文郡警察局，创造了标绘发案态势图的研究方法。把该市的市政平面图与发案态势图合并为一，从而发现犯罪的高发区域与危险地段。为系统地研究发案成因，科学地分配警力提供了坚实的依据。发现问题不仅在犯罪方面，更重要的是群众生活的关注点和要求优先解决的问题。如子女课外活动，节假日娱乐等。

---

① 王大伟：《英美警察科学》，中国人民公安大学出版社 1995 年版。

（2）鼓励公众参加预防犯罪工作，再造社会和谐感。采用一系列手段与措施，激发公众参与热情，建立固定亲密的警民伙伴关系，如召开座谈会，组建夏令营，组织丰富多彩的文化体育活动等。邻里守望制度是典型的创新之一。例如，英国军港普列茅斯市的水兵家属自愿组织起来，互相照顾，互相帮助。在邻居外出时帮助照看住房的安全。公众的参与，再造了社会和谐感，有助于形成全民皆警的局面。

（3）转变警务工作重点。社区导向警务体现了公民直接参与和全民皆警的新的警察工作观。警察局的指导思想不仅要体现对社区参与思想上的重视，也要体现在工作重点的转变上。刑侦工作的重点放在邻里的重点地区、犯罪高发区域。发展地区犯罪情报基地，依靠居民获取情报。固定步行巡逻的班次与路线，使巡逻警官与所保护的社区有机地结合在一起，当固定巡逻警官调离时，要安排过渡时间，以便接替人熟悉社区情况。

（4）警察自身体制的改革。社区导向警务是个复杂的系统工程，它要求警察机关的自身产生一系列体制上的变化与调整。工作评价制度需要改变。从过去单纯注重数量的积累（如逮捕数、处理报警电话数等）转变为解决问题和为公众服务的实际能力。警务调配需要调整。所有警务都要统一管理，组织与指挥，一切为了方便群众，服务群众。比如，在解决居民求援电话时，警察不是单纯地派去一辆巡逻车了事，而是按轻重缓急区别对待，或复函，或面谈，或在警察的帮助下，让群众自己解决。在培训中，新警员要学习有关社区的基本知识，掌握组织群众和做耐心细致工作的方法与技巧。

（三）社区导向警务的积极作用

社区导向警务有以下几个积极作用①：

1. 澄清了已往的片面认识，提高了警察的社会地位。传统上，各国警察部门总是把发案率、破案率作为衡量警察工作的重要标准，把治安的好坏与发案率的升降归结为警察的责任。这样一方面造成了立案不实，存在大量

① 王大伟：《英美警察科学》，中国人民公安大学出版社1995年版。

积案、漏案的弊病。另一方面，使警察在日益猛增的发案数前陷于被动，束手无策。社区导向警务作为一种新的警察哲学，启发社会重新认识犯罪成因的复杂性与社会性。它以科学的研究向公众揭示：发案率上升是社会政治、经济、文化冲突的产物，警察对其抑制作用不是决定性的。要抑制犯罪，关键在预防，预防的关键在社区参与各部门的齐抓共管。衡量警察工作应从“量”转变到“质”。从重视发案数、破案数到重视服务、帮助的效果与质量，使得全社区逐步理解警察工作，尊重警察的劳动。

2. 重新认识警察现代化。20 世纪 60 年代中期，西方各国开展的现代化，是以增加警力，增加开支与改善通信、交通器材装备为标志的。其结果是，高密度的车辆巡逻并没有降低发案率，最短的到达现场的时间也没有提高破案率。长期的现代化实践，迫使警察界的有识之士重新认识科学技术、器材装备的局限性。而社区导向警务是他们对现代化绝望后而产生的新的尝试与追求。

3. 重建社会和谐与全民皆警的概念。社区导向警务为增加警民合作创造了新的机会。警察不再把自己视作独立于社区外的力量。公众也不再把警察当作陌生人。通过警民之间的理解与合作，社会生态平衡机制不断得以加强，形成了以整个社会为主体的强大的抑制犯罪的能力。在这个体系面前，警察从人数的劣势转变为优势，犯罪分子从局部优势转变为整体劣势，形成了全民皆警的新格局。

现代欧美社区导向警务，不仅仅是操作概念上、战术上的转变，而是警察基本理论与哲学思想的根本变革。这种警务改革的大趋势，对我们的警察工作有很多启示，由于西方警察现代化比我国先行 50 余年，他们在改革道路上的经验与教训无疑有一定的借鉴价值。由于社会性质、国情与发展阶段的不同，我国的警察工作现代化必须在借鉴国外警务经验上，走符合中国国情的道路。

二、 艾克塞特的社区导向警务模式

英国德文郡警察局前局长约翰·安德逊是英国社区导向警务的主要倡导

人之一，他在1976年剑桥大学警学研讨会上提出，应特别重视市民传统与社区合作在控制犯罪中的作用。在全国范围内提高警务开支，负担庞大警察队伍和建立军事化警察队伍是危险的。事实上，现代警察力量把越来越多的资源集中于刑侦、破案、起诉方面，应用先进的科学技术提高技术反应能力。与此同时，却忽视了基本预防犯罪的政策。安德逊呼吁，必须建立一种新的观念以激发城市和社区投入预防犯罪工作。他认为："现代犯罪状况所要求投入的资源远远超过我们经济力量所能允许的范围。为打击犯罪，警察与市民必须同心协力，携手并肩。市民们将不再说：我们已经交税钱，警察所做的与我们无关。警察也不再有孤军作战的感觉，而把市民的同情转化为积极的支持。"

安德逊的核心概念是通过主动预防警务来控制犯罪。为此专门在德文郡警察组建了预防犯罪支援部（CPSU）。其工作要点如下：（1）选择适当警区，分析调查，搞清犯罪与社区存在的问题；（2）产生在新概念基础上的预防犯罪的新形式；（3）鼓励与导向，把警力引入预防犯罪工作；（4）利用社会支持，培养良好的市民风气，预防犯罪。最初本部有6名警察，后来降到5名，再以后降到4名。最初的试点是在艾克塞特市。这就是英国推行社区警务的开始。

艾克塞特市社区警务分为四个步骤进行①：

1. 了解社区犯罪问题。社区导向警务预防犯罪的第一步：采取科学方法分析地区性犯罪问题以及社区矛盾。艾市警察预防犯罪支援部把重点放在统计图表上。不仅是警察统计数字，也包括整个社区各行各业基本情况的综合分析。

科学研究分析的六个基本出发点是：（1）搞清基本犯罪情况、犯罪种类、犯罪时间与犯罪地点，特别是青少年的犯罪情况；（2）搞清犯罪的地域分布；（3）搞清青少年犯罪的高发点与特危区域；（4）以上述情况为基础向警察、犯罪专家和社区一切部门提供有价值的信息；（5）以上述情况启发警察思考，平衡主动预防警务与被动反应警务之间的关系；（6）在上

---

① 王大伟：《英美警察科学》，中国人民公安大学出版社1995年版。

述基础上促进社会各部门的密切合作，齐抓共管，协调预防犯罪工作。

艾克塞特市警察所采用的一个新方法是标图法（Spot-Mapping）这种方法过去曾被警察和市政部门采用过，但用在社区警务上还是第一次。艾克塞特市警察用标图法厘清了 1976 年地方犯罪分布走向。一开始，三类犯罪：暴力犯罪（人身攻击、抢劫等）、破坏行为和驾车盗窃分别标在三张图上。后来一名叫林斯代尔的警官发现把各种犯罪的分布综合在一张图上效果更好。把标图制成幻灯片，把各种犯罪的分布投影到一张图上。虽然各种犯罪类型的着色不一样，但很容易就找出了“黑点”和犯罪高发区。艾克塞特市的犯罪分布有以下特点：（1）高发区集中于市中心。犯罪以放射状从市中心向郊区分布。（2）市内主要交通干线是犯罪的高发区。（3）夜总会和食品外卖店与犯罪高发区重叠。（4）犯罪的固定性。“黑点”犯罪高发区的犯罪是相对固定的。破坏性犯罪，即青少年盲目的破坏行为占全部犯罪的 70% ~80%。犯罪总数在每个月份略有起伏，但变化不大。（5）犯罪的活动性。建筑区犯罪随防范措施（如铁门、栅栏）的增加而减少，夜间犯罪多于白天，停车场内犯罪主要集中于盗车犯罪等。

艾克塞特市的犯罪主要是青少年犯罪，而青少年犯罪主要是夜间 0 点以后的盲目的破坏行为。入夜，成群的青少年涌进酒店，不断地喝酒。根据英国法律，0 点酒店关门。喝得醉醺醺的青年人返回街头，无事可做，无处可去，于是借着酒疯盲目破坏，无故打架，大呼小叫，随地大小便。一部分人去外卖店买小吃。另一部分人开车回家或在街头游逛，又把犯罪带到街头和停车场。科学的犯罪情况分析，是社区警务科学对策的依据。标图法是艾克塞特市警察社区警务的主要经验之一。

2. 再造社区凝聚力。社区导向警务在英国始于 20 世纪 70 年代。自第二次世界大战后，现代化给英国社会带来巨大的矛盾，人民与社会疏远，孤立无援，传统的社区功能逐步瓦解，家庭、学校、街道等社会生态平衡的基本单位在社会巨变的浪潮前失去控制力。再造社会凝聚力（a sense of social cohesion）是社区导向警务的理论基础。英国社会学家提出了四条要素：在住宅设计时考虑加强邻里合作；加强家庭与社区的功能；加强地方人际关系；提高社会价值。艾克塞特市警察局认为，警察可以做许多工作帮助实现上述四要素。警察的工作是：建立市民与司法部门的联系渠道，扩大社区的联系；互通信息；为市民的行为提供咨询；鼓励社区为自身协调采取各种活动。这些行为旨在加强社会和谐，增强各种形式的非官方社会控制机制。

韦伯屯区（Whiplon）是艾克塞特市一个现代化的大型住宅区，人称“韦伯屯三角洲”，有1600所住宅。这里没有邻里委员会，只有两个不大正规的青年组织：少女指导站和男孩部。这两个组织缺少资金，人满为患，此地又没有少年之家，教堂的势力也不大。在警察的建议下，警察、市政与社区青年组织开展了对话，随后形成了一个由教堂、市政、司法部门与志愿组织共同参加的机构。对话断断续续谈了几个月，多方面的代表都觉得与社会工作者没有什么好谈的。一名社会工作者说与穿警服的打交道没劲。所有的人都觉得传统的独立性把他们自然地分开了，彼此缺少了解，无共同语言。家长的代表说，青少年犯罪越来越多，社会的联系却越来越淡漠，邻里之间老死不相往来，孩子们需要课外活动的机会与场所。后来，警察组织了星期日教堂报告会。警察派代表在教堂解释地区犯罪现象并宣传社区自防自卫的重要性。报告会后，教堂的志愿人员建立了两个青年俱乐部。同时，在社区工作人员的帮助下，又建立了一个老年俱乐部。警察又在中学召开了150人参加的犯罪问题研讨会。会上警察以翔实的研究资料和犯罪标图为依据，介绍了本地区邻里犯罪的趋势。在一张熟悉的本地区犯罪标图面前，居民可以一目了然地了解各种犯罪高发区的确切位置。研讨会还讨论了建筑、社区经济等指标对犯罪的影响。此外，社区工作人员也在会上就组织和辅导青少年工作做了宣传。会议引起了巨大的反响，城市规划者、市政官员、警察、社会工作者和普通市民都不推卸责任，纷纷献计献策。几周后，第三次研讨会又召开了，其目的是建立社区委员会。委员会出版了一份地区小报叫《社区新闻》，告诉居民这一段时间内社区主要的活动情况。委员会还为成年人组织了丰富多彩的活动，如义卖、社区舞会、娱乐性赌钱（Bingo）和酒会、组织“好邻居活动”（good neighborhoods scheme）。对青年人根据其年龄特点组织了青年俱乐部、音乐会、迪斯科舞会和夏令营。有些社区委会员还组织一些减少反社会活动的群众工作，如“反乱丢垃圾活动”、减少青少年犯罪研讨会等。社区委员会的活动不单纯指向犯罪，而是旨在改善与社区之间的了解与友谊，再造社区自身的社会控制机制。如组织青少年卖旧报纸，把得来的几千镑钱为聋哑人买助听器等。在警察的组织下，这一活动收到良好的效果。

3. 警察的单方行动。再造社区凝聚力是警察和社区密切合作，齐抓共管才能做到的，而警察也可以独立出击，主动地做些工作。

德文郡警察局前副局长约翰·沃得克（John Woodcock）曾与预防犯罪支援部商议，制订专门为青少年服务的新计划。他指出，根据调查研究，该郡的邻里之间需要为青少年创造娱乐机会，以充实他们的课余生活。根据沃得克局长的指示，警察进行了题为“青少年在哪玩，在哪里碰头?”的专项调查。结果发现：艾克塞特市有大批的绿化区和街头公园，这本应是青少年主要的活动地区。奇怪的是，这些绿地很少被青少年组织活动，而是经常被成年人所占据，成为他们遛狗的“宝地”。这些绿地往往与犯罪高发地区相连。预防犯罪支援部建议建立一些法定青少年活动，把青少年吸引到绿地上去，吸引到正确的轨道上去。

巴屯地区（Basnlon）首先开始这种实验。在一些由住宅区包围环绕的绿地。警察换上运动衣，在绿地周围观察了三个多月，随后，警察组织了一系列的体育比赛，如足球、橄榄球等，比赛吸引青少年参加，孩子们的年龄从3岁到18岁，有时多达300多人，这时，警察与孩子们一起欢笑游戏。

警察们发现了许多积极的现象，不同年龄组的孩子们可以很好地组织在一起，彼此合作。例如，一个坐在轮椅上的残疾儿童也参加比赛，而且孩子们欢迎他参加每一场比赛。孩子们的家长也被邀请，被邀请与警察见面。开始，家长来的不多，来了也独自站在一旁不大合群。后来，警察把他们邀请到一起，以非正式的方式告诉他们警察组织这些活动的目的和意义，恳请得到家长的理解与支持。

第二个开始这种实验的地区是拜麦德（Bettysmead）。这是一处青少年犯罪高发区，住宅都是第二次世界大战以前修建的旧房子。开始，来自不同街区的孩子们成帮结伙，彼此不太团结。一个夏天过去了，由于孩子们在一起玩，情况逐步发生变化。警察试图把不同的孩子打乱重新组织，这样有利于孩子们之间的协调。在该地区吸引成人参加的尝试失败了，几乎没有成人支持这个项目。

1980 年夏天，艾克塞特市广泛地开展了假日营活动。警民共同努力，创建了 5000 个青少年活动场所，课外活动丰富多彩，从手工制作到赛艇比赛。所有这些活动都得到青年组织与社区官员和志愿人员的鼎力相助。

其他两个大的居民区也开始仿效。这两个居民区常常发生青少年犯罪，特别是暑假期间，家长更加关注学生课外活动问题。在警察的帮助和支持下，家长们四处寻求帮助，兴建活动中心与娱乐场所。在暑假每周举行若干次娱乐活动，把学生吸引到正确的轨道上来。这些文体活动在预防犯罪方面有巨大的、行之有效的作用。在开办课外活动的地区，整个假日没有犯罪发生。与同地区往年相比，效果是惊人的。但是，警察对上述结果仍持谨慎乐观态度。假日营活动是否可降低刑事发案仍在探讨与争议之中。许多青少年犯罪学家认为，青少年犯罪在某种意义上讲，是青少年宣泄情绪，寻求刺激的一种玩耍娱乐，或许假日营丰富多彩的活动能成为犯罪的一种替代。

4. 建立警务咨询组。无论是警察的单独行动或是社会各部门的合作都有一定的积极效果。为此，艾克塞特警察局开始认真思考一个问题，即下一步是独立出击，还是与社会各部门合作，统一行动？结论是：犯罪的根源在社会，没有一个独立的机构可单枪匹马与犯罪斗争，只有各部门密切合作，齐抓共管，才能抑制犯罪。

艾克塞特的发案统计证实，各部门的合作程度，决定着发案的升降水平。但社会其他部门，如住房、计划、教育等部门，他们并没有意识到合作的重要性，各部门的对话协商制度尚未建立。为此，警察部门决定开始下列工作：（1）预防犯罪支援部与社会服务、缓刑服务部门建立联系，每周走访一次。（2）预防犯罪支援部与社会政府机构，特别是社会志愿机构建立联系。（3）为上述机构提供人员、装备上的支持与服务。（4）向上述机构提供信息与发案形势分析结果。

建立政府各部门密切合作的常设机构势在必行，也逐步获得了各部门的认同。关键是群龙无首，需要有人挑头。因此，预防犯罪支援部决定举起大旗，组织包括社会服务、教育、缓刑与青少年社区服务等。咨询协商组的主要任务有：开展座谈会；讨论有关问题与创新方法；探讨社区需要；采取多边合作行动；探讨最大限度利用人力资源的可能性；评论、支持与指导地方社区预防犯罪的创新工作；为多边合作提供培训计划。

警察局局长签署邀请信，邀请18个单位到警察局参加大会。这18个单位包括缓刑部门、就业部门、青年与社区服务、市政委员会、地区健康中心、社会服务、出版部门、地方法院、市娱乐委员会、健康与社会教育部门、城市规划、社区志愿服务组织、交通工程、住房、教会、郡政委员会等。邀请信解释召开大会的意义，即在基层建立各种渠道促进社会预防犯罪系统工程。大会分两项议程：一是由警察的代表演讲，二是分组讨论。

预防犯罪支援部的处长援引调查材料证实，每月75%的犯罪集中在若干高发区域，这说明警察的单独行动对抑制犯罪是无能为力的，需要整个社会的共同努力。会后，由上述部门选举代表，组成艾克塞特市警务咨询组，设主席、秘书。咨询组下设计划核对、工作协调、地方指导和训练等四种工作组。计划核对组的工作由计划研究官承担。训练组的工作由青年与社区官承担。地方住房官员承担工作协调任务。地方市政官承担指导工作。

经过一年的工作实践，警务咨询组的成员感慨万千。警察的代表认为：咨询组重建了英国警务的良好传统，返璞归真，即自我警务，警务源自人民，全民皆警。这一形式打破了已有的偏见，即公众认为警察是管治安的，犯罪与自己无关，警察认为打击犯罪是警察的事，别人管是多管闲事。这种偏见的打破，意义重大。咨询组的工作提供了一个讨论与座谈的极好机会。各部门所形成的意见，达成的共识影响地方政策的制定。来自青年与社区服务组织的官员认为，咨询组为进一步开展假日营和创造更多更好的青少年娱乐机会提供了便利。

警务咨询组创建于1977年，它的例会仍在定期举行，成员仍没有变化。例会一般每3个月举行一次，从那时起，艾克塞特的社区警务一直延续至今，成为英国警务改革的一面旗帜。

第五节

问题导向警务论

赫尔曼·戈德斯登提出问题导向警务①。20世纪70年代，当被动反应式警务逐渐显现出其局限性时，世界各国警察学者纷纷致力于寻找途径企图有效改善警务工作，提高警察工作的质量。美国威斯康星大学法学院（麦迪逊市）赫尔曼·戈德斯登（Herman Goldstein）教授于1979年在《犯罪与违法》（Crime and Delinquency 25：236~258）杂志中刊登了《改善警务：问题导向型方式》（Improving Policing：A Problem – Oriented Approach），首次提出了“以问题为导向来改善警务活动”。1990年戈德斯登完成了《问题导向型警务》（Problem-Oriented Policing）一书的编写，为警察学界和实务界进行以问题为主导的警务改革提供了蓝本。三十多年来，问题导向型警务旨在倡导警察应积极发现蔓延于社区中的影响犯罪的各种问题，并且针对每类问题采取合适的措施从根本上进行解决。强调对社区问题的根本解决，而不仅仅只是对问题的简单处置，这种警务模式是对传统的主动提前式警务的进一步深化，并逐渐影响着警方对各类社会问题的处理方式。警察不仅是打击犯罪者、为民服务者而且也是问题解决者，对问题的解决不应仅仅着眼于表面现象，而应该从其根源着手。在犯罪率居高不下或者社会治安混乱的地区，问题导向型警务应该得到关注。

赫尔曼·戈德斯登问题导向警务的原理。赫尔曼·戈德斯登认为警察工作不能只停留在处理案件的层次上，而应深入分析案件背后的深层社会问题，进而将工作的重点转移到解决问题上来，这就是“问题导向型警务”。其工作步骤为确定问题、分析问题、寻求多项应对措施有效地解决问题。问题导向型警务是在整个社会大背景下，试图寻找一种全新的思路，将警务工作成果作为其核心，将影响警务工作的所有因素有机地结合在一起，使之相

① 王大伟：《外国警察科学》，中国人民公安大学出版社2012年版。

互促进、相互发展；重新界定了警察与社区之间的关系。不管人们将“问题导向型警务”视为警察哲学、一个概念、一种理论，或者仅仅是一个工作计划，它都将会对警务改革进行一次大胆的尝试。

一、产生背景

问题导向警务的背景。社会快速发展，而警察工作停滞不前，警察与社会之间产生的“鸿沟”越来越大。20 世纪 50 年代，研究者进行了大量的实验，致力于探索警务工作的本质。他们走上街头，深入警察局，观察警务工作的运行模式，发现警务工作的问题是警察工作固有复杂性的体现，而并不仅仅是组织管理的不完善。在 20 世纪 70 年代后期，美国研究者开始关注提高警务工作的有效性，他们指出任意性巡逻、快速反应机制以及犯罪后的调查手段是多年来警务活动的支柱，在预防犯罪、打击犯罪方面功不可没，但是这些仍存在很大的局限性。例如，任意性巡逻虽然是主动预防的方式，但是由于其任意性因此巡逻显得很盲目，形成了资源浪费和效率低下的局面；而快速反应机制和犯罪调查属于被动反应警务模式，在预防犯罪方面显得力不从心，在打击犯罪方面往往使得警察部门措手不及，被称为“救火车式的警务”。这些认识为问题导向型警务的提出奠定了基础。通过研究发现：（1）警察需要处理大量的社区问题，事实上很多问题并不属于犯罪的范畴。（2）传统观点认为，逮捕和起诉是刑事司法系统解决各类问题的有效途径，但是事实上并非如此。（3）社区警察对社区问题的认识更为直接、深入，赋予社区警察适当的自由裁量权有利于问题的妥善解决。（4）对于周期性、重复性问题，警察能够通过多种途径进行矫正。（5）警察参与解决非犯罪的社区问题的做法得到了社区的高度评价，而且警察通过解决这些问题为社区所作出的贡献也得到了社会的认可。

赫尔曼·戈德斯登的警察哲学，形成了新的警察哲学：①

① Herman Goldstein，Problem – Oriented Policing，McGraw – Hill publishing company，1990，p. 11。

1. 警察的工作不仅仅是打击犯罪，他们更多的是处理大量的与犯罪无关的社会问题。

2. 增加公众安全感、维持社会秩序，是社会对警察工作的期望，这种期望是笼统的、概括的；从社区的角度来看，公众更希望警察能够解决与其切身利益相关的社会问题。

3. 传统警察的工作方式过分地依赖于刑事程序，实践证实逮捕和起诉并不是解决所有问题的有效途径，即使有一定的效果，也不可能所有的事情都通过司法程序进行解决，否则，司法机关的工作将会负荷过重。

4. 在工作中警察通过采取广泛的方法（正式的和非正式的）来完成各项工作，执行法律仅仅是众多方式中的一种。

5. 警察享有自由裁量权，即使在有足够的证据证明某一行为触犯法律时，警察也有权决定是否逮捕和起诉。

6. 警察并不是自治的，他们所采取的行为必须对社会负责，对公众负责。

新的警察哲学思想促使原有的警察工作方式进行一次彻底的革命，问题导向型警务正是在警务方式不断推陈出新的情况下诞生的。

赫尔曼·戈德斯登的五点论。戈德斯登将影响问题导向型警务产生和发展的因素归纳为五个方面：①

1. 警察部门的工作注重于管理、内部执法程序和效率，但是却忽视了处理问题的效果。新旧警务方式的不同之处在于：在过程和结果两方面，前者强调的是结果，而后者强调的是过程；在效率和效果两方面，前者强调的是对大量琐碎问题处理的效果，而后者强调的是处理过程中的方法、过程和效率；在组织结构方面，前者强调的是组织结构的变化对需要解决的社区问题的影响，而后者仅仅注重组织结构的内部运作。

2. 处理报警电话耗费了大量的警力资源，警察几乎没有时间和精力创造性地预防和减少社区问题。电话为公众寻求救助提供了捷径，但是为报警

---

① Herman Goldstein，Problem – Oriented Policing，McGraw – Hill publishing company，1990，pp. 14 – 31。

电话疲于奔命的警察无形之中与公众之间形成了一条不可逾越的鸿沟。科技的进步——高比例的电话拥有率，先进的指挥中心系统以及汽车的普及，使得被动反应警务盛行。警察成为电话的奴隶。公众呼唤“美好旧时光”——警察的大多数时间都出现在街面上，在巡区内巡逻，与公众交流，从中发现问题，并将问题解决在萌芽阶段。通过对报警电话所反映的问题进行系统的分析，不难发现，很多问题都是大同小异，在某方面有其共性，如果警察采取主动措施，将这一类问题处理好，那么将会大大减少其工作量，得到公众的认可。

3. 问题数量的下降固然是警察的职责，但是社区也有义不容辞的义务，而社区公众预防犯罪潜力并没有被挖掘出来。要树立人人皆警的思想，社会问题是公众的问题，因此需要公众的齐心协力，警察只是协助解决问题的助手。这涉及改善警民关系的问题。警民关系的融洽需要警察用诚心、爱心和耐心去经营，警察更多的是公共服务提供者而不是执法者，守法者也不是公众的代名词。

4. 在警察内部，很多基层警察的积极性没有发挥出来，他们不能有效地利用时间，不能充分发挥自己的才能。警察管理部门已经着手进行各种尝试充分利用警察的工作时间，但是在挖掘警察的知识运用、技能等方面还有待于提高。既要赋予警察一定的自由裁量权，同时又要予以限制，警察部门应该在二者之间努力寻求到最好的平衡点。

5. 警务改革必须考虑到警察部门的复杂性和全面性以及由此带来的政策调整和组织结构变化。不论如何改革，必须要考虑到警察亚文化对改革的制约作用，如警察每天面临的种种危险，高度紧张的工作环境，对警察的敌意态度，公众不合理的要求等。

二、 问题导向型警务含义

戈德斯登定义。戈德斯登将问题导向型警务定义为：将由警察负责处理的各个事件（不论是否犯罪）进行分类汇总，警察通过对每一类问题认真地分析或者凭借丰富的实战经验创造性地寻找出解决这类问题的有效途径。①

詹姆斯定义。詹姆斯（James A. Conser）和格雷戈里（Gregory D. Russell）认为，问题导向警务建立在这样的假设之上，即通过发现和解决包括令人沮丧的人际关系和无序的环境在内的基本犯罪根源，犯罪是能够得到成功控制的。②

问题导向型警务从本质上属于主动提前警务模式的一种，即初级预防警务论的范畴，它强调预防犯罪不仅仅依靠司法系统，甚至只仅仅依靠公安机关，当其他社会公共政府部门、社区以及私人组织存在犯罪隐患时，清除死角，消除隐患，预防犯罪也是他们不可推卸的责任。通过问题导向型警务，警察部门实施全新的问题解决方法，严格评估方法的有效性，并将解决结果报告给与问题相关的其他部门，让更多的部门从中受益。

问题导向型警务的十四个要素。问题导向型警务的关键要素：③

（1）解决问题是警察工作的一项基础性环节，问题是一组在某方面存在共性的案件，而绝非个案。

（2）所需解决的问题是与公众息息相关的或者是可能对公众产生危害的，而不仅仅是警察自身的职责。

（3）预防和打击犯罪固然是不可或缺的警察工作内容和方式，但是，这已经不能满足新式预防犯罪的工作需要。

（4）对问题的解决并不只是及时地清除问题表面，而是要消除问题产生的土壤。

（5）警察在试图解决这些问题时，必须要进行系统分析，正如他们在作出一个逮捕决定之前必须进行犯罪侦查。警察个体与警察部门作为一个整体必须要形成一套系统分析问题的制度。

---

① http：// www. center for problem oriented policing. comr for Problem Oriented Policing.

② James A. Conser and Gregory D. Russell，Law Enforcement in the United States (Gaithersburg，MD：Aspen Publishers，2000)：279. 转引自《美国警务热点问题研究》，第 221 页。

③ http：//www. center for problem oriented policing. com.

（6）尽管有些问题不太复杂，但是对问题的分析必须要深入透彻，就像犯罪侦查过程中分析案情一样。

（7）看待问题必须全面、精确，然后将一个问题分解成若干个细节。

（8）问题经常不是人们第一眼看上去的那样。

（9）每个人都从切身利益出发来看待社区问题，一个问题经常通过不同的方式影响着不同的人们，因此人们对问题的解决都有各自不同的想法。

（10）应该正确理解目前处理问题的方法，并勇于向社会公开这些方法的局限性，以赢得全社会的支持。

（11）在分析问题初期，任何可能解决问题的方法都应该列入解决方案之中，这样才不会排除可能有效解决问题的方法。

（12）警察必须主动提前地解决问题，而不是在问题发生危害结果时才处理。

（13）警察应该有权决定问题的解决方式，对于重大问题应该有权参与决策，同时警察也必须对他们所作出的决定负责。

（14）必须对这种新型警务模式的有效性做出客观的评价，警察通过评价结果可以知道哪些工作是切实可行的，哪些工作是没有效果的。

三、 相关实验

在研究过程中，研究者进行了大量的实验进行认证，早期的实验主要是在威斯康星州麦迪逊市、英国伦敦进行的，20 世纪 80 年代在马里兰州巴尔的摩市等地也进行了一系列实验。20 世纪 80 年代中期，在维吉尼亚警察局举行的高级警官研究论坛上第一次对问题导向型警务的实施进行了评价。此后，在美国、英国、加拿大、斯堪的纳维亚（瑞典、挪威、丹麦、冰岛的泛称）、澳大利亚以及新西兰等国，相继展开了问题导向型警务，适应于广泛的犯罪问题和社会失序问题，并进行了一系列组织结构的调整，以更好地支持问题导向型警务。

（一）威斯康星州麦迪逊市警察局与威斯康星大学的合作项目①

警察局应作为一个整体，对城市某一难点问题进行分析，并采取适当的措施以应对，这就是戈德斯登在 1979 年提出的问题导向型警务目标。为了实现这一目标，1981 年戈德斯登组织参与了由威斯康星州麦迪逊市警察局与威斯康星大学合作进行的实验，并得到了国家司法委员会的大力支持。这项实验主要解决城市存在的两大问题：酒后驾车和暴力性侵犯行为。详尽的问题资料和警察的人事信息，配之以科学的研究方法，将这两大问题展示得淋漓尽致，尽收眼底。随后，经验丰富的基层警察对问题献计献策，一套整改问题的方案随即形成。

关于酒后驾车这一问题，不论是在警察局还是在社会公众中，大家都展开了踊跃的讨论，纷纷提建议，出谋划策，但是真正付诸实施的建议却为数不多。在实验期间，一项新的立法方案出台了，该方案加大了对酒后驾车者的逮捕力度和制裁力度，企图以加重惩罚来解决这一问题。但是，这一做法引起了公众的攻击，他们认为，多与驾车者交流沟通比加大逮捕力度更为可取，可是这一提议没有得到相关政府部门的支持。

与酒后驾车这一问题形成对比的是，关于暴力性侵犯问题的提议大多数得以贯彻实施。研究表明，大多数的性侵犯者从监狱释放后仍然会在麦迪逊市居住，很多性犯罪案件的实施者都是曾经有过性犯罪前科的人，引起了全社会极大的关注。根据对问题的分析，相应的措施应运而生：警察部门应与矫正机构保持日常密切的联络，双方制订计划以加强对释放罪犯的监控。这一措施同样适用于其他类型的罪犯。通过对问题的深层次分析，很多容易忽视并导致问题的因素渐渐显现出来，为解决问题提供了有效的途径。

---

① Herman Goldstein, Problem – Oriented Policing, McGraw – Hill publishing company, 1990, pp. 51 – 53。

（二）伦敦大都市警察局项目①

1982—1987 年，肯尼斯·纽曼任伦敦大都市警察局局长期间，进行了一系列警务改革。1983 年，他在吸取麦迪逊市试验经验的基础上，实施问题导向型警务，通过实践对其可行性进行评估，实验期间实施了四份试验计划，并将运作过程、培训、资源、研究和管理每一环节的情况制作成书面报告，进行总体评价。

伦敦警察局选取了四类问题作为实验对象：亚洲帮、牛津街道上（Oxford Street）的受害购物者、贝德福德的妓女以及机动车犯罪。随后，有评论认为，问题导向型警务在提高警察工作质量方面发挥着积极的作用，但是它不强调组织结构上的层级性，因此，这种无组织性使得警务管理和维持比较困难。1984 年，豪尔、斯图尔特和帕塞尔评价道："伦敦警察局现有的组织结构与采取问题导向型警务有点格格不入，这种警务模式的引入试图使线型结构的管理者摒弃传统的某些管理观念。问题导向型警务强调的是一种态度而不是一种技术，这种思想观念需要警察积极地消化，而不是靠强制执行的。"

问题的大量存在应该引起高度的重视，警察部门要有意识地营造这种关注问题的工作环境。纽曼在 1984 年致全市警察的一封信中称，问题导向型警务是伦敦警察局"150 年来最为重要的一次改革"，"从总体上看，这种层级式的组织结构阻碍了警察工作，而不是促进"。伦敦警察局面临着众多的难题，在对这些难题一一进行深入的分析，找出原因之后，纽曼作出了各种决策。在信中，他作出了四条结论，其中的两条是与从问题导向型警务暴露出来的问题相一致，即警察部门将"太多的资源和努力都浪费在维护组织的运转方面，而警察真正的工作职责却没有履行"和"在官僚体系中，问题的处理通常仅仅满足于表面的改善，从不寻找其深层次的真正解决办法，在我们的组织中存在着这种趋势"。于是，纽曼试图通过改变组织僵硬的层级

---

① Herman Goldstein，Problem - Oriented Policing，McGraw - Hill publishing company，1990，pp. 53 - 55。

制，从而提高警务工作的最终质量水平。1985 年，纽曼更新了伦敦大都市警察局的“警察哲学”，其中就反映了问题导向型警务的思想，即“一定范围内的环境下，在警察看来很多孤立的事件事实上同属于一类问题。因此，大都市警察将协同其他部门，采取‘情景’或者‘问题解决’的方法进行犯罪预防，而不再局限于惩处单一的违法事件。对每一类犯罪都要进行细致的分析，考虑相关的社会和环境因素，更好地理解引发问题的原因”。

四、SARA 模式

问题导向型警务采取 SARA 模式，分别代表四个步骤：S（scanning），即审视问题，确认什么是问题；A（analysis），即分析问题，弄清楚问题的原因、影响范围和程度；R（response），即对问题采取措施；A（assessment），即评估措施的有效性。

（一）审视问题

实行问题导向的警务，第一步要做的是明确问题。

1. 什么是问题。

（1）要确认问题，首先要明确什么是问题。

SARA 模式对解决顽固不化、反复出现的问题无疑是一个有效的方法，但是什么是真正的问题却让人总是捉摸不透，就像雾里看花，水中望月。这里所说的问题是指：①一组相似、相关、重复发生的而非单独的事件；②大多数社区成员关注的问题；③一组警察事务。将问题赋予这些属性，可以使警察机构和个人对其所关注的有相当一致的理解，而且也不必给问题下一个标准化的定义。在这一概念下，我们可以罗列各种各样的问题。

（2）具体问题。具体来讲，各警察机构所面临的问题会相去甚远，但下列现象可能较具普遍性：

汽车司机在自动加油站加油后不付钱；

不良少年定期到停车场聚集；

街头妓女和其同伙抢劫雇主的钱财；

酒后驾车；

公寓入户盗窃严重，住户自危；

商业区的乞讨者扰乱商业秩序；

得病或受伤的独居老人因不能呼救而长时间得不到救助以致死亡；

有人长期骚扰居民，而引起对方威胁；

有的地区经常不安定，街面抢劫时有发生；

城郊结合部常发生商店被抢案等。

（3）问题分组。找到并罗列问题后，还要对其进行初步分析，即分组。问题经常根据以下四类特征进行分组：

第一，行为。行为大概是最常用的组织事件的主题，尤其是事件影响的范围涉及整个警察局时。这些主题可以是噪声、盗车、贩毒、性袭击、酒后驾车、家庭暴力、交通肇事逃离等。不同的行为会引起不同的问题。

第二，地域。问题有时会集中于一定的地区，这时可以以地域来确认。而且不同的地域都会有其各具特色的问题。某一个问题或者更多的问题可能会聚焦于某一个街道的十字路口、住宅区、商业区、公园或者学校周边。总体来说，问题发生最多的地域是低收入居民居住区，在这里不乏抢劫、偷盗、打砸抢、醉酒和贩毒等违法行为。当然，有些问题发生在虚拟的空间，如计算机、通信或者其他信息网络。

第三，人员。也可以用侵犯者、被害人或报怨者等人员的主要社会归属等来对问题进行分类；或者根据群体（如购物者）、组织（如帮派）或者家庭个体（如惯犯）进行分类；或者根据人员的问题性质分类，如酗酒者、无家可归者、精神病或者生理有缺陷者。因为各种具体问题会与各类具体人联系在一起。

第四，时间。某些特定的时间通常是问题发生的高峰期。公众和警察都倾向于界定一些有规律发生的事情，以季节、月份、星期甚至时分来预测经常发生的事情。据研究，很多犯罪违法行为在时间分布上是有规律性的。例如，圣诞节前夕，盗窃会由停车场转移至商场或超市；当节假日学生公寓无人居住时，容易发生入室行窃案；周末酒吧下班关门之时是酒后驾车的高峰期。有证据证明，犯罪和失序会集中在下列时间段：违反交通规则高峰期、酒吧关门之际、节假日购物旺季或者盛大的节日。

（4）问题分析三角形（The Problem Analysis Triangle）。

问题的时间、空间和人员分布并不是均等的，警察和研究者发现：犯罪人具有重复性，即在不同的地点，同一个犯罪人会对不同的犯罪目标实施侵害；受害者具有重复性，即同一个（类）受害者在不同的地点会受到不同犯罪人的侵害；地域具有重复性，即在同一个地点，不同的犯罪人会对不同的受害人实施侵害。问题分析三角形（有时也称为犯罪三角形，the crime triangle）则以时间、空间和人员为线索解释了犯罪是如何发生的以及为什么会产生犯罪，为反复发生的犯罪和失序问题的确定提供了方法。这种方法是基于以下的思想：潜在的罪犯在特定的时间、特定的场所寻找到适合的目标，而目标缺乏监护人的保卫或者受害者自身的防卫，也就是说犯罪或者失序问题是由三个要素组成的，即潜在罪犯、犯罪目标、时空条件。可以用下图表示：

PROBLEM：问题；Offender：罪犯；Place：时空条件；Target/victim：犯罪目标/受害者

上述三个要素中任何一个要素出现纰漏，就很容易导致犯罪或失序问题的出现。每一个要素应该由相应的主体对其负责。罪犯通常是由一些特定的人组成的，称他们为操纵者（handlers）；犯罪目标和受害者需要受到有关部门的保护，称这些部门为守护者（guardians）；而发生问题的场所通常也由相关部门或者责任人负责，称之为管理者（manager）。于是，问题的有效解决需要知道罪犯和犯罪目标（或者受害者）以及场所这三者之间是如何结合在一起的；三个要素哪个进行了有效的控制，而哪个没有进行有效的控制。一个完整的“问题分析三角形”如下图所示：

Handler：操纵者；Manager：管理者；Guardian：守护者

对问题可以从不同的角度进行认识，并没有拘泥于一种形式的问题认识方法，但是不论采用何种方法、何种角度，认识问题的最终目的是对问题的正确“剖析”，认识其本质，并采取有效的干预措施。

2. 谁确认问题。

尽管问题导向型警务的目标是社区关注的问题，但这并不意味着社区能提供清晰的信息供警察用以安排议事日程。确认社区问题是很棘手的，它需要将社区积极性、警察倾听意愿和能力以及警察专业知识认真地结合起来。

（1）社区。通过社区反映的各种问题，警察可以广辟问题的来源，与社区接触的面更广，了解问题更多。但是，尽管个体市民或警察委员会可以确认各种问题，而有些问题却不一定需要警察的干预，或者确认的问题事实上并不是警务工作的重点，社区常常缺乏对警务作出优先决定的各种信息。对警务问题的认识仅反映个人的经验，有时不是一般市民所关注的重心。在各种社区会议上，公众反映的多是与其生活相关的问题，如噪声、难过马路、门前非法停车等，这些应该称为“影响生活质量的问题”。警察要对这些问题有独立的判断能力，哪些问题可以解决，哪些问题不能解决。为了更好地从社区收集到有用的信息，警察需要与社区成员交换信息、对话，还要逐门逐户地去调查，而且应将发现的问题与其他来源的资讯相互对照。

（2）警察管理部门。很多问题在社区显现之前，就引起了警察管理部门的注意，并登记在案。警察管理部门应汇总分析特定区域发案情况，并及时反馈信息给社区。但由于事件导向警务（Invent-oriented Policing）的传统，这方面工作做得很不够。这就是为什么有许多老问题近来才开始研究，并对之作出反应。因此，警察管理部门除了传统的犯罪分析外，还要对发案地进行系统分析，并且要分析最常发生什么行为、有关人员等。然后根据这些分析，安排今后工作。谢门（Sherman）发现，明尼阿波利斯市警察局一年内 48. 8%的报警电话仅仅来自 5%的地区（Sherman，1987）。而今计算机的广泛应用使这种分析成了举手之劳。埃克和斯伯曼认为，警察局和基层警察可以通过 16 种方式获取问题的信息，其中有报警电话的数据分析、犯罪分析、投诉信、选举的官员、商业团体、街道组织以及警察局内部具有专门责任的各个部门等（埃克、斯伯曼，1987）。总之，警察管理部门要广泛拓展问题的信息来源，利用一切可以利用的资源，依据问题的性质，对问题作出正确的确认。

（3）基层警察。辖区警官，特别是那些驻守时间较长的辖区警察是去基层确认问题的最佳主体。过去他们没做，是因为原体制不希望他们去做。而今应鼓励他们去确认社区问题，并看看怎样去做才会有效。警察应该将确认问题作为他们工作中不可缺少的一部分，在纽约，社区巡逻警察是“在社区巡逻警察所负责巡区的工作计划者和问题解决者，从理论上讲，这应该成为警察最主要的职责，因为通过工作计划和解决问题，警察局将会形成一套有效的策略，从而改善社区最头疼的问题，而且可以协调警察、市民和其他公共与私人资源同心协力解决问题”。（苏格兰司法委员会，Vera Institute of Justice，1987）

3. 初步调查后对问题的重新确认。

对问题初步分析之后，经常会对问题进行重新认定，避免出现偏差。以下是麦迪逊市警察局对商店小偷小摸问题的确认过程。通常认为，小偷小摸就是将商品偷偷拿出商店而不支付相应的价钱。但是随着调查的深入，警察发现很多人把商品的条形码撕掉，并将商品与自己所带的物品掺杂在一起，然后找到商家要求退货，以此来获取不当得利。在某些商店，由此而带来的损失远远超过了普通意义上小偷小摸所造成的损失。于是，警察对商店小偷小摸的表现形式有了重新的认识，针对这种新形式采取相应的措施。对问题的表现形式了解得越细致，警察对问题的理解就会越深入，在采取措施时才能够对症下药。

4. 问题筛选。

毫无疑问，社区问题千头万绪，不可能一日之内全部解决。作为警察部门的高层负责人，其处理的问题一般涉及面广、影响大，因此调查的范围大，当然也需要花费相当长的时间进行细致的收集和分析资料，有的调查需要半年甚至一年，而调查人员的数量和水平不同，花费的时间也不相同。同时，作为基层警察，同样面临众多的问题，而警察的力量是有限的。如此繁多的问题，孰轻孰重？因而要选择排序，优先解决最重要的。要作出这一决策，应考虑以下几个方面：

（1）问题对社区的影响程度；

（2）是否有威胁生命的情景；

（3）在调查问题和提议改善问题的过程中，社区的关注和支持程度；

（4）对宪法的所赋权利的潜在威胁；

（5）对警察与社区关系发生负面影响的程度；

（6）基层警员对此问题的兴趣和支持程度；

（7）问题的具体程度；

（8）探讨问题可能对解决问题起的推进作用。

（二）分析问题

要有效地解决问题，就必须对问题进行深入分析，深挖问题的根源。实质上，就是收集更多信息，对问题进行系统分析。

1. 需要收集什么信息。

一旦尝试性地确认了问题，那么下一步就是确定需要什么信息来对其进行分析。这应是宽泛的探讨，不应拘泥于以往的成见，而且所提问题不要顾及可否作出回答。这种探讨具有开放性和持续性，与分析疑难案件有所不同，要进行发散性思维，分析的思路要更开阔、更深入。

参加这类讨论的警官应该富于经验，且可提出广泛的问题。而且还应知道他们的问题不一定有答案。也许参与分析人员会提出一些很具体的问题，但这并不妨碍探讨的广泛性。为了有效地组织探讨，可以沿着三个范畴来收集信息。

（1）有关涉及问题的行动者的信息：这些人包括违法人员、被害人员、第三方（如目击者）等。

（2）有关构成问题的事件的信息：包括事件后果、事件的社会心理背景、事件的直接效果。

（3）社区和相关协会组织对问题的反应。

这三个范畴不仅可以确保警察收集信息的范围尽可能大，而且警察可以从中更明确问题导向型警务的内涵。

2. 信息来源。

从哪里收集这些范围广泛的信息？从主观上来说，要持有正当的好奇心，一定的创造力和想象力，开诚布公的胸襟和开阔的思维。一般来讲，以下几个来源可以给分析问题提供相应信息：

（1）相关文献：尽管有关研究不是很多，但还是可以查到一些可能有用的资料。这些文献有助于对问题做有深度的分析。

（2）警察档案：回顾警察部门记录的档案，并对其进行系统分析，则可使冰山浮出水面，发现长期以来使警察疲于奔命的问题是什么。

（3）基层警察：基层警察是最佳的信息“储存库”，他们的许多想法都是探讨问题的良好开端。通过询问他们对所处理成百上千案件的反映，可以呈现出很多客观的事实，深远的见解和强有力的观点。

（4）被害：被害属于警察服务的主要“消费者”，他们对被害的问题有特殊的理解，对他们访谈是综合理解有关问题的重要手段。警务工作的目标之一在于最大限度减少被害者的损失，通过与被害者进行沟通，不仅可以深化对问题的理解，还可以了解有关被害的各种需求，避免其再次受到伤害。

（5）社区：社区当然是最大的信息来源者。通过逐门逐户的调查，可以从问题的利害关系人那里了解到问题的本质。

（6）引起问题的人（“破坏分子”——笔者注）：通常，破坏分子与公众之间的关系比较紧张，因此警察习惯以一种怀疑的眼光看待这些人。然而，这些破坏分子或者表面上看来对问题需负责任的人，他们都是获取信息的有效途径。从引起问题的人那里了解信息，听听他们的见解，或是托词，看是不是有难言的苦衷。

（7）其他机构。这些机构可能会处理同样的问题，或者这些机构记录有与问题相关的资料。

3. 对于从警察档案中获取信息的注意事项。

从警察档案里获取问题的信息，这是警察的常规行为，而且警察对档案记录的信息基本不会持怀疑态度。但是，用这种方法获取的信息很不全面，因为这些信息仅仅是引起警方注意的部分信息，而且档案通常对问题或者没有做全面细致的描述，或者由于人为的因素歪曲了事实真相，或者将严重的问题轻描淡写。例如，对于家庭暴力案件，报警电话的资料显示这类案件多发生在生活贫困的家庭，但是资料里忽视了一个事实，即打报警电话的通常都是附近受骚扰的邻居。那么，如果在独立式住宅居住的富裕人家发生家庭暴力事件，警察就不容易进行干预。

警察长期以来习惯于先从档案中调取信息，因此，警察在制作档案时的方法和态度也深受其影响。当某一案件成立时，警察希望能将所有信息全部记入档案以支持犯罪的成立，同时他们也希望档案阅读者读完档案后能够对案件的合理性和合法性予以认可，于是警察在制作档案时通常会以合理的形式强加于不太合理的事件上。因此档案对事件的真相极易做歪曲的记录。

尽管档案存在局限性，警察档案对于调查而言仍然是十分重要的。经过认真整理的档案可以为档案阅读者提供问题的多个方面，如涉案人员的特征、事件发生时的环境、罪犯的动机以及涉案双方的关系等。这些因素对于确认问题的本质是至关重要的。

4. 检测探讨的深度。

尽管对问题进行了深入分析，但分析深度如何就不得而知了。为了检测探讨深度，有必要就以下方面进行思考。

（1）社区或政府在此问题上的利益是什么？社区成员的价值观、生活方式、利益取向是多元化的，他们有兴趣的问题也各具特色，还有可能相互冲突。因此，分析问题时要把这些问题搞清楚。

（2）随着时间推移，在处理问题时的体制利益是否取代了广泛的社区和政府利益？深入分析问题后会发现，在处理问题过程中，个人或体制对问题处理的影响逐步取代了社区多数成员的利益。因此，对这一问题的思考可以衡量问题分析的深度。

（3）所声称的利益的真实基础是什么？常被确认为的问题究竟是不是问题？支持问题中利益的基础事实并非想象的那样真实，而是常随时间、环境不同而变化。因此，问题是否适应了这些变化应作为是否有深度的标准。

（三）采取措施

确认并分析问题后，就要寻求解决问题的方案。寻求方案时不能拘泥于传统范围，而应探求各种可能性。一旦有了较成熟的方案，还应考虑诸如其合法性、社区的价值观、方案的有效性、成本、可操作性等因素。

1. 寻求一种综合警务。

以预防犯罪的名义，有许多措施长期以来为人们所倡导使用，如改善路灯、标记财产、防盗锁、组织邻里守望等，而且许多警察部门有专门的机构和人员来推动这些活动。近来，相关预防犯罪活动又有了新发展，英国内政部在佳可布斯（Jacob’s）和纽曼（Newsman）研究的基础上开展了情景预防运动。这一方法强调改变环境而不是改变人来预防犯罪，要求将精力集中于具体违法人员或地区。这些犯罪预防的努力，经过这样或那样的改善，已发展成问题导向型警务所设计的方法。但问题导向型警务要求将这些努力汇入警务主流，使它们成为警察管理和勤务中整体的、体制化的部分。要做到这些，至少要做五方面的调整：

（1）确认寻求替代方案是合法的、完全授权的，并有适当奖赏的一项工作，是实现警察作用的中心；它反映了持续不懈、全警投入改进警察服务质量的努力。

（2）了解寻求替代方案是寻求解决警察期望解决的各种问题的方法，而不能仅局限于是不是犯罪预防的可能措施。

（3）认可这种寻求替代方案将不再仅仅局限于那些影响环境或“情景”

的因素，而是包括任何可能做的事情，只要它们可以解决社区希望警察去处理的问题。

（4）认识到寻求替代方案可以通过仔细分析具体问题来完成，未对问题做起码思考就盲目寻求方案会让人感到束手无策。

（5）投入开发适用于具体条件下具体地方发生的具体问题的对策，并应与其他措施结合使用。这是为了防止警方通常用通用的措施来解决普通问题，或者随机地用一种措施来解决各种不同类型的问题。

2. 可供选择的处理方案。

下面介绍的方案可给探讨问题解决方案提供方便的框架，可给实施问题导向型警务以启示。

（1）关注“问题分子”。总有少数人生性躁动，不守本分，不断地引发社会问题，我们称其为“问题分子”。长期以来，警方一直在关注这些人的“个人犯罪高峰”，慢慢地意识到相当一部分严重刑事犯罪都是由这些“问题分子”实施的，于是“问题分子方案”（repeat offender project，简称ROP）纳入了工作日程中，主要是集中警力查找证据逮捕和起诉这些“问题分子”。

对问题所涉及对象进行深入细致的询问是分析问题的基础。在不同的环境下，通过对问题的分析，可以反映出重复的社会问题，尤其是在公共秩序方面，然而这些问题并没有像严重刑事犯罪问题一样引起警方的高度重视。分析问题，旨在设计一个针对“问题分子”的方案，这样可以大大减少数量多、涉及面广的社会问题。例如，在处理司机酒后驾驶的问题上，我们可以通过违法记录确定出经常酒后驾车的司机，对这些人进行严厉的惩罚，必要时可以限制其人身自由，给其他司机敲响警钟，于是酒后驾车的问题会得到有效解决。在方案的实施过程中，要注意以下几点：确定方案客体，即“问题组织”和“问题分子”；查找证据所使用的手段（当问题已构成犯罪时）；在必要的情况下，对“问题分子”采取严格的限制人身自由的措施。“问题分子”的确定要以警方的案卷和违法记录为基础，这些案卷和记录都是有法律依据的，因此方案的适用对象会受到一定的限制，避免了滥用方案的可能。纳入到方案的“问题分子”，他们一般会主动地引发问题，而且其违法行为极为明显，很容易就能证实。方案中对“问题分子”所采取的措施包括集中治疗、指定监护人、撤销缓刑等。

（2）加强与其他政府机构和私人服务业的联系。警察在工作中发现问题，并对其中的一部分问题直接进行处理，但是警察的时间、能力和资源都是极为有限的，因此可以将问题提交给其他机构、或者与其他机构协调处理、矫正不当市政服务并促进提供新服务等。

①将问题提交给其他机构。一直以来，警察部门鼓励将警察的个人信息、联系方式公布给社区居民，方便公众及时寻求警察的帮助。但是这种方式并不能解决问题，有些问题警察是心有余而力不足。因此，应该建立将问题移交其他机构的程序，由相关服务机构进行处理，而不再过多地耗费警察的精力。警察需要熟悉各个服务机构的职能，这可以通过交叉培训的方式实现。通常部门之间的联系仅仅限于高层领导之间的往来，而交叉培训使得基层警察与其他机构工作人员之间的联系更为密切，从而对彼此的工作更为熟悉。

②与其他机构协调处理。协调意味着警察部门与其他机构的联系更为密切，而不仅仅限于工作上的移交关系，也就是说，这些机构和警察部门对问题共同承担着各自的责任。但是，问题会涉及各个机构的自身利益，如果利益发生冲突则不利于问题的解决，这时应该加强交流，相互沟通，彼此尊重，使得各机构对共同目标得到认可，建立起友好的合作伙伴关系，为社会或者个人谋利益。

③矫正不当市政服务并促进提供新服务。警察的工作性质决定了其是唯一一个全天候工作的部门，不论是在街面上还是在居民家里，他们总是目睹不当市政服务和新服务需求的第一个见证人。城市管理部门可以通过警察来获取市政服务的信息，警察也应该主动将不当市政服务向有关部门汇报，督促其整改。表面看来市政服务与警务工作相差万里，但是情景犯罪预防理论强调居住环境与犯罪有着密切的关系，因此改善市政服务，提高居住质量对于警务工作有着促进作用。

（3）使用调解和谈判技巧。警察需要处理各种类型的冲突，有的是小范围的，冲突双方仅仅是个别人，如邻里之间、购买者与商家等；有的则是大规模的，参与者达数百人，如政治事件、游行示威、罢工等。不论是何种冲突，都需要警察使用调解和谈判的技巧，将事态最大限度地平息。在运用调解技巧时，有很多值得思考的问题。例如，在处理劳资关系的问题时，要思考以下问题：问题与警务有多大的相关性；在解决问题时，警察的干预程度有多大；警察能否作为中立者进行调解；即使警察能够保持中立，冲突的双方能否自愿达成调解；等等。这些问题虽然听起来复杂，但是并不影响警察在冲突中使用调解和谈判技巧。如果警察在解决冲突时能够好好地思考这些问题，准备充分，警察付出的努力将会得到更大的收获。

（4）传输信息。警察部门对某些信息享有“专利权”，这是毋庸置疑的。但是，对于关系公众利益的信息，则应该资源共享。这是因为，一方面，警察是问题的解决者，他们知晓事实真相、了解法律，代表着政府的形象，公众愿意听他们的看法；另一方面，公众渴望获取与切身利益相关的真实信息，于是他们将警察作为获取真实信息的来源。定期将信息传输给公众，坦率直白地与公众共享信息资源，可以减轻公众的焦虑和恐惧，获得公众的支持，促进市民自己解决问题、促进市民遵循不知晓不理解的法律和规定，敬告潜在被害者其脆弱性并晓以自保措施。

（5）动员社区。社区参与是问题导向型警务的核心，因此社区参与体现在这里所有的处理方案之中。但是，组织社区参与本身也是应对问题的一条有效途径，即动员一定力量的社区居民协助实施解决某一具体问题的具体措施。例如，对于入室盗窃这一久治不愈的问题，组织社区参与的方式可以是组织邻里守望，使之成为一支解决这一问题的社区组织。组织社区的形式不同，反映了社区参与警务的程度不同。警察是推动社会实行自我控制的力量，应该帮助社区实行自我警务，告诉社区成员如何确认问题，如何自己缓和或者解决问题。这里的组织社区参与不同于社区警务中的社区参与，不同之处在于社区警务组织社区的目的更为抽象、普遍，其出发点是希望建立更为长久的社区组织，这些社区组织发挥的作用是多方面的；而这里的组织社区解决的某一类具体问题，有很强的针对性。

（6）动员使用社区以外的其他既存社会控制形式。警察有时可以利用一些存在特殊关系的社区控制形式解决问题，如父母与孩子、教师与学生或者雇主与雇员的关系等。第一，这种非正式、非政府的控制可能是解决问题的有效方法之一；第二，这一方法加强了“警察是推动社会实行自我控制的力量”这一观点，改变凡事依靠警察、依靠刑事司法系统的控制；第三，这种方法得到了公众的支持，因为如果事件不触犯刑律，那么通过社会控制的形式加强对问题引发者的约束，无疑是拘束力最小、对当事人影响最小的一种解决问题的途径；第四，可以弥补正当途径的缺陷，如罚款的惩罚效果已经大大减小，举证标准太高等。

（7）改善物理环境以减少问题发生机会。1982 年威尔逊和凯林的“破窗理论”揭示了犯罪与环境之间的密切关系。早期人们改善物理环境只是希望产生正面的影响，并没有针对某一个具体的问题。在问题导向型警务中，改善环境源于对某一问题的分析，这种改善更针对问题本身，有的放矢。例如：

①针对公交车站扒窃严重的问题，可以在公交车站设置栏杆，乘客按顺序排队候车，可以有效地防止扒手混入候车队伍，在拥挤时作案；

②两伙学生每天在从学校回家的路上都会发生冲突，于是可以通过重新布置公交车站的位置来缓解问题；

③为了避免在社区内乱倒垃圾和自行车赛车，可以挖一些水沟制造障碍。

以上表明，改善物理环境不仅仅可以减少严重犯罪，而且对解决公共秩序问题也很有效。

（8）通过制定法令加强对有利于问题发生的条件的限制。例如，佛罗里达州盖斯威尔市（Gainesville）针对抢劫便利店案件突出这一问题，进行了深入的调查，发现在夜间仅配备一名雇员值班的便利店较之于配备两名以上雇员值班的便利店更容易遭遇抢劫，即两名以上的雇员是限制抢劫发生的一个条件。于是警察局向政府提出议案，申请制定规章，以法令形式要求便利店在夜间必须配备两名以上雇员进行值班。随后的调查表明，抢劫便利店案件下降了 65%。但是，这一措施也存在负面的影响。现代社会崇尚自由，反对过分的约束，尤其是影响到个人的权利和自由竞争时，因此这一措施不容易获取公众的支持。

3. 处理方案的筛选。

对问题的反应可能是各种方案组合而成的，而且会因时、因社区、因每一个工作区域不同而有差异。究竟选用什么方案依赖于对问题的分析结果、每一个方案的利弊评价，更重要的还有方案的价值因素等。第一，系统的分析可以产生多种解决方案，但是在评价每个方案时考虑更多的应是社区的价值取向。第二，警察和部门在处理一个问题时，往往选择一种包含多种措施的方案，不同措施之间相互独立，不过会突出其中的一个措施，以其他措施为辅。某些措施可能是为达到短期效果而设计的，而其他的措施可能体现长期的效果。尽管价值取向不同、措施针对目的不同，但是早期实验表明，在进行方案的筛选时警察都应该考虑下列因素：

（1）采取措施对减少问题的潜力。

（2）措施对问题最严重方面（或者最重要的社会利益）的具体效应。

（3）措施对于问题预防的程度。

（4）措施对个人生活的渗透、依赖法律制裁和使用武力的可能程度。

（5）受影响的不同社区对实施措施可能持有的态度。

（6）金融成本。

（7）警察资源和权威的可用性。

（8）措施的合法性和平民性，以及对整个警察关系的可能影响。

（9）实施措施的难度。

4. 测量替代方案的有效性。

改善警务效能是确认和分析问题、寻求替代方案并实施替代方案整个过程的初衷。因此，开发评价替代方案的有效性的程序是问题导向型警务的重要内容。当然，像评价其他警务反应的有效性一样，测量替代反应方案的有效性也是个棘手问题。理想地说，评估对每个问题的警务反应需要下述条件：

（1）对问题的清晰理解。

（2）用于处理问题的利益及其重要次序的一致意见。

（3）对确定所要实现的这些利益的范围方法的一致性。

（4）对可能期望警察所为（即通过改善警察管理水平而解决问题）的

现实评价。

(5) 确定短期或长期效果的相对重要性。

(6) 对措施的合法性和公平性的清楚理解。

实施问题导向型警务是一个系统工作，它不仅涉及警务理念的转换、工作方式的变迁，还涉及整个警察管理体制的转型。无论是领导风格、人事工作、信息管理、基层一线警员的角色，都是有本质性的变化，转换模式，适应新的警务策略。

第六节 反恐导向警务论

一、 什么是恐怖主义

恐怖主义，英文称作“Terrorism”。在历史上，恐怖主义这一概念形成于法国大革命时期，最初特指雅各宾派专政时期（1793 年 3 月到 1794 年 7 月），即“红色恐怖时期”左派政府所采取的系统化的威慑政策，包括对革命的敌人的肉体消灭和武装镇压①。随着历史的推进，人们对于恐怖主义有了更多的认识和理解。目前，学术界和国际社会有许多关于恐怖主义的定义，其中有一定影响力的就有 100 种以上②。可是，人们至今仍然未能形成一个能够为各方普遍接受的恐怖主义的概念。

从表面上看，恐怖主义犯罪的定义只是一个语义学的问题，但在“本质上却是不同意识形态的冲突，意味着我们是否把某个事件视为恐怖主义取决

① 周穗明：《当代国外恐怖主义理论研究述评》，载《国外社会科学》2003 年第 6 期。

② 胡联合：《当代恐怖主义与对策》，东方出版社 2001 年版，第 1—17 页。

于我们的政治观点”。[1] 事实上，正是由于政治观点和政治立场的不同，导致了对恐怖主义认识上的根本分歧。[2]

（一）语言学的概念

恐怖主义语言学的概念定义。英文中“Terrorism”的含义为恐怖主义，恐怖分子与恐怖行为。恐怖主义有3类，即个人恐怖主义、团伙恐怖主义与有组织恐怖主义。恐怖主义的定义应包括政治概念、司法概念、学术概念。

英文中“Terror”含义为恐怖，惊骇。1890年，《韦伯国际辞典》（Websters International Dictionary）对“Terror”一词的定义是：极度惊骇，身心双重恐惧，战栗，暴力的畏惧。而《韦伯20世纪字典》的定义是：（1）极度恐惧；（2）引起恐惧的人或物；（3）法国大革命时期的一段政治制度阶段；（4）恐怖主义的小组，政党或项目。

而在《现代韦伯字典》中，英文“Terrorism”被赋予了新的含义：

（1）恐怖行为，采用恐怖或暴力行为去恫吓与征服。特别是用作政治武器或政策。

（2）恫吓，控制新产生的行为。

西方学者特别指出，“Terrorism”，即“恐怖主义”一词最早出现在英文中是1793年，典型代表是法国大革命中的恐怖时期。“恐怖主义”一词的词根“Terror”，既没有理论色彩也没有政治色彩。它源于法国大革命（French Revolution）那一段特别恐怖的时期，是在那个年代派生出来的。

（二）关于恐怖主义定义的几个视角

佛泽瑞·迪班提出的“四个视角论”。西方研究恐怖主义定义的经典理论是由佛泽瑞·迪班提出的“四个视角论”（Four different groups who take a view of terrorism）。

---

① Beau Grosscup, The newest Explosions of Terrorism, 1998 published by New Horizon Press, p. 6.

② 何秉松、廖斌：《恐怖主义概念比较研究》，载《比较法研究》2003年第4期。

1. 学者的视角。

尽管对于什么是恐怖主义，各国学者存在着这样或者那样的分歧，但是他们没有放弃在这个问题上达成一致性理解的努力，从1984年开始，历经4年的探讨，81%的学者最终同意了一个有代表性的定义：所谓恐怖主义，是按照某种特别、刑事或政治的原则，由个人、组织或国家代表者进行的，或热衷采用的不间断的暴力方式。暴力行为的被害人是从众多被害人群体中选择的。这种选择遵循两个方式：一是随机选择，叫作机遇性目标；二是典型选择，叫作代表性或象征性目标。暴力行为的直接目标往往不是其主要目标。在威胁与暴力之后，隐蔽着主攻目标。主攻目标就是制造恐怖。无论恫吓、压力或是宣传；无论是巨大的伤害或者惊天动地的震惊；无论恐怖主义分子、被害人或是被攻击目标的互动交替，其目标只有一个——恐怖。

2. 官员的视角。

（1）美国。对于恐怖主义，美国政府尚没有一个官方的定义。"9·11"事件之后，布什称恐怖主义为"另类战争"。1976年美国中央情报局草拟了一个对恐怖主义的非官方定义："为政治目的而采用的威胁或暴力手段。"其特征是：①这种行为倾向于影响一个目标群体的态度与行为而不是直接针对被害人的。②这种行为的各种要素是跨越国界的，如凶手、作案地点、后果与影响等。1980年，新的定义为："出于政治目的而采用暴力或威胁，或由个人，或由团伙而实施，其目标指向现行政府的权威。行为的目的旨在恫吓、震撼广大的人群而非直接的被害人。"1983年，美国联邦调查局的定义："恐怖主义应被定义为非法采用暴力侵犯个人、财物或是其他部门，从而侵犯进一步的政治与社会的对象。"

美国联邦调查局恐怖主义研究中心（The US Federal Bureau of Investigation Terrorist Research and Analytical Center）1991年提出的定义是："为推进政治和社会目的，意在威胁或者胁迫政府、平民或者其部分而对人或者对财产非法使用武力或者暴力。"

美国国防部（The US Department of Defense）的定义是："意在胁迫或者威胁政府或者社会而对个人或者财产非法使用或者威胁使用武力或者暴力，

通常为达到政治、宗教或者意识形态目的。”①

（2）欧洲。欧洲最早试图给出有关恐怖主义的特异性的定义，希望把恐怖主义的违法行为从刑法中分离出来。1974 年，英国政府给予的定义是：“从立法的角度分析，恐怖主义为达到某种政治目的而采用暴力方式，将公众，或公众的某一部分置身于恐怖之中。”

为迎接欧洲取消边境控制与警务合作新局面的到来，欧洲共同体 12 国固定成员形成特别组织“揣威论坛”（Tervi Forum）。揣威论坛有关恐怖主义的定义为：“恐怖主义是由暴力组织成员为达到政治目的而采用的形式。”

3. 公众的视角。

西欧 20 家新闻单位（包括通讯社、电视台、媒体等）进行过一次调查，问题是：什么样的政治暴力行为在你的单位被冠以恐怖主义活动？结果如下：

暴力的种类	被视为恐怖主义
绑架人质	80%
暗杀	75%
制造爆炸	75%
劫持	70%
劫机	70%
城市游击战	65%
破坏活动	60%
虐待	45%
劫机叛逃	35%

4. 恐怖主义分子的视角。

恐怖主义分子往往把自己装扮成自由斗士，试图把恐怖主义活动粉饰为革命运动。

---

① 何秉松：《有组织犯罪研究（第一卷），中国大陆黑社会性质犯罪研究》，中国法制出版社 2002 年版。

综观西方各个时代各种视角的定义，可以得出以下结论：（1）西方对现代恐怖主义做了大量精密的研究，各种定义五花八门。（2）西方对现代恐怖主义的定义有一定的趋同，但尚难统一。（3）由于价值观、判断标准的差异，使恐怖主义的定义带上了浓厚的政治色彩，使本来就模糊的定义更增添了难度。

恐怖主义的基本要素。虽然各国学者对于恐怖主义定义都有自己的理解，但是我们可以在西方对恐怖主义进行大量研究的基础上，综合给出一个新的较确切的定义。恐怖主义的基本要素为：

（1）动机：政治原因，社会原因（民族、宗教、文化），个人原因。

（2）目的：以制造恐怖为手段，达到实现政治、社会、个人动机的目的。展示自己，恫吓敌人，争取对话，使敌人让步等。

（3）手段：主要手段是制造恐怖，通常由一系列不间断的具体手段组成。包括爆炸、暗杀、劫机、投毒、劫持人质、游击战、破坏活动、抢劫、细菌战等。

（4）主体：个人，团体，有组织犯罪集团，国家的代表。

（5）对象：被害人不确定，随机抽取，直接袭击目标不是主要目标；主要城市，特别标志性建筑，政治、文化中心，飞机，轮船，火车；处于非战争状态的军人与军事设施。

（6）评价标准：采用双重标准，把恐怖主义活动美化为自由斗争，民族解放运动等。

（7）不易确定性：①与战争的混淆；②与刑事犯罪的混淆；③与民族解放的混淆。根据以上 7 种要素，我们可以归纳出一个有关恐怖主义的理论定义：

王大伟恐怖主义的理论定义。

恐怖主义，英文为 Terrorism，是一种全人类共同谴责的暴力行为，它的产生动机源于政治、社会（如民族、宗教、文化）、个人等因素。它的目的表面上是制造恐怖，其实是以制造恐怖为形式，达到实现政治、社会与个人目的的动机。以恐怖为威胁，展示自己的力量，恫吓公众，争取与敌人对话谈判，使敌人做出让步。它的手段主要是制造恐怖，通常由一系列具体手段组成，如爆炸、暗杀、劫机、劫持人质、投毒、细菌战、游击战、抢劫等破坏活动。恐怖主义的主体可以是个人、团体、有组织犯罪集团、国家代表。恐怖主义侵害的对象主要是平民。它的直接袭击目标不是主攻目标。被害人不确定，随机选取。主要城市，政治、文化中心与特别标志性建筑、飞机、轮船、火车也是其袭击的目标。处于非战争状态的军人与军事设施也属于袭击范畴。恐怖主义分子往往采用“中和技术”与双重标准，把自己美化为自由的斗士、民族英雄。由于评价标准的差异与内涵外延的不易确定性，恐怖主义与战争、刑事犯罪也是不易区别的。

二、 反恐警务对策

在西方社会，恐怖主义是政治现象，控制恐怖主义主要是警察的职责。[①] 面对恐怖主义对于国家安全和社会安定的严重威胁，各国政府纷纷出台了一系列警务对策予以积极应对。本节将重点介绍其中两个有代表性的国家。

（一）美国

美国反恐的“七剑下天山”。美国是恐怖主义袭击的重要目标[②]。“9·11”事件之后，反恐成为美国政府的头等大事。如何积极有效地防范和打击恐怖主义，维护美国公民安全也成为美国执法部门的最紧要的任务。围绕反恐，美国提出了一系列警务对策。

1. 成立国土安全部。

传统理论下，警察主要负责是国内犯罪治安问题，“9·11”事件之后，恐怖主义的现实危害性使得美国警察不得不加强了对于恐怖主义特别是国外

① 任昕：《美国反恐怖主义的策略》，载《福建公安高等专科学校学报》2003年第3期，第5页。

② 中国现代国际关系研究所反恐怖研究中心：《国际恐怖主义与反恐怖斗争》，中国人民公安大学出版社2001年版。

恐怖组织的防范与斗争，但是警察在应对一些重大恐怖袭击事件中的力量明显不足，难以有效控制事态发展，比如，面对像“9·11”这样的重大恐怖事件，仅靠警察部门难以解决问题。再比如，在生化袭击和核放射恐怖袭击中，警察由于技术力量及其专门处置力量的不足，也难以应对。同时由于恐怖主义发动袭击往往是由国外恐怖组织计划安排、资助和实施的，是国家实体之间的冲突问题，已经超出了警察力量的范围。在这种情况下，正如美国总统布什所说，“反恐是一场战争”。战争的核心力量是军队，但是这个战场也离不开警察的贡献和力量，甚至在某种程度上，美国国内反恐战争的主力军就是警察。在此形势之下，为了加强美国各个机构在反恐方面的合作，美国迫切需要一个能够同时指挥警察和军队的专门负责处理国土安全及其相关事务的反恐专门机构。2003 年 3 月，美国政府新的内阁级机构——国土安全部，正是在这个背景下成立的。其下辖边境和交通安全部门（Border and Transportation security Directorate or BTS）、紧急预警和应对部门（Emergency preparedness and response Directorate or EPR）、科学技术部门（Science and Technology Directorate or S&T）、信息分析和基础设施保护部门（Information Analysis and Infrastructure Protection Directorate or IAIP）、管理部门（Management Directorate）、美国特工局（U. S Secret Service）等六个部门。① 美国政府对于国土安全部的工作给予了积极的财政支持，仅 2004 年就拨款 362 亿美元。②

2. 改革联邦调查局和中情局。

“9·11”事件发生后不久，美国联邦调查局（FBI）在时任局长的穆勒带领下，对联邦调查局进行了针对性的改革，在反恐的策略上，强调主动先发的警务模式。第一，联邦调查局在 40 多个驻在国设立了法律办事处（LEGAT），以保证其获取信息和处理涉外恐怖袭击案件处置的及时性。③ 第二，

① 曾忠恕：《美国警务热点问题研究》，中国人民公安大学出版社 2005 年 2 月第一版，第 182 页。

② “FY 2004 Budget seen as Mixed Bag ” law Enforcement News（Feb，28，2003）.

③ Johns S. Dempsey and Linda S. Forst，An introduction to Policing，3rd ed.（Belmont，CA：Wadsworth，2005）：431.

加强情报工作。一是在美国国防部的协调下，抽调总部10%的特工人员，部署到各个分部，专门负责反恐防恐情报的搜集和分析。[①] 二是主动加强了和美国中情局的合作，由美国中情局向联邦调查局在美国国内设立的56个反恐特遣部队派驻情报人员，以加强两个部门之间的联合反恐。第三，实行国家安全及应对警示方案，定期向美国那些掌握国家核心技术、机密信息的公司企业负责人通报情况，协助做好安全防范恐怖袭击工作。第四，大力加强反恐联合特遣队的建设（The joint Terrorism Task Forces or JTTFs）。目前，美国已经有16个这样的机构，其成员均来自联邦和地方的各个执法机构，诸如美国特工局、美国执法局等。第五，提高人员素质，改善人员结构和技术装备。联邦调查局先后多次有针对性地招募了一大批包括信息分析人员、翻译人员及其他具有特种技能在内的特工人员。[②] 同时，积极与美国国防高级计划研究局等科研机构合作，提高技术装备。

与此同时，美国另一个重要的警察反恐部门——美国中情局，也开始了一系列对策调整，以提高其情报收集能力。为了适应反恐情报工作的需要，美国政府将原来隶属于美国国防部的三个情报机构——负责监听全球通讯系统的国家安全局，负责管理间谍卫星的国家侦察办公室和负责图像情报的国家图像测绘局划归中情局。中情局自己也开始调整反恐措施。首先，加强语言培训。“9.11”事件以后，许多国家向美国提供了大量可疑人员的情报信息，但是由于美国中情局翻译人员缺乏且素质参差不齐，导致翻译工作滞后，从而使大批恐怖分子逃脱了打击。在教训面前，美国众议院情报委员会通过了一项议案，要求情报部门成立“外语培训中心”。美国中情局抓住这一有利时机，加强了其情报翻译人员的建设。其次，简化了招募“特情”的审批。目前，美国中情局已经废除了自1995年以来招收“特情”必须得到总部批准的规定。招收范围不断扩大，预计4%的美国公民将会成为“秘密警察”。最后，加强与教育部门，特别是美国国内高等院校的合作，面向

---

① 端木承中：《美国“反恐”又出新招》，载《国际间谍》，第23页。

② Federal Bureau of investigation，www.fbi.gov/speechs/speech052902. http：//www.fbi.gov/page2/52902.htm.

高校招募特工。一些特工官员在高校学生中开展反恐培训，传授科学知识和反恐技能。一些具有中情局背景的人进入大学担任要职，如得克萨斯州一所大学任命中情局原局长罗伯特·盖茨担任该校校长。同时，为了弥补政府中一些专家投入反恐一线所带来的职位空缺，美国教育界一些学者特别是政治学家和经济学家积极响应政府号召到政府部门兼职。①

3. 突出地方警察在反恐中的地位和作用。

由于各种因素的影响，在“9·11”事件之前，从联邦政府到地方政府部门，对地方警察部门特别是一些小城市和县的警察部门在反恐中的地位和作用认识不足，“9·11”及其随后发生的一系列恐怖袭击使得美国人认识到了整合国内力量联合反恐的必要性，因为所有的恐怖主义事件都是发生在地方或者以地方发生为序的。同时要获得大量准确的情报信息，持续和统一协调的指挥网，进行全国性的反恐战备训练，都离不开地方警察。在此背景之下，州及地方警察机构在反恐中的作用被突出强调。联邦政府要求他们在反恐中承担更多的任务，同时对他们给予了积极的财政支持。各个地方的警察机构在硬件建设、人员招募及其培训、警察机构内部机制体制建设、各项反恐应急预案及其制度措施的制定及其完善上都有了新的提高和发展。例如，纽约市警察局设立了情报副局长和反恐副局长，艾奥瓦州的德斯莫伊尼斯警察局开发了一套被称为“警链”（Cop link）的信息共享系统等。②

4. 坚持美国的反恐原则。

美国反恐的原则主要包括三个方面：一是美国不向劫持美国公民及其官员的恐怖分子让步，即实行“否定性的威慑”的反恐政策。正如基辛格所说：“如果恐怖主义组织认为他们可以通过迫使美国政府和他们谈判，获取对他们要求的默认，那我们就会为救一些人而使另外更多的人丧命。我们的

① 端木承中：《美国“反恐”又出新招》，载《国家安全通讯》2002年第12期。

② 曾忠恕：《美国警务热点问题研究》，中国人民公安大学出版社2005年2月第一版，第186页。

政策是，美国的大使和官员决不会和恐怖分子谈判，以求得受害者释放。”①二是对参与或者支持国际恐怖主义的国家坚决予以打击，甚至不惜发动战争。三是积极与友好国家合作反恐。美国为多个国家的警察举行了专门的反恐业务培训。

5. 加强和完善反恐立法。

为了有效对付恐怖主义的威胁，美国不仅参加和签署了一系列国际反恐协定，而且在国内积极立法。目前，美国已经制定了《国家安全法》《全国紧急状态法》《反恐怖国际活动法》等与反恐有关的法律。“9·11”事件之后，美国通过了《爱国者法案》（The USA Patriot ACT）和《航空及交通安全法案》（The Aviation and Transportation Security ACT），相继出台了《防止生物恐怖袭击法》《公共卫生安全与预防及应对生物恐怖法案》等法律。

6. 扩大警察权力。

“9·11”事件以后，美国政府通过立法给予警方更多的权力，比较明显的有以下几个方面：

一是监听。“9·11”之前，美国法律虽然允许警察监听和收集情报，但是对于警方监听措施的采取，法律有着极其严格的规定和限制，警方如果要采取监视措施，必须通过法律批准，但是在申请法院批准时，警方必须提交充分的被监视者有犯罪嫌疑的证据，并且要拿出足够的理由来说明有必要对其进行电话监听或截获他的 E－mail 和信件，即使法官批准警察采取监听措施，也会限制某些内容。但是“9·11”事件之后，法院对于警方监听收集情报的限制降低了，特别是美国国会宣布紧急状态后，允许警察利用监听技术来收集大量的情报。

二是警察讯问的权力。讯问是警察侦查办案的一项基本手段，为了收集情报和证据，警察需要讯问嫌疑人。美国法律对于警察讯问嫌疑人有着明确的规定。例如，美国宪法规定，不可以因为种族、肤色或者宗教信仰、政治

---

① Henry Kissinger，“Secretary Kissinger’s News Conference at Vail，Colo.，August 17，in Department of State Bulletin，No. 1890（15 September 1975）：485。Richards W. Schaffert，Media Coverage and Political Terrorism：A quantitative Analysis，Praeger，1992，p. 155.

信仰方面的原因而有侧重地讯问某些人。讯问被讯问对象，警察必须确实确认被讯问对象一定跟这个犯罪组织有关系，做到客观公正，公平科学。“9·11”事件后，警察讯问权力得到加强和扩大，只要警方认为某人可能参与了恐怖主义犯罪活动或者他有这方面信息，就可以讯问他，即采取紧急时期的合理性原则。另外值得关注的是，在2000年美国通过的爱国主义法令中，规定了一些很重要的立法原则，其中有一条就是允许美国政府在恐怖主义组织袭击的情况下建立军事专门法庭。在平时情况下，警察抓人和讯问、调查都有时限的规定，并且允许当事人保释，但是，如果军事法庭介入，就不必受这些法律规定的约束。这对于警察办案来说无疑是有好处的。

三是在非法移民出境问题上，警察有了更多的选择和权力。“9·11”之前，警察对于非法移民的查找往往力不从心，因为按照以前的法律程序要求，即使警察发现某人是非法移民，而且联邦检察院也要求他被递解出境，但是美国法律规定一定要给他辩解的机会，让他申诉，说明非法移民的原因，还要辩论应不应该将其递解出境，并且允许他辩护，这个过程往往要等半年甚至更长时间。但在爱国主义法令下，这个法律程序就被取消了。遇到此类情况，警方实际上可以要求法院以他违反了移民法为由将他递解出境，直接将其驱逐出美国。①

7. 加强对于关键信息基础设施的保护。

2001年10月16日，时任美国总统乔治.W. 布什签署了《信息时代关键的基础设施保护》行政命令，决定成立“总统关键基础设施保护委员会”，同时对于信息基础设施的保护政策、规模、机构设置，此项行政命令的权威性、相关机构人员职责划分、委员会的成员构成、主席设置及其职责、计划与预算、总统咨询小组、国家通讯系统、情报活动、保密权威、总条款等方面作出了明确的规定。

（二）俄罗斯反恐对策

俄罗斯四个反恐对策。俄罗斯是世界上受恐怖活动侵害较为严重的国

① 任昕：《美国反恐怖主义的策略》，载《福建公安高等专科学校学报》2003年第3期。

家，同时也是世界上反恐最坚决的国家之一。[①] 在同恐怖主义的斗争中，俄罗斯采取的措施相对比较完善。就整个国家的安全战略部署来说，俄罗斯主要做了四个方面的工作：（1）重新评估国家安全环境，把恐怖主义视为现实威胁，并且确定车臣非法武装为恐怖组织，严厉打击其破坏活动；（2）确立“先发制人”的反恐策略；（3）健全相关反恐部门的组织结构，并且突出军队在国内反恐中的作用，将国家武装力量的主要职能由“抗击外来侵略”转向“内外并重”；（4）推进反恐立法。[②]

具体而言，俄罗斯的反恐对策主要包括以下几个方面：

1. 根据形势变化，推进完善反恐立法，为反恐提供法律支持。

为反对恐怖主义活动，俄罗斯国家杜马通过了《俄罗斯联邦反恐怖主义法》，并将其纳入《俄罗斯联邦刑法》中。同时制定新的《国家安全构想》，对《反恐法》和《紧急状态法》的相关内容进行修订和细化。

2. 为反恐设立专门的机构和职位，并且改革负责国家安全的职能部门和机构，为反恐提供组织支持。

在中央，俄罗斯成立了以总统为核心的国家反对恐怖主义委员会，它是俄罗斯反对恐怖主义的最高指挥、决策机关，也是俄罗斯的常设反恐机构。在地方，俄罗斯各州也成立了以州长为核心的常设机构——州反恐委员会，负责对本州辖区发生的恐怖事件首先快速反应、及时处置。在反恐机构的级别关系上实行集权制，即上一级反恐机构对下一级反恐机构有指挥权和管辖权，州长对总统负责。与此同时，俄罗斯内务部也成立了反恐局和特别行动中心，负责具体反恐事务。各个情报部门在加强、扩大传统情报机构的职能与权力的同时组建新的机构和设立新职位，肩负反恐情报职能。

为了有效打击恐怖势力，俄罗斯对一些负责国家安全的部门和机构也进行了改革。首先，对内务部所属的内卫部队进行改革，这种改革具体分为两步：第一步，到2006年实现内卫部队向国民近卫军的转变；第二步，到

---

① 孙渤文：《俄罗斯反恐战略及其对我国反恐工作的启示》，载《北京人民警察学院学报》2004年5月第3期，第22页。

② 孙渤文：《“9·11”后国际反恐斗争的状况与策略》，载《前线》2003年11月，第25页。

2010年使国民近卫军总数达到17万人并且完全归属总统领导。其次，组建打击恐怖势力的快速反应力量，在内务部队中组建特种部队以代替现在执行任务的特警部队，并且使其具备快速反应能力。最后，具体划分俄罗斯联邦警察和地区警察的职责，使其各司其职，分工协作。另外，精简指挥机构，实现大战区联动计划。俄罗斯已经取消7个内卫区，并且在七大联邦区内组建5个地区指挥部和2个地区局。此外，俄内务部还决定将内卫部队的5个作战师改编为作战旅，这有利于减少作战指挥上存在的混乱。①

3. 加大反恐的资金投入。

在国内经济不景气，财政比较困难的情况下，俄政府在加强反恐经费方面却毫不含糊，在反恐技术、情报、人力、设备等方面，都投入了大量的资金。据有关资料显示，在2003年度，俄联邦委员会拨出的反恐专项资金就有30亿卢布，并为车臣拨专款140亿卢布，用于反恐和重建费用。并且另拨专款用于收缴车臣居民私藏的武器。② 2001—2002年内务部获得的联邦预算比最初计划的资金供给超出了14.4%。为鼓舞反恐士气，俄罗斯对内务机关和军队的预算拨款大幅提高。2001—2002年联邦预算的开支提高了1.7倍。2002年给警务人员提高待遇1.7倍，内务部退休人员退休金也在增长。③

4. 改善警察与车臣当地人的关系，提高民族待遇。

内务部把给车臣百姓提供帮助作为纪律执行。向车臣共和国运送了大量的物资。包括建筑材料、教科书、学校用的运动设施、农作物种子、食品、医疗用品和衣物等，还由警察医生提供无偿急诊救助、药品帮助。这种直接支持赢得了车臣百姓的心，为反恐顺利进行提供了必要前提条件。

5. 深化反恐的国际合作。

俄罗斯与欧盟及亚洲国家都加强了反恐方面的联系，并且积极加入国际反恐公约和宣言。它与独联体国家合作，进行联合反恐军事演习。在与西方

---

① 杨江涛：《论俄罗斯在车臣的反恐战略》，载《俄罗斯研究》2003年第1期，第47页。

② 孙渤文：《“9·11”后国际反恐斗争的状况与策略》，载《前线》2003年11月，第25页。

③ 张杰文：《俄罗斯的恐怖主义犯罪及反恐措施》，载《俄罗斯中亚东欧研究》2004年第1期。

合作反恐方面，已经由情报交流向技术与军事合作发展。1990 年 5 月3～4 日，俄罗斯政府与西方国家代表在莫斯科提出系列反恐合作建议，主要包括：交流反恐技术手段援救成果；适当时候请求他国给予反恐军事援助；促进联合国安理会在反恐中的作用；对支持恐怖活动国家实行国际性制裁等。① 1992 年成立跨部门工作小组与西方 7 国联合反恐。1998 年 10 月，联合国安理会一致通过由俄罗斯起草的反恐怖主义决议案，坚决谴责一切形式的恐怖主义并呼吁所有国家履行一系列反恐怖公约。②

6. 加强反恐特种部队的建设。

目前，俄罗斯已经有“阿尔法”、“信号旗”等反恐特种部队，他们在反恐中发挥了极其重要的作用。

7. 加强情报工作。

由于每个人的声音都是独一无二的，而且即使声音发生改变，通过现有技术也能鉴别出来。所以在 2004 年 5 月，俄罗斯联邦安全局提出了建立恐怖分子声像资料数据库的设想，并在随后得以实施。此外，俄罗斯与独联体各国安全和情报机构在加强对自身电子自动化系统和电子资料库防护的同时，还将加强情报交流。③

8. 利用传媒及其他有利因素向广大群众宣传反恐，争取民众支持。

俄罗斯采用心理对策，借助大众传媒、出版物、艺术作品以及政治、宗教、法律等方面的因素，向民众揭露恐怖主义的罪行，使广大民众认识到恐怖主义的本质和危害性，扩大反对恐怖主义的社会基础，以控制敌对意识形态的扩张。④

---

① 李伟：《国际恐怖主义与反恐怖斗争合作》（续），载《国际资料信息》2001 年第 8 期。

② 张杰：《俄罗斯的恐怖主义犯罪及反恐措施》，载《俄罗斯中亚东欧研究》2004 年第 1 期。

③ 高颖：《各国建立反恐情报数据库情况综述》，载《国际资料信息》2005 年第 8 期。

④ 张杰：《俄罗斯的恐怖主义犯罪及反恐措施》，载《俄罗斯中亚东欧研究》2004 年第 1 期。

9. 移民方面对策。

针对非法移民带来的不安定因素，规范移民流动，俄罗斯内务部成立了联邦移民局，建立了登记检查移民制度（填写移民卡），并公布《关于俄联邦移民程序管理构想草案》，出台新移民法。[①]

第七节

危机警务论[②]

一、 危机的理论概念

（一）危机的定义

危机的定义。危机，又称突发事件、紧急事件，英文可译为“crisis”“emergency”“incident”。在英文版《韦伯词典》中的解释是：有可能变好或变坏的转折点或关键时刻。除此之外，许多学者从不同角度对危机进行理解判断。

赫尔曼（Hermann）：危机是指一种情景状态，在这种形势中，其决策主体的根本目标受到威胁且作出决策的反应时间很有限，其发生也出乎决策主体的意料。

福斯特（Forster）：危机具有 4 个显著特征，即急需快速作出决策、严重缺乏必要的训练有素的员工、相关物资资料紧缺、处理时间有限。

罗森塔尔（Roster）：危机对一个社会系统的基本价值和行为架构产生

---

① 张杰：《俄罗斯的恐怖主义犯罪及反恐措施》，载《俄罗斯中亚东欧研究》2004 年第 1 期。

② 王大伟：《外国警察科学》，中国人民公安大学出版社 2012 年版。

严重威胁，并且在时间性和不确定性很强的情况下必须对其作出关键性决策的事件。

巴顿（Barton）：危机是一个会引起潜在负面影响的具有不确定性的事件，这种事件及其后果可能对组织及其员工、产品、资产和声誉造成巨大伤害。

班克思（BANKS）：危机是对一个组织、公司及其产品或名声等产生潜在的负面影响的事故。

里宾杰（LERBINGER）：对于企业未来的获利性、成长乃至生存发生潜在威胁的事件。他认为，一个事件发展为危机，必须具备以下 3 个特征：其一，该事件对社会和组织造成威胁，该威胁会阻碍社会稳定或组织目标的实现；其二，如果政府或组织没有采取行动，局面会恶化且无法挽回；其三，该事件具有突发性。

危机的四个特性。尽管对危机的定义众说纷纭，但是综合各家之言，危机界定还是日渐清晰：

首先，从抽象特性看，对危机事件可作如下界定：一是危机事件具有突发性和紧急性；二是具有高度不确定性；三是影响具有一定的社会性；四是它的实质是非程序化决策问题。

其次，危机事件实质就是潜在的各种社会矛盾与社会问题积聚激化后的表现形式，或者说是冲突的人群试图通过非常规或极端的方式，促使有关部门解决没有预见或长期无力解决的问题。

最后，危机应为一种动态的决策情势。在危机中，各类组织所认定的社会基本价值和行为准则架构面临严重威胁，突发紧急事件以及不确定前景造成了高度的紧张和压力，为使组织在危机中得以生存，并将危机所造成的损害降至最低限度，决策者必须在相当有限的时间约束下作出关键性决策和具体的危机应对措施。

（二）危机的分类

1. 从基本动因角度，危机可以分为两大类。其一，主要是针对由自然灾害和人为因素引起的突发性事件，前者如水灾、地震、台风、干旱，后者如核泄漏、火灾、质量事故。政府部门作为公共事务的管理者，必然要承担控制由突发事件引起的连锁反应的责任。其二，由社会中对抗的统一体引发社会冲突行为而导致的社会失衡和混乱，由一定的社会问题诱发，诸如战争、暴力对抗、恐怖事件。对于这类危机的管理主体一般是以军队、警察为主导。

虽然两者各有侧重，但在实际研究中交叉甚多，而且现实生活中，在一定的外界条件下，第一类危机还会连带产生第二类危机。

2. 从危机情景中的主体的态度角度，可将危机划分成一致性和冲突性两类。一致性危机是指在危机中的利益主体具有相同的要求，如全面救灾。冲突性是指状态中存在着两个或两个以上的不同利益主体，如大到战争、革命，小到绑架、勒索等刑事危机。

3. 从综合的标准出发，选取危机状态的复杂程度、性质以及控制的可能性等指标，危机还可划分成两种基本类型：一是结构良好的危机；二是结构不良的危机状态。

4. 美国公共危机的三个类型。目前美国政府部门和一些研究学者也从实践的角度将公共危机划分为三个类型：第一类是自然灾害。主要包括地震、洪水、飓风、龙卷风、“极端高温、极端低温”等。第二类是技术发展型灾害。它泛指人类社会由于技术和经济发展而产生的灾难，包括大面积火灾，高度传染性疾病和瘟疫，爆炸，交通运输失事，高层建筑倒塌，化学物品、毒气和有害药物的泄漏，核物质泄漏，对信息网络的攻击等。第三类是社会动荡型，主要包括恐怖活动和社会动荡。一直到“9·11”恐怖袭击事件的发生，这类公共危机都没有被美国的研究人员列为一种重要的灾害类型。但在此之后，它越来越受到美国政府和研究人员的关注，也成为美国警务工作的一项重要内容。

二、 危机警务

（一）定义

危机警务定义。危机警务工作是指用警务力量来管理和化解危机。它是警察部门在其职能范围内，针对一系列公共安全威胁，特别是社会震荡导致的冲突型危机，所采取的各项有关危机预防、处理、恢复的警务工作模式和措施的总和。它可以看成公共管理领域危机管理在警务工作中的具体运用。

（二）危机警务的特征

1. 它是指导警察机构全方位、科学高效地处理公共危机的一系列文件、理念、规则、术语和组织过程的总和。

2. 它不是具体针对一次危机救援行动的计划书，也不仅仅是一个具体操作性的危机管理系统，它是宏观的理念和模型，是对警察机关职权范围内所应处理的各类危机的指导和参照模板。

3. 它是一个用于公安机关各部门之间、公安机关与其他政府组织共同合作和参与危机管理的体制框架，具有弹性、开放性和标准化。

4. 危机警务的实施范围或针对对象主要是三个部分的公共危机：一是自然原因造成的危机，包括洪水、地震、泥石流、台风等。这类危机中公安机关主要是在国家危机处理领导小组的总体部署下，与其他相关部门配合工作。二是由于部门、组织、人员疏忽或失职造成的公共危机，如煤矿爆炸、坠机、核泄漏事件等。三是社会震荡造成的，具有对立冲突性的危机，如绑架、劫持、爆炸、恐吓、投毒等。这类危机中以公安机关为处理主体，是危机警务运用的主要领域。

英美警察部门将这项工作通称为“Emergency Management”或“Crisis Management”。尽管注重警务实践的英美警察部门并未对危机警务这一概念进行学理性的研究，但由于其国内国际的现实压力，它们在这方面的实践工作却已经达到了很高的水平。本章即围绕英美两国应对公共危机的警务模式和训练模式展开，以期对英美危机警务工作做一宏观勾勒。

三、 英美警方应对公共危机的警务模式

英国警察金、银、铜三级模式。在应对公共危机的工作模式主要是采用了三级模式划分，即将有关危机应对的各项工作按照内容划分为金、银、铜三级模式。

金，代表危机指挥中的战略决策工作。

银，代表危机指挥中的战术水平工作。

铜，代表危机处理的具体性操作工作。

这种三级框架结构之间并没有级别的界定，而仅是功能或角色的差别。一旦危机发生后，各级主要工作人员各就各位，就会在这个系统范围内被委以各项任务。各层级的具体功能如下：

（一）战略指挥官（金级）

他是对危机处理的整体指挥，他的责任就是制定危机处理的宏观战略。每个战略指挥官拥有对其所在部门全部资源的控制权，并授权其下属的银级指挥官制定处理危机的战术决策。从危机发生伊始，金级指挥官就要决策出危机处理战略，形成战略文件，但这同样需要根据对事态的看法而不断加以检测和制定。

如果危机事态的处理超出警察部门本身范围，危机处理相关部门就会启动三级结构，并且所有相关部门的金级指挥官聚集在一起，组成战略合作决策小组，英文缩写为“SCG”。这个小组由警察部门派出的金级指挥官整体领导，这个小组所关注的是处理事件的战略决策而不是战术性内容，尽管如此，金、银级别的指挥官在事件处理过程中还是保持密切的交流与联系。在事故发生的最初时间内，SCG 小组要迅速组建完成并建立协议行动草案，金级指挥官的工作还包括要确保在危机发生地各项支持、补给和后勤资源都各就各位。在恐怖主义事件中，SCG 还要与政府保持联系，所以它的工作还包括与最高政府部门进行联络的工作。

归纳起来，英国警察危机处理中，金级指挥官的工作主要包括战略部署、实时决策、危机处理中各项物质支持和补给、后勤资源控制、与政府进行沟通联络、领导多部门组成的战略合作决策小组。

（二）战术指挥官（银级）

他们的角色是驻守在危机现场或附近进行具体指挥，他们要制定出各项处理战术以使他们的机构采取后，可以从整体上达到战略指挥者们对危机事故处理的战略要求。所以，警察部门的银级指挥官并不是在第一线参与作战而是独立的，或与作为所有相关处理部门的代表的其他部门银级指挥官联合起来，共同完成战术决策和指挥。警方的银级指挥官依然在各部门银级指挥官组成的战术执行小组中担任主席。

（三）执行指挥官（铜级）

他们的职责是在特定地区和特定责任范围内控制和部署所在机构用来处理危机的各项资源，并且执行由银级指挥官们制定的战术决策。铜级指挥官就是危机处理中的一线指挥官。

英国政府所使用的这个指挥系统保证了相关机构在处理危机中的相互沟通，并对各自功能和权力一目了然。所以，可以看出这个系统更多关注的是各级所担任的职责而不是其级别的高低，它所关注的是各自所负职责落实和实战能力的提高。

四、美国警察危机处置的主要机构、职能、运行模式及公共危机文化的培养

（一）美国联邦警察应对公共危机的主要机构及职能

美国联邦政府负责应对公共危机的具有警察性质的部门是联邦司法部及下属的联邦调查局、联邦航空管理局的一部分、中央情报局等。其具体职能和分工如下：

1. 联邦调查局（FBI）。

联邦调查局是司法部所属的主要调查机构，是美国危机管理的龙头老大，下属56个地方分局、近400个办事处以及21个国外联络所。它拥有一个较大的信息系统——国家犯罪信息中心，并与各级司法机构密切合作，以满足执法机构对信息的需要。其主要职责为侦查和识别对国家安全造成潜在威胁的秘密情报活动并及时加以制止，对社会危害较大的犯罪活动进行优先调查。为美国本土危机管理的牵头部门。司法部负责制定并执行在美国国内防止恐怖主义的政策，并对触犯美国法律的恐怖分子进行刑事起诉。联邦调

查局承担对恐怖袭击事件进行调查和追剿恐怖分子的首要责任。一旦美国本土发生恐怖袭击事件，联邦调查局须尽快在国内紧急支援小组的协助下，设立现场指挥中心。为此，联邦调查局于1995年组建了“反恐怖中心”，负责统筹处理国内和国际反恐怖调查行动。目前，联邦调查局在美国本土及波多黎各设有56个地方分部，各分部内通常设有一个反恐怖分队。

“9·11”恐怖袭击事件后，联邦调查局根据联邦政府的要求和部署，大刀阔斧地开始了内部的机构改革。2002年5月29日，联邦调查局制定进行彻底整顿的改革计划，明确该局的主要职能是：保护美国和美国人民免于恐怖主义威胁，希望通过增强人力、任务调整以及加强与其他机构的合作，提高预防和打击恐怖活动的能力。将联邦调查局的工作重心由传统的调查犯罪调整为预防大规模犯罪和恐怖主义。根据改组方案，联邦调查局将加强与中央情报局的合作，包括在新成立的“全国联合恐怖主义专案小组”下设立一个“情报办公室”，总部设在华盛顿，由中央情报局派员管理，加强情报分析工作，并拥有兼含国内外事务的广泛侦查权。联邦调查局的反情报部门也将设立一个间谍组，监视对美国进行侦察活动的间谍。改革后的联邦调查局还确定了十大工作重点：（1）保护美国免遭恐怖袭击；（2）保护美国不受外国情报和间谍活动危害；（3）保护美国免遭网络袭击，防止高科技犯罪；（4）在各级公职人员中反腐败；（5）保护公民权利；（6）打击跨国或全国性犯罪组织；（7）打击主要的白领犯罪；（8）打击重要暴力犯罪活动；（9）向美国国内各级执法部门和国际伙伴提供相关支持；（10）提高科技水平，确保联邦调查局的使命得以执行。在调查中还拥有符合宪法规定的更多权力，当然，这些权力只能被用在侦查和阻止恐怖活动上。

2. 联邦紧急状态管理局（FEMA）。

该局建立于1979年，是美国国内负责恐怖袭击后果管理的牵头部门。在危机发生后，该局将根据有关法律和总统指示，单独或协调联邦各部及州和地方政府有关部门实施救援行动，同时派员参与联邦调查局的战略情报和行动中心、联合行动中心和联合信息中心的工作。

3. 中央情报局（CIA）。

中央情报局是美国最高国家情报机构，也是美国情报系统中的协调中心和行动机构，地位举足轻重，自成立之日起就为历届总统所倚重。它通过国家安全委员会直接向总统负责。主要职责是向总统和国家安全委员会提供有关危机的情报及对策建议，就国家安全有关的情报工作提供咨询意见，协调国内相关情报机构的工作，同时研究和开发新的技术收集系统。中央情报局具有情报搜索与分析能力，能够适应美国决策层的需要，为其提供可靠的情报资源。“9·11”恐怖袭击事件发生后，在中央情报局的协助下，很快就有几百名怀疑与事件或“基地”组织有关的可疑人员在50多个国家被拘捕或扣留。

4. 国防部（DOD）。

国防部是联邦调查局危机管理功能和联邦紧急状态管理局后果管理功能的重要支援机构，其主要作用是：参与威胁评估，参加紧急救援分队，提供技术装备和战术支持，防止骚乱，拘押嫌犯，并在涉及大规模杀伤性武器的恐怖事件反应中发挥特殊作用。

（二）美国警察危机处置的运行模式

根据美国各级政府危机管理机构计划的规定，美国警方主要负责的是由社会动荡引起的公共危机事件，主要包括恐怖活动、暴乱、破坏社会秩序、诈骗和人质劫持等。同时对于其他类型的公共危机虽不负主要责任，但也要负担相应的工作。以下即针对美国警方主要负责的公共危机处置工作，介绍一下其工作的运行模式。

1. 美国警察危机处置从中央到地方的三级协调机制。

美国警察危机处置的三级协调机制。美国国家、现场和当地政府三级指挥协调机构，在面临恐怖威胁或遭受恐怖袭击后，迅速启动，视情况作出相应反应。

一是国家级指挥协调机构。发生大规模公共危机，尤其是恐怖袭击事件时，由国家级指挥协调机构作出最高级别的反应。总统是最高指挥官，国家安全委员会是主要协调机构（“9·11”恐怖袭击事件发生后，美国政府于2001年10月成立了国土安全办公室，具体负责国家级的反恐协调工作）。在总统的统一领导下，该机构又分为“危机管理”和“后果管理”两条相互协调且同时运行的指挥系统。负责协调危机管理的首长是司法部部长和联邦调查局局长，下设由各联邦部门联络官组成的战略情报和行动中心，该中心下设联合行动中心，最后是联邦调查局与特定相关部门组成的指挥部；负责协调后果管理的首长是联邦紧急状态管理局局长。在接到联邦调查局关于恐怖分子威胁的通告后，立即启用灾难反应小组并由区域行动中心派出应急支援小组。

二是现场级指挥协调机构。恐怖袭击发生后，联邦调查局地区分部一般视情在遭袭地区（点）设立由联邦、州和市镇政府有关部门组成的联合行动中心，下设行动、行政和后勤以及后果管理3个处，主要负责指挥现场救灾救援及协调各方需求。

三是当地政府级指挥协调机构。恐怖袭击事件发生后，当地政府的应急反应机构是联合指挥部，主要由行政首长、警察局、消防局、联邦紧急状态管理局和联邦调查局地区分部等机构组成，并由其他几十个相关机构提供支援。其既要进行危机管理又要进行后果管理，下设公共信息和安全官员，并通过联络官指挥一个前方协调小组，联合指挥部还设有行动、计划情报、后勤和财务管理4个科。

2. 美国警察危机处置的反应程序。

警察在应急反应中的重要任务仍然是治安，同时执行应急管理中心的指令。在这里需要提到的是，这个计划规定，在大型灾难中，如果市政府的警察力量不足需要帮助时，州的“国家警卫队”（National Guard）可以提供援助。但是，国家警卫队在地方政府管辖区内出现必须以地方政府的要求为前提。市长是唯一可以向州长提出要求的市政官员。另外，即便市长提出要求，也并不能保证州长就一定会派出国家警卫队来援助，州长也需要“酌情处理”。

美国警察在应急反应中的运作步骤：

第一优先步骤

1. 对应急情况采取相应的反应并建立一线指挥所。

2. 对紧急情况进行评估。

3. 设置早期戒严范围。

4. 召集需要的警员队伍。

5. 启动“互助条约”（如果需要的话），与县应急中心进行联系，开始“反向‘911’电话”的程序（通知居民）。

6. 为媒体提供保护。

7. 向所有在灾难区域内的工作人员提供有关信息。

第二优先步骤

1. 设置永久性灾难区戒严界线。

2. 搜集紧急情况范围、程度的信息。

持续性步骤

1. 定时向应急管理中心提供信息。

2. 维持戒严警戒线。

3. 事件调查（如果必要的话）。

4. 消防、抢救、紧急医护。在这一项中的主要部分是在相邻社区中的互助条约。在需要的情况下，临近社区的消防和紧急医护人员马上可以提供援助。

5. 市政工程。市政工程人员的工作在应急反应运作中起到十分重要的作用。路面的状况、上下水道的通畅都与救灾努力的成功与否紧密相连。

6. 损失程度评估。对损失程度的评估的任务主要是由法典执行部的人员承担，因为他们对社区内各个建筑的情况十分熟悉，至少应该十分熟悉。在这个计划中，由于吸取了“9·11”恐怖袭击事件中的经验，对建筑物损害程度的评估被提高到“如何保护一线反应人员”的高度。所以，在评估的步骤中，对灾害的影响程度的评估受到了很大的重视。

在面临国家紧急状态或重大灾难时，美国危机管理机制之所以能够有机协调、高效运作，关键就在于它拥有完备的危机管理法律体系以及全面的危机管理应对网络。联邦政府、民间社团、志愿者、国际力量通过危机通信体系有效地沟通协作，快速反应。在“9·11”恐怖袭击事件中，虽然美国原有的危机管理机制在危机初期阶段反应不够及时和有效，但是在其后的处理中，对于救援的开展、各部门的协作还是体现出应急机制的相对完备。如国家安全委员会负责总体的局势分析和部门协调；总统在议会授权后具有军事和经济上的决策权；联邦调查局牵头负责调查解决危机；联邦紧急状态管理局（FEMA）主要负责救援等危机事后处理；国防部等联邦政府部门负责提供相关的技术支持和专门性行动，使得整个针对“9·11”恐怖袭击事件的应急行动井然有序、权责分明，在很短的时间内实现对现场局势的勘查与控制，并采取相关的配套措施，使受灾地区社会秩序很快恢复稳定。①

（三）美国警方公众危机文化的培养工作

美国警方公众危机文化。危机文化，是一个新的概念。人们对待各种危机情况的态度就是一种文化，其形成需要具备客观条件，包括反复出现的危机状况和损失。人们对待反复出现的灾难以及其造成的损失的态度构成了危机文化的核心。在公众中培养形成正确良好的危机文化，对于有效引导公众正视危机、配合警务危机工作、减少伤亡损失、更好地度过危机具有重要作用。但是，一种文化的形成不是一蹴而就的事情，非常注重公众工作的美国警方也越来越将培养公众危机文化的工作纳入危机应对准备工作当中，进行了许多有利的尝试。从以下例子就可见一斑。

美国地方政府应急计划中的一个重要部分是对社区进行各种教育。其中，对中小学生的教育是重点。除了消防局派人到学校中“灌输”各种防火和在灾难中自救的方法外，美国丹尼森市的消防局每年还在社区中开展两次名为“护照”的活动。“护照”活动是专门针对小学生设计的。在参加这项活动时，小学生们必须由家长陪同，意在使家长也受到教育。消防局在全市4个消防站外加几个学校的操场上设置了一些模拟的火场和一些比较危险（模拟）的情况。然后，每一家在开始时到第一站领取一个类似“护照”的小本子。每到一个现场并参加演习后，在场的工作人员就会在那个“护照”上盖一个章。当一个家庭的“护照”上收集到所有的印章后，他们就可以到市政府领取一份小礼物。这个活动在社区中很受欢迎，既有教育意义，又有趣味，小学生们都很喜欢。在中学里，消防局和警察局经常和校方一起搞一些演习。丹尼森市有两所高中，两个学校中都分别有近3000名学生。丹尼森市的应急计划对这两个人群聚集的地方有专门的条款。“9·11”之后，

---

①［美］吴量福：《运作、决策、信息与应急管理》，天津人民出版社。

市政府和学校联合举行了两次因恐怖分子攻击而进行的全校大撤离的演习。①

这种从学生阶段就开始做起的办法实际上是在培养我们所说的“危机文化”。这个新的文化的形成和作用的发挥可能还需要大量的研究论证。但是，我们知道，培养一种社会性应急准备的习惯需要从平时的每一件小事做起。

五、美国危机警务培训

过硬的危机处置能力来自于扎实有效的警务培训，这是世界各国警务工作者的共识。美国由于其自身经济实力、科研实力的雄厚，加之近年来饱受各类公共危机之苦，并已成为恐怖分子袭击的头号目标，在这样的压力下，其危机处置特别是危机警务培训的研究和实施一直是美国警方的重要关注点，并处在世界前列。以下就分别介绍美国警界有代表性的危机警务训练计划。其一是由联邦政府牵头，警察部门作为重要参与部门与公共危机处置其他涉及部门共同参与完成的“高官”系列反恐演习。这项演习计划在世界范围影响巨大。其二是相对规模较小的，在美国地方警察部门加以推广，专门针对警务工作的 INCOSIT 危机警务训练计划，它已在美国多个城市警察局开展，广受好评。

（一）“高官 3 号”演习

1. 简介。

2005 年 4 月美国举行的“高官 3 号”反恐演习（亦称“首脑 3 号”），是美国“高官”系列演习的第三次，它是由美国政府组织的旨在检验和提高国家应对恐怖活动能力的系列演习之一。该演习始于 2000 年 5 月，其背景情况是，1995 年日本东京地铁发生沙林毒气袭击事件后，美国政府意识到利用核和生化等大规模杀伤性武器进行恐怖袭击的危害性和严重性，为此，美国国会于 1998 年授权国务院和司法部举行系列反恐怖演习，对相关

① ［美］吴量福：《运作、决策、信息与应急管理》，天津人民出版社。

人员特别是政府官员进行处置大规模杀伤性武器袭击的专门训练，以提高他们在处理这类事件时的指挥、协调和反应能力。之前共举行过两次演习，分别于2000年5月在丹佛、2003年5月在西雅图和芝加哥举行，此次演习属系列演习中的第三次。“高官3号”由美国国土安全部组织实施。演习假想：康涅狄格州的新伦敦市和新泽西州的尤宁县、米德尔赛克斯县分别遭到化学和生物连环恐怖袭击，导致大批受伤居民涌入当地医院，引起社会恐慌，事态十分严重。演习内容包括，应急指挥、毒源侦检、现场洗消、人员解救、部门协同等。参加演习的单位及人员包括联邦和地方政府部门、民间机构、志愿人士等。英国、加拿大也配合美国举行了相关演习。

2. 几个突出特点。

一是规模大。“高官3号”反恐演习参加人员总人数达万余人。而此前参加演习人员最多的是2003年在西雅图、芝加哥举行的“高官2号”反恐演习，为8500人。演习从4月4日开始至8日结束，时间跨度为5天，耗资1600万美元。参与演习的除联邦与地方政府部门、私营机构（仅医院就有32所）、志愿人士外，还动用了美国北方司令部应急反应部队共同参演。联邦调查局、联邦应急管理办公室、卫生部、财政部、海岸警卫队、交通部联邦空管局等在演习中都扮演了重要角色。演习邀请英国、加拿大共同参加，增加了跨国携手对付恐怖活动的新内容。

二是难度大。“高官3号”演习从科目设置、现场选择、袭击特点、对抗程度等方面较之前举行的同类演习都有所突破和变化，难度明显增加。从科目设置而言，既有处置生物类的，也有处置化学类的；从受袭现场选定而言，现场分布在两个州的三个市，即康涅狄格州基恩大学校园、新泽西州尤宁县和米德尔赛克斯县。从受袭特点而言，恐怖袭击为三点连环式袭击；从指挥环节而言，华盛顿、州政府、事发地三级指挥系统相继启动，协同应对。据介绍，此次演习组织者在制定演习方案时也是煞费苦心，模拟恐怖分子实施的一系列袭击的作案手法是由中央情报局、联邦调查局专家，在认真分析研究当今国际上发生的或有可能发生的恐怖事件后精心设计的。为了增加演习的难度，在正式演习前，参加演习的相关部门获得的信息很少。

三是目的明确。“高官3号”演习从策划伊始便确定了非常明确的目的，而从演习想定、组织实施、演习评估等各个环节中也紧紧围绕这一主题展开。据介绍，“高官3号”演习主要检验“六大能力”，即快速反应能力、重要基础设施保护能力、公众信息引导能力、指挥与协同能力、医疗救援能力、情报支持能力。其中，以指挥与协同能力的检验为重中之重，这也是三次演习共有的特点。之所以如此，是因为美国把反恐问题始终作为关乎国家安全的重要战略问题，对恐怖事件的处置也一直作为国家事权由联邦政府主导，三次系列演习尽管在科目想定上各有不同，但每次演习都把指挥系统自上而下的演习作为重要内容，突出体现指挥环节在整个处置工作中的特殊作用。从三次演习现场地点的选择上可以看出，演习地点——西雅图、丹佛、芝加哥、新伦敦横贯美国东西，显示美国政府对其全境处置突发恐怖事件能力的高度关注。

四是贴近实战。只有使演习尽可能地贴近实际，才能使参加演习的人员产生一种身临其境的真实感，最大限度地实现演习所要达到的目的。“高官3号”的组织者不论在从大场景烘托，还是小细节制作方面考虑得都很周全，甚至达到了以假乱真的程度：救护车呼啸着驶向医院，身着防护服的探员和急救人员四处奔忙，道路上散布着汽车残骸，受害人血流满面，等等。为了检验指挥人员追踪公开信息适时作出决断的能力，组织者还根据演习进程精心编制了一套电视新闻和网络信息在指挥中心屏幕上播出。新泽西州动员志愿人员紧急向“受灾”各县居民派发防护药品和器具。模拟恐怖分子的联邦探员个人信息也输入到情报部门的数据库中供演习人员检索。新伦敦码头模拟化学武器爆炸后，时任州长乔迪·赖尔马上出现在电视画面中，宣布康涅狄格州进入紧急状态，并提升该州警戒级别。时任国土安全部部长切尔托夫宣布康涅狄格州、新泽西州的灾情为“国家级公共事件”，决定启动“国家应急反应计划”紧急向两个州提供应急物资。时任总统布什总统也将全国恐怖威胁等级从“黄色”（较高）提高到“橙色”，并把新泽西州的级别提高到“红色”（严重）等级。无论在华盛顿，还是事发地的应急处置指挥中心，指挥和工作人员紧张地盯着电脑屏幕，接听不断响起的电话，显得忙碌而不失有序，紧张中带有章法。

此次演习中，如何引导媒体也是其重要内容之一，但受条件所限，尚不很明了。

（二）INCOSIT 计划

危机模拟训练。INCOSIT 英文全称为："Incident Command Simulation Training Project"。它是美国比尔·布莱克伍德形式执法研究所关于危机指挥培训的一项重要研究成果，由该研究所负责人之一戴维·韦伯组织研究完成，目前已在美国多个城市警察局加以推广，深受好评。以下即对这一训练项目进行全面的介绍。

1. INCOSIT 计划的设计目标。

INCOSIT 计划的研究人员认为，培训是修正危机应对计划和做好危机应对准备工作的最有效的方法。它可以在危机发生时保证组织采取统一有序的行动，并且可以使执法部门和其他相关机构提前对自己的角色和职责有充分的认知。它还会使工作人员明白需要做的是什么，特别是关注到紧急状态下易于被忽视和遗漏的重要环节。研究人员还认为，应该将针对公共危机的培训演习看成是真正执行的一项任务，而不仅是一个经过设计训练的表演品。基于这样的认知，INCOSIT 计划将其所设计的训练目标设定为：为所有那些要从事这项集体工作的人员提供机会，以使他们找到自己对于突发事件处理的优势和不足，并且给那些危机应对人员传授足够的危机管理知识，并有力地激励他们，使他们以足够的信心、丰富的知识和应对经验高效地完成突发事件的处理任务。除了对危机发生后采取的行动进行训练外，培训计划的范围还扩展到考察危机前期的各项询问。

此外，INCOSIT 研究人员还将人员的理解力和协同力作为培训的目标之一，认为所有的执法部门应该联合其他部门进行实战演习，从而形成一定水平的相互理解、合作和专业化。这对未来危机发生时实施联合行动计划有巨大的帮助。

2. INCOSIT 计划的主要训练形式。

INCOSIT 的研究人员认为训练是一个综合性的持续过程，包括准备或修正计划、分组训练、综合演合、任务报告简化和考察，重新开始设计计划、训练……因此，他们根据美国联邦紧急事件处理委员会处理突发危机事件的各项要求，设计了不同类型的训练演习，将以上各个环节囊括其中。

（1）研讨会：是一种静态的、以知识传授和交流为主的培训。它采用讲座和研讨会的形式，旨在教授受训人员危机处理各个组织部门的一般职能和运作情况以及突发事件应对的一般程序，并为受训者提供机会了解当前危机处理发展的最新动态。每次研讨会往往是针对一两个问题而进行，重点是进行与单纯的决策制定相对的问题解决。

（2）桌面演习：就是在假设的紧急状况下，在预先没有任何通知的情况下，紧急将受训人员集合起来，以测验指挥系统和各部门之间信息交换的效率。这是一个检验方案设计和执行过程的最经济有效的方法。它整合机构人员，使之实现相互了解，熟悉所负担角色和责任。它会使在危机中发挥作用的各类人员紧密团结在一起。这一手段尤其适合于利用抽签的方式，随机决定假定的危机情景的发展和控制。通过桌面演习的训练，可以使受训人员产生类似突发事件爆发时的现实感受并使他们能够通过联想和想象进一步认知计划的优势和不足。而其所设定的紧急集合时间，可以根据不同危机的要求而区别设定。

（3）计算机模拟训练：就是利用大型计算机系统的情景模拟功能进行的实战训练。使用计算机系统的功能就在于通过计算机进行的情景模拟，可以将演习固定到特定场景下，比如任意的边远地区，使参与者在现有条件环境中就可以进行演练，而不需要准备具体的模型、地图和其他辅助工具。计算机还可以通过不同的设定以满足不同需要（情景、地点、紧急程度等），这样既节约了成本和各项资源投入，同时又使受训人员及时地学以致用。

（4）现场实物模拟训练（LIVE \ REAL TIME）：旨在教会受训人员如何有效使用特定危机现场的人员和资源。在这项训练中还会出现假扮的伤员和模拟的物品损失，使受训人员身临其境，对于危机有更深刻的感性认识。这项训练对于具有特殊地域性的紧急事件尤为有用（如核基地、军事基地发生的危机）。然而，由于主客观条件的限制，这项训练某些内容的实际效果还是有待证明的。比如，就危机处置的配合训练而言，真正在危机发生时实现各个部门的密切配合是很难达到的，实际情况是有些人员往往会觉得受到孤立（如交警、城市官员）。再如，由于对参与危机处置的各类人员行动要求不同，使得针对危机处置的长期准备工作很容易分散目标。这些都是这项训练有待研究解决的问题。

（5）模块化训练：目前各类危机处置预案都是以大量篇幅设计应对危机的具体措施。模块化训练就是将预案中惯有的应对工作加以模块化，分别强化训练，并使每项工作的各个部分通过衔接运行，分别验证受训人员的训练效果。例如，“指挥”模块和“合作”模块训练，使来自不同组织的指挥官通过信息交流支持联合工作，进行指挥并控制分支部门以验证交流能力和情报沟通情况。

3. 参与 INCOSIT 计划的人员。

（1）受训者：受训者首先就是危机处理人员和管理人员。对受训者的选拔由三个方面决定：SCENARIO（模拟情景）、计划要测试的危机处理计划的内容和个人的具体条件。INCOSIT 认为参与演习的人员越多越好，这样可以更加了解他们的组织能够发挥什么样的作用、他们的行动会受到哪些影响以及行动会对紧急事件处理和地方社区产生何种影响等。

（2）演习指挥官和执行官：单纯的演习指挥官首先应对整个演习计划的过程和指挥有宏观的了解，确保各项要素和人员均得到了充分的利用。准确判断演习何时已完成既定目标，应该终止。管理者要充分了解演习计划、时间刻度、范围以及演习的目标。

演习执行官与之相对应有如下的能力：熟知整个计划实施的各个步骤。确保计划按照预先设定内容范围实施，严格贯彻管理者的各项指挥命令。执行指挥者的功能就在于使管理决策能够付诸实现，推进演习进行，传递交流情报和一线的需求，并且当有多名指挥官联合工作时，各项具体工作能够组合形成统一的整体。

（3）演习评估官：评估人员与指挥官和执行官有明显的分工差别。他们的工作是监督、听取和评估演习的进行状态是否达到了预期的目标，并在演习结束之后对演习情况进行综述，反馈演习的完成情况并参与总结报告的撰写工作。

（4）观察员：观察员不参加演习具体过程的各项工作。但是他们受邀总结演习的各项经验和教训，以及为未来计划的准备提出意见并参与其中。他们并不是咨询人员，可以提供直接的建议，只是从侧面观察演习的进行，但是会根据自己所见所闻针对演习提出自己的意见。作为观察员，要熟知演习的目的和目标，并且跟上演习进行的节奏，充分掌握演习进行的各项情况。

INCOSIT 计划强调：指挥官、执行官、评估官、观察员分工必须明确，并有明显的区分标志，这样才能保证受训人员能够熟悉并进而清晰辨别他们的责任，不会在具体演习过程中产生由于责任模糊而出现执行混乱。

（5）媒体：之所以考虑让媒体参与到演习之中，是为了让参训人员能够进一步认识到危机事件一旦发生，其复杂程度是不可小觑的。媒体的参与可以使媒体和执行人员提前增进了解与合作，以便在真正应对危机时达到最大限度的相互配合。当媒体介入后，为了保证演习的顺利进行，在演习开始之前，一定要让媒体明确演习的目的只是为了验证各项危机处理计划本身的成败得失，媒体所发布的各项新闻都不要评论有关个人的表现。媒体是很容易了解一次演习的，尤其是“现场演习”，因此，在培训计划中应该包括如何满足媒体信息需要的部分。

4. INCOSIT 计划的各项配套工作。

（1）训练规划：正如联邦紧急事务委员会所提出的那样，演习计划小组要联合所有参与行动的不同部门的人员组成“规划小组”，共同决定未来训练中哪些因素是要被检验的，以及练习的目标和对象是什么。由于训练花费人力、物力较大并难以经常进行，所以就要通过规划小组统一建立系列演习并且确定哪些机构和组织会从中获益。每个参与部门都要有自己的工作目标，并且得到联合小组的认可。这可以保证目标顺利实现，并不与其他目标相冲突，产生内耗。

（2）SCENARIO：所有训练所进行的 SCENARIO 都是负有实效并且和训练的目标和目的紧密联系的，从而使各项训练能够获得最大限度的收益。作为小组成员的参训者们往往避免过于细化的 SCENARIO，因为这可能会影响训练的实际弹性并且限制成员的思维过程和思想。训练的内容和指导战术都是提前制定好的，他们都针对不同类型的突发事件，并且要同时提供给所有的参训人员，以使每个人的起点都是一样的。每次突发事件处置的实际经验和训练获得的经验都是值得认真思考的，它会帮助我们掌握在既定条件下所需和可获信息的来源和数量。所有在训练过程中产生的SCENARIO都必须是真实可信和准确的。这在许多情况下，需要先咨询一下有关专家。所以所有的SCENARIO或者首先要经过联邦紧急状态管理局论证，或者是根据联邦紧急状态管理局SCENARIO数据库建立起来的。

（3）训练部署报告：训练前给参训人员简短介绍训练内容和情况是任何形式的训练都必备的环节，训练后形成最终的结构完整的培训情况的报告是训练的重要环节。简单的，一天就可完成的训练可以将前者缩减为训练开始程序的一个部分。对于涉及面较广的、需要历时几天的训练，则要形成一系列功能性的、单一或多元的训练部署，以书面或口头形式在训练开始之前就下达下来。

（4）任务完成情况报告：这一环节非常重要，缺少它整个训练就会变得毫无意义。通过这份报告可以获取训练的各项信息情报，找出训练计划的优势和不足，并且也为危机处理计划和实时反应工作的进一步发展和获知训练所需打下基础。由于训练的复杂性，所以要建立专门的报告委员会负责这项工作。总结报告最好是训练结束后立即动笔完成，这样可以及时记录训练中的各项情况，防止随时间推移而有所遗漏。报告的时效性对于报告本身的价值意义重大。除了报告训练本身的进行情况，这份报告还有一个重要内容，那就是搜集、报告参训人员对演习的真实态度和反应。历次训练已经证明这项内容对于未来训练的发展和完善是非常有价值的。

5. GIS系统在INCOSIT计划中的应用。

（1）GIS系统介绍及其数据分析功能。危机管理的各个环节都离不开从各个渠道收集而来的数据。各项数据都必须汇总、组合，并且有逻辑地罗列出来，才能够确定出危机处理计划的规模和范围。当真正的危机事件到来时，及时获取有效的数据并且分析逻辑关系对于采取有效行动是非常重要的。危机事件会对部分甚至是所有的公共机构产生影响。危机处理人员必须了解所有公共设施的具体情况信息。这些公共设施的一个重要的特点就是他们的位置都能够被清楚定位并标记在地图上。就连居民也能够轻易地被跟踪定位。所有这些地理位置方面的数据都可被称为“地理数据”。以上有关危机本身以及相关的“地理数据”均能够存储和显示在计算机地理信息系统上，英文称之为Geographic Information System，简称GIS系统。GIS在对危机的准备状态和行动人员的指导方面发挥了重大作用。由于大部分灾害都能利用地图标识，这些地理信息数据化后，使GIS提供一个非常有效的追踪定位，及时发现识别危机，并进一步利用电脑数据分析，主动提前做好应对危机的准备，在危机产生后，帮助工作人员立刻采取富有实效的应对措施。

它是INCOSIT培训项目中的一个重要的培训内容和辅助设备。INCOSIT培训的一个专门的课程就是讲授任何利用GIS在危机准备和应对过程中进行数据分析。它重点针对危机准备和应急阶段的重要问题并利用GIS系统对这些问题进行分析。INCOSIT认为适时使用GIS技术可以大大提高大规模危机处理的应战效果。危机指挥官面对的是火灾、洪水、地震或其他对人民生命、财产产生重大影响的事件。在处理这些危机过程中，如果危机指挥系统能够获得合适准确的地理数据，加以分析，并传递给小组所有成员，那么指挥官们就能更全面地掌握和控制事态的发展。

（2）利用GIS技术进行模拟训练的效能分析。针对各类危机事件而进行的训练必须要有足够的理智和现实的态度，不能让参训人员真的去冒险。同时又要保证受训人员必须要学会从训练中适时总结经验以提高他们在实战中的敏捷度和各项应对能力。在激励学员和提高学习效果方面，除了让他们充分了解训练目的和意图，了解各个部门合作以及本机构中各分支之间合作的重要性之外，INCOSIT在教授GIS使用方法的同时，也将GIS作为培训的重要辅助工具，使其训练比其他训练在成本、安全性和教学效果等方面都具有更多优势。

就成本节约而言，GIS模拟训练常常要比其他的训练在实际上花费得更少，这些训练往往使用真刀真枪，花费巨大。

就安全性而言，联邦紧急事务委员会的行动训练手册描述的几项训练都营造了非常危险的场景，比如使用剧毒化学物质。除非是使用非常特殊的工具或者是模拟训练非常接近实际情况，否则，在其他情况下，直接使用这些剧毒物质还要保证安全性是几乎不可能的。

就教学效果而言，在 GEMA 指导下的各项训练的方式和装备可以使大批人员参加训练并且在应对灾难的几个重点问题的训练中获得收益，尤其是 INCOSIT 计划，它根据 GIS 的现场追踪提供了非常有效的教学反馈。

（3）在 GIS 环境下的模拟训练和空间分析。GIS 一项独特的功能就是使用了 GIS 的计算机模拟装置，能够通过这一系统分析出危机中生命和财产的破坏范围。这是目前所使用的其他设备都达不到的。GIS 复杂精密的可视系统使公共安全官员、科学家和群众能够明晰自己所在区域的财产受影响的状况，从而合理制订本地区的迁移计划。

GIS 对于各类危机现象的透视采取人机对话的模式，全方位、多角度勾勒出各个地区在面临自然、人为灾害时的图像，包括了从单个河流、街道、建筑到灾难全景，根据物体的具体位置，在电脑屏幕上为各个目标物建立了三维形象。随着数据在屏幕上的输出和输入，会随时记录和反应目标物的变化。

GIS 的界面可以使不同水平和不同地区多个观察员进行询问和操作。由于使用了 CAVE 系统或者是进一步的 HOLOGRAPH 技术，模拟训练更加真实，这对于训练、预防任务以及对综合、分散进行的旨在整个灾害中整合各项因素的模拟训练都是非常必要的。

进行 GIS 分析的培训指挥官之间的互动是非常重要的。这种互动使他们在训练过程中能够跨越地域限制，及时地传输清楚的有关危机情况的函数或数学表达式，它们都科学准确地代表着危机进展的种种状况。比如，我们的排水系统中的污染状况或者风向对于有毒气体的作用等均可以转化成为各类数学模型并通过互联网在指挥官之间传递。通过 GIS 和互联网，危机过程中的任何变化都会被捕捉定位，并经过各地区的系统进行传递，为指挥官们提供信息使之能够立刻看到变化产生的影响。为了配合训练，GIS 还为指挥官们专门设置了一个窗口用来控制其他窗口（自动更新所有意见确定要浏览的文件），因此在训练中指挥官可以通过这些窗口任意改变这些设置，更新训练内容。

由此可见，GIS 在 INCOSIT 训练中扮演了重要的角色。它不仅是受训人员必须掌握的危机应对工具，同时它本身具有的模拟功能和实时控制功能还帮助 INCOSIT 模拟出危机场景，辅助训练指挥官控制训练的方向、难度和内容。这些对于提高受训人员对各类危机的认识、提高应变能力和反应能力具有无可替代的作用。

6. INCOSIT 计划的效能评价。通过以上介绍，我们不难看出，这项培训计划由于设计人员对危机处理要素、环节、原则、宗旨、资源投入等关键问题的准确把握，使其具有很强的针对性、可操作性、可移植性和实效性。

首先，INCOSIT 计划所需投入较少，但培训范围广、效果明显，具有很高的效益。INCOSIT 成功地运用电子计算机系统，将各类情况通过计算机系统进行模拟，在模拟情景下对人员进行训练，不仅可以大量减少人力、物力投入，并且在不影响培训效果的情况下，大大提高了参训人员的数量，这对于资源相对不足的地方警察机构而言，是一项非常具有可推广性的训练。

其次，INCOSIT 计划注重培训危机处置人员的应对能力和反应能力。这也是得益于其充分利用了 GIS 和计算机互联网络的强大功能。通过培训指挥官随时变换各种计算机参数设置，控制危机发展的势头，使受训人员充分领略危机发展的不确定性，通过培训提高处置危机中各类情况变化的能力。而这种能力是公认的危机处理人员必须具有的首要素质。

再次，INCOSIT 通过模块化训练和综合训练，既锻炼了处置人员专业工作能力，同时又加强了其与其他部门的协作能力。一方面，INCOSIT 将危机处置的各项工作分解成模块，进行专项训练，扎实受训人员的基本功。另一方面，他们又充分认识到了危机处置中各部门、各类人员协作能力的重要作用，在整个训练中均不断渗透协助能力的重要性，利用计算机系统整合负责各项工作的受训人员，使他们能够在模拟环境中，有意识地锻炼自己的沟通和合作能力，在合作中将所受的专项训练加以运用，从而实现工作能力的全方位提升。

最后，INCOSIT 计划中专职的训练评估官和观察员具有重要作用。通过评估官的设置，使各项训练，特别是综合演习的训练内容、进度和训练时间得到了宏观和准确的把握，使训练更为紧凑、保证训练效果。观察员的设置，则能够从第三人的角度随时观察训练的进展，这就为发现训练中存在的问题，进一步修正训练计划奠定了基础。

当然，任何训练计划都不可能是百分之百的完美，纵观 INCOSIT 这项主要针对危机处理中警方指挥人员的培训，其也存在着一定的局限性。如其过于依赖电子技术，模拟情景很难让受训者产生临战状态的心理情景，降低了考验难度。对于受训人员主要侧重于决策和应变能力的培训而没有涉及体能等方面综合素质的培养等，这些都是需要这一计划的研究人员进一步思考的问题。但瑕不掩瑜，作为一项在美国已得到多方推广的培训计划，它对于我国危机警务培训还是有许多可资借鉴的地方。

第八节
情报导向警务论[①]

一、 概念

什么是情报导向警务？欧美情报导向警务的内容包括哪些方面？怎样客观评价情报导向警务？正确回答这些问题对我国警务改革是十分重要的。

目前为止，情报导向警务并没有一个统一、明确的定义，但人们普遍认为情报导向警务是有关“广泛收集违法犯罪信息，并对其进行深入细致的分析研究，在此基础上，决策者从总体战略和具体战术的不同角度指导警务活动”的一种警务模式。该概念最早是于20世纪80年代末由英国学者提出，后来逐渐在西方发达国家中推广和实践。在这种警务模式中，情报信息发挥着主导作用，为实践中的具体警务活动提供了方向。这是一种主动先发式的警务模式，其创新之处在于通过对违法犯罪信息的收集和分析，对其进行预测，进而采取有效的措施进行预防和侦查违法犯罪活动。

---

① 王大伟：《外国警察科学》，中国人民公安大学出版社2012年版。

（一）定义

情报导向警务属于新三论。欧美警务改革的理论高潮迭起，层出不穷。“江山代有人才出，各领风骚数百年。”近三十年，欧美警务改革的理论可归纳为警务改革八论：

“老五论”：被动反应警务论、主动先发警务论、社区导向警务论、问题导向警务论、市场机制导向警务论。

“新三论”：情报导向警务论、危机警务论，以及反恐导向警务论。

情报导向警务的英文概念。情报导向警务是新警务改革的“领头雁”，其英文表述有 3 种：

其一为 intelligence - led policing，直译为“情报引导警务”。

其二为 intelligence - driven policing，直译为“情报驱导警务”。

其三为 intelligence policing，直译为“情报警务”。

在所见英文文献中，“情报引导警务”出现频率为“情报警务”的一倍，故“情报引导警务”的使用更为频繁。

关于情报导向警务的英文文献浩如烟海，但是多以时兴的词汇形式出现，进而被人们所接受，但是其学术定义并不多见。

1. 定义一：

情报导向警务以犯罪情报的分析与解读作为决策的依据。以行之有效的警务战略以及综合治理的伙伴关系作为预防犯罪的最有效的武器（英国国家情报模式，the UK National Intelligence Model）。

2. 定义二：

传统警务模式的重点是被动反应模式，强调发案后的快速反应。情报导向警务模式试图将各种积极因素整合，形成主动先发的警务模式，这一模式包括：（1）战略设计；（2）决策者协商；（3）优先目标设定；（4）危机管理；（5）犯罪分析；（6）群众满意度（David Veitch，加拿大 Edmonton 警官）。

3. 定义三：

王大伟简单定义。情报导向警务是 20 世纪 90 年代产生于欧美的一种新的警务改革模式。情报导向警务是主动先发警务模式的发展，体现以犯罪情报分配警力与合理共享情报的原则。通过综合收集、细致分析、深入解读、精心使用情报信息，为领导层决策提供依据，突出社会存在的难点和热点问题，提高警务工作的效能，引导警务发展趋势。

4. 定义四：

王大伟详细定义。情报导向警务（intelligence - led policing）产生于20世纪90年代的欧美各国，是主动先发警务模式的一种延续。情报导向警务的核心词是以犯罪情报的分析与解读作为决策的依据。它可分为两个层次，即战略层次与战术层次。在战略层次，强调犯罪情报在决策中的导向作用，主要包括三个环节：通过情报解读犯罪环境、通过情报影响决策者、决策者改变犯罪环境。这三个环节形成一个系统内部的反馈与制约机制。在战术层次，强调犯罪情报在具体警务活动中的作用。在制定预案或每一次警务专项活动中，都要以情报为主导，制订科学的情报导向警务计划，情报导向警务计划主要包括五个环节：收集情报、分析解读、制定对策、贯彻实施、科学评估。

（二）定义剖析

要准确理解情报导向警务这一定义，必须对其进行剖析，分层次多角度理解。具体而言，笔者认为情报导向警务包括以下几层含义：

1. 情报信息公式。这里的“情报信息”（intelligence）不是通常意义的“信息、消息”（information）。后者着重于人的感性认识，停留在广泛收集信息的层面上；而前者更注重于人的理性思维，从收集信息上升到分析评价信息的高度，即人们对收集的信息进行分析评价形成智力劳动成果，这一成果就是情报导向警务中所指的“情报信息”。也就是说，收集的信息 + 分析评价 = 情报信息。

2. 警务概念。警务（policing）一般指全部警察行为的总和。英国警学专家约翰·安德逊在《警务自由》（Policing Freedom）一书中说：“狭义警务即指警察队伍所干的事情……”这句话可定义为“狭义警务概念即警察队伍（机关）的工作与行为”。安德逊认为还有广义警察行为，即由整个社会各个部门所实施的打击犯罪，维护治安的行为。

3. “导向”一词表明警务活动是一种协调的、综合性的、多手段、多途径的活动。人们为了实现警务的高效，尝试了各种方式的警务改革，如社区警务、问题导向型警务以及情报导向型警务等。情报导向警务是以社区警务、问题导向型警务为依托，旨在通过对收集信息的分析研究，有的放矢地制定战略和战术，避免警力的浪费和警务工作的低效。

4. 情报导向警务涉及两个层面，即总体战略（strategy）和具体战术（tactical）。总体战略是从宏观、长远角度来讲的，是指为提高警务效率，对警力和其他资源进行合理配置，发挥各自的最大效能；具体战术是从微观、短期角度来讲的，是为完成某一项具体任务而采取的各种措施，这些措施不是彼此孤立的，而是与总体战略相一致，密切联系的。

从20世纪90年代初开始实施的“情报导向警务”战略取得了明显的成效。1993年，美国纽约市警察局采用“情报导向警务”工作模式后，5年内，凶杀、抢劫、强奸等主要犯罪的发案数下降了50.5%。纽约模式也因此风靡全美。据美国司法部2004年开展的一项调查表明，全美58.2%的警察局已经或正在实施纽约模式。英国于2000年开始在全国推行“国家情报模式”，到2004年4月，全国各警察局均采用了该模式。《2004年度英国犯罪调查》显示，该年英国犯罪总数比2000年下降了26%。在传统的警务模式中，情报信息往往被神秘化或部门化，并以孤立、零散或静态形式出现，因而只能起到辅助性作用。在情报导向警务战略中，情报信息则是多种信息渠道的产物，是对犯罪环境的全面解读，具有全面、动态和共享的特点。在情报导向警务战略中，情报信息已经上升为影响警务决策的关键因素，引领防范、指导打击，在警务工作中居于核心地位。

情报导向警务工作代表了一种最新的态度和方法，它是目前控制犯罪思想和警务工作实践中最普通的转变之一。特别是在计算机技术的支持下，警务界思想创新的能力普遍得到了提高。

二、 产生背景

任何新生事物的出现并不是偶然的，在一定的历史背景下它的出现有其必然性。情报导向警务战略同样如此。由于传统的警务模式已经不能适应日益发展的社会形势，跟不上日新月异的信息时代的步伐，不能满足公众安全感的需求，在这种社会背景下，研究者进行了警务改革的诸多尝试，于是情报导向警务战略被推向了警务改革的前沿。情报导向警务产生于20世纪90年代早期，发源地是英国。艾瑞克林（Ericson）在1997年把现代社会命名为“危机社会”（risk society），这需要全世界的警察认真反思警务改革的方向。

（一）情报导向警务产生的六个来源

1. 20世纪八九十年代，社区警务占据欧美警务改革的中心，但社区警务未能抑制犯罪的上升趋势。社会要求警察更加有效益与效率的呼吁声浪渐高。

2. 犯罪全球化的趋势，有组织犯罪与跨国犯罪的日益增长。欧共体取消边境控制之后，跨国犯罪成为欧美警察共同面临的问题（the rapid changes in globalization）。

3. “危机社会”（risk society），危机四伏，使警察部门急切想从外部获得危机管理的多种信息。

4. 新公共管理理论（new public management）对警务改革的冲击，强调警务改革引入市场经济主导。

5. 私人保安业的迅速发展使公有警察产生危机感，私人保安业与公有警察产生竞争，使公有警察有边缘化的趋势。

6. 英国警察与犯罪学家逐步形成了对信息收集、分析解读的科学方法。以艾克勒姆五步分解法为代表的信息收集、分析解读的模式逐步成熟。

（二）产生的历史背景

英国对警务改革的三个忧虑。1993年，英国审计委员会（Audit Commission，合理使用纳税金的独立审计部门）提交了一份被称为里程碑式的报告，表达了英国审计委员会对警务改革的忧虑。该报告有三个要点：

1. 无论从现存的警察角色定位，还是公众对执法满意度的分析，都缺乏整合与效益（lacked integration and efficiency）。

2. 警察不能充分利用资源（the police were failing to make the best use of resources）。

3. 强调打击重点在罪犯而不是犯罪（greater emphasis on tackling criminals would be more effective than focusing on crimes）。

该报告拉开了英国情报导向警务的序幕。

三、 欧美警察的情报导向警务改革

1. 英国。20 世纪 80 年代末 90 年代初，英国犯罪率大幅度上升，要求警方降低成本、提高工作效率的呼声日益高涨，形成了促使警务采取新战略的内外驱动力。

外部驱动力表现在，经济全球化为跨国有组织犯罪提供了更多的机会，而各国各地区警务工作原有的物理和技术障碍犹存，传统被动反应型的警务模式面对全球化的快速变化难以适应。在新的风险社会中，警察被看成是一系列外部机构的风险管理数据源。面对这种超越执法范围的影响，公共机构中为提高工作效益而普遍采取的新式公共管理方法自然也进入了警察机构，成为新的外部驱动力。

与此同时，警察机构中也存在着一种内部共识，即在警察和私人保安业之间的动态关系中发生了某些重大变化。警方输掉了街头的战争，失去了公众对警方的信心，而私人保安业的迅速发展，与警察在一些公共安全领域被边缘化现象形成鲜明对照。1993 年，英国审计委员会报告特别强调了警察的效率问题，促使警察机关去寻找新的警务战略。警方认为大多数市民都是遵纪守法的良好公民，他们热爱和平、热爱生活并且勤奋工作。事实上，在一个区域内少数违法犯罪分子应该对大多数犯罪负责，并且这些人从一个城市到另一个城市继续实施违法犯罪活动。有数据表明，不到 6% 的人实施了高达 80% 的犯罪（John Stevens：Intelligence – Led Policing，Modern Criminal Investigation，2001）。作为负责发送提高公款使用经济性和效率的独立审计机关，英国审计委员会起草了一份名为“调查研究，有效对付犯罪”的报告，这份报告具有特殊的意义，它第一次介入警务行动的策划，被称为“里程碑式的报告”。它提出了三个主要观点：一是警方目前的作用和责任水平缺乏有机结合和效率；二是警方未能最充分地利用现有资源；三是多强调对付罪犯要比只强调对付犯罪更有效。不久其他官方的出版物也纷纷出台，描绘了一幅情报导向警务工作的路线图，包括英国皇家警队督察署1997年出版的“用情报信息来开展警务工作”和1995年内政部关于不同情报信息一体化的报告等。

2. 美国。2001年的“9·11”恐怖袭击事件引起了人们对警务的重新思考，舒适安逸、高枕无忧的美国人顿感安全危机的存在。当恐怖主义在全球肆意扩张时，当危机降临到人们身边时，警方和军方竟然浑然不觉，这才是人们细思极恐之处。美国警方认识到情报信息工作的匮乏，与恐怖主义作斗争，敌暗我明，如何在没有硝烟的战场上打赢这场战争，情报信息起到了关键的作用，谁能打赢信息战谁就取得了最后的胜利。2002年3月，由美国政府出资，国际警长协会组织召开了由120多名全美情报信息专家参加的情报信息峰会，这次会议可被看作是美国警务情报信息工作的一个重要转折点。与会者呼吁制定一个“国家情报信息计划”，其核心之一是“通过对刑事情报信息及其实用性的共识来促进情报主导的警务工作”。参会人员认真审查了《刑事犯罪情报计划》（the General Criminal Intelligence Plan）和《英国国家情报模式》（the United Kingdom's National Intelligence Model），并以此作为美国情报导向警务战略的蓝本。

这次会议选举产生了“全球情报工作组织”（the Global Intelligence Working Group，简称GIWG），这个组织由30多位情报信息专家组成。2003年该组织制定了《国家犯罪情报共享计划》（the National Criminal Intelligence Sharing Plan，简称NCISP），同年10月由美国司法部部长批准并颁布实施。

四、情报导向警务的工作原理

1997年，鲍生与德岭（Pawson and Tilley，1997）两人指出：“对任何预

防犯罪的工程而言，其最重要的是搞清机制（mechanism），才能回答为什么这项工程会成功。”

（一）情报导向警务的原理图

澳大利亚学者杰瑞（Jerry H. Ratcliffe）在《犯罪与刑事司法的发展趋势与问题》杂志中发表了关于情报导向警务的一篇文章，其中介绍了情报导向警务的原理图。如下：

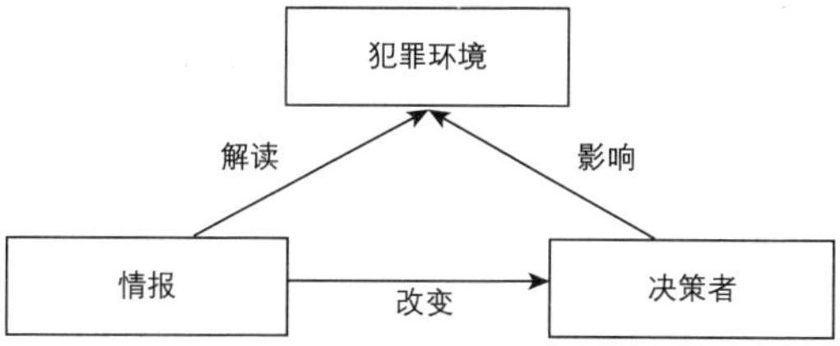

情报导向警务的原理假设：虽然犯罪环境的特性是动态与变化的，无论从形态或是规模上都在运动变化，而不是一成不变的，但对警务工作而言，犯罪环境的特性是稳定的，是有规律可循的。警务工作要想有效运作，对犯罪环境的研究应该是基础。

情报导向警务的三部曲：

1. 解读犯罪环境（interpret the criminal environment）。

通常，解读犯罪环境的任务由警察机关的情报处室完成，但警察外部信息部门之间的合作也是必不可少的。各种信息云集于那些可以影响犯罪环境的决策者，决策者知己知彼，采用多种主动先发的措施改变犯罪环境。

2. 情报结构确定和影响决策者（the intelligence structure to be able to identify and influence the decision - makers）。情报结构确定和影响决策者有两个要素：

其一，谁是情报结构确定的最佳人选？不同的情报结构具有不同的特征，对问题反映的侧重点也不同。最优秀的人才不一定是最佳的人选，决策者一定要适合情报结构的模式。例如，犯罪情报信息系统是以与犯罪相关的一系列情报为平台建立的，其内容包括犯罪嫌疑人的基本情况、作案手段、时空条件等，这种情报结构决定了其决策者必须熟悉刑事侦查业务，了解管辖区域的犯罪发展情况。

其二，改变决策者的思维定式，以便孕育新的战略决策。情报信息是动态发展的，因而会对决策者的思想产生一定的影响。人们习惯于以一定的思维方式思考问题、作出决定，往往使自己故步自封。不断更新的情报可以激活决策者的思维，在思考时产生各种遐想，拓宽思路，激发灵感，迸发出新的火花。

3. 决策者改变犯罪环境。根据情景预防犯罪理论，犯罪与环境有密切联系，因此决策者一要有热情，二要有技能，探索犯罪规律，并采用多种主动先发的措施改变犯罪环境。通过对情报的分析解读，针对具体问题寻求相应的措施，指导警务工作，改善犯罪环境。

（二）英国的理论

1. 核心理论。

英国情报导向警务的核心理论。英国情报导向警务的核心是英国国家情报模式（the UK National Intelligence Model）所倡导的科技先行战略。英国国家情报模式认为：

其一，犯罪的分布绝不是随机的平均分配，它有着十分明显的时间与空间规律，即时间高发段与空间高发点。

其二，综合治理与基层各单位的伙伴关系是抑制与预防犯罪的有效武器。

其三，锁定罪犯而不是锁定犯罪。

其四，科学调查显示：一批惯犯，虽然在全体罪犯中所占的比例很小，却作了大量恶性案件。

2. 目标。

情报导向警务的四个要素。根据国家刑事情报服务处（National Criminal Intelligence Service，简称 NCIS）的解释，情报导向警务的目标可以从下列四个要素进行理解：

（1）锁定犯罪嫌疑人（targeting offenders）。通过综合手段，包括公开与隐蔽的方式锁定犯罪嫌疑人。

（2）对犯罪与治安案件高发地域进行管理控制（the management of crime and disorder hotspots）。

（3）系列犯罪案件与意外事故的并案侦查（the investigation of linked series of crimes and incidents）。

（4）实施综合治理的预防措施，与地方各部门形成伙伴关系，达到预防犯罪与治安事件的目的（the application of preventative measures，including working with local partnerships to reduce crime and disorder）。

以上四个要素并不是孤立的，而是相互联系、相互渗透的，强调的是整体与联系。

3. 遵循的原则。

情报导向警务的原则。（1）进入情报信息系统的“信息”应该以预测犯罪、合理怀疑为标准，信息来源可靠，数据真实有效。“信息”是组建情报信息系统的基石，当今时代是信息高度发达的时代，信息无时无地不占据着人们的头脑，面对蜂拥而至的信息，工作人员需要具备一双慧眼，对进入系统的信息进行严格的审查：第一，信息具有关联性。情报信息系统的信息应以预测犯罪、合理怀疑为标准，与犯罪或者社会秩序相关联，涉及一定的利益关系，通过对收集到的信息进行分析，可以合理地预测犯罪态势。第二，信息来源可靠。这是对获取信息的途径提出的要求。信息的来源是多方面的，如警察档案、被害人、社区、基层警察以及其他机构等。不论通过何种途径，合法性是获取信息的最基本要求，对于一切非法获取的信息，必须坚决排除。第三，信息具有真实性。这是对信息质量的要求，情报信息主导警务的实施战略是建立在对信息分析的基础之上的，如果信息虚假，则一切工作都是徒劳，毫无价值。工作人员可以根据来源对信息的真实程度作出初步的判断，然后可以通过与其他相关信息的比对等方法，凭借其经验剔除虚假信息，排除对真实信息的干扰。

（2）严禁侵犯个人隐私和公民民主权利。这是关于信息的一条禁止性规定。一直以来，警察权力与人权是社会关注的热点，广泛收集信息作为警务工作的一种手段，是法律赋予警察享有的权力。但是，有些信息不可避免地会涉及个人隐私和公民民主权利。一方面，需要获取信息以丰富情报信息系统以更有力地打击犯罪、维护秩序；另一方面，公民享有隐私权和民主权利，面对这种两难的境地，应该如何作出取舍？警察具有强大的公权力，公民的个人权利与之是无法抗衡的，根据利益平衡的原则，在这种情报下，应该限制警察的权力，最大限度地保护公民的权利。无论在任何情况下，信息的收集都不能侵犯个人隐私和公民民主权利，公民的个人隐私和民主权利都是神圣不可侵犯的，受到宪法的保护。

（3）情报信息系统每5年进行升级或者更新。这一原则包括两个方面的内容：第一，系统需要定期进行升级。这是对系统技术方面的要求。情报信息系统实质上就是运用现代计算机信息技术尤其是网络技术来进行的一种警务工作方式，根本目的在于提高警务效率、加强区域间警务合作交流、降低人力和经济成本、优化资源配置。因此，情报信息系统必须紧跟社会信息技术的发展脚步，适时进行系统升级，以适应信息时代发展的需求。第二，情报信息系统的内容要定期进行更新。人财物的大流动，促使信息必须保持经常性的更新，才能尽可能地将准确的信息传达给决策者，作出正确的决策。

（4）情报信息部门应对情报的使用情况进行跟踪调查。这分为两个阶段：第一，情报使用过程中的跟踪调查。在情报实施进程中，要跟踪收集执行情况，了解掌握各方面的反应，然后再对照决策措施及初衷进行比较，综合分析，不断调整、补充和完善，提出改进意见。第二，情报使用结束后的跟踪调查。根据情报的最终效果评价，调整情报建设的各个环节，总结成败，吸取经验与教训，及时反馈使用情报过程中不当的环节，逐渐完善情报信息系统的建设。

（5）使用情报必须合法、合理，按照法律规定严格使用，不得为一己私利挪作个人使用。必须要明确情报是用来服务于警务战略决策，指导具体的实践工作，其出发点是打击犯罪、维护秩序。使用情报是执法的一种方式，执法必先守法，情报在使用过程中难免会涉及公民的个人权利，因此要严格情报人员的纪律，坚决杜绝以自身利益为出发点擅自使用情报信息，牟取私利的现象，违法使用情报情节严重的构成犯罪。

（三）美国的理论

美国情报导向警务6个步骤。NCISP（美国《国家犯罪情报共享计划》）

将情报导向警务划分为6个步骤：计划和指导、收集、整理、分析、公布、评估。

1. 计划和指导。情报的收集需要讲究方法，不能盲目、毫无目的地收集，良好的开端是成功的一半，因此在收集情报之前应该定好计划。计划的内容应该包括：收集情报的目的、用途；收集的原则，如当事人自愿的原则等；收集情报的内容，如抢劫案件被害人信息、地理位置、时间信息等；收集的具体方法，如抽样收集、全面收集等；收集的注意事项以及禁止性规定，如禁止使用非法方法收集情报、禁止弄虚作假等；等等。

2. 收集情报。分析情报必须以收集情报和整理处理大量的信息为基础。收集是整个情报导向警务工作量最大的一个步骤，通常耗费了大量的人力、物力和时间。准确的情报是整个情报导向警务工作的基石，如果情报不准确，则整项工作都将会徒劳无功，成为数据堆砌的泡沫。因此，收集必须确保准确，宁缺毋滥，应以情报的准确性作为收集工作的评判标准，而不能以数量取胜。通常，收集情报的形式有以下几种：（1）物理监控（physical surveillance），如人工或者录像带；（2）电子监控（electronic surveillance），如窃听设备；（3）情报人员（confidential informants）；（4）线人（under-cover operators）；（5）新闻报道或者网络资源（newspaper reports or internet sources）；（6）公众登记（public records），如契约、证书、财产税收登记等。

3. 整理情报。认真审查收集的信息，剔除与主题无关的、无用的或者不正确的信息，然后将有用的信息按照一定的逻辑顺序排列归类。通过整理，庞大的信息可以条理清楚，信息之间的关系也会逐渐明朗化。现在，人们通常使用带有检索文本功能（text-mining capabilities）的尖端数据库来进行数据的整理。数据库的设计对于整理数据和比较数据是十分关键的，很多计算机软件制造公司可以提供数据库产品，但是大多数产品都需要进行调试以适应警察部门的需要。

4. 分析情报。在情报导向警务系统中，分析占据着核心的位置，正是由于在分析过程中加入了人的智力劳动，使得杂乱琐碎、凌乱无章的各种情报成为条理清晰、有充分价值、指导警务活动的情报信息。1976年，海瑞斯（Harris）将“情报信息”定义为人“经过体力劳动，但更主要的是经过智力劳动的过程，所形成的最终产品”。海瑞斯认为，这个劳动过程中的“智力属性”就是分析，分析在整个情报导向警务系统中是关键的一个环节。对犯罪的预防和侦查必须建立在全方位的情报收集和分析基础之上。通过分析，使原始的“信息”（information）转化为带有人们智力成果的“情报信息”（intelligence）。正如一位专家所说，没有精细的分析，情报信息部门只不过是一个被文件堆砌的部门。分析，实质上就是从信息中读出数据文字背后的真正含义。在情报信息部门中，专家通过分析数据，向领导层提供更深层次的调查，作出各种假设，如谁有可能是实施犯罪的凶手，犯罪分子是如何实施犯罪的，预测未来犯罪的各种形式，对警方所面临的各种威胁作出评价，等等。因此，分析包括以下内容：汇总数据，作出推论或者结论，在各种数据或推论的基础上给领导提供建议。这些推论或者结论就是原始信息经过智力劳动而形成的最终信息。

2004 年，一大批支持警方工作的分析技术和方法应运而生，主要有以下三类：

第一，犯罪分析：犯罪模式分析，空间分析，时间分析，发生犯罪的频率分析，行为分析和数据分析。

第二，调查（证据）分析：网络分析，电话记录分析，银行记录分析，商业记录分析，询问材料分析等。

第三，策略分析：危机评价，被害预测分析，风险评价，总体治安分析，预警等。

5. 公布情报。经过分析整理的情报资料应是共享资源，而不是情报部门的专用产品。通常，需要情报的部门并不是情报信息部门，而是其他的业务部门。当这些部门需要有关情报时，情报信息部门应积极配合。情报绝不仅仅是数据产品，而应是全体警察智慧的结晶，好钢应该用在刀刃上，情报也应如此，情报应该提供给最需要的部门，应该发挥其最大的作用。

6. 评估情报。当信息经过了上述步骤之后，警方的工作并没有结束，情报的有效性还需要进行评估，评估是对情报使用情况的反馈，经过评估可以发现缺陷，以便今后弥补不足，做进一步改善。评估并不只是情报信息工作人员的任务，凡是参与情报使用的一切人员都可以进行评估，如决策者、管理者、调查人员等。为了确保实现评估的价值，可以利用问卷调查的方式，通过具体、直接的问题形式进行调查。

（四）艾克勒姆五步分解法

艾克勒姆五步分解法。1988 年，艾克勒姆采用了五步分解法，体现了情报导向警务的战略思想。

（1）选择资料。从不同的来源筛选资料，就所要解决的问题进行充分调查，获取足够的情报。

（2）犯罪分析。即从已获情报中分析与确定犯罪模式。

（3）确定适当战略。从产生犯罪的前因后果中产生适当的预防战略。

（4）战略实施。

（5）项目评价。评价战略成功与否、恰当与否，从而根据已获得的经验，进行反馈与调整。

犯罪战略的指南。这部指南是实际工作者与基层各单位团结协作的产物，对艾克勒姆的五步分解法进行了有益的补充，增加了在国家与城市层次的工作指南。下面以艾克勒姆的方法为主，兼介绍沙伯男与同人的研究，全面阐述设计、实施、评价等预防犯罪中的诸环节。

1. 收集信息。

收集信息不仅包括刑事案件及其他案件，不仅针对要预防的内容，而且还要包括以下 4 方面：

（1）有关发案地与监控案件发生地之信息。

（2）有关案件涉及人员的信息（如被害人、犯罪嫌疑人与第三者），以及刑事案件或监控案件的自身特点（如自然特性、社会联系、案件发展与后果等）。

（3）有关对刑事案件反应的信息（社区、商业、机关）。

（4）对罪犯调查采访的信息，以增加对刑事案件逻辑性之认识。

收集有关发案地与监控案件发生地的信息应在调查该地区自然特性的基础上绘制参考性地图。地图与有关调查应包括以下 5 方面内容（要素集合）：

（1）居民财产的种类、数量与分布。

（2）路线图。包括该地区通行的步行道、车道以及小路。

（3）交通流量的信息以及居民停车场的分布。

（4）社会用途。该社区社会用途的信息。

（5）潜在问题。该地区的潜在问题，包括垃圾堆放、房屋维修状况。

接下来的工作是有关案件涉及人员的信息，以及发案原因与地点的情况：

（1）罪犯特性。例如，年龄、性别、阶层、人种、单独作案还是团伙作案、犯罪记录、犯罪联系、学校背景、就业记录、家庭状况等。

（2）犯罪人的目标与被害人情况。例如，汽车、自行车、家庭财产等以及被害人的年龄、性别、生活习惯等，也包括犯罪行为的发生时间（如交谈、购物、旅行观光时）。

（3）犯罪的特性与分布。包括法律的分类以及有关信息，如犯罪的动机与背景，自然因素之便利（如靠近火车站、在商业中心等），犯罪的分布（如在月台上，在地铁里等）。

（4）作案的时间与手段。如几号、星期几、一天的哪个时间段、入室的途径与方式等。

（5）作案的自然与社会环境。例如，照明条件、拥挤程度、潜在干预力量的出现程度、犯罪分子成功与否等。

（6）案件造成的经济与社会损失，以及被盗被损坏物品的种类。

（7）酒精、毒品对犯罪动机的影响以及被害人行为对犯罪的影响，如被害人的疏忽与被害人的无意刺激等（Ekblom，1988）。

2. 分析解释。

在预防犯罪程序中，分析阶段包括两部分内容：首先，对犯罪、被害等信息进行总结，并试图揭示其内在的模式；其次，对已获得的有关犯罪与被害的模式进行解释（Ekblom，1988）。分析解释可针对单一犯罪，如抢劫，亦可针对两项以上的犯罪。

（1）空间标图法。确定犯罪模式最有效的方法之一是绘制某一地区的犯罪地图，将犯罪资料与地区特性资料叠加在一起。例如，学校、酒店、主要交通线以及其他可以解释犯罪模式的相关因素。制图的方法多种多样。简单的可以在一幅街道图上插有关犯罪信息的小卡片；复杂的，可选用尖端的计算机制图程序。计算机制图，优点颇多。一旦程序确定，可制出大量的地图。缺点是需要时间与钱财的投入，输入信息，建立程序。犯罪地图，以图上的“热点”确定犯罪分布。研究证实，犯罪的时空分布绝非漫无边际，随心所欲，而是成串成簇，有规律可循（Sherman etal，1989）。确定与解释这些犯罪分布规律，有助于人们采取行之有效的对策。在瑞典，斯德哥尔摩市采用犯罪地图确定犯罪分布与相关因素，如少年犯罪团伙网络与集中地（Sarneck，1992）。

（2）时间标图法。这是确定与分析犯罪模式的另一种方法。例如，通过某一张时间绘图，发现人身攻击多集中于星期五或星期六的晚 10 时到次日凌晨 2 时，这给预防对策提供了依据。时间绘图可以日、周、月、年的时间段绘制，从而研究特定时间段内犯罪的分布变化。犯罪高发时间段或许与其他因素相关，如一名或多名窃贼被释放；又如，重大事件发生，警力不足时；等等。

（3）分析阶段的最后步骤是解释已发现的犯罪模式。为达此目的，应把观察到的有关犯罪模式与信息同其他因素相结合，综合分析。其他因素包括自然、社会与人口统计因素。在分析过程中，一定的犯罪学理论与预防理论是很有帮助的。例如，一些“犯罪热点”的形成，或源于犯罪分子的分布，或源于某一地区潜在犯罪分子的日常活动特点。

3. 战略设计。

1994 年艾克勒姆指出，一旦发现与解释了犯罪模式，就要思考采取行动的方法，以便破坏犯罪模式，阻断犯罪因果的链条。不同的部门，应在犯罪因果链条中选择适当切入点加以阻断。预防工作包括近期与远期两种。远期预防，旨在采取行动，防止危险青少年滑入犯罪的泥潭；近期预防，旨在采取行动，防止迫在眉睫的犯罪发生（Ekblom，1994）。

预防战略包括两个层面，“社会水平干涉”与“情景水平干涉”。社会水平干涉包括向犯罪与社区预防的项目，其目标为机构与单位。例如，学校、家庭、就业市场。情景水平干涉针对目标的情景因素。例如，潜在的作案目标，警卫的能力或作案环境。

在对重复被害型模式进行分析后，就应着手制定对反复被犯罪侵害的对象，或居民区，或房屋的预防对策。一旦确定了已知的被害人，就可以对他们事先采取保护措施，防止二次被犯罪侵害，因为被害者比常人有较高的“被害率”。这样就可及时地发现保护对象，防患于未然。英国科克豪特预防入室盗窃项目，就是预防反复被害的例子。他们在确定反复被害人的基础上，开展安全调查，安装防卫硬件，鼓励被害人参加“蚕茧”式邻里守望。其他预防被害人反复被侵害的措施有：提供便携式人身攻击报警器，安装入室盗窃报警器，安装闭路电视系统，识别窃贼等（Farrell and Peace，1993）。

预防犯罪的组织，同样也应对预防工作的重要机制有清楚的认识。在公共场所安装闭路电视摄像机，可在不同的方面降低犯罪。这些方面包括增加公众应用安装摄像机路口的数量，提高犯罪嫌疑人的逮捕率，震慑潜在的犯罪分子。不仅要重视预防犯罪工作的机制，也要重视其程序的重要性，这样才可能提高工作效益。

干预的水平与核心机制确定之后，实施措施就显得尤为重要。应事先准备好整套对策，慎重选择，对症下药。1994 年艾克勒姆（Ekblom）提供了对策的方案。在许多情况下，最适宜的干预工作相当简单平凡。如维修建筑群，制定乡规民约，执行民房法规，鼓励个人与单位提高对财产保护的认识等。

4. 贯彻实施。

在实施预防犯罪措施时，有五条战略应切记在心：

（1）制定条例规则，以约束规范行为。像制定禁酒法，以法律为武器，在特定的时间地点限制酒的买卖与消费。

（2）提供必要的设备和辅助手段，以便保证项目实施的顺利进行。例如，为监测学生在校率而安装电子计算机监测系统。

（3）对采用预防措施的居民实施奖励。例如，凡安装门锁、窗锁的居民，可降低保险费的征收数额。

（4）通过谈判，协商解决项目的花费。协调开办单位与服务人员之间的利益。

（5）大力宣传，传播信息，措施咨询。使大众了解，为获得有效的贯彻与实施，问题的本质是什么，要解决的难点是什么，为此所制定的措施有哪些。

尽管提出了上述五条战略，但在实际工作中所要遇到的困难仍有许多。一个不能完全贯彻的、缺胳膊少腿的实施方案，是很难取得降低犯罪预想效果的。

凡是由单一机构实施的项目，所遇到的问题就少；凡是由多种机构联合实施的项目，所遇到的问题就多。例如，警务工作中的专项巡逻、情景巡逻、嫌疑犯侦缉队等，都收效喜人，成绩显著（Eck and Spelman，1987；Hope，1994）。相反，各单位联合行动，却带来了问题。例如，英国开展了一项由11所中小学参加的，旨在减少学校内破坏活动的试验，就暴露出各单位在协作中所存在的种种问题（Hope，1985）。

5. 科学评估。

预防犯罪工作的最后阶段是评估，评估这个项目对犯罪水平的作用。虽然这是最后的阶段，但在项目开始之前，就应周密计划，耐心等待，花费足够的时间来实施并等待最后的结果。预防犯罪的工作，需要充裕的时间待其生根开花，如果周期过短，时间不充足，就会影响其结果。谁来做最终的评估者呢？这倒是个难解的问题。是由项目本身的工作者做呢？还是请外部人员独立评估？自我评估的优点是便宜，但对于项目往往自我欣赏、自我陶醉，如果仍是简单地记录好消息，这个评估就会失去价值与可信度。因此，凡试验中的错误与失败都必须完整地、一笔笔地记录在案。外部人员的独立评估，需要一定的花费，但带来的却是可信度，这笔钱就花得值得。有些评估的花费大约是该项目总投资的10%（Doigand and Littlewood，1992），故有时需说服项目的财政领导把钱花在评估上。

评估程序一般分为两种，即程序评估与结果评估。所谓程序评估，即对项目的贯彻实施之方式进行评价。所谓结果评估，即对项目的作用及设计的影响进行评价。前者是对项目实施的监测，特别是“已发生了什么”，而后者是指项目对选择对象所发生的结果（如犯罪水平）。

五、 英美情报信息建设情况

情报导向警务模式四大范例。世界情报导向警务模式四大范例为：英国模式、纽约模式、洛杉矶模式以及南澳大利亚模式。下面以美英两国进行介绍。

（一）美国的情报信息建设

美国的情报信息建设开始较早。如联邦调查局刑事司法服务处的统一犯罪报告统计系统早在1920年就建立了。当时是美国各州、城市和县的执法部门自发组织建立的，后经司法部部长的指定，自1930年起由联邦调查局负责管理此项工作。经过几十年的改进和完善，联邦调查局建立了计算机化的犯罪统计系统，将各执法机构采集、报送的犯罪数据进行处理并定期向社会公布。该系统的主要作用是通过统计8类主要犯罪案件发生的情况，用以衡量美国的社会治安状况（因此，亦被称为美国的指标犯罪统计）。1967年，联邦调查局建立了国家犯罪信息中心。该中心由一系列与执法有关的刑事司法信息数据库组成，主要目的是向地方、各州及联邦各级、各类刑事司法机构提供信息支持，用于追捕逃犯、查找失踪人员、追缴和返还被盗物品以及保护执法人员和公众。1999年，该中心进行了重大升级改造，目前在用的数据库有17个，其中涉及物品的数据库有7个，涉及人员的数据库有10个。1999年，该中心又建立了综合自动指纹识别系统以取代过去使用的老系统。而联邦调查局刑事司法服务处则是1992年才设立的。该处是联邦调查局最大的内设处，发挥着联邦调查局所有刑事司法信息中心和中心库的作用。其宗旨是“全力提高向联邦调查局及其他具有资格的执法、司法、民间、学术、就业和注册部门提供及时有效的刑事司法信息的能力，以减少恐怖主义和犯罪活动”。目前，该处主要管理和维护5个方面的情报信息系统，向全美约19000个执法机构提供刑事司法信息服务。

2002年9月，美国成立了国土安全部。该部非常注重情报信息的建设，利用信息技术整合不同部门之间的信息资源。2004年，国土安全部在出入境检查上已完成了海关与移民局的整合，将口岸上的两套系统合并，并开始实行新的签证申请和入境时的照相和捺印指纹等检查措施。目前，国土安全部正在整合过去各部门分散建设的网络，以实现一个网络、一个运行管理中心的目标，整个实施计划将在基础设施、公共应用、专业应用3个层次上展开。国土安全部内设的信息分析部门负责评估鉴别有关威胁美国本土安全的所有情报信息，发布及时的警报，并且采用合适的预防和保护措施。

（二）英国的情报信息建设

从20世纪90年代初，英国在内政部专门设立了国家犯罪情报局。2004年，该局并入新组建的国家打击有组织犯罪局。作为情报主管部门，该局在英格兰、威尔士、苏格兰、北爱尔兰都设有办事机构，经费直接由中央政府拨款。其任务是负责刑事情报的收集、分析和评估工作，研究犯罪的发展趋势，指导各地方警察局，在各地警察部门和合作单位之间实现资源共享，确保国家刑事情报服务的高效率与高品质，保证中央与地方以及各地警察局之间对犯罪，特别是有组织犯罪的协同作战。他们的情报信息主要来源于：锁定目标进行窃听；发展线人收集情报；从各地警察部门收集情报；从非警察部门，如海关、移民、金融等部门收集情报信息等，同时也从国外执法部门收集情报。情报信息收集之后，按情报分析的方法进行分类，大体分为战略情报和战术情报两类。国家犯罪情报局的工作方式就是推行国家犯罪情报模式。所谓犯罪情报模式，就是通过采取多种手段广泛收集信息，并将信息分门别类，进行汇总，建立信息库，实现信息共享，建立中央与地方之间、各地警察部门之间畅通、灵敏的情报共享系统。英国各地警察局也积极响应犯罪情报模式的要求，现在基本上每个警局都设有专门的情报部门，人员编制占警察局人数的3% ~5%，在打击各类犯罪中广泛运用犯罪情报模式，利用情报信息更好、更准确地预防和打击犯罪①。英国从事情报信息工作的部门包括情报信息中心（Intelligence Unit）、武力信息中心（Force Intelligence

① 任石磊编译：《国外警方情报信息建设概况》，载《公安研究》2005年第11期，第91页。

Centre)、PNC 专署（Police National Computer Bureau）、犯罪标准中心（Crime Standards Unit）和特别分支机构（Special Branch）。情报信息中心是紧紧围绕国家情报模式开展工作的，最充分地利用来自各部门的信息，不论是全国的、地区的，还是社区的，确保最充分地发挥警力资源解决各类问题的作用，实现警力最大效益化。武力信息中心内包括不同的专业部门，如毒品、重刑罪犯监狱联络和犯罪警报。PNC 专署，中文表述为国家警察计算机专署，拥有全国最完善的情报信息储存库，可以在线协助案件的调查，其情报信息涉及罪犯、交通工作以及财产等多方面的数据信息，可以在几秒钟内通过全国 10000 多部终端机获取各类情报。犯罪标准中心承担着对犯罪信息的审查、收集和调查等职能。特别分支机构主要负责同其他国家政府部门的联络，密切关注国际形势，以共同打击恐怖犯罪，机构的工作场所主要位于港口、机场，工作人员必须不断地变换工作场所，保证人员的流动性，确保工作的隐蔽性。

英国国家情报模式认为情报信息工作应该围绕社区平安、降低犯罪、控制犯罪和控制秩序等展开，并以实现上述目标为其工作最终目标。为了达到这一理想状态，国家情报模式要致力于以下几项工作：（1）建立任务目标以及与之配套的实施过程；（2）发展核心情报信息，以促使整个模式系统的良性运行；（3）制定规章制度，以满足各个层次情报信息工作的培训需要；（4）形成完善的体制，便于情报信息的沟通与协调。

六、 科学评价欧美情报导向警务

营造稳定、安全、和谐的社会环境，是世界各国警察追求的目标。一直以来，研究者不断进行着警务创新，从被动反应式警务到主动提前式警务，从社区警务到情报导向警务，警务改革的呼声一浪高过一浪，研究者试图寻求到一种与社会发展相协调的警务运作模式。

20 世纪 30—70 年代，欧美被动反应警务盛行一时。被动反应警务为单向模式：快速反应—出现场—侦查—破案。随着时间的推移，被动反应警务暴露出四大弊病：基层警力匮乏；重破案轻社区稳定；警察成为科技的“机器人”（要“更夫”不要“机器人”）；淡薄公仆意识，失去群众支持，警民关系恶化（汽车轮子越快，离公众越远）。

在此背景下，主动提前警务模式（Proactive Policing）应运而生。主动提前警务为双向模式：快速反应—出现场—侦查—破案；调研—宣传—合作—预防犯罪。

主动提前警务以预防为主，强调社会各界的合作，从根本上减少犯罪的社会根源，属于初级预防警务论的范畴。我们所称之为警务改革八论中的社区导向警务论、问题导向警务论、市场机制导向警务论等，都是主动先发警务模式的一种延续。

情报导向警务作为在信息化时代诞生的一种新型警务模式，追根溯源，其精髓仍然是先发制人、克敌制胜，因此情报导向警务仍然是主动先发警务模式的一种延续。笔者认为：

（一）认真研究，切勿望文生义，对号入座

当欧美情报导向警务以“全新面目”出现于国人面前时，切勿望文生义，更不要无限夸大，对号入座。对欧美情报导向警务要从历史沿革，工作机制入手，认真分析。防止“千军万马过独木桥”的局面产生。现在武警情报学、图书馆的情报学、公安文学的情报学都与欧美情报导向警务有一定的联系，有所启迪。但学科建设是系统工程，有自己的研究对象、理论基础与学术框架。

（二）欧美情报导向警务主要是战术层面的一种思维模式与工作计划模式

欧美情报导向警务主要是战术层面的一种思维模式与工作计划模式。它产生的源泉是侦查人员对犯罪情报的分析解读，是制定警务活动预案与专项打击的一种思维模式与工作计划模式，偏重战术层面。欧美情报导向警务与社区导向警务论还有差异，社区导向警务论是战略宏观指导的理念，人称“警察哲学”，欧美情报导向警务虽然也有战略宏观指导的作用，但更多的还是战术层面的一种思维模式与工作计划模式。

（三）欧美情报导向警务与降低犯罪率无直接关系

多年来，我们有一种思维定式：新的警务革命，必然导致犯罪率下降。然而历史证明，无论是被动反应警务、社区导向警务论、问题导向警务论还是市场机制导向警务论等，都不是降低犯罪率的良药。社区警务的教训不深刻吗？在20世纪80年代我们引进社区警务时，欧美已证明社区警务与降低犯罪率无直接关系。在大量的社区警务实证研究中，有一半的实证研究均证明这一措施无法降低犯罪率，而我们对这些结论并不重视。

（四）以我为主，谨慎对待欧美情报导向警务

改革开放以来，我们引进了西方许多警务改革的理念与警务运作。如被动反应警务论（以车巡为代表）、主动先发警务论、社区导向警务论、问题导向警务论、市场机制导向警务论、情报导向警务论、危机警务论以及反恐导向警务论。20年来，在引进工作中既有经验也有教训。在对待欧美情报导向警务的态度上，应汲取以往引进工作的经验与教训。

中国学者在对欧美情报导向警务研究的过程中，应该注意以下几个基本点：

首先，以我为主，谨慎对待。避免大起大落，切勿跟风。如上所述，情报导向警务只是众多警务模式的一种，是在信息化时代背景下诞生并发展的，是对警务改革的一种尝试，其仍处于发展完善阶段，理论体系很不成熟，还需要进一步的实践论证。而且，西方社会制度、文化背景、社会发展阶段、价值取向、科技发展都与我国不同，即使在我国，各个地区的情况也不尽相同，因此，在引进新型模式时，要从自身情况出发，寻求适合自己发展的警务模式，切勿一窝蜂，绝不可照抄照搬，糊里糊涂搞创新。

其次，认真研究，从理论做起。包括两层含义：第一，要从实践中总结理论。实践只能解决表面问题，而理论可以解决本质问题，从实践到理论是认识的升华。要对各国的实验进行研究，分析解读，形成完整的情报导向警务的理论体系。第二，情报导向警务不是孤立的、片面的，与其他各相关学科不可分割。从技术层面上，与信息学息息相关；从决策层面上，与管理学

相联系；还需要法学等相关学科作为理论支撑。

再次，把握历史脉络，区分改革大趋势与改革的支流，区分创新与传统，区分新理论与旧理论的延续。情报导向警务作为一个新兴事物，有着一定的历史必然性。警务改革的大趋势是从被动反应警务到主动先发警务，在信息高速流通的社会大背景下，情报导向警务是顺应潮流的发展而诞生的。其延续了主动先发的传统警务风格，其创新之处在于以犯罪情报的分析与解读作为决策的依据，将情报贯穿于整个警务战略的始终。

最后，既要介绍欧美情报导向警务的优点，也要研究其局限与不足。十几年的发展，欧美情报导向警务已显现出其他警务模式所不具备的独到之处，因此，吸引了众多警务研究者与实践操作者投入到此项警务模式的研究和开发过程。其优点不言而喻，是提高警务效率、改善警务效能、降低人力和财力成本的一种有效尝试。不足之处在于初期投资大，见效时间长，而且情报导向警务需要全体警察转变思想观念，这无疑是一个巨大的挑战。

本章理论盘点与评述

1. 欧美警察研究的三个核心概念：警务、警察勤务与警政有严格的区分，切勿望文生义。

警务的英文词是 policing，是 police + ing 形式，后面可以接宾语。比如说，policing China 可译为中国公安工作。所以说警务这个词非常宏观，是一个内涵非常大的词。警察勤务是 police operation。Operation 在英文中是手术的意思，因此警察勤务是指一个具体的、短暂的警察工作。而警政的英文也是 policing。这是由于我国台湾和香港地区把它们翻译成为警政的结果。警务和警政在英文中是一个词，只是由于我国大陆和港台翻译的不同所造成的。英文中还有一个词叫 police administration，其含义为警察行政管理，也可以翻译成警政。

2. 警察行为是无形警务论的理论与实践的基础。安德逊在论述警务时提出了六种警务模式，其中第一种就是 Informal policing，译作非正式警务论或无形警务论。它的理论前提是警察是一种警察行为，而不是警察人员和警察制度。人类历史上的文化、宗教、禁忌都可以视为原始的警务活动。

3. 被动反应警务论与主动先发警务论代表两个警务改革的发展阶段，两者并不对立，而是包容共生。

被动反应警务论叫 Reactive policing。它是欧美第三次警务革命，即警察现代化的产物。它所强调的是快速反应、现场侦查、破案，这种警务的保障是巡逻车和快速反应机制。在警察现代化时，警察以快速到达现场为目标，忽视了破案率和人民群众的满意度，遭到了公众的批评和抵制。美国的老百姓曾说："巡逻车的轮子转得越快，离我们老百姓越远。"公众宁可要传统的"更夫"也不要现代化的"机器人"。这一历史深刻的教训是值得我们借鉴的。

主动先发警务论，英文为 Proavtive policing，它是欧美第四次警务革命即社区警务的产物。主动先发警务并不排斥被动反应警务，而是在快速反应的基础上，强调了情报导向警务、政府各部门之间的伙伴关系、社会的综合治理等。主动先发警务是对被动反应警务的反思和发展，被称作最现代的警务模式。

4. 反恐导向警务论、危机警务论、情报导向警务论是警务改革新三论的有机组成部分。回顾警务改革的历史，当警务发展阶段到第四次警务革命的时候，派生出许多警务模式，但基本都是围绕着主动先发警务和被动反应警务而产生的。而第四次警务革命持续了近五十年，欧美警察发现尽管社区警务理论很先进，实际做法也很多，但是并没有从根本上抑制犯罪上升的势头，社区警务这贴灵丹妙药在日益增长的犯罪面前，好像也不灵了。人们从心里期待着第五次警务革命的到来。而什么是第五次警务革命呢？可以说是众说纷纭。有三种理论得到了一定的共识。它们是反恐导向警务论、危机警务论、情报导向警务论，被叫作"新三论"。一方面，它确实代表了社区警务之后西方警务改革的最新发展和理论的进步。另一方面，人们对什么是第五次警务革命仍然没有定论。

5. 反恐导向警务论、危机警务论、情报导向警务论，都是局部的、技术的改革，很难承担起代表世界性第五次警务革命的重任。有人说，情报导向警务会挑起第五次警务革命的重担；有人说，21 世纪是一个多灾多难的世纪，因此危机警务可能代表了世界警务改革的发展趋势；也有人说美国人打响了反恐导向警务的第一枪，而恐怖主义在全球范围内的嚣张气焰愈演愈烈，恐怖主义成为了人类共同的敌人，因此反恐导向警务可能会执掌第五次警务革命的帅印。

客观地分析，上述三种警务模式都是单一的、局部的或是技术性的警务革命，它们可能会对警务改革产生很大影响，可能会来得轰轰烈烈，但是它们毕竟不是全方位的警务改革，很难承担起世界性的警务革命的重担。所谓警务革命，英文叫 police revolution，它是指超越具体警务工作的，全方位的警务改革。因此，上述三种警务模式都不可能是第五次警务革命。

2011 年，美国人提出了新警察专业化运动，它强调警务改革的全面性和整体性。强调历史沿革和全面地推广。新警察专业化运动和英国人安德逊所提出的理想警察模式遥相呼应，仿佛给人们展现了第五次警务革命的曙光。虽然我们不能确定第五次警务革命的主题，但起码我们看到了新警务改革的影子，就像太阳升起在地平线上的那样，唤醒了我们的憧憬与希望。

第九章 警察史论

警察不是从来就有的，而是社会发展到一定阶段的产物。研究警察的起源和发展，既是现实警务工作的需要，也是警察学理论发展的需要。

伦敦大都市警察的建立，标志着现代警察制度在英国的最终确立，英国也因此成为当前警学界公认的现代警察制度的发源地。但是关于现代警察制度起源的理论，现在可谓是众说纷纭，比较有代表性的大致有三类：第一类是立足于分析现代美国警察的历史发展而产生的学说理论；第二类是立足于英国现代警察制度的历史发展而产生的学说理论；第三类是基于历史唯物主义论的马克思主义警察起源观。

西方的警察究竟怎样走到今日，是如何发展为现代的模样？这是警察史研究过程中不可回避的问题，也是警察发展阶段理论试图回答的问题。当前欧美学者对警察史分类较有代表性的主要有三种理论：首先是梅拜以合法性、组织结构与功能三个要素作为划分标准的二分法，其次是安德逊基于不同的警务风格进行划分的方式，最后是英国的按照历史发展阶段进行划分的六分法。这些划分都有着其科学性的一面，但是也存在着很多问题。科学的划分应当仅仅把握警察的本质，以历史阶段为划分的主要脉络，坚持阶级分析为主，并适当借鉴其他学说合理成分，对警察历史进行科学、全面、客观划分。

而现代警察的特征并非是与生俱来的，而是历史长期演进的结果。现代警察应当具备哪些特征，我们将在警察漫长的历史发展过程中寻得答案。

第一节
警察起源论

警察起源，英文译为“The Emergence of Policing Systems”，即警察体制的出现。警察的起源与发展这一命题在英美警察科学研究中占有重要的地位。许多著作都有专章论述。

中世纪欧洲执法人员的两个历史阶段。在现代警察诞生之前，从1600—1830年在欧洲，执法人员的发展过程经历过两个历史阶段。第一阶段叫作市民志愿者（volunteer citizen）阶段；第二阶段为雇佣专职人员（paid specialist）阶段。社会发展，如城市化与工业化，社会矛盾激化导致了上述过渡的发展。社会混乱与犯罪成为欧洲各国公众所关心的首要问题。

在市民志愿者阶段，维护治安是以公安员——更夫制（constable &night watchman system）为基础的。少量的公安与更夫承担巡逻与捕捉盗贼的工作。公安员最初并不是专业化，而是志愿的、无偿的，因为他们只是百姓的代表，承担着各种民政职能和军事职能。① 这种制度早期后来逐步变为有偿服务。由于公安员——更夫制效率低下，形同虚设，到了维多利亚女王统治时期，寻求替代方法的结果产生了所谓的新警察（New Police）②。

一、 警察起源的理论

美国现代警察诞生的四种学说。在美国警察学界，有关现代警察诞生的学说有四种，它们是：治安控制论、犯罪控制论、阶级控制论与城市扩张论③。四种学说从不同的侧面试图解释现代警察起源的成因。这些理论是从20 世纪七八十年代以来逐步形成的。

1. 治安控制论（Disorder Control Theory）。约翰逊在 1981 年提出治安控制论。他认为现代警察的诞生是由于社会对付暴民骚乱的特殊需要。美国成立的早期阶段，维护治安是政府的最大难题。旧的治安系统在 19 世纪 30 年代到 40 年代分崩瓦解，暴乱与骚动的浪潮席卷美国。引起动乱的原因是社会震荡，城市化与移民的浪潮。城市化给公共事业带来危机；工业化造成了贫富两极化；移民给美国带来了种族与宗教的冲突。波士顿 1834 年、1835

---

① ［英］菲利普·约翰·斯特德：《英国警察》，群众出版社 1990 年版。

② ［美］罗伯特·兰沃西、劳伦斯·特拉维斯：《什么是警察——美国的经验》，群众出版社 2004 年版。

③ 王大伟：《英美警察科学》，中国人民公安大学出版社 1995 年版。

年和1837年发生重大暴乱事件促使一支新的警察力量于1838年成立。纽约市警察局的成立是1834年暴乱和1841年玛丽·塞西莉亚·罗杰斯的被杀事件所促成的。1838年，亚伯拉罕·林肯警告说："无视法律的现象遍布全国，不断增长。"这促使美国政府寻求建立一种全新的、有效的执法队伍与制度。

2. 犯罪控制论（Crime Control Theory）。犯罪控制论也是约翰逊提出的。他认为不断增长的犯罪是现代警察诞生的"助产士"。现代警察又叫新警察。由于美国19世纪以来产生了大量的车匪路霸，使公众感到十分恐惧。犯罪分子常手持武器，杀人放火，无恶不作。人们可在大多数美国西部电影中看到当时犯罪猖獗的缩影。社会面对汹涌的犯罪浪潮，急切地呼唤新警察的诞生。

3. 阶级控制论（The Class Control Theory）。在美国警察诞生之前，大量不同背景、不同种族的人群从乡村涌向城市，寻找改变他们命运的生计。这种移民的涌入造成了两极分化，产生了社会中产阶级与上层社会。英国移民，通常是旧教徒占了统治地位。而穷人多半是非英国移民，新教徒成为被统治者。阶级控制论的观点认为，现代新式制服警察只不过是统治阶级手中的工具，它是由资本主义，即所谓的工业精英所创造的，是压迫与镇压工人阶级的工具。警察是资产阶级对无产阶级经济剥削的产物。

4. 城市扩张论（Urban Dispersion）。执这种观点的人认为，警察只是城市建设的一种象征，随着城市逐步建立发展。在创建新城市时，市长用警察机构来装点门面。实际上警察并没有什么重要作用，不过是一种随大溜的时髦而已。

纵观美国警察发展的历史，不难看出上述各种原因都曾存在。R. R. 罗伯格说："上述四种理论在美国历史上都可以找到证据，但没有一种理论可以单独解释警察的诞生。的确，许多城市在警察创立前存在着严重的治安问题，但也有一些城市不存在治安危机。对犯罪的恐惧是19世纪许多公众所关心的问题，但恐惧的程度随社区的不同而不同。特别是在1830年前后，一些城市反而很平静，不存在严重的犯罪问题。一些城市确实在组建中首先建立了警察机构，尽管在这些城市中犯罪并不是什么大问题，但警察的一部分就是来自下层社（会），或与下层社会关系密切。"

二、 新型警察起源论

英国新型警察产生原因的两种理论。1829 年伦敦大都市警察的成立，宣告了新型警察的诞生。关于新型警察的产生动因，历来有两派争议：一派叫正统派（Orthodox Story），又叫警察观点；一派叫修正派（Revisionism）①。

1. 正统派观点。城市革命与工业革命是双重压力，迫使警察改革。双重压力带来新的问题，旧的警察体制无法解决，无能为力。奎提克勒力（Critchley）说："法律上秩序的瓦解与工业革命的进程同步。"② 因此，双重压力是新型警察产生的动因。

2. 修正派的观点。资本主义制度所带来的阶级冲突是警察改革的根本动因。表面上，工业革命与城市革命提出了对新型警察的需要，但双重压力是由资本主义本身的基本结构决定的。新的动乱，新的社会问题从根本上是新兴的资本主义制度所带来的阶级分化和阶级冲突的后果。资本主义制度造就了迅猛增长的城市贫困阶层。统治者把它们叫作危险阶层。在十八、十九世纪，伦敦贫民区日益扩大，失业、贫困、酗酒、混乱是典型的写照。③ 艺术家杭加斯曾画过一幅油画描写贫民区：混乱、肮脏的小巷，人们聚在街头，房子多年失修。饥饿的人们坐卧街头，母亲敞着怀醉倒河边，连自己的小孩掉到水中也不知道……犯罪在贫民区迅速蔓延，同时也危及了上层社会。资本主义制度拓宽了阶级鸿沟，但无论哪个阶级都面临着汹涌的犯罪浪潮。

波兰尼（Polanyi，1944）说："市场经济比我们所知的任何一种经济制度对暴乱都敏感。"④ 据考证，在 19 世纪前，公众的暴力抗议是可容忍的。

---

① 王大伟：《欧美警察科学原理》，中国人民公安大学出版社 2007 年版。

② Critchley，T. A.（1972）：A history of police in England and Wales，2nd ed.（Montclair，NJ：Patterson Smith）。

③［英］菲利普·约翰·斯特德：《英国警察》，群众出版社 1990 年版。

④［匈］卡尔·波兰尼：《大转型——我们时代的政治与经济起源》，浙江人民出版社 2007 年版。

但随着工业资本主义的不断发展，暴乱不再被认为是原始民主的形式之一，反而被视为洪水猛兽和对社会政治秩序的最大威胁。

资本主义大工业生产，需要严格的组织纪律性，斯皮泽（Spitzer，1977）说："从工业资本主义的精打细算的角度看，社会安定是最根本的前提。"无情的、无人性的供需关系决定了社会大生产的投向和速度。人的行为举止必须与机器的速度合拍。这一切都对社会安定与纪律提出新的要求，甚至连传统的消遣时间也要以纪律来约束。

修正派理论可归纳为：（1）资本主义基本结构产生阶级分化是犯罪和暴乱的根本原因；（2）市场经济需要稳定的社会治安；（3）机械化大生产要求严格的纪律；（4）日益增长的犯罪不仅涉及工人阶级，也严重威胁统治阶级的利益，促使他们兴办警察。

三、 马克思主义警察起源观

警察是一个历史范畴，其产生和发展是社会发展的产物，是由一定的历史条件决定的。

1. 马克思主义警察起源观。恩格斯认为，警察是社会发展的产物，是社会发展到阶级社会才出现的。原始社会是没有警察的，他写道"这种十分单纯质朴的氏族制是一种多么美妙的制度啊！没有军队、宪兵和警察，没有贵族、国王、总督、地方法官，没有监狱，没有诉讼，而一切都是有条有理的"。随着社会的发展，私有制出现了，国家出现了，警察也就出现了。恩格斯在论述古代雅典的国家政治时讲道："雅典在当时只有一支国民军和一支直接由人民提供的舰队，它们用来抵御外敌和压制当时已占人口绝大多数的奴隶。对于公民，这种公共权力只不过当作警察来使用，警察是和国家一样古老的……这样，雅典人在创立他们国家的同时，也创立了警察，即由步行和骑马的弓箭手组成的真正的宪兵……国家是不能没有警察的。"① 进而，他阐述了警察的性质："雅典民主制的国民军，是一种贵族的，用来对付奴

① ［德］恩格斯：《家庭、私有制和国家的起源》，人民出版社 2003 年版。

隶的公共权力，他控制奴隶使之服从……为了也控制公民使之服从，宪兵队也成为必要了。”

2. 警察产生的历史条件。在古代，没有现代意义上的警察机关，但那时已有警察行为①。所以，介绍警察的起源，即是介绍警察行为的起源。而警察行为也是在一定历史条件下才出现的。

（1）警察产生的经济条件。生产力的发展，私有制的产生，是警察产生的经济条件。同社会其他上层建筑的产生一样，警察产生的终极原因是一定的经济关系的发展。当原始社会的生产力发展到了劳动产品在解决个人需要之外还有剩余时，就有了私人占有和商品交换。摩尔根在《古代社会》一书中讲到古希腊在私有制产生以后，“财产所有权，这时已成为压倒一切的兴趣所在”②。这时，私人财产上的侵夺与反侵夺的矛盾越来越多，越来越尖锐。只靠原始社会那种平等的、自愿的解决纠纷的办法已经不行了，习惯的规范不起作用了，需要有一种对全社会都有权威性的强制力量。以警察行为保护私有财产，特别是保护奴隶主贵族的私有财产，就成为历史的需要。在古雅典，每届执政官就职的时候，都要宣誓：“保护每个公民的私有财产。”在古巴比伦的汉谟拉比法典中，对侵犯财产罪规定得最多，刑罚最重，“窃财者死”。而没有警察的保障，这些只能是空谈。私有制天然的需要强制性保护力量，而警察行为是重要的强制性保护力量。

（2）警察产生的阶级条件。阶级矛盾的不可调和性，统治阶级内部矛盾的不可调和性是警察产生的阶级条件。进入奴隶制社会后，残酷的压迫与强烈的反抗形成激烈的阶级斗争。警察成了镇压奴隶起义、追捕惩罚奴隶的必要的、特殊的武装力量。警察不仅是阶级斗争的工具，而且是解决统治阶级内部不可调和矛盾的工具。对最高统治者来讲，最直接、最危险的敌人是自己身边的政敌。马克思曾指出：“世袭继承制在凡是最初出现的地方，都是暴力（篡夺）的结果。”奴隶制国家建立之初，篡权与反篡权的斗争就十分激烈。故而，警察从出现之初即是解决统治阶级内部矛盾的工具。

---

① 戴文殿：《公安学基础理论研究》，中国人民公安大学出版社 1992 年版。

② ［美］路易斯·亨利·摩尔根：《古代社会》，商务印书馆 1997 年版。

（3）警察产生的社会条件：维持社会秩序与惩治犯罪的需要是警察产生的社会条件。随着氏族组织内部共同利益的瓦解和奴隶主统治秩序的建立，违背统治阶级意志的行为被当成犯罪行为。依靠警察行为对付犯罪，维护社会秩序，已是历史的需要。在中国古代，统治官吏中有职司刑事诉讼的司寇、管户口的司民、专司拘捕惩治盗贼的司稽等。

（4）警察产生的政治条件。国家机器的形成是警察产生的政治条件。社会生产力发展，私有制的出现，国家出现也就成为必然。要维护统治阶级的利益，代表统治阶级的意志，对社会进行管理，就必须要形成国家机器。而警察是一种重要的国家机器。警察行为是国家意志的实际体现，是国家正常运行的强有力保障。

第二节

警察发展阶段的划分

西方的警察究竟怎样走到今日，是如何发展为现代的模样？这是警察发展阶段理论试图回答的问题。

一、 两分法理论

英国人梅拜的两分法。英国人梅拜（Mayby）把西方警察起源与发展分为两大阶段，即古代社会中的警察与现代警察。区分的分水岭是警察组织形式的转变。

现代警察的三个特征。贝力（D. H. Bayley）提出了现代警察的三个特征：公众化、专门化与职业化（public、specialist and professional）。因此，西方把这种理论叫作两分法理论（dichotomies），即非专门化与专门化的两分法，非职业化与职业化的两分法，以及公有化与私有化的两分法。

梅拜的三要素说。梅拜以合法性、组织结构与功能三个要素来作为划分的尺度。

1. 合法性。现代警察的合法性源于公众，在大陆国家以皇权为体现，在英国、美国以地方政权为体现。私人警察、志愿警察或其他非正式警务方式均从属于公众警察，没有其自身的合法性。如英国的公众自愿警察——特别警察，它从属于公众警察，其权力受到严格的限制。英美私人警察对雇主负责，权力相对小得多。而在古代西方社会中，情况恰恰相反。那时存在着志愿执法人员，私人保镖与社区更夫。他们的合法性在那时都是被承认的。

2. 组织机构。按贝力的理论，即非职业化与职业化的两分法。职业化英文为“professional”，其含义为：与职业有关的、展示职业技能与内容的、从事一种活动作为主要生活来源的。现代警察统一于一个特定的组织之中，其任务被明确地规定下来，由特定的纪律所约束，并受到专门的培训。相反，古代社会的警察不是职业化的，任务不明确，没有严格的纪律约束，也未受到专门的培训。

3. 功能。划分古代社会警察与现代警察的最后一个尺度是功能，即非专门化与专门化的两分法。古代社会的警察往往身兼数职，没有专门化可言。而现代警察具有内部与外部双重专门化。从外部而言，警察是专门对付犯罪的；从警察内部而言，不同警种承担不同的专门化工作。

梅拜与贝力的划分有其科学一面，但也存在着许多问题。因为从合法性、组织结构与功能看，两分法都不是截然可分、泾渭分明的。古代社会与现代警察的区别是主要的，但也存在包容与一致的地方。例如，古罗马的警察就是公众的，而非私人的。而现代西方又出现了警察私有化的现象。所以以公有与私有这一尺度划分古代警察与现代警察仅仅是相对的。现代警察主要依靠一定的技能，这种技能的获得经过短期培训即可解决。因此，什么人都能干。此外，也有人对警察的专门化提出异议。例如，在美国警察队伍中，很多人从事“月光下工作”，即我国所说的社会兼职或第二职业。尽管两大阶段、三种划分的理论有这样或那样的局限性，但它的确是西方警察史分段的主要代表理论。

二、 按警务风格划分

安德逊的四种警务风格。社会的不同发展时期，与之相适应的警察的工作方式也不同。因而，可以根据警务方式来划分警察的发展。

1. 以非正式警务风格代表原始社会末期到封建社会的警察。那时的警察活动是靠迷信、禁忌、传统与习俗来贯彻的。原始社会后期到封建社会初期，宗教又成为警察活动的基础。《旧约》中的“十戒”，在西方基督教国家中的预防犯罪作用已远远超出了刑法。

2. 以惩罚性警务风格代表封建社会末期与资本主义早期警察。这一时间，打击与预防犯罪的主要手段是对罪犯施以重刑，杀一儆百。19 世纪维多利亚女皇统治时期，英国可判死刑的罪名有 300 多种。①

3. 以反应式警务风格代表第二次世界大战后到 20 世纪 60 年代末西方的警察。随着装备现代化建立的快速反应的警察，以快速反应的时间作为衡量警察现代化的标准。

4. 以主动预防警务风格代表 20 世纪 70 年代以后的警察。它强调社会各界的齐抓共管以减少犯罪，旨在唤起公众与社会的参与，以一系列先发制人的措施来预防犯罪。

三、 按历史发展阶段划分

英国的六分法。1976 年英国内政部发行了《我们警察的故事——从早期到现代化警察的执法历史》。该书是按历史发展的阶段来划分的。分为古罗马时期的警察；盎格鲁 - 撒克逊时代的警察（公元 500—1066 年）；中世纪的警察（公元 1066—1485 年）；都铎王朝时代的警察（公元 1485—1714 年）；18 世纪的警察。以上五部分统称为古代警察。1856 年以后的警察及今天的警察统称为现代警察。

---

①［英］菲利普·约翰·斯特德：《英国警察》，群众出版社 1990 年版。

美国的两阶段。美国人把警察史分为两大阶段，即古代警察与现代警察。在现代警察诞生之前，从1600—1830年西方警察分为两个阶段，即市民志愿者阶段与雇佣专职人员阶段。

公安学的警察史划分。与西方比较，我国公安学在进行警察史阶段划分时，坚持历史唯物主义的观点，批判资产阶级学者在这一研究中的历史唯心主义倾向，紧紧把握警察的本质——警察是国家政权中按照统治阶级的意志，依靠暴力的、强制的、特殊手段维护国家安全与社会秩序的武装行政力量。从阶级分析的立场入手，从而得出了科学的结论。以警察起源为例，库土民认为："有些资产阶级的理论家和警察学者，在警察起源问题上，主张'自然起源论'。'自然起源论'认为：有人类就有警察，'警察是人类与原始俱来的天性的道德行为'，人类在原始'部落时代就需自卫'，'警察将永远伴随着人类'。这种理论的要旨是，把警察说成是一种自然现象，即超阶级的现象，而不是阶级的、历史的现象。其实质是为'国家自然起源'的谬论作补充，目的是为资产阶级国家永世长存制造舆论。这是违反历史辩证法的。"同时，我们也应看到，西方警察科学的研究人员，在警察史的阶段划分上也有一些独到之处，可以提供给参考或借鉴。比如，贝力的合法性、组织结构与功能的划分三要素就有一定的科学性。即使他的结论有不全面之处，起码这一理论开创了一个新的研究角度。

王大伟将警察史划分的四个依据。比较上述这种划分，王大伟认为在警察史阶段划分上应有以下几点思考：①

1. 坚持历史唯物主义与辩证唯物主义的观点，紧紧把握警察本质。

2. 以历史阶段为划分的主要脉络。任何一种非历史阶段的划分，如警务风格的划分或志愿阶段或专职阶段的划分都有其局限性。

3. 在古代、近代与现代三个概念中，可否与西方警察学接轨，即舍弃近代，直接以1829年伦敦大都市警察的建立作为现代警察阶段的开端。为区别第二次世界大战前后警察发展的若干巨大变化，可按西方的"现代早期警察"与"二战以后警察"的通用说法。

---

① 王大伟：《外国警察科学》，中国人民公安大学出版社1995年版。

4. 在划分阶段的理论依据上，除以坚持阶级分析为主外，可适当借鉴西方警察研究的某些方法，如非专门化与专门化，非专业化与专业化。实际上，西方一些方法，并非他们所独有。许多成分早已包含于我们的研究之中。

上述划分简述见下表。

警察史的分期

古代警察：	原始社会末期的警察萌芽； 封建社会的警察（古罗马、古代中国、盎格鲁－撒克逊时代） 欧洲中世纪（法国骑警、英国公安员……）。
现代警察：	现代早期警察（1829 年伦敦大都市警察）； 欧洲大陆各国新警察建立、美国警察的建立、殖民地国家警察的建立、苏联肃反委员会的建立、东方警察的建立（如日本、中国新警察的建立、警察专业化运动……）； 二战后警察（欧美各国警察现代化、第三世界国家警察重建、20 世纪 70 年代后期欧美各国第四次警务改革、中国警察特色、反恐导向警务、危机警务以及情报导向警务）。

第三节

现代警察的特征

D. H. 贝力的现代警察三化论。现代警察的特征并非都是与警察同生的，而是长期历史演进的结果。根据 D. H. 贝力的研究，现代警察的公共性、专业性和职业性发展经历了漫长的时期。

一、 警察的公共化

据 R. 施沃茨和 J. 米勒研究，他们所调查的 51 个社会中有 20 个有公共警察。其中最早的一个在罗马，它始于公元前 27 年，当时奥古斯德当政。他认为大都市需要有效的警务，故建立负责治安的公共警察，并付以报酬，受到上层政治的权威指导。

认为公共警察因罗马的失败、民族国家的出现而消失是错误的。只是民族国家的公共警察趋于分散而已。在 12 世纪的英格兰，公共警察是法官。他有权对罪犯和没有抓获罪犯的百夫长施以罚款。① 尽管英国司法官是公共警察，但他们的报酬不是现代的薪金，而是以英王名义收取的部分金钱。

公安员也是中世纪英国的发明。但公安员不是警察，而是百夫长任命的，负责审查的队伍。直到 1829 年，伦敦才开始给公安员付薪。

真正现代意义上的公共警察是 1800 年由东印度商人建立的泰晤士河警察。直到 1829 年伦敦才有了公共警察。

法国最早的公共警察大概产生于 13 世纪，是由圣·路易丝在巴黎创立的宪兵司令。司令部在城市监狱内。宪兵司令有一个侦查警监和中士参谋辅佐。除此以外，宪兵司令指挥一小部分军队和由全体男性公民参加的更夫队伍。他们在公路上巡逻，监视异己分子等。三个世纪后，有了被国王任命并付薪的负责治安的官员。1667 年在巴黎建立了专门负责法律和秩序的警察中将。直至 1699 年，所有大城市都有了警察中将。

普鲁士最早的一个专业公共警察官是柏林警察局局长，任命于 1742 年②。作为另一个欧洲大陆国家，直至 19 世纪其警察没有什么变化。

俄国最早的国家公共警察成立于 1504 年。而专业公共警察是彼得大帝于 1718 年在圣彼得堡建立的。这一体制在 1792 年前扩展到其余城市。

公共警察随着第一位定居者就进入了美国。首先是在新阿姆斯特丹，随后纽约在 1643 年也建立了防盗员，但直到 1712 年才给付工资。公安员、消防员和防盗员由每个定居点选举任命。

---

① Reith, C. (1938) The police idea: Its history and evolution in England in the eighteenth century and beyond. (London: Oliver).

② [德] 贝尔恩德·维纳:《寻踪觅迹》，群众出版社 1987 年版。

二、 警察的专业化

最早的专业警察是更夫，几乎所有的社会都曾有过。然而，尽管更夫的作为是很专业的，却不能讲其全是警务作用。因为他们更经常地扮演哨兵的角色，负责召集其他人拘捕罪犯，迎击、进攻或捕灭火灾。

专业警察通常发展成为世界上许多大帝国的行政机器。侦探、间谍和治安执法是无案可查的工作内容。古罗马的专业警察始于公元6年，至公元3世纪有了警察局并负责昼夜巡视街面。

据确认，英国是最早发展专业法律和秩序机构的国家。中世纪即有了随时召集以维持治安的武装队和公安员。另外，法国的警官则是多用途的官员，他既保证司法，还要进行军事勤务。同时期，丹麦、挪威和瑞典创建了Leasman，Lensman 在地方执法并为国王收税。

中世纪以来，欧洲大陆的警察就没有英国的专业化程度高。他们的警务是由那些还拥有其他职责的人来完成的，即大陆行政官员的责任有点类似英国的公安员。如确实如此，则警察原本含有行政功能的观点也就不是空穴来风。相反，维持英国国王的安宁则是最重要的责任。

在警察发展中，欧洲大陆与英国的差异还有一处，即专业化和公共化的开始的先后不同，英国的警察在公共化之前就专业化了，而大陆警察则是先公共化后专业化。大约在 18 世纪中期，欧洲大城市才设立了专业的皇家警察。复制法国的警察中将模式，圣彼得堡于 1718 年，维也纳于 1751 年建立了警长制度。尽管警长的职责较宽，但他们也是负责巡逻，是抓捕和间谍的指导人员。1760 年的巴黎有各种专业人员，每个地区都有侦探、步巡和骑巡的巡逻卫兵，作为哨兵的士兵队以及用以驱逐乞丐和流民的弓箭手①。

像英国一样，美国警察的专业化相当早。公安员和消防员是殖民制美国社会产物。其专业的联邦消防员组建于 1789 年，是新国家政府的第一批举措之一。联邦调查局建于 1924 年。比较英美与欧洲大陆，盎格鲁 - 撒克逊

① [法] 皮埃尔·奥塔维奥利：《打击犯罪三十年》，群众出版社 1989 年版。

警察更专业化，大陆警察专业化程度差的说法是公正的。

警察专业化的一个重要部分是将军队从维持国内秩序工作中剥离出来。军队既对外防御又对内维持秩序，这表现出警务专业化的不完善。但这种不完善又是持续很长时间的，这一现象的代表就是宪兵队。宪兵队本来是法国的特有组织，但到19世纪前期，已经变成欧洲大陆的标准模式，直至今日仍可见宪兵队的身影。所以说警察专业化至今尚未完成。

三、 警察的职业化

职业化是警察的现代属性而且是更复杂的属性。职业化的核心是对工作业绩的关注。职业化最低限度的指标是根据具体标准招募。为职业服务而装备充分、正式培训和上级官员的系统督导。今日的警察圈子中，职业化在一定程度上变成了艺术术语，它涵盖了人事的功能专业化、现代技术的使用、中立执法、自裁权的使用和自我约束措施。

确认警察职业化的时间是困难的。第一，即使在其最简单的意义上，职业化也有不同的部分。在英格兰，建于18世纪中期的舰队街巡捕是从有一年经验的公安员中选拔的，受亨利·菲尔丁及其同父异母兄弟约翰·菲尔丁培训和督导，并以公共基金付酬①。可以将他们看成是职业警察。另一个职业化的试验是泰晤士河警察。当然，最重要标志是伦敦大都市警察的建立。其招募是依据性别、身高、体重、性格和读写能力。对其培训则是强制性的。

第二，建立职业化的努力既不规则又不平衡。而俄罗斯在1860年就花大力气提高科层制行为水平。在英国，尽管有些城市实现了职业化管理，但直至20世纪仍未消除政党对警察的控制。这就使对政党的忠诚成为对警察的任命依据。

第三，不同级次水平的警察职业化推进速度不同。法国和俄罗斯在17世纪就开始在高层管理水平建立专业科层。而欧洲大陆的职业化要落后几乎200年。

---

①［英］菲利普·约翰·斯特德：《英国警察》，群众出版社1990年版。

第四，性质判断必须依据任何专业化的方面是否存在而决定。这些方面包括选拔标准、薪金制度等。而各国间，国内各方面间的职业化水平是不一样的。

回顾历史，我们可以看出，警察职业化的伟大时代是19世纪。从1815年到1915年，可以确认的主要国家的职业化次序是：日本、法国和德国、英国、印度、美国、俄罗斯。但时间的先后顺序并不意味着其职业化的质量次序。这仅指在招募、培训、报酬和督导等方面。

本章理论盘点与评述

1. 安德逊的四种警务风格划分警察发展的四个阶段，层次清晰。以非正式警务风格代表原始社会末期到封建社会的警察。以惩罚性警务风格代表封建社会末期与资本主义早期警察。以反应式警务风格代表第二次世界大战后到20世纪60年代末西方的警察。以主动预防警务风格代表20世纪70年代以后的警察。它强调社会各界的齐抓共管以减少犯罪，旨在唤起公众与社会的参与，以一系列先发制人的措施来预防犯罪。

安德逊以警务风格来划分警察史的尝试把握了警察发展的根本规律性，能够更好地说明警察发展的规律，这种尝试是一种积极的尝试，应该给予肯定。

2. 在现代警察诞生之前，欧洲存在着大量的警务行为和初级的警务人员。

中世纪欧洲执法人员的两个历史阶段。第一阶段叫作市民志愿者（volunteer citizen）阶段；第二阶段为雇佣专职人员（paid specialist）阶段。而这两个阶段的进一步发展才产生了第三个阶段，就是职业制服警察，以伦敦大都市警察为典型代表。

市民志愿者阶段有很多代表性的警务活动。例一，存在于欧洲大陆的擂鼓鸣金捕盗制（hue and cry）。当小偷进入村庄行窃时，村长骑在马上吹响号角，这时，全体村民放下手中的活计，高声呼喊，参与追捕盗贼的行列。例二，太兴保甲制，十户组成一个太兴组织，一人犯罪全家扭送见官，株连九族。

雇佣专职人员阶段，欧洲也有很多范例。比如，伦敦最早的执法机构，有舰队街巡捕，“查理该死的一伙”等。这些都是在职业制服警察之前，社会治安的有益尝试。

不论是欧洲还是中国，在正式警察诞生之前，就存在着大量的警察行为，关于这种警察行为的思考有两点：一是专门的机构承担着泛化的警察行为，虽然那时并没有专职的警察，但警察行为和职责是融会贯通于其他的社会管理部门。二是机构以外的警察行为，比如，传统的文化因素、宗教、戒律、禁忌都或多或少地直接或间接地承担着一些社会治安的管理保障。

3. 关于现代警察起源的理论有很多种，其中有代表性的是美国警察诞生的四种学说。美国现代警察诞生的四种学说：治安控制论、犯罪控制论、阶级控制论与城市扩张论①。四种学说从不同的侧面试图解释现代警察起源的成因。

4. 马克思主义警察起源观强调警察产生的政治条件：国家机器的形成是警察产生的政治条件。社会生产力发展，私有制的出现，国家出现也就成为必然。要维护统治阶级的利益，代表统治阶级的意志，对社会进行管理，就必须要形成国家机器，而警察是一种重要的国家机器。警察行为是国家意志的实际体现，是国家正常运行的强有力保障。马克思主义警察起源观为科学的认识警察的起源提供了指导，是我们研究警察起源的理论基础。

5. 西方有代表的警察史的划分是两阶段论，以英国人梅拜的理论为代表。英国人梅拜（Mayby）把西方警察起源与发展分为两大阶段，即古代社会中的警察与现代警察。

6. 由于中西方在警察史阶段的划分上存在分歧，我们需要找到一个彼此能沟通的语言体系。王大伟认为，在古代、近代与现代三个概念中，可否与西方警察学接轨，即舍弃近代，直接以 1829 年伦敦大都市警察的建立作为现代警察阶段的开端。为区别第二次世界大战前后警察发展的若干巨大变化，可按西方的“现代早期警察”与“二战以后警察”的通用说法。

---

① 王大伟：《英美警察科学》，中国人民公安大学出版社 1995 年版。

中编　四次警务革命与改革热点

第十章 历史：四次警务革命

第一节

四次警务革命

一、 西方古代治安力量

西方警察发展史，一般分为古代警察与现代警察。西方警察这一概念主要指美国、英国、法国和其他欧美国家，也有人主张包括日本。

(一) 古代警察

古代警察指从警察的萌芽诞生到1829年伦敦大都市警察的建立。

按照我国公安学的观点，原始社会没有警察，但原始社会后期存不存在广义的警察行为，尚待探讨。史威姿（Schwaztz）和米勒（Milley，1964）考察了人类51个原始文明，其中29个没有警务活动。

多数原始社会组织水平低下，具有三无的特征：无货币形式、无财物和无分工，如爱斯基摩人的原始部落。好贝（Hoebd）曾对爱斯基摩人进行过细致的调查研究，并写下了《原始社会中的初级法律》一书。在一个小型、初级的社区中，爱斯基摩人的社会组织水平异常低下。整个社会活动依靠传统的道德规范来约束，这种规范往往是通过禁忌和咒语来实现的，但他们缺乏统一的、被整个社区采纳的规范。例如，在爱斯基摩人中，虽然有严格的关于两性关系的禁忌，但绝大部分凶杀案都是由争夺妇女所引起的。一旦甲部落掠夺了乙部落的人，乙部落会报复杀人。这时禁忌与咒语就显得无能为力了。在部分存在警察行为的部落中，他们有一种独特的调解制（Mediation）。例如，在菲律宾的某些原始后期部落中，对财物的争夺最终由内部部落首领进行官方调解。一种专门官员叫门克鲁马（Monkalum）从事此种调解工作。从某种意义上说，这是一种警务活动，但还没有发现警察制度。史威姿的结果如下：没有调解制和警察萌芽的29个；有调解制的7个；有调解制和警察萌芽的11个；有警察萌芽但无调解制的4个。

在原始社会末期，警察随国家的产生而产生。原始社会末期，出现了私有制，氏族社会逐渐瓦解，社会分裂为对立的阶级，阶级矛盾发展到不可调和的时候，就产生了国家这种政治形式。恩格斯在论述国家起源同时，也论述了警察的起源。他在《家庭、私有制和国家的起源》一书中写道：

“我们已经看到，国家的本质特征是和人民大众分离的公共权力。雅典在当时只有一支国民军和一支直接由人民提供的舰队，它们被用来抵御外敌和压制当时已占人口绝大多数的奴隶。对于人民，这种公共权力起初只不过作警察使用，警察是和国家一样古老的，所以18世纪质朴的法国人不讲文明民族而讲Police Nations（警察民族）。这样，雅典人在创立他们国家的同时，也创立了警察，即由步行和骑马的弓箭手组成的真正的宪兵队，或者如德国南部和瑞士所说的Londjager（宪兵），不过，这种宪兵队却是由奴隶组成的。”

警察随国家诞生后，不断得到强化和发展。警察职能在国家中的地位和作用也日益显著。中国奴隶社会后期，警察职能有很大发展。据《周礼》记载，西周至春秋时代，执行警察职能的官吏，已经有了较细的分工，设有专管刑事狱讼的司寇。《周礼》还记有：“司民掌登万民之数。”司民是管户籍的，“司稽掌巡市而察其犯禁者与其不物等而搏之。执市之盗贼以徇且刑之”。司稽是维持社会治安秩序、拘捕惩罚盗贼的。可见，在我国先秦时期，警察就有比较全面的刑事方面的职能。

1663年伦敦开始雇用更夫，更夫的主要工作是夜间巡逻。18世纪后期英国的治安急剧恶化，工业革命把英国从一个农业国飞速转变成工业国。成千上万的人离开家乡涌入城市，这种情况在伦敦更为突出。为了对付日趋恶化的社会治安状况，1740年托尼斯·戴维法官在考文特花园的舰队街建立了一所法院，对犯罪活动和妨害治安的行为进行了镇压。后来，亨利·菲尔丁和约翰·菲尔丁兄弟继承了戴维的事业，二人在任舰队街地方法官期间，积极而有效地惩治犯罪，并于1763年组建新的公安员队伍和夜间骑兵巡逻队。虽然他们没有警服，但却是全脱产职业警察，被称为“舰队街巡捕”（Bow Street Runner）。1780年英国发生了“戈登暴乱”，由于没有一支有效的警察队伍，政府不得不动用军队，结果造成700人被打死的悲剧。事件使政府与市民都认识到，一支训练有素、高效率的新警察队伍是十分必要的。

古罗马警察在法国得以继承，成为日后大陆派警察的主要发祥地。公元6世纪，巴黎就有一支常备的警察夜间巡逻队。1661年路易十四亲政，在首都巴黎建立“警监”官职，负责维护治安、消防与控制物价等。1699年根据皇家敕令建立国家警察部队。1778年全国成立统一的骑警队。其基层建制为小队，骑警最初为国王的近卫军，后来被应用于维护治安。骑警是法国警察的主要组成部分。1799年“雾月政变”，拿破仑执政，他在中央建立了高度集权的警察体制。1829年，巴黎警察厅厅长德伯雷姆创建了一支百余人的现代制服警察，是世界最早的文职警察，但其影响远不如伦敦大都市警察。

（二）现代警察

1829年英国内政大臣罗伯特·比尔，创建了世界上早期最有影响的文明化职业制服警察，开创了西方警察历史的新纪元。1822年比尔任英国内政大臣。他认为抑制犯罪的最好方法是预防犯罪，而不是打击犯罪。在首相威灵顿公爵的支持下，1829年，国会通过了比尔的创建新警察制度的议案——《大伦敦警察法》（The Metropolitan Police Act）。由比尔组建的伦敦大都市警察成为西方现代警察制度建立的标志。伦敦大城市警察有如下新的特征：

1. 从合法性分析，大都市警察的权力源于法律，并向地方负责。它是一支公众所有的警察，不是私人警察。

2. 从组织结构分析，大都市警察标志着非专门化的结束。它成为一支受过专门训练的、有统一制服的、为一种组织哲学和以预防犯罪为主的警务思想武装的文职力量。在其内部逐步开展各种专业化的分工。

3. 从功能上分析，它已完全从司法、社会福利中分离出来，特别是与军队相脱离，成为一支专职的、以警察工作为职业的，非武装的力量。

4. 从影响分析，由于英国在海外的扩张，殖民地众多，加上英语在世界交往中的地位等诸多因素，使英国警察模式脱颖而出，走向世界。

继英国建立现代制服警察之后，美国于1838年在波士顿市建立警察局，标志着美国现代警察制度的诞生。第二次世界大战后，许多前欧美殖民地纷纷独立，重新组建自己的警察部队。如果把1829年伦敦大都市警察的建立视作警察历史上的第一次大的改革的话，那么在西方现代警察史上共有四次大的警务改革：

（1）1829年伦敦大都市警察建立，标志着现代文职职业制服警察的诞生。

（2）20世纪初，美国的警察专业化运动，全面提高警察的专业水平。

（3）20世纪30—60年代开始于欧洲与美国的警察装备现代化运动，以增加警力、开始形成反映警务风格为标志。

（4）20世纪60—70年代开始于欧洲与美国的警务返璞归真趋势，是以社区警务、主动提前警务风格为标志。

5. 第五次警务革命向何处去？现在有几种观点，一是警察所有制的私有化；二是情报导向警务；三是“9·11”事件之后，欧美的反恐导向警务；四是危机导向警务。王大伟认为新的警务改革有两个走向：一是坚持英国警察平民化的特色与哲学，继续向社区警务方向延伸。二是向美国靠拢，以情报导向警务、反恐导向警务与危机警务为组合模式。

二、 西方警察历史的主要事件

（一） 罗马太兴制（Tything）

一种古代打击与预防犯罪的制度，又译十户连坐制。太兴起源于古罗马，于公元500—1000年兴盛于欧洲。以古代不列颠为例，在盎格鲁－撒克逊时代，维护治安，捕捉盗贼是每个公民的义务。每个社区中，年满12～60岁的男子都对社会治安负责。这是警察史上“自我警务时代”。每个太兴由十户人家组成，设太兴官一人。太兴组的工作是邻里监督、维护治安、捕捉盗贼、化民成俗。如果太兴组中的一人犯罪，全组马上将人犯扭送见官，或送到村民自治法厅。如太兴官失职，则整个太兴组十户人家都要受惩罚，通常是罚款。太兴制是警察起源的早期重要形式。它所体现的自我警务原则、社会治理犯罪、公民广泛参与等，成为后世盎格鲁-撒克逊警察体现的重要思想源泉。欧洲20世纪60年代后所开始的第四次警务改革也把以太兴制为代表的自我警务思想作为改革的理论。

（二）（Hue and cry）擂鼓鸣金

与罗马警察制度相反，古不列颠以地区自治的警务风格著称于世。在诺曼人入主不列颠之前，不列颠就建立起了一种独特的保甲制度——“太兴制”（Tything）。太兴官管理十户人家组成一个太兴组。太兴官的领导为百夫长（Hundredman），百夫长的领导为千户长（Sheriff）。每个地区形成统一的治安保卫网络。同时，不列颠还盛兴一种“擂鼓鸣金捕盗制”（Hue & Cry）的群众性打击犯罪的制度。一旦发现罪犯，由太兴官或后来的公安员，吹起号角，全社区居民高呼口号，投入捕捉盗贼的行列。

（三）古代西方更夫

古代欧洲负责维护治安、打更巡夜的人，又译瞭望人。更夫在欧洲历史悠久。古不列颠都德王朝（1485—1754年）广泛采用更夫作为主要的治安力量。1663年，伦敦市开始雇佣更夫巡夜。在查理二世当政时更夫被称作“查理的走卒”。由于工资很低，更夫多是年老多病的人。据史书记载：“更夫多是老人，举止迟缓，食不果腹，衣不遮体。”古代更夫无制服，头戴草帽、一手持油灯，一手持木棍。他们夜间巡逻，并承担预报天气的任务。由于年老体弱，更夫无法承担有效的警务工作。随着历史的发展，更夫制越来越无法应付日益增长的犯罪，但更夫作为一种古代夜巡警察在警察史中占有重要的地位。

（四）法国军警

宪兵有悠久的历史，它源于法国大革命前国家君主的骑警队。1720年，骑警队成为全国统一组织，军事化的力量。拿破仑一世十分重视宪兵，曾把宪兵的建制扩大到40个团，由帝国元帅指挥。在现代法国警察组织机构中，宪兵属国防部宪兵局指挥。下辖6个军区，22个军分区的宪兵司令部。宪兵的职责有两项：（1）军事警察。它包括预防军人犯罪，参与战争动员，边防守卫，国家首脑的警卫。（2）社会治安。包括维护治安，打击犯罪，刑事侦查，追缉罪犯，保证交通，提供救援等。法国宪兵还有两个重要部门：一个是宪兵别动队，该支队伍装备精良，作为快速反应部队应付突发事件。另一个是宪兵警卫队，由两个步兵团与一个骑兵团组成，参与首都治安工作，守卫总统府等。

（五）日本捕亡方

日本一种捕捉罪犯的官吏名称。1868 年，日本江户改名东京，设东京府，府内设掌管警察事务的官吏——捕亡方，担任城市维护治安的官吏叫藩兵或府兵。1870 年捕亡方与府兵合并，统称府兵。捕亡方虽然存在的时间很短，却是日本现代警察诞生之前的一种有代表性的旧警察。

（六）英国教区警员

18 世纪英国早期警察的一种形式。教区，指以一个教堂为中心的居民活动范围，一般有方圆一平方公里左右，相当于今天的街道或社区。警员原意为维护安定的人，也译作“公安员”。历史上，查理二世组建过伦敦的教区警员部队。所以，教区警员又叫“查理的一伙”。

伦敦街头的警察，头戴高大的头盔，身披黑色斗篷。两百年前的教区警员就是这种装束。

教区警员收入很少，都是些大老粗或乡下人，其中不少人好吃懒做，不说实话，他们身处社会底层，正派人都不拿正眼瞅他们。

每个教区，无论是在城市还是乡村，都设有一名警员。早期，每个警员服役一年，一般为不脱产。鞋匠照样修鞋，一有情况就去抓小偷。钉马掌的照样钉马掌，没有马掌钉了，就上街巡逻。这些人对警务工作大都漫不经心。有时因为生意忙，就出钱请青年人代他们去抓贼。

查理二世认识到警察对伦敦的重要性。他建立起 1 千人的“更夫队”（Nightly Watch）。每人每晚挣一先令。许多更夫都是穷人，他们因无法谋生而加入更夫队。更夫们唯一的武器是棍棒，许多人体弱多病，甚至连棍棒也挥舞不动。面对罪犯，他们无能为力，或让其逃之夭夭。

伦敦有许多小胡同，二百年前，这里到处都是低矮的房子和狭窄的街道。罪犯就藏身于此，如鱼得水。查理二世的年代，伦敦约有 5 万人到 10 万人以犯罪为生。许多罪犯团伙作案，经验丰富，一呼百应。但教区警员和更夫却缺乏训练，更缺乏合作。

教区警员在英国警察发展史上具有重要的地位，它奠定了英国警察以教区为主要服务对象的传统，为后来的社区警务做了历史的准备。由于教区警员素质低下，组织混乱，不适于打击日益增长的犯罪浪潮，但它为新警察的诞生起到了历史的呼唤和要求的作用。

（七）巴黎公社的警察

1871 年 3 月 29 日，巴黎公社砸碎了包括旧警察机关在内的法国资产阶级国家机器，成立了担任警察职能的公安委员会。马克思说："警察不再是中央政府的工具，而成为公社的勤务员。"公安委员会的职责有：打击反革命、维护治安、清除内奸等。负责人为公社执行委员会委员，拉乌尔·雨果。

（八）亨利·菲尔丁

1748 年，一个伟大的人物亨利·菲尔丁成为西敏寺地区的地方法官，其官府设在舰队街。他以诚实著称于世，那时世风不古，腐败成风。可他从不接受贿赂，也不要穷苦人打官司的费用。

基于传统的公安员不能应付日益增长的犯罪状况，亨利决定着手改革。1750 年，他争取到了地方政府的资助，雇佣6 个人作为公安员服务一年。这 6 个人与传统的公安员已有本质的不同：尽管他们还没有着警服，但按期领取工资并从事全日制的工作。这支 6 人的小分队被称作"菲尔丁的伙计"。小分队出手不凡，组建后连连破获黑社会团伙。以后这个小分队便以"舰队街巡捕"的大名主管伦敦的地方治安。

菲尔丁深知小分队的警力有限，只有依靠公众才能立于不败之地。他印刷了罪犯的细节信息，在伦敦的大街小巷张贴，鼓励市民一起与犯罪斗争。

1754年亨利47岁时以身殉职，他的弟弟约翰·菲尔丁继承了他的事业。约翰是个盲人，总是戴一个丝绸的黑色眼罩。但他却富有心计，精明强干。他印刷了一份名叫“每周追捕”的报纸，在城市或乡村的每一家小酒店中张贴。1763年，约翰组织了一支小规模马巡队，负责从乡村通往伦敦的公路安全。菲尔丁兄弟以组建“舰队街巡捕”和伦敦马巡队而名留青史。

三、 中国古代与近代的警察沿革

世界上任何一本英文警察研究的专著，都明确地写道：世界上第一支制服职业警察诞生于英国伦敦桥畔。1829年由内政大臣罗伯特·比尔创立了伦敦大都市警察。

1991年夏天，英国艾克塞特大学警察学研究中心主任比尔·塔夫曼在访问中国人民公安大学时曾提出：世界警察史应改写，世界最早的制服警察是中国辽金时代的“警巡院”；世界警察之父是中国古代的关羽；刘邦是世界上最早的派出所所长。比尔的话引起了在场所有人的热烈反响。

辽代为了统制全国政治、经济中心，特创设警巡院专管五京的治安。它们是上京、东京、中京、南京和西京警巡院，其长官为警巡使与警巡例使。金代承袭辽代五京制，设警巡使一员，正六品，掌夺理狱讼、警察别部、总判院事。早在公元916年，我国就建立了专业化的职业制服警察。这一名称的表述，根据其职能统一于专门机构，有特定的制服，全日制工作等特点，辽代警巡院与罗伯特·比尔的伦敦大都市警察几乎没有多大的区别，而后者的出现却晚了近900年。现在在中国的古玩市场仍不时见到铸有“上京警巡院验”印记的辽代铜镜子，这是当时的警察为管理市场而设立的专业检验职能的凭证。

古董有价，而我国古代的警察思想是无价的。早在国家产生的同时，也就是由部落联盟向国家过渡时，我国就已经有了警察职能的萌芽，到我国第一个奴隶制王朝夏代的建立，警察就正式成为国家机器中统治职能的一部分。根据《史记·五帝本纪》记载，舜在部落联盟议事会中设九官，其中就有与警察职能有关的司徒与士。司徒解决民事纠纷，士为边防警察、刑警与狱警。

在公元前21世纪，即距今4000多年前，我们国家就有了警察职能的萌芽。而根据现代西方警察学家的研究，从原始社会末期到奴隶制社会，只有极少数的几个文明发祥地才有较严密的社会组织与警察职能的萌芽。纵观历史，也只有雅典人在创立国家的同时，创立了警察，即步行和骑马箭手所组成的宪兵队。在其分工与专业化程度上均远远落后于“司徒”与“士”。

1905年，清政府建立了中央巡警都，2018年是我国正式建警113周年。

总之，历史注定要让中国人在世界警坛上担当起一个辉煌的角色。

第二节

罗伯特·比尔创立英国伦敦大都市警察

一、 警务革命的划分与历程

警察有一个漫长的过去，只有一个短暂的历史。我们警察是世界上最年轻的职业。

滚滚长江东逝水，浪花淘尽英雄。从罗伯特·比尔建立伦敦大都市警察以来，警务改革如潮起潮落，期间，有代表性的有四次，我们叫作四次警务革命。

警务革命（Policing Reform 或 Policing Revolution），又称警务改革，这种改革是人类警察史上重大的、有战略意义、划时代的改革。从20世纪60年代开始，美国人就开始着手一次新的警务革命。到70年代，英国人把这次新的革命推向了高潮，并波及与影响了整个世界。

虽然西方警察科学界异口同声、毫无疑义地承认这场革命，但却无人给它以正式、确切的命名。纵观警察几千年的发展史，其间，警务改革如潮起潮落，不计其数。1829 年英国伦敦大都市警察的建立，成为现代化警察发展的里程碑。从那时到今天的 170 年中，世界警察经历了较大的、有历史意义的、可谓之革命的改革有四次之多。最后一次震动剧烈，影响最大。故笔者将其总结归纳，将它称之为“四次警务革命论”。从 1994 年起，在《英美警察科学》专著、《世界警务改革趋势研究》系列论文中，四次警务革命论的提法反复出现，引起反响。一些国外警学专家对此概括也深表赞同。例如，英国莱斯特大学苏格曼治安研究中心的麦克金博士认为：“这是对人类警察改革趋势的总概括，提法新颖。”这里要强调的是，“四次警务革命论”是中国人王大伟提出的理论，绝非西方人的理论。

四次警务革命（改革）

警务革命（改革）	标志与时间	主要内容	历史意义
第一次革命	罗伯特·比尔建立英国伦敦大都市警察 1829—1920 年	罗伯特·比尔制定新警察的 12 条原则，强调以预防为主，重视警民关系，增加服务职能	新警察与旧警察的分水岭
第二次革命	美国的警察专业化运动 1920—1930 年	摆脱地方腐败政治对警察的控制，使警察成为独立的高效的队伍；加强教育培训，注重专业化	新警察独立与成熟的标志
第三次革命	欧美各国的警察现代化运动 1930—1970 年	警察现代化，它包括：交通器材现代化，完善车辆巡逻，指挥通信现代化，电子指挥中心，信息交流与储存现代化	狭义警察概念，即“打击犯罪战士”的概念走向鼎盛的标志
第四次革命	欧美各国的“新警察模式改革”（社区警务运动） 1970 年至今	在 10 个大范围内对原有警察组织结构、理论观念进行冲击，返璞归真	警察现代化技术与警察哲学的理性结合，“传统更夫”的服务职能的回归

二、 罗伯特·比尔创立英国伦敦大都市警察

1829 年罗伯特·比尔建立伦敦大都市警察（苏格兰场），就是第一次警务革命，这是警察从无到有的革命。第一次警务革命是新旧警察的分水岭。

三、 比尔提出了组建新式警察的 12 条原则

1. 警察应以军队为榜样，建成一支稳定的行之有效的队伍；
2. 警察必须在政府的控制之下；
3. 减少犯罪证明警察的效率与效益；
4. 发布犯罪统计是警察的基本工作；
5. 以时间和地域科学分配警力；
6. 制怒、宁静、有礼是警察质量的根本保障；
7. 以形象赢得尊重；
8. 招募、训练适当人选是执法之本；
9. 公众安全需要每个警察挂牌服务；
10. 警察首脑机关必须接近公众；
11. 警察需先见习，后上岗；
12. 以警察掌握的犯罪记录作为分配警力的依据。

第三节

美国警察专业化运动

第二次警务革命产生于 20 世纪 20 年代的美国。

一、 警察专业化

警察专业化，英文叫 Professionalism，其含意为：涉及某一研究或科学领域的本质属性与形态特征，强调警察职业是科学研究领域；警察要提高专业化素质。第二次警务革命相当于我们今天所说的正规化建设。

二、 第二次警务革命的核心词是 “警察与政治分离”

“警察与政治分离”（一般译作警察不参与论，英文为 None Porticipation）强调警务工作不受地方政权的干扰。警察是独立的执法力量。警务应只向法律负责，逐步减少非警务活动。

三、 改革举措

时任国际警长协会主席理查德·西尔威斯特倡导了警察专业化运动。其目的是通过专业化摆脱地方某种政治势力对警察的控制，促使警察成为一支高效率、高质量的文职化队伍。这次改革有以下举措：

1. 引进军事化管理，树立尚武精神；
2. 开发专业化警察分工部门，增加侦查、交通、档案、训练新专业处室；
3. 提高招募标准，加强培训；

第二次警务革命是警察独立与成熟的标志。

第四节
欧美警察的现代化

第三次警务革命叫警察现代化。开始于20世纪30年代，到70年代逐步终结，这是我们警察最辉煌的一段历史，我们称为“四个现代化”“三个增长”。

一、 四个现代化

1. 车巡代替步巡；
2. 通信现代化；
3. 计算机革命；
4. 个人装备现代化。

二、 三个增长

三个增长：人财物的迅速增长。

三、 欧美警察现代化的弊病

20世纪70年代，警察现代化把我们警察带入到了历史的黄金时代，但是，警察现代化的同时也带来了巨大的弊病：

1. 犯罪与警力增长同步。增加警力的初衷是要抑制犯罪，但是警力翻一番，犯罪数量也跟着翻一番，这让各国警界的有识之士不得不冷静地思考。

2. 警民关系恶化。“要更夫，不要机器人”。警察现代化的最大弊病，就是脱离群众。警察坐到巡逻车里自以为老子天下第一，“秀才不出门，可知天下事?”西方的老百姓对鸣着警笛、招摇过市的警察非常反感。所以老百姓说："警车车轮子跑得越快，离我们群众越远。"西方警学界有一个词汇，就叫"更夫与机器人之争"。西方的警学命题就是"更夫和机器人"。

为什么现代化警察是更夫？因为更夫和老百姓贴得最近。更夫在自己的一亩三分地，各家的情况都清楚，当地社会情况掌握得最清楚，和群众最熟络。所以老百姓才说："宁可要更夫，我也不要机器人。"

3. 对快速反应车巡的再认识。

第五节

欧美社区警务战略

第四次警务革命始于20世纪70年代，延续至今。

第四次警务革命是指在20世纪70年代，欧美各国警察中开展的警务改革。这次改革的名称尚不统一，有人称之为"新警察模式"，或叫"社区警务改革模式"，或叫"后现代化警务改革"，或叫"民主式警务"等。这次改革以对警察科学理论的反思与突破为先导，以社区警务为主要内容，以全社会的力量打击与预防犯罪为重点，追求历史上"自我警务""人人皆警"的传统模式，形成主动提前式警务风格。

一、 社区警务树的原理

欧美社区战略警务之父是英国警察学家约翰·安德逊爵士，其理论核心是"社区警务树"。

安德逊将警察职业比作一棵大树。树上的枝枝杈杈是警察的不同警种与分工。前三次警务革命总是力图使这棵大树长高，再长高，可是树长得太高了，就长疯了，根基不稳，摇摇欲坠。第四次警务革命认识到：“树有多高，根就要有多深。”警察这棵大树要长高，树根必须深深扎在土壤之中，根深才能叶茂，大树才能结出累累硕果，扎根的土壤就是社区。

第一，产生犯罪的根源在社会，那么抑制犯罪的主力军也在社会。过去咱们认为警察是打击犯罪的主力军，现在西方人认为，人民群众才是主力军。

第二，警察的改革成效依赖于社区。

第三，所有的警务革命都离不开社区警务，不是说社区警务是单指治安，所有的警察革命都离不开它。

二、 西方社区警务的基本原理

根据英国、美国社区导向警务的理论阐述与实际操作，社区导向警务的基本原理应包括以下几个方面：

1. 抑制犯罪的关键在社区，而不在警察。

根据犯罪学理论，产生犯罪的根源在社会。因此，有效地抑制犯罪，必须要依靠社会。著名犯罪社会学家杜尔凯姆的犯罪学理论，如《社会混乱论》认为，社会变革引起社会生态平衡破坏，社会生态平衡破坏引起道德规范的多元化，从而导致犯罪上升。

2. 警察人数的增长与减少犯罪、增加破案率几乎无关。

美国 1991 年在堪萨斯进行警察巡逻试验。在 15 个巡逻组中，增加两部以上的车进行巡逻，与根本不巡逻的结果相等。警察在巡逻中遇到抢劫案的比率是几十年一起。快速反应不像从前人们认识的那么重要。由于居民在报警之前总会有所耽搁，快速反应只有在少数情况下才会发挥重要作用。刑侦工作的成功主要依据公众的信息，而不是刑侦技术。

3. 公众需要的警察不是武装到牙齿的机器人。

警察装备越现代化，与公众的距离就越遥远。公众需要的警察是充满同情、助人为乐的。根据调查，警察工作的主要内容是为社会与公众服务。以报案电话为例，80% 的电话是为了寻求帮助和解答问题，仅有 20% 的电话与刑事发案有关。

三、 第四次警务革命的特点

第一，进步与回归。第一次警务革命是警察从无到有的进步；第二次是警察从不正规到正规的进步；第三次是警察从传统到现代化的进步；第四次革命的主要特点是回归，如从车巡回归到步巡，从“机器人”回归到传统的“更夫”，从专业化与专门化回归到社会化等。这与整个西方重返社会、回归自然的趋势是一致的，但这种回归绝不是单纯的“复古”，而是螺旋式上升后具有新的内涵和新外延的高一层次的回归。

第二，理论与实践。前三次警务革命是社会的变革对警察提出的改革要求，改革的实践往往超前于改革的理论。如第一次警务革命是工业革命后城市化所产生的阶级分化与对立的产物；第三次革命是科学技术现代化的产物；而第四次警务革命是由警察自身提出的，是以警察科学理论研究的突破为先导的。

第三，迷惑与反思。前三次警务革命目标非常明确，知道改革要扬弃什么，创建什么，改革向何处去。如第一次警务革命就是要建立新警察，即所谓职业制服警察；第二次警务革命要建立独立的、专业化的文职警察；而第四次警务革命在理论上提出改革之后，就不知向哪个方面发展，不知何种改革模式正确，充满迷思。以社区警务为例，社区警务到什么程度算是建成了？没有规范；社区警务对抑制犯罪有无效果众说纷纭。

第四次警务革命是对警察现代化弊病的痛苦反省，也是在理论指导下的飞跃。这次革命的理论基础包括：基本理论、哲学思辨、实验理论。理论基础之一，是对警察概念的回归。“警察”一词，源于希腊文或拉丁文，它的演变分为三个过程：首先是名词，含义为城堡；后引申为城市或国家；后再次演化为动词，含义为城市管理；最后演变为现代意义的警察。

早期警察概念（古拉丁文时期到欧洲中世纪）涵盖面相当广泛，几乎是行政与管理的同义词，其性质是指和平的，平民化的与非军事性的。由于当时西方还没有专职警察，处于“非正式警务阶段”，警察概念的内容由迷信、宗教、禁忌与习俗所构成。第三次警务革命之前的警察概念（从中世纪到20世纪现代化运动之前）逐步缩小，外延变得狭窄。警察专业化运动与警察现代化运动，使“警察”一词的军事色彩在欧洲一些大陆国家越来越强。警察的内容主要限于警察机关。第四次警务革命的警察概念，在哲学意义上是向早期警察概念回归，警察的狭义概念限于自身，而广义概念包括整个政府机关与全社会。由于警察的专业化与现代化，使警察自己画地为牢与公众分离，警民关系不断地恶化，警察孤身与犯罪奋战，势单力薄。在组织上，警察形成专职的“刑事警察”；在风格上表现为被动反应；在现代化程度上成为冷漠无情的机器人。这一切都呼唤着警察概念的转变与回归。

哲学思辨是西方警察科学的重要组成部分。新警察哲学的本质是：在新的历史条件下寻求传统；在打击与预防犯罪上强调预防；在主动警务与被动警务上强调主动；在增编人员与提高素质上强调素质。这次警务革命在理论基础上多有突破，甚至有离经叛道的味道。

第四次警务革命中有声有色的部分是警务实践的改革。每一项实践中的改革都包括反思与探求，即对现有做法、现有思维定式的反思与对警察工作自身规律性的执着探索。在器材装备方面，是对现代化的反思与对人与装备辩证关系的探求；在警力组织方面，是对警力高比值的反思与对数量和质量辩证关系的探求；在培训制度方面，对单纯技艺培训的反思与对专业和技艺培训的全面探求；在警察体制方面，是从典型模式到多种模式的综合；在勤务方式上，是对快速反应的反思与主动提前警务风格的形成；在警务工作重点上，从对车辆巡逻的反思到社区警务的兴盛；在警察的认定方面，从对单一国家警察的反思到洲际警察与私人警察的出现；等等。

综上分析，可以看出：第四次警务革命，在改革的道路上是“返璞归真”、另辟蹊径的探求；在警察的定义上经历了从广义到狭义，又回归到新层次上的广义的过渡；就警察行为而言，从整个社会集中到警察一家，又逐步返回社会；警察人员而言，从社会全体成员过渡到特定人员，又向社会全体成员过渡，形成了一个历史的循环。我们在借鉴中，必须坚持马克思主义，用辩证唯物主义与历史唯物主义的方法，有所批判，获得启迪。

四、 第四次警务革命的十大趋势

第四次警务革命是对原有警察组织结构、理论观念平衡状态的巨大冲击。笔者认为它所涉及的改革范围大致有以下十个方面：

1. 在警力方面。

从人财物的剧增转向无增长改善论，强调了警察的发展应偏离高警察比例、高度装备现代化的美国模式。改革的重点放到社区，面向公众，以社会人力资源作为警力的后备，以质量胜数量。

2. 在装备方面。

由追求“机器人”模式转向追求“传统的更夫”模式，重新重视警察服务意识与警察道德的培养。

3. 在警务风格方面。

从单一的被动警务，转向重视主动警务。主要西方国家已把工作重点从快速反应转向预防犯罪。强调调查研究在先，以预防为主。警察走出岗亭，了解群众，组织群众。

4. 在工作重点方面。

从单一的巡逻与刑侦转向社区警务。由于传统的警务工作在打击犯罪方面收效甚微，警察不得不把工作重点放到社区警务上来，逐步扭转单纯的“反犯罪战士”形象，塑造战士与服务员的双重形象。

5. 在衡量标准方面。

从单纯重视犯罪率与犯罪破案率到多种指标的综合评估，不仅要重视警察部门自己的统计，也重视公众的评价。正确地评价、科学地衡量警察工作，要参考被害人调查、公众安全感、公众对警察工作的评价与对警察工作满意程度等多种参数，综合判断、全面评价。

6. 在力量的主体认识上。

从以警察为主体到以社会为主体，逐步认识到产生犯罪的根源在整个社会，打击犯罪的主体也在整个社会。警察在抑制犯罪的斗争中，起着重要的作用，但不是决定性的作用，树立全民皆警的观念。

7. 在领导体制上。

中央集权与地区自治的差距越来越小，以英美为代表的地区自治警察正在向加强全国统一协调、统一领导的方向发展；以法国、德国为代表的中央集权制警察逐步向分散权力，建立地方警察的方向发展。

8. 在警务合作方面。

警务合作已从单一的警察行动，逐步向地区与洲际的警察行动发展。除了交流信息、协调行动式的国际刑警组织而外，国际与洲际的实质性警察合作正不断发展。

9. 在警察队伍的性质方面。

表现为军事化与平民化警察差距逐步缩小，军事化与平民化互相包容。宣传上的平民化与组织建设中的准军事化，是警务改革的趋势之一。

10. 警察私有化的发展趋势。

在对待私人警察方面，国家警察与私人警察共同发展，警察私有化的趋势明显。由于私人警察具有可节省开支、补充警力、行动灵活、便于招募等优势，英美两国私人警察队伍现已比在编国家警察人数多出两三倍。

本章理论盘点与评述

一、 中国警察学者独立提出了“四论警务革命论”

中国警察学者独立提出了“四论警务革命论”。“四论警务革命论”是中国警察学者，在西方学习警察科学理论之后，闭门思考，长期积累提出的。1991 年，笔者在英国艾克塞特大学（Exeter Un.）警察研究所学习，回国时带回重达 70 公斤的西方警察科学最新资料。从 1991 年至 1995 年笔者花费了四年的时间对这批资料进行翻译。经过了理论沉淀和再创作，1995

年笔者在《英美警察科学》一书中，首次提出了“四论警务革命论”与十大警务改革趋势。

面对错综复杂，浩如烟海的西方警察科学著述，怎样从中找出一条理论的主线？这条主线既要涵盖西方警务改革发展的历史阶段，又要为中国警务改革提供服务和借鉴。笔者经过认真的思考，经过与其他学者多次深入的探讨，提出了“四论警务革命论”。

“四论警务革命论”的提出，有着一定的填补学术理论空白的意义，以及警务改革操作的实际意义，为中国警察学者研究西方警务改革提供了一条主线，并试图搭建理论框架。《英美警察科学》一书正式出版之前，我国警学理论界就曾翻译出版了大量的关于介绍西方警察方面的书。这些书籍为中国研究西方警察科学、引进西方警察科学提供了重要的理论准备。但是，称得上是全面系统地，从理论上研究西方警学理论和警务改革的专著的，《英美警察科学》是第一部。《英美警察科学》不仅仅介绍了西方警察科学理论，更重要的是从中国学者的角度揭示了欧美警察发展的趋势和世界警务改革的大趋势，为中国警察学者研究西方警察科学，为中国警务改革提供了理论和实践的支撑。

“四论警务革命论”不仅受到中国学者的广泛承认与认可，而且受到了西方世界警察学学者的广泛认可与承认。

误区之一。“四论警务革命论”是西方警察学者提出的。由于四次警务革命的理论在中国警学界有一定的影响力，所以很多年轻的学者误以为这是西方学者提出的理论。

误区之二。混淆提出“四论警务革命论”的作者，并随便冠以名称。由于我们警察科学著作脚注、出处、注解的不严谨性，很多学者，从别人的书中引用“四论警务革命论”不加注释。或者张冠李戴，或者不加注解，使得“四论警务革命论”的原作者混淆不清。更有甚者，有人故意把“四论警务革命论”提出的原创者混淆。其惯用的手法就是二次引用，不引用原作者。

误区之三。有的人贬低“四论警务革命论”的理论意义，甚至妄称四次警务革命是瞎编出来的，完全置西方警察理论发展史于不顾，随意混淆。

故此，有必要在此郑重说明，以正视听。

二、 十大警务改革趋势

基本体现了世界警务改革，理论的理性本质和回归，是具有科学性的理论总结。

四次警务革命到达社区警务阶段之后，有“十大警务改革趋势”，它的具体内容是：

在警力方面：从人财物的剧增转向无增长改善论；

在装备方面：由追求“机器人”模式转向追求“传统的更夫”模式；

在警务风格方面：从单一的被动警务，转向重视主动警务；

在工作重点方面：从单一的巡逻与刑侦转向社区警务；

在衡量标准方面：从单纯重视犯罪率与犯罪破案率到多种指标的综合评估；

在力量的主体认识上：从以警察为主体到以社会为主体；

在领导体制上：中央集权与地区自治的差距越来越小；

在警务合作方面：警务合作已从单一的警察行动，逐步向地区与洲际的警察行动发展；

在警察队伍的性质方面：宣传上的平民化与组织建设中的准军事化；

在所有制方面：警察私有化的发展趋势。

“十大警务改革趋势”是笔者把西方警察科学的最新理论翻译后加以思考，闭门沉淀四年之后才提出来。其中，每一个趋势都给中国学者以思维上的冲击和震撼。

例证之一：衡量标准。国内在衡量警察标准的时候，只注重于客观指标，也就是发案率、破案率和案发的大趋势。而西方警务改革发展的大趋势是，检查标准不仅仅要采用客观标准，更要采用主观标准，在主客观相结合的前提下，注重于主观标准，所谓的主观标准，就是公众安全感，公众满意度和公众对警察工作重点的评价。

例证之二：从警察角色方面来说，我们一贯强调警察打击犯罪，刑侦破案的重要职责，而西方第四次警务革命，也就是社区警务的主要内容，叫作返璞归真，警察在坚持战士和公仆两大职能的前提下，把工作重点回归到社会工作者和公仆两大职能上。世界警务改革趋势对中国警察学者的理论思考和警务改革的设计，都提出了全新的启示与冲击性震撼。

警务改革具有其自身发展的规律性。在这一点上，无论是西方的警务改革，还是中国的警务改革，都应该有趋同的一部分。这是批判、借鉴、吸收英美警察科学的理论基础。

十大警务改革趋势基本体现了世界警务改革理论的理性本质和回归，是具有科学性的理论总结。尽管，我们对警务改革的本质还缺乏足够的了解和认识，但世界警务改革趋势，在向完美的程度发展的过程中，只能趋近于真理，而不可能达到终极真理。因此，十大警务改革趋势既是理性本质的回归，也有其阶段性的片面性和不足，对此应有所认识。

笔者提出这十大警务改革趋势，是在20世纪末。而又经过了近20年的世界警务改革的全新震荡，世界警务改革又出现了一些新的趋势，新的指向和全新的内容。以“新三论”为代表的情报导向警务论、危机警务论和反恐导向警务论都是在这十大趋势提出之后所产生的新的警务改革的理论。因此，一方面我们要以“新三论”为理论基础，丰富世界警务改革的十大趋势；而另一方面，我们也要看到，“新三论”并不一定代表警务改革的本质和终结。

第十一章 警力：从人财物剧增到无增长改善论

第一节

警力概念

警力革命，是警务革命关键之所在。它包括警力增长，警察装备现代化及警察所有制革命等内容。20 世纪 80 年代前，西方警察现代化就已经感受到了不可克服的危机。欧美在警察与人口比达到高比值，装备不断现代化之后，痛苦地感到犯罪有增无减和警察现代化所带来的一系列弊病。由于警察人数增长直接增加纳税人的负担，引起公众的愤怒与指责："英国社会能够承担如此巨大与昂贵的警察力量吗?"而且，警察与人口的高比值与世界之最的犯罪率共生，不能不引起专家们对增加警力的重新思考。西方警察研究者强调警察所需要的人力资源远远超出了社会经济能力所能允许的范围。大幅度提高警务开支，负担庞大的警察队伍既是无益的，也是危险的。因此，警察现代化应校正强调高警察比值、高度装备现代化的美国模式，把改革重点回归到社区、面向公众，以社区人力资源作为警力的后备，以质量胜数量。

一、 概念

我们在谈论警力，特别是就派出所这一级基层单位谈论警力时，首先想到的是警察人数（编制），其次把警力分为"质量"与"数量"。而西方的警力概念，即 Police Force，指的是一种能力。

在西方，"警力"（Police Force）一词在警学研究中具有特别的含义：其一，警力是指警方完成任务的能力。其二，警力表现在警察机构的各个方面，如编制人数、预算、装备、训练、招募标准、采取的战略、忠实程度、责任感等。

因此，有必要把警力分为两类：狭义警力与广义警力。

警力分为狭义概念与广义概念。狭义概念中，警力指警察队伍，特指警察队伍的编制人数。广义概念中，警力指警察队伍的综合战斗力与完成任务的能力。它包括编制、装备、训练、战术、策略与社会的关系等诸多方面。狭义的警力相当于中文的数量，而广义的警力相当于中文的质量，多用于理论研究的探讨。

二、 警力变化的历史

（一）警力变化的规律

总趋势是不断增长。

各国警察在创建初期，警力都是很少的。如英国伦敦大都市警察创建时为3000人，纽约市警察局创建时只有800人。第二次世界大战后各国警力普遍飞速上升，到1990年，主要大国的警力为：英国14万人，警察与人口比为1∶414；美国专职63万人，私人50万人，警察与人口比为1∶460；法国21.8万人，警察与人口比为1∶250。

（二）制约因素

美国人D. H. 贝利认为导致警力变化的主要因素有三：（1）社会的不平等现象，居民受教育、就业及收入的悬殊常会引发社会问题。悬殊越大，社会问题越多，导致警力的增多。例如，在越贫穷、经济发展水平越低的国家，警察人数往往越多。（2）城市人口密度加大，警力也随之加大。（3）警力随犯罪率的上升而加强。犯罪和警力往往和辖区大小、地域位置、城市特性、居民的差异性等紧密相关。

（三）比例饱和

当警察与人口达到一定比例之后，警力呈饱和状态而比例不再增长。如巴黎市1875年警察与人口比例为1∶271，1913年比例为1∶336，1980年为1∶477。又如，伦敦市警察与民众比例在1830年为1∶416，而1970年为1∶467。140年来警力与人口比的增长几乎停止。因此，警察与人口比例似乎有一个合理的恒定值，一旦进入这个比值范围，增长速度都会减慢。

（四）衡量标准

衡量警察比例，一般采用三种表述。

警察人口比可表述为：

（1）警察人数/每万人。

（2）每名警察比居民人口。

（3）警察与国土面积比。

三、提高警力的措施

（一）增加编制

这一措施是最受警察欢迎的。1966 年英国警察为 8.6 万人，1981 年为 11 万人，1991 年上升为 14 万人。许多郡的警察人数上升了一倍多，25 年内全国平均上升了 61%。

（二）扩大警察权

这一建议刚刚被采用，就引起公众极大不满。专家们列举杜尔凯姆的犯罪社会学理论来反驳，如“社会混乱论”。社会变革引起社会生态平衡的破坏，引起道德规范的多元化，从而导致犯罪上升。因此，抑制犯罪还必须依靠全社会的力量，依靠各种预防犯罪的组织与形式，齐抓共管。单独扩大警察权，必然导致警察违法乱纪的出现。从 1829 年罗伯特·比尔创建伦敦大都市警察起，英国市民害怕警察被少数人利用，作为工具对付人民。所以关于警察合法性的争议由来已久，延续了百年。威尔乐（Wilkins）指出：“如果执法部门（如警察）采用扩大权力的政策，对犯罪与罪犯表现出过分重视，势必导致守法公民态度的转变，由惧怕犯罪转向惧怕警察。”

（三）技防措施

技术预防是指采用电子设备、防盗锁、插销与栅栏等抵御犯罪。威尔禾（Wheeler）评论道：“技术预防最诱人的地方是少花钱。尽管买设备要花去一大笔钱，但比起各种从根本上改变潜在罪犯的技术要便宜得多。”典型的技术预防是美国人所建立的“无犯罪城”（crime-free society）。在这种试点中，家庭处处安置报警器和暗道机关，人人不离警犬。技术预防有三种不足：首先，报警系统时常出错，枪械经常走火。其次，技术预防只能转移犯罪，不能抑制与消灭犯罪，治标不治本。最后，安装防盗设备使居民变得过分依赖科学技术，而丧失了传统的邻里互助，养成被动反应的心态。

（四）严厉打击

这种观点基于下列理论：重刑可震慑潜在的犯罪分子，杀鸡儆猴。严厉的惩罚的确可以起到震慑作用，但作用却是有限的，而且会使监狱人满为患。花费也更加惊人。重刑威慑政策由于不仅要支付高昂的代价，还要承担巨大的内部压力和国际指责而以失败告终。

第二节

无增长改善论

一、比例与效益

比例与效益：比例指警察与人口的比例；效益指警察工作的效益。美国人塞缪尔·沃克认为比例不是衡量工作效益的尺度。沃克理论的要点如下：

1. 传统的评价认为比例与效益成正比。这种观点旨在寻求警察与人口的合理比值。比值应有一个最佳数值。如美国26个城市警察与人口比值统计证明：城市大小不一，警察人口比值悬殊较大。首都华盛顿每1000人中有警察10人，纽约有6人，而圣迭戈市只有2人。26个城市警察人口比值平均为2.5人。

2. 警察与人口的比例不是衡量工作效益的有效尺度，每一个社区都有不同的自然环境与社会因素。因此，需要不同的比值。美国芝加哥学派的典型试验——“犯罪地域同心圆”表明，城市从中心到边缘划分为五个同心圆，犯罪多集中于第一、二个同心圆，即中心地区。犯罪率由中心向边缘呈梯度变化递减。所以，警察与人口比值是千变万化的。

3. 决定效率的因素不是人有多少而是人在干什么。如果一个警察局人浮于事或对报警电话反应缓慢，不做主动的工作，不深入公众之中，警力再多也没有效率。相反，一支精明强干的小分队能胜过一支混乱懒散的军团。

4. 警力的合理分配至关重要。巡逻、侦查、社区警务各项工作的警力搭配比编制重要。

塞缪尔·沃克理论的精华在于寻求警察与人口的合理比值。他首先承认存在一个合理值，比如1000个居民平均配2.5名以下警察时，无效益可言。但他更强调全面认识警力编制的局限性，把精干合理的配备、因地制宜等视为比编制更重要的因素，这的确是有独到见解的。特别是这种结论出自追求警察高比值的美国，就更值得我们思考与借鉴。

二、 无增长改善论

无增长改善论，英文为Improve without Grose，指警察在不增长人员编制、器材装备的前提下改善与提高警力。无增长改善论又叫新的警察哲学。

20世纪70年代，剑桥大学的一位物理学家荣获诺贝尔物理奖。当人们参观他的实验室时，发现设备简单，人员很少。那位物理学家有一句名言：“我没有丰厚的资金，也没有充足的助手，但我有许多新的观念。”安德逊在他的著作《从人力资源到观念的转变》中提出了新的警察哲学——无增长改善论。该理论的要点如下：

1. 警力远远超过了社会承受力，大幅度增加开支是无益的、危险的。

2. 警察现代化不应该走高比例警力的模式。

3. 社区警务是改革方向，以社会为警力后备，以质量胜数量。

第三节

比较研究

一、 警力比较（20世纪中叶）

国家或地区	立案数（件/万人）	警力（警察/万人）	绝对数
美国	536.71	30.01	80万人
加拿大	998.21	25	7.54万人
英国	1020.52	34.67	21万人
法国	678.56	16.45	
德国	803.06	19.73	
俄罗斯	177.89	122.46	
中国	13	11－13	173万人
中国香港	67		
中国澳门	125		
日本	23		

二、 工资比较

（一）美国警察工资

美国警察的工资比较可观。以纽约市警察局警官为例：市局局长

（Commissioner）年薪 9.45 万美元，第一副局长为 9.25 万美元。陆地行政处处长为 8.6 万美元，副处长 7.4 万美元。相当于我国科级干部的警长（Sergeant）在 4 万～5 万美元。见习警员年薪 2.6 万美元，5 年以上工龄的 3.29 万美元，10 年以上工龄的 3.3 万美元，15 年以上工龄的 3.3 万美元。美国专业警官，如直升机驾驶员，还享受特殊补贴。

（二）英国警察工资

1990 年英国警察工资如下：警员 1 万～1.6 万英镑，警长 1.5 万～1.8 万英镑，督察（相当于科员）1.9 万～2.1 万英镑，总督察（相当于科长）2.2 万～2.4 万英镑，警司（相当于副处长）2.8 万～3 万英镑，总警司（相当于处长）3.1 万～3.3 万英镑。

三、 工作量比较

按每周工作 7 天计算，中国基层警察人均每天工作 14 小时；如按每周工作 5 天计算，则人均每天工作 19.6 小时。这样每周人均工作 98 小时。我国《国务院关于职工工作时间的规定》（1994 年 2 月 7 日）规定职工每天工作 8 小时，每周 40 小时。这样，每周每名民警超工作量 58 小时。按一年 52 周计算，每名民警年每超工作量 3016 小时，等于 1 年干 2 年半的工作。

四、 经费来源比较

世界各国警察的费用大都是由国家承担的，即使是英国这样的地方自治模式，郡警察局的全部费用都是由警察局垂直拨款。

本章理论盘点与评述

一、警力与犯罪同步增长论

与世界各国比较，中国的警察比例数相对较低。而警力低下，是多少年来阻碍中国警务改革的瓶颈之一。改革开放以来，我们国家就一直把增加警力作为警务改革的重要依据。我们的设想是：不断增加警力，就可以盘活治安资源，从而减少犯罪。

与西方比较，中国的警务改革起步滞后，在现代化的起步阶段，比欧美发达国家落后 30 ~ 50 年。欧美发达国家也经历过一个渴望大增编和实际大增编的警务改革过程。以英国为例，在撒切尔政府当政时期，英国高举“法律和秩序”的大旗，大力强化治安体制，撒切尔曾经把英国的警力增加了一倍以上。然而事与愿违，英国的犯罪不仅没有减少，反而随着警力的增长而增长。这就是西方警察学界所谓的：警力增长与犯罪同步增长理论。

有这么几个原因：

隐案与漏案的减少。警力增加之后，警察办事的效率提高了，当一个案件报到警察局后立案数增加了，而相应的隐案与漏案就减少了，这就是警力增加之后，犯罪会增加的第一个原因。

第二个原因是，当街面增加警力之后，接报案的途径就大大的增多。过去老百姓要走很远的路去报告一起刑事案件，但是由于警力的增长，老百姓可以就近报案，所以警力增长可能会直接或间接地“诱发”报案数量的增长。

关于警力增长与犯罪同步增长理论在西方的研究还不是很成熟，但是有一点可以肯定，那就是大量增长的警力并不是减少犯罪的一剂良药。

二、 无增长改善论

“无增长改善论”是西方警务改革的重要措施之一，是西方警务改革的重要理论基础之一。当英国社区警务改革的旗手约翰·安德逊参观诺贝尔物理学奖获得者的实验室后，他非常惊奇地问：你的仪器在哪儿呢？物理学家说：靠窗户只有那么一两台仪器。安德逊问：那你雇了多少雇员呢？物理学家说：我没有雇员。安德逊又问：那你一定有足够的课题经费吧？物理学家说：“我一无经费，二无设备，三无助手，但是在我的头脑中有许多科学思想的火花。”

这就是安德逊提出“无增长改善论”的背景与直接动因。许多西方获得诺贝尔物理奖、化学奖、医学奖的人，他们并没有现代化的实验室，也没有足额的科研经费和政府资助，他们只是依靠着自己的努力和对目标追求的执着，锲而不舍，最终获得了成功。

多少年来，我国警务改革的设想之一是依靠着人财物的增长，作为警务改革的动力。而“无增长改善论”的出现确实带给了我们很大的启迪。

三、 新警察哲学：社区警务的警力观

社区警务的警力观被叫作新警察哲学。社区警务的基本理论是：产生犯罪的根源在社会，抑制犯罪的主力军是人民群众。这种警察哲学的改变，颠覆了我们公安学对人民群众的认识。在公安学中把人民称为公安客体，是公安主体保护的对象。而在西方的警察科学中，人民群众是社会治安的主体，是社会治安的主力军。

“无增长改善论”这一理论的产生，是由于警察现代化，西方主要国家在努力追求警务改革，即人财物剧增之后的一种反思和理论回归。西方在警务改革现代化之后，投入了大量的财力、人力、物力，但犯罪数量并没有下降，警务改革的目的并没有达到。在这种情况下，西方警学界的有识之士进行了深刻的反思之后得出最后的共识是：警务改革离不开社区。整个社会治

安的好转，单凭警察一家单打独斗是不能完成的，警务改革必须紧紧依靠社区，社区警务是维护社会治安，降低犯罪的有效尝试。

西方社区警务论中关于警力的观点，与我国的“警力有限，民力无穷”的思想十分接近。多少年来，我国公安改革积累的丰富经验证明，就是要依靠人民群众，激发人民群众的治安积极性，坚决走群众路线，依靠群众，发动群众，只有这样，才能从根本上改善社会治安。只有标本兼治、齐抓共管，才能使社会治安得到有效的改善，在这一点上，中西方警务改革的目标是趋同的。

第十二章 装备：机器人与传统更夫

第一节　西方警用装备

第二节　外警的高科技

第三节　从机器人到更夫的转变

第四节　评价外警高科技的四个思考

本章理论盘点与评述

第一节

西方警用装备

一、 随身佩带的装备

第一，枪支。

西方警察一般佩带38式左轮枪，还有卡宾枪、冲锋枪、霰弹枪。手枪是警察的主要武器，其性能要求是准确性高，射程适当（在100～300米之间），可靠性强（适合各种恶劣环境），适应性强（可发射各种弹头的子弹，如橡皮弹、木弹、电击弹、麻醉弹）等。

第二，辅助武器。

辅助武器有瓦斯枪、电警棍、手榴弹、手铐。

第三，防护用具。

防护用具有防暴衣、盾牌、防雷鞋。防雷鞋是受球拍形滑雪鞋的启发而设计的，可以把人体的重量分散开，防止地雷伤人。

第四，其他。

射击灯，用于对付恐怖活动，可照亮一公里外的人和物。雾状粉尘检查仪，可用于毒品、炸药的检查。在反恐怖行动中还使用毒气防护服、护耳器（即可阻断外界瞬间巨响，又可听到正常的说话声音）。

二、 交通工具

第一，巡逻车，如美国小型巡逻车，由Camaro Z28型、福特Fairmont型和雪福莱Mslibns等汽车改装，保养费用低、省电、速度快。英国巡逻车因印有黑白相间的花方格而被称作“熊猫车”。

第二，刑事侦查车，又称移动侦查试验室。

第三，装甲车，用于平息暴乱，打击恐怖主义活动。

第四，预防犯罪宣传车、巡回流动宣传车，免费进行预防犯罪咨询，发放宣传品。

第五，警用直升机。用直升机巡逻，观察面积极大。

第六，警用舰船，用于水上巡逻、缉私与救护。

第七，无人机的应用。

第八，防暴机器人的应用。

三、 通信工具

无线移动电话、对讲机，无线电电传机，监听、监视装置，反监听、监视装置，雷达技术（如美国警察使用新星球大战式雷达），移动式传递系统（如美国加州警察采用由摄像机、指纹扫描机、印刷机所组成的移动传递系统，可把犯罪的指纹与照片快速传递到每一辆巡逻车中）等，都是重要的警用通信工具。

四、 科学仪器

科学仪器包括指纹鉴定系统（分类自动化、特征自动化编码、图像强化、高速度对比等一系列设备与技术），照相、录像系统，电子设计系统，理化分析系统，痕迹提取系统等。夜视仪的应用。

五、 警用最新科技装备与技术

这包括卫星巡逻机定位仪，声纹技术在侦破绑架案中的应用，电子嗅觉仪器，用中子探测炸弹的技术，代替警棍的电子手套，电子脚铐（用于犯人在家服刑），超微摄像机，超微发报机，电子警察与防爆炸机器人等。

第二节

外警的高科技

一、 美国

美国是当今世界上第一高科技大国，拥有世界上最先进的技术、最先进的装备和最雄厚的资金。此外，美国人把先进的技术装备首先配备于警察和军队，使得美国警察成为一支高度科技化的队伍。从以下一组数据中可以看到高科技在美国警察工作中的应用。全美有 7 万个电子计算机终端，国家信息中心储藏有 4. 8 亿条犯罪信息资料，包括 2000 万人的个人记录，100 万辆被盗车辆的记录以及 30 万名通缉犯与 8 万名失踪人员的记录。指纹库储藏 1. 8 亿人的指纹，每天查询 3. 6 万人的指纹。

以联邦调查局为例，联邦调查局下辖四大系统：

1. 自动化情报系统（AZS）。

设该系统的目的是收集、分析、传递、储藏情报，着重软件工程、光盘技术和声像储存。

2. 计算机分析与反应组（ART）。

为打击计算机犯罪而设立，该机构正组建一个资料库。1991 年审查了 120 次计算机证据。

3. 全国犯罪情报中心（NCZC）。

以计算机为基础进行查询与反馈的系统，储藏 2000 万个记录，每天有 6 万家单位查询，每秒 11 件，日查询 100 万次。

4. 自动化指纹鉴定系统。

以加州为例，该系统储藏 750 万个指纹，其中 500 万份实现自动化，内含 180 万名犯罪分子的指纹。

二、 国际刑事警察组织

国际刑警组织有成员国180个，每个成员国均设分部。总部设全球资料库，可向各成员国提供各种犯罪咨询和有关情况通报。IBM计算机系统可处理25万份案件资料，数分钟内便可向有关成员国提供通缉犯的照片、指纹等。目前，国际刑警总部已建好的档案资料有1.2万份，储存的指纹案卷有35万份，另有12万份档案正在编列中。总部每年处理的伪造货币、艺术品走私、卖淫、毒品以及恐怖主义案件约1.8万件，与各成员国之间交换的情报达100万件。总部有各种工作人员280名，其中除了来自30个不同国家的80名刑警之外，其余的便是由时任秘书长雷蒙·肯达领导下的电脑工程师、技师和行政管理人员。肯达极力主张总部的计算机现代化。国际刑警组织记录犯罪资料的代号是“WANG（王）”，凡欲索取诈骗、走私和恐怖犯罪资料时，均可使用这一分类得到罪犯的照片、指纹、体貌特征、作案方式以及所属犯罪组织等方面的情报，建设WANG（王）系统耗资6000万法郎。

第三节

从机器人到更夫的转变

一、 第三次警务革命与装备现代化

20世纪30年代开始，欧美警察开始警用装置现代化，这一进程在20世纪70年代达到了顶峰。警察装备现代化包括：

（1）指挥系统装备现代化；

（2）交通工具现代化；

（3）通信器材现代化；

（4）警察随身装备现代化；

（5）警务科学仪器现代化。

警察装备现代化带动了一系列警务理念风格的变革：

（1）警务风格：被动反应警务的出现，又叫“消防队式的警务”；

（2）警务方式：车辆巡逻与快速反应；

（3）警务评价方式：到达现场的时间；

（4）警察角色：打击犯罪的“机器人”。

二、 机器警察

机器警察是指现代警察武装到牙齿。从英国防暴警察的一身价值350英镑的防暴服，就可窥见一二。这身防暴服包括：①防撞头盔与钢化玻璃面罩加圆邻口连成一体，能缓解刀子、棍棒与子弹的打击。②防弹背心。每平方英寸可承受数千磅冲击，可防刺与防弹。③盾牌。防砖块、玻璃瓶进攻，重量轻，透明度好。此外还有皮手套、警棍、下体护身等，全身披挂，如同甲胄。

三、 要更夫不要机器人

警察装备现代化包括通信与交通器材装备的全面现代化。欧美发达国家的公众对头戴钢盔、身穿防弹背心、驾驶着全天候巡逻车的“机器警察”十分反感。强烈要求警察重新回到公众之中，发出了“要传统更夫，不要机器人”的呼声。20世纪60年代英国警察曾是国民引以为傲的对象。那时警察与家属一起住在村里，他们熟悉乡亲、熟悉乡村，成为公众的朋友。20世纪60年代后，巡逻车逐步普及，一台全天候巡逻车最少需要配备4名警员。警察离开乡村，向城市集中。当警察坐到巡逻车中以后，与公众的关系就逐步疏远。许多警察感叹失去了昔日的“黄金时代”。1976年，英国警察进行了一次公众调查：“怎样才能做一个现代化的警察？”公众的回答没有一项是指向装备的，全部答案都指向诚恳、理解、同情、合作等品质与道德的内容。

第四节

评价外警高科技的四个思考

在比较高科技在警务工作中的应用时，首先要承认发达国家的警用科学技术比我国要先进一些，其次要客观评价发达国家的警用科学技术，切不可盲目崇拜，妄自菲薄。笔者认为客观评价要有几个基本点，或叫定律。

一、 同步基准

警用科学技术是与整个国家的技术水平同步的，既不会超前很多，也不会落后很远。如美国警察已广泛采用电子计算机办公，办公室逐步向“无纸张办公化”发展。这是因为整个美国都在向这个方向发展，绝不是光指警察一家。又如，美国警用巡逻车很多，有人因此抱怨中国警察的巡逻车太少，但这忽视了一个事实，即美国家庭平均拥有汽车的数量就很高。而以济南市公安局派出所为例，2000 年，每 12 名民警拥有一辆巡逻汽车，这一数字虽远低于美英等发达国家，但又高于济南市市民的平均汽车拥有量。

二、 技术基准

这一定律是从同步基准定律中推导出来的，即评价本国警察装备时，应以本国的技术装备为评价的基准。如果发展中国家警察以发达国家的技术装备水平为基准配置装备，那就是超标准，就是浪费。例如，在 20 世纪在英国，家庭电话普及率为 85%，正是在此基础上，英国才有警用电话的高普及率，才有电话报案的高比率。如果单纯把中国警察的电话个人占有率与英国警察的作比较，自然会低很多；但如果按技术基准定律作比较，我们就会发现，中国警察比英国警察的电话占有率高。而今天中国民众的手机占有率已达到世界先进水平。

三、 犯罪基准

警察与军队不一样。军队的目标是与外军作战，而警察，特别是派出所，其主要对手是国内的犯罪分子，故应以本国犯罪的技术水平评价本国的警察技术水平。罪犯与警察两者的技术水平是相关的。计算机犯罪与计算机安全两者既是对立的，又是相互依存的。这种对立与互为依存的关系表现在多方面：高速公路犯罪与公路巡逻；劫持人质与快速反应部队。发展中国家警察技术水平可以超前于犯罪，防患于未然，但不应盲目照搬发达国家的经验，否则将给国家造成巨大的浪费。

四、 心理基准

发达国家的警用技术装备不可能样样好，中国的警用技术装备也不可能全比外国差。例如，笔者曾亲自考察日本、英国、法国、比利时、荷兰等国的警察局指挥中心。日本东京警视厅的“110”报警台指挥中心很宽阔，装备非常现代化，设有电子计算机化的报警显示地图，随时可进行巡逻车定位及安排最近的警力以最快的速度到达现场。而比利时、荷兰的指挥中心就很一般，房子不大，技术也不比中国的好多少，所以发达国家也应分个三六九等。例如，英国警察在大街上巡逻时身穿的防弹背心，其实有曾一段时间，是警察自掏腰包购买的。英国警察工资虽高，但除去生活开销，结余也很有限。这些问题，不经过长期的调查也不易弄清楚。

正确评价外警的高科技，关键在客观二字。客观应是同步定律、技术基准定律、犯罪基准定律、心理基准定律的统一。

西方“要传统的更夫，不要机器人”的呼唤，对我们的启示在于：世界警务改革趋势的指向正是我国公安工作的优良传统之所在。面对新时期公安工作的挑战，切不可只抓装备现代化，而忽视了警民关系、思想政治工作等优良传统。在学习外警经验时，要看到我们的长处，坚持我们的长处，不能以我们暂时的不足与人家的长处相比。同时也要看到，改革开放以来，全国公安系统技术装备在各级政府的重视和支持下，已有较大程度的改善。但就总体而言，与发达国家的技术装备还有很大差距，由于我国国土面积大，社会经济发展很不平衡，广大地区基层单位装备亟待加强。因此，在新形势下，要充分认识先进的技术装备在公安工作中的重要作用，认识加快技术装备建设是提高公安民警战斗力的重要保证，切实改善技术装备，解决现存的困难与问题。我国正处在社会变革时期，这与英国20世纪60年代的现代化有某些相似之处。西方国家在警察现代化达到一个相对稳定的阶段后，逐步发现了片面追求装备现代化的弊端。而我国的警察现代化尚未达到成熟与稳定，与西方发达国家相比，起步晚了几十年，正在全面提升。故此，坚持中国特色，注意借鉴西方警察现代化的经验与教训就显得尤为重要。

本章理论盘点与评述

一、“要更夫不要机器人”

警用装备水平的高低是一个国家警察整体素质力量的集中体现。

长期以来，以美国、日本等国家为代表的现代化的警用科技装备，震撼了中国警察。中国的警察现代化，起步比西方晚了30至50年。因此，在相当长的一段历史阶段中，我们对西方警用高科技采取的是一种出于羡慕而学习模仿，冀望迎头赶上的做法。而这些年中国警用装备的进步又让欧美警察同行吃惊。

二、从以技术为本到与以人为本的趋势

当研究西方四次警务革命的进程之后，我们发现，西方一方面在强调警察技术装备现代化，但是另一个方面更加强调服务于民和提高整体警察素

质。其中有代表的理论就是“机器人和更夫之争”。

以美国为例，在警察现代化之后，在装备全面提升之后，犯罪并没有减少，而带来的副作用却很明显，那就是警民关系恶化，所以，老百姓提出了“要更夫不要机器人”的呼声。

所谓“更夫”式警察，就是警察要具有一颗全心全意为民服务的心；就是警力下沉到基层，基层警察与公众有良好的互动，成为老百姓身边最贴心的人。

所谓“机器人”，就是指警察武装到牙齿，片面追求装备现代化，而忽视警民关系的现象。民众才是打击犯罪的主力军。

“机器人和更夫之争”给我们的启迪是，在警察装备现代化的同时，一定要不忘初心，要坚持全心全意为人民服务的人民警察的根本宗旨。警用装备的革命，必须与全面提高警察素质，牢固树立服务人民的精神相结合，否则就会偏离正确方向，警察现代化就会无功而返。

警用装备现代化，为强化巡逻、快速反应、及时破案提供了有力的技术支持。但警察现代化只是警务改革的众多领域中的一个领域。警察现代化最根本的理念是提高人的素质，而不是单纯依靠警用装备。在警察现代化的进程中，要坚持以人为本，而不是以技术为本，这也是西方警察现代化所获得的深刻经验和教训。

在警用装备和人员素质这两个要素之间，必须强调警察人员素质的重要性。素质与装备，二者是相辅相成的，但是警察素质的重要性，永远要大于警用装备。

三、 警用科技的跨越时代论： 后发先至

我们的警察现代化起步比西方晚了 30 至 50 年，在 20 世纪 80 年代初，我国警察才全面开始向警察现代化冲击。当时的警用装备，一是质量差，二是数量少。但历经数十年的警务改革，我们的警用装备水平迅速提高。随着我国整体科技水平与制造水平的不断飞速发展，我们的警察装备实现了跨越式的发展：在整体制造水平上逐渐与欧美现代国家看齐，在防爆机器人、夜视技术、无人机等领域甚至超过了西方发达国家。这是我们这些年来警察装备现代化的伟大成就，也是我们中国警察的自豪和骄傲。

第十三章

风格：从被动反应到主动提前警务模式

第一节

警务论的概念

警务的概念

警务，英文为 Policing，一般指警察行为。英文中 Police 为名词或动词。最早，Police 作名词，为城邦，延伸为动词，指城邦管理。今天，在它作动词时，意为警察行为，如警察控制、维护等。Police 加 ing 为动名词，指全部警察行为的总和，译为警察工作。我国台湾常译为警政，我国大陆常译为警务。

“警务”一词在英文中可大可小，抽象时指一切警察行为之总和，如 Policing Freedom（自由资本主义时代的警务），Policing in China（中国警察工作）；具体时指工作警察如 Community Policing（社区警务），Emergency Policing（紧急警务），等等。

“Policing”（警务）一词产生于警察诞生之前，如 Imformal Policing（无形警务）就是指在警察产生之前传统的迷信、宗教、习惯、禁忌控制社会的作用。

第二节

西方警务方式

警务风格的回顾

警务风格，警察部门处置犯罪和治安问题的整体策略。它决定着警察管理人员的态度和政策。古往今来，警察使用过或正在使用的警务风格有以下五类：

1. 无形警务风格。

无形警务（Informal Policing），又称非正式警务，是古代西方社会的一种警务方式。警务者，无形胜有形。最成功的警务不在警察之功，而在无形的社会控制。传统的抑制是控制犯罪最有效的手段。在正式警务形成之前，甚至在警务的基础法律产生之前，传统的迷信、宗教、习俗和禁忌支配着人们的道德和价值标准。因为家庭是中国与西方文明的核心，所以家庭控制是无形警务的重要组成部分。

在正式警察诞生之前，即1829年英国伦敦大都市警察诞生之前，就存在着警察行为，即西方的“特定的管理行为”。

2. 惩罚性警务风格。

惩罚性警务（Punitiver Policing）是17世纪前后流行于西欧的警务形式，它与古典犯罪学派中的惩罚理论有着密切的联系。

3. 镇压性警务风格。

镇压警务（Represive Policeing）是一种以大陆派警察（法国、德国）为代表的警务风格。

4. 被动反应警务论。

产生于警察现代化之后，与装备现代化相联系。强调快速反应机制的形成。以日本东京警视厅四分二十秒到现场为标志。

5. 主动先发警务论。

产生于第四次警务革命之后，与社区警务运动相联系。在坚持快速反应的基础上强调预警、预察、宣传等。最近的欧美情报导向警务也是其延伸。

第三节

被动反应警务与主动提前警务

一、 被动反应警务论

被动反应警务为单向模式：快速反应→出现场→侦查→破案。

被动反应警务（Reactive Policing）是一种随装备现代化而产生的警务风格。20 世纪 30 至 60 年代兴起于英美等国家。它强调接到报案后警察的快速反应，以反应时间作为衡量警察效率的重要标志。它又被称为“消防队”式的警务。

就公众的评价而言，警察对突发事件的反应能力是很重要的。对突发事件的反应能力有两个内容：一是反应的通信能力与交通运输能力，如通信器材和汽车等；二是通信、运输能力等实际能力与抗干扰性，如恶劣天气、远距离条件下的反应能力。在此基础上，反应时间成为衡量警察效率的重要指标。反应时间是指警察从接到报警电话至到达现场的时间。现代西方社会，如果警察反应时间短，公众评价就高，反之则会招来指责。

但被动反应警务也有若干潜在危险。首先，不能把被动反应警务视为包治百病的灵丹妙药。被动反应警务论又称“消防车式警务”，即“平时看不见，电话一呼唤，来时急如火，去时一溜烟”。从 1960 年起，现代科技对警务工作影响巨大。正如现代医学，由于科技发展而产生了医学伦理问题一样（如安乐死等），现代科技对警察工作的影响，也将引起警察哲学，心理学等方面的相应变化。不幸的是，在新科学的浪潮前，警务方式、方法都发生了巨变，唯独警察心理没有变化。几十年来，由于口袋式对讲机、汽车和电子计算机的引入，改变了警务风格，使警察的巡逻方式从过去以步行巡逻为主的传统方式，一跃成为坐在巡逻车中，手持步话机巡逻。

在这场历史巨大变革中，警察有所得亦有所失。许多新一代警官已成为

“技术警察”或“机器人”（Technological Cops），失去了往日与群众朝夕相处的机会，从而失去了民心。除了冲突与对抗之外，警察与群众是鸡犬之声相闻，老死不相往来。20 世纪 70 年代，英国警察部门信息情报系统实现了电子计算机联网，有关的犯罪情报、档案可在几秒钟内远距离传送。技术进步的同时，也造成了警察的自我封闭。在这种条件下，警察成为了三种“机器人”，即计算机、对讲机和汽车。警民之间产生了一条巨大的鸿沟。鸿沟的一侧，警察画地为牢，走进被动反应警务死胡同；另一侧，群众则对警察产生了误解、猜疑甚至敌意。不过科技进步也相对减轻了警察工作压力提高了办事效率，这是进步。

那种加强技术力量、加强法律力量就是警务改革方向的想法是有失偏颇的。西方新倡导的“优秀民主警察”的要旨在于警察对群众的关心、理解和教育。其结果是警民互相帮助、了解。群众应当理解警察，警察应当做群众的向导、朋友，帮他们排忧解难，这样警察才能受到尊敬与依赖。

二、 主动先发警务论

主动提前警务为双向模式：

1. 快速反应—出现场—侦查—破案；
2. 调研—宣传—合作—预防犯罪。

主动先发警务（Proactive Policing），又译主动提前警务，是 20 世纪 60 年代末到 70 年代初肇始于欧美的一种警务风格。它与被动警务相对应。它包括任何人类减少犯罪的努力、行为与活动，旨在唤起社会并采用各种手段减少犯罪。主动先发警务以预防为主，强调社会各界的合作，从根本上减少犯罪的社会根源。主动先发警务论属于初级预防警务论的范畴，包括任何人类减少犯罪的行为。它唤起社会与社区的各种努力以减少犯罪。它是综合性犯罪手段，比被动反应警务具有更明显的效果，因为它采取了一系列先发制人的措施。

主动先发警务努力寻求一套最完美的预防犯罪形式，如加强社会控制，增进整个社会的彼此信任等。预防犯罪的方法因文化、社会性质的不同而不同。英国许多警官对先发警务摸不准，觉得只是种抽象概念，远在天边，玄妙而不可及，带有理想主义的色彩。基层警员则带着怀疑的目光注视着它，一旦懂得它深刻的内在含义，并使之成为战术手段而介绍给整个社区后，警员就会觉得这是个好东西，热情也就随之而来了。它既玄而又实用，在实践中很有效果。

主动先发警务特别注意整个社会教育的重要性，把它列为广泛、长久的战略目标之一，并把教育单位、学校、家长以及学生团结在一起。作为新的警务风格，警察力图多创造条件与联系人联系。不仅要在作案现场与群众联系，而且在日常生活中与群众联系。这样，警察与学校的综合教育网络就应运而生了。青少年和警察在这个计划中彼此了解，增进友谊。

主动先发警务力图减少社会各部门之间的矛盾，增进合作，促进信任，调动一切社会积极因素减少犯罪，保护被害人，有时甚至要帮助罪犯及其家属。

应当指出，近年兴盛于欧美的情报导向警务、危机警务与反恐导向警务均是主动先发警务的延续与派生，被称为“新三论”。

本章理论盘点与评述

一、 从被动反应警务到主动提前警务

对中国警察而言，快速反应机制是一种令我们感到震惊的警务风格。在20世纪80年代，当中国警察拉开警察现代化大幕时，对西方的警察现代化，特别是以快速反应为主要内容的被动反应警务机制感到十分的震撼：GPS卫星定位、承诺4分20秒内到现场、接报案中心与电子显示屏……西方每一项警务改革的现代化成就，都震撼了中国警察。

40年过去了，很多人的认识还停留在改革开放初期的警察现代化观念上，认为以警用高科技为代表的被动反应警务机制仍然是现在世界上主流的警务风格。这种认识实际上是片面的，甚至可以说是一种对西方警察现代化认识上的误区。

在警察现代化形成被动反应机制之后，西方警学界的有识之士就发现：快速反应机制所达到的成效，远不像夸耀的那样。以美国堪萨斯实验为代表的一系列有关车巡与快速反应对抑制犯罪的研究充分证明，快速反应机制的作用有限，而且有很大的弊病。这包括：基层警力减少；注重快速反应时间而忽视破案率和基层治安稳定；更重要的是警民关系恶化，老百姓喊出了："要更夫不要机器人"的呼声。

因此，主动先发警务论伴随着第四次警务革命应运而生，在强调坚持快速反应不动摇的基础上，更多地强调以情报导向为主，建立社会各部门的协调互动的生态机制建设。目的不仅仅是打击犯罪，更重要的是预防犯罪和再造社会和谐。因此，主动先发警理论才是世界上比较先进的警务风格和警务理念。

二、"瓶子落地现象"

当某些大案要案发生后，往往引起整个社会的关注和广泛讨论，人们把目光聚焦在怎样定罪，怎样判刑，而忽视了预防工作。以一起杀人案为例，被害人的死亡令人痛心，即使是将凶手绳之以法，处以极刑，被害人也不可能死而复生。所以，必须坚持预防为主，打击为辅的概念。

笔者提出"瓶子落地现象"。一个瓶子从桌子上掉下来到落地摔碎，经历的时间只有一两秒。人们往往把注意力都聚焦在怎么在这一两秒钟内接住瓶子和瓶子摔碎之后怎么粘接修补。

但是，首先在这一两秒钟内接住瓶子的可能性不大；其次，要在瓶子摔碎之后恢复原样更是不可能的。

因此，我们要把重点放在怎么让瓶子不掉下桌子，比如说，把瓶子往桌子里面放一放，这么一个简单的动作，就比事后的惩戒和补救要来的方便得多，节省得多，有效得多。

“瓶子落地现象”告诉我们：传统的警察哲学，把被动反应警务机制视为解决犯罪的良药，这种认识是不全面的，甚至是落后和过时的。

三、“警之于先，察之于后”的统一

“警之于先，察之于后”这句话标志着两种警务风格，即主动先发警务论和被动反应警务论，必须是辩证的统一。随着警务改革历程的发展，在第三次警务革命，即警察现代化的时候，人们过多地重视了被动反应警务论，强调了快速反应机制，这也是历史的必然。但是，在第四次警务革命，即社区警务诞生之后，主动先发警务论就应该提到议事日程上来，强调预防工作的重要性。

放眼警务改革的未来，也许还有第五次警务革命、第六次警务革命，不管警务改革的历程如何发展，道路多么崎岖，都必须坚持两种风格的辩证统一。在每一个警务改革的阶段中，主动先发和被动反应警务的侧重可以有所不同，但是必须坚持两者的辩证统一，缺一不可。绝不能走强调其一，忽视整体的错误道路。

第十四章

绩效评价主观与客观评价体系

第一节

衡量标准的定义与体系

一、 警务衡量标准的定义

衡量标准（或叫评价体系）在世界警学科学理论研究中占有十分重要的地位。衡量标准并没有一个固定的英文名称，在本文中叫“考核标准”“考核方法”“考核记分标准”“改革措施到位标准”等。

衡量标准（或叫评价体系）应是一套科学的、完整的、系统的评价标准原则的综合。它以警务工作的目标为导向，采用多种科学的评价计分方法，对警务工作进行全面的、系统的衡量与评价。

二、 衡量标准的体系

西方衡量标准已建成了完整的体系，它包括：客观评价 7 类、主观评价 5 类，合计 12 类。我国各级公安机关自己创造了具有中国特色的评价标准，即以打分制为主的内部评价标准和丰富多彩的社会评价标准。

西方衡量标准体系

客观评价	发案率，发案数，发案时钟，各类案件比例，警察与人口比例，发案动态趋势，破案率
主观评价	被害人调查，社会安全感调查，公众对警察的满意程度，工作重点评价，警民关系调查

第二节

警务评价阶段

自 1829 年英国伦敦大都市警察诞生至今近 190 年来，西方主要国家对警务工作的评价可大致分为四个阶段：

一、以主观评价为主，犯罪统计为辅的阶段（1829 年至 20 世纪初）

这一阶段属于近代制服警察创建的初期，在很大程度上是在为争得警察的合法地位和公众的认可而奋斗，因此还不可能采用科学的统计方法来评价警察的警务工作。所以，主观评价警察的警务工作就占了主导地位，其代表是英国内政大臣罗伯特·比尔提出的“建立新警察的十二条原则”。该原则以主观评价为主，犯罪统计为辅。例如，第 6 条，制怒、宁静、有礼是警察质量的根本保障；第 7 条，以形象赢得尊重；第 10 条，警察首脑机关必须接近公众；第 4 条，发布犯罪统计是警察的基本工作。比尔提出的上述评价指标说明他已认识到综合公众评价的重要性，为以后警务评价工作奠定了很好的基础。

二、以单项犯罪统计为主的阶段（20 世纪初至 20 世纪 30 年代）

这时英美等国相继完成了警察专业化的进程，警察成为一支独立的、专业化的力量。以犯罪率的高低衡量警务工作的质量与效益成为警察与公众的共识。公众对警察的主观评价指标逐步被放弃或遗忘。1929 年美国联邦调查局出版系列《统一的犯罪报告》，标志着以犯罪指标评价警务的成熟。

三、 多项客观统计指标阶段 （20 世纪 30 年代至 70 年代）

西方主要资本主义国家在这一阶段逐步完成了装备技术的现代化。形成了以快速反应为标志的反应警务风格。一方面，快速反应时间成为衡量警务工作现代化的标志。各国无不尽力提高反应时间，减少从接报案到到达现场的时间；另一方面，面对犯罪数字的不断上升，一系列科学的统计方法被警察机关所采纳，各种客观统计指标，如犯罪数字、犯罪率、破案率、犯罪趋势等进一步科学化。这时，各种客观指标的综合评价系统已形成。

四、 主观、 客观指标综合评价阶段 （20 世纪 70 年代至今）

伴随着第四次警务革命登上历史舞台的是主观、客观指标综合评价阶段。

除了传统的客观指标，像犯罪率、破案等，新的主观评价指标也被采纳，如公众安全感调查、被害人调查、公众对警察的满意程度调查、公众对警察的工作重点的评价等。此外，官方评价与社会评价相结合的趋势也比较明显。以英国为例，除了官方调查，如国家年度报告、新闻发布、内务部资料、各郡县警察年度报告之外，还包括了民间、学校、科研部门所进行的犯罪调查与被害调查。这样主观指标与客观指标、官方评价与社会评价四种调查结合起来，各自从两个对立的角度加以比较与鉴别，采用多侧面、多角度、多种形式的综合评价，力图在评价工作中获得一个全方位的立体全息图画。

第三节

客观标准

客观指标包括犯罪率（发案率）、破案率、犯罪数（发案数）、发案时钟、各类案件比例、警察与人口比、发案动态趋势等几种指标。

一、发案率

发案率一般是指国家或地区发生的刑事案件与总人口比值，即发案率=年发案数/总人口数（万人或10万人）。我国的发案率是指公安机关立案侦查刑事案件数与总人口之比。各国对犯罪的定义和统计指标尚无统一标准，立案标准也不一致，故发案数有差异，但国际犯罪研究机构和犯罪学家都在试图研究一种科学方法，使国家之间横向的可比性增大。联合国所属专业机构和部分学者运用多项对比、综合分析的方法，在一定程度上消除了误差，取得了显著成果。联合国控制和预防委员会也进行了全球性大规模犯罪调查，为科学的比较提供了一定的依据、经验，使国际横向比较更具有可行性。

二、破案率

破案数与发案数的比率。主要反映一个国家警察的工作情况。

三、发案时钟

发案时钟反映单位时间内刑事发案频率（以每年52.56万分钟，3153万秒钟计算），统计基础是刑事发案数。

四、 发案趋势

刑事案件统计（含发案数、发案率）不是静止、孤立的点，而是随年度增长不断变化的动态曲线。动态趋势比较以刑事发案统计为依据，分两类研究：长期趋势（10 年以上的动态变化）和短期趋势（5 年内的动态变化）。

五、 各类案件比

刑事案件一般可分为两大类，即暴力犯罪与财产犯罪。两者之间的比例可反映一个国家的现代化程度、治安状况与警察效益。有观点认为，发达国家的财产案多，以盗窃为代表，发展中国家暴力案多，以谋杀、伤害为代表。美国人路易·谢列认为，在一个国家的现代化过程中，先是财产案与暴力案同时同步增长，到一定程度后，暴力案增速减缓，财产案继续大幅度上升。不同类的案件比例可反映一个国家的现代化水平。

六、 警察与人口比

这一指标或可显示一个国家维护社会治安的能力。但比值高低受多种因素制约。比值高低与警察现代化无关。

第四节

主观标准

由于隐案与漏案大量存在，单纯以发案的多少来衡量警察工作会导致较大偏差。因此，英美等国现在开始以多种指标综合评价警察工作。这些指标有：被害人调查、社会安全感调查、公众对警察的满意程度调查、公众对警察工作的重点评价调查，以及警民关系调查等。

一、 被害人调查

被害人调查，英文为 Victimisation Surveys。由于官方统计的犯罪数字与实际发案数相差太多，所以，必须以被害人调查为补充印证。

美国的被害人调查开始于 1972 年。它不是警察部门搞的，而是美国人口普查局组织实施的。被害人调查的缺点在于：首先，统计工作量大，要对成千上万的数据进行输、比对；其次，时间长，每次要进行 3 年左右。被害人调查的优点在于：了解情况的范围广，真实度较高。被害人调查有十几个方面：（1）受害人受害经过及犯罪造成的人身伤害和经济损失情况，受害人的特点，市中心、郊区及非城市居民的受害情况；（2）人身暴力犯罪中受害人与作案时间的关系；（3）人身暴力犯罪作案的特点；（4）受害人数字；（5）发案时间；（6）发案地点；（7）人身暴力犯罪中作案人数字；（8）武器使用情况；（9）受害人自卫情况；（10）受害人身体受伤害情况；（11）经济损失；（12）工作时间的损失；（13）报警情况；（14）了解因各种原因未能引起警方注意的犯罪事件，以及受害人未向警方报案的原因；（15）它可以为研究哪类人、哪个社会阶层能成为哪种犯罪的受害者提供资料；（16）同时也具备了区分陌生人作案的能力，从而使刑事司法界对犯罪及受害人有新的了解，为执法机关在制订计划，进行评估分析时提供数据资料。

英国已进行了由内政部组织的四次犯罪调查。如《不列颠犯罪调查》（1982 年、1984 年和 1988 年），还有《苏格兰 1983 年犯罪调查》。其中都有被害人调查内容，现在英国已发展到所谓第二代被害人调查。它包括采用多种调查印证，用多种方法分析与采用多种社会敏感问题组成问卷等。

二、 社会安全感调查

社会安全感调查，英文为 Fear of Cime，又可译作恐惧感或犯罪恐惧感。

美国学者洛伊丝·莫克对其定义为：公民对正常秩序与社会控制下降的一种反映，对犯罪忍耐程度的反映。恐惧感是一种主观心理体验，是公众对犯罪、犯罪侵害的感知。由直接感受或间接感受而产生的综合心理感觉。

警察工作对提高公众安全感有无帮助，这个问题很值得研究。有研究证明，警察对公众安全感不产生作用。美国著名的巡逻实验证明：居民并不知道他们所居住地区警察巡逻的情况。他们既没有因巡逻频繁而消除恐惧，也没有因巡逻减少而感到害怕。反应速度也没有使受害者消除疑虑。也有研究证明，警察对增进公众安全感有一定的帮助。《纽瓦克步行巡逻经验总结》中提到：在对比了加强、减少和保持以往的步行巡逻三种不同情况下犯罪发生的情况后，发现在开展步行巡逻地区的居民认为，他们居住地的犯罪问题要少些，在佛林特和密歇根，有70%的被调查者认为，由于实行了步行巡逻而增加了安全感，特别是如果巡逻者是自己熟悉的警察，或警察巡逻的可见度高，他们会感到更加安全。

三、 公众对警察的满意程度调查

公众对警察的满意程度，英文为 Public Assessment of Police，是综合衡量警察工作的又一个指标。对警察满意程度的调查包括：公众对警察人数与伦理道德的评价，对警察使用武器的评价，对警察效率与效益的评价，各民族人种对警察工作重点的评价等。

四、 公众对警察的工作重点的评价调查

英文为 Public Policing Prioroties。英国艾克塞特大学警察研究所所长比尔·塔夫曼认为：在实际生活中，警察的价值观与公众的价值观往往发生矛盾。英国警察认为，只要提高破案率，就能令公众满意，改善对警察的评价，但调查研究结果表明，公众往往根据自己的亲身感受，如接受警察服务的情况，在与警察接触时对方所表现的态度，来评价警察的表现，并不受破案率的影响。以前警察队长们普遍要求增加人员和经费，但总是解决不了犯

罪问题；现在应该强调社区责任和公民自助以及警察和公众合作的必要性。

五、 警民关系调查

警民关系调查，英文为 The Police &. The Public。这类调查包括公众对警察的总体印象，公众对警察行为的评价、公众与警察的交往形式等。

西方对警务工作的评价分为四种，即主观评价、客观评价、官方评价与社会评价。(1) 主观评价指公众安全感、公众对警察的满意程度、对警察工作的重点评价、警民关系调查等。(2) 客观评价指发案数、警察人数、警察与人口比等。(3) 官方评价包括年度统计报告、新闻发布、内政部资料、英国各郡警察年度汇报等。(4) 社会评价包括民间、学校、科研部进行的犯罪调查，被害人调查、公众安全感调查等。

这四种调查各自从两个对立角度加以比较与鉴别。采用多侧面、多角度、多种形式的比较与认定，互为补充，综合考虑，可以对警务工作大致有所认定。从单一的犯罪指标到多项指标评价是世界警务改革的又一个明显的趋势。

第五节

借鉴与启迪

长期以来，我国公安机关在评价人民警察工作时，多采用较单一的发案数、发案率与破案率等客观指标，尽管我们对警民关系、人民群众对警察工作的反映十分重视，但并没有形成科学的、定量的统计与分析。主观指标评价在我国还是个新事物，缺乏量化标准，缺少固定的统计单位，尚未形成制度化与规范化。采用主观与客观综合评价体系，对公安工作改革的理论深化与实战决策都有着十分重要的意义。

首先，发案数、发案率的高低，仅仅是评价公安工作的指标之一。由于隐案、漏案的存在，在分析治安形势、评价公安工作时要充分考虑其可信度与局限性。

其次，在评价公安工作时，应采用多种指标综合评价系统。采用的指标越多，评价就越全、越科学。

再次，从理论上充分认识主观评价指标的重要性。逐步开展对主观评价指标的研究，开发具有中国特色的主观评价指标体系，如警民关系调查、对警察形象的评价等。继承与发扬我国公安机关全心全意为人民服务的优良传统，并在评价体系中加以体现。

最后，建立公安机关主观与客观综合评价体系。逐步有重点地将其列入公安机关的年度总结、考评报告与统计年鉴。使整个社会与全体人民共同参与对人民警察工作的评价与认可。这不仅是与西方警察改革大趋势接轨的一项重大举措，也将是我国公安机关评价指标科学化的重大改革。

一、 外警对发案的认识

英国是世界上发案率最高的国家，他们对发案有自己独特的看法。

在英国，无论是警察还是犯罪学家都认为犯罪率不能真实反映犯罪现状。隐案、漏案现象是各国普遍存在的严重问题，片面追求低犯罪率等于变相鼓励弄虚作假。此外，随着社会发展，法律的健全，犯罪率自然要经历一个由低到高的过程，这是犯罪本身的规律性，它不以警察的意志为转移。英国艾克塞特大学警察研究中心前主任比尔·塔夫曼（Bill Tupmam）认为，犯罪率高并不一定是坏事。首先，立案率高反映警察工作认真、负责，反映立案与报案的渠道畅通。从某种意义上说，立案率高是警察效率高的标志。其次，犯罪率上升可正确反映警察工作，可以使警察部门向政府申请更多的预算与器材装备。要正确地评价、科学地衡量警察工作，必须参考公众安全感和公众对警察工作的满意程度等多项指标，全面评价。

二、 英国发案率高的原因

英国的犯罪率比中国高40倍。这个数据可信吗？这需要深入的分析。

（一）英国的盗窃案没有立案标准

在英国，即使被偷了一镑钱，也可以报案，警察也得登记。1990年英国盗窃案约330万件，占发案总数的70%以上。而我国有“立案标准”，像2000年，在济南市，被盗窃金额达800元以上时警察才会立案。

（二）电话多，报案机会也多

根据《海沫史密斯和福海犯罪与警务调查（1988年）》，83%的家庭拥有私人电话，打电话“999”报案极为方便。

（三）警察与人口比例值大，增加报案机会

根据英国警察部门研究，在一个固定地区，巡逻警察越多，报案数亦越多。因为公众有更多的机会报案。英国警察数与人口数的比为26/10000；中国的这一比值为12/10000。每一万人中，中国比英国少14名警察。

（四）很久以来，英国警察部门衡量警察政绩的唯一标准就是接报案数

警官发现的案子越多，提升就越快，这致使个别警察有虚报案件的动机。中国正好相反，发案数多就说明警察工作没做好。

与英国立案的情况作比较，有助于我们重新认识立案不实的问题。立案不实的问题，在公安机关内部一度突出，数据资料已不能正确反映治安形势与公安机关的真实工作量。立案不实导致不能正确地评估社会治安状况，不能正确地研究犯罪规律，影响对策的科学性。立案不实影响公安队伍建设，使广大基层公安民警长期在超负荷状态下工作，使公安部门的警力、财力、物力严重匮乏。近几年来，纠正立案不实的工作已取得很大成就，但犯罪率的上升仍使各地公安机关承受巨大的压力。我们一方面要看到，现阶段我国

发案率尽管上升较快，但与西方国家相比仍很低。除去不可比因素（如立案标准不一）差距仍是很大的。另一方面，前几年发案率上升较快的原因之一是，纠正立案不实的工作取得很大进展。因此，重新认识犯罪率将是新时期公安工作的重大理论突破。

三、 四次犯罪高峰论

自新中国成立至今的69年中，我国的刑事发案经历了“两个阶段与四次高峰”。伴随着这四次犯罪高峰，青少年犯罪经历了从低到高的发展过程。每次犯罪高峰的产生都遵循一个特定的模式，即社会震荡源引起社会震荡；社会震荡破坏社会生态平衡；社会生态平衡的破坏导致刑事发案上升。

（一）第一次犯罪高峰

第一次犯罪高峰产生于1950年，社会震荡源是阶级斗争。当时中国有600万国民党的散兵游勇。社会震荡源引起社会震荡。由于新生政府具有强大凝聚力，社会生态平衡稳固。① 在镇反、肃反等强大攻势下，仅一年的时间，刑事发案数就回落。在这次发案高峰中，青少年犯罪很少。犯罪人的主体是阶级异己分子。

（二）第二次犯罪高峰

第二次犯罪高峰产生于1961年，社会震荡源有两个，即“天灾与人祸”。连续三年的自然灾害在一些地区造成大面积饥荒，因饥饿而死的人数上升。社会开始震荡。但鉴于基层党组织与政权组织非常稳固，社会生态平衡不易破坏，所以刑事发案一度上升，但马上回落。这次犯罪高峰主要是哄抢粮食，宰杀耕牛。青少年犯罪开始抬头，少年犯在全体罪犯中比例上升。

①“社会生态”指社会基层与社会基本单位的职能与作用的健全与否。具体指基层的党组织、政权组织、家庭与学校等。当大的社会震荡源诱发社会震荡时，如果社会生态平衡与稳固，就可以最大限度地抑制刑事发案的上升。

这时的青少年犯罪主要是“抢吃”“抓吃”，主要集中于侵财犯罪，暴力犯罪不多。

（三）第三次犯罪高峰

第三次犯罪高峰产生于 1965 年至 1977 年，即“文化大革命”时期前后，这次犯罪高峰是在多个震荡源诱发之下，形成的多极震荡。社会基层组织遭受严重破坏，社会生态失衡。公检法机关被砸烂，刑事犯罪在“革命无罪，造反有理”的旗号掩盖下迅速上升，并一直居高不下，形成刑事犯罪统计曲线的“高原状态”。这时青少年犯罪又进一步上升，青少年罪犯在全部罪犯中占有一定比例。青少年犯罪的种类也发生了变化，既有侵财犯罪，暴力犯罪也占有一定的比例。青少年犯罪的年龄阶段也开始提前。尽管如此，前三次犯罪高峰的发案峰值并不大，青少年犯罪仍非犯罪的主体。

（四）第四次犯罪高峰

第四次犯罪高峰产生于 1978 年，并一直延续至今。这次犯罪高峰是由诸多社会震荡源引起的共振。改革开放以来，中国社会的基本结构从前 28 年封闭式的传统的计划经济模式转向开放的、逐步向市场经济过渡的模式。在改革的巨变中，各种社会震荡源不断涌现，社会矛盾、道德冲突、价值变异不断产生。同时，社会生态进一步失衡：基层政权组织、基层党组织不能适应社会的巨变，家庭、学校、社区等社会基层细胞的作用减弱。这一切均诱发了第四次犯罪高峰。我国的刑事犯罪进入风暴式猛增阶段，犯罪率从第一阶段的年平均 5 件/万人的比例上升到今天的 40 – 100 件/万人，而且犯罪上升的趋势没有得到遏制。

青少年犯罪在第四次犯罪高峰中尤其引人注目。青少年罪犯比例逐年上升，并成为罪犯的主体之一。犯罪年龄提前，犯罪种类多样化，犯罪手段趋于残忍与智能化，团伙犯罪的比例越来越高。

回顾四次犯罪高峰，能得出这样一个清晰的结论：必须将犯罪放入整个社会政治、经济、文化的大背景中去分析、去思考、去感悟……

四、 社会震荡理论

从1949年新中国建立至今的69年中，我国的犯罪态势呈动态起伏，统计曲线的波形变化呈高峰震荡的态势，可总结为“四个阶段”与“四次高峰”。当深入研究“四次高峰”的形成过程时，会发现其中的深层次的规律性。笔者尝试建立“四次犯罪高峰的社会震荡理论模式”，该模式由社会震荡源、社会震荡、社会生态平衡、刑事发案等四个要素组成。该模式运行如下：

社会震荡源引起社会震荡，社会震荡诱发社会生态平衡破坏，社会生态平衡的破坏导致刑事发案高峰的产生。

震荡源—社会震荡—社会生态破坏—犯罪高峰

震荡源是诱发社会震荡的源头，是我国政治、经济中的重大事件。这些重大事件足以引起社会的震荡。震荡源诱发社会震荡是由震荡源的强度、震荡源的个数以及是否诱发震荡而决定的。

	震荡源	社会生态平衡	犯罪高峰
第一次犯罪高峰（1950年）	单一震荡源：阶级斗争	新政权刚刚建立，具有强大的生命力。基层政权组织稳固。	犯罪上升一年马上回落。
第二次犯罪高峰（1961年）	两个震荡源：天灾与人祸	基层政权组织与党组织稳固。	犯罪上升一两年逐步回落。
第三次犯罪高峰（10年“文化大革命”）	多震荡源：阶级斗争、人口猛增等	社会生态遭受一定的破坏，但基层组织的作用仍在。	犯罪上升10余年不见回落，形成“犯罪高原”。
第四次犯罪高峰（1978年至今）	多震荡源：对外开放、改革、利益重组、下岗等	社会生态遭受严重破坏，基层组织部分功能丧失。	犯罪进入“风暴式猛增阶段”，没有回落迹象。

五、 儒学文化圈与低犯罪圈

犯罪太极图中阴阳两种势力的稳定不是孤立的，它与整个社会太极的稳定相一致，与道德规范的太极的稳定相一致。亚洲远东地区是世界上发案率最低、犯罪趋势长期恒定的地区。20 世纪，日本的犯罪率为 130 件/万人，我国台湾地区 45 件/万人、香港地区为 150 件/万人。这些国家或地区的犯罪率大大低于 20 世纪 90 年代西方主要资本主义国家 800 – 1000 件/万人的平均值。社会生态的稳定（如重家庭、重学校教育）与东方特有文明、儒学文化的作用是分不开的。

“尚中贵和”是中华文化教育的精华。整个宇宙，乃至宇宙万物，都包含着不同因素的和谐整体。和谐是万物存在的基础。一旦和谐被打破，就意味着危机甚至灭亡。21 世纪面临严峻的挑战与冲突，人类新世纪呼唤和谐，新世纪必将日趋和谐。阴阳平衡是和谐精髓，而和谐又是中华文明的精髓。美国学者 W. T 狄百瑞（Wm. Theodore de Bary，1981）认为：“儒家文化的长处即是关注人与人之间的关系，重视相互协调的价值准则。”

分析所谓低犯罪圈与儒学文化圈重合，会发现以下共同点：这些国家都使用汉字，都以儒学思想作为行为准则。在现代化的进程中，这些国家都努力保护自己固有的文化与文字，保存自己文化的根基。在行为准则上，更强调进与退的统一，个人与集体的统一，传统与现代的统一。穿透儒教文化的外壳，深层次的仍是太极的平衡与和谐。儒与道水乳交融，在中华文化中是不可分割的。

西方在分析犯罪成因时，以一种孤立、分散、静止的态度看待原因。当今西方有关犯罪成因的理论有 150 ~ 200 种之多，分散于犯罪生物学、犯罪心理学、犯罪社会学、犯罪经济学等诸多领域。西方人以“盲人摸象”的方式对待犯罪成因，犯罪生物学家坚持遗传基因在犯罪成因中的作用，否定环境与教育的作用；犯罪社会学家坚持犯罪是学习的，否定生理、心理因素在犯罪行为生成中的作用。各持己见，争议不休。而犯罪太极与被害人太极理论，把犯罪成因放到时间与空间的大背景中考察，将各种成因理论综合分析，承认每一个理论的合理性与在整个系统中的位置，并认为最终犯罪行为的成立是各种因素的综合作用，而非单个因素的结果，整体大于各个独立因素之和。

犯罪率高的国家，必然是社会震荡不休的国家，社会生态平衡不稳定的国家，文化价值观混乱的国家以及道德冲突的国家。公众本来是预防犯罪侵害的主力军，在这个模式中却成为袖手旁观的局外人。在被害人太极图中，阴的力量无限大，阳的力量分散瓦解，溃不成军。笔者提出主动自救观念防范模式。这一模式将人民群众的预防犯罪工作与整个社会重新整合。人民群众不是孤立无援的散在分子，而是重新凝结，众志成城的预防犯罪的尖兵。在犯罪太极图中，阳的力量充实扩大，阴的力量不断萎缩，形成阴阳平衡，正气压邪气的态势。这种观念的转变，必然推动预防犯罪工作产生新的局面。

本章理论盘点与评述

一、 英国的“犯罪容忍论”

英国人的“犯罪容忍论”在我们看来好像有点荒蛮遥远，不近人情，但是仔细研究之后会发现，它是有一定科学道理的。英国社区警务之父约翰·安德逊，有一句名言：“若想追求没有犯罪的社会，无疑是痴人说梦。”

“犯罪容忍论”的姊妹篇是“犯罪不可避免论”。“犯罪不可避免论”认为：一定的社会之中，犯罪以一个守恒的能量出现，不要想消灭它，只要以正压邪，保持犯罪和正义的相对平衡，就是一个稳定健康积极的社会。在这一理论的指导下，英国警察并不怕案件的上升，很多警察局都认为：案件上升没有什么了不起，相反，可以以案件上升作为分配警力的指标，可以向上级申请更多的人员、财政和装备支持。在英国警察看来，刑事犯罪案件在一定幅度内的升降是正常的，没有必要大惊小怪。

二、 带犯罪发展论

“带犯罪发展论”是笔者提出的理论。“带犯罪发展论”认为：犯罪是不以人们意志为转移的客观存在，任何时代、任何社会都存在着一定数量的犯罪能量。每一次犯罪高峰的到来都有其政治、经济大背景，是不以人的意志为转移的客观规律。因此，一个社会不可能先把犯罪消灭了再去发展生产，只能带着犯罪向前发展生产，向前改善人民的生活。只要把犯罪控制在一个可控的范围之内，犯罪的能量趋于守衡，社会就可以认定为是一个常态。

无论是英国的“犯罪容忍论”还是中国的“带犯罪发展论”，都清楚地表明：犯罪的升降只要控制在可控的范围之内，就可以视为是社会的常态，不必要过多地忧虑。在坚持对犯罪严厉打击的态势下，犯罪的小幅度升降都是正常的常态。

三、 两套评价体系的统一

“犯罪容忍论”与“带犯罪发展论”，有助于我们认识关于警察的两套评价体系，即主观评价体系和客观评价体系。主观评价体系包括：公众安全感、公共的满意度和公众对警察工作重点的认可。客观评价体系包括：发案率、破案率、犯罪时钟和犯罪发展趋势。

对警察工作科学的评价，必须建立在主客观两套评价体系的基础之上。单独偏重于一个方面，而忽视另一个方面都是不足的。西方警务改革的大趋势告诉我们：现阶段，在坚持主客观评价体系结合的同时，似乎更把注意力偏重在客观评价指标。这是为什么呢？

首先，客观评价指标往往可以弄虚作假。如果我们过多地强调了客观指标，就会使得具体的警务工作部门把主要精力放在应对犯罪数量上。这样很可能诱发弄虚作假，使得一部分隐案和漏案呈上升趋势。

其次，主观评价指标，也就是公众的满意度往往不受人为的控制，它是一定时间、空间内民意的具体体现。与客观指标相比较，主观指标似乎更加准确，不易弄虚作假，这就是为什么现在西方警务改革的大趋势，会把主观指标作为衡量的主要内容。

以“美国堪萨斯市警车车巡抑制犯罪的试验”为例。1973 年，堪萨斯市警察局将堪萨斯市分为三个车巡试验区：在 A 区取消了车巡，在 B 区坚持五辆车常规车巡，在 C 区加大了三倍的车巡力度及布置了十五辆巡逻车。试验进行了一年，采用数学模型。最后，美国警察惊奇地发现：这三个试验区犯罪数量大致相当。这说明警察车辆巡逻对抑制发案的作用并不明显。犯罪的客观评价指标并不理想。但是，该试验又发现：虽然车巡对抑制犯罪数量没有什么作用，但可以普遍增加公众安全感。美国堪萨斯市警车车巡抑制犯罪的试验从另一个方面告诉我们一个真理，那就是警察工作的主观标准和客观标准必须要统一。有的时候即使客观标准收效不大，也可以从主观标准中获得工作的成就，即提升公众安全感，提升公众满意度。

世界警务改革大趋势中对于警察工作评价标准的剖析，使我们对评价警察的主客观指标有了新的认识，获得了新的启迪。这对指导我们的警务改革有深远的历史意义和巨大的现实作用。

第十五章 所有制：公有警察与警察多元化（私有化）

第一节　定义与背景

第二节　警察所有制多元化（私有化）的形式

本章理论盘点与评述

第一节

定义与背景

警察，作为国家机器的重要组成部分，在许多人看来只有姓“公”（属于国家），而决不可姓“私”（属于私人或集体）。但近几十年来，“警察私有化运动”在西方蓬勃发展，方兴未艾。私人安全公司、合同警察、特别警察等多种形式的警察，如雨后春笋般发展，形成了第四次警务革命的主旋律。在我国，保安公司、联防队等辅助警力也在迅速发展壮大。一方面，人们对此颇感疑惑，另一方面，又不可避免地、无可奈何地看到这支力量由弱到强，星火燎原。警察私有化近年有新发展，即“警察所有制多元化”。这比私有化更容易被中国警察所理解。

一、 定义

在现代西方社会，警察工作面临两个时代性的挑战：一是承担更多的、更广泛的服务工作；二是更好地提高效益。由于市场经济机制的制约，警察工作投入与产出的效益问题成为驱动警务工作改革的杠杆。西方衡量警察效益的一个重要理论是“钱财衡量价值论”（Value for Money），这一理论在香港被译作“衡工量值”。在这种理论的驱动下，一系列警务改革出台，警察私有化就是其中的典型代表。

警察私有化的含义。警察私有化，英文为 Privatization，即在警务改革中，私人警察演变的趋势。这一概念对中国人来说很难理解，因为我国的警察是以国家警察为主体的。西方警察多数是地方警察，国家警察一般存在于欧洲大陆国家，以法国、德国的宪兵为代表。地方警察多存在于英国与美国，是一种向地方法律负责的自治体警察。在英国与美国，地方警察属于公有警察的范围，任何地方政府花钱雇用的除正式警察以外的辅助警察或保安力量均属于私人警察。私有警察的概念比较混乱。狭义而言，指私人和私人企业雇用的警察或保安人员；广义上指公有警察以外的所有形式的警察。

二、 警察私有化的历史背景

警察私有化是第四次警务革命的主要内容，是当今西方警务改革的大趋势之一。西方警察科学家预言，“警察私有化是与社区警务并驾齐驱的两大改革。也许，私有化将主导未来的警务革命”。社会需要警察私有化，主要基于以下四个因素：

（一） 警力不足

资金短缺、警力不足是各国警察部门共同面临的难题。为解决这两个难题，英国内政部不得不将警察预算承包并制定警察工资的最高限额。英国公众对日益增长的警察开支深恶痛绝，使社会与警察部门不得不另辟警力的新来源。

（二） 有偿服务

“你要获得服务，就要支付金钱。”这是市场经济中天经地义的规则。例如，英国足球俱乐部，雇用正式警察维护足球赛事的治安。但由于正式警察开价太高，许多足球俱乐部开始将目光转向私人安全公司。正式警察的服务价格是公开的，英国伦敦大都市警察每年向国家开价 100 万英镑，作为皇家公园警卫的报酬，英国航空局索取 160 万英镑作为警卫西斯罗机场的费用，肯特郡向新建的英法海峡通道派遣 150 名警察，要价 500 万英镑。由于正规警察要价太高，私人安全公司就应运而生。

（三） 服务定量

警察对社会与公众的服务是多方面的。从开救护车送病人到医院，到为动物提供保护，无所不有。服务清单包括：为足球比赛警卫、防止计算机诈骗、寻找丢失儿童、指路报时、防止文物走私等。在多数情况下，这些服务是免费的。市场经济有这样一个规律，凡是免费的，社会又十分需要的服务就一定是定量的。例如，英美等国医疗是免费的，所以必须定量。一个人为一次手术往往需要排队等上半年之久，因此，就给了私人医生行业很大的发展空间。警察的服务也是如此，许多小案子无法进行现场勘查或组织破案，于是私人安全公司也就从中找到了巨大的市场。

（四）自我警务的传统（Self－Policing）

私人警察在英美等国如雨后春笋，蓬勃发展，其中一个主要原因是，这些国家有悠久的自我警务的传统。这些国家多实行自治体警察，警察国有化的概念本身就不被人们所理解。加之公众的隐私意识较强，不愿让警察介入他们的私人生活，一旦发生案子，往往采取自警自救的措施。

第二节

警察所有制多元化（私有化）的形式

警察私有化是一个世界性的警务改革的大趋势，警察私有化被认为是指导第五次警务革命的方向。西方每一名正规警察，平均有三个辅助警力。

一、 私人安全公司

英国现有四个规模巨大的私人安全公司，四大公司占据了全英私人安全公司60%的市场，共计有2万余名私人警察。四大公司的名字是：“第四组”，占24%；“安全员”，占21%；“信任者”，占6%；“安全保镖”，占9%。其总效益达20亿英镑，其利润以每年15%的高速度增长。

私人安全公司最大宗的业务，是室内安全与技术监督。室内安全的市场很大。许多公司都需要私人警察做商店的保安员或私人侦探。许多银行与大企业都雇用私人侦探侦破案件而不愿惊动警察。最近英国警察部门的一项调查证实，20%的公司在发生诈骗案以后不愿报警而求助于私人安全公司。更有甚者，英国电子计算机公司联合会要求用户一旦发生计算机诈骗案，首先应向该公司报案，申请侦查。

合同安全员（Contract Security）是私人安全公司的另一项主要业务。私人安全人员承担公共地区与半公共地区的安全巡逻工作。据最近一项调查，英国现有1000多种不同的巡逻人员。许多巡逻人员是由地方议会出资雇用的，用以减少本地区犯罪。地方议会或市政部门也雇用私人安全人员负责学校、医院、地方法庭、图书馆等公共设施的安全。

二、 特别警察队

特别警察队是一个相当混乱的概念，有着广泛的外延。这些警察规模不等，组织各异。有的组织完善，规模较大，如英国交通运输警察、英国原子能局警察等。特别警察是地方当局雇用的，但属于私人警察的范围，与正式警察比较，它们有三个特点：其一，只向地方一些部门负责；其二，缺乏正规的警察培训；其三，没有警察投诉制度。英国共有26种特别警察，例如，皇家警察、国防部警察、皇家海军纠查队、英国原子能局警察、英国交通运输警察、伦敦港口警察、牛津学校警察、剑桥学校警察等。

以万兹沃斯公园警察为例，共有34名警察负责公园的保卫工作。当遇到重大刑事案件时，特别警察队员须把案件移交给正式警察。但对一般轻微的治安案件，他们就在自己的权限范围内处理。正如一名负责这支警察队的督察所说："他们的工作不是代替伦敦大都市警察，而是作为一支辅助性的制服警察力量。与正式的警察不同，他们不受内政部与地方警察署的制约，而只对领导他们的市政府负责。"

三、 文职警察 （Civilians）

英国警察雇用大量文职人员。尽管从英国警察建立之日起就有文职人员，但他们还是被称为私人警察。警察部门中有许多工作可以由雇用的专家担任，省去全面训练，并可节省一大笔开支。以伦敦大都市警察为例，在

2.8 万名警察中，就有 1.7 万人是文职人员。文职警察主要从事通信、接待、信息、排除炸弹等专项技术工作。

四、 警察承包制 （Contracting out）

正规警察通过合同形式，雇用私人承担一些原本属于警察的特殊工作，即“在政府中雇用私人警察”。雇用私人警察的工作包括：其一，自身服务性工作，如警察队内部的勘查测量、家具维修、汽车修理等；其二，社会服务性工作，如为公众进行失物招领；其三，警务工作，如伦敦警察局雇用私人保安公司进行车辆管制。在车辆管制中，决策权在正规警察手中，私人保安负责具体操作。这样一方面节省了大量预算，另一方面又把节省的警力投入到最需要的工作方面。

五、 特别警察 （公安员） （Special Constable）

长期以来，英国建立了公民志愿警察——特别公安员。

（一）机能职责

特别公安员是正规警察力量的辅助，在一些特殊情况下，如自然灾害，紧急状态等突发事件中作为警察的后备队。特别公安员每周工作不超过 4 小时，专业培训时间不在此列。特别公安员是群众性志愿组织，不可占用正规警察的编制与工作机会。除制止工人罢工等特殊工作外，特别公安员可参与全部警察工作。

（二）等级

特别公安员分为 4 等。它们是股级公安员、科级公安员、分局级公安员与处级公安员。

（三）制服

所有特别公安员都穿制服，肩佩“特别公安员警察后备队”字样。警衔分为：一道杠，股级；二道杠，科级；三道杠，分局级。

（四）工资

特别公安员没有工资。警察部门为他们提供“服务补偿”，即在服务期间损失工作的补贴。“服务补偿”相当于同级警察工资。

（五）招募

在地方群众性预防犯罪工作中，警察局的信息官员负责发现与考核积极分子。警察局的社区警察也可提供咨询意见。申请人在录取之前，必须经过由科员一级警察主持的面试，并向处长报告备案。

（六）训练

特别公安员须按《特别公安员手册》规定的内容进行训练。训练形式有师傅带徒弟制、年度集训制、教官咨询等。

六、 警察第二职业

美国警察除白天为警察局工作，夜晚或节假日多从事第二职业。这些职业包括：为私人企业、商店当保镖或警卫，交通疏导，为足球比赛、酒吧提供警务服务等。

警察局采用三种方法来管理第二职业：首先是《警官合同法》，即每名警官可自己独立寻找工作，但必须向警察局报告，获得批准。其次是《单位合同法》，即警察局以官方名义组织面向社会的服务。警察局向用户提供合适人选，介绍情况，并保证警官得到合理的报酬。最后是《工会经济人法》，即由警察工会出面组织服务，协调工作，解决人选报酬等问题。

警察从事第二职业引起了一些社会问题。警察部门不愿让警察从事过多时间的第二职业，以免影响正常工作，同时也担心警察从事过多低级劳动，如在酒店驱赶醉汉，从而影响了警察的专业化形象。私人安全公司也担心警察抢了他们的饭碗。

第二职业也对社会产生许多好的效果，正规警察夜间大量进入服务与娱乐行业，对犯罪分子产生极大的威慑，同时公众安全感因此大幅度上升。

警察私有化是当今西方警察科学研究的热点之一。

有人讲警察的私有化代表着第五次警务革命，是整个警察发展的大趋势。“青山遮不住，毕竟东流去。”西方一个正规警察有三个辅助警力去辅助他，而我们中国这个比例数更高。因为我们中国是世界上警力偏低的国家，现在最保守的估计是大概一个警察有四个辅助警力在辅助，我们的辅助警力这一块是用得较多，问题较多，使用程度也不够。

小结：以衡工量值为基础的警察社会化（私有化）将逐步占有重要位置。

本章理论盘点与评述

一、 警察史的辩证： 漫长的过去与短暂的历史

警察有漫长的过去，但只有短暂的历史。警察这个职业虽然现在看来很普遍，但是它的历史只有不足200年。

关于警察的发展史，现在占主流的观点有两种：

第一种观点，1829年罗伯特·比尔建立伦敦大都市警察，标志着现代职业制服警察的开始。

第二种观点，中国辽金时代的上京警巡院是正式的国家警察的开始，比西方早了几百年。

无论从哪一种观点来看，人类警察史都是比较短暂的。

罗伯特·比尔建立伦敦大都市警察被奉为现代警察的开始，伦敦大都市警察有这三个特点：

1. 全日制。

2. 职业制服。

3. 相对固定的国家机构。

而这三个特点辽金时代上京警巡院都是具备的。

在罗伯特·比尔建警之前，世界各国、各个民族都有自己的治安管理形式，也诞生了形形色色的带引号的警察。这种形形色色的带引号的警察包括两种形式：国家的警察和民间自办的警察。

国家的警察包括：日本的捕亡方、中国的巡捕、法国拿破仑的宪兵。

民间自办的警察和治安形式包括：欧洲中世纪的擂鼓鸣金鼓捕盗制、中国清代地方自办的巡警窝铺、团练等形式。

因此，在正式的国家职业制服警察出现以前，警察这一职业就以各种形式存在。国家和民间自办的属性长期的存在于历史之中。

有一点需要特别指出：就是我们研究警察历史的逻辑起点不是警察组织，不是警察个人，而是警察行为。如果以警察行为作为警察的逻辑起点，那么警察的历史就是非常的久远，甚至可以追溯到原始社会末期。

“警察沙漏论”。笔者曾经提出一个理论“警察沙漏论”。

1. 警察的发展史就像沙漏一样：两个底边比较宽，中间比较狭窄。

2. “警察沙漏”的上边是的历史起点，上溯历史越久远，警察的行为就越宽泛，警察的组织机构渗透存在于各个政府单位。其存在的形式多种多样，非常宽泛。

3. 到1829年警察成为独立的职业制服警察，这就到了中间最窄的地方。

4. 从1829年到现在，警察的发展经历了四次警务革命。而最后一次警务革命，即社区警务又将警察的职能、范围重返到社会，返璞归真。

5. 可以预言，在未来警察的组织机构、职能设置等可能重返社会，形成沙漏下端的另一个宽泛的边缘。

二、 警察性质的双重性定律：社会化与私有化的正名

警察性质的归属包括：国家警察与社会化、私有化的警察。在英文中，英文明确的标定为警察私有化（英文为 Privatization）。而翻译到中文时，又根据中国的国情，有人建议将它翻译为社会化。个别中国警察学者认为，警察是国家的机器，因此，警察私有化不符合警察学理。笔者认为翻译要忠实于原文，虽然把它翻成私有化和社会化都可以，但是一定要标注原文私有化。

三、 辅助警力的两难定律：强大的社会需求与尴尬的执法地位

回顾警察发展史，警察私有化形式作为国家警察的补充是长期存在的，是历史的事实。关于这一点也不必要躲躲藏藏。我们应该明确地、理直气壮地阐明，从警察史的发展脉络来看，警察存在着国家公有警察和民间私有补充制。而民间的私有警察大多是作为国家警察的辅助力量，以辅助形式而存在。

我们把国家正规的警察之外存在的各种协警、保安统称为辅警。世界各国辅警的存在有各种形式，如英国的公安员、治安承包组织，我国的保安、联防队员等。这些辅警尽管形式千变万化，但都具备以下特点：

1. 不属于国家正式警察编制。
2. 没有执法权限。
3. 工资待遇、配枪、制服，都有别于正式警察。
4. 转成正式警察的可能性不大。

如果用一句话来描述辅警所处的地位：辅助警力的两难定律是：强大的社会需求与尴尬的执法现状。

首先，强大的社会需求。无论是欧洲美洲，还是中国，警力缺编是各国警察所面临的共同难题。因此，就必须有强大的辅警队伍，作为警察执法的辅助力量和后备支援。据不完全统计，世界各国正式警察和辅警的比例是

1∶3，即一个正式警察，后面有三个辅警在辅助执法，而我国的辅警队伍比例更高，有人统计可以占到1∶11。

由于大量使用辅警队伍，使得辅警的资源匮乏，辅警培训、辅警素质等方面都亟待提高。辅警最大的特点是没有执法权，所以在日常执法中，一方面他们去协助正规警察执法，另一方面，又面临着没有执法权的不可逾越的障碍。很多社会上报道的警察在执法过程中的违纪行为，多是辅警所为。

有人认为警察私有化是第五次警务革命。关于这一判断，西方警学界有支持的，也有反对。但是这一理论曾经长期存在于西方学术界。最近，以“新三论”为代表的新的警务改革形式（包括反恐导向警务论、危机警务论和情报导向警务论）成为主导之后，关于警察私有化为第五次警务革命的揣测才逐渐降温。

第十六章

警察武装——军事化与平民化警察

第一节　警务原则论

第二节　军事化与平民化

第三节　“最小动用武力原则”

本章理论盘点与评述

第一节

警务原则论

警务原则论是英美警察科学的重要组成部分，是警察哲学的核心之一。缴济东认为："英国警察理论的主要支撑点，是几条警务原则。"由于警察科学是一门与警务实践密切接触的科学，从警务实践中上升的原则就必然是警察科学理论的源泉与支柱。在我国公安学中，公安政策与公安策略是重要的组成部分。警务原则论大致属于公安政策与策略的范畴。警务原则论包括：罗伯特·比尔建警基本原则、满意决定警务原则、最少动用武力原则、警务伦理原则等。

一、 罗伯特·比尔建警基本原则

1829 年，英国内政大臣罗伯特·比尔向议会提交《大都市警察法》。比尔在此法中阐述了现代制服警察的基本原则：（1）警察应以军队为榜样，建成一支稳定的、行之有效的队伍。（2）警察必须在政府的控制之下。（3）犯罪减少证明警察的效率与效益。（4）发布犯罪统计是警察的基本工作。（5）以时间和地域科学分配警力。（6）制怒、宁静、有礼是警察质量的根本保障。（7）以形象赢得尊重。（8）招募、训练适当人选是有效执法之本。（9）公众安全需要每个警察挂牌服务。（10）警察首脑机关必须接近公众。（11）警察需先见习，后上岗。（12）以犯罪分布调整警力。上述 12 条原则归纳起来，可以产生一个比较严密的现代制服警察的定义：警察是在政府控制下的，以军队为榜样而建立的一支稳定有效的队伍。它采用科学的选拔与训练方法，以减少犯罪为其效益的标志。接近公众是警察工作的关键，彬彬有礼是警察质量的保证。

上述警务原则有三点要注意：一是以军队为榜样，可以理解为军事化，但与军队有根本区别。平民化警察是比尔警察原则的核心。二是在政府的控制下，政府不是中央，而是地方。三是减少犯罪。包含抑制与预防双重含义。这三点是比尔原则的精华。后来，随着社会的变化，警察性质的变化，警务哲学也有了新的发展。

英国德文郡警察局前局长约翰·安德逊提出的警务改革理论认为，现代警务需要一种新的警务哲学。警务工作不仅是对社会丑恶的控制，同时也是对社会正义的激活。现代化的预防警务必须从传统的或罗伯特·比尔的模式中寻求一致。新警务哲学的本质是在新的意义下的返璞归真。在打击和预防犯罪上强调预防；在主动警务与被动警务上强调主动；在增编人员与提高素质上强调素质。新警务哲学是在英国警察装备现代化后，警察与人员比值达到高比例后提出的。它引导了主动警务的风格与社区警务等新的警务改革在英国的推广。

二、 满意决定警务

满意决定警务（Policing by Consent），又译作公众的满意决定警务工作的方向，是西方警察的基本理论之一。其主要观点为：自治体警察中，如美国与英国，警察的合法性源于地方政府，如果没有公众的支持，警察就会遭到抵制。因此，警察不仅是维护社会治安的力量，还应成为公众的助手、向导和朋友。由于阶级对立和矛盾，资本主义国家的警察从诞生之日起就与公众，特别是与劳动人民产生严重的对立。满意决定警务论是西方试图协调警察与公众的基础理论。

早在20世纪初，英国人奎特显就在《泰晤士报》上指出："伦敦的警察不仅是和平的卫士，而且应是群众最好的朋友，因为他们没有别的顾问或保护者。"英国警察在创建初期就一直在力图塑造的良好形象。到20世纪50年代英国警察创建了警民关系最好的黄金时代。摩而根给满意决定警务论下的定义是："警务是公众的事情，违法犯罪不仅伤害了个人，而且伤害了国家的安宁。满意不是指对特定警务决定的满意，而是指对整个警务政策的满意。"英国警学界对满意的含义下定了两种范围：一种是警务让法律满意，一种是警务让政治满意。然而究竟何种满意重要，仍在辩论之中。

三、 最少动用武力

西方警务理论之一，也是实践中的警务原则之一。本原则与满意决定警务和警察合法性两大理论密切相关。在理论研究上，强调坚持盎格鲁－撒克逊警察模式的特点（即英国模式），平民化、非武装性质和服务职能。强调英国警务风格中预防为主，重视警察与公众关系的历史遗产。在实践中限制动用武力，特别是在对待治安事件时保持克制、冷静，力图捍卫文职化力量的形象。

英国是世界上第一支制服警察的故乡。在英国建立警察初期，公众，特别是广大城市中下层人民对警察十分反感。工业革命产生了阶级分化和阶级矛盾的尖锐对立。伦敦城市中经常发生袭击警察的事件。公众曾谩骂警察是“轧路车”“政府的间谍队”。第二次世界大战以后，英国许多工业城市发生了工人暴动，特别是煤矿工人与警察的冲突。在处理这些事件中，警察与公众产生了尖锐的对立。20 世纪 70 年代到 80 年代，英国工人运动风起云涌，势不可当。面对到处发生的群众事件，英国警察在快速反应能力，控制能力等方面都显得无能为力。警察对群众集会、工人罢工的失控，直接导致了一场改革，即技术镇压。1976 年，警察在与群众的对立中用垃圾桶的盖子保护自己，抵抗石块的袭击，导致以后的警察装备防弹盾牌的使用。1981 年暴动又导致了在警察内部广泛采用防暴设备，如防弹衣和防护盾牌、催泪瓦斯和橡皮子弹。各国警察都十分重视防暴技术培训。在一系列警察与公众的尖锐冲突之后，警方领导中的有识之士开始就技术镇压进行反思。例如，德文郡警察局前局长批评说：“几分钟的失控和疯狂，也许会破坏不列颠一百五十年的优秀的警务传统。”

四、 警务伦理

“Ethics”译作伦理学、道德学或伦理观。警务伦理的中心含义为警务必须绝对服从法律和伦理双重指标。警务道德不同于医德，它不受警察所服务的文化、道德的政治气候的影响。警务伦理学包括：在理论上探讨警察伦理的概念，伦理的内容和作用。在实践上加强监督机制。健全法律与规章。

警务伦理学中重要的一个部分是侦查伦理。它强调警察在侦查过程中依法办事，树立良好的伦理道德。英国属于共同法系（Common-Law），在历史上就重视人犯坦白时警察的伦理，即人犯自愿原则。在预审过程中，警察不许采用恐吓、许愿和压迫的方式。

采用先进的技术装备是提高警察伦理的关键。十几年来，美国许多警察局在预审过程中采用了录音制度，以保证在预审过程中没有使用不正当的手段逼供。全部录音带将送交法庭，以供监督。同时先进技术装备也向侦查伦理提出了挑战，如在美国，警方可以对人犯使用测谎器，并认可测谎结果有可信成分。而在英国，警察认为这涉及侦查伦理，不应过分依赖机器。

侦查伦理涉及各种规章的制定。例如，17 岁以下的人犯不得接受采访。所有人犯在拘留期间具有与外界保持通电话、书信的自由等。

第二节

军事化与平民化

世界上的警察分两类，一类大陆派，一类海洋派。大陆派的警察以法国、德国为代表，以军警的形式出现；还有一类是海洋派，属于平民警察，主要是以英国为代表。现在世界警务革命的趋势是：无论是军警还是民警，武装化程度都是非常高的，即使是世界上最平民化的英国警察，现在也是武装到了牙齿，这是全世界一个共性。但有一条，虽然配有枪但警察不能随便使用。这就是西方警务理论中的主要原则。以英国警察为例，在理论研究上，强调坚持盎格鲁－撒克逊警察模式的特点（即英国模式），平民化，非武装性和服务职能。强调英国警务风格中预防为主，重视警察与公众关系的历史遗产。在实践中限制警察动用武力，特别是在对待治安事件时强调要保持克制、冷静，力图捍卫其文职化力量形象。

第三节

“最小动用武力原则”

一、“最小动用武力原则”的定义

最小动用武力原则是西方警察学理论和实践的重要原则之一。最小动用武力原则是指警察在处理和公众的纠纷、群体性事件时，要做到最小动用武力：能不开枪就不开枪；能使用非杀伤性武器，就不使用杀伤性武器；能在战略战术上运筹帷幄，就决不动用武力。

最小动用武力原则很像《孙子兵法》中所说的“上兵伐谋”“不战而屈人之兵”的思想。

最小动用武力原则有以下组成部分：

1. 在警察哲学上，尽可能少使用武力，尽可能不发起最后的攻击。

2. 尽可能地使用非杀伤性武器，如橡皮子弹、木弹、眩晕弹。用喷射黏合剂将闹事人员粘在地上；用电击枪将闹事的人击倒等。

3. 在具体战术上采用“形败实胜的战术”，即以表面的失利唤取公众的同情。政策和策略在应对群体事件方面起着至关重要的作用。

这个原则是在20世纪80年代传入中国的。英国是世界上第一支制服警察的故乡。在英国建立警察初期，公众特别是广大城市中下层人民对警察十分反感，带有敌意。工业革命产生了阶级分化和阶级矛盾的尖锐对立。伦敦城市中经常发生袭击警察事件。公众曾谩骂警察是“轧路机”“政府的间谍队”。

第二次世界大战后，英国许多工业城市发生了工人暴动，特别是煤矿工人与警察的冲突。在处理这些事件中，警察与公众产生了尖锐的对立。20世纪70到80年代，英国工人运动风起云涌，势不可当。面对到处发生的群众事件，英国警察在快速反应能力、控制能力等方面都显得无能为力。警察对群众集会、工人罢工的失控，直接导致了一场改革，即技术镇压。1976

年，警察在对群众的对抗中用垃圾桶的盖子保护自己，抵抗石块的袭击，导致了以后的警察装备，如防弹衣和防护盾牌、催泪瓦斯、橡皮子弹的应用。各警察局都十分重视防暴技术培训。在一系列警察与公众的尖锐冲突之后，警方领导中的有识之士开始就技术镇压进行反思。例如，德文与康沃郡警察局前局长安德逊批评说："几分钟的失控和疯狂，也许会破坏不列颠一百五十年的优秀的警务传统。"20 世纪 80 年代对技术镇压的反思，直接导致了英国警方对最小动用武力的理论与实践上的研究。

在理论上，英国警察就警察的发展方向进行了广泛的学术辩论。辩论的焦点之一是："警察应坚持平民化、文职化，还是向准军事化过渡。"大多数警察都赞成坚持和发扬英国警察文职力量的传统。辩论的焦点之二是："警察与军队的关系。"回顾历史，自从 1829 年现代警察成立以来，军队和警察职能上的差别在英国很明显，但在法国和其他一些国家，由于受拿破仑式警察体制的影响，警察职能往往处于军队控制之下。不仅在设立警察的一些地区，即使如美国的联合军队，也早已设立了保卫警察行动的后备军，使得军警差别不很明显。英国与法国、美国的情况不同。辩论的结果是，多数人认为警察应当有军队作后盾，但两者应有明确的界限。总之警察应保持文职力量的特性，应当与军队有所区别。

二、 "形败实胜的战略"

这一战略的含义就是表面上失败，实际上赢得了最后的胜利。

在实践上，英国警察创造了"形败实胜的战术"。直译为"以表面上的失败换取胜利"。形败实胜是英国警察在处理治安事件中采用的主要战术。是最小动用武力论的具体体现。笔者的导师比尔曾讲过他亲身经历的一次学生游行：

20 世纪 60 年代，海德公园常常发生学生的游行示威。那时，比尔还是大学生，一次，他参加了反对越南战争的学生游行。学生们排着整齐的方队，举着标语在伦敦大街上游行。警察也排着方队挡住了学生们前进的方向。两支队伍在相距 100 多米的地方都停住了脚。这 100 米是警察防暴的安全距离，因为学生们的石块是丢不了100米的。警察方队是手持有机玻璃盾牌的尖兵防卫线，阳光照在盾牌上好威武，像古代决战的战场。突然，盾牌闪开了一道线，十几个警察冲向学生的方队。这些警察身高马大，年轻力壮，身上制服里暗藏着防刺背心。要紧的部位都多穿了些衣服。学生们一见警察冲了过来，顿时群情激昂，围住这十几个警察一顿拳打脚踢。不想，这些警察只有招架之功，并无还手之力。不一会儿，被打破了鼻子，或者划破了脸皮。突然，一声信号笛响，警察反身，夺路而逃，冲回自己的方队。这时躲在树后边的人拿起录像机、照相机一齐拍照。学生们根本就不知道是怎么会事儿。

次日，各大报纸都登出了警察被殴打得血淋淋的照片。配有大字标题：

“××警察被打得遍体鳞伤，他还是个只有19岁的青年!”

“××警察头被打破，鲜血直流。家中上有80岁的老母，下有5个幼儿抱头痛哭!”

报纸大造舆论，弄得人声鼎沸。老头们开始骂学生们太粗俗，老太太们开始同情被殴打的警察。几天以后，学生们自知无趣，游行就结束了。舆论倒向了警察一边，警察成了社会扶植正义的英雄。这是一场争取群众的心理战，警察赢得了最后的胜利。然而又有谁知道，那十几个人组成的“被打小分队”是经过精心挑选，精心训练的。这就像《孙子兵法》中所云：“不战而屈人之兵，善之善者也。”

怎样评价西方警学中的最小动用武力理论，是一个较为复杂的问题。首先，马克思主义认为，国家的本身就是一个阶级对另一个阶级的专政。警察机关是国家机器的重要组成部分，是统治阶级手中的暴力工具。具体到警察动用武力这个实际问题上，应保持暴力（武力）的绝对性，同时考虑使用暴力（武力）的相对性。从根本上否定武力是不符合马克思主义基本原理的。纵观英国警察动用武力的发展史，每一个历史阶段都是工人阶级与广大群众同警察发生冲突后，工人阶级用斗争和鲜血换来的警察的让步。

其次，最小动用武力原则是一种宣传性的策略。十几年来，英国警察不断地加强武器装备，在对付爱尔兰共和军的斗争中，甚至配备了机关枪和装甲车。宣传上的文职化、非暴力化与本质上的准军事化、暴力化是英国警务改革的实质，切不可被表面的现象所迷惑，而这种内紧外松的策略本身就具有一定的启迪。

最后，最小动用武力，也是世界各国警察在长期实践中所发展的某种符合警务自身规律性的东西。我国古代军事上就有上兵伐谋，不战而胜的思想。以强大的武装力量为后盾，配以巧妙的宣传策略，无疑在警察对付闹事抗议等活动中有着特殊的功效。

本章理论盘点与评述

一、“最小动用武力原则”是世界各国警务改革的方向之一

1. 最小动用武力原则是警察在平息暴乱，解决群体性事件方面，吃了亏，流了血后换取的宝贵经验。英国社区警务之父约翰·安德逊曾经说过：“几分钟的失控和疯狂，也许会破坏不列颠一百五十年的优秀的警务传统。”在处理群体性事件的时候教训很多，总结起来就是，警察一时冲动而开枪，造成流血事件，会造成不可挽回的局面，这在各国警界都有深刻的、血的教训。

2. “形败实胜的战略”是警察谋略的具体体现，是“最小动用武力原则”的有机组成部分。具体地讲，就是以表面上的失败，换取实质上的胜利，以表面上警察的流血牺牲，来换取公众舆论的支持。

二、要区分军队、武警和警察三者之间的关系

只有从性质归属上认清军队、武警和警察三者之间的关系才能充分地认识到最小动用武力原则的合理内涵。

军队。军队是国家的武装力量，承担着对外战争，对内保护人民的任务。

警察。在警察内部分为两类：一类是武警，全名叫武装警察，另一类是普通警察。中国人一般习惯叫作民警。

在我国，武装警察属现役编制，军队装备，配备武器。承担着国家法律赋予的特殊使命，如消防、内卫与边防守卫。（2018 年后，武警领导体现有变动。）

普通的警察与军队和武警有着根本的区别。

首先，普通警察不是现役军人。

其次，普通警察也配发武器，但是，使用枪支得到严格的限制。

从世界范围来看，为什么把 1829 年罗伯特 · 比尔建立的伦敦大都市警察视为世界近代的警察的开篇之首呢？在此之前，法国“拿破仑的宪兵”的历史要早于英国警察。因为拿破仑的宪兵与军队相似，不是严格意义上的警察。

新的警察，也就是 1829 年罗伯特 · 比尔创建的警察有四个特点：

1. 着制服。

2. 全日制。

3. 非武装（平民化）。

4. 归属国家。

在西方警察研究的理论实践中，普通民警与军队和武警有着本质的区别，普通民警不是现役，而是文职警察，或叫作平民化警察。因此，普通民警最大的原则就是要恪守平民化和非武装性质。而英国警察时时刻刻牢记着自己的历史遗产，就是警察是为公众服务的，警察的权力是法律、人民和女王赋予的。英国警察十分珍视英国警察的传统美德，也就是 1829 年罗伯特 · 比尔建警时，所制定的那些规章制度，所遗留的服务、助民的宝贵精神遗产。

有人说：法国警察是宪兵，英国警察是绅士。英国警察恰恰代表着普通警察，是普通警察的典范。在警察制度分类上存在着海洋派警察和大陆派警察。大陆派警察以法国宪兵为代表，是武装的，中央集权的警察。承担的责任更多的是行政和镇压职能；而海洋派警察又叫：盎格鲁－撒克逊式的警察，它的主要职能是服务，主要的作用是社会的公仆。这是英国警察坚持最小动用武力理论的基础和实践的出发点。

普通警察向往军队和武装警察的佩枪，是对普通警察性质的误解。

三、 认识世界警务改革大趋势的主流和分支

从第四次警务革命，即社区警务改革之后，世界警务改革的大趋势不间断地向平民化警察的方向迈进。在警察角色方面，在坚持战士和公仆的双重职能的前提下，更多地向公仆的方向倾斜；从评价标准上，在坚持主观、客观两类评价标准的前提下，更多的是向以群众满意为主的主观评价标准倾斜；在警察性质上，更多地向平民化警察、最小动用武力方面倾斜。这是自 1829 年罗伯特·比尔建警以来将近 190 年警察发展趋势的主流。

近年来，由于美国“9·11 恐怖袭击”的影响，美国把反恐定为国策。因此，美国警察改革的方向与世界警务改革的方向有所偏离。在警察角色上强调战士的作用；在警察性质上，坚持武装的特性。这与世界警务改革发展的大趋势有所不同，甚至在某些领域是背道而驰的。怎样看待评价美国反恐导向警务对警务原则、警察伦理、警察学的影响呢？这是我们警务改革所必须要面临和解决的问题。

在美国反恐导向警务的影响下，世界上一些国家坚持强调情报导向警务，坚持警察的武装化特性。在警察角色中强调战士的作用。使警务改革跟着反恐导向的指挥棒转动，甚至把反恐导向警务、情报导向警务、预设为第五次警务革命。这究竟是对是错？是对警务改革未来的科学展望，还是一种不正确的判断呢？这都需要中国警察结合自己的国情，结合中国警务改革的理论和实践，结合我们优秀的优良传统，作出正确的抉择。

但有一点可以肯定：坚持全心全意为人民服务不动摇，坚持听党指挥，服务人民，执法规范，纪律严明的原则不动摇，这是我们警务改革的出发点和归宿。在这一前提下，重新反思最小动用武力原则，对我们的理论建设有极大的启示，对我们警务改革的具体实践也将会有极大的帮助。

下编　最新警务改革与展望

第十七章

新警察专业化论

第一节

新警察专业化运动概念的定义

2011年3月，美国人魁斯特佛·斯顿（Christopher Stone）提出了“警务改革新专业化”（Toward New Professionalism in Policing）。所谓“新专业化”，是针对20世纪20年代的旧美国警察专业化运动而言的。其主要观点为“警务改革新专业化”。

新警察专业化运动有四个要素：承担责任性（accountability）、有效执法性（legitimacy）、改革创新性（innovation）、与改革整体性（coherence）。

警务改革新专业化公式：承担责任性+有效执法性+改革创新性+与改革整体性。

第二节

美国警察的八大困境

近年来，美国、加拿大警察机构面临着重大的挑战，在警务改革中举步维艰，困难重重。

一是警力短缺。美国现有正规警察80余万人，但是由于美国实行的是以地区自治为主的警察管理体制，因此，大多数警察的正规化程度不够，训练不足。警力短缺已成为美国警察在打击犯罪活动时的软肋之一。

警力的概念分为两种：狭义的警力就是警察的编制数，广义的警力是指警察的战斗力。事实上美国警察的警力在世界范围来说还是比较高的，比例达到了万分之三十以上。但是，美国仍觉得警力短缺，原因是：由于美国警察体制是以地方管理为主，不能够使用统一的警察管理，存在着一定程度上的各自为政，警力难以整合，内耗严重。再加上美国警察的四级管理体制（美国警察机关分别隶属于联邦、州、县、市政四级管理地方）不能形成合力。由于历史上的警力高比值，使得美国警察认为目前警力仍然偏低。按照警察科学的理论，警力和公众的比例有一个饱和指数，也就是说到了1∶360的时候，警力上升的空间就没有了，或者很少。总之，美国的警力偏低，是由于美国的警察体制先天不足所造成的。与美国相比，我国的警力虽然有200万之多，但是警察和民众的比例低于万分之十三，也就是说，一个中国警察要干3个美国警察的工作量。

二是资金减少。这些年来，随着美国经济的停滞和经济危机不断出现的情况下，美国警方的预算越来越少。首先，美国的警察预算，在世界上来说是比较高的，其中一大部分是用于警察的工资。美国警察年平均工资在60万到100万元人民币之间，政府的财政负担是比较高的。其次，美国警用装备是数一数二的，从先进的排爆机器人，到海岸巡逻舰艇、空中直升机。养护这样一支高科技的队伍，所花的资金一定是非常庞大的。由于经费的短缺和犯罪率的不断上升，美国警察越来越重视犯罪预算的成本。这类似于国内公安教育中的治安效益问题，也就是研究警察投入和产出的比值问题。

在西方有一个专门的警察学概念，叫作“衡工量值”（Value For Money）。警察办案时如果过多地受到警务预算的限制，那么将束缚了警察手脚，影响破案率。

关于警察预算，在西方也是很有争议的话题，有人认为，警察就必须要靠高额的资金来养护，警务改革的核心基础之一就是增加预算。同时也有人反对，以持无增长改善论者为代表，认为大幅度增长警力，增长警用开支，对社会是无益甚至是危险的。警察现代化并不是以警察的高投入为标志。与美国比较，我国的警察预算不高，但是这些年，也有了巨大的增长。我们在警务的投入和支出上应有清醒的认识。

三是犯罪率不断上升。美国已经成为世界上犯罪最猖獗的地区之一，每年犯罪率在万分之一千以上，恶性案件时有发生，人民的抱怨逐渐增强。美国的犯罪率有一个很大的特点，就是居高不下，而且每年的起伏不大，形成了在一段时间内连续的“犯罪高台现象”。同时，由于美国是一个允许公民拥有枪支的国家，人口不足3亿，民间藏枪竟有2亿支。枪支泛滥，造成了很多恶性杀人案件，所以美国的刑事案件恶性特点突出。同时，公众安全感下降，使得美国不少城市的特殊地区，有犯罪地狱的恶名。

与美国相比较，我国犯罪的特点是起伏大，新中国成立以来有四次高峰之说，第一次高峰是1950年以镇压反革命为主题；第二次犯罪高峰产生于1961年，主要震荡源是天灾与人祸；第三次犯罪高峰产生于“文化大革命”期间，10年居高不下，被叫作“犯罪十年高台”；第四次犯罪高峰产生于改革开放之后，多种震荡源形成共振。这些年犯罪虽有所下降，但是整体回落的趋势并不明显。因此，犯罪上升可以说是各国警察所面临的共同问题之一。

四是警民关系恶化。少数族裔日益感到安全感匮乏，加之美国人权状况不断恶化，使得本来就不是很融洽的警民关系变得日益尖锐对立起来。关于警察的评价标准，一般有两个：一个叫客观标准，以发案率、破案率、犯罪趋势为主要内容；第二个是主观标准，以公众安全感、警察的满意度以及警察工作的重点为主要内容。在美国警务工作评价中，主观指标的分值不断下降，而客观指标也不断恶化，与主客观指标的恶化叠加到一起，使得美国警察十分被动。

世界警务改革的大趋势是主客观指标相结合，更重视主观指标。从理论上讲，美国警察还是十分注重警民关系的，美国警学基本理论中的核心词，一个是责任心，第二个是执法的合法性，这都与警民关系密不可分。无论是第四次警务革命的核心词——社区警务，还是第五次警务革命的核心词——新警察职业化，其警察学的核心理念都是“警权民授”。产生犯罪的根源在社会，抑制犯罪的主力军是人民群众。

美国警察机关也好，警察学校也好，都力图改善警民关系，舒缓警民对立情绪。例如，旧金山是一个族裔多元化的城市，华人在旧金山市的总人口中占有20%～30%，黑人也约占有同样的比例。因此，在警民关系建设中，旧金山警方非常重视和少数族裔社区的关系。如旧金山警察总局建立了亚裔警官协会。协会为旧金山亚裔社会警民关系的良好发展作出了巨大贡献。又如，美国联邦调查局（FBI）的培训学校设有对外开放的警察礼品小卖部。

以这种方式吸引中小学生参与警务活动，进而改善警民关系。

与美国相比较，中国的警务改革中，充分重视警民关系，并把全心全意为人民服务视作警察的根本宗旨。综上所述，改善警民关系是中国、美国警务改革共同面临的问题。相比之下，美国警察感到压力更大，这主要是由于他们的社会制度的先天缺陷所造成的。应当承认，美国警察已经充分认识到警民关系的重要性，并从理论和实践两个方面将改善警民关系纳入警务改革的核心。

五是警察教育资源的匮乏。由于美国没有像我国这样的警察学历教育，警察培训多是短训形式，这就使得警察受教育的程度与知识的更新越来越受到阻碍。接受高等教育者在美国警察中的比例相比世界平均水平并不高。广大基层警察不断抱怨训练质量的下降。美国没有独立的警察大学，一些警察学课程被放到了普通大学中，有些警察学课程与普通大学的学分制接轨。由于缺乏统一的警察分配制度，美国不可能建立像我国这样的独立的警察大学。他们警察所受教育知识宽泛，但警察的专业化、职业化教育受到影响，警察意识的教育培养也较难。

世界上关于警察教育模式有很多类型：第一类是英、美模式，没有独立的警察院校，没有警察内部的学历教育，注重实战技能的培训，而忽视理论法律知识的教育和警察道德规范的养成教育；第二类，欧洲大陆模式，以法国、德国为主，教育经费统一，体现军事化教育的特色，也缺乏独立的警察高等教育；第三类，东方模式，以日本、韩国为例，重视警察教育的理论培训和实战教育培训；第四类，发展中国家警察教育模式，包括许多亚非发展中国家，有很多出色的警察内部的学历教育，警察内部学历教育比例超过50%。但是他们又受到宗主国警察教育体制的影响；第五类，阿拉伯警察教育体制模式，注重学历教育，授予学士、硕士、博士的警察学位；第六类，中国警察教育模式，这种模式是由中央和地方两级政府分级管理，并在世界上开创性地把公安学作为一级学科，有完整系统的警察学历教育机构和体系，可授予学士、硕士、博士学位，同时，十分注重警察技能和实战的训练，形成了学历教育和在职培训相结合的警察教育培训模式。

美国和英国的警察教育制度，有利也有弊。其利是注重警察实战技能的培训，注重上岗前培训、在职训练；其弊是缺乏内部的学历教育，缺乏警察科学和法律知识的教育。因此，世界上警务改革的趋势之一，是这六种警察教育培训模式的互相借鉴、互相学习，减少差异性、寻找趋同性的过程。

我国警察科学的建设在世界上独具特色。我国的警察科学建设有以下几个特点：一是公安学和公安技术被列为国家一级学科，这在世界上是独一无二的。二是我们有着博士、硕士、学士的完整警察教育体系。三是在警察科学建设方面，无论是在系统性还是全面性方面都有着巨大优势：研究全面，规划有序，具有前瞻性。我国警察高校实行的以学历教育与在职培训相结合的方式，有着独特的优势。这一点得到美国和加拿大教育同行的一致称赞和羡慕。许多美国警察专家认为我们国家警察学历教育的特点鲜明，优势突出，他们很想学习。我们应对我国警察教育培训制度进行很好的总结、分析，找出优势，改进不足，坚持特色，大力宣传。在世界警务改革中，久而久之，或许会主导世界警察教育的大趋势。

六是美国警察管理体制自身带来的危机。美国警察体制是最典型的地区自治体制，有近两万个独立的执法机构，同时美国各州的法律千差万别，导致美国警察缺乏统一训练、统一经费和统一录用的标准。个别地区的警务改革并不能在全国推广，各警察局在工作中单打独斗，在案件侦破、执法办案方面协调配合困难，影响效率质量等。世界警察体制，粗略地分为大陆派和海洋派。大陆派，以中央集权领导为特色，以法国和德国为代表；海洋派以地区自治和平民化为特色，以英国和美国为代表。我们要充分认识到英美警察体制的弊端。美国有近两万个执法机构，是地区自治最典型的代表。这种早期的被美国人引以为豪的警察体制，其弊病越来越彰显出来。试比较英国，英国警察只分为43个郡，每个郡的警察局局长独立行使执法权。现在，警察领导集权化的呼声很高，合并运动正在兴起。因此，美国警察管理体制不改革是不行的，体制改革的紧迫性越来越强。

美国有近两万个独立的执法机构，其中不满25人的占80%，美国警察机构的特色是以地方自治为主，以块块领导为主。由于缺乏统一管理，造成各地分散混乱，杂乱无章。因此，美国产生了警察系统以外民间非政府性质的“警察机构标准”评估机构，对各执法机构的标准化、规范化作出评估。

在美国，执法机构要想达标，都积极申请通过这类评估机构的认证，取得相应资质，赢得社会的承认。

我国公安机关的领导体制：党委领导、分级负责，条块结合、以块为主，这在世界上来说是一种理想的警察体制。

七是警务改革缺乏动力。原有的社区警务模式在基层警察看来高深莫测，理论空谈，实践起来有很大的困难。对新的警务改革，如新警察专业化运动，又缺乏改革的原始动力和“全国一盘棋”的标准化规划设计与建设。

社区警务革命，最早是产生于美国，时间可以追溯到20世纪80年代，它是对警察现代化的重新反思与发展，为世界警务改革带来了一股春风。30年过去了，社区警务的一些不足也逐渐地暴露出来。首先，社区警务更像哲学即警察哲学，理念十分先进，但基层操作起来，没有依据，缺乏依据。其次，如果用统计学来看，社区警务在抑制犯罪上的作用，不像我们想象中的显著。最后，社区警务强调了警察的服务意识，使警察角色从战士转变成公仆或社会工作者。这无疑是警察角色的巨大进步。但是这种趋势，又削弱了警察专业化，削弱了警察必备的执法技能和学历要求。警察的知识面虽然宽了，但是不精，所以，大家都期待着一次新的警务革命。而新的警务革命是什么？对此众说纷纭，神秘莫测。

缺乏独立的警学研究体系，也拖累了美国的警务改革。对于警务重大热点难点问题，美国警察通常通过调动社会力量，投标选择科研机构，来研究解决。由于美国警察没有专门的警察学研究机构，所以像纽约城市大学等普通高校中的司法研究所就承担起了警察热点难点问题的科学研究工作。很多警务改革的重大项目，都是由普通高校来研究解决的。

改革开放以来，我国批判性地借鉴了欧美警务改革的经验与教训，自20世纪90年代起，在很多城市，开展了社区警务的创新试验，由于在理论和历史传统上，我们有许多和社区警务相似的传统，所以社区警务这一理念能够在中国迅速扎根、生长、开花。从理论上来讲，综合治理、标本兼治、群防群治、群众路线这些理论，都和社区警务有相似之处；从实践上来说，服务民众是我国公安工作的优良传统。所以，警察角色回归到公仆和社会工作者这种转变使得基层民警也可以逐步地接受。

社区警务在中国搞了几十年，缺乏后劲和动力，也面临着知识更新的问题。广大基层民警也在期盼着警务改革带来新的动力。比如说，创意警务、警务广场等一些新的警务改革模式，从基层涌现出来，并得到警界的承认。

八是反恐导向警务给美国警务改革带来新的冲击和挑战。“9·11”事件拉开了美国的反恐序幕。反恐成了美国的国策之一，在这种前提下，第四次警务革命即社区警务革命的许多理念，都被反恐导向警务所践踏。如警察服务意识的淡薄，警察返回到了“斗士”的形象，“最小动用武力原则”也形同虚设。美国警察在反恐过程中，强调使用致命武力，扩大警察权力，这些举措都削弱了尊重人权的警务改革潮流。这一趋势不仅影响到了美国，也对世界警务改革产生了不良影响。

世界警务改革趋势，历经了四次警务革命。特别是最后一次警务革命——社区警务革命，在警务改革的理论和实践上，都得到了根本性的梳理，并形成了良性的发展态势，具体有以下几个方面：一是在警力上，既重视警察数量的提高，更重视无增长改善，向素质要警力；二是在装备上，既重视大力发展警务高科技又重视以人为本，量力而行，警用科技和本国发展水平相同步。三是在评价标准上，既重视传统的发案率和破案率，更重视人民群众的满意程度，警民关系等主观指标。四是在警察角色上，形成了从战士到公仆的角色转变。五是在使用武器上，重视最小动用武力原则，广泛采用橡皮子弹、网枪等非杀伤性武器。这种良性的发展趋势被反恐导向警务所根本扭转，带来了很多负面的效应。

我们在过去的外警研究中，重视外警的经验和成就研究多，重视外警的经验教训研究少；强调向外警学习先进经验的呼声高，强调避免外警所走弯路的认识少。对几次重大的警务改革，其产生的背景、历史渊源、国情建设等，基础性研究还略显不足。因此，分析美国警务改革所面临的困难和挑战，从以上八个方面认真的思考，冷静的分析，收获应该是多方面的。

首先，认识到美国的警务改革不是一种十分完美的模式，也存在着诸多的困难和挑战。在比较中，我们可以发现自己的优势和长处，树立我们坚持中国特色警务改革的道路和决心。其次，对世界警务改革大趋势梳理与总结后，使我们认识到，新的警务革命绝不可能是一种警务改革，一次技术革命，或重大的警务改革事件的发生。古往今来，单一的技术革命，或单一的警务改革，都不能担当新的世界性的警务改革这一重任。最后，新的世界性的警务改革一定是全面的综合的警务改革，一定是在警察学理论指导下的警务改革。它也许不是轰轰烈烈，夺人眼球的改革，而是一场全面细致，润物无声的警务改革与全方位的调整。而新警察专业化运动，极有可能承担起这一重任。我国的警务改革，始终坚持在理论指导下的警务实践的改革，重视改革的历史延续性和对未来的创新性，重视个别典型的引领作用和在全国的普遍推广，避免了急躁、偏见和一拥而上的跟风。当我们面临新的第五次警务改革的曙光的时候，还应该以稳健扎实的平常心来对待新的警务改革。

第三节

剖析新警察专业化运动

新旧警察专业化之比较。什么是新警察专业化？美国人认为，警务改革的核心就是警察专业化，早在 20 世纪 20 年代，也就是 90 年前，美国人就开始了第一次警察专业化运动，那是在开发西部的时候，在荒蛮遥远的沙漠和小城镇中，警察面对牛仔单枪匹马的情况，那时候选警察很简单，如果谁打枪打得很好，给他一个六角形的铜牌挂在胸前，那么他就可以当警察了。90 年后，西部牛仔变成了顶盔掼甲武装到牙齿的“机器人”。在社区警务运动风风火火贯彻了 50 年后，美国人又重新提出了新的警察专业化运动。新警察专业化运动和旧的警察专业化运动，两者相隔了 90 年，警察从牛仔变成了“机器人”，旧警察专业化运动，就像使警察从婴幼儿时期进入青年；而 90 年后，新警察专业化运动使美国警察进入了中年期。这是在社区警务运动之后，在对社区警务利弊反思的基础上，美国人对警察专业化的最新理解。

关于警察专业的本质历来有一个大的辩论，那就是警察专业的本质到底是知识还是技能？

如果警察专业的本质是知识的话，那么警察就必须要接受大学的培训和进一步的教育。警察就应该像医生和物理学家那样，应该是终身教育为主的学习模式。

如果警察专业的本质是技能的话，那就没有必要读什么大学和研究生。警察就像一个修表的匠人或者是配锁的工匠一样，通过师傅带徒弟的学习制度和不断的技能摸索，就可以胜任工作。警察教育培训的核心，不是知识而是技能。知识是要在课堂里系统学习的，而技能是要在课堂之外不断演练的。传统意义上的技能像骑自行车、游泳、射击。所有的这些技能是不需要过多讲解的，而只要充分试验，充分练习，熟能生巧，就可以掌握的。不幸的是，在美国，这场大辩论中最后的获胜方是技能派。所以美国人把警察专业化运动主要定位在技能的专业化上。从这一理论和逻辑的起点出发，美国人把美国的教育培训体制，基本定位于不需要本科和研究生教育，而只要通过师傅带徒弟式的培训模式和不断的熟能生巧的锻炼，就可以培养出一个“完整”的警察。

美国人的这种观点，也深深影响了加拿大、澳大利亚，以致很多和美国关系较好的国家的警察培训哲学。以至于在几十个国家内都产生了一种重视技能培训，而忽视警察哲学教育的教育模式。其实这种模式是不完整的，甚至可以说是一种警察教育培训的误区。

三级警察教育培训金字塔。三级警察教育培训金字塔模式，我们把警察教育培训的内容分为三级。从下而上形成了一种金字塔式的模式。

三级警察教育培训金字塔公式：第一级警察哲学 + 第二级警务论 + 第三级警务基本技能。

最上一级，第一级叫作警察哲学。警察哲学是对警察基本理论的高度概括和总结，警察哲学的授课对象应该是警察机关的指挥者和警察局局长。这些人在警察队伍中的比例仅占很小的一部分。第二级叫警务论，是指警察学理论的各个具体分支。授课对象应该是警察局里的中层领导，他们的人数占了一定的比例，他们是一支承上启下的队伍。第三级，警务基本技能。这是金字塔的最底层，人数众多，培训的对象主要是基层的警员，他们占警察队伍的绝大多数。三级警察教育培训金字塔模式，给我们揭示了一个规律，这就是警察教育的内容是不同的，授课对象不同，他们应该是按培训对象的不同而提出的一个套餐式的训练模式，是一个金字塔形的三级理论模式。

新警察专业化有四个要素：第一，承担责任性；第二，合理执法性；第三，改革创新性；第四，改革连续性。四个要素组成一个完整的有机体，互为支持，缺一不可。

四、 承担责任性： 铁肩担道义

承担责任性是新警察专业化运动四个要素之首，也是这场新警务改革的灵魂和首脑之所在，它强调警察队伍面对社会日益复杂的状况和层出不穷的问题和挑战时，要勇于承担责任，不能后退半步，不可推卸责任。披荆斩棘，勇往直前。

1. 社区警务的核心理论是，产生犯罪的根源在社会，抑制犯罪的主力军是人民群众，在这场与犯罪斗争的战役中，警察不是主力军，而是一支重要的方面军，而人民群众才是主力军。这就从哲学上，推卸了警察对社会的责任。

2. 社区警务的另一个核心理论是犯罪守恒论，其认为一定的社会、政治、经济产生一定的犯罪，这种犯罪的总能量是由社会的大背景所决定的，因此任何一次犯罪高峰的到来，任何一次犯罪高峰的下降，都和警察没有直接的关系。

3. 社区警务理论还认为，过分的、局部的打击，会导致犯罪从甲地转移到乙地，从犯罪高发区域转移到犯罪低发区域，这就是所谓的犯罪转移论。这一理论又推卸了警察对犯罪上升的责任。

综上，社区警务的若干理论从哲学上巧妙地把警察责任从社会责任中分离出来，使得警察可以站在第三者的立场上来观察社会和犯罪的角力与斗争，置身局外，悠闲自在。

“3C”理论。新警察专业化运动对传统的这种警察的旁观者地位提出了批评，他强调警察必须要对犯罪的上升负责，要对社会的管理混乱负责，要对警察经费的短缺负责，这就是所谓的“3C”理论。

问责制。美国人魁斯特佛·斯顿（Christopher stone）列举了美国警察的问责制。他写道：“问责制的成本几乎是一个新问题，但是在州、地方政府削减预算之际，警务成本要受到全美国的严格审查。尽管有些警察机关会采用一些更老练的成本削减策略：（1）减少文职雇员的数量；（2）减慢警察新员补录速度；（3）限制警察加班的机会；（4）取消一些特殊计划。”

洛杉矶警察壮士断臂。魁斯特佛·斯顿列举了一个壮士断臂的案例。在洛杉矶，查理斯贝克警局的局长为了节约预算，削减了一个市级的警察局，这个警察局拥有130名警察，在预算削减期间，警察局快速反应的特警队被砍掉了，但允许在当地警区保留巡警。局长下了赌注，不知会不会引起犯罪反弹？

承担责任性使得警察重新担起了一副沉重的担子，这个担子的一头是社会责任，一头是犯罪上升。这副担子警察曾经卸下来有四十年到五十年之久，但是谁来挑这副担子呢？政治家显然不愿意挑这副担子，社会学家也望而却步，那么整个社会需要有一个人来挑起这副担子，于是这副担子又重新落到了警察那早已十分疲惫的肩头。在错综复杂的社会问题面前，在日益上升的犯罪局势面前，警察终于挺直了腰杆儿大喊一声：“我来了，让我负责吧！”

二、 合理执法性：激情的冲动和刹车的敏感

合理执法性是欧美警察科学里另一个十分重要的关键词。它的内涵包括：合法性；执法的合理性；执法的正统性。

魁斯特佛·斯顿（Christopher stone）写道：每一个公共部门都呼吁合法性，警察也不例外。20世纪打击犯罪的专业化活动中，凯琳教授和摩尔教授指出，警务工作的合法是指依法办案和警察专业化。20世纪初的美国警察为了能从政治操控的腐败中得以解放，坚定地向非警务活动说不！

简而言之，有效执法性是警察学的逻辑起点，它可以分成两句话，一句话是警察的权力从何而来，第二句话是怎样行使你所获得的执法权。有效执法性是建立在理论的象牙塔之上的。

第一个理论基础叫警权民授，警察的权力从形式上也可能来自于女王，也可能来自于国会，但是追本溯源，其根本都源于人民。因此人民群众的满意就是警察行使权力的基础。

第二个理论，善意限制。在和平年代，强大的警察力量并不一定是民主社会的福音，社会需要对警察强大权力的善意的限制，就好像一个车如果开得很快，就一定要有完整的制动机制。

第三个理论，最小动用武力论。由于警察的权力源于人民，因此警察的权力必须受到善意的限制，任何致命武力的使用，都可能导致人民群众的不满意和整个社会的混乱，因此最小动用武力原则是警察若干个金科玉律中的重要理论。

第四个理论，满意决定警务论。在复杂的警务改革面前，在日益涌现的困难和挑战面前，警察站在十字路口何去何从呢？有没有一个北斗星为他们指明前进的方向，有没有一个灯塔为他们照耀着前方的航程呢？答案是：有的，这就是满意决定警务论。人民群众的满意，社区的满意，决定着警务改革的方向，这实际上是警权民授理论在实际警务操作中的延伸和应用。

三、 改革创新性

改革的英文含义：改革创新；新生事物。“问渠哪得清如许，为有源头活水来。”警务改革如果缺乏了动力，警务改革就会终止，因此改革创新性，是警务改革的发动机，引擎越大，警务改革的速度才能越快。

改革有三种模式。第一种是自上而下的改革，也就是由警察的领导者或者警学家进行的顶层设计，自上而下的进行贯彻。比如说，传统的四次警务改革，都是这种改革的模式。第二种是中层学者进行的科学设计，这种科学设计基本上都是一些警务改良的模式，也就是局部的、细小的、技术的改革创新。第三种是下层警员的试验和呼唤，由于下层警员的地位决定了这种改革只能是局部的，一些好人好事的总结或者是局部的创新。

综上所述，新的警务改革萌芽于下层的呼唤，汇集于中层的设计，而最后的拍板和决断者，还是来自警察局领导和警务学家的顶层设计。因此四次警务改革之后的新的警务革命，也应该是自上而下的一种设计，居高临下，势如破竹。

“美利坚”民族是一个记仇的民族，他们受的刺激越大，能量聚集就越强。纵观美国的历史，有三次巨大的刺激唤醒了美国人整体的良知和国家的凝聚力。

第一次是第二次世界大战日本人偷袭珍珠港，在偷袭珍珠港之前，美国人对日本人采取的是一种绥靖政策。但日本人偷袭珍珠港事件，把美国人从梦中惊醒，因此美国举国上下齐心协力，对日作战，广岛和长崎两颗原子弹的爆炸，最终宣告了第二次世界大战的结束。

第二次大刺激是 1958 年苏联的卫星上天，在此之前，美国人一直处在一种优越感中，认为苏联的技术不过是雕虫小技，他们永远追不上美国科学技术前进的步伐，然而加加林乘坐的卫星绕地球一圈然后重返大气层，使得美国人惊醒，原来我们的对手已经超越了我们很久很久。由此，美国人通过了《国防教育法案》，举全国之人力、财力、物力，大兴教育，大办科技，终于以阿波罗登月的胜利，给了苏联人以致命的反击。

第三次大刺激是“9·11”事件。恐怖分子的飞机撞击了纽约的世贸双子大楼，造成 3500 人以上的死亡，这是自珍珠港事件以后，美国本土遭受的第二次打击，这一打击严重震撼了美国人脆弱的心灵。因此，美国人把反恐定为国策，围绕反恐进行了警务改革，我们叫“七剑下天山”。

洛克比空难。任何一次新的刺激会带来一次举国上下的变革和改革的冲动，仅以反恐导向警务为例，每一次恐怖主义的袭击，都会导致警务改革在战术层次上的对应。比如洛克比空难，数百名美国人在圣诞节回家的路上遭到恐怖主义炸弹的袭击，飞机在洛克比上空四分五裂，震惊了美国。那么美国人要采取什么措施，来对应洛克比空难式的恐怖主义袭击呢？

伦敦爆炸案。挑战不仅来自美国，让我们把目光再聚焦到英国，2005 年的“七七爆炸案”，伦敦地铁和若干城市中心等重要地标同时遭到恐怖主义的袭击，使得军情五处和军情六处这些被平民化和最小动用武力原则洗脑的警察也在考虑这个原则的对错与利弊。一年以后，伦敦“7·21”爆炸案就没有人员死亡，我们看到伦敦市民在遭受爆炸后扶老携幼，互相包扎，按照演习指定的步骤撤离地铁，转移到地面。这种训练有素和预案先行的策略，使我们仿佛回到了若干年以前泰坦尼克号沉船的那个年代，看到了英国绅士面对危机和挑战所表现出来的充满人性的光辉一面。当我们庆幸“7·21”事件没有人员死亡之际，“8·10”案又悄然降临了伦敦的机场，在从英国飞往美国的10驾航班上恐怖主义分子全部装上了液体炸弹，这些炸弹巧妙地藏在行李中，或者是由婴儿的妈妈装在奶瓶里随身携带上飞机。恐怖主义分子期待着如果这10架飞机飞到大西洋的上空同时爆炸，就能造成3500人以上的死亡，这种恐怖主义的打击效果完全可以超越“9·11”对美国的打击。就在恐怖分子精心策划的同时，军情五处和军情六处的警员们并没有高枕无忧，一份绝密的材料，一份惊心动魄的情报由巴基斯坦的情报部门转交给了军情五处，这是一份50多人的巴基斯坦裔英国人的名单，紧接着英国人把这12名巴基斯坦裔英国人全部抓获，一网打尽，成功阻止了这场恐怖主义的袭击，这个伟大的事件被叫作“惊魂十二小时”。这“惊魂十二小时”被誉为人类反恐最伟大的胜利。

当我们回顾这一次次的挑战、惊险、袭击、爆炸的时候，我们可以看到，警务改革在战术层面上的一次一次的反思、改进和发展，因此改革的创新性是对警务工作所面临挑战的一次一次的被动反应。由这种被动的反应带动了警务改革整体的前进。就好像孩子生下来要注射卡介苗一样，当我们人的肌体每一次遇到病毒挑战时，都会重新激发免疫力，凝聚全身的防御机制来应对病毒的侵入。这就是我们所说的警务改革的创新性。

四、 警务改革的连续性

警务改革的整体性，包括横向和纵向两个方面。当我们对警务改革进行反思和总结的时候，一个是反思它时间的连续性，也就是从第一次警务革命到第四次警务革命，乃至第五次警务革命，两百年的历史进程。第二个脉络是指横向的地域延伸。离开这两维的任何一维，来谈论警务改革都是片面的。

历史的回顾。四次警务革命的回顾，首先是历史的回顾，四次警务革命，像是一条大河中掀起的四次大的波澜，有起也有伏，有涨也有落。每一次新的警务改革，都是对上一次警务改革的反思、总结和发展；任何一次新的警务改革，都天然带有历史的印迹。

地域性。警务改革的第二条脉络是地域性。一方面，英国的改革，不仅限于英国。以社区警务为例，它影响了英国的三四十个殖民地国家，这些国家漫布于亚洲、非洲等发展中国家，以至于对中国的警务改革也产生了巨大的推动力。而在大西洋的另一边，美国人却在为警务改革的统一性和连续性发愁，因为美国它是一个地区高度自治的国家，它的两万多个执法机关互不隶属，杂乱无章。在美国任何一个好的警务改革，要想在全国推广，都是困难重重的。

放眼世界，前四次警务革命，虽然发端于某一国家或者某一历史阶段，但是它的影响力都是超越时空的。从时间上来说，它可以延续几十年；从空间上来说，它可以散布在世界的大洲大洋，因此在现代社会，任何一次世界性的警务改革，都必然是全球性的，地域空间上的阻隔作用越来越小，地球村的概念越来越深入贯彻到所有科学理论中。

第四节

真的有第五次警务革命吗

1. 四十年定律。

当我们回顾四次警务革命，冷静分析每一次警务革命跨度的时候，可以发现这么一个规律，那就是第一次警务革命到第二次警务革命，中间的时间跨度是将近一百年；而从第二次警务革命到第三次警务革命，中间的时间跨度是四十年；而从第三次警务革命到第四次警务革命，时间的跨度也大约是四十年。于是我们不由得产生联想，难道真的存在一个警务革命的四十年定律吗？社区警务运动，可以说在整个人类历史上，掀起了一场轰轰烈烈的警务革命，而这场警务革命已经延续了四十多年，从时间规律上分析，新的警务革命应该就要诞生了。

2. 综合定律。

当我们期待第五次警务革命到来的时候，或多或少在我们的头脑中都有一个误区，我们盼望第五次警务革命一定是一场新技术的革命，或者是一个新事件的革命，所以我们把目光过多地放在了情报导向警务论，或者是反恐导向警务论，这两个足以迷惑我们视野的事件上。但新警察专业化运动给我们敲响了警钟，也就是新的警务革命一定不是单一的事件或者是单一的理论。它一定是一个由警察哲学指导的综合警务改革理论自上而下的全面的警务改革。而新警察专业化运动，恰恰具备这一特质。新警察专业化运动是第五次警务革命的“最佳人选”。

3. 疑惑的目光。

当我们猜测第五次警务革命就是新警察专业化运动的时候，其实我们内心的底气并不足。

首先，美国的这场警务革命，能够推广到世界上吗？或者说它的影响从时间和空间的跨度上会有那么大吗？

美国人克里斯多夫·斯通和杰里米·特拉维斯（Christopher Stone and Jeremy Travis）写道：“我们通过一些国际组织可以观察到，世界上其他一些国家的警察也显示出正在为责任制、合法性、创新还有区域联合这四个方面努力的趋势，如巴西、印度和南美的一些国家还包括法国和加拿大。这说明包含这四项原则的全球警察文化反映出各国的警务领导人的共识。”美国人似乎觉得他们的这场革命在世界范围有一定的影响。

其次，人类真的会有第五次警务革命吗？还是从此以后再也没有警务革命了，而只是由一些细小的警务改革来推动警务改革的进程呢？

最后，还有一种理论认为，也许第五次警务革命不会出现全球性的警务革命，而只是各国根据自己的具体实践而形成的小范围的、小区域的警务改变，形成诸子风起、百家争鸣的局面。当我们面对第五次警务革命的曙光照耀在我们的窗口时，我们的疑惑反而越来越多，这种谨慎的疑惑也许不是坏事。

第五节

让我们来设计第五次警务革命

新警察专业化运动毕竟充满着美国人的思维，无论是从哲学上，还是从警学概念上，都深深带有美国人的思维定式烙印，对中国人而言，缺乏逻辑性和系统性，有些枝端末节，在我们看来甚至不近人情。那么我们就借来一支评判世界的大笔，挺起胸、昂起头，自己来设计第五次警务革命。我们把第五次警务革命设计为十个要素，其中前五个针对的是警察本身，也就是以人为本，而后五个要素针对的是警察机关，也就是整体的提高警察机关的效能。

首先是警察个人的五个要素：

第一，头脑灵魂。第五次警务革命中的未来警察，其头脑一定是以警察哲学武装的，一定是理想警察的代表，他的头脑中装满了警权民授，满意决定警务论等警察哲学的理念，他不仅仅是个战士，更是一个警察哲学的学者。他的举手投足，每一个枝端末节的警务改革，都是以警察哲学来进行指导的。他像是一个身穿长衫的儒者，举手投足无不矜持，充满哲学的思辨和理念。

第二，体能技术。新型警察一定是高度专业化，技能超群的优秀战士，擒拿、驾驶、格斗，无一不会，无一不精，他的形象就是007，充满自信，遇事不慌，办事果断。

第三，眼睛耳朵。新型警察是以情报导向警务武装起来的警察，一方面他有高度搜集情报信息的能力，对情报信息有完整的解读能力，同时他又能与社区联系起来，通晓社区警务的真谛，他可以把人民群众变成自己的眼睛和耳朵，在与人民群众打成一片，为人民群众服务的同时，获得第一手最新的详细的情报资料。

第四，警察权力。新型警察也可能坐在巡逻车上，也可能手持最先进的枪支，也可能拥有顶盔掼甲武装到牙齿的装备，但是他深知警察权力是人民所赋予的，深知善意的对警察权力的限制，不仅对社会是福音，对警察自己也有好处。因此，新型警察有强大的能力，而从不使用这些能力，最小动用武力原则是他内心的核心理念。

第五，交往能力。新型警察在与社区的交往中，没有忘记第四次警务革命的核心理念，永远把和人民群众的关系看作无比的重要。他可能会是在街上巡逻的警察，但他给每个孩子都准备了预防犯罪的小礼物，他会教每个孩子说一些预防犯罪的歌谣和警语，他会是在雨天去抢救陷入水中的汽车的天使，他也可能是为孤寡老人送去温暖的，人民最敬重的最可爱的人。

警察个人的五个要素：头脑灵魂 + 体能技术 + 眼睛耳朵 + 警察权力 + 交往能力

其次是警察机构的五个要素：

第一，后勤装备。

新型警察固然有十分高尚的警务理念，但是却也离不开人、财、物的充分支持。一方面新型警察以无增长改善论作为自己行动的准则，尽量不增加社会的负担。另一方面，新型警察巧妇难为无米之炊，警察的现代化一定要有人、财、物强有力的支持。

第二，警力充足。

在社区警务时代，人们的思维有了突破，认识到高速增长的警力，对社会而言未必是福音，比值过高的警察数量，对社会不仅是无益的，而且有时甚至是威胁。因此警察必须紧紧依靠社会。一方面，警察提出了警力无限、民力无穷的哲学思想；另一方面，警察也深知当警力缺乏的时候，特别是基层警力缺乏的时候，又会束缚住警察的手脚。随着社会的进程，社会的发展，整个社会对警力的要求，也是一个不断增长的态势。尽管它有上限，有比例饱和的数值。西方人认为，三百个公众配备一名警察就是警力的最高限。这个被叫作比例饱和。在这个比例饱和数值之下，适当的增长警力，是社会和谐比较的一种标识。忽视警力发展，增加基层警察工作量的做法，也不是第五次警务革命的宗旨。

第三，评价标准。

社区警务运动，在强调主客观两大评价体系的时候，往往偏重于主观评价体系，具体到警务工作评价中，就是以发案率、破案率为指标。以公众安全感和公众对警察的满意度为指标体系，社区警务运动往往偏重于主观评价体系，而新型警察认为，客观评价体系也不能忽视。如果一个社会有一个高发案率和一个低破案率，警察也是无法给群众和社会交代的，警察绝不能把这副担子推给社会。

第四，警务风格。

警务风格分为主动先发警务和被动反应警务。社区警务运动偏重于预防为主，主动先发，这无疑是警务革命的一次巨大进步，但是事后反应、快速反应，也不能够忽视，要力图找到预防和快速反应结合点，形成一种动态的平衡。

第五，组织体制。

实际上的警察体制分为以地区自治为主的，所谓块块领导体制和中央集权领导的，所谓条条领导体制两大类型。应该指出的是美国和英国这些西方资本主义国家有代表性的警察体制，大部分都是地区自治的块块领导体制。这完全是由于他们政治、经济、历史大背景所造成的。当我们唤醒这些警察体制能够有朝一日经过精简合并运动，把其变成逐步向中央集权的条条领导体制转换的时候，不要忘记欧美等国具体的国情，要让他们有朝一日变成条块结合的领导体制，是非常困难的。而美国所面临的困境，又大大的多于英国，所以适当保持现有体制的稳定性，也是新型警察所面临的挑战，尽管保持这种现状会困难重重。

警察机构的五个要素：后勤装备+警力充足+评价标准+警务风格+组织体制。

根据美国人所提供的样板，即新警察专业化运动，重新设计了第五次警务革命的范本，它也可以再沿用新警察专业化这个名词。新型警察应该有敏锐的头脑、高尚的灵魂、坚强的肌肉、发达的听觉嗅觉、微笑的脸庞和强大的公关能力、自强不屈顽强的内心性格，应该是这样一个充满活力、朝气蓬勃的警察形象。同时作为队伍而言，应该是警力充足、装备得当、评价标准统一、警务风格适中、组织体制科学的警察队伍。这种新的模式，也许说起来并没有什么十分新颖之处，并不能撼动我们渴望改革的心理，但是他确实是警务改革稳固发展，逐步向前，能够承上启下的较为完美的模式。

本章理论盘点与评述

一、 第五次警务革命的四大选项

第四次警务革命，即社区警务运动在世界各国已经开展了 40 多年。人们不禁要问：第五次警务革命到底是什么？第五次警务革命什么时候会到呢？

关于第五次警务革命的主题有四大选项：

1. 情报导向警务。情报导向警务是世界各国公认的新的警务改革运动。很多西方警察学者都认为情报导向警务将主导下一次警务革命。

2. 警察私有化运动。

3. 危机警务。如何应对危机，危机谈判与解救人质。怎样应对和平息突发事件。

4. 反恐导向警务。

人们都坚信在这四大选项里，必然会诞生下一次警务革命，也就是第五次警务革命。那么，这四个选项中哪一个会脱颖而出，勇于担当，成为下一次警务革命的主题词呢？

二、 警务革命的的标准

说到警务革命，就要提到警务改革。警务革命和警务改革的区别在哪里？

首先，警务革命是全局性的革命，是警察发展史上的重大历史事件，它将深远地影响着世界警务改革的进程。

警务革命的特性：（1）全局性。（2）历史继承性。（3）以人为本姓。

而警务改革往往是局部的、单一的。例如，某一种新的破案技术对破案产生影响。

警务改革的特性：（1）单一性。（2）一过性。（3）以技术为本性。

对照以上标准，我们再重新衡量四次警务革命。

第一次警务革命：1829 年罗伯特・比尔建立伦敦大都市警察，这是警察从无到有的革命。

第二次警务革命：美国警察专业化运动，是警察走向独立成熟的标志。

第三次警务革命：世界性的警察现代化运动，貌似和技术有关，但它不是单一的技术，而是在人财物方面的全面提高和发展。

第四次警务革命：社区警务运动，它是一场以警察哲学为主导的，全面的警务革命。从警学理论、警务理论到警务改革全面的革命。

反过来，我们再对第五次警务革命的四大选项逐一作一次筛选。

1. 情报导向警务。情报导向警务最有希望成为第五次警务革命的担当，但是它更像是一场技术革命。

2. 警察私有化。警察私有化也不是全面的警务改革，而且和真正的国家警察相去甚远。

3. 反恐导向警务。反恐导向警务是单一的、具有特殊历史阶段性的警务改革。

4. 危机警务。危机警务只是警察应对危机，应对解救人质危机的一种局部的技术改革。

因此，以上四大选项都很难承担起第五次警务革命的重任。

应当认识到：情报导向警务和警察私有化两项改革，不仅是一场局部的技术革命，它们有一定的警务理念的改革，可以说是准警务革命。

三、 警务革命的认定只能是过去时而不是将来时

我们并不能认定第五次警务革命究竟是什么？警务革命的认定只可能是过去式，而不是将来时。警务革命只有经过历史的筛选，由历史来确定。因此，警务革命只能是对历史进行总结，警务革命永远是过去式，而不可能是将来进行时。我们可以预测警务革命，但是预测往往是不准确的。面对历史这样一个铁面无私的法官，我们的预测和判断往往是力不从心的。第五次警务革命究竟是什么？我们只能拭目以待，让时间告诉我们答案吧。

第十八章 理想警察论

警察是用特殊材料打造的人，是接触了太多阴暗，却永远充满光明的人。尽管在现代社会中，人们对警察的评价和社会期待并不是文化正面的和无比高尚的，但是警察就其本质来说，是一个高尚的和令人尊敬的词汇。亚里士多德曾经说过，警察是上帝送给人们最好的礼物。由此派生出很多这样的说法：警察就是政府，警察就是城市和国家的名片。

第一节
理想警察的定义

警察就其本质来说，是一个高尚的和令人尊敬的词汇。英国社区警务之父约翰·安德逊在《自由警务论》中提出理想警察的概念。

理想警察的定义。理想警察（The Superior Police）又可以翻译为超级警察、完美警察和品质警察。理想警察是英国警察学中的核心理念，代表了现代西方警察哲学所探讨的警察角色的定位和警务改革的方向。理想的警察，首先是爱心为本，其次是技能超群。如果一个平凡的人，能够树立起强大的爱心，对社会报以无私的奉献，他就可能变成现实生活中的英雄。

人是警务改革的灵魂。警务改革的发展是沿着两条主线展开的，一条是警察工作的改革，一条是警察素质，也就是作为以人为本的提升。警务的改革和人的素质提升，两者相辅相成，而最根本的却是以人为本。就好比赛车，不管这个车开得多快，表演多么让人眼花缭乱，但赛车的灵魂是驾驶员，也就是人。飞行表演也是这样，令人羡慕的飞机在天空表演出眼花缭乱的动作，但是它的灵魂还是驾驶员。因此，所谓警务改革其根本是人素质的提高，如果我们忘记了人才是警务改革的灵魂，那么我们就不可能对警务改革有一个全面的了解和认识。

第二节
安德逊的畅想曲：理想警察

英国社区警务之父约翰·安德逊在自由警务论中提出了理想警察（Superior Police）的概念，理想警察又可以翻译为超级警察、完美警察和品质警察。根据中国人的习惯，把它译为理想警察。理想警察是英国警察学中的核心理念，即设想在警察现代化之后公众所需要和认可的警察形象，也代表了现代西方警察哲学所探讨的警察角色的定位和警务改革的方向。

英国绅士。工业革命之后，最早出现在泰晤士河边的英国警察，是一群温文尔雅的英国绅士。想到他们就想到了福尔摩斯和那个机警的叫作华生的医生，这是萌芽时期的理想警察。

詹姆斯·邦德。在现代化时期，理想的警察是007詹姆斯·邦德，他们是英国军情五处和军情六处的代表。形容他们有三个字叫高、黑、靓，他们遇事不慌，办事果断，擅长擒拿格斗，也懂驾驶，成为人们心中的英雄。这是警察现代化时期的理想警察。

到了社区警务阶段，就出现了无数个警察的亲民形象。英国警察上街发那些穿着警服的小熊玩具，每个小熊后面都有一个白色的缎带，上面写着："不要和陌生人说话。"警察用这样的方式宣传，博得孩子们的笑声。还有和吸毒少年交换针头的警察，他们用消过毒的针头和孩子们交换带血的针头，回去后将其消毒处理干净，第二天再上街发针头、换针头，以这种方式来挽救那些吸毒者的生命。他们真的是公众眼里最可爱的人。这是在社区警务时代的理想警察。

因此我们说到理想警察这个概念的时候，不同的国度，不同的时间，都会有不同的模本和不同的形象。每个国家的警察，都是这个国家的名片。如果你到泰晤士河边，你可以看到白金汉宫前面的警察换岗，那是一群由漂亮的男孩和女孩组织的骑警队，他们的脸上永远充满着微笑，如果你要和他们合影留念的话，他们从不拒绝。他们的微笑告诉你，我们所秉承的是罗伯特·比尔时代建立起来的英国警察的亲民形象。

第三节

什么是最美的警察

不同的职业都有最美的代表。我们可以看到不同的职业，都有最美的代表。

最美护士：一个女护士下班路上，在路边看到一个老人摔倒了，昏过去了，女孩毫不迟疑地伏下身去给老人做人工呼吸，因此被网友称作最美的护士。

最美司机：一个司机在行车的过程中，被迎面飞来的铁块砸碎了肝脏，可是他强忍剧痛，把车平稳地停下来，让乘客安全走下车，而自己却因伤重而去世，这就是最美的司机。

最美教师：为了拯救孩子们，女教师奋不顾身从车祸现场中抢救了自己无数的学生，然而自己双腿被截肢，这样的教师被叫作最美丽的教师。

最美丽士兵：为保卫祖国的边境献出了自己的生命，献出了自己的热血，他们被叫做最可爱的人。

……

因此，每一个职业，都可能出现最美丽的人，这种称赞，与人的外貌无关，也不是业务素质的高低，更重要的是他们人格的高尚和灵魂的美丽。一个具有高尚人格和灵魂美丽的人，则很有可能被社会公认为某一行业中最美丽的人。其实警察也是如此，理想的警察、最美丽的警察，一定是热爱人民的人，一定是救人于危难的人，一定是在人民群众遇到生命财产威胁的时候挺身相救的人，一定是默默无闻地为社区群众无私奉献的人。

理想的警察，首先是爱心为本，其次是技能为本，技能和爱心相比较，可能永远处于第二的位置。如果一个平凡的人，能够树立起强大的爱心，对社会报以无私的奉献，他就可能变成现实生活中的英雄。

第四节

理想警察的几大特征

第一，权力：警权民授。任何一门学问，都有一个主题词。如果把握了这个主题词，也就把握了这门学问的精髓，看透了这门学问的本质。如果说教育学的核心词是发展的话，那么警察学的核心词就一定是权力。这里有两个要素，首先权力从何而来？怎么应用权力？因此权力是西方警察科学研究的理论起点和重中之重。这方面的研究派生了很多分支，比如，最小动用武力原则、满意决定警务论，都是围绕着对警察权力善意的束缚，西方警察普遍认为，在一个和平的民主社会中，对警察权力以合理束缚，无论是对社会还是对警察自身，都是一种福音。

第二，伦理：警察伦理学。警察绝不是单纯暴力的概念词，相反警察应该是温文尔雅、知书达理的一种职业。而理想警察的代表，就是他具备普世价值中对真善美的追求和高尚的情操，而这一切都是以伦理学为出发点和归宿的。因此警察在执法中，每一个环节从巡逻、抓捕、审问都要体现出伦理学的精神。比如说，审问人犯的时候要有全程的录像来保证审判的公正和讯问的非暴力倾向。警察伦理学是对警察权利善意的束缚，而一个伦理高尚的警察，才能具备理想警察的根本素质。

第三，角色：服务社会的公仆。如果说第三次警务革命，警察还是一个战士的话，那么第四次警务革命后，警察就变成了公仆和社会工作者的角色。在西方有无数这样的警察模范，比如说，上树给老百姓救猫的警察，夫妻吵架去做心理调节员的警察，还有女孩子被性侵害去做安抚的心理医生的警察。他们受爱心驱动所做的这一切，都会被人们记在心上，然后被冠以理想警察的桂冠。如果警察感动了社会，社会就不会忘记警察。

第四，犯罪：打击犯罪的战士。理想警察的双重角色。一方面对社会的丑恶和犯罪深恶痛绝，对严重的刑事犯罪抱以零容忍的态度，另一方面，对一些轻微的犯罪又表现出极大的理解和宽容。一方面对杀人、放火、爆炸这些严重刑事犯罪，他们给予严厉的打击。另一方面，对青少年犯罪，对一些因为贫穷而产生的小偷小摸行为，他们又会具有社会学家的心肠，给这些人找出路想办法，使他们重新做人，重新回归社会。

西方警学提出了犯罪容忍论和犯罪守恒论。犯罪守恒论认为，一定的社会政治经济产生一定的犯罪。这是不以人的意志为转移的客观规律，警察在严厉打击刑事犯罪的同时，要看到实际上这些犯罪是由社会的深层次的原因所诱发和构成的。因此，他们对社会问题能够洞察秋毫，对犯罪有了更深刻的理解。犯罪容忍论认为，即使警察采用了更加严厉的打击手段，犯罪从根本上来说，也不可能被消灭而只能是转移到打击力量相对薄弱的地方。因此要使社会治安的根本好转，必须要标本兼治，打防结合，以防为主，培养社会正气，树立道德规范才是治本的根本。因此，理想警察对犯罪有着更加深刻独到的见解。

第五节
未来警察

未来警察的五种类型。理想警察不仅生活在现实中，但更多的是生活在人们的头脑中，生活在未来。未来警察有不同的模板，在每个人的心中又有不同的形象。

第一种，战士型。007 詹姆斯·邦德的形象，英俊潇洒，他们是打击犯罪强有力的斗士。

第二种，美丽型。他们具有最美丽的心灵，最强烈的同情心，像马天民和任长霞的形象。

第三种，专业型。他们会射击、擒拿、格斗，掌握了一流的警务技能技术，他们永远充满朝气，永远微笑，是一群高兴、坚定和自信的战士。

第四种，公仆型，他们是在街面上服务助民的人民的服务员，他们是给孩子们送玩具的人，是送老人回家的人，是给残疾人修理车的人。他们是社会的工作者，他们是24小时可以招之即来的服务员。

第五种，神化型。比如说关羽的形象，是正义的化身，无论是财神还是战神，都无愧这样英雄的称号。成为人们心里真正的英雄，成为人们在急难和危急中能够依靠的英雄。

第六节

理想警察的两个素质

简而言之，理想警察起码有两个素质，一个是爱心，一个是技能。

第一个要素，爱心。所谓爱心，就是牢记警权民授的理念，牢记人民公仆的角色，充满了警察伦理学和警察道德的修炼。既是打击犯罪的英雄，又是公仆的角色。

第二个要素，专业。一个充满爱心的警察，如果没有射击技能，如果不是神枪手，怎么能够保护自己，又怎么能够面对犯罪分子？如果没有高超、炉火纯青的警务技能，也不能够称之为理想警察。

因此，理想警察是警务改革的核心，高尚的理念和高超的警务技能，是理想警察的两只腾飞的翅膀，缺一不可。

本章理论盘点与评述

一、“警察典范四模式论”

1. 传统更夫。回顾警察发展不到200年的历史，每个历史阶段都有自己理想的模式。现代警察建立之前，无论是西方还是中国，典范的模式是传统的更夫。更夫巡夜报时，进行预防犯罪的宣传，同时还承担了世界上最早的巡警的角色。更夫与民众心贴心，是老百姓欢迎的理想警察模式。

2. 现代化的机器人。在警察现代化之后，机器人警察成为警务改革的代表模式。机器人警察头戴反转的头盔，肩上带着对讲机，身上穿着防弹背心，腰里系着警用装备。脚底下穿的是皮鞋，这样一个机器人警察，顶盔掼甲，武装到牙齿，是警察现代化的标志。

3. 007 詹姆斯·邦德。在西方影视作品中，007 詹姆斯·邦德是人们心中的理想警察。这种警察用三个字词可以形容，就是高大、黝黑、帅气。精通驾驶、擒拿、格斗，遇事不慌，办事果断。性格中充满了高兴、坚定、自信，是人民心中最可爱的警察形象。詹姆斯·邦德是警察现代化之后西方警察的代表人物。

4. 理想警察（超级警察）。在约翰·安德逊的书中出现了一个关于未来警察的想象：“理想警察”，或翻译为超级警察、完美警察。理想警察（超级警察）是警察发展史上最完美的终极目标。理想警察（超级警察）不仅是业务过硬的钢铁战士，更是温文尔雅，带有绅士风度，同情人民，服务助民的最优秀的道德品质的化身。

“警察典范四模式论”告诉我们：警察典范从更夫到机器人，再回到理想警察的过程，是世界警务改革200年的历史缩影。“警察典范四模式论”直指警务改革的核心，从技术革命，到人的完美提升；从追求技术革命到回归人的全面发展。世界警务改革可以千变万化，但最终的终极目标，还是警察素质的全面提升。

二、“警务改革灵魂论”

1. 警务改革的本末辩证。

当我们面对西方警务改革一波一波的汹涌浪潮；当我们回首四次警务革命，展望未来的第五次警务革命的时候。我们在沉思，警务改革的终极目标是什么？警务改革的灵魂是什么？千万不能只见树木，不见森林，更不能像盲人摸象一样，只注意了改革的细节，忘记了改革的灵魂。

情报导向警务也好，危机警务也好，反恐导向警务也好，或许只是改革之末端，不是根本；或许只是大树的枝叶，不是大树的树干。现在形形色色的令人眼花缭乱的警务改革，搔首弄姿、花样翻新。很可能只是警务改革的末端，而不是警务改革的本质。

2. 警务改革的哲学引领。

警务改革必须有警察哲学来引领，而不是由警务技术的改革来驾驭。

警务改革是人类整个进程的部分之一。当21世纪到来的时候，75个诺贝尔奖获得者发表了《诺贝尔奖获得者宣言》，宣言说：“面对错综复杂的未来社会，面对着战争犯罪和艾滋病，人们要想在21世纪生存下，就要回首2500年去寻找孔子的智慧，而孔子智慧的核心，就是整个社会的和谐。”科学技术给整个社会带来了日新月异的进步，先进的警用科技给警察的发展插上了有力的翅膀；情报导向警务可以使得警察掌握了火眼金睛，但是警务改革最核心的还是人的素质的提升与警察哲学的引领。警察哲学是警务改革的大脑，而警察科学技术装备的发展，信息获得渠道的发展，只是理想警察的眼睛、耳朵和手臂。

3. 警务改革的终极目标。

警务改革的终极目标是什么？警察是顶盔掼甲，武装的机器人吗？是眼观六路、耳听八方的信息精灵吗？或许都不是！警务改革的终极目标是警察群体素质的提升，是警察具有爱护人民的一颗最宝贵的心。警察改革的终极目标不是希望看到变形金刚那样的、冷血杀手似的机器警察，而是服务助民，和蔼可亲，走街串巷的马天民式的警察。西方百姓在 20 年以前就喊出了“要更夫不要机器人”的呼声，就是对用现代化高科技武装，热爱人民，帮助人民这样一种传统更夫式的理想警察的极大渴望与呼唤。

警务改革的装备、器材、通信方式至关重要，或许只是警务改革之枝节末端；而警务改革的哲学的提升，即忠诚奉献、执法公正、纪律严明、全心全意为民众服务的理念回归，热爱人民并努力使公众满意，这才是警务改革之根本。

警察或许不是一个高贵的职业，但警察一定要有一颗最高贵的心灵。

附录

附录1

西方警察学的200个概念

经过几十年的积累，笔者总结了西方警察学的200个概念。这应是警察研究独有的概念与理论。区别于犯罪学、政治学及社会学。据此，笔者可认定西方警察学具有相对独立的概念体系，或可成为警察学独立与成熟的标志。

这200个概念的总结，既是对西方警察科学家们的全面梳理，也是系统开展对西方警察学研究的基础工作。

1. 英文的警察科学概念

The concept of Police Science in English

2. 警察概念的历史演变

The historical development of the concept of police

3. 警察概念与政治的关系

The relationship between police and politics

4. 西方有无警察学之争论

Disputes on the existence of policeology in the West

5. 太兴保甲制

Tything

6. 擂鼓鸣金捕盗制

Hue and Cry

7. 法国骑警队

Marechaussee de France

8. 《海沫史密斯与福海犯罪与警察科学调查》

The Hammersmith and Fulham Criminal and Police scientific survey

9. 现代警察科学研究中常用的七种方法

The seven methods commonly used in modern policeology research

10. 美国堪萨斯市巡逻实验

Kansas City patrol experiment

11. 邱华君西方警察科学的七种方法

The seven scientific methods in Western Police Science concluded by Qiu Huajun

12. 安德逊安乐椅上的警察哲学

Anderson's armchair theory

13. 西方比较警察研究的概念

The concept of comparative policing in the West

14. 欧美比较警察学的三本代表著作

The three representating monographs of comparative policing

15. 西方比较警察学著作的三种形式

The three forms of the writings on comparative policing in the West

16. 比较警察实践工作者中的四种人

The four types of practitioners in the field of comparative policing

17. 梅拜警察体制的四种模式论

The four – mode theory proposed by Mayby

18. 邱华君警察体制的两派论

Categories of police system proposed by Qiu Huajun

19. 亨特的警察体制论

Hunter's theory of police system

20. 美国警察的三个主要特征

Three main characteristics of American police

21. 贝力的警察体制两维分析

Bayley's Patterns of Policing

22. 西方警察哲学的定义

The definition of police philosophy in the West

23. 西方警察哲学的四个基本任务

The Four basic tasks of Police philosophy in the West

24. 警察一词演变的三个过程

The three historical development stages of the term police

25. 警察一词与政治的关系

The relationship between the term police and politics

26. 西文中警察一词演变的三个阶段

The three development stages of the term police in the western languages

27. 澳斯踏姆警察概念的定义

Austrum's definition of police

28. 英格来屯警察概念的意义

Enger Layton's definition of police

29. 约翰·安德逊的广义警察定义

John Anderson's generalized definition of police

30. 美国的“警察性质五大辩论”

The five major debates over the nature of American police

31. 美国旧警察专业化

The traditional police professionalization in USA（1920）

32. 美国新警察专业化

The new police professionalization in USA（2011）

33. 警察社会服务的调查

The survey on social services provided by the police

34. 警察角色论

Police role theory

35. 美国警察的三种角色模式

The three roles of American police

36. 警察文化论

Police culture theory（Cop culture）

37. R. 瑞那的警察个体文化的四种类型

R. Reyna's four types of individual cultural of police

38. 警察的组织文化的三种类型

The three types of police organizational culture

39. 西方警察亚文化中不健康的四种类型

Four types of unhealthy police subcultures in the western theory

40. 西方警察亚文化中健康的三种类型

The three types of mental health under police subcultures in the western theory

41. 约翰·安德逊论英国警察文化

John Anderson's comments on British police culture

42. 罗伯特·瑞那的英国警察文化

Robert Reyna's British police culture

43. 罗伯特·瑞那的警察的七种敌人

Robert Reyna's seven enemies of police

44. 韦斯特利论美国警察亚文化

Westley's theory on police subculture in the United States

45. 斯克尔尼克论警察工作性格

Skolnik's theory on characters of police work

46. 尼德尔霍夫论警察性格

Niederl Hoff's theory on police personality

47. 警务原则论

The theory of policing principles

48. 罗伯特·比尔建警十二条

12 rules on establishing police proposed by Sir Robert Peel

49. 约翰·安德逊的两分法

John Anderson's dichotomy

50. 满意决定警务论

The theory of policing by consent

51. 最少动用武力论

The theory of minimum force

52. 形败实胜的战术

To win by appearing to lose

53. 非杀伤性武器

Non lethal weapons

54. 警察军事化与平民化之争论

The debate over the police militarization and civilian

55. 西方警务伦理学

Police Ethics in the West

56. 警察起源论

The theory of police origin

57. 西方关于原始社会警察起源的研究

Studies on the origin of police in the west

58. 中世纪欧洲执法人员的两个历史阶段

Two historical stages of European law enforcement officials in medieval times

59. 美国现代警察诞生的四种学说

Four doctrines of the birth of the modern American police

60. 英国新型警察产生原因的两种理论

Two theories about the birth causes of the new types of British police

61. 马克思主义警察起源观

Marxism's idea on the origin of police

62. 英国人梅拜的两分法

The dichotomy of Mayby（British）

63. 梅拜的三要素说

The three elements expresses of Mayby

64. 安德逊的警务风格论

Anderson's policing style theory

65. 英国警察史的六分法

The six stages of police history described by British scholars

66. D. H. 贝力的现代警察三化论

Three direction of police modernization proposed by D. H. Bely

67. 警务的概念

The concept of policing

68. 警察勤务的概念

The concept of police operations

69. 警政的概念

The concept of police administration

70. 警务与警察勤务的区别

The difference between policing and police operations

71. 无形警务论的概念及内容

The concept and content of informal policing

72. 宗教与禁忌的非正式警务作用

The role of religions and taboos in informal policing

73. 惩罚性警务论的概念及理论

The concept and theory of punitive policing

74. 即将到来的恐惧

The coming terror

75. 反应警务论的概念

The concept of reactive policing

76. 被动反应警务论

The basic principles of reactive policing

77. 镇压警务论概念及特点

The concept and characteristics of repressive policing

78. 主动先发警务论概念

The concept of proactive policing

79. 社区警务的概念

The concept of community policing

80. 约翰·安德逊警务改革的理念

Anderson's ideas on policing reform

81. 罗伯特·瑞那的警务模式

Robert Reyna's policing models

82. 美国休斯敦警察局对社区导向警务的定义

The definition of community policing made by the Houston Police Department

83. 约翰·安德逊对社区导向警务的定义

The definition of community policing made by Anderson（UK）

84. 英国莱斯特大学麦克金对社区导向警务的定义

The definition of community policing made by Michael king, University of Leicester UK

85. 安德逊社区警务树理论

Anderson's Community Policing Tree

86. 安德逊社区导向警务十五条规则

Anderson's 15 rules about community policing

87. 社区导向警务的基本原理

The basic principles of community policing

88. 艾克塞特的社区导向警务模式

Community policing model in Exeter UK

89. 艾克塞特市社区警务的原则

The basic principles of community policing in Exeter UK

90. 英国的安全的卡西米克镇

The safe Kasimic town in UK

91. 问题导向警务

Problem – oriented policing

92. 赫尔曼·戈德斯登问题导向警务及其原理

Herman Goldstein's problem – oriented policing and its principles

93. 赫尔曼·戈德斯登的警察哲学

Herman Goldstein's police philosophy

94. 赫尔曼·戈德斯登关于问题导向型警务产生和发展的五点论

Herman Goldstein's five points on the emergency and development of problem-oriented policing

95. 戈德斯登如何定义问题导向型警务

Goldstein's definition of problem – oriented policing

96. 詹姆斯关于问题导向型警务的定义

James's definition of problem – oriented policing

97. 问题导向型警务的要素

Elements of problem – oriented policing

98. 问题导向型警务的 SARA 模式

SARA model of problem – oriented policing

99. 危机警务

Policing crisis

100. 美国公共危机的三个类型

The types of public crisis in USA

101. 危机警务的特征

The characteristics of policing crisis

102. 英国警察金、银、铜三级模式

Gold, silver and copper modes of British police

103. 美国警察危机处置的三级协调机制

Three coordination mechanisms in the field of crisis policing management in USA

104. 美国警察在应急反应中的步骤

The steps of police emergency response in USA

105. 美国警方公众危机文化的特点

The characteristics of public crisis culture in American policing

106. 危机模拟训练

The crisis simulation training

107. 谈判理论

The theory of negotiations

108. 反恐导向警务

Anti – terrorism policing

109. 恐怖主义语言学的概念定义

The linguistic definition of terrorism

110. 恐怖主义“四个视角论”

The four perspectives to view terrorism proposed

111. 恐怖主义的基本要素

Basic elements of terrorism

112. 美国反恐对策

Counter measures against terrorism in USA

113. 俄罗斯反恐对策

Counter measures against terrorism in Russia

114. 情报导向警务的概念

The concept of intelligence – led policing

115. 情报信息公式

Intelligence information formula

116. 情报导向警务产生的六个来源

Sources of the emergence of intelligence – led policing

117. 情报导向警务的原理假设

The principle assumption of intelligence – led policing

118. 情报导向警务的三部曲

The trilogy of intelligence – led policing

119. 英国情报导向警务的核心理论

The core theory of British intelligence – led policing

120. 情报导向警务的四个要素

The elements of intelligence – led policing

121. 情报导向警务的原则

The principles of intelligence - led policing

122. 美国情报导向警务的六个步骤

The six steps of intelligence - led policing in USA

123. 艾克姆勒五步分解法

The five - step decomposition of Eiker Lermu

124. 情报导向警务模式的四大范例

The four examples of intelligence - led policing model

125. 史威姿对原始文明中警务的研究

The Shvizi research about primitive civilization policing

126. 中国西周至春秋的警务

The policing between Western Zhou Dynasty and Chuen Qiou Period

127. 上京警巡院（中国）

The capital police patrol department in ancient China

128. 中国古代警务的辉煌成就

Achievements in policing in ancient China

129. 中国古代预防的辉煌成就

Achievements in prevention in ancient China

130. 光绪建立中央巡警部

The central patrol police department set by emperor Guangxu（China，1905）

131. 川岛浪速与警察学

Kanashima Nanina and police science（China，after 1905）

132. 洗冤录

No Criminal at Large（XIYUANLU—The first forensic science book in the world）

133. 英国更夫

British watchman

134. 罗伯特·比尔

Sir Robert Peel

135. 职业制服警察

Full time and uniformed policeman

136. 苏格兰场

Scotland Yard

137. 巴黎的警察夜巡队

Nightly watch squad in Paris

138. 伦敦大城市警察的四个新特征

The new characteristics of Metropolitan police force

139. 盎格鲁－撒克逊时代的自我警务

Self – policing in Anglo – Saxon Times

140. 国王（女王）的安宁

King's peace（Queen's peace）

141. 鞭打日

Whipping Day

142. 舰队街巡捕

Bow street runner

143. 戈登暴乱

Gorden Riots

144. 英国教区警员（“查理的一伙”）

Charlies

145. 法国军警与宪兵

French military police and gendarme

146. 欧洲大陆派警察

Police in continental countries in Europe

147. 海洋派警察

Police incommon law countries（Anglo Saxon）

148. 日本捕亡方

Hobouhou Japan

149. 东京警视厅

Police department of Tokyo

150. 日本警察厅

Police department of Japan

151. 亨利・菲尔丁

Henry Fielding UK

152. 梅拜的两阶段论

The Mayby's two – stage theory

153. 安德逊按警务风格划分历史阶段

Historical stages according to policing style (Anderson, UK)

154. 四次警务革命理论

The four policing reforms theory (Wang Dawei, China)

155. 警察不参与原则

Non – participation in USA

156. 要更夫不要机器人

Robot cop or watchman

157. 警察四个现代化

The four goals of police modernization

158. 警察现代化中的三个增长

The three points of increase in police modernization

159. 欧美警察现代化的弊病

The disadvantages of modernization in the West

160. 对快速反应与车巡的再认识

Review of fast reaction and vehicle patrol

161. 西方巡逻效果实验

The experiment of patrol effects in the West

162. 满意决定警务论

Policing by consent

163. 邻里守望制

Neighbour hood watch

164. 社区警务中的玩具与警语

Safe tools and mottos in community policing UK

165. 财产标刻法

Marking valuable

166. 更换针头行动

Changing Needle Movement

167. 第四次警务革命的十大趋势

The ten trends of 4th policing reform（Wang Dawei，China）

168. 警力的概念

The concept of policeman power

169. 无增长改善论

Improvement without Growth

170. 主观评价体系

Objective evaluation system

171. 客观评价体系

Subjective evaluation system

172. 警察与公民比例

The police ratio in the population of citizens

173. 警察与公民比例饱和

Saturation of the police ratio in the population of citizens

174. 犯罪转移论

Crime transfer theory

175. 犯罪容忍论

Tolerance to crimes

176. 犯罪不可避免论

Crimes and its inevitability

177. 欧共体警务合作论

Policing cooperation in Euopean Community

178. 警务合作揣威论坛

Trevi Forum

179. 警务合作申根条约

Policing cooperation in the framework of Schengen Agreement

180. 欧共体警察

Europol

181. 国际刑警组织

Interpol

182. 警察私有化

Police privatization

183. 英国特别警员

Special constable in UK

184. 警察承包制

Contract out of policing UK

185. 警察角色论中战士与公仆之争

The disputes over the crime fighter or social service worker in terms of police role

186. 西方警察体制论

Police system in the west

187. 欧美警察现代化的弊病

The disadvantages of modernization in the West

188. 理想警察（超级警察）

Superior police（Anderson，UK）

189. 警察权力的使用与权威

The exercise of power and authority

190. 警察腐败论

Corruption of police

191. 安德逊理想警察十大宣言

Ten declarations of superior police（Anderson，UK）

192. 新的世界性警务改革的几种猜想

Conjecture about new world - wide police reform

193. 美国警务改革新专业化

New professionalism in USA

194. 承担责任制

Accountability

195. 有效执法性

Legitimacy

196. 改革创新性

Innovation

197. 改革整体性

Coherence

198. 自我警务

Self policing

199. 警权民授

Grant power to the citizen

200. 世界警察赛马理论

Horse racing theory（Wang Dawei，China）

附录2

英文目录

Policeology（Police Science） in European and American

（David King）

On policeology without borders

Contents

参考文献

一、 中文部分

1. 王大伟著：《英美警察科学》，中国人民公安大学出版社 1995 年版。
2. ［美］约翰·格拉海姆著，王大伟译：《欧美预防犯罪方略》，群众出版社 1998 年版。
3. 曾忠恕著：《美国警务热点问题研究》，中国人民公安大学出版社 2005 年版。
4. 任石磊编译：《国外警方情报信息建设概况》，载《公安研究》2005 年第 11 期。
5. 吴开清编译：《国外关于情报导向警务工作的研究概况》，载《公安研究》2005 年第 7 期。
6. 王彦吉、杨鸣著：《中外刑事警察教育训练比较研究》，中国人民公安大学出版社 2002 年版。
7. 赵可著：《国外、境外警察队伍建设——招募、培训、晋升》，群众出版社 1997 年版。
8. 熊一新：《法国警察教育培训体制的特点及对我国民警教育培训工作的启示》，《公安研究》2002 年第 10 期。
9. 朱启禄：《美国警察的培训与教育（下）》，载《公安教育》1994 年第 4 期。
10. 朱启禄、王大伟：《对西方警察教育的培训与思考》，载《中国人民公安大学学报》1995 年。
11. ［英］弗兰克·利什曼等著，吴开清等译：《警务工作之核心问题》，群众出版社 2000 年版。
12. 宋子堃：《从外警教育中得到的一些启示》，载《世界警察参考资料》1989 年合订版。
13. ［美］戴维·卡特：《美国警察教育水平调查研究》，载《世界警察参考资料》1991 年合订版。
14. 胡联合著：《当代恐怖主义与对策》，东方出版社 2001 年版。

15. 何秉松著：《有组织犯罪研究（第一卷）——中国大陆黑社会性质犯罪研究》，中国法制出版社 2002 年版。
16. 王大伟、付有志著：《世界警察理论研究综述》，群众出版社 1998 年版。
17. 李贤华著：《全球反恐特种部队》，中国人民公安大学出版社 2003 年版。
18. 中国现代国际关系研究所反恐怖研究中心：《国际恐怖主义与反恐怖斗争》，中国人民公安大学出版社 2001 年版。
19. 许农合著：《特种部队内幕》，新华出版社 2002 年版。
20. 周穗明：《当代国外恐怖主义理论研究述评》，载《国外社会科学》2003 年第 6 期。
21. 高颖：《各国建立反恐情报数据库情况综述》，载《国际资料信息》2005 年第 8 期。
22. 申力扬：《六国反恐军警特种部队简介》，载《中国安防产品信息》2005 年第 3 期。
23. 何秉松、廖斌：《恐怖主义概念比较研究》，载《比较法研究》2003 年第 4 期。
24. 王大伟：《对恐怖主义定义的困惑》，载《公安大学学报》2002 年第 3 期。
25. 任昕：《美国反恐怖主义的策略》，载《福建公安高等专科学校学报》2003 年第 3 期。
26. 端木承中：《美国“反恐”又出新招》，载《国家安全通讯》2002 年第 12 期。
27. 王渤：《俄罗斯反恐战略及其对我国反恐工作的启示》，载《北京人民警察学院学报》2004 年。
28. 杨江涛：《论俄罗斯在车臣的反恐战略》，载《俄罗斯研究》2003 年第 1 期。
29. 孙渤：《“9·11”后国际反恐斗争的状况与策略》，载《前线》2003 年第 11 期。
30. 张杰：《俄罗斯的恐怖主义犯罪及反恐措施》，载《俄罗斯中亚东欧研究》2004 年第 1 期。

31. 李伟：《国际恐怖主义与反恐怖斗争合作（续）》，载《国际资料信息》2001 年第 8 期。
32. 李石柱：《反恐与科技——美国政府反恐科研部署及对我国的启示》，载《科技潮》2002 年第 6 期。
33. 李石柱、汪涛：《美国政府反恐科研部署及对我国的启示》，载《中国科技论坛》2002 年第 12 期。
34. 唐臻富：《2003 美国以反恐名义猛增军费预算》，载《电子对抗技术》2002 年第 6 期。
35. 杨景厚：《美国反恐技术研发与应用态势》，载《科学决策》2004 年第 11 期。
36. 关欣：《美国反恐技术最新进展》，载《全球科技经济瞭望》2002 年第 11 期。
37. 钟卓新：《反恐中的应急通信——兼谈美国应急通信的建设》，载《政策管理》2003 年第 7 期。
38. 吴伟农：《美国反恐技术招招鲜》，载《经济工作导刊》2002 年第 1 期。
39. 石英：《美国反恐新技术》，载《国家安全通讯》2003 年第 9 期。
40. 汪勇著：《警察巡逻教程》，中国人民公安大学出版社 2008 年版。
41. 王大伟（执笔作者）：《警察英语》，中国人民公安大学出版社 1998 年版。
42. 王大伟译：《欧美预防犯罪方略》，群众出版社 1998 年版。
43. 王大伟著：《中西警务改革比较－从济南市派出所改革模式到世界警务改革大趋势》，中国人民公安大学出版社 2000 年版。
44. 王大伟译：《欧美刑事司法撷萃》（联合国欧洲及北美预防犯罪研究所项目），中国人民公安大学出版 2000 年版。
45. 王大伟等译：《芬兰刑事司法》（联合国欧洲及北美预防犯罪研究所项目），中国人民公安大学出版社 2002 年版。
46. 王大伟：《中小学生被害人研究－带犯罪发展论》（博士论文），中国人民公安大学出版社 2003 年版。
47. 王大伟著：《欧美警察科学原理》，中国人民公安大学出版社 2006 年版。

48. 王大伟、张榕榕著：《欧美危机警务谈判》，中国人民公安大学出版社2006年版。
49. 王大伟著：《无事故学校——新概念中小学校安全预案制定必读》，中国少年儿童新闻出版社2007年版。
50. 王大伟著：《理想警察：安德逊与王大伟关于警察哲学的对话》，中国人民公安大学出版社2011年版。
51. 王大伟著：《第五次警务革命——十论世界警务趋势》，中国人民公安大学出版社2012年版。
52. 王大伟著：《外国警察学理论》，中国人民公安大学出版社2012年版。
53. 王大伟著：《新概念警察英语》，中国人民公安大学出版社2015年版。
54. 王大伟著：《理想警察：安德逊与王大伟关于警察哲学的对话》（修订版），中国人民公安大学出版社2015年版。
55. The Criminal Pattern of Taiji and Criminal Eight Diagrams. Wang Dawei . Brookfield Papers No 9. UK . Copy right 1992. ISBN 1872383 50 7（王大伟：《犯罪太极论——社会震荡与犯罪失衡》，英国布克佛尔德论丛，单行本第九期。国际标准书号ISBN 1872383 50 7，1992年）。
56. 王大伟、王志美：《犯罪时间分布》，载《校庆论文集》1994年。
57. 王大伟，《创立比较警察学》，载《公安大学学报》，1997年1月。
58. 王大伟：《西方警察学的引入与公安学基础理论的丰富》，载《公安大学学报》，1999年6月。
59. 王大伟：《西方警察的警种设置》，载《公安大学学报》，1999年。
60. 王大伟：《私人侦探的历史与定义》，载《公安大学学报》，2002年。
61. 王大伟：《西方警察学的引进与新中国警察学的创立》，载《公安大学学报》，2001年（增刊）。
62. 王大伟：《中国公安教育的特色与定位》，载《中国人民公安大学学报》，2003年2月。
63. 王大伟：《论教师犯罪人》，载《中国人民公安大学学报》，2003年12月。
64. 王大伟：《中国手机犯罪初探》，载《中国人民公安大学学报》，2004年

3 月。
65. 王大伟、贾迪：《创立中国特色的危机警务》，载《中国人民公安大学学报》，2005 年 2 月。
66. 王大伟、马利芸：《欧美情报导向警务研究》，载《中国人民公安大学学报》，2006 年 2 月。
67. 王大伟：《第五次警务革命》，载《中国人民公安大学学报》，2012 年 12 月。
68. 王大伟：《西方警察科学的引进与启迪》，载《中国人民公安大学学报》，2013 年 2 月。
69. 王大伟、殷海然、马红：《深化两岸警务合作机制，共同预防打击电信诈骗》，载《中国人民公安大学学报》，2013 年增刑。

二、 英文部分

1. Herman Goldstein, Problem-Oriented Policing, New York: McGraw – Hill publishing company, 1990.
2. Jerry H · Ratcliffe, Intelligence-Led Policing, Trends & Issues in Crime and Criminal Justice, Vol. 4, 2003.
3. Marilyn Peterson, Intelligence-Led Policing: The new Intelligence Architecture, BJA Bureau of Justice Assistance, 2005.
4. John Stevens, Intelligence-Led Policing, Modern Criminal Investigation, Organized Crime & Human Rights, 2001.
5. N. Walker. Policing in a Changing Constitutional Order. London: Sweet & Maxwell, 2001.
6. Ian Watt, Higher Police Training in Britain, The Office of International Criminal Justice, 1988.
7. Haia shpayer-makov, The Making of a Policeman, Ashgate publish company, 2002.
8. Emsley Clive, The English Police: a Political and Social History, New

York: St. Martin's Press, 1991.
9. T. A. Critchley, A History of Police in England and Wales, Patterson Smith Publishing Corporation, 1972.
10. Philip John Stead, The Police of Britain, Macmillian Publishing Company, 1985.
11. Robert W. Gould, Michael J. Waldren, London's Armed Police, Arms and Armour Press, 1986.
12. Barbara Weinberge, The Best Police in The World, 1995.
13. David E. Williams, Provincial Police Training In Britain, Oxford University, 1985.
14. Peter Villiers, The First Fifty Years: The History of the Police Staff College, 1998.
15. Peter Southgate, New Directions in Police Training, London: Her Majesty's Stationery Office, 1988.
16. Mike Stephens, Saul Becker, Police Force, Police Service: Care and Control in Britain, The Macmilian Press Ltd, 1994.
17. HMIC, Managing Learning: A Study of Police Training, London, 1999.
18. "Police Studies", 1993/4.
19. Allondi, F. A. Post – traumatic stress disorder in hostages and victims of torture. Psychiatric Clinics of North America, 1994, 17.
20. American Bar Association. Stangards Relating to Criminal Justice. Vol. 1. boston, MA: Little Brown, 1980.
21. American Psychiatric Association. Diagnostic and statistical manual of mental disorders: fourth edition. Washington, DC: American Psychiatric Association, 1994.
22. Bahn, C., & Louden, R. J., Hostage negotiation as a team enterprise. Group, 1999, 23.
23. Bisson, J. I., Searle, M. & Srinivasan, M. Follow – up study of British military hostages and their families held inKuwait during the gulf war. British Jour-

nal of Medical Psychology, 1998, 71.

24. Bolz, F. & Hershey, E. Hostage cop. New York: Rawson, Wade, 1979.

25. Butler, W. M., Leitenberg, H. & Fuselier, G. D.. The use of mental health professional consultants to police hostage negotiation teams. Behavioral Sciences & the Law, 1993, 11, 213 - 221.

26. Call, J. A. (1996). The hostage triad: takers, victims, and negotiators. In H. H. Hall (Ed.), Lethal violence 2000: a sourcebook on fatal domestic, acquaintance and stranger aggression (pp. 561 ~ 588). Pacific Institute for the Study of Conflict and Aggression.

27. Carkfull, P. R and Berensen, B. G (1967). Beyond Counseling and Threapy. New York, NY: Holt, Rinehart and Winston, INC.

28. Cooper, H. H. A. (1981). The hostage takers. Boulder, CO: Paladin Press.

29. Crisis Management Consultants, Inc. (2002). Crisis negotiator 1.0 manual Oklahoma City, Oklahoma: Author.

30. Desivilya, H. S., Gal, R., & Ayalon, O. (1996). Extent of victimization, traumatic stress symptoms, and adjustment of terrorist assault survivors: a long term follow-up. Journal of Traumatic Stress, 9, 881 ~ 889.

31. Donohue, W. A., Ramesh, C., Kaufmann, G., & Smith, R. (1991). Crisis bargaining in intense conflict situations. nternational Journal o Group Tensions, I f 21, 133 ~ 153.

32. Donohue, W. A., & Roberto, A. J. (1993). Relational development as negotiated order in hostage negotiation. Human Communication Research, 20, 175 ~ 198.

33. Donohue, W. A., & Roberto, A. J. (1996). An empirical examination of three models of integrative and distributive bargaining. The International Journal o Conflict Management, f 7, 209 ~ 229.

34. Downs vs. U. S. (1975). Citation No. 74 ~ 1660, U. S. Court of Appeals, 6th Cir.

35. Easton, J. A., & Turner, S. W. (1991). Detention of British citizens as hostages in the gulf war-health, psychological and family consequences. British Medical Journal, 303, 1231 ~ 1234.
36. Feldmann, T. B. (1998). Characteristics of hostage and barricade incident: implications for negotiation strategies and training. Unpublished manuscript, Department of Psychiatry and Behavioral Sciences, University of Louisville School of Medicine, Louisville, Kentucky.
37. Ferracuti, F. (1982). A sociopsychiatric interpretation of terrorism. The Annals of the Ameican Academy of Political and Social Sciences, r 463, 129 ~ 140.
38. Friedland, N., & Merari, A. (1992). Hostage events: descriptive profile and analysis of outcomes. Journal of Applied Social Psychology, 22, 134 ~ 156.
39. Fuselier, G. D., Van Zandt, C. R., & Lanceley, F. J. (1991). High risk factors and the "action criteria" in hostage/barricade situations. FBI Law Enforcement Bulletin, 60, 6 ~ 12.
40. Fuselier, G. D., & Van Zandt, C. R. (1987). A practical overview of hostage negotiations. Unpublished manuscript, FBI Academy, Quantico, VA.
41. Fuselier, G. D. (1988). Hostage negotiation consultant: emerging role for the clinical psychologist. Professional Psychology: Research and Practice, 19, 175 ~ 179.
42. Fuselier, G. D. (1991). Hostage negotiation: issues and applications. In R. Gal and A. D. Mangelsdorff (Eds.), Handbook of military psychology (pp 711 ~ 723). New York: John Willey and Sons, Ltd.
43. Fuselier, G. D., & Romana, S. (1996, October). Behavioral aspects of hostage negotiation. Symposium conducted at the University of Colorado Health Sciences Center, Denver, Colorado
44. Gist, R. G., & Perry, J. D. (1985). Perspectives on negotiation in local jurisdictions: part I. A different typology of situations. F. BI. Law Enforcement Bulletin, November, 21 ~ 24.

45. Goldaber, I (1979) "A Typology of Hostage-takers" . Police Chief, 46, 21 ~ 23. Hacker, F. J. (1976) . Crusaders, criminals, crazies: terror and terrorism in our time. New York: W. W. Norton Company.

46. Hatcher, G. , Mohandie, K. , Turner, J. , & Gelles, M. G. (1998). The role of the psychologist in crisis/hostage negotiations. Behavioal Sciences & the Law, r 16, 455 ~ 472.

47. Head, W. B. (1990) . The hostage response: an examination of the U. S. law enforcement practices concerning hostage incidents. (Doctoral dissertation, State University of New York at Albany) . Dissertation Abstracts International, 50, 4111 ~ A. University Microfilms International No. DA9013316.

48. Higginbotham, J. (1994, June) . Legal issues in crisis management. FBI Law Enforcement Bulletin, 63, 27 ~ 32.

49. Kennedy, H. G. , & Dyer, D. E. (1992) . Parental hostage takers. Briish Journal of Psychiatry, t 160, 410 ~ 412.

50. Knutson, J. N. (1980) . The dynamics of the hostage taker: some major variants. Annals New York Academy of Sciences, 347, 117 ~ 128.

51. Lanceley, F. L. (1999) . On-scene guide for crisis negotiation. Boca Raton: CRC Press. 1 ~ 8.

52. Lanceley, F. L. (2003) . On-scene guide for crisis negotiation. Second edition, Boca Raton: CRC Press.

53. McDuff, D. R. (1992) . Social issues in the management of released hostages. Hospital and Community Psychiatry, 43, 825 ~ 828.

54. Mcmains, M. J. (1988) . CURRENT Uses of HostageNegotiators in Major Police Departments. Paper presented at the Society of Police and Criminal Psychology, San Aantonio, TX, October.

55. Michael J. McMains. (1996) Crisis Negotiation: Managing Critical Incidents and Hostage Situations IN Law Enforcement and Corrections. cincinnati, OH,

56. Anderson publishing co. 19 ~ 29.

57. Mickolus, E. (1976) . Negotiating for hostages: a policy dilemma. Orbis,

19, 1309 ~ 1325.

58. Miron, M., & Goldstein, A. (1979). Hostage. New York: Pergamon Press.

59. Olin, W. R., & Born, D. G. (1983). A behavioral approach to hostage situations. FBI Law Enforcement Bulletin, 52, 19 ~ 24.

60. Pearce, K. I. (1977). Police negotiations: a new role for the community psychiatrist. Canadian Psychiatric Association Journal, 22, 171 ~ 175.

61. Rahe, R. H., Karson, S., Howard, N. S., Rubin, R. T., &Poland, R. E. (1990). Psychological and physiological assessments on American hostages freed from captivity in Iran. Psychosomatic Medicine, 52, 1 ~ 16.

62. Rogan, R. G., Donohue, W. A., & Lyles, J. (1990). Gaining and exercising control in hostage negotiations using empathic perspective – taking. International Journal o Group Tensions, f 20, 77 ~ 91.

63. Schlossberg, H. (1980). Values and organization in hostage and crisis negotiation teams. Annals of the New York Academy of Sciences, 347, 113 ~ 116.

64. Soskis, D. A., & Van Zandt, C. R. (1986). Hostage negotiation: law enforcement's most effective nonlethal weapon. Behavioral Sciences & the Law, 4, 423 ~ 435.

65. Strentz, T. (1977). Survival adaptation... the common sense syndrome. Unpublished manuscript, FBI Academy, Quantico, VA.

66. Strentz, T. (1980). The Stockholm Syndrome: law enforcement policy and ego defenses of the hostage. Annals of the New York Academy of Sciences, 347, 137 ~ 150.

67. Strentz, T. (1986). Negotiating with the hostage-taker exhibiting paranoid-schizophrenic symptoms. Journal of Police Science and Administration, 14, 12 ~ 17.

68. Symonds, M. (1980a). Victims responses to terror. Annals New York Academy of Sciences, 347, 129 ~ 136.

69. Symonds, M. (1980b). Acute responses of victims to terror. Evaluation and

Change, Special Issue, 39 ~ 41.

70. Symonds, M. (1983) . Victimization and rehabilitative treatment. In B. Eichelman, D. Soskis, & W. Reid (Eds.), Terrorism: Interdisciplinary perspectives, pp. 69 - 81. Washington, DC: American Psychiatric Association.

71. Terr, L. C. (1983) . Chowchilla revisited: the effects of psychic trauma four years after a school-bus kidnapping. American Journal of Psychiatry, 140, 1543 ~ 1550.

72. Turner, J. T. (1985) . Factors influencing the development of the hostage identification syndrome. Political Psychology, 6, 705 ~ 711.

73. Van der Ploeg, H. K. , & Kleijn, W. C. (1989) . Being held hostage in the Netherlands: a study of long-term after effects. Journal o Traumatic Stress, f 2, 153 ~ 169.

74. Vila, G. , Porche, L - M. , & Mouren-Simeoni, M - C. (1999) . An 18 - month longitudinal study of posttraumatic disorders in children who were taken hostage in their school. Psychosomatic Medicine, 61, 746 ~ 766.

75. Wesselius, C. L. , & DeSarno, J. V. (1983) . The anatomy of ahostage situation. Behavioral Sciences & the Law, 1, 33 ~ 45.

76. Johns S. Dempsey and Linda S. Forst, An introduction to Policing, 3rd ed. (Belmont, CA: Wadsworth, 2005): 431.

77. in Department of State Bulletin, No. 1890 (15 September 1975): 485。Richards W. Schaffert, Media Coverage and Political Terrorism: A quantitative A.

78. Johns S. Dempsey and Linda S. Forst, An introduction to Policing, 3rd ed. (Belmont, CA: Wadsworth, 2005) .

79. Beau Grosscup: The newest Explosions of Terrorism, 1998 published by New Horizon Press.

80. International Encyclopedia of Terrorism. Chicago. Fitzroy Dearborn Publishers, 1997.

81. “FY 2004 Budget seen as Mixed Bag ” law Enforcement News (Feb, 28, 2003) .

82. “FY 2004 Budget seen as Mixed Bag ” law Enforcement News (Feb, 28, 2003) .

83. Henry Kissinger, Secretary Kissinger's News Conference at Vail, Colo. , August.

中国的公安学（警学）研究不仅整体上与西方的差距不大，甚至可以说在若干领域已经超越了西方。越来越多的中国警务改革的特色和优势被西方人所看到。(1）综合治理。这一理念和西方社区警务的理念是交叉和重合的。很多具体做法都受到西方警学家的关注和赞扬，并认为这是具有中国特色的警务改革。(2）教育培训。中国警察教育培训的特点是，形成了警察内部学历教育和在职培训完整有机的统一。这一特色受到西方学者充分的肯定并预言很可能引领世界警务改革的新潮流。(3）警学先行。中国的警学在世界警学的百花园中一枝独秀，引来了很多赞许和肯定的目光。(4）警察体制。中国警察体制，在新中国建立之初，就形成了党委领导，分级负责，条块结合，以块为主的领导模式。这一领导模式，不能不说是世界上比较理想的领导体制，但也是很多西方国家所梦想实现而不能够实现的。中国的警务改革必须要看到自己的长处和短处，在批评借鉴学习西方改革特色的同时，永远坚持自己的本色，这是我们警学引领世界的基础。

一、时代：循序渐进与跨越时代论

1. 循序渐进论

在世界警务改革的舞台上，循序渐进论对于发展中国家来说，无疑是最稳妥的理论，其中有三个回顾：

(1）邯郸学步模式。英、法两国拥有众多的殖民地，这些殖民地无论从警察模式上，还是从警学理论上都是在极力地模仿宗主国，以至于在警务改革的赛场上，都是宗主国在领跑。这些发展中国家更多的是跟在宗主国警务改革之后，落后于宗主国警务改革十年到二十年。

(2）聪明学徒模式。“师傅领进门，修行在个人。”

有一些发展中国家，他们不满足于邯郸学步亦步亦趋，而是动了一点小脑筋，花了一点小心思，他们看到了宗主国摔过的跟头和走过的弯路，因此主动采取一些措施，避免走宗主国发展的老路。比如我国香港特区警察，他们在发展警察现代化的同时，一步到位开展了社区警务运动，这样就缩短了两次警务革命中的间隔，加快了进程，获得了宝贵的时间。

（3）英雄本色模式。“为大英雄能本色，是真才子自风流。”中国警察完全没有陷入追风和领跑的行业，而是冷静思考，坚持特色，以我为主，批判过失。因此在警务改革中获得了积极主动。

2. 跨越时代论

与循序渐进论相比，跨越时代论更具备主动积极的味道，使得我们可以脱离和跳出西方警务改革的怪圈，获得最大的收益。

范例一，砍树和种树现象。西方在进行现代化的进程中，曾经经历了一个扼杀资源，疯狂滥用资源，来追求经济发展高速度的时期。大家知道伦敦曾被叫作“雾都”，这其实是一个历史词汇。在工业革命之后，大量的农民和牧民放弃了自己原来的牧场和土地，向伦敦聚集，无数的烟囱成为工业革命最显著的标志，大量的森林被砍伐，环境被污染，空气中充满了可怕的烟雾，河水被污染，大量的鱼类死亡。英国人付出了这样惨痛的代价，换来了工业革命的巨大利润和那顶“日不落帝国”的王冠。而大多数的发展中国家，也经历了类似工业革命发展的进程，那就是先砍树，再种树。我们应该安静地坐下来，冷静地思考：可不可以跳跃过这个过程，即在发展工业革命的时候，少砍树，少破坏资源，尽可能地避免对大自然的掠夺，把那些珍贵的淡水、森林、湖泊留给子孙万代？这是很多发展中国家，特别是一些非洲发展中国家的有识之士的思考。

范例二，“无犯罪城”的启示。早在五十年前，北美地区纷纷建立了“无犯罪城”，那是一个技术预防的时代，人们笃信，只要加强了技防措施，犯罪就会下降，甚至可能销声匿迹。“无犯罪城”，是以技防为主要手段。每个家庭都安装了三个探头，分别可以监视大门口、走廊和小区门口。这样家庭主妇坐在家里就可以监控整个社区的治安。同时北美地区又是一个允许私人拥有枪支的地区，政府鼓励家家拥枪，人人养狗，这样整个小区就变成了预防犯罪的铜墙铁壁。当这些措施到位的时候，犯罪曾一度减少，在人们欢呼技术预防取得伟大胜利的时候，犯罪率又悄然上升，用了不久就回到了原来的水平。犯罪学家和警察学者都对此深感不解，其实其中的道理很简单，“无犯罪城”是一种治标不治本的措施，就好像一个发烧的人，如果不找到病灶所在，不采取治本的措施，即使吃再好的退烧药，也不能从根本上解决问题。

可悲的是，当我们的警界学者介绍西方技术预防局限性的时候，往往遭到了强烈的抵制和反对，甚至有人说不要再讲这些情况了，因为我们正是面临着一个全面提升技术防范的年代，你这样的宣传，我们怎么向上级要更多的资金，来购买技术防范的设备呢？而对这些反对声音最无情的批判就是故宫盗宝案，那个被叫作“天下第一保卫处”的机构，那个人防、物防、技防、犬防最先进的机构，居然被一个身高一米五六，脊椎骨严重病患的窃贼成功地盗走了宝物，终于使得这一场争论画上了一个强有力的句号。

范例三，立案回告制。曾经在相当长的一段时间内，中国人对西方的快速反应充满了敬畏和赞同。特别是日本东京警卫厅 4 分 20 秒警察到达现场的成绩，曾一度极大地震撼了中国警察的心理。甚至人们认为快速反应时间是警察现代化的唯一标志，我们一批一批的出访团，在国外看到警察现代化，但却没有听到警学理论界对警察现代化弊病的分析。实际上西方的警学界和普通的百姓对警察现代化充满了疑虑和否定，快速反应时间不能够提高破案率，也不能够预防犯罪，更不能够提高社会的和谐程度。因此，快速反应时间成了一个空洞、外表华丽的沙之塔。

当西方人为快速反应机制感到困惑的时候，在中国出现了立案回告制。云南省公安厅创建了一种以主动先发警务风格为理论基础的新的警务模式。当失主向警察报案的时候，警察会连续三次向失主报告破案情况。第一次是盗窃案发生 24 小时之内，负责破案的民警会主动到被害人家中报告自己的姓名和警号，告诉被害人这个盗窃案由我来承办。第二次回告是在一个月之后，就侦查工作的进展向被害人进行全面的告知。如果半年之内，这起盗窃案还没有被侦破，那么警察还要第三次到被害人家庭去回告，汇报案情进展的情况，同时作出一定的自我批评，求得被害人的谅解。立案回告制是主动先发警务论在中国的一种创举，它使得许多西方警学专家眼前为之一亮，他们甚至称赞中国警察引领了世界警务改革的新潮流。

以上三个范例就是对跨越时代论最好的诠释，它告诉我们，尽管我们可能距离世界警务改革的前沿还有一定的距离，但是我们只要坚持本色，勇于改革，不断探索，就可能缩小我们和发达国家之间警务改革的差距，从而创造出一种跨越时代的警务革命的新的局面。

二、本色：批判借鉴与坚持本色论

1. 批判借鉴。中国警察可以说是对西方警务改革最敏感的人，中国的警察学者又是甘当小学生，认真学习的好学生。追踪、总结、研究了四次警务革命，在西方警务改革错综复杂的局面中，找到了其内在发展的自身规律性，积极学习西方警务改革的先进理论，同时找到西方警学的缺点和不足，在认真总结西方警务改革优势的同时，对其警务改革的弊病也有着冷静、独特的分析。

2. 坚持本色。在我们和西方警察家交流的过程中，我们曾经不止一次地听到了西方警学家对中国警务改革由衷的赞叹。这好比照镜子，我们不仅看到了自己有哪些缺点，同时也要看到我们有哪些优点，因此对自己有一个基本的定位然后扬长避短。

有哪些中国警务改革的优点被西方人认同呢?

过去长期以来，欧美警察学者在研究世界警学发展时，是一种唯我独尊的高高在上的气势来冷眼看待世界。他们对警务改革的研究，更多的是把目光聚焦在英国和美国这两个国家身上，以至于只知道有英美，不知道有世界，特别是对中国警务改革的发展，知之甚少。但是这里也不缺乏一些有识之士和特别敏感的人，比如英国社区警务之父——约翰·安德逊，他是英国布莱姆谢尔皇家警官学校的校长，他是英国警务改革的旗手，曾经七次访问中国，对中国的警务改革有着最深入的研究。安德逊语出惊人，他说欧美的社区警务改革，实际上是受了中国人民公社的影响。社区和公社这两个词，在英文中是同根词，因此，欧美的社区警务里面有中国人民公社的影子。

现在，随着我们改革开放的深入和对外交往不断扩大，越来越多的中国警务改革特色和优势被西方人所看到，并且记在心上。

1. 综合治理。综合治理不仅仅是打击犯罪的国策，也是警察建设的基本政策和理论基础。而综合治理就是调动社会各个方面的积极性，再造社会和谐，预防和打击犯罪。这一理念和西方社区警务的理念是交叉和重合的。我们很多地方的具体做法，比如，志愿者组织、街道治保会、奥运会中志愿者组织、“朝阳群众”，这些异军突起的社会治安力量，都受到西方警学家的关注和赞扬，并认为这是一种具有中国特色的警务改革。

2. 教育培训。中国警察教育培训的特点是，形成了警察内部学历教育和在职培训完整有机的统一。我们有警察内部的学士、硕士、博士的授予权，同时学习了西方重视在职培训和警察技能培训的特色，形成了在教育培训制度内部鲜明的中国特色。这一特色受到西方充分的肯定和赞扬，无论是美国人、英国人，还是加拿大人，都对这种培训模式投来了赞许的目光，并预言它很可能引领世界警务改革的新潮流。

3. 警学先行。中国的警学在世界警学的百花园中一枝独秀，引来了很多赞许和肯定的目光，在世界范围内，把公安学列为国家一级学科，与法学、社会学齐头并进，我们中国是第一家。这充分体现了警察科学研究在中国具有举轻若重的地位。这一点，是很多西方警学家构想了一辈子也不能实现的一个梦。由于国情的不同，文化的差异，无论是美国还是英国，都很难把警察学定为国家级的一级学科，尽管英国人在20世纪80年代，就曾经在艾克塞特大学成功地授予了警察学博士学位，但是几年以后，这一世界上最早的警察学博士学位授予权又销声匿迹了。究其原因，是分配制度所造成的，由于英美等国人才市场没有中国包分配的制度，所以即使是警察博士生，也很难找到工作。所以这就严重阻碍了警察学上升为一级学科的进程，造成了西方警察学有实无名的特色。

4. 警察体制。放眼第四次警务革命，世界警察体制正在逐步交融，减少差异性、寻找共同性，是世界警务改革的大趋势，以英国为代表的地区自治警察，试图向中央集权式的警察靠拢，以法国和德国为代表的中央领导的体制，又向地区自治的模式发展，由于政治、经济、文化背景的差异，使得英国警察和美国警察尽管看到了警务改革的方向，但是他们的政治体制将警务改革的手脚严重地束缚起来，很难解放。而中国警察体制，在新中国建立之初，就形成了党委领导，分级负责，条块结合，以块为主的领导模式。这一领导模式，不能不说是世界上最先进的领导体制，但也是很多西方国家所梦想实现而不能够实现的领导体制。

凡是对中国警学有所研究的西方警察学者，他们都自觉不自觉地承认或者达成了这样一个共识，就是中国人用了很短的时间，就达到了现代化的发展阶段，就达到了综合国力世界第二的局面，那么又有谁会怀疑，中国警务改革，在其深厚底蕴的支撑下，在其不断探索和需要学习精神鼓励和指导下，在未来将成为引领世界警务改革、发展大趋势的角色呢？中国无论是在社会科学还是在自然科学的很多领域，都落后于西方，但在若干领域和西方的差距并不大，而警察科学就是这些领域中的佼佼者。中国的警学研究和犯罪学研究，不仅整体上与西方的差距不大，甚至可以说在若干领域已经超越了西方。

比如说，关于犯罪时间、空间、分布规律的研究。这一研究是 20 世纪 80 年代由中国人民公安大学承担的国家级“七五”重点规划项目，中国现阶段犯罪问题研究的成果。我们曾经用了五年时间，把从 1949 年新中国成立以来所有犯罪数据列入计算机，又用了两年的时间，对其进行科学分析和评估。在 80 年代用了七年时间，进行了大量犯罪实证的研究，以至于后来中国警察学者到设在芬兰的欧洲和北美犯罪学研究所进行研究的时候才发现我们的犯罪学研究，曾经是人类历史上空前绝后的一个伟大工程。我们曾经领先于欧美犯罪学研究和警察学研究十年，而对于这一点我们并不知晓。

三、轮回：什么时候轮到中国引领世界警务改革

中国是联合国五个常任理事国之一，是响当当的政治大国。从经济上我们的 GDP 已经超越了日本，成为了世界第二大经济体。那么为什么我们中国人不能够引领世界警务改革的新潮流呢？可以说过去的近两百年间，从 1829 年罗伯特 · 比尔建警到现在，警务改革的这场马拉松赛跑都是由欧美领跑的。那么未来，这样一个局面会不会改变呢？我们有世界上最大的警察研究队伍，这支队伍分布于警察大学和公安机关的调研队伍里，总体人数达

到了几万人以上。同时，我们有着对世界警学理论研究最敏感的追踪能力和学习能力，我们有着13亿人口的巨大的警务改革的试验场地，因此我们有信心、有能力，来敢于争做世界警务改革的领跑人物。

中国人敢于领跑世界警务改革，有以下先决条件：

（一）挖掘和坚持警务理论的传统

古代中国是世界最早的创造警察制度的国家，中国古代浩如烟海的古籍中，有着丰富的关于警察学和犯罪学的思想。宋代宋慈所撰写的《洗冤集录》是世界上最早的法医学著作，曾经领先世界二百年，被尊为世界法医学的开山鼻祖。中国古代有着最先进的预防犯罪的理念和预防犯罪的实例，比如，世界上最早的安全检查门就设在秦始皇宫殿东门外十五里，用天然的磁石所建立起来的安全检查门，它应该是被记录在警察史里的重要一笔。

（二）扩大以英语为载体的对外警察科学学术交流

有一个秘密，大家并不知道，就是我们在警察科学对外交往中所用的词汇和西方的警学词汇采用的是两个体系。比如说我们的综合治理，西方人叫社区警务；我们的警民关系，西方叫作警察公众关系；我们的警力有限、民力无穷，西方叫无增长改善论。由于我们在对外交往中，采用的是和西方不同的一套概念体系，就严重阻碍了中国警学和西方警学的交流。因此我们在以后的对外交往中，一定要逐步地有计划地在一个不太长的历史阶段中，与西方在警学交流中采用大致相同的警学概念。这样我们的警学研究才能被西方认识和知晓。同时，应当有计划地输出我们的警学思想，组织力量翻译一批有代表性的中国警察学的著作，介绍到世界上。

在这方面，可谓先行者的是1992年王大伟在英国艾克塞特大学所发表的“犯罪太极论”，这是在英国首批用标准出版号所出版的学术著作，以中国古代太极和八卦的哲学思想分析警察学的若干基本规律和基本现象，提出了犯罪太极论、犯罪成因的八卦论、犯罪率相对恒定论等具有中国特色的理论，受到了西方警学界和犯罪学界的关注和承认。

（三）扩大对外宣传

利用一切对外交往的渠道，如国际会议学术研讨会，来宣传中国警学的发展，宣传中国警务改革的先进典型。

（四）聚集一批超越英美的警务改革的实验模式

这些年，我国的警务改革如火如荼，其中涌现了很多先进的模式。比如说云南的立案回告制，南京的社区警务模式，苏州的创意警务模式，警务广场运动等，这些警务改革都有深厚的群众基础，又有一定先进理念的支持。因此，积累这些模式，并向世界推广这些模式，有助于大大提高中国警学在国际上的地位。这里的问题有两点，一点是我们的警务改革模式还要建立数学模式，用数字来说话，采取和西方同步的分析和研究体系。另一点是，翻译成英文，而且是翻译成与西方警务概念相等的英文，这样才能被世界警务界所承认。

（五）坚持特色

在警务改革的进程中，中国的警务改革必须要看到自己的长处和短处，在批评借鉴学习西方改革特色的同时，永远坚持自己的本色，这是我们警学引领世界最根本的基础。

四、拼搏：世界警察赛马图

（一）扬长避短，跨越时代

在我国公安队伍革命化、正规化、军事化与现代化的进程中，西方警务实践的改革具有重大的借鉴作用。在我们大力发展巡警、快速反应、装备现代化的时候，对西方的经验与教训不能置之不顾。别人摔了跤，我们不应再摔；别人走过的死胡同，我们不要再走。当然，中西警察发展阶段不同，社会制度不同，国情也不同，毫无疑问，我国警务改革的重点与发展战略也不同。

与第四次警务革命比较，我国公安工作发展阶段既有滞后，又有超前。从时间上看，西方第三次警务革命（警务现代化）比我们早了几十年。无论是西方发达国家，还是发展中国家，他们现已解决、处理的问题，其中有我们尚未遇到，但在不久的将来就很可能会遇到的。批判地借鉴西方的经验与教训，可使我们节省大量的人力、物力、财力，赢得宝贵的时间，甚至可以超越一个历史时期。

1. 比较鉴别，扬长避短。“知己知彼，百战不殆；知天知地，胜乃可全。”在中外警察比较研究中，知己，不仅包括了解自己的短处，更应包括看到自己的优势。知彼，不仅包括对外警长处的学习，也要注意对外警短处的分析与借鉴。警察作为人类在发展到一定阶段所共有的社会现象，它既有一定的历史延续性，也存在着国与国之间的横向联系。改革开放以来，我国公安机关对外警的研究采取了批判借鉴，汲取学习的正确态度。十几年来，对外警的比较研究逐步深入，世界警务改革的大趋势对我们的启迪颇深。

首先，发现自身的优势，在比较中确立自尊。比较的过程中就是一个重新发现自我，确定自我的过程。诚然，我们在警察与公众比例方面略低于西方主要国家，在器材装备方面与发达国家差距较大，在快速反应方面尚急待加强，这是我们的短处，或叫劣势。应作为工作的重点，迎头赶上。同时，我们又有资本主义国家所缺少的，或根本缺陷的东西，如优良的全心全意为人民服务的传统，较密切的警民关系，社会治安综合治理，对违法犯罪人员的改造与教育等。以我之长，克彼之短，用通俗的话说就是“你打你的，我打我的”。战争年代，我们就是凭着这种战略思想，从弱到强，打出了一个崭新的中国。今天，我们还应凭这种精神，创造与发展出一条社会主义的公安改革的金光大道。公安研究的宝贵经验是中国人的骄傲，是世界警察学的一颗明珠。它要发展，它要走向世界。

其次，把握世界警务改革的大趋势。西方警务改革的大趋势均指向“返璞归真”。从重视人、财、物的增长转向以社会为主体等，改革的趋势指向，许多都是我国公安工作优良传统之所在。因此，要看到我们自己的长处，坚持长处，是发扬我国警察现代化的关键。西方警察现代化比我国先行了20—30年，前车之覆，后车之鉴，少走弯路，不仅可以获得宝贵的时间，还可以节省开支。

2. 把握未来，跨越时代。一些西方警察科学的专家对我国公安工作提出了忠告和建议。英国艾克塞特大学警察研究所所长比尔·塔夫曼引用“砍树现象”来解释现代化对第三世界国家的借鉴作用：一些非洲国家，森林覆盖率本来是十分高的，生长着亿万年生成的原始森林。森林对调节气候、保持水土、预防环境与噪声污染等起着无与伦比的作用。现代化进程开始后，这些国家为筹集资金，不得不大面积砍伐森林，等到森林砍光了，才知道它的宝贵之处。为了重建生态平衡，又不得不再花巨额资金植树。英国德文郡警察局前局长、警察科学理论家安德逊曾说：“中国人向我请教社区警务，其实中国早有人民公社。社区即公社，社区警务中包含着中国社会治理犯罪的内容。中国警务现代化，千万不要走追求高编制数、高度装备现代化的美国模式。”

在现代化与历史发展关系上，西方有两大类型：一是“按部就班”型；二是“跨越时代”型。以森林为例子，有些发展中国家先砍伐森林，发展工业，实现现代化之后，再重新造林。而更多发展中国家，已认识到发达国家滥砍森林的教训，把保护生态与现代化建设同步发展。

从警务改革的道路看，世界各国警察可分为三种模式：

（1）英美模式。英美是发达资本主义国家，他们的警务改革是按部就班地沿着四次警务革命之路一步步走过来的，即“摸着石头过河”。

（2）发展中国家模式，又叫原殖民地模式。这些国家的警察建立与发展，基本是依照西方发达国家的进程，缺乏自己的独创。从警务改革的发展的阶段上也是仿效四次革命，跟在发达国家之后一步步地走。

（3）中国模式。我国的公安工作，有着自己的优良传统，有自立于世界的独特的公安工作理论与实践方式。

（二）世界警察“赛马图”

在世界警务改革的赛马场上，有三匹马在奔腾：

第一匹，欧美马。罗伯特·比尔1829年创立警察，170年经历四次警务革命，欧美马摸着石头过河。

第二匹，发展中国家马。殖民地模式（或者发展中国家模式），这些国家是跟着宗主国的改革模式走，但是比它晚20年。欧美怎么走，它们怎么改。

第三匹，中国马。中国警界比西方警察专业化晚90年，比西方警察现代化晚50年，但是我们没有着急跑。先看一看，西方警察在哪些地方摔了跤，在哪些地方交了学费。四次警务革命，中国警察能不能“后发先至”？能不能“以迂为直”？别人在拐弯时，你能不能找到一条直道一下跑到欧美马前面？

因此，我们完全可以走一条独立自主的发展之路。第四次警务革命的改革趋势，许多正是趋向我国公安工作的优良传统，这又是我们的超前之处。找到自己的长处，发扬自己的长处，才能尽快缩小中西警察发展阶段的差距。既要勇于承认我们落后的、滞后的地方；又要勇敢地宣布我们的超前的独具特色的地方。巧用别人花的学费，节省自己的时间。“后人发，先人至”，“以迂为直”。

为此，可把“跨跃时代”作为我们公安工作改革的理论支点之一：

（1）重视西方警务现代化的种种利弊的研究。

（2）在我国警务现代化的同时，避免盲目引进，全盘照搬。

（3）开展具有中国特色的公安工作传统的研究。寻找、发掘我国的优良传统。

（4）开展在社会主义市场经济新形势下，怎样发展公安工作优良传统的研究。

（5）把开展警务现代化与保持特色并举，把学习国外的先进经验与批判借鉴国外的失败与教训结合起来，坚定不移地走自己的路。

西方发达国家从第二次警务革命、第三次警务革命，到第四次警务革命用了近100年的历史，而我们只要把握住世界警务革命的大趋势，坚持中国特色的公安工作改革，就可以另辟新境。创出一条独立于世界各国警察的独具特色的发展之路。

关于对第五次警务革命的捕捉与认定，更有助于我们警务革命的把握方向，不要将工作重点放在警务改革的枝端末节，全力以赴地追赶欧美警务革命的步伐，从而最终承担起世界警务革命的领跑任务。

“唯大英雄能本色，是真才子自风流。”

我们坚信：中国人，这个创造了世界上最早的警察的伟大民族，一定会在世界警务改革的大趋势中，担当起一个辉煌的角色！

五、使命：感恩伟大的时代与祖国

1991年，笔者有幸作为第一批新中国赴西方学习警察学的留学生，被派往英国艾克塞特大学（Exeter. Un.）警察学研究所学习。学习英美警察科学原理。师从英国社区警务之父，约翰·安德逊。艾克塞特市是约翰·安德逊社区警务的实践基地。西方第四次警务革命理论的产生与艾克塞特市的社区警务实践有着密切的联系。历史的机遇使笔者和第四次警务革命的奠基人、社区警务之父约翰·安德逊有了师生情谊。在英国学习期间，笔者创造了英文“Policeology”（警察学）一词，得到了约翰·安德逊的承认和赞扬。

笔者回国时带回了70公斤重的英美警察科学的最新著述资料，并由此创译了一整套西方警察学的中文概念，总结了西方警察学的200个独有的概念和理论，并尝试搭建警察学的理论研究框架。

回国之后，1995年，笔者在公安部第四研究所创立了世界上第一个比较警察的研究机构：公安部第四研究所中外警察比较研究室（处级），任主任，并担任《世界警察参考》杂志的主编。2000年笔者在中国人民公安大学创立中外警察比较研究硕士方向，任导师组长，之后又参与创立中外警察比较研究博士方向，先后带硕士、博士四十余人。

经过四年的辛勤努力与潜心翻译，笔者将从国外带回的英美警察科学的最新著述，逐字逐句地翻译出来，并于1995年撰写并出版了我国第一本英美警察科学理论研究著作：《英美警察科学》。

我国引进警察科学的工作早在清朝末年就已开始。在1905年，清政府建立了中央巡警部，并有系统有步骤地引进了欧洲与日本的警察学。在光绪末年，警察学就已经成为和教育学、宪法学并驾齐驱的学科，并得到了社会的初步承认。

新中国建立后，旧时代的警学引进和研究工作停止，主要研究人员和研究成果大都被带到了台湾。因此，引进西方警察科学，创立新中国的公安学（警察学）的历史重任，就必然落到了新中国警察学者的肩上。笔者有幸，成为其中一员，感到无比的光荣、骄傲和自豪。

《英美警察科学》一书于1995年正式出版，出版历程可谓艰辛。

首先，虽然当时国内出版了一些外警的介绍著作，但都是单一国别的翻译介绍，如《日本警察》《德国警察》，对西方警察科学的研究尚未开始，人们对警学理论的研究尚不重视。所以，当笔者第一次把《英美警察科学》的书稿送到出版社时，得到的答复是：这种书是没有人愿意看的，希望把书名改为《英国警察的故事》，这样才有销路。这是笔者断然不能接受的。

其次，很多人都认为以笔者当时的年纪和资历是无法承担起英美警察研究这一历史重担的。当时的人们普遍认为，人到了 50 岁以后才有资格著书立传。在当时的历史条件下，笔者要写书的想法是不被多数人所理解的，甚至被人冷嘲热讽为是显摆、嘚瑟。

《英美警察科学》的出版标志着我国对西方警察科学理论研究的开创性成果；标志着我们从单一国别的介绍开始迈向到理论的总结。这是引进西方警察科学的重要一步。

《英美警察科学》出版后不久，我的一名学生偶然间看到了台湾警界同仁写的一篇文章，称："大陆出了个王大佛，他写了一本英美警察科学，使得我们台湾警察学者汗颜。"（为什么这位同仁会将"伟"字误写为"佛"字呢？笔者猜测，可能是因为"伟"是简体字，台湾同胞并不认识；再加之，他可能也没有拿到正式的出版物，只是复印件，或许因字迹不清造成误读。）

2000 年，笔者在山东省济南市杆石桥派出所下派锻炼一年。在此期间，笔者投放了大量的问卷，做了若干个个案分析，走访了一百多位基层民警，在此基础上写出了第一本中外警察比较的书——《中西警务改革比较——从济南市派出所改革模式到世界纪录改革的大趋势》。这是以实证为主、典型调查为主，然后上升为理论的中外比较警察研究领域的"春燕第一只"。

六年以后，笔者又出版了《欧美警察科学原理》，107 万字的关于英美警察科学的升级版。2011 年，又将约翰·安德逊的理论著述《自由警务论》翻译完成，出版了专著《理想警察：安德逊与王大伟关于警察哲学的对话》。为了研究最新警察学动态，2012 年结合在美国访问期间的理论收获，笔者出版了《第五次警务革命——论世界警务趋势》；同年又出版了《外国警学理论》一书。

2017 年，中国人民公安大学出版社通知我，《英美警察科学》一书列入"公安院校知名教授学术文库"的出版计划。这对我而言是一个巨大的荣耀。一开始，笔者是想把 1995 年出版的《英美警察科学》原本复制就可以了，但出版社认为，应该加一些新的内容，所以本书是以第一版《英美警察科学》为蓝本，在此基础上进行了重新的加工、整理和拓展，历时一年，五易其稿。从120万字精减到70余万字。为了保持原貌，此次出版仍然冠名为《英美警察科学》，但此书和第一版《英美警察科学》相比较，理论更加充实、梳理更具理性、分析也更有见地。屈指算来，从第一次动笔写作《英美警察科学》至今，已历二十八载，其间呕心沥血、痴心不改，闭门却扫，耗尽魂魄。

在这里，我要向中国人民公安大学出版社的领导、向中国人民公安大学的领导，以及向公安部的领导们表示诚挚的感谢。如果没有你们的帮助、支持与鼓励，我是不可能到国外去留学深造的，也更不可能把西方警学理论完整系统的介绍到中国来。

同时，更要感谢我们伟大的时代和伟大的祖国。改革开放以来的时代，对我们公安学理论建设而言，是一个呼唤理论巨人，而且在哺育理论巨人的时代。从刑侦、治安、警学基本理论各个方面而言，我们都有所突破，追上了欧美警察科学的脚步，并且在若干领域中，有所突破，有所创新。

只要你跟上时代的脚步，你就不会默默无闻。

请牢记：不要问祖国为你做了什么，而要问你为祖国做了什么！

编辑说明

为彰显改革开放以来公安理论创新和学术研究方面的成就，全面展示公安院校广大教师在公安学术研究、公安实践及公安改革方面的新理论、新经验、新成果，提升理论水平，推进成果转化，鼓励学术繁荣，发现优秀人才，我们于2017年面向全国公安院校征集公安学理论研究优秀作品。此举在全国公安院校中产生了很大反响，公安院校教师踊跃投稿。为保证首批推出的作品充分展示学术作品的经典特色，充分体现专业特点，充分关注热点问题，我们邀请了长期从事公安学术研究、在公安系统具有较高声望的专家学者对作品进行审定，遴选出各9部作品入选《公安院校知名教授学术文库》《公安院校青年学者学术文库》第一辑，将于2018年6月正式出版。

《文库》的作品充分体现了“经典、精品、创新”的特点。入选《公安院校知名教授学术文库》的作者均为长期从事公安理论研究、在全国公安院校乃至全国公安系统具有较高声望的知名学者，入选的作品也是这些学者在相关领域多年潜心研究的代表性成果。例如，《英美警察科学》《公安经济学》《警管区制研究》《社会转型与秩序重建》等，都是近年来在公安学领域产生较大影响的原创性学术著作。而入选《公安院校青年学者学术文库》的作者目前均活跃在公安教学科研的第一线，他们才华出众，思想敏锐，观点新颖，入选的作品如《袭警行为的预防与处置》《新型合成毒品滥用监测与控制实证研究》《弱势群体权利保障中的国家反拐行动研究》等，直面当前执法热点，深入剖析，探索新理论、新措施。

服务公安中心工作，服务公安队伍建设，服务公安教学科研，充分展示作品的社会价值和学术价值是我们推出两个《文库》的初衷。相信随着第一辑作品的出版，必将推动在公安院校中形成深入公安学理论研究，活跃公安学术创新的良好氛围。这是我们的追求，也是各位作者的期待。

《文库》的出版是一项长期工程，我们力争通过几年时间，出版100部学术专著，使两个《文库》成为新中国公安教育史上具有里程碑意义的首部公安理论名家学术作品大系，使之成为面向全社会展示改革开放以来公安学理论研究成果的最佳平台。

公安院校知名教授学术文库
公安院校青年学者学术文库
编辑委员会
2018年6月

图书在版编目(CIP)数据

英美警察科学 / 王大伟著 . —北京：中国人民公安大学出版社，2018. 6
(公安院校知名教授学术文库 / 总主编：樊京玉　闫继忠)
ISBN 978 -7 -5653 -3312 -5

Ⅰ. ①英…　Ⅱ. ①王…　Ⅲ. ①警察学—研究　Ⅳ. ①D035. 3

中国版本图书馆 CIP 数据核字(2018)第 125094 号

英美警察科学

王大伟　著

出版发行：中国人民公安大学出版社
地　　址：北京市西城区木樨地南里
邮政编码：100038
经　　销：新华书店
印　　刷：天津盛辉印刷有限公司

版　　次：2018 年 6 月第 1 版
印　　次：2018 年 6 月第 1 次
印　　张：46. 5
开　　本：787 毫米 ×1092 毫米　1/16
字　　数：712 千字

书　　号：ISBN 978 -7 -5653 -3312 -5
定　　价：128. 00 元

网　　址：www. cppsup. com. cn　www. porclub. com. cn
电子邮箱：zbs@ cppsup. com　zbs@ cppsu. edu. cn

营销中心电话：010 -83903254
读者服务部电话（门市）：010 -83903257
警官读者俱乐部电话（网购、邮购）：010 -83903253
教材分社电话：010 -83903259